Gadi Blum | Nir Hefez

Ariel Scharon

Die Biografie

Aus dem Amerikanischen
von Helmut Dierlamm und
Hans Freundl

| Hoffmann und Campe |

Die Originalausgabe erschien 2005 unter dem Titel »Ha-roeh.
Sipur hayav shel Ariel Sharon« im Verlag Yedioth Ahronoth, Tel Aviv.
Die deutsche Übersetzung folgt der amerikanischen Ausgabe,
Random House, New York 2006.

1. Auflage 2006
Copyright © by Nir Hefez und Gadi Blum
Für die deutschsprachige Ausgabe
Copyright © by Hoffmann und Campe Verlag, Hamburg
www.hoca.de
Satz: Dörlemann Satz, Lemförde
Druck und Bindung: GGP Media GmbH, Pößneck
Printed in Germany
ISBN (10) 3-455-50002-1
ISBN (13) 978-3-455-50002-8

Ein Unternehmen der
GANSKE VERLAGSGRUPPE

Inhaltsverzeichnis

Einleitung: Der »Scharon-Code«   7

1. Die Schlacht von Latrun   21
2. Georgische Wurzeln   32
3. »Die Außenseiter«   40
4. Ein durchschnittlicher Schüler   47
5. In Uniform   53
6. Liebe und Krieg   57
7. Einheit 101   65
8. Kibbija   79
9. Kommandeur der Fallschirmjäger   84
10. Die Tragödie von Kalkilja   92
11. Die Falle am Mitla-Pass   101
12. Margalits Tod   110
13. Eine zweite Ehe   115
14. Ruhm bei Abu-Ageila   123
15. Gur   136
16. Eine stillschweigende Übereinkunft   144
17. Die Isolierung des Gazastreifens   151
18. Eine nicht ganz ehrenhafte Entlassung   159
19. Der Likud wird gegründet   165
20. Schock an Jom Kippur   173
21. Die Überquerung des Kanals   185
22. König von Israel   197
23. Ein politischer Grünschnabel   211
24. Das Schlomzion-Debakel   221
25. Landwirtschaftsminister   227
26. Verteidigungsminister   240
27. Der Weg in den Libanon   251
28. Gefangen in Beirut   260
29. Sabra und Schatila   281

30. Allein auf der Farm 297
31. Minister für Industrie und Handel 308
32. Die erste Intifada 318
33. Die Nacht der Mikrofone 330
34. Minister für Wohnungsbau und Infrastruktur 342
35. Entmachtung 349
36. Der grobe Fehler von Oslo 357
37. Die Ermordung Rabins 362
38. Wieder im Amt 371
39. Minister für nationale Infrastruktur 380
40. Außenminister 387
41. Vorsitzender des Likud 393
42. Lily 398
43. Oppositionsführer 405
44. Der Tempelberg 411
45. Ministerpräsident 417
46. Die Politik der Zurückhaltung 427
47. Der 11. September 438
48. Operation Schutzwall 447
49. Die Roadmap 455
50. Rezession 465
51. Ein Erdrutschsieg 472
52. Polizeiliche Ermittlungen 478
53. Netanjahu wird in die Falle gelockt 491
54. Von Akaba bis Genf 501
55. Die Abkopplung wird erklärt 513
56. Niederlage in der Partei 524
57. Sieg in der Knesset 537
58. Der traumatische Abzug 545
59. »Big Bang« 559
60. Der letzte Kampf 567

Dank 580
Die Autoren 581
Bibliografie 582
Register 585

Einleitung
Der »Scharon-Code«

An einem kalten Mittwochabend Anfang Januar 2006 lag der 77-jährige Ministerpräsident Ariel Scharon nach einem langen Arbeitstag auf dem Sofa in seinem Haus auf der Schikmim-Farm, seinem mitten in der kargen Schönheit der nördlichen Negev gelegenen Anwesen. Erst vier Monate waren vergangen, seit er Israels Grenzen neu gezogen und alle Siedlungen im Gazastreifen und vier Siedlungen im Westjordanland geräumt hatte, obwohl die jüdischen Siedler seine historischen Verbündeten gewesen waren. Bis zu den Knesset-Wahlen waren es nur noch drei Monate, und allen Umfragen zufolge lag Scharon mit der von ihm gerade gegründeten Kadima-Partei weit vorn.

Es stand also alles zum Besten.

Nicht alles. Gut zwei Wochen zuvor war er wegen eines kleinen Schlaganfalls 24 Stunden im Krankenhaus gewesen. Nun hatte er die Amtsgeschäfte offiziell an seinen Stellvertreter Ehud Olmert übergeben, weil ihm am nächsten Tag ein Herzkatheter gelegt werden sollte. Plötzlich spürte er einen Schmerz in der Brust. Sein Sohn Gilad, der mit seiner Frau und seinen drei Kindern auf der Farm lebte, benachrichtigte Scharons Leibarzt Dr. Schlomo Segew, und der sorgte dafür, dass der Ministerpräsident schleunigst ins Krankenhaus gebracht wurde.

Auf der 45-minütigen rasenden Fahrt ins Medizinische Zentrum der Hadassa-Universität im Jerusalemer Vorort Ein Kerem war Scharon die meiste Zeit wach. Doch wenige Minuten bevor der Krankenwagen die Klinik erreichte, verschlechterte sich sein Zustand massiv. Er konnte nicht mehr sprechen und verlor das Bewusstsein. Um 22.56 Uhr wurde er in die Notaufnahme gerollt. Die Ärzte erkannten sofort, dass er einen verheerenden Schlaganfall erlitten hatte.

Er bekam ein Beruhigungsmittel und wurde an lebenserhaltende Geräte angeschlossen. In seinem Schädel wurde eine Blutung festgestellt. Um 00.10 Uhr kam er in kritischem Zustand auf den Operationstisch. Ganz Israel hielt den Atem an und drückte ihm die Daumen. Der Mann, der für die einen ein Held und für andere das personifizierte Böse war, der das Schicksal des Landes seit seinen heroischen und katastrophalen Sturmtruppunternehmen im Jahr 1953 beeinflusst hatte, der nach den Unruhen im Gefolge des ersten Libanonkriegs und den Massakern in Sabra und Schatila aus dem politischen Leben Israels verbannt worden war – dieser Mann war der populärste Ministerpräsident in der Geschichte Israels geworden. Ganz ähnlich wie in jener anderen unheilvollen Nacht am 4. November 1995, als Ministerpräsident Jitzhak Rabin niedergeschossen wurde, scharte sich das Volk um seinen gefällten Führer und wartete auf eine Nachricht über dessen Schicksal.

Scharons plötzlicher Abschied von der politischen Bühne wirft ein unsicheres Licht auf Israels Zukunft. Die Bürger des Landes hatten sich angewöhnt, ihn als weisen und väterlichen Führer zu sehen, hatten ihm enormen Spielraum bei der Ziehung der endgültigen Grenzen ihres Staates eingeräumt und hatten sich darauf verlassen, dass er kapitulierte, wenn erforderlich, und standhielt, wenn nötig. Plötzlich fühlten sie sich vaterlos, wie eine vom Hirten verlassene Herde.

Was hatte Ariel Scharon, diesen harten rechtsgerichteten Politiker, die meistgeschmähte Figur in der arabischen Welt und den größten Befürworter jüdischer Siedlungen in den besetzten Gebieten, am Ende seines Lebens dazu gebracht, seine Weltsicht radikal zu ändern, so radikal, dass er den ganzen Gazastreifen und vier Siedlungen im Norden des Westjordanlands räumte und dabei 24 jüdische Siedlungen zerstörte?

Blicken wir zurück auf den Oktober 1979. Sechs Monate nachdem Ägypten und Israel im Weißen Haus Frieden geschlossen hatten, rollte ein Auto der israelischen Regierung mit zivilen Nummernschildern auf eine ägyptische Fähre, die auf der asiatischen Seite des Suezkanals angelegt hatte. Als das Schiff den schmalen Wasserstreifen überquerte, erkannten die Arbeiter an Bord sofort den fülligen Mann mit den welligen, weißen Haaren auf dem Rücksitz des Wagens. Es war Ariel Scharon, der bekannteste aller israelischen Generale, den alle »Arik« nannten – der Mann, der sechs Jahre zuvor eben diesen Kanal an der Spitze einer Panzerkolonne überquert und die wichtigste Schlacht im Sinai-Feldzug des Jom-Kippur-Kriegs gewonnen hatte. Dieser Mann war jetzt in seiner Eigenschaft als israelischer Landwirtschaftsminister in Ägypten, in offizieller, wenn auch geheimer Mission.

Es war das erste Mal, dass Ariel Scharon eingeladen wurde, arabischen Boden zu betreten. Er hatte die Araber im Lauf von drei Jahrzehnten zwar schon häufig heimgesucht, aber nur an der Spitze kleiner Kommandotrupps und Krieg führender Armeeeinheiten. Nun war er von Dr. Mohammed Daud, dem ägyptischen Landwirtschaftsminister, eingeladen worden. Die beiden wollten über das ägyptische Wasserversorgungs- und Bewässerungssystem reden. Doch es war klar, dass Scharons eigentlicher Gastgeber der ägyptische Präsident Anwar as-Sadat war. Er und Scharon aßen an Scharons zweitem Abend in Kairo im Präsidentenpalast zu Abend.

Sadat hatte sich über die Vorlieben und Abneigungen des israelischen Ministers informiert und erfreute ihn mit einer Vielzahl kulinarischer Genüsse. Gleich nach seiner Ankunft wurde er mit dünnen Scheiben exzellenten Rindfleischs begrüßt, und später, als der Präsident und insbesondere der Minister sich an einem königlichen Bankett gütlich taten, wandte sich das Gespräch erst allmählich nach den Themen Speisen und Diätkost dem Wasser zu. Die ägyptischen Wasserreserven lagen in der Nähe der sudanesischen Grenze. Scharon löcherte Sadat mit Fragen. Er war der Sohn eines Agronomen, der unter chronischer Geldknappheit gelitten hatte, er war in einem von feindlichen arabischen Dörfern umringten isolierten Dorf aufgewachsen, und er hatte später eine Viehranch erworben, die zu den größten des Landes gehörte. Israels Wasserreserven waren ein Thema, das ihn fast ständig beschäftigte. Plötzlich klatschte Präsident Sadat zweimal in die Hände, um einen Diener zu rufen.

Der Mann brachte Sadat eine topografische Karte Ägyptens. Der Präsident breitete die riesige Karte auf dem Boden aus, kniete sich mit Scharon davor, fuhr mit den Fingern die ägyptischen Wasserläufe entlang und erklärte auf Englisch ihre Brauchbarkeit als Wasserressourcen. Als sie wieder aufstanden, sagte er zu Scharon, er werde ihm sein Privatflugzeug Mister 20 für eine Tagestour zu den Wasserressourcen zur Verfügung stellen. Scharon ging zusammen mit Eli Landau, seinem Assistenten und Vertrauten im Landwirtschaftsministerium, an Bord, und sie flogen in die Grenzregion, wo ihnen der Assuanstaudamm gezeigt wurde.

Unweit des Dammes besichtigten sie den Tempel Abu Simbel. Das Heiligtum war im 13. Jahrhundert v. Chr. von dem megalomanen Pharao Ramses II., der angeblich Moses und die Hebräer versklavt hatte, zu seinem eigenen Andenken errichtet worden. Scharons Interesse wurde von den Hieroglyphen geweckt, die in die gewaltigen Steinsäulen gemeißelt waren. Er studierte sie mehrere Minuten lang, dann fragte er Landau: »Was glaubst du? Werden sie eines Tages so etwas auch über mich schreiben?«

»Kommt drauf an, was du tust«, antwortete Landau.

Scharons Einfluss auf die Angelegenheiten Israels und des Nahen Ostens war enorm – zum Guten wie zum Schlechten. Wenige führende Politiker der Welt haben eine so fesselnde und umstrittene Lebensgeschichte wie Arik Scharon. Und bei vermutlich keinem großen zeitgenössischen Politiker ist die persönliche Biografie so eng mit der Geschichte seines Landes verknüpft.

Scharon kämpfte im israelischen Unabhängigkeitskrieg, wobei er leicht mit der enormen Belastung fertig wurde, Männer in die Schlacht zu führen. Er wurde verwundet, für todgeweiht gehalten und liegen gelassen und dann doch noch gerettet. Im Abnutzungskrieg stellte er Israels erste Spezialtruppe zusammen: die wilde, ungestüme und wagemutige Einheit 101. Im Suezkrieg von 1956 führte er die Fallschirmjäger in die Wüste Sinai, wo sie schwere, manche sagen vermeidbare, Verluste erlitten. Im Sechstagekrieg von 1967 befehligte er den Angriff auf die Festung Abu Ageila, eine Schlacht, die heute noch in Militärakademien rund um den Erdball studiert wird.

Er überquerte 1973 im Jom-Kippur-Krieg den Suezkanal und änderte damit den Verlauf des Krieges; er gründete den Likudblock; er leitete den Rückzug der israelischen Bürger aus dem Sinai, wie er im Friedensvertrag zwischen Ägypten und Israel vereinbart war. Und er wurde von persönlichen Tragödien heimgesucht: Seine erste Frau und Jugendliebe Margalit kam bei einem Autounfall ums Leben. Sein ältester Sohn Gur wurde bei einem Schießunfall verletzt und starb in seinen Armen. Jahre später starb seine zweite Frau Lily, Margalits jüngere Schwester, nach langem Kampf an Krebs. Die Beziehung zwischen ihr und Scharon war eine der großen Liebesgeschichten im öffentlichen Leben Israels gewesen.

Insbesondere drei Episoden werden über Scharons Nachruhm im Buch der jüdischen Geschichte entscheiden: der Libanonkrieg, den er im Juni 1982 führte; die Siedlungen in Gaza und im Westjordanland, für die er sich 30 Jahre lang einsetzte; und die »Abkopplung«, die er als Ministerpräsident durchsetzte: die Räumung aller Siedlungen im Gazastreifen und vier isolierter Siedlungen im Westjordanland.

Der letzte dieser drei historischen Schachzüge – die Entfernung von 6500 Menschen aus ihren Häusern und die Zerstörung von 24 Siedlungen – spaltete die israelische Bevölkerung. Im Juli und August 2005 konkurrierten im ganzen Land zwei Farben bei Kleidungsstücken, auf Plakatwänden, auf den Schildern von Demonstranten, an Autoantennen: Orange für die Gegner des Abzugs und Blau für die Befürworter. Der Erfolg des Abzugs wird vermutlich über Scharons Platz in der Geschichte entscheiden. Wird er als der erste israelische Führer in Erinnerung bleiben, der den kühnen Schritt machte, Siedlungen im Westjordanland und im Gazastreifen zu räumen, der die endgültigen Grenzen Israels zog und nach so vielen Jahren Krieg das Fundament für einen Frieden mit den Palästinensern legte? Oder wird man ihn als den Mann im Gedächtnis behalten, der für den blutigen Libanonkrieg, für den Untergang der Siedlerbewegung und für die Gründung eines Palästinenserstaats verantwortlich war, der zu einem Treibhaus des Terrors, zu einem ewigen Feind geworden ist?

Analytiker, Politiker, Journalisten, Offiziere, Hochschullehrer, Juristen und alle anderen Israelis zerbrechen sich allesamt über die Frage den Kopf, wie es zu der dramatischen Entscheidung, sich vom Gazastreifen abzukoppeln und 24 Siedlungen dem Erdboden gleichzumachen, gekommen ist. Diese Frage kann nicht beantwortet werden, ohne dass man in das faszinierende und stürmische Leben des früheren Ministerpräsidenten eintaucht. In diesem Buch wird die Geschichte dieses Lebens erzählt, das so eng mit der Gründung und Entwicklung des Staates Israel verknüpft ist. Nur wer das Puzzle Arik Scharon zusammensetzt, kann das Geheimnis der Abkopplung lösen.

In den letzten drei Jahren, als wir für dieses Buch recherchierten und es schrieben, studierten wir Tausende von Dokumenten und sprachen mit Hunderten von Leuten, die Scharon in verschiedenen Phasen seines Lebens kannten. Wir sprachen jedoch nicht mit ihm selbst oder mit seinen Söhnen, weil wir aus einer unparteiischen Perspektive schreiben wollten.

Eine Reihe von Merkmalen macht das aus, was wir als den »Scharon-Code« bezeichnen. Zu allererst besaß Scharon einen außerordentlichen, fast übermenschlichen Mut. Als Kind, das in einem spartanischen Elternhaus aufwuchs, entwickelte er eine fast unnatürliche Immunität gegen Angst. Soldaten und Offiziere, die mit ihm in der Schlacht standen, bezeugen übereinstimmend, dass das feindliche Feuer Scharon nicht beeindruckte. Er ging aufrecht und unerschütterlich, mit einer Ruhe, die sich auf seine Männer übertrug. Dieser unerschütterliche Mut erstreckte sich auch auf sein Zivilleben. Es machte ihm nichts aus, was die Leute über ihn redeten, er hatte niemals Angst, Fehler zu machen, und er scheute nie davor zurück, sein Glück zu versuchen.

Ein zweites Stück des Puzzles ist Scharons Hartnäckigkeit. Wie schlimm seine Lage auch war, er hisste nie die weiße Flagge. Die meisten Leute kapitulieren oder brechen zusammen, wenn sie in einem öffentlichen Amt scheitern oder eine persönliche Tragödie erleiden; Scharon war anders. Im Gegensatz zu Menachem Begin, der sein Leben nach dem Libanonkrieg in selbst gewählter Abgeschiedenheit beschloss, oder Generalleutnant David Elasar, dem Generalstabschef der israelischen Verteidigungsarmee im Jom-Kippur-Krieg von 1973, der sich nie von der negativen Beurteilung seiner Leistung durch die Agranat-Kommission erholte, erlaubte sich Scharon nie, in Verzweiflung zu versinken. Weder als er auf dem Schlachtfeld von Latrun scheinbar todgeweiht auf dem Rücken lag und in den dunstigen Himmel starrte; noch als er aus der Armee gedrängt wurde; noch als die Kahan-Kommission ihn nach dem Massaker in den palästinensischen Flüchtlingslagern Sabra und Schatila praktisch zum Rücktritt als Verteidigungsminister zwang. Scheitern war für Scharon etwas Konstruktives. Er zog seine Lehren daraus und machte weiter – sicher, dass er die nächste Runde gewinnen würde.

Ein dritter Schlüssel zum Verständnis des Puzzles ist Scharons Bereitschaft, außerhalb vorgeschriebener Bahnen zu denken und zu handeln, soweit es ihm mit seinem Gewissen vereinbar erschien.

Dieses Merkmal ist einer der Hauptgründe, warum er von früher Jugend an im Zentrum vieler Kontroversen stand. Seine ungeheure Hartnäckigkeit brachte ihn, seit er ein junger Offizier war, immer wieder in Schwierigkeiten: Im Oktober 1953 führte er als Kommandeur von Einheit 101 seine Männer zu einer Vergeltungsaktion nach Kibbija. Die Soldaten sollten eigentlich nur Häuser zerstören, aber sie töteten Dutzende von Alten, Frauen und Kindern, die sich unbemerkt in dunklen Ecken der Häuser versteckt hatten. David Ben Gurion, der damaliger Ministerpräsident, behauptete, er habe nichts von der Aktion gewusst, als er von ihrem katastrophalen Ergebnis erfuhr. Drei Jahre später, im Jahr 1956, bekam Scharon die Genehmigung, einen Aufklärungstrupp auf den befestigten Mitla-Pass in der Wüste Sinai zu schicken; doch er entsandte eine schwer bewaffnete Einheit und verwickelte seine Fallschirmjäger in eine der verlustreichsten Schlachten, die die israelische Armee je geschlagen hat.

Im Jom-Kippur-Krieg wurde Scharon abermals der Kompetenzüberschreitung beschuldigt, als er über den Suezkanal vorstieß. Neun Jahre später, im Libanon, ging er wieder zu weit, als er die israelische Armee nach Beirut führte. Im September 2000 löste er mit seinem Besuch auf dem Tempelberg – dem Epizentrum der arabisch-jüdischen Spannungen in Israel – die zweite, so genannte »Al-Aksa-Intifada« aus. In den 38 Jahren israelischer Siedlungsgeschichte im Gazastreifen und im Westjordanland spornte er die Siedler zu gesetzwidrigem Landraub an. Seine unerschütterliche Selbstsicherheit und seine Entschlossenheit, sich auch gegen gewaltige Widerstände durchzusetzen, brachten ihm in Israel den Namen »der Bulldozer« ein.

Arik Scharon spürte stets, wenn sich der Wind drehte, und die Liste seiner Ambivalenzen ist lang. Es ist leicht, Zitate von ihm zu finden, in denen er sich positiv *und* negativ über dieselbe Sache äußert. Scharon war für und gegen einen Palästinenserstaat, eine Sicherheitsmauer, ein landesweites Referendum und die zwangsweise Räumung der Siedlungen im Gazastreifen und im Westjordanland. Er war für Vergeltungsaktionen im zweiten Golfkrieg 1991, als Jitzhak Schamir Ministerpräsident war, und im dritten Golfkrieg 2003 dagegen, als er selbst das Amt innehatte. Er war gegen einen einseitigen Abzug aus dem Gazastreifen, als Amram Mizna von der Arbeitspartei ihn vorschlug, und dafür, als er 2003 die Wahlen gewann. Als Schimon Peres 1987 während der ersten Intifada einen Rückzug aus dem Gazastreifen vorgeschlagen hatte, hatte Scharon den Vorschlag noch als »unvernünftig« bezeichnet.

Scharons zahlreiche Widersprüche sind auf drei verschiedene Aspekte seines Charakters zurückzuführen. Erstens war er nie von einer festgefügten Ideologie motiviert und schon gar nicht von einer religiös geprägten. Seine Richtschnur war stets die Sicherheit. Sein Glaubensbekenntnis in seiner reinsten Form lautete: »Maximale Sicherheit für die Juden.« Dieser Glaube erforderte verschiedene Maßnahmen zu verschiedenen Zeiten.

Zweitens trug Scharon gern Verantwortung, traf gern die letzte Entscheidung. Seine Liebe zur Macht war unserer Ansicht nach für seine Haltung in Fragen von nationaler Wichtigkeit häufig ausschlaggebend. In seinen Jahren als zweitklassiger Minister in Likud-Regierungen, der kaum Einfluss auf die wichtigsten außen- und sicherheitspolitischen Entscheidungen hatte, nahm er gegenüber seinem Parteiführer oft eine reaktionäre Haltung ein; sobald er jedoch eingebunden wurde, vertrat er beträchtlich gemäßigtere Ansichten. So brauchte Ministerpräsident Netanjahu 1998 nur Scharons Titel zu ändern, um ihn von einem radikalen Gegner zu einem entschiedenen Befürworter des Wye-Abkommens zu machen. Der Außenminister Scharon akzeptierte, was der Infrastrukturminister Scharon noch abgelehnt hatte.

Drittens hatte Scharon ein pragmatisches Verhältnis zur Ehrlichkeit, betrachtete sie eher als eine Ware denn als Ideal. David Ben Gurion, Israels erster Ministerpräsident und Verteidigungsminister, war in Scharons Offizierszeit dessen wichtigster Mentor. Er bewunderte Scharons Mut und sein unkonventionelles Denken, war aber irritiert über dessen Neigung, es mit der Wahrheit nicht so genau zu nehmen.

Eine weitere wichtige Eigenschaft Scharons war seine Intuition. Er verfügte über eine ausgezeichnete Fähigkeit, die Schwächen seiner Gegner zu erkennen. Sein emotionaler Kompass zeigte ihm genau die Ängste, Sehnsüchte und versteckten Motive eines Gegenübers. In seinen vielen Jahren als Politiker dehnte er diese Fähigkeit vom Mikro- auf den Makrobereich aus und spürte häufig, was die Bevölkerung fühlte und fürchtete. Wenn er in einer Klemme steckte, wusste er, wie er die öffentliche Meinung manipulieren und nach Belieben drehen konnte.

Soldaten, Offiziere, Politiker, Feinde und Freunde, Verbündete und Gegenspieler sind sich allesamt darin einig, dass Scharon über ein einzigartiges Charisma verfügte. Scharon, sagt Schimon »Katcha« Kahaner, einer der gefeierten Soldaten von Einheit 101 und ein unerschütterlicher Freund Scharons, »benützte immer seinen Kopf, aber wenn wir in einer schwierigen Lage waren und alle fast durchdrehten vor Stress, war seine Ruhe wie ein Rettungsanker. Er verlangte nie etwas von uns, das er nicht selbst getan hätte. Er ging immer voran. Seine Führungsqualitäten waren absolut. Ein Führer ist ein Mensch, der dich überzeugen kann, dass du genau das willst, was er will, dass ihr beide genau für dasselbe kämpft. Scharon ist Meister in dieser Beziehung. Das ist das Geheimnis seiner Stärke und seiner Fähigkeit, das Schicksal so vieler Menschen zu beeinflussen.«

Trotz dieser Charakterzüge ist es immer noch in mancher Hinsicht unglaublich, dass Scharon der »Hirte« des Volkes Israel wurde. Scharon schien nie zur Größe bestimmt. Im Gegensatz zu anderen zionistischen Führern – Jitzhak Rabin, Mosche Dajan, Jigal Allon, Schimon Peres –, die der Elite der Regierungspartei entstammten, beackerte Scharon in jungen Jahren mit seinen verarmten Eltern den Boden. Sein Vater, der Agronom Samuel Scheinerman, wünschte nichts sehnlicher, als dass sein Sohn Agrarwissenschaft studieren und weiterhin das Land der Familie bebauen würde. Scharon war stolz auf seine bäuerlichen Wurzeln und hatte ein persönliches Interesse an seinen Kühen, Schafen und Ziegen. Seine Sekretärinnen wussten: wenn von der Ranch ein Anruf kam, dass ein Kalb, ein Zicklein oder ein Lamm geboren war, musste Scharon sofort informiert werden, selbst wenn das bedeutete, dass man dem Ministerpräsidenten in einer spannungsgeladenen Kabinettssitzung einen Zettel zusteckte (mit Gewicht und Namen des Neugeborenen und natürlich mit Informationen über den Zustand des Muttertiers). Mit dieser Vorliebe befand sich Scharon in biblischer Gesellschaft: Die großen Führer des jüdischen Volkes waren alle Schafhirten gewesen: Abraham, Isaak, Jakob, Moses, König David.

Ein berühmtes Foto aus den achtziger Jahren. Scharons jüngster Sohn Gilad warnt seinen Vater, sich vor der Kamera des *Yedioth-Ahronoth*-Fotografen Jossi Rot das Schaf über die Schultern zu legen. Scharon erwidert: »Ich vertraue diesem Mann. Er hat mich im Oktober 1973 beim Brückenkopf am Suezkanal fotografiert.«

Scharons Herde von Anhängern wuchs mit der Zeit. Nach jeder Beförderung beim Militär, vom Kommandeur der Fallschirmjäger zum Divisionskommandeur zum General im Krieg von 1967, war er von mehr Soldaten umgeben, die ihm ergeben waren. Schon damals waren seine Anhänger sicher, dass er dazu bestimmt war, das Land zu führen. Nach dem Libanonkrieg, einem Feldzug, den viele für ungerechtfertigt und unnötig hielten, kehrten ihm manche den Rücken, aber die Kerntruppe stand zu ihm und unterstützte ihn auch in seinem Exil auf der Schikmim-Farm. Diese Art von leidenschaftlicher Anhängerschaft ist im israelischen öffentlichen Leben beispiellos. Alle führenden Politiker hatten ihre Anhänger und Unterstützer, aber bei Scharon wirkte es wie die Beziehung zwischen einem Guru und seinen Gläubigen – oder eben einem Schafhirten und seiner Herde.

Seine Anhänger wurden häufig für die unverbrüchliche Treue zu ihrem Guru belohnt. Einige bekamen Posten im staatlichen Sektor; andere profitierten geschäftlich von Scharons Verbindungen. Aber obwohl die Leistungen von Anhängern und Freunden, von denen viele ungeheuer begabt waren, gebührend gewürdigt wurden, spielte dieser Personenkreis nie eine so große Rolle wie Scharons engste Angehörige: Lily Scharon, die an allen wichtigen Entscheidungen ihres Mannes teilhatte und häufig bestimmte, wer überhaupt in seine Nähe gelassen wurde; sein Sohn Omri, »Außenminister« der Familie und inoffizielle Stimme seines Vaters; und Gilad, der jüngste Sohn, der sich als introvertierter »Innenminister« um die Finanzen der Familie kümmerte und häufig politische Strategien entwarf.

Scharon ist in der israelischen Politik der ungekrönte König der Skandale. Kein anderer Ministerpräsident hat je sein Niveau an zweifelhaften Verstrickungen erreicht. Er war polizeilichen Ermittlungen in drei großen Skandalen ausgesetzt: der »Griechische-Insel-Affäre«, der Affäre Annex Research und der Affäre Cyril Kern. Die ersten beiden Ermittlungsverfahren wurden auf Anweisung des Generalstaatsanwalts eingestellt, wobei dieser einräumte, dass der Ministerpräsident gefährlich nahe an einer Anklage vorbeigeschrammt war. Scharons Sohn Omri, Wahlkampfmanager bei den internen Vorwahlen des Likud im Jahr 1999, wurde verurteilt, weil er falsche Firmenunterlagen geführt, eine Falschaussage gemacht und die Gesetze über die Geldbeschaffung für politische Zwecke verletzt hatte. Das

Berufungsverfahren steht noch aus. Die Affäre Cyril Kern, in der über vier Kontinente hinweg Darlehen und Zahlungen geflossen sind, wird immer noch von der israelischen Polizei untersucht.

Dieses – wie es aussieht – wenig anständige Verhalten ist nichts Neues. Scharons Name taucht in diesem Zusammenhang seit Jahren in Presseartikeln, Gutachten staatlicher Rechnungsprüfer und Entscheidungen des Generalstaatsanwalts auf. Er wurde wegen Interessenkonflikten in seiner Eigenschaft als Großbauer und Landwirtschaftsminister angegriffen und der Vetternwirtschaft und vieler anderer Dinge bezichtigt.

Man sollte allerdings nicht übersehen, dass alle seine zweifelhaften Unternehmen untersucht wurden und dass er nie wegen einer Straftat angeklagt oder verurteilt wurde. Seine Weste blieb rein, obwohl er jahrelang öffentliche Ämter bekleidete und all seine Aktivitäten von einer breiten Öffentlichkeit beobachtet wurden.

Ein wichtiger Vorwurf, der Scharon gemacht wird, besteht darin, dass seine eigentliche Motivation für die Abkopplung darin bestanden habe, die Skandale um seine Familie aus den Schlagzeilen zu bringen. Dieser Theorie zufolge beruhte seine Bereitschaft, den Palästinensern territoriale Zugeständnisse zu machen (die ganz von seiner Fähigkeit abhing, den Willen seiner eigenen Partei zu beugen), auf seinem Bedürfnis nach Schutz vor Strafverfolgung. Er dachte, so die Vertreter dieser Theorie, dass ein amtierender Ministerpräsident niemals angeklagt würde, während er eine historische Friedensregelung aushandelte. So sagte das Knesset-Mitglied Swi Hendel von der Nationalen Union, dessen Wählerschaft hauptsächlich aus Siedlern und deren Sympathisanten besteht, voller Verachtung: »Die Abkopplung geht nur so weit, wie die strafrechtlichen Ermittlungen gehen.«

Unserer Ansicht nach ist es unwahrscheinlich, dass die polizeilichen Ermittlungen gegen Scharons Familie sein Hauptmotiv waren, als er sich für den Rückzug einsetzte; schließlich hatte er schon im September 2001 verkündet, dass er bereit sei, den Palästinensern einen Staat im Gazastreifen und im Westjordanland zuzugestehen. Außerdem fand er sich wenig später mit den Bestimmungen von Bushs Roadmap ab, die noch weit größere Zugeständnisse verlangt als den bisher vollzogenen Rückzug, so einen Baustopp im Westjordanland, das Ende der »Besatzung, die im Jahr 1967 begann«, eine »faire ... Lösung« für das Problem der palästinensischen Flüchtlinge und »eine auf dem Verhandlungsweg erzielte Klärung des Status von Jerusalem«. Scharon hat außerdem Erfahrung in der Durchführung von Zwangsräumungen: 1982 leitete er als Verteidigungsminister die Zerstörung alle Siedlungen auf der Sinai-Halbinsel, obwohl er selbst zehn Jahre zuvor als befehlshabender Offizier des Südkommandos auf die Besiedlung dieser Gebiete gedrängt hatte.

Trotzdem kann man sich des Gefühls nicht erwehren, dass die polizeilichen Ermittlungen beim Timing von Scharons Bekanntgabe des Abkopplungsplans eine Rolle gespielt haben. Die zeitliche Nähe der Ereignisse wirkt einfach verdächtig. Scharon gab seinen Plan am 2. Februar 2004 bekannt, nur sieben Tage nachdem der frisch vereidigte Generalstaatsanwalt Menachem Masus angekündigt hatte, dass seine Entscheidung über eine Anklage wegen der »Griechische-Insel-Affäre« unmittelbar bevorstehe. Scharons Bekanntgabe erfolgte nur drei Tage bevor er in seinem offiziellen Amtssitz in Jerusalem von der Polizei befragt wurde, und zwei Wochen nachdem bekannt wurde, dass die Staatsanwältin Edna Arbel eine Anklage befürwortete. Der Boden unter Scharons Füßen war heiß geworden. Aber nach dem 2. Februar, als klar wurde, dass er es mit der Räumung der Siedlungen ernst meinte, ließ der Druck der Medien nach, und eine ganze »Herde« von Journalisten, von denen viele eher linksorientiert waren, sammelte sich hinter dem einst geächteten »Hirten«.

Was aber verursachte nun wirklich den radikalen Wandel in Scharons politischen Überzeugungen, der ihn dazu trieb, sich nicht nur von seinen historischen Verbündeten – den Siedlern –, sondern auch von seinen Anhängern im Zentralkomitee des Likud abzukoppeln? Die Antwort hat unserer Ansicht nach mit jenem oben erwähnten seltenen Moment der Introspektion zu tun, den er im Oktober 1979 angesichts des Tempels von Abu Simbel erlebte. Ein Vierteljahrhundert später verfügte Scharon über ein geschätztes Familienvermögen von zehn Millionen Dollar und war damit der reichste Ministerpräsident, den Israel je hatte. Alles, was er noch erreichen musste, war ein Platz in den Geschichtsbüchern.

Wenn er in den dreißiger Jahren, als er noch als Kind in Kfar Malal lebte, seinen Blick über die feindlichen Dörfer in der Umgebung schweifen ließ, sagte sein Vater zu ihm: »Schau immer, was hinter dem nächsten Hügel liegt.« In all seinen Jahren als Offizier und Politiker gab er diesen Rat Hunderte von Malen weiter. Sein Motto war immer, auf den Berg hinaufzusteigen und zu sehen, was auf der anderen Seite lag. Metaphorisch dauerte sein Aufstieg zum Gipfel, zum idealen Aussichtspunkt, 60 Jahre. Erst als er ihn – mit seiner Wahl zum Ministerpräsidenten im Februar 2001 – erreicht hatte, konnte er sehen, was auf der anderen Seite lag. Erst dann konnte er ermessen, wohin er seine Herde führen musste.

Die faszinierende Geschichte von Ariel Scharons Leben ist aller Wahrscheinlichkeit nach zu Ende. Auf jeden Fall beinhalten die folgenden 60 Kapitel, was Samuel Scheinerman zu seinem kleinen Sohn sagte, wenn der Junge bei der Sisyphusarbeit auf dem Feld unter der glühenden Sonne müde wurde: »Schau zurück«, sagte Samuel zu dem jungen Arik, »und sieh, was du schon geschafft hast.«

Kapitel 1
Die Schlacht von Latrun

Ministerpräsident Ariel Scharon war ein schrecklich langweiliger Redner. Sein Ton war überspannt und wenig ansprechend, er fummelte beim Reden mit der Brille herum, er las immer ab. Seine Stimme ging auf und ab wie ein fernes Boot bei wenig Wellengang, und die Handbewegungen, mit denen er seine Worte unterstreichen wollte, kamen meist zu spät. Wenn Scharon etwas Bedeutendes zu verkünden hatte, musste man schon genau hinhören, damit man nicht den entscheidenden Moment verpasste.

Am 23. September 2001 kletterte der korpulente, aber agile Dreiundsiebzigjährige im Amphitheater von Latrun auf das Podium und sprach zu einer Gruppe von Lehrern. Sie hörten genau hin und erfassten die historische Bedeutung seiner Rede. Er verkündete nämlich sein prinzipielles Einverständnis mit der Gründung eines palästinensischen Staates westlich des Jordan. Damit war er der erste Ministerpräsident des rechtsgerichteten Likud, der die Westbank offiziell den Palästinensern zugestand. »Israel«, sagte Scharon, während in seinem Rücken die Sonne unterging, »will den Palästinensern geben, was niemand ihnen je zuvor gegeben hat: die Möglichkeit, einen eigenen Staat zu gründen. Niemand, weder die Türken noch die Engländer, noch die Ägypter, noch die Jordanier, niemand hat ihnen je diese Möglichkeit gegeben.«

Es war kein Zufall, dass Scharon diese Erklärung in Latrun am Kriegerdenkmal des Panzerkorps abgab. Er wählte diesen Ort, um eine Ideologie zu begraben, die er 30 Jahre lang selbst vertreten hatte. Und er tat dies, indem er sich gegen den Willen seiner Partei und fast seiner gesamten Wählerschaft damit einverstanden erklärte, dass nur wenige hundert Meter von der Stelle entfernt, an der er beinahe sein Leben verloren hätte, ein Palästinenserstaat gegründet würde. Während er sprach, dachte er zurück an eine der peinlichsten Niederlagen in der Geschichte der israelischen Armee (Tzwa hagana le-Jisrael, abgekürzt Tzahal): die Schlacht von Latrun 1948. Damals, vor 53 Jahren, hatte er nur 800 Meter entfernt von dem Podium, auf dem er jetzt mit Krawatte und gestärktem Hemd stand, auf dem Rücken gelegen und aus dem Bauch geblutet, und sein Lebenswille war langsam geschwunden.

Was damals geschehen war, wurde in ihm wieder lebendig: Wie ihn die Kugel in den Bauch traf; wie bewaffnete palästinensische Dorfbewohner die verwundeten Soldaten seines Zuges ermordeten und ihre Leichen ausraubten; die schreckliche Hitze; die Fliegen; Wolken von Stechmücken, die sich auf seine offenen Wunden stürzten; der Abtransport vom Schlachtfeld, den er nur mit Mühe überlebte. Die Schlacht von Latrun wurde zu einem Schlüsselerlebnis für den jungen Scharon, aus dieser Schlacht ging er als unerschütterlicher und furchtloser Kämpfer hervor. In seinem von zahlreichen militärischen, politischen und privaten Krisen geprägten Leben sollte er sich oft daran erinnern, wie er in Latrun »von den Toten auferstanden war«. In seinen dunkelsten Stunden konnte er immer wieder diese Erinnerung wachrufen und daraus die Kraft ziehen, sich wie ein Phönix aus der Asche zu erheben.

Die Schlacht von Latrun begann in der Nacht zum 25. Mai 1948, zehn Tage nachdem der erste israelische Ministerpräsident David Ben Gurion die Gründung des Staates Israel verkündet und damit einen massiven Angriff der fünf Nachbarstaaten Ägypten, Transjordanien, Irak, Syrien und Libanon ausgelöst hatte. In den ersten Tagen des Krieges schloss die Jordanische Legion Jerusalem ein und schnitt die 100 000 jüdischen Bewohner der Stadt, die weder über Nahrungsmittel noch über Wasser, noch über Medikamente oder Waffen verfügten, von ihren Glaubensgenossen ab. Das 4. Bataillon der Jordanischen Legion, verstärkt durch palästinensische Banden, hatte die arabische Stadt Latrun, das in ihrer Nähe gelegene Trappistenkloster, die ehemalige Kreuzfahrerburg Le Toron des Chevaliers und das quadratische Steingebäude, das den Briten während ihres palästinensischen Mandats als Polizeihauptquartier gedient hatte, unter ihre Kontrolle gebracht. Damit hatten sie den Belagerungsring um Jerusalem geschlossen, da die Kreuzfahrerburg wie schon im Mittelalter die westliche Zugangsstraße in die Heilige Stadt beherrschte. Am 23. Mai verstärkten die Jordanier ihre Truppen durch das Zweite Bataillon der Jordanischen Legion. Zahlreiche Wagenkolonnen wurden zerstört, sobald sie auf dem Weg nach Jerusalem über dem ersten Hügelkamm 14 Kilometer westlich der Hauptstadt auftauchten.

Ben Gurion wollte diesen Belagerungsring unbedingt durchbrechen. Die Militäroperation, die den Korridor nach Jerusalem öffnen sollte, hieß »Bin Nun« (nach der biblischen Gestalt Josua, dem Sohn Nuns, der die Juden nach Kanaan geführt und dort in der Schlacht über die Amoriter gesiegt hatte.) Der Durchbruch sollte von der 7. Brigade erkämpft werden. Sie war erst eine Woche zuvor in aller Hast aufgestellt worden und bestand aus Überlebenden des Holocaust, die ohne militärische Ausbildung direkt von den Schiffen aufs Schlachtfeld geführt wurden. Da viele ihrer Mitglieder kaum je ein Gewehr abgefeuert hatten, wurde sie durch das 32. Infanteriebataillon verstärkt, eine kampferprobte Einheit aus der Alexandroni-Brigade. Der Kommandeur des 1. Zugs der Kompanie B dieses 32. Bataillons war der gerade erst 20 Jahre alt gewordene Arik Scheinerman (Scharon).

Er hatte einen Arm im Gips, den er kurz zuvor bei einem Autounfall gebrochen hatte, aber er wollte den 1. Zug trotzdem führen. Vielleicht weil bei den Soldaten das Gerücht kursierte, sie würden bei der Schlacht leichtes Spiel haben. Der Geheimdienst unter dem Befehl des späteren israelischen Staatspräsidenten Chaim Weizman hatte gemeldet, dass Latrun nur von mehreren Hundert bewaffneten, aber unorganisierten palästinensischen Dorfbewohnern bewacht werde. Tatsächlich jedoch lagen außer Sichtweite der israelischen Truppen 1000 Beduinensoldaten der Jordanischen Legion auf der Lauer. Sie waren mit Mörsern, Artillerie, Panzerfahrzeugen, Hunderten von schweren Maschinengewehren und Sturmgewehren ausgerüstet. Die Falschmeldung des Geheimdiensts sollte eine der blutigsten Schlachten des Unabhängigkeitskriegs zur Folge haben.

Gegen Abend des 24. Mai bereiteten sich vier Kompanien – zwei von der 7. Brigade und zwei vom 32. Bataillon – im so genannten Huldawald, einer kleinen Gruppe von Eukalyptusbäumen neben dem Kibbuz Hulda, auf die Schlacht vor. Jaakow Bugin, ein junger Soldat aus Kfar Pinnes, der einige Tage zuvor in Ariks Zug versetzt worden war, erinnert sich, dass die Einheit auf dem Weg von ihrem Stützpunkt Pardaisija in den Huldawald durch die gerade eroberte arabische Stadt Jaffa kam, was die Moral der Soldaten beträchtlich hob. »Arik saß bei mir im Bus und ich weiß noch, das ich ihn bewundernd anschaute«, erinnert sich Bugin, der seinem neuen kommandierenden Offizier noch nicht einmal vorgestellt worden war. »Ich war damals siebzehn, ein Alter, in dem ich nach Helden und Vorbildern suchte, und Arik hatte definitiv etwas Heroisches an sich. Sein Körper war kräftig und gesund, aber er hatte ein kindliches Gesicht. Ich weiß noch, dass ich hinter ihm im Bus saß und dachte: »Er erinnert mich an einen römischen Kaiser.«

Ted Arison, damals Fernmeldeoffizier der israelischen Streitmacht und später als Besitzer der Kreuzfahrtgesellschaft Carnival Cruise Lines einer der reichsten Männer der Welt, rannte hektisch unter den Soldaten umher und suchte nach Ersatzbatterien für sein Funkgerät. Er war nicht der Einzige, dem es an lebenswichtigem Material gebrach. Es fehlte ebenso an Feldflaschen, Uniformen, ja sogar an Stiefeln. Es gab nicht genügend Gewehre und Munition, und das Pionier- und Artilleriekorps war nirgendwo zu finden. Jigael Jadin, Leiter der operativen Abteilung im Generalstab, versuchte in letzter Minute, Ben Gurion zu einer Verschiebung der Schlacht zu überreden, weil die 7. Brigade seiner Ansicht nach für die Befreiung von Jerusalem nur bedingt geeignet war. Ben Gurion jedoch weigerte sich, den Angriff um mehr als 24 Stunden zu verschieben, weil er um das Leben der jüdischen Einwohner der Hauptstadt fürchtete und schreckliche Angst hatte, dass ganz Jerusalem fallen könnte.

Arik Scheinerman verbrachte die Stunden vor der Schlacht auf dem Bauch liegend in einem Olivenhain und tankte Kraft für die kommende schlaflose Nacht. Er war damals schon ein erfolgreicher militärischer Führer – tapferer, anspruchsvoller und ernster, als es seinem Alter entsprach, und mit der Angewohnheit, sich allein zu sammeln. Er sah zu, wie die neuen Rekruten von der 7. Brigade bei ihrer Ankunft von den Lastwagen sprangen. Ram Oren zitiert in seinem Buch *Latrun* einen Brief, den Arik damals seinen Eltern schrieb:

»Mein Zug und ich lagen faul in einem Olivenhain, warteten auf das Ende der Tageshitze, dachten, was man vor einer Schlacht so denkt, wurden eins mit den vom Wasser geglätteten Steinen und der Erde und fühlten uns als fester Bestandteil des Landes: ein Gefühl, verwurzelt zu sein, ein Gefühl der Heimat, der Zugehörigkeit, des

Besitzes. Plötzlich hielt ein Lastwagenkonvoi neben uns und lud neue, ausländisch wirkende Rekruten ab. Sie waren ein bisschen blass und trugen ärmellose Pullover, graue Hosen und gestreifte Hemden. Ein Gewirr von Sprachen erfüllte die Luft, Namen wie Herschel und Jasek, Jan und Maitek wurden gerufen. Die neuen Männer hoben sich scharf ab vor dem Hintergrund von Olivenbäumen, Felsen und allmählich gelb werdendem Getreide. Sie waren über die gesperrten Grenzen zu uns gekommen, aus den Todeslagern in Europa. Ich beobachtete sie. Beobachtete, wie sie sich auszogen, sah ihre weißen Körper. Sie versuchten, passende Uniformen zu finden, kämpften mit den Riemen ihrer Kampfjacken, während ihre neuen Kommandeure ihnen behilflich waren, sich einzukleiden. Sie zogen sich schweigend an, als ob sie ihren Frieden mit dem Schicksal gemacht hätten. Nicht einer von ihnen schrie: »Lasst uns wenigstens ein bisschen freie Luft atmen nach den Jahren schrecklichen Leidens.« Es war, als seien sie zu dem Schluss gekommen, das dies eine letzte Schlacht um die Zukunft des jüdischen Volkes sei.«

Während Arik Scheinerman und seine Männer im Schatten der Olivenbäume ihre Wasserflaschen und Magazine füllten, saßen die Kommandeure der Operation »Bin Nun« in einer nahe gelegenen Hütte zusammen und sprachen den Schlachtplan noch einmal durch. Die beiden Kompanien des 32. Bataillons sollten das Trappistenkloster, die Kreuzfahrerburg, das britische Polizeigebäude, das arabische Dorf Latrun und den Hügel 315 erobern, und das 72. Bataillon der 7. Brigade sollte den befestigten Hügelkamm östlich des Dorfes nehmen. Mit diesem Zangenangriff sollten sich die israelischen Truppen die Kontrolle über die Straße nach Jerusalem sichern.

Der Plan war theoretisch ganz einfach, aber in der Praxis gab es zahlreiche Probleme: Der Bus, der die Soldaten an den Sammelpunkt bringen sollte, hatte Verspätung; ein Unterstützungszug von Infanteristen und eine Artillerieeinheit mit 155-Millimeter-Geschützen erschienen nicht; und der Kommandeur des 32. Bataillons war durch chronischen Schlaf- und Nahrungsmangel sowie allgemeine Kriegsmüdigkeit so geschwächt, dass er am Sammelpunkt das Bewusstsein verlor. Er wurde durch den späteren Generalstabschef Chaim Laskow ersetzt.

Jaakow Bugin erinnert sich: »Als der Abend hereinbrach, wurde unsere Kompanie B über das Einsatzziel informiert: die Einnahme der französischen Festung und des arabischen Dorfes Latrun und die Öffnung der Straße nach Jerusalem. Arik, der Zugführer, gab die Anweisungen. Er hängte eine Karte an einen der Bäume und erklärte die Einzelheiten des Plans. Ab zehn Uhr nachts saßen wir in den Bussen, mussten aber über drei Stunden lang warten. Wir waren ganz verkrampft vor Spannung. Erst um ein Uhr morgens kam der Befehl, auf Latrun vorzurücken. Arik hatte die ganze Zeit schweigend im Bus gesessen, wie in einem Schneckenhaus.«

Ursache der Verspätung war die vergebliche Hoffnung gewesen, dass die Artillerieeinheit und der Unterstützungszug doch noch auftauchen würden. Nach dem Befehl zum Aufbruch verfuhr sich der erste Bus des Konvois, und weitere kostbare Stunden der Dunkelheit gingen verloren. Erst um 2.30 Uhr stiegen die Soldaten endlich in der Nähe eines alten britischen Internierungszentrums aus, in dem vor der Staatsgründung Führer jüdischer Kampfeinheiten inhaftiert gewesen waren. Ascher Levi, der Kommandeur von Kompanie B, rückte mit seinen Männern im Gänsemarsch vor. Niemand hörte ein verdächtiges Geräusch. Trotzdem hielten oben am Berg, auf den Zinnen der alten Festung, jordanische Beobachter ihre Kommandeure über sämtliche Truppenbewegungen der Israelis auf dem Laufenden.

Es war kurz vor vier Uhr morgens. Hinter den befestigten Hügeln von Latrun färbte sich der schwarze Nachthimmel blau; ein klarer Tag brach an. Ascher Levi sagte zu Arik Scheinerman, dem Führer des 1. Zuges, dass ihre Wege sich jetzt trennen müssten, und Scharon führte seinen 36-köpfigen Zug in ein trockenes Bachbett hinab, in dessen Schutz er sich auf die Hügel von Latrun zubewegte. Scheinerman, der an der Spitze marschierte, konnte im Licht des frühen Morgen die Häuser des arabischen Dorfs und die Umrisse der Burg und des Klosters ausmachen. Nur der Weinberg der Mönche lag noch zwischen seinen Männern und dem Kloster. Um 4.30 Uhr kam der Befehl: Angriff!

Der Augenblick hat sich tief in Jaakow Bugins Gedächtnis eingegraben:

»Ganz plötzlich wurden wir mit einem tödlichen Geschosshagel eingedeckt. Er war massiv, geplant und gut organisiert und kam aus verschiedenen Richtungen. Unser Zug, der sich an der Spitze befand, wurde leider auf ungünstigem Gelände von dem Feuer erfasst. Ich weiß noch, dass Kugeln und Granaten wie Regentropfen auf uns herniederprasselten. Der ganze Abhang war wie ein Schießplatz. Plötzlich wurde ich zu Boden gerissen. Mir wurde schwindlig, abwechselnd heiß und kalt, und ich hatte ein ohrenbetäubendes Klingeln in den Ohren. Eine Kugel hatte mich am Kinn erwischt, und ich schloss die Augen und wartete auf das Ende. Zu meinem großen Glück kroch Ariks Stellvertreter Rami, ein Mann, der aus Magdiel stammte, durch den Geschosshagel mit einem Sanitäter zu mir herüber. Die beiden verbanden mich, und dann zog mich Rami in dem schweren Feindfeuer den Abhang hinunter. Ich erkannte, dass sich der Rest der Kompanie zurückgezogen hatte und hinter einem Hügel in Deckung gegangen war. Nur unseren Zug hatte es auf dem offenen Abhang erwischt. Wir rasten den Berg hinab und Arik führte uns zu einer kleine Bodensenke im Tal, wo wir vor dem ununterbrochenen Beschuss Deckung suchten. Erst später erkannten wir, dass es sich um eine tödliche Falle handelte.

Auch Rami und ich rasten auf die Senke zu, wo die anderen bereits Deckung gesucht hatten, aber die Jordanier konnten uns in aller Ruhe aufs Korn nehmen. Rami wurde von einer Kugel getroffen und getötet. Ich rannte wie ein Verrückter im Zickzack den Abhang hinunter, während die Jordanier aus allen Richtungen auf mich feuerten. Ich hatte mein Gewehr fallen lassen und hielt beim Rennen mein Kinn fest, damit sich der Verband nicht löste. Eine Kugel durchschlug meine Schulter, vorne hinein und hinten wieder raus. Eine weitere Kugel streifte mich am Hals. Während ich rannte, hörte ich Arik aus der Senke schreien: ›Renn! Bleib bloß nicht stehen!‹

Irgendwie schaffte ich es zu der geschützten Stelle im Tal. Dort stellte ich fest, dass wir noch viele weitere Verwundete hatten. Ich lag neben den anderen Verletzten und beobachtete Arik. Sein Funkgerät war von einer Kugel zerschmettert und er hatte keine Verbindung zum Rest der Kompanie. Wir waren fast völlig schutzlos. Die Araber im Kloster und auf den Hügeln in der Umgebung beschossen uns; das heißt, ihre Scharfschützen nahmen unsere Köpfe ins Visier. Immer wieder wurde einer von uns getroffen. Wir pressten uns an die Wand der Senke und krallten uns in den Büschen und Weinreben fest. So ging es stundenlang. Wir trösteten uns mit dem Gedanken, dass die Araber nicht ins Tal herunterstürmen konnten, da unsere Kompanie hinter dem Hügel lag und ihr Feuer erwiderte.

Aber unsere Lage wurde immer schwieriger. Niemand konnte den Kopf heben. Gegen Mittag hatten wir nur noch vier unverletzte Männer im Zug; Arik war einer von ihnen. Schließlich versuchten die arabischen Soldaten durch die Weinberge ins Tal vorzudringen. Arik postierte einen Beobachter in der Richtung, aus der sie kamen, und jedes Mal, wenn sie durchzubrechen versuchten, eröffneten wir das Feuer. Da wir von allen Seiten eingeschlossen waren, hielten wir einen Rückzug bei Tageslicht für aussichtslos. Wir hatten nur eine Chance: bis zum Abend durchzuhalten und im Schutz der Nacht davonzuschleichen. Die Mittagshitze war brutal, und die Sonne brannte gnadenlos auf uns herab. Wir hatten seit dem Vortag nichts mehr gegessen, und das Wasser in unseren Feldflaschen war längst aufgebraucht. Wolken von Stechmücken fielen über uns her, besonders über die Verwundeten mit ihren blutdurchtränkten Kleidern und Verbänden.

Gegen 1.30 Uhr war es plötzlich still. Beide Seiten hatten das Feuer eingestellt. Wir waren uns sicher, dass Verstärkung der Tzahal eingetroffen war. Ich weiß noch, dass Arik befahl, die Offensive fortzusetzen und das Kloster zu stürmen, sobald die Verstärkung eingetroffen wäre. Die Stille dauerte nur ein paar Minuten. Dann stellte Arik mit Entsetzen fest, dass die Jordanische Legion die Position unserer Kompanie eingenommen hatte. Er begriff sofort, dass die Soldaten abgerückt waren, die bisher verhindert hatten, dass der Feind das Tal stürmte und uns abschlachtete – wir waren allein. Das war der Grund für die Stille gewesen. Unsere eigenen Leute hatten das Schlachtfeld verlassen.

Wenige Augenblicke später waren wir von Soldaten der Jordanischen Legion und Banden bewaffneter palästinensischer Bauern umringt, die von allen Seiten ungehindert gegen uns vorrückten.

Wir schossen auf sie, aber unsere Kugeln waren wie Tropfen im Meer. Sie waren schon nahe, vielleicht nur noch ein paar hundert Meter weg, als Arik ›Rückzug!‹ schrie.
Etwa 300 Meter von unserer Senke entfernt lag ein Weizenfeld. Dorthin wollten wir so schnell wie möglich rennen und zwischen den Ähren Deckung suchen. Das Problem war nur, das offene Gelände zwischen unserer Stellung und dem Feld zu überwinden. Wir versuchten einer nach dem anderen den schützenden Weizen zu erreichen. Viele wurden unterwegs erschossen. Arik bekam einen Bauchschuss. Ich wusste, dass ich erledigt war, wenn ich weiter liegen blieb. Die Araber brachten Verwundete fast immer um und raubten sie aus. Also kroch ich Zentimeter um Zentimeter auf das Kornfeld zu. Ich hatte großes Glück, dass ich es erreichte.
Als ich dort war, begann ich, mich in einer Mischung aus Kriechen und Gehen durch die hohen Weizenhalme zu schieben. Plötzlich sah ich eine Maschinenpistole auf der Erde liegen. Ich erkannte die Waffe sofort. In unserem Zug hatte nur Arik so viel Feuerkraft. Ich hob die Waffe auf und dachte: ›Ich bringe sie Arik zurück, dann hat er mich für immer gern.‹ Ich weiß, es klingt merkwürdig, aber damals kreisten all meine Gedanken darum, wie Arik reagieren würde, wenn ich ihm die Waffe zurückgab. Ich war richtig scharf auf den Moment. Trotz meiner Erschöpfung schleppte ich die Waffe ein paar Meter weit mit, bis ich sie wieder fallen lassen musste. Links und rechts von mir hörte ich nur wenige Meter entfernt die freudigen Stimmen von Arabern, die Tote ausplünderten. Und ich hörte, wie sie lachend die Verwundeten erschossen.
Ich kroch weiter durch das Feld, als ich plötzlich ein Stöhnen in den Halmen hörte. Ich kroch darauf zu und fand Arik, der mit offenen Augen auf dem Rücken lag und in den Himmel starrte. Ich spürte eine erstaunliche Kraft in mir aufsteigen, als ich ihn so in seinem Blut liegen sah. Angst, Schmerzen, Hunger, alles war plötzlich wie weggeblasen. Ich versuchte ihn aufzurichten, aber er murmelte: »Renn. Hau ab. Rette dich selbst.« Doch ich war hartnäckig. Ich hörte nicht auf ihn. Und obwohl er mir nicht erlauben wollte, ihn anzufassen, weil es ihm wehtat, half

ich ihm auf die Beine, genau wie sein Stellvertreter Rami es ein paar Stunden zuvor mit mir getan hatte, bevor ihn die jordanische Kugel tötete. Mit vereinten Kräften schleppten wir uns davon.«

Jaakow Bugin hatte damals keine Ahnung, dass ein anderer Soldat des Zugs Scharon wenige Augenblicke zuvor in derselben Lage gefunden hatte. Er stammte aus einem der jüdischen Dörfer in der Nähe von Scheinermans Siedlung und hatte ihn schon als Kind gekannt. Nun beugte er sich über seinen Offizier und Freund und blickte ihm ins Gesicht. Scharon erzählte später, sein alter Freund habe sich die Wunde in seinem Bauch angesehen und ihm noch einige Sekunden ins Gesicht gestarrt, dann habe er seinen Weg fortgesetzt. Wenige Minuten später sei er, vielleicht getrieben von Schuldgefühlen, noch einmal zurückgekehrt, habe ihn lange und intensiv angesehen, sich schweigend verabschiedet und sei wieder verschwunden. Er war nicht mehr zurückgekehrt. Scharon sagte später, er nehme ihm sein Verhalten nicht übel, weil er nur dem Tod habe entrinnen wollen.

Bugin entschied sich für einen anderen Weg:

»Wir hatten nicht mehr genug Kraft, um zu kriechen. Wir mussten aufstehen und aufrecht durch das Feld laufen, sichtbar für die bewaffneten palästinensischen Bauern. Als wir standen, konnten wir sehen, wie die Araber links und rechts von uns unsere Verwundeten erschossen. Sie sahen uns auch, waren aber glücklicherweise zu sehr mit dem Fleddern der Leichen beschäftigt, als dass sie die Gewehre gehoben hätten, um zwei elende, blutende Soldaten zu erschießen, die an ihnen vorbeihinkten. Auch waren sie so in einen Wettstreit vertieft, wer mehr Uhren und Brieftaschen erbeutete, dass wir sie gar nicht interessierten. Ich kann mich noch deutlich an eines der Gesichter erinnern, an einen Dorfbewohner mit einem Bart. Sie waren überall um uns herum in dem Feld, nahe genug, dass sie uns hätten berühren können. Sie hätten nur anlegen müssen, um uns zu töten. Sie hätten nicht einmal rennen müssen. So durchquerten Arik und ich das Feld, von Arabern umgeben, bis wir uns langsam von ihnen entfernten. Wir hatten Glück, dass

Arik die Gegend gut kannte und ein Fernglas dabeihatte. Deshalb fanden wir das Gebiet mit den verwundeten Soldaten.

Wir marschierten stundenlang auf diese Weise, furchtbar langsam, erschöpft und unter Schmerzen. Die Felder um uns herum waren durch den Mörserbeschuss in Brand geraten, also mussten wir bergauf steigen und den Weg über Steinterrassen nehmen. Es war sehr schwer für Arik, die lockeren Steinmauern zu überwinden. Bei jeder Terrasse stützte er sich auf meine Schultern und ich schob ihn über die Mauer. Wir sprachen nur das Nötigste; ich hatte einen Schuss ins Kinn bekommen und konnte weder sprechen noch trinken. Wir hatten furchtbaren Durst. Einmal fand Arik eine Lache mit verdorbenem Wasser; es könnte sogar Urin gewesen sein. Er sagte, ich solle trinken, aber ich konnte nicht, also trank er allein.

Auf dem ganzen Weg, den wir durch die Felder hinkten, begegneten wir verwundeten Israelis. Keiner hielt an und half mir, Arik zu tragen. Immer wenn ein Artilleriegeschoss in unserer Nähe einschlug, sagte Arik: »Lass mich und bring dich selbst in Sicherheit.« Aber ich verließ ihn nicht. In meinem Herzen war die Entscheidung gefallen: Ich würde diesen Mann nicht sterben lassen.«

Kapitel 2
Georgische Wurzeln

Regen peitschte an diesem 26. Februar 1928 auf die Küstenebene des britisch regierten Palästina hernieder und trommelte einen beunruhigenden Rhythmus auf das Zinndach der Entbindungsstation, als Vera Scheinerman ihr zweites Kind, Ariel, gebar. Am folgenden Tag wurde der kleine »Arik«, wie man ihn damals schon nannte, zu seiner Schwester Dita nach Hause in die undichte Hütte der Scheinermans gebracht. Endlich einmal wurde in dem bescheidenen Heim in Kfar Malal einmal gänzlich unbeschwert gefeiert.

Samuel Scheinerman, ein studierter Agrarwissenschaftler, stellte Ariks Kinderbettchen ins Wohnzimmer, das früher als Stall für die beiden Kühe der Scheinermans gedient hatte. Sieben Tage nach Ariks Geburt versammelte sich ein kleiner Kreis von Freunden im Haus der Familie und feierte Ariks Beschneidung. Die Feier war kurz. Sobald sie zu Ende war, arbeiteten Vera und Samuel wieder auf ihrer kleinen 1-Hektar-Farm.

Von den Bewohnern der nahe gelegenen Stadt Kfar Saba wurde die Siedlung – ein Moschaw – Kfar Umlal, Dorf des Elends, genannt. Im Sommer brannte die Sonne erbarmungslos auf die Holzhütten herab und im Winter pfiff der Wind durch ihre klapprigen Wände. Samuel Scheinerman hatte viele Fähigkeiten, aber mit Nagel und Hammer konnte er nicht gut umgehen. Deshalb stöhnte und ächzte die Hütte in den zahlreichen Winterstürmen.

Kfar Malal, die erste Landwirtschaftskooperative, die vom Jüdischen Nationalfonds (JNF) gegründet wurde, lag auf sumpfigem und sandigem Land. Ihre Bewohner fristeten mühevoll ihr Dasein, indem sie Bohnen, Süßkartoffeln und Erdnüsse anbauten. In ihren ersten Jahren als Farmer lebten die Scheinermans in Armut: Samuel und Vera wussten, was Hunger heißt.

Samuel Scheinermans Liebe zum Heiligen Land begann 1910, als sein Vater Mordechai mit seiner Familie nach Palästina kam. Mordechai Scheinerman war einer der Führer der zionistischen Partei im russischen Brest-Litowsk und arbeitete als Hebräischlehrer. 1897 besuchte er den ersten Zionistischen Weltkongress in Basel. Mehrere Jahre später half er Seew Dow Begin, dem Vater des späteren Ministerpräsidenten Menachem Begin, die Tür der lokalen Synagoge aufzubrechen, weil ihr Rabbi sich geweigert hatte, einen Gedächtnisgottesdienst für Theodor Herzl, den Vater des Zionismus, zu halten. Sechs Jahre nach Herzls Tod ging Mordechai Scheinerman mit seiner Frau und seinen vier Kindern an Bord eines Seelenverkäufers namens *Walnut Shell,* der Kurs auf die Hafenstadt Jaffa in Palästina nahm. Die Familie ließ sich in Rehovot nieder, und Mordechai nahm eine Stelle als Lehrer an.

Aber schon nach zwei Jahren in dem malariaverseuchten Gelobten Land kehrte Mordechai mit seiner Familie wieder nach Russland zurück. Sie waren immer noch entschlossen, bei der Gründung eines jüdischen Staats in Palästina zu helfen, aber sie konnten nicht mehr dort leben. Wenig später wurde Mordechai krank, und seine Hoffnung auf eine Rückkehr zerschlug sich. Sein Sohn Samuel jedoch hatte die Begeisterung seines Vaters für den Zionismus geerbt und nahm sich fest vor zurückzukehren.

Die Familie Scheinerman verließ Brest-Litowsk mit dem Ausbruch des Ersten Weltkriegs im Jahr 1914 und war monatelang auf Reisen, bis sie sich schließlich in Tiflis in Georgien niederließ. Der gebildete Mordechai Scheinerman sorgte dafür, dass sein Sohn sich gut in den Klassikern, in jüdischer Philosophie und in der Thora auskannte. Nach dem Besuch des Gymnasiums beherrschte Samuel außerdem Französisch, Hebräisch, Deutsch und Latein.

Eingedenk der Tatsache, dass sein Vater in Palästina nicht als Lehrer hatte überleben können, schrieb sich Samuel an der Universität Tiflis in Agrarwissenschaft ein in der Hoffnung auf eine Zukunft als Farmer in der aufblühenden Jischuw, der jüdischen Gemeinschaft in Palästina. In dieser Zeit lernte er die attraktive Medizinstudentin Vera Schneirow kennen. Vera war mit sieben Geschwistern in Mohilow, einem kleinen russischen Dorf in Weißrussland, aufgewachsen, wo ihr Vater als erfolgreicher Holzhändler arbeitete. Die Schneirows waren die einzigen Juden in dem Dorf. Trotz einer wachsenden Welle von Antisemitismus hielten die zwar nicht orthodoxen, aber doch ihrer Religion sehr verbundenen Schneirows engen Kontakt zu ihren Nachbarn. Die Pogrome der Jahre 1905 und 1906 erfassten den gesamten Kaukasus, aber die Schneirows blieben verschont. Doch Vera litt unter dem strengen Leben in ihrem Elternhaus und darunter, dass ihre Familie kaum Kontakt zu anderen Juden hatte. Die kleine, schmächtige Frau war stets zuversichtlich und ungeheuer hart und zäh. Samuel Scheinerman fühlte sich von ihrer Stärke angezogen. Er traute ihr zu, dass sie das harte Leben der Pioniere in Palästina verkraften würde.

Anfang 1921, als die Rote Armee nach Georgien vorstieß, bereiteten Vera und Samuel ihre Flucht aus dem an der Seidenstraße gelegenen Tiflis vor. Als zionistischer Aktivist und einer der Führer von Poalei Zion (den Arbeitern Zions, einer Organisation, die jüdischen Studenten bei der Auswanderung nach Palästina half) hatte Samuel Angst, verhaftet zu werden, wenn die Rote Armee Tiflis beherrschte. Vera teilte seine zionistische Weltanschauung nicht. Sie stellte seine Überzeugungen oft in Frage und verstand nicht, warum er weiterhin den Zionismus unterstützte, wo doch die kommunistische Revolution in der Region siegreich war und Gleichheit für alle versprach.

Eines Abends im Frühjahr 1921 kam Samuel zu spät zu einer Hebräischvorlesung. Als er sich dem Gebäude näherte, sah er Dutzende kommunistischer Revolutionäre die Juden aus dem Hörsaal treiben. Er wusste, dass seine Glaubensgenossen in Arbeitslager im hohen Norden geschickt würden, wenn sie nicht gleich vor einem Erschießungskommando landeten. Erschüttert rannte er nach Hause und bat Vera inständig, ihn zu heiraten, damit sie gemeinsam fliehen könnten. Vera, eine hervorragende Studentin im achten Semester, nahm seinen verzweifelten Heiratsantrag an. Für Samuel, der wenige Wochen zuvor seinen Abschluss in Agrarwissenschaft gemacht hatte, war das Timing günstig. Kurz darauf heirateten die beiden und verließen die Stadt. Samuel nahm nur wenige Habseligkeiten mit, darunter sein Kinjal, ein scharf geschliffenes georgisches Messer, und seine Geige.

Das frisch verheiratete Paar fuhr mit dem Zug zum Schwarzmeerhafen Baku. An einem Regentag im Februar 1922 – die See und Vera waren gleichermaßen unruhig – kam das junge Paar in Jaffa an. Samuel stand wie gebannt an Deck. Aber Vera war ähnlich wie seinerzeit Herzl entsetzt über den trostlosen Anblick der Küste. Sie verließ das Schiff als Letzte. Der Blick auf die grauen Sanddünen hinter dem Kai sagte ihr, dass ein Leben voll Mühsal und Not vor ihr lag. Im Gegensatz zu seiner pragmatischen und realistischen Frau hatte der gefühlsbetonte Idealist Samuel keine Vorstellung davon, welche Strapazen ihnen bevorstanden.

Die Scheinermans gehörten zur dritten Alija, der dritten jüdischen Einwanderungswelle, mit der zwischen 1919 und 1923 40 000 Juden nach Palästina kamen. Zwei Ereignisse des Jahres 1917 wirkten dabei als Katalysatoren: Die Balfour-Deklaration, ein Dokument, in dem es hieß: »Seiner Majestät Regierung betrachtet die Schaffung einer nationalen Heimstätte in Palästina für das jüdische Volk mit Wohlwollen« – die erste offizielle Anerkennung Palästinas als Heimat der Juden –, und die russische Oktoberrevolution. Die Oktoberrevolution schien zunächst die Emanzipation für die lange unterdrückten russischen Juden zu verheißen. Doch in dem Bürgerkrieg nach der Revolution wurde die zionistische Bewegung für illegal erklärt, und in 160 Städten brachen antisemitische Pogrome aus, denen Zehntausende oder gar Hunderttausende von Juden zum Opfer fielen.

Vera und Samuel Scheinerman legten zwei Jahre nach der Konferenz von San Remo im Jahr 1920 in Jaffa an. Auf der Konferenz hatten die Sieger des Ersten Weltkriegs das Sykes-Picot-Abkommen bestätigt, in dem der alte osmanische Besitz im Nahen Osten aufgeteilt wurde. Palästina wurde der britischen Krone zugesprochen, wobei Einigkeit darüber bestand, dass dort letztlich ein jüdischer Staat gegründet werden sollte, allerdings ohne »die bürgerlichen und religiösen Rechte der in Palästina lebenden nichtjüdischen Gemeinden« zu beeinträchtigen.

Im Gegensatz zu vielen ihrer enthusiastischen Glaubensgenossen sprach Vera weder Hebräisch noch Jiddisch und konnte sich in Palästina nur auf Russisch verständigen. Sie klammerte sich noch lange daran, ihr Studium beenden zu können, und hoffte sogar auf einen Abschluss an der angesehenen amerikanischen Universität in Beirut. Diese Hoffnung starb allerdings einen langsamen Tod, als sie die kulturelle und intellektuelle Wüste immer besser kennen lernte, die Palästina nach dem Ersten Weltkrieg war. Das Hinterland, wo jüdische Pioniere zum Ausgleich für jahrelange Schwerstarbeit in den Städten

Europas nun den Boden beackerten, löste in ihr eine Bitterkeit aus, die bis zu ihrem Tod nicht mehr schwand. Vera sprach nie in der Öffentlichkeit über ihre große Enttäuschung, aber ihr Verhalten ließ darauf schließen, dass sie zutiefst verbittert war. Arik, der seine Mutter trotz ihrer Bitterkeit nahe stand, verstand und akzeptierte ihren Groll schon als Jugendlicher.

Eine Person, die Scharon nahesteht, aber nicht namentlich genannt werden will, sagte dazu: »Vera hatte einen sehr klaren Verstand und eine scharfe Zunge. Arik bewunderte sie, solange sie lebte. Er versäumte nie eines der regelmäßigen Treffen mit ihr, auch als er schon lange erwachsen war und in Armee und Regierung wichtige und aufreibende Ämter bekleidete. Er entspannte sich immer, wenn er mit Vera redete, und er hörte ihr stets genau zu. Sie hatte zu allem eine eigene Meinung. Es war klar, dass sie enormen Einfluss auf ihn hatte. Der Sohn besuchte seine geliebte Mutter, und es war offensichtlich, dass Arik von den Gesprächen stark profitierte. Er schien sie tatsächlich zu brauchen.«

Die erste Station der Scheinermans war eine experimentelle Farm in Ben Schemen, wo Samuel eine Stelle bekam. Obwohl er sehr gut Hebräisch sprach, hatte er es nicht leicht, weil das landwirtschaftliche Wissen, das er in Tiflis am Ufer der Kura gelernt hatte, auf dem trockenen Land in Palästina nicht anwendbar war. Er erkannte, dass er seine agrarwissenschaftlichen Kenntnisse erweitern musste.

Vera sehnte sich nach ihren kultivierten Freunden und Verwandten und fiel in tiefe Melancholie. Sie gingen zur Mikwe Israel, einer Landwirtschaftsschule, und lebten dort für ein Jahr. Samuel musste die Landwirtschaft ganz neu lernen. Die Bedingungen waren hart. Die Scheinermans konnten sich kaum ernähren. In diesem Jahr begriff Vera, dass sie nie Ärztin werden würde; dass sie ein Luxusleben in ihrem Elternhaus gegen ein Leben des Kampfes eingetauscht hatte.

Nach seinem zweiten Studium wollte Samuel in den Kibbuz Ein Harod ziehen, wo es wenigstens ordentlich zu essen gab. Aber Vera erhob Einspruch, sie war sich sicher, dass ihr der kollektive Lebensstil im Kibbuz unerträglich sein würde. Sowohl Samuel als auch Vera war die Verschmelzung von Kommunismus und Zionismus verhasst. Vera brauchte als privaten Rückzugsbereich die Familie, und die musste um jeden Preis geschützt werden. Im Haus seiner Eltern sollte Scharon lernen, dass die Solidarität der Familie mehr zählte als alles andere.

Samuel schlug vor, in ein Dorf zu ziehen, wo sie Landwirtschaft treiben konnten, ohne im Kollektiv leben zu müssen. Das einzige Ackerland, das sie sich leisten konnten – das junge Paar hatte kein Geld und Vera wollte auf keinen Fall ihre Eltern um Hilfe bitten – befand sich in dem abgelegenen Moschaw Kfar Malal, der ein Jahr zuvor von Arabern geplündert worden war. Vera war nicht gerade begeistert über den Ort, aber sie lehnte ihn auch nicht leidenschaftlich ab, und das reichte Samuel. Er hatte sogar das Gefühl, dass seine Frau wieder Hoffnung schöpfte, und versuchte sie zusätzlich mit der Nachricht aufzumuntern, dass der Moschaw nur etwa 30 Kilometer nördlich von Tel Aviv lag und sie gelegentlich in die Stadt fahren könnten.

Vera und Samuel mieteten Pferd und Wagen, warfen ihre paar Habseligkeiten hinein und brachen auf nach Kfar Malal, das damals noch Ein Chai, Quelle des Lebens, hieß. Samuel sollte bald erfahren, warum sich die Einheimischen über diesen Namen lustig machten und ihn zu Ain Chai, Kein Leben, verballhornten. Er und Vera stellten sich im Büro des Moschaws vor und wurden zu einem völlig überwucherten Feld geführt, dem einzigen Grundstück, das sie sich leisten konnten.

Das Areal war von Gräben aus dem Ersten Weltkrieg durchzogen. Es gab kein fließendes Wasser und keinen Strom. Sie lebten in einem Zelt, bis sie sich selbst eine Behausung gebaut hatten: eine schiefe Hütte. Sobald sie ein Dach über dem Kopf hatten, begannen sie das Grundstück für den Ackerbau zu roden – eine Knochenarbeit. Vera war unglücklich, aber sie kämpfte mit Leib und Seele ums Überleben.

Wie die Scheinermans bald erfuhren, erhob ein Beduinenstamm aus der Gegend Anspruch auf ihr Land, obwohl es vom Jüdischen Nationalfonds (JNF) gekauft worden war. Sie fochten mit den Beduinen einen langen und nicht ungefährlichen Streit um das Besitzrecht aus. Am Ende gaben die Führer des Al-Kischak-Stammes nach: Ariel Scheinerman sollte auf Land geboren werden, das von palästinensischen Beduinen gesäubert war.

Im August 1929, eineinhalb Jahre nach Ariels Geburt, brachen in ganz Palästina Unruhen aus. Eine Gruppe von 6000 Juden war am 9. Aw, dem Feiertag zur Erinnerung an die Zerstörung des Tempels, zur Klagemauer, der heiligsten Stätte des Judentums, gepilgert und hatten »Diese Mauer gehört uns!« gerufen. Religiöse Führer der Araber reagierten mit der Beschuldigung, die Juden wollten den Arabern ihre heiligen Stätten wegnehmen, und am Freitag, dem 23. August, stürmte ein muslimischer Mob durch die Altstadt von Jerusalem und brachte 17 Menschen um. In Hebron wurden von den 600 Juden, die in der Stadt wohnten, 60 ermordet. Aufgehetzte Menschenmengen zogen in vielen palästinensischen Städten brandschatzend und mordend von Haus zu Haus. Insgesamt wurden 133 Juden getötet und 230 verletzt. Vera Scheinerman verbrachte die Nächte in dieser schrecklichen Woche mit Arik und Dita und den anderen Frauen und Kindern des Dorfes im Kuhstall, wo sie sich vor dem benachbarten Beduinenstamm versteckten.

Vera vergaß nie die finsteren Nächte, in denen sie den Schritten der Männer lauschte, die ihre Frauen und Kinder bewachten. Sie erzählte davon später oft ihren Kindern und betonte, wie wenig Munition sie gehabt hätten und wie verwundbar sie bei einem Angriff gewesen wären.

Vera und Samuel brauchten ein halbes Jahr, bis die Farm etwas abwarf. In jenen frühen Jahren besaßen sie nur das vernarbte Land, ein Pferd, einen Esel und drei Kühe. Alle paar Tage fuhr Samuel, den Kinjal am Gürtel, mit Pferd und Wagen hinunter zum Fluss und holte Wasser. Vera melkte die Kühe, fütterte die Tiere und arbeitete mit ihm auf dem Feld.

Samuel Scheinerman bot seine Dienste als ausgebildeter Agrarwissenschaftler an und baute sich langsam einen Kundenkreis auf. Manchmal musste er bis in die Türkei reisen, um einen Auftrag zu erfüllen. Wenn er weg war, pflügte die einstige Medizinstudentin allein die Felder, pflanzte Orangenbäume und Tabak an, fütterte die Hühner, melkte die Kühe und passte auf ihre zwei Kinder auf. Ihr Tag begann vor Sonnenaufgang und endete spät in der Nacht. Sie schlief mit dem geladenen Gewehr neben sich.

Die Alten in Kfar Malal haben Veras Tapferkeit noch gut in Erinnerung. Einige wissen noch, dass sie sich bei der Feldarbeit Lederlappen um die Füße band. Auf die Frage, warum sie denn keine Schuhe trage, antwortete sie, sie wolle ihr einziges Paar Schuhe nicht ruinieren. Bei der Feldarbeit spritzte sie sich Wasser auf die Haut, damit ihre Hände nicht trocken wurden oder Blasen bekamen. Wenn ihr jemand zuhörte, beschwerte sie sich bitter über das bäuerliche Leben, das sie führen musste.

Im September 1985, viele Jahre nach dem Tod ihres Mannes, sprach Vera, die immer noch auf demselben Stück Land lebte, mit Jigal Sarna von der Zeitung *Hadashot* und erzählte ein wenig über die Spannungen, die in jener frühen Zeit in der Familie geherrscht hatten. »Mein Mann hatte mich gegen meinen Willen an den Zionismus gebunden«, sagte sie. »Der Arme, ich habe ihm das Leben damals sehr schwer gemacht.«

Wenn die Erwachsenen nach einem langen Tag auf dem Feld zu Abend aßen, lauschte der kleine Arik, der eigentlich schlafen sollte, ihren Gesprächen. Die Familie hatte ein starkes Zusammengehörigkeitsgefühl, aber Leichtigkeit war fast nie zu spüren. Schon als Kind konnte Arik die tief sitzende Mutlosigkeit und Verzweiflung seiner Mutter verstehen und ahnte sogar, dass sie mit der Handarbeit auf dem Feld zusammenhing.

Vera hatte ein Skalpell und medizinische Lehrbücher im Haus versteckt. Der kleine Arik hatte darunter zu leiden, dass sie nur noch körperlich anwesend war, aber emotional auf Distanz ging. Sie schickte haufenweise Briefe an ihre Eltern in Tiflis, ihre Freunde in Kabul, ihre Schwester in Taschkent und ihre Brüder in Paris, Istanbul und Deutschland. Manchmal schloss sie sich, von Traurigkeit überwältigt, einen ganzen Tag in ihrem Zimmer ein und schrieb Briefe. Samuel nannte diese Tage ihre »Brieftage«. Er hatte Verständnis für Veras Verhalten und beruhigte seinen verstörten Sohn.

Kapitel 3
»Die Außenseiter«

Samuel Scheinerman, ein liberaler Intellektueller, der alles verabscheute, was auch nur entfernt mit Sozialismus oder Kommunismus zu tun hatte, galt in Kfar Malal als ein seltsamer Vogel. Und die Scheinermans waren tatsächlich anders als die Mitglieder des Moschaws, die fast alle die Mitgliedskarte der Mapai, der Partei der Arbeiter des Landes Israels, besaßen. Die Gründer des Moschaws hielten regelmäßig Ratsversammlungen ab, auf denen sie über aktuelle Probleme abstimmten und über alle möglichen politischen Themen stritten. Samuel Scheinerman, ein ideologischer Außenseiter, der seine Ansichten lautstark vertrat, war wegen seiner Arroganz unbeliebt.

Er baute nicht einmal die gleichen Feldfrüchte an wie seine Nachbarn, sondern versuchte es – zunächst erfolglos – mit Avocados, Clementinen und Baumwolle. Und er machte sich noch unbeliebter, indem er sich weigerte, seine Produkte zusammen mit den anderen Bauern an die Tnuva-Genossenschaft zu verkaufen, die die jüdischen Produkte in ganz Palästina vermarktete. Er verkaufte die Produkte seines Bodens unabhängig, manchmal sogar am Straßenrand. Dass er sein Einkommen aufbesserte, indem er als Agronom Aufträge außerhalb des Dorfes annahm, belastete die Beziehungen der Familie zu der Gemeinschaft noch zusätzlich.

Samuel war ein begabter Maler und ein talentierter Geiger. Selbst in den schlimmsten Zeiten malte er mit Wasserfarben Landschaftsbilder, las russische Gedichte und sang zionistische Balladen in seinem weichen Tenor. Andere Musiker kamen zum Musizieren, und der junge Arik schlief oft beim Klang der Musik ein. Die Männer, mit denen Samuel musizierte, kamen aus Nachbardörfern, denn der Kulturgeschmack seiner unmittelbaren Nachbarn reichte Samuels Ansicht nach nicht weiter als bis zu ihrem Hühnerhaus. Selbst heute noch, nach sieben Jahrzehnten und lange nach Samuel Scheinermans Tod, erinnern sich die Alten im Dorf lebhaft an seinen bitteren Konflikt mit dem Dorf.»Samuel war eitel wie ein Gockel«, sagt Jossef Margalit, ein Jugendfreund Sharons, der im Nachbarhaus aufwuchs und noch heute in dem Moschaw lebt. Er »war ein hochgebildeter Aristokrat. Er glaubte immer alles besser zu wissen als alle anderen. Arik hat sehr zu ihm aufgeblickt. Er wartete ehrfürchtig, bis sein Vater nach Hause kam, aber Vera drohte ihm: ›Warte nur, was dein Vater mit dir tut, wenn du deine Hausaufgaben nicht gemacht hast.‹«

Margalit verschweigt nicht, dass die Ächtung der Familie durch das Dorf Folgen hatte: »Arik nahm sich die Streitereien, die sein Vater mit dem Rest der Dorfgemeinschaft hatte, sehr zu Herzen. Schon als Kind identifizierte er sich mit den Leiden seines Vaters. Es besteht kein Zweifel, dass der Bruch zwischen Ariks Eltern und dem Dorf – und es tobte wirklich eine Schlacht zwischen beiden Seiten – eine große Rolle bei der Entwicklung von Ariks Persönlichkeit spielte. Das Haus der Familie war wie im Belagerungszustand. Es herrschte eine schreckliche Einsamkeit, und die Scheinermans hatten das Gefühl, von Feinden umgeben zu sein. Arik sah und hörte, wie sein Vater geächtet wurde, und wusste, dass dadurch Veras Leiden immer schlimmer wurde.«

Im Gegensatz zu den anderen Mitgliedern des Moschaws zogen die Scheinermans einen Zaun um ihr Haus und legten dahinter eine kleine Obstplantage an, die wie ein Schutzwall wirkte. Kurz nachdem sie die Bäume gepflanzt hatten, wurde auf einer Vollversammlung des Moschaws der Beschluss gefasst, dass alle Familien einen Teil ihres Landes für die Gründung eines neuen Dorfs namens Ramat Haschawim abgeben sollten. Die Scheinermans waren radikal gegen diesen Beschluss. Als das Planungskomitee des Moschaws Drähte über das Land der Scheinermans zog, um das für das neue Dorf bestimmte Gebiet zu markieren, startete Vera einen privaten Feldzug gegen die Landnahme.

Eines Tages, als Samuel wegen seiner Arbeit über Nacht in der Stadt blieb, machte Vera sich seine Abwesenheit zunutze. Sie erkundete tagsüber das abgeteilte Gebiet, und nach Einbruch der Dunkelheit zog sie ihre Stiefel an, schnappte sich ihr Gewehr und eine Zange und rannte die zweieinhalb Kilometer zum Weinberg. Sie beeilte sich sehr, weil sie sich um ihre Kinder Sorgen machte, die sie allein in der Hütte zurückgelassen hatte. Am Weinberg schnitt sie den über drei

Kilometer langen Zaun klopfenden Herzens an fünf Stellen durch. Dann rannte sie wieder nach Hause und stellte fest, dass ihre Kinder fest schliefen und von ihrer Abwesenheit nichts gemerkt hatten. Das Unternehmen war glattgegangen.

Sharon bekam die Geschichte mit dem Zaun in seiner Jugend oft zu hören. Er behielt sie gut im Gedächtnis und erzählte sie seinen eigenen Kindern als eine Art Parabel. Die militante Aktion seiner Mutter symbolisierte für ihn eine kompromisslose Haltung, einen Kampf um Grenzen sowie Unternehmungsgeist und Initiative. In den sechs Jahrzehnten, in denen Scharon mit und ohne Uniform dem israelischen Staat diente, hat er sich immer ähnlich verhalten wie damals seine Mutter.

Am Tag nach ihrem nächtlichen Sabotageakt bat Vera den Unternehmer, der das neue Dorf anlegte, den Zaun neu zu ziehen, aber so, dass er nicht über ihren Besitz lief. Der Mann war einverstanden, doch die anderen Mitglieder des Moschaws kochten vor Wut. Von nun an wurden die Kämpfe noch erbitterter geführt. Samuel Scheinerman hielt es für notwendig, das Gartentor zu bewachen, um seine Früchte zu schützen, und er machte Jagd auf Kinder, die sich in die Plantage schlichen, um die Bäume zu plündern.

Vera und Samuel waren engagierte Eltern und gaben ihren Kindern, was sie konnten, aber sie waren beide introvertiert und hatten Mühe, ihre Gefühle auszudrücken. Vielleicht war es hart, in einer so kühlen Atmosphäre aufzuwachsen. Umarmungen und Küsse waren Mangelware, aber Scharon konnte die Liebe seiner Eltern auf andere Weise spüren. Vera und Samuel legten größten Wert auf Tugenden wie Hartnäckigkeit und Willenskraft und gaben sich große Mühe, diese Züge bei ihren Kindern zu fördern. In Kfar Malal, einem Moschaw mit hart arbeitenden Bauern, die kaum über Bargeld verfügten, konnte keine andere Familie mit der gewaltigen Energie der Scheinermans konkurrieren.

Als Arik vier Jahre alt war, wurde er vom Esel der Familie abgeworfen. Er schlug mit dem Kopf auf einen scharfkantigen Stein, und das Blut rann ihm über das Gesicht. Vera nahm ihn auf die Arme und rannte mit ihm über die Felder in die nahe gelegene Stadt Kfar Saba. Sie brachte ihn nicht in das Krankenhaus von Kfar Malal, obwohl er dort bestimmt behandelt worden wäre.

Nach Kfar Saba waren es vier Kilometer. Während Vera über die Felder rannte und ihrem verletzten Jungen tröstende Worte zuflüsterte, wurde es Abend. Es war Nacht, als Vera und der Junge Dr. Vogels Haus erreichten und seine Mutter an die Tür klopfte. Scharon konnte sich später gut an das traumatische Kindheitserlebnis erinnern. Er sah den Doktor noch genau vor sich, wie er mit einer Taschenlampe in der Hand zur Tür kam, sie ins Haus führte und ihn schweigend bandagierte. Vogel war mit Vera befreundet und ein besonders engagierter Arzt, der arabische Patienten umsonst behandelte.

Als Arik verbunden war, kehrten die beiden im Mondlicht über die verlassenen Felder nach Hause zurück. Arik war ganz ruhig, er war sich sicher, dass seine Mutter ihn vor allem Bösen beschützen würde. Dass seine Mutter nachts mit ihm nach Kfar Saba rannte, statt in der Klinik des Moschaws Hilfe zu suchen, war eine wichtige Lektion für Arik: Prinzipien müssen eingehalten werden, selbst wenn man dabei sein Leben riskiert. Ein Jahr später, als er fünf war, schenkte ihm sein Vater einen Dolch zum Geburtstag. Die Waffe machte einen starken Eindruck auf das Kind. Scharon berichtete später, dass sie bei der Entwicklung des kriegerischen Anteils seiner Persönlichkeit eine wichtige Rolle gespielt habe.

Zu seinem sechsten Geburtstag bekam Arik eine Geige, die er jedoch nie wirklich gut spielen lernte. Aber obwohl er es als Geiger nie weit brachte, weckte die Geige, wie er selbst sagte, dennoch eine lebenslange Liebe zur Musik in ihm. Das Geigen schärfte seine Konzentrationsfähigkeit und half ihm, wenn er wichtige Entscheidungen zu treffen hatte. Scharon sagte immer, mit dem Dolch und der Geige, die er nacheinander zu seinem fünften und sechsten Geburtstag bekam, seien die beiden Pole seines Wesens angelegt worden.

Ariks schöne Schwester Dita, ein distanziertes und introvertiertes Kind, war sowohl als Geigerin als auch in der Schule sehr gut, während Arik auf beiden Gebieten zu kämpfen hatte. Er fiel in der Grundschule weder durch besonders gute noch durch besonders schlechte Leistungen auf, Vera und Samuel rechneten damit, dass ihre Tochter eine akademische Karriere machen und ihr Sohn eine bäuerliche Zukunft haben würde. Obwohl seine Eltern diese Erwartungen nie vor ihren Kindern äußerten, spürte Arik genau, dass sie ihm keine große Karriere zutrauten, und das machte ihm zu schaffen, weil in seiner Familie großer Wert auf Bildung, Wissen und Kultur gelegt wurde.

Die Scheinermans besaßen das erste Radio in Kfar Malal. Scharons Kameraden erinnern sich heute noch, wie sich ihre Eltern auf das Grundstück der Scheinermans schlichen, sich unter das Fensterbrett setzten und auf die Musik aus dem Kasten lauschten. Jossef Margalit konnte sie von seinem Fenster aus dabei beobachten. »Das Radio«, sagt er, »war von Ariks Onkel, dem Mann von Samuels Schwester, zusammengebaut worden. Er war Ingenieur und Erfinder und ging später nach Frankreich. Dort erfand ein Funkgerät für Taxis, das ihn zum Millionär machte. Von Frankreich zog er in die USA, und als überzeugter Anhänger eines Groß-Israel hat er immer für Ariks politische Kampagnen gespendet.«

Leider gelang es auch mithilfe des Radios nicht, eine Brücke über den Abgrund zwischen der Familie und dem Rest des Moschaws zu schlagen. Für Scharons Eltern war die Kluft rein ideologisch bedingt und hatte nichts mit Samuels aufreizendem Alltagsverhalten zu tun. Trotz der Spannungen führte Samuel bahnbrechende Neuerungen in dem Moschaw ein. Er baute als Erster Erdnüsse und Süßkartoffeln an und hielt als Einziger lieber Ziegen als Kühe.

Samuel glaubte an den zionistischen Traum, den jüdischen Staat in seiner alten Heimat wieder aufzubauen. Aber er teilte nicht die Einstellung der meisten seiner Nachbarn – viele kamen aus Osteuropa –, die fest an kollektiven Ackerbau und Sozialismus glaubten. Samuel war ein Individualist, der solche Ideale verachtete. Und das machte ihn in den Augen der anderen Mitglieder des Moschaws zu einem Revisionisten und Kapitalisten – einem Ungläubigen, den sie ihrerseits mit Verachtung und Ausschluss straften.

Die Kluft verbreiterte sich noch, als am 16. Juni 1933 der Arbeiterführer Chaim Arlosoroff im Hafenviertel von Tel Aviv erschossen wurde. Samuel wehrte sich wütend gegen den Vorwurf, revisionistische Zionisten seien für den Mord verantwortlich gewesen. Wie viele Mitglieder rechter Parteien war auch er der Ansicht, dass der Mord von Arabern begangen worden war.

Arik war damals erst fünfeinhalb, aber er bekam den Streit trotzdem mit, der sich wegen des Mordes zwischen seinem Vater und den anderen Mitgliedern des Moschaws entspann. Der Streit verebbte mit der Zeit, aber die Scheinermans waren danach von einem weiteren Stigma gezeichnet: Sie galten nicht mehr nur als Revisionisten, sondern als Fanatiker.

Jahre später nannte Scharon drei Gründe, warum seine Leute in Kfar Malal Außenseiter waren: prinzipielle Differenzen in Bezug auf die persönliche Freiheit und die Gültigkeit von Mehrheitsentscheidungen; die Weigerung seiner Familie, einen Teil ihres Landes abzutreten; und ihre Weigerung, zu glauben, dass Arlosoroff von jüdischen Mördern umgebracht worden war. Vor allem jedoch führte Scharon das Problem seiner Eltern darauf zurück, dass sie einfach anders waren als die anderen Bauern in Kfar Malal.

Samuel Scheinerman wollte den Moschaw verlassen und anderswo ein neues Leben beginnen. Er forderte allerdings einen fairen Preis für sein Land, und daran scheiterten die Verhandlungen und wurden zu einer weiteren Quelle von Spannungen und Bitterkeit. Die Führer des Moschaws engagierten einen Sachverständigen, der den Wert von Samuels Farm schätzte. Der Mann machte eine Liste der irdischen Habseligkeiten der Familie: eine Hütte, ein Maultier, ein Wagen, zwei Kühe, ein alter Pflug, ein neuer Pflug, ein Weinberg, ein 0,3 Hektar großes Melonenfeld, 14 australische Kängurubäume, drei Holzfässer und 140 Hühner.

Das Ergebnis der Schätzung brachte Samuel auf: Der Wert des Hauses und des Ackerlands wurde genau auf die Gesamtsumme geschätzt, die Samuel dem Moschaw schuldete. Wenn die Familie gehen wollte, würde sie mit leeren Händen gehen müssen. Samuel verlangte zusätzlich 150 Lira (bis 1980 die Währung in Israel) Entschädigung von dem Moschaw; der Moschaw bot ihm 50, wenn er ihn sofort verließ. Darauf ließ sich Samuel nicht ein, und der Hass zwischen den Scheinermans und dem Moschaw erreichte einen neuen Höhepunkt.

Samuel war häufig abwesend von seiner Farm und verdiente sein Geld mit den Obstplantagen anderer Leute. Seine durchschnittlichen Einnahmen betrugen am Ende 204 Lira pro Jahr und waren damit viermal so hoch wie das durchschnittliche Einkommen einer Familie des Moschaws. Kurz nachdem er beschlossen hatte, in Kfar Malal zu bleiben, blühte seine Obstplantage mit all ihren ungewöhnlichen Früchten richtig auf, was seine Nachbarn noch mehr verärgerte.

In dieser gespannten Lage schaffte Samuel scharfe Wachhunde für sein Grundstück an. Die Tiere bestärkten Arik in dem Gefühl, dass es wichtig sei, stark zu sein. Er lernte von seinen Eltern, dass sich Unabhängigkeit, Initiative und Entschlossenheit langfristig auszahlen, ganz so wie Samuel Scheinermans ungewöhnliche Feldfrüchte, für die er zunächst belächelt und dann bewundert wurde. Mehr als alles andere lernte Scharon aus seiner Erfahrung als Außenseiter, wie man auch gegen einen zahlenmäßig haushoch überlegenen Feind durchhält und letztlich den Sieg davonträgt.

Kapitel 4
Ein durchschnittlicher Schüler

Für Arik waren die Fronten klar: er und seine Familie gegen den Rest der Welt. Zur Erholung zog er sich oft in die Scheune zurück, wo er alleine nachdenken und bei schlechtem Wetter dem tröstlichen Geräusch des Regens lauschen konnte.

Er besuchte die Jossef-Aharonowiz-Schule in Kfar Malal. Diese Grundschule wurde auch von Kindern aus den umliegenden Dörfern Jarkona, Ganei Am und Ramat Haschawim besucht. Ariks Klassenkameraden und Lehrer erinnern sich an ein pummeliges, in keiner Weise ungewöhnliches Kind. »Ich glaube, niemand könnte behaupten, dass Arik in irgendeinem Bereich besonders gut war«, erinnert sich sein Klassenkamerad Benjamin Toren. »Er war der durchschnittlichste Schüler, den man sich vorstellen kann.«

Im Dezember 2000 erzählte Scharon der Wochenzeitung *Al Hasharon* von einem besonders peinlichen Moment in seiner Schulzeit: »Es war in dem Theaterstück, das wir am Ende der ersten Klasse aufführten. Ich musste nur eine Zeile sagen. Ich spielte die Rolle der Kreide und hatte eine Kreideschachtel in der Hand. Die Bühne bestand aus einer Reihe von Schultischen, und wir benutzten Leintücher als Vorhang. Dann ging der Vorhang auf. Ich musste nur sechs Wörter sagen, aber ... oh je ... ich hatte alles vergessen. Ich hatte einen totalen Blackout. Das war vielleicht ein Gefühl!« Er ging weinend nach Hause und weigerte sich trotz inständiger Bitten seiner Mutter zwei Tage lang, sein Zimmer zu verlassen.

Der Vorfall war sehr untypisch für Scharon. Als Kind wie als Erwachsener brach er in der Öffentlichkeit fast nie zusammen oder verlor die Beherrschung. Er hatte schon als kleiner Junge großes Verantwortungsgefühl und rannte nach der Schule, wenn seine Schulkameraden bereits spielten, immer schnell nach Hause, um seinen Eltern bei der Feldarbeit zu helfen. Schon mit acht half er ihnen, Orangen zu ernten und den Pferdewagen der Familie mit den Früchten zu beladen.

Erst am Abend spielte er mit den anderen Kindern. Der Treffpunkt lag genau gegenüber dem Haus seiner Familie auf einem Fleck angewehtem Sand. Das Lieblingsspiel der Jungen hieß »Sandbomben«. »Eines der Kinder brachte eine Zeitung mit«, erklärt Jossef Margalit, der Nachbar der Scheinermans, »dann füllten wir sie mit Klumpen von nassem Sand und bewarfen einander damit. Arik war ein hervorragender Bombenbastler, zweifellos der beste im Dorf. Das war unser Lieblingsspiel, als wir klein waren.«

Es gab noch andere Spiele – Wettläufe, auf gefällten Bäumen kriechen, Völkerball und in den Bewässerungstanks schwimmen –, aber Arik nahm nie an ihnen teil. Er hatte zu tun: Oft musste er die Obstplantage bewachen und nach Dieben und böswilligen Zerstörern Ausschau halten.

Jossef Margalit erinnert sich, dass er den zehnjährigen Arik am Rand der Plantage liegen und Wache schieben sah. »Sein Vater machte einen Kämpfer aus ihm«, sagt er. »Arik hatte keine Angst davor, Wache zu halten, obwohl es bedeutete, dass er still im Dunkeln liegen musste, ganz allein. Er fühlte sich dabei als Held. Es war nicht zu übersehen, wie viel es ihm bedeutete, wenn sein Vater sich freute, wie tapfer er war.«

Mit zehn trat Arik der HaNoar HaOved VeHaLomed, der zionistisch-sozialistischen Jugendbewegung bei. Während andere die Treffen als Vergnügen betrachteten, nahm Arik die ganze Sache sehr ernst. Schon bald wurde er Assistent des Gruppenleiters Jossef Golomb, für den er die anderen Kinder disziplinierte. Wenn jemand aus der Reihe tanzte, schrie Arik ihn an und drohte mit Schlägen. Nicht allen Kindern gefiel dieses Verhalten. »Ich war in der gleichen Klasse und in der gleichen Jugendgruppe wie Arik«, erzählt Benjamin Toren. »Meiner Erinnerung nach war er kein sonderlich liebenswertes Kind. Er kam mit einem Stock in die Gruppe, wie er in manchen Kampfsportarten verwendet wird. Alle Kinder fanden das ein bisschen merkwürdig. Sie fragten ihn, wozu er den Stock brauche. Er sagte, falls wir Schakale sehen würden … aber wir sahen höchstens alle zwei Jahre mal einen Schakal – wenn wir Glück hatten.«

Die jüdischen Bauern waren stets auf der Hut vor ihren palästinensischen Nachbarn. Die Aufstände im August 1929 standen im Lehrplan und waren in allen jüdischen Haushalten Gesprächsthema.

Im Jahr 1936 verschlechterte sich die Sicherheitslage mit dem Ausbruch einer Revolte, die bis 1939 andauern sollte (»Großer Arabischer Aufstand«) und sich dezidiert gegen die jüdische Einwanderung nach Palästina richtete. Arik lauschte mit Begeisterung den militaristischen Äußerungen seines Vaters. In seiner Autobiografie *Warrior* erinnert er sich, dass er am Busfenster die Felder nach dem gesuchten arabischen Terroristen Abu-Dschilda absuchte, wenn er mit seiner Mutter nach Jerusalem fuhr.

In seinem Haus hatte Samuel immer eine Pistole im Gürtel stecken. Sogar Vera machte ab und zu Schießübungen. Wenn Samuel wegging, versteckte er die Pistole, die nach britischem Recht illegal war, in der Scheune und nahm sie wieder an sich, wenn er heimkam – ein Verhalten, das Arik begeisterte und faszinierte.

Samuel überlebte zwei Mordanschläge. Einmal beschädigten arabische Killer die Bewässerungsanlage, weil sie wussten, dass der Agronom dann kommen würde, um sie zu reparieren. Sie lauerten ihm auf, aber Scheinerman entdeckte sie, bevor er sich an die Reparatur machte.

Eines Nachts sah Arik Schatten in der Obstplantage, als er mit dem Dolch in der Hand dalag und Wache schob. Er erkannte seinen Vater und begriff, dass dieser über ihn wachte. Doch er erzählte ihm nie davon.

Wenn die Scheinermans das Dorf vor arabischen Terroristen schützten, handelten sie im Einverständnis mit den anderen Bewohnern. Bei seinen Sicherheitsaufgaben fühlte sich Arik endlich einmal zugehörig. In diesem Bereich konnte der mittelmäßige Schüler und Sohn von Außenseitern nämlich glänzen. »In Sicherheitsfragen«, sagt einer seiner alten Klassenkameraden, »hielten wir alle zusammen. Im Kampf gegen den Terrorismus waren sich die Scheinermans und der Rest des Moschaws einig.«

Selbst Vera – ganz gewiss keine fanatische Zionistin – ging in dieser Hinsicht mit den anderen konform. Sobald Arik lesen konnte, studierte er beim Frühstück die Tageszeitung *Davar*. Sein Vater suchte ihm die Artikel über die internen Konflikte der Juden heraus. Er machte sich Sorgen, dass sich die Jischuw in Palästina in zwei sich bekriegende Gruppen spalten könnte. Während seiner ganzen politischen Karriere behielt Scharon diese Furcht seines Vaters im Gedächtnis. Nach den Massenprotesten gegen den Libanonkrieg äußerte er auf allen öffentlichen Versammlungen, dass die Solidarität aller Juden der Schlüssel zu Israels Stärke und Sicherheit sei.

Im Jahr 1941 schloss der 13-jährige Arik die Grundschule ab und wurde an der angesehenen Geula-Schule in Tel Aviv angemeldet, wo er nach Jahren der Enge in Kfar Malal endlich nicht mehr unter dem ideologischen Joch seiner Eltern stand. Die Entscheidung, einen Sohn auf die weiterführende Schule zu schicken und dann auch noch nach Tel Aviv, war in Kfar Malal etwas Neues. Die meisten Kinder besuchten nur die Grundschule und arbeiteten dann auf den Feldern. Der Ackerbau als Lebensweise war ihnen viel wichtiger als akademische Studien. Die Mitglieder der frühen zionistischen Arbeiterbewegung betrachteten den Erwerb von Bildung als Freizeitvergnügen bourgeoiser Kapitalisten und buchversessener Juden längst vergangener Zeiten. Aber Ariks Eltern waren anderer Ansicht. Sie rechneten zwar damit, dass ihr Sohn später ebenfalls in der Landwirtschaft arbeiten würde, aber sie legten großen Wert auf die Ausbildung ihrer Kinder.

Die Geula war eine private und teure Eliteschule.

Arik hatte es als Landjungen in die städtische Oberschicht verschlagen. Von seinen Klassenkameraden hatte kaum einer je ein Feld gepflügt. Aber sie interessierten sich für die Sicherheitslage, den Bereich, in dem Ariks Stärke lag. In den Pausen diskutierten sie das Pro und Contra der verschiedenen Jugendorganisationen.

Für Arik war der Schulwechsel ein Segen, obwohl er nun schon in der Nacht aufstehen und noch auf den Feldern arbeiten musste, bevor er mit dem Bus zur Schule fuhr. Er stieg schon am Busbahnhof von Tel Aviv aus und ging die restlichen zwei Kilometer zu Fuß, damit er sich mit dem gesparten Fahrgeld auf dem Mugrabi-Platz ein Falafel-Sandwich und einen Fruchtsaft kaufen konnte. Sowohl er als auch Dita waren selbst im Vergleich zu den Stadtkindern stets makellos gekleidet.

Arik blieb weiterhin ein höchst durchschnittlicher Schüler. Er strengte sich nicht sonderlich an und ließ sich von seinem schlechten Notendurchschnitt nicht stören. Als er Jahre später nach Erinnerungen aus seiner Schulzeit gefragt wurde, erzählte er folgende Geschichte: »Ich ging auf die Geula, weil meine Schwester ein Stipendium bekommen hatte. Dass ich in die Stadt kam, war für mich eine Befreiung von allem, was im Moschaw passiert war. Eines Tages lobte mich meine Klassenlehrerin für etwas, das ich in einer Arbeit geschrieben hatte. Da stand ich auf und erklärte vor der ganzen Klasse: ›Ich muss bekennen, das ich genau diesen Abschnitt abgeschrieben habe.‹ Da lobte mich die Lehrerin sogar noch mehr.«

Mordechai Horovitz, der zweite Mann der großen hebräischen Sängerin und Liedermacherin Naomi Schemer, die 2004 im Alter von 74 Jahren gestorben ist, erinnert sich noch gut an Arik: »Wir waren in derselben Klasse. Ich konnte schon in der Schulzeit erkennen, dass Arik einzigartig war. Er war ganz normal, nicht herausragend, aber er verfügte über eine innere Stärke, die für ein Kind ungewöhnlich war. Im Jahr 1985, als niemand glaubte, dass er sich von den Schlägen, die er nach dem Libanonkrieg bekommen hatte, noch einmal erholen würde, wurde ich als sein Jugendfreund von einer Zeitung interviewt. Ich sagte damals, es werde noch große Augenblicke in seiner Zukunft geben. Das war keine Prophetie. Ich kannte Arik nur persönlich. Ich hatte miterlebt, wie er in der Schule heranwuchs, und dann hatte ich die ganz plötzliche und erstaunliche Verwandlung wahrgenommen, als er ging, um im Unabhängigkeitskrieg zu kämpfen. Für mich war es offensichtlich, dass dieser Mensch zu großen Dingen fähig war.«

Die Schulzeit, die Arik so positiv erlebte, war eine schreckliche Zeit für die Jischuw in Palästina. Im September 1939 brach der Zweite Weltkrieg aus. Ein Jahr später stand Hitler auf dem Höhepunkt seiner Macht. Im Juni 1940 kapitulierte Frankreich vor Nazideutschland und verlor die Herrschaft über Syrien und den Libanon. Im April 1941 verloren die Briten die Kontrolle über den Irak. Im selben Monat besetzten die Deutschen Griechenland und Kreta. Und sie operierten im Nahen Osten. Erwin Rommel, der Kommandeur des berühmten Afrikakorps, kämpfte in der Wüste südlich von Palästina gegen die Briten. Italienische Flugzeuge flogen Luftangriffe auf Tel Aviv und Haifa und bombardierten die Gaskessel. Der Rauch war in Kfar Malal zu sehen. Die Jischuw lebte in ständiger Furcht: Wenn Rommel im Wüstenkrieg siegte, hatte er freie Bahn nach Palästina. Viele Juden meldeten sich freiwillig und dienten bei den britischen Streitkräften oder anderen Truppen der Alliierten.

Arik schloss sich der Gadna an, einem paramilitärischen Jugendbataillon, und er machte einen Wandel durch. Während seine Freunde aus dem Moschaw ihn als ein pummeliges, harmloses Kind in Erinnerung haben, wurde er nun, da das Militärische zu seinem Leben gehörte, ein imponierender junger Mann. Arik brillierte in allen Aspekten der paramilitärischen Ausbildung: in den Nachtübungen, im Nahkampf, im stundenlangen Kriechen, im Knüpfen von Knoten und im Kampf mit dem Stock.

Jossef Margalit erinnert sich an Ariks Verwandlung: »Ab seinem ersten Tag bei der Gadna veränderte er sich. Ganz plötzlich, ohne jede Vorwarnung, lernten wir einen völlig neuen Arik kennen. Er wurde zu einem ernsthaften jungen Mann, der sich engagierte und wusste, was er erreichen wollte. Selbst sein Gesicht wurde ernst. Es war, als hätte er mal eben seine göttliche Bestimmung geändert.

Kapitel 5
In Uniform

Kurz nachdem der 14-jährige Arik dem Jugendkorps beigetreten war, schloss er sich zusammen mit anderen herausragenden Kadetten der Hagana an, der wichtigsten militärischen Kampforganisation der Jischuw. Die lokalen Führer dieser Miliz der zionistischen Arbeiterbewegung ließen ihre frischen Rekruten spät in der Nacht in einer Obstplantage außerhalb des Dorfes antreten. Einer nach dem anderen nahmen die Jungen hinter einen Vorhang eine Pistole und eine Bibel in die Hände und leisteten einen Eid auf die jüdische Sache.

Es dauerte nicht lange, bis die Ausbilder merkten, dass Scheinerman mehr zu bieten hatte als die meisten anderen, und ihn in eine Elite-Jugendeinheit bei der Fernmeldetruppe versetzten. Im Gegensatz zu allen anderen Mitgliedern der Jugendeinheiten lernten die Fernmelder mit Luftgewehren zu schießen, Gewehre zu reinigen und mit dem Messer zu kämpfen. Bei ihrem ersten Einsatz überbrachten sie eine Botschaft an Wachleute der Hagana. Danach jedoch beschränkten sich ihre Operationen fast nur noch auf den wenig kriegerischen Kauf von Zigaretten für ihre Vorgesetzten.

Alle Jugendlichen in Kfar Malal nahmen den Dienst bei der Untergrundorganisation, den sie ohne Zustimmung ihrer Eltern leisteten, sehr ernst, aber keiner von ihnen übertraf Scheinerman an Hingabe und Ernsthaftigkeit. An den Abenden rannte er in einem Höllentempo um das Dorf, um seine Lungen zu stählen. Bei den Nahkampfübungen meldete er sich häufig als Erster.

Im Laufe der Ausbildung brachte ein Mitglied der jüdischen Siedlungspolizei den Jugendlichen bei, wie man mit automatischen Waffen schießt und Handgranaten wirft. Wie alle Mitglieder der von den Briten unterstützten Polizeitruppe hatte er dem König von England die Treue geschworen und riskierte eine Gefängnisstrafe, wenn er mit den Mitgliedern der Hagana übte und sie auf den Tag vorbereitete, an dem die Briten in Palästina die Flagge streichen würden. Die Mitglieder der Siedlungspolizei waren die einzigen Juden in Palästina, die legal Waffen tragen durften. Und in der Nacht benutzten sie diese Waffen, um junge Rekruten wie Scheinerman auszubilden.

Die Fernmelder lernten, topographische Karten zu lesen und sich nachts zu orientieren. Deshalb stapften sie viele Nächte lang durch trockene Flussbetten oder erklommen die steilen, terrassierten Abhänge in der Region Schomron. Ihre Wege führten dicht an arabischen Dörfern vorbei. Sie machten sich mit den landschaftlichen Besonderheiten vertraut, und Scheinerman war sehr geschickt im Interpretieren der kurvigen Höhenlinien auf einer Landkarte; er erfasste auf einem Blick die Form von Hügeln und den Verlauf von Bächen und Flüssen. Er blühte bei den Übungen im Feld richtig auf.

Mit siebzehn, nach drei Jahren Training, hatte Scheinerman seinen Kurs als Ausbilder abgeschlossen und wurde Jugendausbilder bei der Gadna. Er war ein herausragender Schüler mit natürlichem Charisma gewesen, doch hatte er sehr zum Missfallen seiner Kommandeure auch schon erste Anzeichen jener Eigenwilligkeit gezeigt, die später legendär werden sollte. Man hatte ihn gebeten, Feuerwaffen von einem Dorf ins andere zu schmuggeln, eine schwere Verletzung des britischen Rechts. Er wusste, dass seine Ausbilder ihn nicht zwingen konnten, Verbrechen zu begehen, und hatte rundheraus abgelehnt.

Awner Jizhar, der von Scheinerman ausgebildet worden war, erzählte von einer »etwa vier Meter hohen Fabrik der Tnuva-Genossenschaft im Moschaw. Während des Trainings befahl Arik uns von ihrem Dach zu springen. Alle sprangen, aber wir waren nicht sicher, ob Arik, der damals schon mehr als pummelig war, auch springen würde. Doch er sprang nicht nur, er nahm sogar Anlauf und landete vorschriftsmäßig. Es war eine Übung zur Überwindung von Angst, und er war einer der wenigen von uns, die nicht wussten, was Angst war.« Sein Jugendfreund Jossef Margalit sagt: »Sobald Arik Ausbilder wurde, gingen alle anders mit ihm um. Trotz seines Alters wurde er wie ein Kommandeur behandelt.«

Im Sommer 1945 machte Scheinerman das israelische Abitur (Bagrut) und begann zusammen mit mehreren ehemaligen Schulkameraden eine Ausbildung als Gruppenführer bei der Hagana. Er wurde ein harter, aggressiver Soldat. Sein Charakter und sein Körperbau sowie seine stillschweigende Anerkennung von Autoritätsfiguren trugen mit dazu bei, bei dem jungen Kommandeur den Glauben an die Macht der Faust weiter zu festigen.

Die körperlich sehr aufreibende Ausbildung zum Gruppenführer fand auf den offenen Flächen einer stark zerklüfteten Wüste in der Nähe des Kibbuz Rehuma, etwa 16 Kilometer östlich von Gaza, statt. Um zu dem Stützpunkt zu kommen, nahm Scheinerman den Bus zum Kibbuz Negba und stieg dann in einen arabischen Bus um, der nach Gaza fuhr. Diesen verließ er an einer bestimmten Stelle auf freier Strecke und wartete, bis ihn jemand abholte und zu dem geheimen Ausbildungsgelände brachte.

In der Einsamkeit der Wüste konnte die Hagana britische Patrouillen schon erkennen, wenn sie noch kilometerweit entfernt waren. Deshalb brauchten ihre Leute keine Angst haben, bei der Schießausbildung erwischt zu werden. Arik bekam wegen der körperlichen Strapazen und der Trostlosigkeit der grüngelben Wüstenlandschaft Sehnsucht nach Kfar Malal. Vielleicht ist das Heimweh eine Erklärung für die mäßigen Noten, die er nach zweimonatigem Kriechen durch Sand und Dornen bekam. Er war enttäuscht über sein schlechtes Abschneiden, aber seine Ausbilder machten ihm klar, dass die Hagana angesichts des drohenden Krieges nicht nur für ausgezeichnete, sondern auch für unterdurchschnittliche Kommandeure Verwendung hatte.

Nach der Ausbildung zum Gruppenführer kehrte Scharon auf die Farm seiner Eltern zurück und dachte über seine Zukunft nach. Er konnte sich entweder dem Palmach, der Elitetruppe der Hagana, anschließen oder auf der Farm bleiben, wie sein Vater es wünschte. Für Samuel Scheinerman war klar, dass der Palmach die Kämpfer der revisionistisch-zionistischen Kampfgruppen Irgun und Lechi, die die Briten mit terroristischen Methoden bekämpften, verraten hatte. Deshalb beschloss Arik, bei der Hagana zu bleiben und sich vorerst nicht dem Palmach anzuschließen. Schon bald machte er sich einen Namen als besonders anspruchsvoller Ausbilder bei dem Agrarinstitut Mosensohn in der Nähe von Kfar Malal.

Im Jahr 1947, unmittelbar vor Ausbruch des israelischen Unabhängigkeitskrieges, arbeitete er auf der Farm. Alle Überlegungen, sich dem Palmach anzuschließen, hatte er einige Monate zuvor aufgegeben, als bei seinem Vater eine Herzschwäche diagnostiziert wurde. Das Schicksal der Farm ruhte nun auf seinen Schultern. Seine Eltern schrieben ihn an der ersten Agraruniversität des Landes in Rehovot ein. Arik hätte vielleicht Agronomie studiert und wäre als unbekannter Landwirt auf der Farm seines Vaters geblieben, wenn die Vereinten Nationen nicht am 29. November 1947 dem Teilungsplan für Palästina zugestimmt hätten.

Kapitel 6
Liebe und Krieg

Arik fand die Liebe auf dem Feld. Eines Tages erblickte er beim Orangenernten eine junge Frau auf der Nachbarplantage, die die Schule am Mosensohn-Agrarinstitut besuchte. Er war schon ein paar Mal verknallt gewesen, aber diesmal war es Liebe auf den ersten Blick.

In der folgenden Stunde beobachtete er das Mädchen heimlich durch die Orangenbäume. Weil es ihm zu peinlich war, sie direkt anzusprechen, beschloss er, so bald wie möglich ein Treffen mit ihr zu vereinbaren. Die Mosensohn-Schule wurde hauptsächlich von Kindern besucht, die ohne ihre Eltern aus Europa nach Palästina gekommen waren. Die Schüler wurden streng überwacht, und nachts wurden die Tore der Schule geschlossen. Aber als Gadna-Kommandeur hatte Scheinerman gute Verbindungen. Er hörte sich ein bisschen um, fand heraus, dass das Mädchen Margalit Zimmerman hieß, und ließ ihr ausrichten, dass er sich mit ihr treffen wollte. Die junge Frau war einverstanden.

Das erste Treffen war abenteuerlich. Am vereinbarten Abend schnitt Arik ein Loch in den Zaun, der die Schule umgab, und die 16-jährige Margalit kroch hindurch. Dann setzten sie sich in ein Feld in der Nähe und redeten miteinander. Sie stammte aus Rumänien, und ihre Eltern waren mit ihren zwei jüngsten Geschwistern dort geblieben. Sie und ihre jüngere Schwester Lily waren ein Jahr zuvor zu ihren älteren Brüdern nach Palästina gekommen. Margalit und Arik sprachen mehrere Stunden miteinander. Viele weitere heimliche Treffen folgten. Erst nach mehreren Monaten trafen sie sich auch tagsüber. Danach wurde ihre Beziehung in der Schule und im Moschaw sofort Tagesgespräch.

Seine Vorgesetzten bei der Gadna waren sich zunächst nicht sicher, ob die Affäre zwischen ihrem kräftigen Ausbilder und der Schülerin schicklich war. Aber als sie sahen, wie gut die beiden sich ergänzten (Arik war introvertiert und ehrgeizig; Margalit war eigenwillig und zierlich und ließ das Leben eher auf sich zukommen), gaben sie der Beziehung ihren Segen.

Im Frühjahr 1947 sahen sich Arik und Margalit immer seltener. Die Spannungen zwischen Arabern und Juden wuchsen, als elf Mitglieder des Sonderausschusses der Vereinten Nationen für Palästina durch das Land reisten und versuchten, zwischen den beiden Gruppen zu vermitteln. Arabische Banden steigerten die Zahl ihrer terroristischen Überfälle gegen jüdische Siedlungen. In der Folge verbrachte Arik viele Nächte auf Patrouille, weit weg von seiner neuen Liebe.

Weil er so viel wie möglich mit »Gali« zusammen sein wollte, verlängerte er mehrmals seinen Lehrauftrag an der Mosensohn-Schule. Am Ende jedoch war er gezwungen, die Schule zu verlassen und beim Schai anzufangen, dem Nachrichtendienst der Hagana und Vorläufer des Mossad. Seine erste Aufgabe bestand darin, alle Plakate der Irgun und der Lechi zu entfernen, der Vorläufer der Likud-Partei, die er später mitbegründen sollte.

Scheinerman trat auch der jüdischen Siedlungspolizei bei. Bei der Aufnahmezeremonie murmelte er absichtlich nur ein paar unverständliche Silben, als ihm ein britischer Offizier den Eid abnahm. Danach sagte er zu den anderen jüdischen Offizieren, er werde nie einer fremden Macht die Treue schwören. Für den Rest seines Lebens nahm er Pomp, Zeremoniell und Symbolik für einen Israeli ungewöhnlich ernst. Es war kein Zufall, dass er sich weigerte, Arafat die Hand zu geben, während Rabin, Peres, Netanjahu und Barak sich dazu herbeiließen, obwohl sie Arafat nicht minder hassten.

Als Aufklärungsoffizier im Untergrund und als offizielles Mitglied der jüdischen Polizei war Ariel Scheinerman kein Außenseiter mehr. Aus dem hässlichen Entlein von Kfar Malal war ein Schwan geworden: Er hatte eine schöne Freundin, und seine Vorgesetzten lobten ihn. Aber der Reifungsprozess hatte seinen Preis. Sein Vater hatte nicht mehr so viel Wohlgefallen an seinem Sohn, seit dieser für die Hagana arbeitete und Plakate aufhängte, bei deren Anblick sich Samuel vor Abscheu krümmte. Samuel wollte, dass sein Sohn in seine Fußstapfen trat, aber wie so viele Kinder von Immigranten schlug auch Arik im neuen Land neue Wege ein. Die in Palästina und später in Israel geborenen Kinder werden Sabras genannt, eine Metapher, die sich auf die raue Schale und den süßen Kern einer Kaktusfrucht aus der Region bezieht.

Im Herbst 1947, wenige Wochen vor der historischen Entscheidung der Briten, ihr Mandat in Palästina aufzugeben und das Land in zwei Staaten zu teilen, nahm Scheinerman an seinem ersten realen Einsatz teil. Er und einige andere Mitglieder der Hagana erhielten die Aufgabe, dem Sohn Abu-Kischaks, eines Stammesführers der Beduinen, eine Lektion zu erteilen. Es bestand der Verdacht, dass Kischaks Sohn hinter einem Großteil der terroristischen Aktivitäten in der Region steckte. Die Einheit der Hagana sollte ihn vor weiterem Terror abschrecken, indem sie ihm seinen kostbarsten Besitz – ein leuchtend rotes Auto – abnahm. Scheinerman führte die Operation.

Er wurde über die Fahrten der Zielperson informiert und legte sich mit seinen Männern an einer Stelle auf die Lauer, wo die Straße in einem einsamen Wäldchen eine Kurve machte. Als das Auto in der Kurve seine Fahrt verlangsamte, sprangen Scheinerman und seine Männer vor ihm aus dem Gebüsch. Abu-Kischaks Sohn machte eine Vollbremsung und rannte davon, als er die bunte Schar vor sich sah. Scheinerman verfolgte ihn ein paar hundert Meter, konnte ihn aber nicht einholen. Sein erster Einsatz endete damit, dass die Gruppe ihre Beute in einer alten Scheune abstellte, wo sie vor den wachsamen Augen der britischen Polizei gut geschützt war.

Als der Winter näherrückte, häuften sich die Einsätze für die Hagana. Am 29. November 1947 saß Arik mit seiner Familie am Radio und zählte die Stimmen für und gegen die Teilung Palästinas auf der Generalversammlung der Vereinten Nationen. 33 Staaten stimmten für das Ende des britischen Mandats und die Gründung zweier Staaten, 13 waren dagegen und zehn enthielten sich. Arik rannte aus dem Haus und schloss sich einer der spontanen Feiern an. In dieser Nacht lernten die Bewohner des Dorfes ihn von einer ganz neuen Seite kennen: Der sonst so introvertierte Mann tanzte in der Menge und schrie vor Freude. Er stürmte sogar in das Haus eines Freundes und weckte ihn mit einer selbst gemachten Blendgranate.

Die Feiern waren jedoch nur von kurzer Dauer. Am folgenden Tag, dem 30. November 1947, verkündeten die palästinensischen Araber einen dreitägigen Generalstreik. Dieser führte zu den Unruhen, die den Krieg auslösten, den die Israelis als Unabhängigkeitskrieg und die Araber als Al-Nakba, die Katastrophe, bezeichnen. Die Briten beschlagnahmten Waffen und erschwerten es dadurch der Hagana, wie eine Armee zu operieren, bevor sie im Mai 1948 das Land verließen. Seit jenem ersten Morgen der Unabhängigkeit im November wollte Scheinerman unbedingt Truppenführer werden. Die Hagana stellte zehn neue Brigaden kampffähiger Soldaten auf, und Anfang Dezember 1947 übernahm er das Kommando über einen Zug in der Alexandroni-Brigade.

Als Arik an der Spitze seiner Einheit marschierte, spürte er zum ersten Mal die Aufregung, die mit der Bürde einer Führungsposition verbunden ist. Dass andere Soldaten sich auf seinen Scharfsinn verließen, stärkte sein Selbstvertrauen. Weil er seine Männer nicht enttäuschen wollte, verlangte er sich selbst Höchstleistungen ab.

Scheinerman bebte jedes Mal innerlich vor Stolz, wenn er in sein Dorf zurückkehrte und ihm die Eltern seiner Soldaten, die seine Familie früher geächtet hatten, bewundernde Blicke zuwarfen. Inzwischen wurde er von allen mit offenen Armen empfangen und eingeladen. Sein größter Moment kam, als er nach einem erfolgreichen Nachteinsatz in das Dorf zurückkehrte und seinem Vater begegnete. Samuel hätte fast seine morgendliche Arbeit unterbrochen, um vor seinem Sohn zu salutieren.

Aber der ewige Außenseiter in der neugeborenen jüdischen Heimat muss auch ein wenig eifersüchtig auf seinen Sohn gewesen sein. Samuel nahm die Fehde mit seinen Nachbarn mit ins Grab. Als er 1956 starb, hinterließ er ein Testament, in dem die alten Beschwerden alle noch einmal erörtert wurden. Und er verbot ausdrücklich, dass er mit dem Leichenwagen des Dorfes zu seiner letzten Ruhestätte gefahren wurde.

In seinen späteren Jahren war zu der Ächtung durch das Dorf noch privates Leid hinzugekommen: Dita, seine Erstgeborene, war nach Amerika ausgewandert. Die strahlende Schönheit war von ihren Schulkameradinnen gemieden worden und hatte die meiste Zeit mit Lernen verbracht. Ihr Vater, der sie abgöttisch liebte, gab sich selbst die Schuld daran, dass sie auswanderte.

Im Jahr 1941 musste er ins Krankenhaus. Dita, noch Schülerin, besuchte ihn und machte großen Eindruck auf Dr. Schmuel Mandel. Der Frauenheld Dr. Mandel absolvierte damals gerade seine Assistenzzeit. Er verliebte sich sofort in den bildschönen Teenager, und Dita erwiderte seine Liebe. Die Ehe wurde mit einer Hand voll Gästen im Haus der Scheinermans in Kfar Malal geschlossen. Danach flog das Paar nach New York, wo Dita später als Innendesignerin und Schmuel als Kinderarzt in einer Klinik in Brooklyn arbeitete. Samuel, Vera und Arik waren entschieden gegen Ditas »Jerida«, ein pejorativer Begriff für die Auswanderung aus Israel, der einen spirituellen Abstieg impliziert. Nachdem sie ausgewandert war, wurde die Verbindung zu ihrer Familie schwächer. Jahre später kamen sie und ihr Mann noch einmal nach Israel und wohnten in Ramat Gan, aber ihr Mann fand keine geeignete Stelle, und so kehrten sie endgültig nach New York zurück.

In den siebziger Jahren, als sich Veras Gesundheitszustand verschlechterte, bat Dita sie, den Besitz in Kfar Malal aufzuteilen, damit sie auf dem zweiten Grundstück ein Haus bauen könne. Aber Vera bekam keine Genehmigung von der israelischen Behörde für Landverwaltung. Am 15. Juli 1987, einige Monate vor ihrem Tod, unterzeichnete Vera im Beisein von Dow Weissglass, dem späteren Stabschef des Ministerpräsidenten Scharon, ihr Testament. Darin hieß es unter anderem: »Nach meinen Informationen ist es sowohl juristisch als auch landwirtschaftlich unmöglich, das Land in zwei Grundstücke zu teilen. Deshalb und damit die Farm weiterbetrieben wird, vererbe ich das Land an einen meiner Enkel, Ariks ältesten Sohn. Meine Tochter wird eine angemessene Entschädigung erhalten. Es war eine harte Entscheidung: Meine Liebe zu meinen Kindern Arik und Dita ist gleich groß, aber es ist die einzige Lösung, die ich finden konnte.«

Vera vererbte den Inhalt des Hauses sowie den größten Teil ihres Geldes und ihrer Wertsachen ihrem Sohn. Von dem Erbe, das sich schätzungsweise auf 500 000 Dollar belief, erhielt Dita lediglich 25 000 Dollar. Vera schrieb dazu: »Ich will meine Liebe zu meiner Tochter nicht durch diese Summe ausdrücken; meine Liebe zu ihr lässt sich nicht in Geld ausdrücken, aber ich möchte sie in meinem Testament berücksichtigen. Die Summe, die meine Tochter Jehudit Mandel bekommt, ergibt sich daraus, dass mein Sohn Ariel Scharon mir seit Januar 1984 geholfen hat. Er hat die Farm am Laufen gehalten, mich finanziell unterstützt und eine Haushaltshilfe bezahlt, und das hat ziemlich viel Geld gekostet.« Und sie fügte hinzu: »Meinem Sohn Arik und meiner Tochter Dita und ihren Familien gebe ich die Anweisung, den Rest ihrer Tage in gegenseitigem Verständnis, Freundschaft, Liebe, Brüderlichkeit und Frieden zu leben.«

Im Oktober 1989 wurde das Testament eröffnet. Es ist nicht sicher, ob Dita die 25 000 Dollar annahm, obwohl Weissglass sie dazu überreden versuchte. Trotz zahlreicher Vermittlungsversuche von Freunden der Familie blieben Scharon und seine Schwester einander entfremdet. Sie trafen sich nur noch einmal im Jahr 1999, als Scharon – damals Außenminister in Netanjahus Kabinett – Dita in ihrer Wohnung in der Fifth Avenue in New York besuchte. Die New Yorker Polizei sperrte die Straße ab, als er sie in ihrer Zwei-Zimmer-Wohnung im zehnten Stock aufsuchte. Eine Stunde später kam er wieder heraus.

Laut Aussage führender Mitglieder seiner Regierung ist er in all den Jahren als Ministerpräsident trotz häufiger Besuche in New York nie wieder dorthin zurückgekehrt. Dita hatte nicht einmal an der Beerdigung ihrer Mutter teilgenommen. Langjährige Bewohner von Kfar Malal sahen sie nach der Feier im Dorf. Einer berichtet, sie habe gewartet, bis die letzten Trauergäste das Haus der Scheinermans verlassen hätten, und sich dann hineingeschlichen, um allein zu trauern. Sie sei ganz verstört wieder aus dem Haus gekommen und nie mehr zurückgekehrt.

Dita, allein und kinderlos, hat seit dem Jahr 2000 ihre Wohnung nicht mehr verlassen, nicht einmal um der Beerdigung ihres Mannes beizuwohnen, der 2004 in dem Apartment starb. Sie hat sich völlig von der Außenwelt zurückgezogen. Alles, was sie zum Leben braucht, bestellt sie per Telefon. Sie weigerte sich sogar, die Wohnung zu verlassen, als einer ihrer Vorhänge Feuer fing und Rauch aus dem Fenster quoll. Die Feuerwehrleute konnten sie nur mühsam überreden, die Tür zu öffnen.

Während sich die letzten britischen Truppen auf den Abmarsch vorbereiteten, verstärkten sich die Auseinandersetzungen zwischen Arabern und Juden. Scheinerman erlebte erstmals die Freude, ein Feuergefecht unversehrt zu überstehen, und das Leid, Waffenbrüder zu verlieren. Am 14. Mai 1948 jedoch war er überglücklich. Er sah zum ersten Mal seit zwei Monaten Margalit wieder. Er kam im staubbedeckten Kampfanzug zu ihr in die Schule und küsste sie. Dann musste er schnell zurück zu seiner Einheit, um einen Angriff auf eine Brücke in der Nähe von Kalkilja zu leiten. Als er mit seinen Männern aufbrach, hörten sie David Ben Gurion in den Schullautsprechern, wie er die israelische Unabhängigkeitserklärung verlas.

Die Sprengung der Brücke verlief reibungslos. Zehn Tage später, am 23. Mai, fuhr Scharon zum Huldawald, um an der Schlacht von Latrun teilzunehmen. Am Morgen des 25. bekam er den Bauchschuss und wurde von Jaakow Bugin vor dem sicheren Tod gerettet.

Ein von Jossef Levi gefahrener bewaffneter Mannschaftstransportwagen holperte über das kraterbedeckte Schlachtfeld. Levi und die Sanitäterin Schoschana Cohen suchten nach Verwundeten, die abtransportiert werden mussten. Plötzlich sah Cohen einen Soldaten mit einem blutenden Offizier auf dem Rücken auf sich zuhumpeln. Sie sprang aus dem Fahrzeug und untersuchte den Bauchschuss des Offiziers. Scheinerman bat flüsternd um Wasser, aber Cohen wusste, dass es bei einer solchen Verletzung gefährlich war zu trinken, deshalb machte sie nur ihren Kragen nass und ließ ihn das Wasser aus ihrem Hemd saugen. Ram Oren berichtet in seinem Buch *Latrun*, wie Scheinerman und Bugin sich zu zehn weiteren Verwundeten im Laderaum des Transportwagens gesellten und Levi durch die brennenden Felder davonfuhr.

Scheinerman wurde in das nahe gelegene Dorf Akron und von dort in das indische Hospital bei Rehovot gebracht. Eine Krankenschwester bat ihn um eine Urinprobe. Als der verwundete Offizier sagte, damit könne er nicht dienen, forderte sie einen Katheter an, was ihn sehr viel willfähriger machte. Danach küsste sie ihn auf die Wange und er verlor das Bewusstsein. Kurz darauf beschloss der zuständige Arzt, ihn für eine lebensrettende Operation in das Hadassa-Krankenhaus nach Tel Aviv zu verlegen.

Die Fahrt zum Krankenhaus war gefährlicher als die Operation des Bauchschusses. Als der Krankenwagen die Balfourstraße in Tel Aviv erreichte, machte der Fahrer eine Vollbremsung. Er und die Krankenschwestern sprangen heraus, rannten davon und ließen den bewegungsunfähigen Scheinerman allein im Wagen zurück. Sekunden später bombardierten ägyptische Militärflugzeuge die Stadt. Die

Besatzung des Krankenwagens kehrte erst nach dem Angriff zurück zu ihrem Patienten.

Nach der Operation lag er viele Wochen im Krankenhaus und wurde von schrecklichen Bildern des brennenden Schlachtfelds von Latrun heimgesucht.

Er bekämpfte seine Niedergeschlagenheit, indem er die Fehler analysierte, die zu der bitteren Niederlage geführt hatten. Und er teilte die Ergebnisse seinen Soldaten mit, als er auf seinen Stützpunkt zurückkehrte. In *Arik of the Paratroopers* wird er von Matti Shavit wie folgt zitiert: »Ich weiß noch, wie die Niederlage damals im Krankenhaus an mir nagte. Ich dachte, ich würde nie mehr in der israelischen Armee dienen. Wie viele andere hatte ich das Gefühl, ich sei eingezogen worden, um eine bestimmte Aufgabe zu erledigen, um den Krieg zu beenden und dann wieder nach Hause zu gehen. Ich wollte wie mein Vater Landwirtschaft studieren und die Farm weiterbetreiben. Aber dieses knappe Entrinnen (aus dem Tal von Latrun), dieses schreckliche Gefühl der Hilflosigkeit, das war furchtbar.

Im Krankenhaus«, fuhr Scheinerman fort, »hatte ich Zeit zu analysieren, was geschehen war. Ich kannte nicht alle Details, aber ich vermutete, dass es vielen von unseren Soldaten an Selbstvertrauen gefehlt hatte, sobald es um Bewegung unter Feuer ging, dass die schlechte interne Koordination zwischen den verschiedenen Einheiten unsere gesamte Streitmacht geschwächt hatte und dass wir allgemein unter fehlendem Kampfgeist gelitten hatten … Ich glaube, mit ein bisschen mehr Kampfgeist hätten wir die Oberhand gewonnen und Latrun genommen.«

Jahre später, als er in der Militärhierarchie aufgestiegen war, zog er institutionelle Konsequenzen aus den Lehren von Latrun. Viele seiner Reformen wurden in der so genannten Schlacht-Thora der Tzahal verewigt. So lautet eine eiserne Regel, dass ein Offizier im Feld führen muss, das heißt, wenn er einen Sturmangriff im Kugelhagel befiehlt, muss er als Erster auf den Beinen sein und losstürmen. Höchste Priorität hatten für Scheinerman außerdem minutiöse Planung und solide Nachrichtenbeschaffung. Deshalb konnte ihm in seinen Jahren als Kommandeur niemand das Wasser reichen, was die Vorbereitung von Schlachten betraf.

Kapitel 7
Einheit 101

Anfang Juli 1948, fünf Wochen nach der Schlacht von Latrun, verlor Scheinerman die Geduld mit dem Genesungsprozess. Außerhalb der sterilen Welt des Krankenhauses fand eine rasante Entwicklung statt: Das jüdische Viertel in der Jerusalemer Altstadt war gefallen, aber die jordanische Legion war an der Grenze zum Westteil der Stadt zum Stehen gebracht worden; die ägyptische Armee war in den Randbezirken von Aschdod aufgehalten worden; die Tzahal führte eine Seeschlacht an der Küste von Tel Aviv; und die israelische Luftwaffe bombardierte die Hauptstädte des Libanon, Syriens und Jordaniens. Das Blatt schien sich zugunsten Israels zu wenden.

Scheinerman bat seine Ärzte immer wieder, ihn zu entlassen, aber sie weigerten sich. Seine Wunden waren noch nicht verheilt und er brauchte noch medizinische Überwachung. Schließlich schmuggelte ihm ein Freund Kleider ins Krankenhaus. Als die diensthabende Krankenschwester mal abwesend war, zog Arik sich an und verschwand. Er schaffte es bis zur Straße und fuhr per Anhalter zu seinem Stützpunkt.

Da er noch zu schwach für Kampfhandlungen war, wurde er als Aufklärungsoffizier im 32. Bataillon der Alexandroni-Brigade eingesetzt. Die ersten zwei Tage nach seiner Rückkehr suchte er in der Umgebung der Stadt Lod nach Körperteilen. Jordanische Truppen hatten die Körper von 28 israelischen Soldaten zerfetzt. Als Scheinerman Teile von Händen, Füßen und Gesichtern und herausgerissene Organe einsammelte, kamen die schrecklichen Bilder von Latrun wieder in ihm hoch. Er sah sich unbeweglich und blutend im Weizenfeld liegen, während arabische Dorfbewohner seine verwundeten Kameraden erschossen und ausraubten.

Kurz darauf hatte er einen Unfall mit seinem Jeep und brach sich mehrere Rippen. Wieder kam er ins Krankenhaus, und wieder kehrte er zu früh zu seiner Einheit zurück. Einige Tage nach dieser zweiten

»Flucht«, am 11. Juli 1948, führte er Kompanie C des 32. Bataillons der Alexandroni-Brigade zu dem arabischen Dorf Ras al-Ain, das von irakischen Truppen befestigt worden war. Trotz seiner schmerzenden Rippen trug Scheinerman seine Ausrüstung selbst und führte seine Männer zum Sieg.

Gegen Ende des Jahres wurde er zum Kompaniechef befördert. Am 24. Februar 1949, als der Waffenstillstand mit Ägypten unterzeichnet war, verließ er die Südfront und kehrte in das Hauptquartier des Zentralkommandos zurück. Nach dem härtesten Krieg, den Israel bis heute erlebt hat, musste er entscheiden, ob er auf die Farm zurückkehren und Agrarwissenschaften studieren und damit den Wünschen seines Vaters entsprechen oder ob er in der Armee bleiben sollte, wo er den Status eines tapferen und vielversprechenden jungen Offiziers genoss.

Er hatte mehrere offene Gespräche mit seinem Brigadekommandeur, Oberst Ben Zion Fridan-Siw, in denen er all seine Kritik und all seine Verbesserungsvorschläge vorbrachte. Der Oberst gelangte zu der Überzeugung, dass Israel Offiziere von Scheinermans Kaliber brauchte. Als Anreiz, seine Dienstzeit zu verlängern, beförderte er Scheinerman zum Aufklärungsoffizier der Brigade. Einige Monate später wurde er zu der im Norden des Landes stationierten Golani-Brigade versetzt, einer Eliteeinheit, bei der er die Führung der Aufklärungseinheit übernahm.

Avraham Joffe, der Kommandeur der Golani-Brigade, erkannte das gewaltige Potenzial Scheinermans, beförderte ihn zum Major und schickte ihn im Sommer 1950 auf einen Kurs für Bataillonskommandeure in Zifrin. Dort war Jitzhak Rabin, der spätere Stabschef der israelischen Armee und israelische Ministerpräsident, Scheinermans Kommandeur. Der junge Offizier war besser als alle anderen und bekam nach Abschluss der Ausbildung den Posten des obersten Aufklärungsoffiziers beim Zentralkommando.

Er diente in Ramle unter Swi Jaalon, einem ausgesprochen liebenswürdigen Offizier. Trotzdem war sein erstes Jahr auf dem neuen Posten sehr hart, als er endlos an der langen, konfliktreichen Ostgrenze Israels patrouillierte. Die Tzahal bekam damals durch Terrorakte mehrere schmerzhafte Schläge versetzt, auf die sie nicht adäquat reagieren konnte.

Scheinerman trug Informationen aus Karten und Dossiers zusammen. Er hatte großes Talent, Informationen zu beschaffen und zu analysieren, und er war ein ausgezeichneter Planer mit einer nie erlahmenden Aufmerksamkeit für Einzelheiten. Diese Qualitäten und seine Gewohnheit, sich für alle komplexen und risikoreichen Kampfeinsätze freiwillig zu melden, zeichneten ihn sein ganzes Soldatenleben lang aus.

Im Jahr 1950 kämpfte das Zentralkommando in einer simulierten Schlacht gegen das Südkommando, das von dem damals schon legendären General Mosche Dajan geführt wurde. Scheinerman war Dajan noch nie begegnet, aber er war fasziniert von seinem Charisma. Dajan war das genaue Gegenteil des liebenswürdigen Swi Jaalon – er war cholerisch, entscheidungsfreudig und gerissen.

Dajan ließ seine Truppen gleich zu Beginn des Manövers angreifen und verstieß damit gegen eine der Grundregeln militärischer Übungen. Scheinerman wiederum kam einem von seiner Truppe abgeschnittenen Offizier des Zentralkommandos zu Hilfe und führte ihn um die feindlichen Stellungen herum in die südlich gelegene Stadt Beerscheba. Er hatte seine Freude an diesem Orientierungsmarsch, der die ganze Nacht dauerte, und war unangenehm überrascht, als er andertags ins Hauptquartier des Zentralkommandos zitiert und gerügt wurde, weil er seinen Posten verlassen hatte. Ein Aufklärungsoffizier habe seinem Kommandeur bei der Analyse der Lageberichte zu helfen und nicht Soldaten durch feindliches Territorium zu führen, hieß es.

Diese Abreibung reichte aus, um Scheinerman zu überzeugen, dass er beim Nachrichtenkorps fehl am Platz war, und er wurde in dieser Überzeugung noch bestärkt, als Dajan kurz darauf seinen überwältigenden Sieg in dem Manöver verkündete. Er ließ ein Flugzeug über den besiegten Truppen Flugblätter abwerfen. Sie zeigten einen siegreichen Fuchs, das Symbol des Südkommandos, der grinsend über dem zahnlosen Löwen des Zentralkommandos stand.

Während seiner gesamten zweijährigen Dienstzeit im Hauptquartier des Zentralkommandos litt Scheinerman unter einer ausgesprochen hartnäckigen Malaria. Alle zwei Wochen setzte ihn die Krankheit außer Gefecht. Ende 1951 riet ihm sein Arzt zu einem Klimawechsel, und er reiste zum ersten Mal ins Ausland. Er hatte eine Tante in New York, einen Onkel in Paris. Und in London hatte er drei Freunde: Jitzhak Modai, der später mit ihm im Parlament sitzen sollte und ebenfalls vor Latrun gekämpft hatte; Dow Sijon, der später Mosche Dajans Tochter Jael heiraten sollte; und Cyril Kern, einen britischen Juden, der im Unabhängigkeitskrieg als Freiwilliger gedient hatte und 50 Jahre später im Zentrum polizeilicher Ermittlungen gegen den Ministerpräsidenten Scharon stehen sollte.

Scheinerman flog zuerst nach Paris. Unmittelbar vor der Abreise hatte er mit seinem Vater in Tel Aviv Zivilkleidung gekauft. Sie hatten sich alle Mühe gegeben, aber Ariks französischem Onkel blieb trotzdem vor Schreck der Mund offen stehen, als er Arik aus dem Flugzeug steigen sah. Sein furchterregender Blazer wurde sofort abgelegt, und Onkel Jossef kaufte Scheinerman seinen ersten Anzug – in Paris.

Scheinerman verbrachte seine ersten zwei Wochen in einem fremden Land, indem er durch die pulsierenden Straßen der Hauptstadt flanierte und bis in die Morgenstunden in kulinarischen Genüssen schwelgte. Er fand die ganze Erfahrung berauschend. Von Frankreich aus nahm er die Fähre nach London, verbrachte einige Zeit mit den dortigen Freunden und flog dann weiter nach New York. Dort wollte er den Führerschein machen, bevor er in den Westen der USA weiterreiste. Er fiel zwar in der schriftlichen Prüfung durch, aber der Fahrlehrer war so beeindruckt von seinem Rang und seiner Erfahrung in der Tzahal, dass er ihm den Schein trotzdem gab.

Scheinerman fuhr kreuz und quer durch die USA. Er war fasziniert von der gewaltigen Größe des Landes, seiner Vielfalt und den großen Unterschieden zwischen den USA und Israel. Er kehrte von seiner ersten Urlaubsreise malariafrei und energiegeladen zurück und übernahm einen neuen Posten bei der Armee: wieder als Aufklärungsoffizier, aber beim Nordkommando. Zu seiner Freude war Mosche Dajan inzwischen Oberbefehlshaber dieses Sektors geworden.

Scheinerman studierte die internen Strukturen der libanesischen, syrischen und jordanischen Armee, wie es seine Aufgabe war, holte sich aber außerdem von Dajan die Genehmigung, an allen Einsätzen teilzunehmen, die von der Aufklärungseinheit des Nordkommandos durchgeführt wurden. Es dauerte nicht lange, bis er die Einheit bei allen Gefechtseinsätzen führte, und allmählich eilte ihm sein Ruf voraus.

Im November 1952 bestellte ihn Dajan in sein Büro in Nazareth. Er überlegte laut, ob es wohl möglich sei, zwei jordanische Soldaten zu entführen. Vielleicht, meinte er, könne man sie dann gegen zwei israelische Soldaten austauschen, die bei einer Übung in der Nähe der jordanischen Stadt Kalkilja in Gefangenschaft geraten seien.

Scheinerman fand die Idee natürlich hervorragend, wollte sich aber erst noch genauer informieren. Sobald er das Büro des Generals verlassen hatte, nahm er sich seine Karten vor und suchte nach einem Ort, wo die Jordanier grenznah genug für eine Entführung patrouillierten. Er wählte die Scheich-Hussein-Brücke über den Jordan dafür aus. Bei Einbruch der Dämmerung fuhr er mit Leutnant Schlomo Grower von der Aufklärungseinheit des Nordkommandos in einem Pritschenwagen los. Sie parkten am Ufer des Sees Genezareth und legten den Weg zum Jordan zu Fuß zurück. Auf dem anderen Ufer des Flusses sahen sie zwei Soldaten, die gerade eine Zigarette rauchten. Scheinerman und Grower überquerten geräuschlos das flache Wasser, wobei sie sich an den Metallstangen der zerstörten Brücke festhielten. Auf dem Ostufer krochen sie zum Wachhäuschen der Jordanier und zogen ihre Pistolen.

Sie packten die beiden Soldaten von hinten, knebelten sie und führten sie mit vorgehaltenen Pistolen zurück über den Fluss. Auf dem israelischen Ufer legten sie ihnen Handschellen an und warfen sie hinten auf den Pritschenwagen. Grower setzte sich neben sie auf die Ladefläche, und Scheinerman raste in mörderischem Tempo durch die Berge Untergaliäas zurück nach Nazareth.

Sie erreichten die Stadt im Morgengrauen, führten die Jordanier in das Zimmer des wachhabenden Offiziers und versorgten sie mit Tee und belegten Broten. Zwei Stunden später kam Dajan in sein Büro und fand eine Notiz von Scheinerman auf dem Schreibtisch: Die Jordanier, von denen er gesprochen habe, würden in der Arrestzelle auf ihn warten. Dajan bestellte den – inzwischen rasierten und makellos uniformierten – Scheinerman in sein Büro und ließ sich von ihm die ganze Geschichte erzählen.

Der einäugige General war beeindruckt, mit welcher Kühnheit und Dreistigkeit der Major die Initiative ergriffen hatte. Scheinerman hatte nicht auf einen ausdrücklichen Befehl gewartet, und Dajan operierte gern im Bereich des Unausgesprochenen, wo Befehle schweigend erteilt und Pläne durch ein Hochziehen der Augenbrauen und unmerkliches Nicken gefasst werden. Dajans Offiziere hatten großen Spielraum, und oft blieb unklar, wer letztlich die Verantwortung trug. Am Ende sollte genau dies das Verhältnis zwischen Dajan und Scheinerman belasten. Denn der Erfolg hat viele stolze Väter; der Misserfolg ist häufig Waise.

Die Zeit der euphorischen Zusammenarbeit dauerte nur wenige Wochen. Dann beförderte Generalstabschef Jigael Jadin Dajan zum Leiter der operativen Abteilung. Dieser Schachzug in Kombination mit einer allgemeinen Politik der militärischen Zurückhaltung hatte zur Folge, dass sich Scheinerman auf die Kernbereiche der Nachrichtenbeschaffung konzentrieren musste: Überwachung feindlicher Truppenbewegungen, Jagd auf Spione und Sammlung von Beweismaterial am Tatort nach Terroranschlägen. Nach jedem Anschlag musste er die gesammelten Beweise UN-Beobachtern übergeben, die die Ermittlungen auf der anderen Seite der Grenze fortsetzen sollten – ein extrem frustrierendes Verfahren.

Ariel Scheinerman stand wieder einmal am Scheideweg, und wieder einmal lockte das Zivilleben. Doch dann bot ihm das Militär einen dritten Weg: Er wurde zum Kommandeur eines Reservebataillons der Jerusalem-Brigade ernannt und bekam einen Fortbildungsurlaub mit der Möglichkeit, seine militärische Laufbahn danach wieder aufzunehmen.

Scheinerman schrieb sich an der Hebräischen Universität Jerusalem im Studiengang Geschichte und Kultur des Nahen Ostens ein und mietete zusammen mit einem Freund eine kleine Wohnung. Jetzt traf er sich häufiger mit Gali. Sie folgte ihm in die Hauptstadt, sobald sie ihre Ausbildung als Krankenschwester abgeschlossen hatte, und machte in einem kleinen Jerusalemer Krankenhaus eine Weiterbildung als Psychiatriekrankenschwester. Sie und Arik heirateten am 29. März 1953. Ein Rabbi der israelischen Armee vollzog die Trauung in Abwesenheit von Gästen. Erst später schickten Arik und Gali Postkarten mit der Nachricht an ihre Eltern und Freunde.

Sie mieteten eine Wohnung in dem ruhigen Jerusalemer Viertel Bet Hakerem. Gali lud häufig Freundinnen von ihrer Arbeitsstelle zum Abendessen ein, und sie und Arik genossen es, dass sie endlich zusammen waren. Arik holte Gali von der Arbeit ab und staunte, wie gut sie mit den Patienten umgehen konnte. Sie dagegen war entsetzt über sein Verhalten. Er starrte die Kranken nämlich nur an und brachte kein Wort heraus, obwohl sie ihn ermutigte, mit ihnen zu sprechen. An seinem ersten Tag als Student steckte Arik ein zusammengerolltes Notizbuch in die Hosentasche und ging zu Fuß zur Universität. Er kam enttäuscht nach Hause. Studieren erschien ihm äußerst langweilig.

Wegen der Spannungen an den israelischen Grenzen und der terroristischen Überfälle befasste sich Scheinerman weiterhin stark mit dem Militär. Er sprach mit seinen Freunden mehr über Militärstrategien als über sein Studium. Dabei vertrat er die Ansicht, dass die Armee nach jedem Überfall zurückschlagen müsse.

Wie alle israelischen Männer zwischen einundzwanzig und fünfundvierzig war auch Scheinerman in der Reserve. Die Jerusalem-Brigade bestand größtenteils aus Veteranen des Palmach und wurde, wenn nötig, für Spezialeinsätze mobilisiert. Einmal zum Beispiel plante und realisierte Scheinerman als Kommandeur des Reservebataillons ohne Genehmigung des Generalstabs einen Hinterhalt. Uzi Benziman schildert den Einsatz in seinem Buch *Sharon: An Israeli Caesar*. Der junge Bataillonskommandeur war der Ansicht, dass die palästinensischen Bewohner des Dorfes Katana absichtlich die jordanisch-israelische Grenze überschritten. Weil er die hartnäckigen Grenzverletzungen satt hatte, befahl er mehreren seiner Männer, einen Hinterhalt zu legen und auf alle illegalen Grenzgänger zu feuern. Sie schossen auf zwei weit entfernte Gestalten, die sich als Frauen entpuppten, die an einem Brunnen Wasser holen wollten. Viele stellten seine Führung nicht in Frage, aber bei manchen einfachen Soldaten wurde Kritik an seinen Maßnahmen laut.

Dies galt nicht für seine Vorgesetzten. Kurz nach dem Vorfall bestellte Oberst Mischael Schaham, der Kommandeur der Jerusalem-Brigade, Scheinerman in sein Büro in der Jerusalemer Innenstadt. Die beiden Freunde sprachen ausführlich über die jüngsten terroristischen Überfälle und beklagten die israelische Politik der Zurückhaltung. Scheinerman schlug vor, eine Spezialeinheit aufzustellen, die hinter den feindlichen Linien operieren konnte.

Er nahm an, dass das Gespräch keine Folgen haben würde, und widmete sich weiter seinem Studium, aber Schaham trug seine Idee dem Generalstabschef vor. Mehrere Wochen später, im Juli 1953, stieß Margalit, als sie gerade zur Arbeit gehen wollte, mit einem atemlosen Soldaten zusammen, der einen dringenden Brief an ihren Mann überbrachte.

Im Büro von Oberst Schaham erfuhr Scheinerman, dass der Generalstabschef als Probelauf für das Konzept einer Spezialeinheit einen Einsatz auf der jordanischen Seite der Grenze genehmigt hatte. Zielperson war der jordanische Terrorist Mustafa Samueli, der mutmaßlich für mehrere Anschläge in Jerusalem verantwortlich war. Einen Tag vor der Besprechung war ein Wachposten in dem Moschaw Beit Nakofa getötet worden, und die Spuren des Mörders führten nach Nebe Samuel, in den Heimatort Samuelis. Schaham schlug vor, Scheinerman solle mit einem kleinen Trupp Soldaten die Grenze überschreiten und Samueli in dessen Haus töten. Die bürokratische und unbewegliche Tzahal könne eine solche Operation nicht durchführen. Er dürfe die Männer für den Einsatz selbst auswählen.

Scheinerman war verblüfft. Einerseits entsprach Schahams Vorschlag genau seinen Vorstellungen, andererseits war er ein Zivilist, der am folgenden Tag eine Prüfung über die Wirtschaftsgeschichte des Nahen Ostens ablegen sollte. Auch dachte er daran, dass er erst ein Jahr mit Margalit verheiratet war und sie zweifellos nur mäßig begeistert sein würde. Also stotterte er irgendetwas von einer großen Prüfung, die er abzulegen habe. »Jetzt will ich Ihnen mal was sagen«, meinte daraufhin Schaham. »Manche Leute studieren die historischen Taten anderer. Andere machen die Geschichte, die diese Leute studieren.«

Am folgenden Tag kauerte Scheinerman mit sieben Soldaten über Landkarten und Schlachtplänen, die auf dem Boden von Margalits Wohnzimmer ausgebreitet waren. Schlomo Baum und Jehuda Dajan stammten aus der Aufklärungseinheit der Golani-Brigade, Baum war von Scheinerman beim Melken aus dem Kuhstall geholt worden. Joram Lawi war ein alter Freund aus Kfar Malal. Jitzhak Ben Menachem, alias Gulliver, ein alter Freund aus Latrun, hatte gerade in einem Juraseminar an der Hebräischen Universität gesessen; die anderen Männer waren von Schaham empfohlen worden.

Die Soldaten zogen im Camp Schneller in Jerusalem Zivilkleidung an und gingen nachts über die Grenze. Nebe Samuel lag im Nordosten der Hauptstadt hoch über dem Toten Meer in der Wüste. Die Gruppe gelangte unentdeckt in das Dorf und fand Samuelis Haus. Gulliver und Baum befestigten einen Sprengkörper unten an der Haustür und zündeten ihn. Doch die stabile alte Eisentür wurde durch die Explosion nicht wie geplant aus den Angeln gerissen. Schlimmer noch, Samueli war nicht zu Hause, dafür wurde der Rest des Dorfes lebendig. Als aus einer Gasse ein Feuerstoß kam, wussten die Männer, dass es Zeit war zu verschwinden. Sie warfen noch paar Handgranaten durch die Fenster und zogen sich dann über das Steilufer des Sorek Richtung Jerusalem zurück. Verschwitzt und staubbedeckt kamen sie wieder im Camp Schneller an.

Scheinerman hielt die Aktion für einen Fehlschlag, aber der Oberst schien mit dem Ergebnis zufrieden zu sein. Acht Mann waren losgezogen, alle waren zurückgekehrt, und Samueli hatte eine deutliche Warnung erhalten. Der Oberst bestellte eine warme Mahlzeit für die Gruppe und rief David Ben Gurions Militärattaché an. Seiner Ansicht nach hatte die Armee eine Kettenreaktion der Abschreckung in Gang gesetzt.

Mordechai Makleff, seit dem Rücktritt von Jigael Jadin im Dezember 1952 neuer Generalstabschef, befahl die Aufstellung der streng geheimen Spezialeinheit. Zwei Wochen später bestellte er Scheinerman in sein Büro und bat ihn, das Projekt zu leiten. Dieser zögerte abermals, weil er sich Sorgen wegen seines Studiums und wegen seiner Beziehung zu Margalit machte, die nach jahrelanger erzwungener Trennung aufgeblüht war. Als er Makleffs Büro verließ, hatte er nichts versprochen. Aber die Führung der israelischen Armee wusste, dass er zu dem Angebot, das sie gemacht hatte, nicht nein sagen konnte. Schließlich hatte er, wie Shabtai Teveth in seinem Buch *Moshe Dayan* berichtet, in seinem ersten Jahr als Student eines Tages vor dem Büro des Ministerpräsidenten auf Dajan gewartet. Als dieser herauskam, drückte er ihm einen zusammengefalteten Zettel in die Hand: »Jetzt bin ich gerade Student«, stand darauf, »aber ich bin noch da. Wenn etwas erledigt werden muss, bin ich bereit, es zu tun.«

Im August 1953 bat Schaham Scheinerman um einen detaillierten Ausbildungsplan, eine Liste mit Waffen und eine Liste mit Namen. Bei ihrem nächsten Treffen tauften sie das neue Spezialkommando

Einheit 101. Die Einheit bestand insgesamt nur fünf Monate, von August 1953 bis Januar 1954, und sie zählte nie mehr als dreißig Soldaten, trotzdem hinterließ sie bei den israelischen Bürgern und Soldaten und bei den Kommandeuren der Tzahal einen bleibenden Eindruck.

Keiner der Männer der Spezialeinheit, von denen man manche in Israel heute noch mit Namen kennt, hatte eine Ahnung, worauf er sich da einließ. Sie kamen wegen Ariks Ruf und weil sie das geheimnisvolle Projekt reizte.

Scheinerman entwickelte ein Ausbildungsprogramm, das seine Soldaten körperlich extrem belastete. Sie marschierten tagelang, mussten sich ohne Karte den Weg durch raues Gelände suchen und lernen, alleine im Feld zu überleben. Arik legte nicht viel Wert auf ausreichende Nachtruhe. Er wollte jeden seiner Soldaten auseinandernehmen und neu zusammenbauen.

Eines der ersten herausragenden Mitglieder der Einheit war Meir Har-Zion, ein drahtiger Neunzehnjähriger aus dem Kibbuz Ein Harod, den Dajan später als »den größten jüdischen Krieger seit Bar Kochba« bezeichnete. Har-Zion schilderte seine erste Begegnung mit seinem neuen Kommandeur in seiner Autobiografie *Memoir Chapters:* »Ich meldete mich oben auf dem Polizeigebäude in Abu Gosch bei Arik, stand stramm und salutierte vorschriftsmäßig. Ich hatte einen riesigen hölzernen Koffer in der Hand ... Arik saß mit seinem Stellvertreter Schlomo Baum an einem Tisch und aß Dosenfleisch. Ich schwenkte meinen Koffer und sagte: ›Ich bin gerade angekommen, Sir.‹ Arik sagte: ›Setzen Sie sich und essen Sie etwas Dosenfleisch.‹ Ich setzte mich und aß. Das war meine erste Begegnung mit der Einheit und ihrem Kommandeur.«

Laut Har-Zion, der bald Scheinermans engster Freund in der Einheit werden sollte, war diese Episode typisch für den Geist der Einheit. In der 101 wurde jeder Soldat nach seinen Fähigkeiten beurteilt und nicht nach dem Rang, den seine Schulterstücke zeigten. Schon wenige Monate später würde Har-Zion hinter den feindlichen Linien Soldaten und Offiziere in die Schlacht führen.

In der Trainingsbasis der Einheit auf einer einsamen Hügelkuppe in der Umgebung von Jerusalem kultivierte Scheinerman den Geist der Zwanglosigkeit. Er glaubte, nur eine Selbstdisziplin, die aus dem echten Bedürfnis entsprang, Hervorragendes zu leisten, könne das Beste in seinen Rekruten hervorbringen. Sie jagten Vögel und andere wilde Tiere zur Bereicherung ihres Speiseplans, feierten glänzende Feste nach ihren Einsätzen, schossen bei Schießübungen auf Glasflaschen, vermieden militärischen Pomp und Drill und kleideten sich, ganz wie es ihrem persönlichen Stilgefühl entsprach – Shorts, Sandalen, arabische Kopfbedeckungen, grelle Partyhemden.

Als sie das erste Mal über die Grenze gingen, spürte Scheinerman, dass seine Männer Angst hatten. Er ließ die Gruppe halten und beschrieb ihnen die Orientierungspunkte in der Gegend, weil er wusste, dass seine Kenntnis der nachtschwarzen Landschaft beruhigend auf sie wirken würde. Dann marschierten sie weiter auf das jordanische Dorf Bateen Abu Lachija zu, um sich mit der Gefahr vertraut zu machen. Als sie nur noch 20 Meter entfernt waren, feuerte ein Wache haltender Dorfbewohner mit seinem automatischen Gewehr ungefähr in ihre Richtung. Die Männer gingen hinter Felsbrocken in Deckung und erwiderten das Feuer. Dann zogen sie sich zurück.

Schimon »Katcha« Kahaner, ein weiterer legendärer Kämpfer der Einheit, kam Ende August 1953 auf dem Stützpunkt an. Meir Har-Zion ging mit ihm hinaus aufs Feld und rannte mit ihm, bis der Neue völlig fertig war. Erst dann wurde er in die Einheit aufgenommen. Dort dauerte es nicht lange, bis ihn Scheinerman in den Bann schlug. »Als ich in die Einheit kam und Arik kennenlernte, stellte ich an ihm nichts Besonderes fest. Aber nach einer Woche war mir genau wie allen anderen Mitgliedern der Einheit klar, dass er in den Lauf der Geschichte eingreifen würde.«

Im September 1953 erhielt die Einheit ihren ersten Einsatzbefehl: die Vertreibung eines Beduinenstamms, der sich auf israelischem Land in der Nähe der Sinaihalbinsel niedergelassen hatte. Scheinerman und 16 seiner Männer fuhren zu dem Weideland im Süden, stürmten die Zelte, in denen der Stamm der Al-Assasmeh lagerte, und vertrieben die Familien der Beduinen durch Schüsse in die Luft. Als die Beduinen weg waren, sammelten sie die Feuerwaffen ein, die sie zurückgelassen hatten, und brannten die Zelte nieder.

Mosche Dajan kam persönlich in den Süden und dankte der Einheit, weil sie ihre Aufgabe so gut erledigt hatte. Aber es gab auch Männer in der Spezialtruppe wie Har-Zion, die lieber gegen feindliche Soldaten kämpfen wollten, als harmlose Eindringlinge zu vertreiben. Scheinerman teilte diese Ansicht nicht. Durch die Vertreibung der Beduinen habe der junge Staat seine Souveränität behauptet. Noch im selben Monat wurde er aufgefordert, einen Vergeltungsschlag gegen Al-Bureidsch durchzuführen, ein palästinensisches Flüchtlingslager im damals noch ägyptischen Gazastreifen, von dem aus immer wieder Terrorangriffe verübt wurden.

Scheinerman plante einen Überraschungsangriff, der sich sowohl gegen das Zentrum des Lagers als auch gegen ein einzeln stehendes Haus richten sollte, das den Fedajin, die immer wieder nach Israel eindrangen, als Hauptquartier diente. Am Abend, beim Lagerfeuer, erklärte er den Männern seinen Plan. Einige fürchteten, dass unschuldige Zivilisten getötet würden. Schmuel Nissim, der den Spitznamen der »Fellache« (arabisch für einen einfachen Kleinbauern) trug, stand auf und sagte, er werde aus humanitären Gründen nicht an dem Einsatz teilnehmen.

»Ich sagte Arik, dass er in ein Flüchtlingslager voller unschuldiger Menschen kommen würde«, sagte Nissim. »Das ist kein Ort, wo an jeder Ecke Terroristen lauern. Es ist dasselbe, als wenn man in eine israelische Stadt gehen und das Feuer eröffnen würde in der Hoffnung, einen israelischen Soldaten zu treffen. Arik antwortete: ›Wenn du nicht willst, dann musst du nicht! Du machst bei einem anderen Einsatz mit.‹« Scheinerman versetzte Nissim in die Gruppe, die das Haus der Fedajin in die Luft sprengen sollte, ein Einsatz, bei dem Nissim keine Bedenken hatte.

Laut Nissim war dies nicht das einzige Mal, dass Mitglieder der Einheit an Scheinermans Befehlen Anstoß nahmen. »Ein paar von uns sahen ihn kritisch. Wir fanden, dass Arik der militärische Erfolg wichtiger war als die Folgen seiner Aktionen und die Zahl der toten Zivilisten auf der Gegenseite. Es gab erbitterte Diskussionen vor einer ganzen Reihe von Vergeltungsaktionen.«

Bei dem Einsatz gegen Al-Bureidsch marschierte die Einheit in drei separaten Gruppen von je vier Mann vom Kibbuz Kissufim aus in den Gazastreifen. Am Eingang des Lagers trafen sie auf zwei bewaffnete Wächter. Har-Zion machte den einen kampfunfähig, aber der andere floh und holte Hilfe, und bald wurde Scheinermans Gruppe

Dezember 1955. Der Fallschirmjägerkommandant Scharon an der Seite von Dajan bei Vergeltungsaktionen. (Foto: Archive der Israelischen Verteidigungsstreitkräfte und des Verteidigungsministeriums, *Bamachaneh*, Wochenzeitung der Armee)

von einer wütenden Menschenmenge gegen eine Wand gedrängt. Aber Schlomo Baums Gruppe kam aus der entgegengesetzten Richtung und schoss sich den Weg durch die Zivilisten frei.

Beide Gruppen zogen sich hastig aus dem Lager zurück, sammelten sich und gingen zurück über die Grenze. Bei der dritten Gruppe lief der Einsatz glatt; sie sprengte das Hauptquartier der Fedajin. Allerdings wurde ein Soldat bei dem Einsatz verwundet, der einzige Verwundete, den die Einheit in den vier Monaten ihres Bestehens zu beklagen hatte. Am folgenden Tag meldete die Zeitung 15 Tote und 20 Verletzte in dem Flüchtlingslager.

Har-Zion übte nach dem Einsatz scharfe Kritik an seinem Kommandeur. Er fragte ihn vor versammelter Mannschaft, ob er meine, dass die Menschenmenge in Al-Bureidsch für die jüngsten Terrorangriffe in Israel verantwortlich gewesen sei. Arik antwortete, ohne Vergeltungsschläge werde sich das ganze Lager in eine einzige Fedajin-Basis verwandeln. Im Gefolge der todbringenden Operation wurde es ruhig im Gazastreifen. Für Scheinerman war Har-Zions Kritik damit erledigt.

Auch der Generalstabschef Makleff wollte wissen, warum es so viele Tote und Verletzte gegeben hatte. Scheinerman erklärte, sein ursprünglicher Plan sei an der Aufmerksamkeit der Wachposten gescheitert. Obwohl manche hohe Offiziere in der Tzahal die Augenbrauen hochgezogen und vorsichtig Kritik übten, war vorerst klar, dass sich Arik Scheinermans Einheit – brutal und beherzt, kühn und grausam, effektiv und gefährlich – in Israel zur Waffe der Wahl entwickelte.

Kapitel 8
Kibbija

Nach dem Angriff in Al-Bureidsch war die Einheit 101 in ganz Israel bekannt. Für manche wurde sie zum Idol; andere fanden ihre Missachtung von Menschenleben verabscheuungswürdig. Der damals 25-jährige Scheinerman registrierte, dass ihn die Leute auf der Straße anstarrten, und genoss es zum ersten Mal, berühmt zu sein. Unterdessen verschlechterte sich die Sicherheitslage in Israel. In der Nacht auf den 13. Oktober 1953 schlich sich eine Gruppe Fedajin in die Stadt Jehud östlich von Tel Aviv, warf drei Handgranaten in ein willkürlich ausgewähltes Haus und tötete Susan Kanias und ihre zwei Kinder. Die Morde lösten in Israel einen Sturm der Entrüstung aus. Am folgenden Tag traf sich Ministerpräsident Ben Gurion mit dem geschäftsführenden Verteidigungsminister Lavon, dem Generalstabschef der Armee Makleff und seinem leitenden Operationsoffizier Dajan. Sie beschlossen, Kibbija, die Stadt, aus der die Terroristen angeblich stammten, zu überfallen und dort 50 Häuser zu zerstören. Einheit 101 wurde ausgewählt, um die Operation durchzuführen.

Major Scheinerman führte die Vergeltungsaktion an und hatte zur Vorbereitung 25 Mann seiner Einheit und 100 Fallschirmjäger im Wald von Ben Schemen versammelt. Wenige Stunden vor Beginn des Einsatzes erhielt er die Nachricht, dass Dajan ihn unbedingt in seinem Büro sehen wolle. Diesem war es nämlich unbehaglich bei dem Gedanken, Scheinerman hinter die feindlichen Linien zu schicken und dort ohne Einbindung in die normale Befehlskette operieren zu lassen. Er fürchtete, dass der Major bei einem erfolgreichen Einsatz zu weit gehen oder die Aktion auch bei unerwartet heftigem Widerstand trotz schwerer Verluste fortsetzen könnte. »Wenn Sie sehen, dass es zu schwierig wird, begnügen Sie sich mit ein paar Häusern und kommen Sie zurück«, befahl er dem Major. Scheinerman jedoch war voller Zuversicht. Er war von der Berechtigung seiner Mission zutiefst überzeugt und sagte, er werde sie durchziehen.

Dann kehrte er zu seinen Soldaten zurück und verteilte Hunderte von Aufgaben zur Vorbereitung des Einsatzes. Die meisten seiner Soldaten mussten am Abend der Aktion Dynamit schleppen. Scheinerman ärgerte sich noch immer über die zu schwache Explosion in Nebe Samuel und wollte über eine halbe Tonne Sprengstoff nach Kibbija mitnehmen. Schmuel Nissim, der während seines Militärdienstes Jura studierte, hatte für eine Prüfung einen Tag freibekommen. Er fand die Menge an Dynamit übertrieben. »Arik belud den Lastwagen mit einer halben Tonne Dynamit, genug, um das ganze Dorf in die Luft zu jagen. Ich ging zu ihm hin und fragte: ›Was ist denn das? Warum brauchen Sie so viel Sprengstoff?‹ Er antwortete: »Sie haben doch eine Prüfung in Jurisprudenz. Gehen Sie zu Ihrer Prüfung.«

Um 19.00 Uhr fuhren die Soldaten nach Beit Nabbala. Dort schulterten sie ihr Gepäck und begannen den acht Kilometer langen Marsch nach Kibbija. Scheinerman, der an der Spitze ging, hatte nicht den federnden Schritt, den man hat, wenn man sich als Führer einer Eliteeinheit unbesiegbar fühlt. Er war von der Schwerfälligkeit und Langsamkeit der Fallschirmjäger genervt. Am vereinbarten Ort teilte sich die Streitmacht in drei Gruppen: Einheit 101 griff von Osten an, zwei Züge Fallschirmjäger von Westen, und Scheinerman wartete mit dem letzten Zug Fallschirmjäger bei dem Dynamit.

In den folgenden viereinhalb Stunden zerstörten die Soldaten unter Scheinermans Kommando Kibbija. Die jordanischen Legionäre, die auf dem Weg zu dem Dorf auf sie geschossen hatten, waren geflohen. Der Ort wirkte verlassen, irgendwo war ein einsames Radio zu hören. Als die Soldaten nach Israel zurückkehrten, umarmten sie einander. Allem Anschein nach war die Operation ein großer Erfolg gewesen. Scheinerman berichtete Dajan, es seien zwölf jordanische Soldaten getötet worden und keine Zivilisten. Ein Abgesandter des Generalstabs empfing die gesamte Streitmacht in der Morgendämmerung und übergab Scheinerman eine handgeschriebene Botschaft von Dajan. »Sie alle sind die Besten«, lautete sie. Scheinerman stieg ins Auto und fuhr zu Margalit, wo er einschlief, bevor er seine Geschichte zu Ende erzählt hatte.

Er erwachte 24 Stunden später. Inzwischen berichteten arabische Nachrichtensender zu seinem Entsetzen, dass es in Kibbija 69 Tote gegeben hatte. Auf den Speichern und in den Kellern der gesprengten Häuser hatten sich viele Alte, Frauen und Kinder versteckt. Manche waren lebendig begraben worden. Internationale Nachrichtendienste berichteten ausführlich aus der zerstörten Stadt, und die israelische Regierung, die immer stolz auf ihre moralische Überlegenheit in der Kriegführung gewesen war, stand Kopf.

Scheinerman fuhr in das Hauptquartier des Zentralkommandos. Er berichtete, er habe sich nach der Eroberung des Dorfes persönlich dem Sprengkommando angeschlossen. Er und seine Männer seien mit Taschenlampen durch alle Räume gegangen, und erst wenn sie sicher gewesen seien, dass die Häuser leer waren, hätten sie sie gesprengt. »Ich bin in allen Häusern gewesen, und ich habe keinen Menschen gesehen«, zitiert Uri Even Scheinerman in *The Way of the Warrior*. »Wir begingen keine Kriegsverbrechen. Im Gegenteil: Ein Offizier hörte in einem Haus, das gerade gesprengt werden sollte, ein junges Mädchen weinen. Er ging hinein und brachte es heraus. Und wir stießen auf ein Kind, das in den Straßen umherirrte, und zeigten ihm, wo es hinlaufen musste.«

Die meisten Bewohner der Stadt seien geflohen, sagte Scheinerman. Aber einige hätten sich wohl in ihren Häusern an Orten versteckt, wo die Soldaten sie nicht gefunden hätten. Diese Erklärung reichte nicht aus. Scheinermans militärische Karriere und die Zukunft von Einheit 101 standen auf dem Spiel. Einige behaupteten, die Soldaten hätten die Zivilisten nicht gefunden, weil sie erst gar nicht nach ihnen gesucht hätten: Sie seien in ein Haus gerannt, hätten eine Salve in die Decke geschossen und auf Arabisch geschrien: »Ist jemand zu Hause?« Dann hätten sie die Sprengung vorgenommen.

Am 19. Oktober 1953, vier Tage nach dem Angriff auf Kibbija, gab Ministerpräsident David Ben Gurion folgende Erklärung ab: »Wir haben eine gründliche Untersuchung vorgenommen und herausgefunden, dass keine Einheit der Tzahal, nicht einmal der kleinste Trupp, sich in der Nacht des Angriffs unerlaubt von der Truppe entfernt hat.« Er spekulierte, der tragische Vergeltungsangriff sei vielleicht von aufgebrachten Bewohnern der Grenzregion oder von immer noch empörten jüdischen Flüchtlingen aus arabischen Ländern oder von den schon so lange verfolgten Überlebenden aus den Lagern der Nazis verübt worden. »Es ist möglich, dass eine Gruppe von

Zivilisten, die die ständigen Infiltrationen der Fedajin satt hatte, beschlossen hat, das Blut der Gefallenen zu rächen. Die Regierung von Israel hatte mit dieser Aktion nichts zu tun. Sie distanziert sich von solchen Aktionen und verurteilt die Bürger, die das Gesetz selbst in die Hand nahmen.«

Am 25. Oktober verurteilte der Weltsicherheitsrat Israel wegen des Angriffs.

Scheinerman fühlte sich durch Ben Gurions Rundfunkrede an die Nation verraten. Kurz darauf lud ihn der Ministerpräsident zu einer Besprechung ein. Sie sprachen über eine Stunde unter vier Augen. Später schrieb Scharon, die Begegnung sei beglückend gewesen. Ben Gurion fragte ihn nach seiner Jugend in Kfar Malal, wo mehrere Freunde des Ministerpräsidenten lebten. Er wollte sogar wissen, ob Arik tatsächlich der Sohn des Agronomen Scheinerman sei, des ersten Menschen, der in Israel Clementinen angebaut hatte.

Außer für landwirtschaftliche Dinge interessierte sich Ben Gurion vor allem für die ideologische Einstellung von Scheinermans Soldaten. Kamen sie aus den Reihen der Irgun und der Lechi und stellten deshalb eine Bedrohung dar, oder stammten sie aus den Kibbuzim und Moschawim, die mit Ben Gurions eigener Mapai verbündet waren? Als Scheinerman ihm versicherte, Letzteres sei der Fall, fragte ihn der Ministerpräsident, ob er die Einheit unter Kontrolle habe. Michael Bar Sohar zitiert in *Ben Gurion* Scheinermans Antwort, wie Ben Gurion sie in seinem Tagebuch notierte: »Er verspricht, dass es keine Bedrohung ist, wenn sie Berufssoldaten werden. Wenn wir auf einen arabischen Angriff nicht mit einem Gegenschlag antworten – empören sie sich zwar, aber keiner von ihnen wird auf eigene Faust handeln. Sie bleiben diszipliniert. Sie waren nicht einmal über die (Radio-)Sendung wirklich empört.«

Ben Gurion war erfreut über das Gespräch. Er sagte Scheinerman, es komme nicht darauf an, wie Kibbija in der Welt wahrgenommen werde; vielmehr komme es darauf an, wie das Ereignis lokal, im Nahen Osten, interpretiert werde. Und was das anging, so werde den israelischen Staatsbürgern durch den Angriff jedenfalls ermöglicht, weiterhin in Frieden zu leben. »Scheinerman«, sagte Ben Gurion, und ein breites Lächeln trat auf sein Gesicht, »ich glaube, es ist an der Zeit, Ihnen einen hebräischen Namen zu geben.«

»Scheinerman – der gut aussehende Mann«, sagte Ben Gurion aufgeregt. »Sie werden Scharon sein. Sie wurden doch in Scharon geboren, nicht wahr? Scharon wie Scheinerman, nur hebräisch.« Ben Gurion, der Arik für eine Verballhornung von Aharon hielt, schrieb, nach seinem Gespräch mit »Aharon Scharon« werde die 101 Bestand haben. Major Ariel Scheinerman erhob sich von seinem Stuhl und verließ den Raum nach seinem ersten Gespräch mit dem Ministerpräsidenten. Es war nicht einfach, sich an den neuen Namen zu gewöhnen: Ariel Scharon. Arik Scharon.

Kapitel 9
Kommandeur der Fallschirmjäger

Der Einsatz in Kibbija war äußerst umstritten. Hinter seinem Rücken wurde Scharon als »der uniformierte Partisan« und als »Kommandeur der Mörderbande GmbH« bezeichnet. Für seine Unterstützer dagegen war er weiterhin der kühne, charismatische und geniale Soldat.

Die Loyalität seiner Soldaten war unerschütterlich, und das lag sicher auch daran, dass Scharon bei keiner militärischen Lagebesprechung oder öffentlichen Äußerung je versuchte, Schuld auf die Männer unter seinem Kommando abzuwälzen. Wenn es ein Problem gab (aber für ihn gab es eigentlich nie eines), dann war es allein sein Problem.

Am 6. Dezember 1953 trat Generalstabschef Mordechai Makleff wegen Auseinandersetzungen mit dem Verteidigungsministerium zurück. Ben Gurion, der sowohl das Amt des Ministerpräsidenten als auch das des Verteidigungsministers bekleidete, ernannte Mosche Dajan zum neuen Generalstabschef. Am folgenden Tag gab er seine Ämter auf und zog sich in sein Kibbuz in der Wüste zurück. Außenminister Mosche Scharett übernahm das Amt des Ministerpräsidenten, und Pinchas Lavon wurde zum Verteidigungsminister ernannt.

Der politische Umbruch verhieß für Scharon nichts Gutes. Mosche Scharett war ein gemäßigter Politiker. Er war dagegen, jeden arabischen Angriff mit einem Vergeltungsschlag zu beantworten, und Scharon fürchtete, dass die Einheit 101 unter ihm keine Zukunft haben würde. Dajan dagegen wollte den Kampfgeist der Spezialeinheit auf weitere Einheiten übertragen und beschloss, sie mit den Fallschirmjägern zu vereinigen.

Scharon und Dajan verständigten sich darauf, die Verschmelzung geheim zu halten. Scharon lud den Generalstabschef offiziell zu einer Feier auf den Stützpunkt seiner Einheit ein, wo Dajan die Arbeit der

Spezialeinheit in den höchsten Tönen pries. Trotzdem merkten die Soldaten schnell, dass er in Wirklichkeit gekommen war, um die Einheit zu begraben, und nicht, um sie zu loben. In seiner Rede erklärte Dajan, es sei an der Zeit, die erfolgreiche Taktik von Einheit 101 auf die ganze Armee auszudehnen. Die Männer waren noch lange wütend, nachdem er den Speisesaal verlassen hatte. Scharons Rede beruhigte sie zwar, aber sie versöhnte sie nicht, vielleicht weil sie erkannten, dass ihr Kommandeur der Einzige war, der von der Verschmelzung wirklich profitieren würde.

Dajan, der das Fallschirmjägerbataillon auf die Stärke einer Brigade verdreifachen wollte, war sich durchaus klar darüber, wen er zum Kommandeur der Fallschirmjäger ernannt hatte. Er wusste, dass Scharon undiszipliniert und eigensinnig war und immer nur sich selber treu sein würde, aber er wusste auch, dass er als Kommandeur im Feld strategisch und psychologisch allen anderen überlegen war, wenn es darum ging, dass ihm seine Männer in die Schlacht folgten.

Die Verschmelzung klappte nicht gut. Die Soldaten der beiden Einheiten verachteten sich gegenseitig, und viele Fallschirmjäger waren zunächst nicht bereit, Scharons Führung zu akzeptieren. Sie fanden es unerträglich, einer Einheit beitreten zu müssen, die sie für eine Guerillagruppe hielten, andere wollten ihren alten Kommandeur Oberstleutnant Jehuda Harari behalten. Harari sprach bei der Zeremonie anlässlich der Kommandoübergabe als Erster. Er dankte den Offizieren, die aus Protest von ihren Posten zurückgetreten waren, und bat sie vorzutreten. Sie gehorchten. Scharon war peinlich berührt. Er steckte die Rede, die er vorbereitet hatte, wieder ein und wartete nur noch auf das Ende der Zeremonie.

In seinem neuen Kommando trennte sich Scharon von mehreren Soldaten der Einheit 101, versetzte einige Zugführer und Kompaniechefs, die immer noch Harari die Treue hielten, und besetzte wichtige Kommandostellen mit seinen Vertrauten. Dann begann er einen wahren Wirbel von Geländeübungen, durch die er bei den Soldaten ein Gefühl des Stolzes wecken, die Einheit zusammenschweißen, die neuen Kommandeure in ihrer Aufgabe trainieren und dafür sorgen wollte, dass den Männern wenig Zeit – oder Kraft – zum Nörgeln blieb.

Scharon hoffte, sein Kontakt zu den einfachen Soldaten werde der gleiche bleiben, egal ob er 30 oder 300 Mann unter sich hatte. Seine Männer lernten, dass ihr neuer Kommandeur Perfektion verlangte. Er hämmerte ihnen die Botschaft ein, dass die Fallschirmjäger mehr leisten könnten als alle anderen. Mehrmals täglich bekamen sie zu hören, dass sie die besten Soldaten in der israelischen Armee seien. Den Rest des Tages rannten sie durch Dornen und Sand, über Hinderniskurse und Berggipfel, häufig mit offener Krankentrage und schwerem Gepäck auf den Schultern. Wenn eine Woche besonders hart gewesen war, veranstaltete Scharon ein Fest mit Lagerfeuer, was den Soldaten das Gefühl vermittelte, einer ganz besonderen Elitetruppe anzugehören. Auch ließ er besonders attraktive Rekrutinnen als Fallschirmpackerinnen in das Bataillon versetzen. Schon bald war es das Ziel jedes männlichen Jugendlichen in Israel, Mitglied der Einheit mit den roten Baretten zu werden.

Margalit zahlte den Preis für Scharons Ruhm und sein Engagement. Er kam kaum noch nach Hause, und wenn, dann nur für ein paar Stunden, in denen sie sich überlange Geschichten aus der Armee anhören musste. Sie bat ihn immer wieder, öfter nach Hause zu kommen, aber er war zu sehr in sein militärisches Leben verstrickt.

Am 17. März 1954 kaperte eine Gruppe jordanischer Fedajin in der Negevwüste auf dem Skorpionpass einen Linienbus, der auf dem Weg von Elat nach Beerscheba war. Sie tötete elf Passagiere. Kurz darauf berief der Generalstab der Tzahal Scharon zu sich und befahl ihm einen Einsatz in Nahhalin, einer Stadt in der Nähe von Bethlehem. Scharon war klar, dass der Erfolg der Brigade bei ihrem ersten Einsatz entscheidenden Einfluss auf ihren Status im Generalstab haben würde.

Dajan und Scharon saßen im gleichen Boot. Die Regierung hatte sich durch Dajan von der Notwendigkeit der Vergeltungsaktion überzeugen lassen. Ein Fehlschlag konnte sowohl für Dajan als auch für Scharon üble Folgen haben. Außerdem würde er das Ende von Vergeltungsschlägen als Waffe gegen den Terrorismus bedeuten. Weder Dajan noch Scharon konnten sich ein zweites Kibbija leisten.

Wieder wurden die Soldaten beauftragt, als Rache und zur Abschreckung Häuser dem Erdboden gleichzumachen. Scharon verteilte Taschenlampen an alle Soldaten und befahl ihnen, jeden einzelnen Raum sorgfältig zu durchsuchen, bevor sie ein Haus sprengten. Wenige Augenblicke bevor die Streitmacht die Grenze überschreiten wollte, erhielt Scharon die Meldung, dass die Jordanier etwas von der Aktion mitbekommen und auf dem geplanten Anmarschweg eine Straßensperre errichtet hätten. Nach kurzer Beratung mit seinem stellvertretenden Kommandeur Aharon Davidi und mit Har-Zion änderte Scharon daraufhin seinen Plan.

»Wir sahen, wie Arik diese enorme Verantwortung annahm«, schrieb Har-Zion in seinen Erinnerungen. »Hunderte von Soldaten hörten auf seinen Befehl. Würde er sie womöglich in eine beispiellose, unvorstellbare Katastrophe schicken? Aber er war der Kommandeur. Er musste entscheiden, und das tat er.«

Nach dem ursprünglichen Plan hatten die Fallschirmjäger Nahhalin im Sturm nehmen, die Häuser sprengen und alle Zufahrtsstraßen in das Gebiet sperren sollen. Nach dem neuen Plan, der auf der Kühlerhaube von Scharons Jeep entworfen wurde, sollten an der Straße nach Nahhalin improvisierte Straßensperren errichtet und vorbeimarschierende feindliche Soldaten durch Scharfschützen ausgeschaltet werden. Angesichts der Katastrophe von Kibbija war Scharon zu dem Schluss gekommen, dass ein leicht errungener kleiner Erfolg besser sein würde als ein hochriskantes Unternehmen.

Der Kompaniechef Aharon Davidi leitete den Angriff auf Nahhalin. Die jordanischen Soldaten, die der angegriffenen Stadt zu Hilfe kommen wollten, wurden von den Scharfschützen ausgeschaltet. Am Morgen, als die Streitmacht zurückkehrte, feierten viele Soldaten. Scharon selbst hielt sich zurück, weil er sich noch allzu gut an den Morgen nach seinem letzten Einsatz erinnerte. Er verbrachte viele aufreibende Stunden am Radio und wartete auf die arabischen Nachrichten. Erst als er hörte, dass bei dem Angriff sieben Soldaten und drei Zivilisten getötet worden waren, wusste er, dass die Aktion als Erfolg betrachtet werden würde.

Nach diesem Einsatz wurden die Fallschirmjäger ernsthaft eingesetzt. Im Lauf der folgenden zweieinhalb Jahre führten sie über 70 offizielle Stoßtruppunternehmen und Hunderte von Erkundungsmissionen in feindlichem Territorium durch – manche mit Genehmigung und manche ohne. Scharon schlug Kapital aus dem Erfolg der Einheit, ließ begabte Offiziere und Soldaten in seine Einheit versetzen und erreichte, dass das Budget der Fallschirmjäger vergrößert wurde.

Ben Gurion hatte den 26-jährigen Scharon in angenehmer Erinnerung behalten und lud ihn häufig zum Gespräch ein. Anfangs trafen sie sich im Kibbuz Sede Boker, aber nachdem der alte Mann 1955 als Verteidigungsminister und Ministerpräsident wieder in die Politik zurückgekehrt war, besuchte ihn Scharon in seinem Büro in Tel Aviv. Ben Gurion interessierte sich für die Methoden der Fallschirmjäger und für Einzelheiten ihrer Einsätze. Im Austausch erzählte er Scharon Geschichten aus seiner Zeit bei der britisch-jüdischen Legion im Ersten Weltkrieg und empfahl ihm Thukydides' *Peloponnesischen Krieg* als Lektüre. Der alte Kämpfer machte gewaltigen Eindruck auf Scharon. Einmal kam er von einem der Gespräche nach Hause und erzählte, er habe seine politischen Gedanken dargelegt und Ben Gurion sei beeindruckt gewesen.

Scharons gutes Verhältnis zu Ben Gurion stieß den meisten hohen Offizieren der israelischen Armee eher übel auf. Bei Besprechungen auf höchster Ebene verlangte der Verteidigungsminister häufig, dass der junge Major mit dabei war, was die Generale naturgemäß nicht so gern sahen.

Scharon genoss das Ganze. Die Fallschirmjäger spielten in allen prestigeträchtigen Einsätzen der Tzahal eine herausragende Rolle, und er selbst, gerade mal 26 und noch nicht einmal Absolvent einer Offiziersschule, heimste scheffelweise Ruhm ein. Er tat so, als hätte er das militärische Rad neu erfunden, setzte sich über zahlreiche Instanzen der strengen militärischen Befehlskette hinweg und wandte sich direkt an den Generalstabschef und den Verteidigungsminister, um seine Methoden durchzusetzen.

Der Gazastreifen, der damals unter ägyptischer Herrschaft stand, wurde mehr und mehr zu einem Problem für Israel. Immer wieder wurden israelische Patrouillen von ägyptischen Soldaten unter Feuer genommen. Wieder einmal sollten die Fallschirmjäger den Vergeltungsschlag durchführen. Scharon wählte einen vorgeschobenen ägyptischen Stützpunkt oberhalb des Kibbuz Kissufim dafür aus, der von 50 Soldaten in befestigten Stellungen bewacht wurde. In einer heißen Augustnacht des Jahres 1954 brach Scharon an der

Spitze einer Marschkolonne von 100 Fallschirmjägern zu der Operation »Auge um Auge« auf.

Scharons Sturmtrupp zählte 45 Soldaten, sie griffen in drei Gruppen die feindlichen Stellungen an. Scharon bekam einen Beinschuss bei der Aktion. Ein Sanitäter kniete sich im Kugelhagel neben ihn und verband ihn. Obwohl die Ägypter hartnäckigen Widerstand leisteten, mussten sie sich letztendlich aus ihrem Stützpunkt zurückziehen. Scharon lag mitten in der eroberten Basis auf einer Bahre und beorderte die Kommandeure der drei Angriffsgruppen zu sich. Er bestand darauf, die nach jedem Einsatz übliche Nachbesprechung durchzuführen – mit einer Kugel im Bein.

Ben Gurion stattete dem Major im Krankenhaus einen Besuch ab. Er lobte ihn für seine gute Arbeit, und kurz darauf wurde Scharon zum Oberstleutnant befördert.

Ende Juni wurde Max Rainer, ein Farmer aus Raanana, von jordanischen Fedajin aus der Stadt Assun im Westjordanland getötet. Eine Gruppe von Fallschirmjägern unter dem Kommando von Major Aharon Davidi wurde entsandt, um den Mord zu vergelten. Die siebenköpfige Gruppe operierte allein auf feindlichem Territorium und musste 57 Kilometer durch raues Gelände marschieren, um die Vergeltungsaktion durchzuführen. Bei der Annäherung an das jordanische Lager erstach einer der Soldaten einen erschrockenen Schafhirten, damit er nicht Alarm schlagen konnte. Die Gruppe drang leise vor und tötete drei schlafende jordanische Legionäre in ihrem Zelt. Aber Jitzhak Dschibli bekam einen Bauchschuss. Auf dem Rückmarsch machten die Soldaten eine Pause. Es waren immer noch viele Kilometer bis zur Grenze. Meir Har-Zion und Aharon Davidi sahen keinen anderen Ausweg, als ihren Freund Jitzhak zurückzulassen. Davidi küsste ihn auf die Stirn, und sie rannten die letzten Kilometer bis zur Grenze. Die Jordanier nahmen Dschibli gefangen und drohten, ihn wegen Mordes vor Gericht zu stellen.

Scharon setzte Dajan massiv unter Druck, damit er einer ganzen Serie von Kommandounternehmen zu Rettung des gefangenen Soldaten zustimmte. Er maß seine Qualität als militärischer Führer daran, ob er Dschiblis Rückkehr erreichte. Er musste seinen Soldaten zeigen, dass sie um jeden Preis nach Israel zurückgeholt wurden. Außerdem hatte er schreckliche Schuldgefühle. Nicht nur, weil die

Soldaten ihren Kameraden im Stich gelassen hatten, sondern auch weil Dschiblis Vater, kurz nachdem er vom Schicksal seines Sohnes erfahren hatte, gestorben war. Eigentlich hatte Scharon Dschibli gar nicht an dem Einsatz teilnehmen lassen wollen, sondern ihm geraten, in Jerusalem zu bleiben, wo sein Vater im Krankenhaus lag. Dschibli hatte Scharon jedoch angefleht, ihn mitmachen zu lassen, und er hatte sich breitschlagen lassen.

Die Geschichte fand ein breites Presseecho. Das Außenministerium setzte sich über die Vereinten Nationen und das Rote Kreuz für die Freilassung des Soldaten ein, aber die Jordanier weigerten sich. Der Generalstab der Tzahal genehmigte den Fallschirmjägern eine Reihe von Einsätzen, bei denen sie jordanische Soldaten gefangen nahmen, um sie gegen Dschibli auszutauschen. Die Einsätze hatten den Codenamen I. D. L., das hebräische Akronym für »Befreit Jitzhak Dschibli«. Scharon brütete den ganzen Sommer über Entführungsplänen. Einmal verkleideten er und mehrere seiner Männer sich als UN-Soldaten und malten einen Jeep weiß an, um ihn als UN-Fahrzeug zu tarnen. Zwei weitere Soldaten machten auf arabische Tagelöhner, während Meir Har-Zion sich als israelischer Polizist kostümierte. Die Gruppe wollte die Grenze überschreiten und so tun, als würde sie zwei vermisste jordanische Arbeiter wieder nach Hause bringen. Bei der Begrüßung der Heimkehrer sollten dann die wichtigsten Leute entführt und nach Israel verschleppt werden. Ein misstrauischer jordanischer Offizier schickte sie jedoch nach Israel zurück.

Vier Monate lang unternahm Scharon alles in seiner Macht Stehende und noch mehr, um Dschiblis Freilassung zu erreichen. Seine rücksichtslosen Aktionen (von denen nur wenige vom Generalstab genehmigt waren) machten Dajan mehr und mehr Sorgen. Einmal schickte Scharon sogar zwei junge Frauen über die Grenze, um jordanische Soldaten zu verführen. Seine Soldaten erinnern sich, dass er sich wie ein Besessener verhielt. Er sagte ihnen jeden Tag: »Wir lassen keine Verwundeten im Feld zurück.« Er wurde von der Erinnerung an Latrun verfolgt.

Anfang September fragte Dajan den Chef der UN-Friedensmission zur Überwachung des Waffenstillstandes in Palästina (UNTSO), E. L. M. Burns, was passieren würde, wenn die Israelis ihre Gefangenen »bedingungslos« freiließen. Burns gab das Angebot weiter, und

Israel ließ die Gefangenen am folgenden Tag frei. Jordanien hielt Dschibli noch ein paar Wochen fest, um das Gesicht zu wahren. Dann, am 29. Oktober, wurde er freigelassen. Als er heimkehrte und hörte, wie viele Einsätze, Patrouillen und sogar Versuche, das Gefängnis von Beitunja zu stürmen, gemacht worden waren, um ihn freizubekommen, umarmte er Scharon.

Eine bleibende Nachwirkung sollte die Geschichte haben: Scharons unermüdlicher Kampf für die Freilassung seines Soldaten auch ohne Genehmigung des Generalstabs machte Dajan wütend und säte Misstrauen zwischen den beiden. Es war nur noch eine Frage der Zeit, bis es zwischen den beiden unbeugsamen, geistig unabhängigen und stolzen Männern zum Zusammenstoß kommen würde.

Kapitel 10
Die Tragödie von Kalkilja

Am 28. Februar 1955 führte Scharon die Fallschirmjäger bei einem dreiteiligen Kommandounternehmen. Die Ziele umfassten einen Stützpunkt des ägyptischen Heeres in der Stadt Gaza, einen Bahnhof in seiner Nähe und ein Wasserwerk genau östlich des Stützpunkts. Jitzhak Rabin, damals Kommandeur der Ausbildungsabteilung der Tzahal, entsandte Oberstleutnant David Elasar, um als Beobachter an den Vergeltungsschlägen teilzunehmen. Rabin wollte die erfolgreichen Methoden der Fallschirmjäger für alle Einheiten der Tzahal übernehmen. Außerdem hatte er Elasar gebeten, besonders auf Scharon zu achten. Er wollte wissen, was im Feld mit Scharons direkten Befehlen passierte.

Insgesamt tötete Scharons Einheit bei dem Einsatz 36 ägyptische Soldaten und verwundete 28. Sie selbst verlor acht Mann und hatte 13 Verwundete. Trotz der Verluste kehrten die Soldaten singend nach Israel zurück. Dajan erwartete sie an der Grenze. Er umarmte Scharon und gratulierte den Fallschirmjägern zu ihrer Tapferkeit. Margalit Scharon, eine geprüfte Krankenschwester, hatte den Sanitätern vor dem Einsatz bei ihren Vorbereitungen geholfen. Und sie war auch dabei, als ihr Mann von der Aktion zurückkehrte, die Toten und Verwundeten auf Tragen mit sich führend.

Scharons enger Freund Har-Zion hatte nicht an dem Einsatz teilgenommen. Seine Schwester Schoschana und ihr Freund Oded Wegmeister waren von Beduinen getötet worden, als sie in der Nähe von Ein Gedi die jordanischen Grenze überschritten hatten, um in der roten Steinwüste zu wandern. Har-Zion hatte den Tätern Rache geschworen.

Scharon arrangierte ein Treffen zwischen seinem wichtigsten Kommandeur und dem Generalstabschef. Sie versuchten, Har-Zion zu überreden, bei der Armee zu bleiben, aber er ließ sich nicht umstimmen. Er wollte die Rechnung begleichen. Scharon gab ihm eine Waffe und Nahrungsmittel, fuhr ihn zu Grenze und bereitete für seine Rückkehr ein Wiedersehensfest vor. Drei Fallschirmjäger erklärten sich bereit, Har-Zion zu begleiten: Amiram Hirschfeld aus dem Kibbuz Deggania Bet, Seew Sluzki aus dem Moschaw Nahalal und Joram Nahari aus dem Kibbuz Ein Harod. Scharon teilte der Gruppe auch noch Jitzhak Dschibli zu.

Sie überquerten die jordanische Grenze. Har-Zion war schon früher zu der Nabatäerstadt Petra 40 Kilometer hinter der jordanischen Grenze gewandert, und er war schon als Fünfzehnjähriger von Beduinen als Geisel genommen worden, als er mit seiner Schwester illegal auf syrischem Gebiet gewandert war. Dieses Abenteuer hatte er mit einem dreiwöchigen Gefängnisaufenthalt in Damaskus bezahlt. Nun lockte er die fünf Männer, die er für die Ermordung seiner Schwester und ihres Freundes verantwortlich machte, in einen Hinterhalt. Nach einem kurzen Verhör schnitt er vier von ihnen die Kehle durch und ließ den Fünften laufen, damit er von der Sache berichten konnte.

Jordanien protestierte gegen die Verletzung seiner Souveränität; Har-Zion wurde verhaftet. Ministerpräsident Mosche Scharett wollte ihn vor Gericht stellen mit der Begründung, dass Israel nicht mehr legitimiert sei, die Verfolgung arabischer Terroristen zu fordern, wenn es seine eigenen Mörder nicht vor Gericht bringe.

Scharon kam seinem Soldaten zu Hilfe. Er engagierte den früheren Irgun-Mann Schmuel Tamir, einen Anwalt, der auf Prozesse gegen den Staat spezialisiert war und später Justizminister wurde. Dass Scharon den regierungskritischen Anwalt engagierte, ärgerte Ben Gurion, und er verlangte, dass Scharon jeden Kontakt mit Tamir abbräche. Am Ende erreichte Dajan durch Arbeit hinter den Kulissen, dass der Fall eingestellt wurde. Har-Zion wurde nach 20 Tagen Haft entlassen und zur Strafe für seine Tat lediglich ein halbes Jahr aus der Armee ausgeschlossen. In *Israel's Border Wars, 1949–1956*, zitiert Benny Morris aus dem Tagebuch von Ministerpräsident Scharett: »Die dunkle Seite der Bibel«, schrieb dieser, »ist unter den Söhnen von Nahalal und Ein Harod lebendig geworden.«

Im April 1955 stellte das ägyptische Aufklärungskorps eine Einheit von Fedajin zusammen, die Terrorangriffe in Israel durchführen sollte. Sie bestand aus palästinensischen Freiwilligen, die sich aus den etwa 280 000 Bewohnern des Gazastreifens rekrutierten, von denen zwei Drittel Flüchtlinge waren. Im August 1955 unternahm die Einheit ihren ersten Angriff auf israelische Zivilisten – 120 Kilometer nördlich der Grenze. Schon bald war sie zu einer der wichtigsten Waffen gegen Israel geworden. Im Jahr 1955 wurden bei ihren Angriffen insgesamt 258 israelische Soldaten und Zivilisten verletzt.

Die Tzahal reagierte ihrerseits mit einer Welle von Angriffen. Die Fallschirmjäger führten eine Vielzahl von Kommandounternehmen im Gazastreifen durch, manchmal in kleinen beweglichen Gruppen und manchmal in Bataillonsstärke. Die meisten Aktionen waren gegen militärische Ziele gerichtet. Scharon schien dank der ständigen Aktionen regelrecht aufzublühen. Er führte hochkomplexe Einsätze durch und ersann ständig neue, unkonventionelle Arten der Kriegführung.

Einmal befahl er seinen Männern, als er einen ägyptischen Soldaten entführen wollte, einen glänzenden schwarzen Reifen an den Rand einer Straße zu legen, auf der die Ägypter patrouillierten. Seine Soldaten legten sich in den Hinterhalt, und die Szene entwickelte sich genau wie ihr Kommandeur vorausgesagt hatte: Der ägyptische Jeep verlangsamte seine Fahrt, der Fahrer stieg aus, um die Beute zu begutachten, und die Falle schnappte zu. Taktisch war Scharon einfach unübertroffen, und zwar gleichgültig, ob es sich um kleine Einsätze oder komplexe Operationen handelte.

Trotzdem gab es Israelis, die ihn hassten, weil sie ihn für blutrünstig, impulsiv und undiszipliniert hielten. Einer seiner eigenen Soldaten brachte ihn sogar vor Gericht, weil Scharon ihm angeblich Handschellen angelegt und ihn ins Gesicht geschlagen hatte. Das Verfahren wurde eingestellt, als der Kläger bei einem Schießunfall getötet wurde. Andere, wie der Generalmajor Meir Amit, verlangten eine Erklärung für die Tatsache, dass die Vergeltungsschläge der Fallschirmjäger immer weit über das vom Generalstab genehmigte Maß hinausgingen, eine Kritik, die Scharons gesamte Karriere begleiten sollte: 1956 am Mitla-Pass, 1973 am Suezkanal und 1982, als er nach Beirut marschierte. Jedes Mal bot Scharon schriftliche Beweise an, dass er innerhalb der Grenzen seiner Befehle gehandelt habe. Seine Interpretationen dieser Befehle waren jedoch häufig sehr fantasievoll. Immer wieder wurde ihm von führenden Offizieren sein ungezügelter Ehrgeiz bei Vergeltungsschlägen vorgehalten. Sie warfen ihm vor, dass er untergebene Offiziere einschüchtere und Politikern schmeichle, um seine Ziele zu erreichen.

Am 2. November 1955 griffen die Fallschirmjäger fünf ägyptische Stützpunkte in der Nähe von Nizana an. Sie lagen in einem Gebiet, das laut Waffenstillstandsvertrag hätte entmilitarisiert sein sollen, aber die Ägypter hatten trotzdem ein Infanteriebataillon dort stationiert. Die Fallschirmjäger nahmen die Stützpunkte ein, töteten 81 ägyptische Soldaten und verloren selbst fünf Mann.

Die geschlagenen Ägypter kehrten nicht mehr in das Gebiet zurück, und Scharon, der die Kritiker der Fallschirmjäger unbedingt zum Schweigen bringen wollte, feierte den Sieg mit einer Parade in Beerscheba. Die Einwohner hatten die Berichte über die Schlacht im Radio gehört und strömten auf die Straßen, um die müden Soldaten zu empfangen.

Scharon schickte seine Offiziere zu Ben Gurion, um über das Ergebnis der Schlacht zu berichten. Er wollte, dass der alte Mann, inzwischen wieder Ministerpräsident und Verteidigungsminister, vom Erfolg seiner Truppen hörte, bevor er von der Parade erfuhr und davon, dass Scharon des Größenwahns beschuldigt wurde.

Ein Soldat, der bei der Parade fehlte, war Schimon Kahaner. Er lag in einem Krankenhausbett und dankte Gott, dass es Ariel Scharon gab. »Arik hat mir während der Schlacht von Nizana zweimal das Leben gerettet. Ich hatte einen Schuss in den Hals bekommen, und mein ganzer Körper war von Granatsplittern durchsiebt. Arik verlangte, das ich mitten in der Schlacht ohne Verzögerung abtransportiert und in ein Krankenhaus gebracht würde. Am Morgen sah er mich dann in kritischem Zustand in einem Feldlazarett liegen. Er trommelte ein paar Soldaten zusammen und befahl ihnen, mich schnellstens in das Krankenhaus in Beerscheba zu bringen. Es war das zweite Mal binnen 24 Stunden, dass er mir das Leben gerettet hat. Ich verdanke ihm mein Leben, und das bindet uns aneinander, bis heute.«

Am Abend des 11. Dezember 1955 führte Scharon die Fallschirmjäger in ihr komplexestes Stoßtruppunternehmen: einen Großangriff auf die syrischen Befestigungen auf dem Ostufer des Sees Genezareth. Geplant waren: ein Landungsunternehmen; eine Überquerung des Jordans; eine schnelle Umgehung der syrischen Golanhöhen; der

Einsatz von Luftunterstützung und ein simultaner Angriff um 22 Uhr. Scharon ging an Bord des Kommandoboots in der Nachhut.

Bei der Aktion wurden 54 syrische Soldaten getötet und 30 gefangen genommen, nur sechs Israelis wurden getötet und 14 verwundet, aber die Truppenführer zahlten einen hohen Preis. Rafael Eitan, später Generalstabschef im Libanonkrieg, der den Angriff führte, wurde lebensgefährlich verletzt und Jitzhak Ben Menahem alias Gulliver getötet. An Bord des Kommandoboots beugte sich Scharon viele Minuten lang über den toten Freund. Gulliver hatte die Armee nach dem ersten Einsatz in Nebe Samuel verlassen und Jura studiert, war aber, nachdem Scharon seine ganze Überredungskunst eingesetzt hatte, wieder eingetreten und hatte sich dem 890. Bataillon angeschlossen. Er wurde gleich in den ersten Minuten der Schlacht getötet. Für Scharon war dies das traurige Ende eines stürmischen Jahres.

Die Größe der Operation und die Höhe der syrischen Verluste lösten einen internationalen Aufschrei der Empörung aus. Syrien erhob Beschwerde bei den Vereinten Nationen. Der Weltsicherheitsrat verurteilte Israel für die Aktion, aber auch der israelische Ministerpräsident Ben Gurion (er war erst seit kurzem wieder im Amt) war nicht gerade erfreut. Außenminister Mosche Scharett war gar außer sich. Während das Kommandounternehmen stattfand, hatte er sich in einem Gespräch mit seinem amerikanischen Kollegen John Foster Dulles über die Lieferung von Kampfflugzeugen an Israel geeinigt, was nun natürlich obsolet geworden war.

Scharett war auch wütend auf Verteidigungsminister Ben Gurion. Der behauptete jedoch, eine andere Art von Operation genehmigt zu haben, sie sei wohl auf dem Weg über die Befehlskette bis zu Scharon verändert worden.

Ben Gurion bestellte Dajan und Scharon zu einer Besprechung und versuchte herauszufinden, wie seine Befehle verzerrt worden waren. Er sagte ihnen, dass der Einsatz »zu gut gewesen« sei. Er war offenbar verstimmt. Trotzdem bewies er in den folgenden Wochen immer noch Vertrauen in Scharon, als er Dajan anwies, das 890. Bataillon auf Brigadestärke zu bringen und unter Scharons Befehl zu lassen.

Am 10. September 1956 griff ein Mitglied der jordanischen Garde eine Gruppe von israelischen Soldaten an, die sich auf einem Orientierungsmarsch befanden. Nach einem Feuergefecht mit tödlichem Ausgang schleppten die Jordanier die israelischen Soldaten über die Grenze, verstümmelten die Leichen und schnitten ihnen die Genitalien ab. Am folgenden Tag stürmten die Fallschirmjäger die Polizeifestung in Chirbat a-Rahwa auf dem südlichen Hebronberg. Bei dem Angriff erhielt Meir Har-Zion, der wieder bei den Fallschirmjägern war und deren 1. Aufklärungseinheit kommandierte, einen Halsschuss. Dr. Morris Ankelewitch zog den gefallenen Kommandeur in Deckung, machte mit seinem Taschenmesser einen Luftröhrenschnitt und schob einen Gummischlauch in das Loch, damit Har-Zion wieder Luft bekam. Der Generalstabschef verlieh ihm dafür später die höchste militärische Auszeichnung Israels.

Scharon besuchte die Verwundeten und entdeckte, dass sein Vertrauter, seine rechte Hand, die Person, der er im Gefecht am meisten vertraute, zwischen Leben und Tod schwebte. Har-Zion sollte nie mehr an Scharons Seite kämpfen. Die Ärzte retteten ihm zwar das Leben, aber er war durch seine Verwundungen für immer geschwächt und zog sich auf seine Farm auf einem Bergrücken über dem Beit-Schean-Tal zurück. Er weigerte sich viele Jahre lang, Interviews zu geben, brach jedoch im März 2005 sein Schweigen, als er Scharons Rückzugsplan für den Gazastreifen kritisierte. »Scharon ist verrückt geworden«, sagte er der Zeitung *Maariv*. »Er ist gefährlich.«

Die Angriffe der Fedajin verstärkten sich. Am 4. Oktober wurden in Sdom vier jüdische Arbeiter ermordet. Am 9. Oktober wurden zwei weitere Arbeiter in einer Obstplantage bei Tel Mond getötet. Ihnen wurden die Ohren abgeschnitten. Zur Vergeltung ordnete Ben Gurion einen Angriff auf die Polizeifestung von Kalkilja in Jordanien an.

Am 10. Oktober 1956 brachen zwei Bataillone Fallschirmjäger, eine Aufklärungskompanie, eine Kompanie Schützenpanzer von der 7. Brigade, eine Batterie 155-Millimeter-Geschütze und drei schwere Panzer unter Scharons Kommando nach Kalkilja auf. Die Festung wurde von etwa 100 Polizisten und jordanischen Legionären bewacht, aber in der Nähe lagen außerdem noch mehrere Regimenter der jordanischen Nationalgarde.

Scharon hatte ursprünglich sowohl die Polizeifestung als auch die Festung der jordanischen Legion in Zufin nehmen wollen, aber Dajan hatte den Plan als zu ehrgeizig abgelehnt. Er befahl ihm, nur die Polizeifestung zu nehmen und einige Kilometer westlich des Forts einen Hinterhalt zu legen, um eventuelle jordanische Verstärkungen abzuwehren. Dajan sah keinen Grund, das Leben von Soldaten durch die Eroberung einer Militärfestung zu gefährden. Scharon dagegen war der Ansicht, dass sie eingenommen werden musste, um die Flanke seiner Truppen zu schützen. Nach dem Einsatz gaben sich Scharon und Dajan gegenseitig die Schuld an dem Misserfolg.

Scharon hielt auf einem Feld in der Nähe seines Elternhauses in Kfar Malal eine letzte Einsatzbesprechung ab. Als es dunkel geworden war, rückten die Truppen vor. Um 22 Uhr stürmte das Regiment von Mordechai Gur die Polizeifestung, wobei es die 100 jordanischen Verteidiger relativ schnell überrannte. Dagegen gelang es der Aufklärungskompanie, die den Hinterhalt gelegt hatte, nicht, die Verstärkung aufzuhalten, die von Osten herangeführt wurde, und sie wurde schließlich von den jordanischen Truppen eingekreist. Als die anderen israelischen Truppenteile versuchten, die Eingeschlossenen zu befreien, postierten die Jordanier Scharfschützen auf den Wällen der Festung Zufin, die den israelischen Truppen schwere Verluste beibrachten.

Um 2.30 Uhr gelang es neun Halbkettenfahrzeugen unter dem stellvertretenden Brigadekommandeur Jitzhak Hoffi, das schwere feindliche Sperrfeuer zu durchbrechen und zu der eingeschlossenen Aufklärungskompanie vorzustoßen. Sie luden Tote, Verwundete und Unversehrte in die gepanzerten Fahrzeuge und entkamen nach Westen Richtung Israel. Die jordanischen Scharfschützen in Zufin töteten noch weitere sechs israelische Soldaten und verwundeten weitere 20. Insgesamt kamen in dem Gefecht 18 israelische Soldaten ums Leben und 68 wurden verwundet – die schwersten Verluste seit dem Unabhängigkeitskrieg von 1948. Dass die Jordanier 90 Gefallene hatten, war für Scharon nur ein schwacher Trost.

Bei einer internen Abschlussbesprechung kritisierte er den Generalstabschef, weil dieser mehrmals die Schlachtpläne geändert habe. Ein Mitglied des Generalstabs hörte davon und berichtete Dajan darüber. Dajan wurde fuchsteufelswild. Er berief eine Konferenz sämtlicher Feldkommandeure der Armee ein und kritisierte Scharon wegen falschen Einsatzes der Artillerie und unverantwortlicher

Aufstellung der Aufklärungskompanie auf jordanischem Gebiet. In dem Streit kam es zu keiner Einigung, aber Dajan, Scharon und Ben Gurion erkannten alle drei, dass die Zeit der massiven Vergeltungsaktionen zu Ende war.

In den folgenden Tagen wurden in allen Leitartikeln die gleichen Fragen nach Effizienz und Notwendigkeit solcher Stoßtruppunternehmen gestellt. »Am Morgen des 11. Oktober«, schreibt Dajan in seinem Buch *Yoman Maarechet Sinai*, »als die an dem Einsatz beteiligten Einheiten auf ihre Stützpunkte zurückgekehrt waren, suchte ich mit dem Brigadekommandeur der Fallschirmjäger, der für den Einsatz verantwortlich gewesen war, den Ministerpräsidenten auf, um Bericht zu erstatten. Wie wir alle war auch Ben Gurion traurig und besorgt wegen der schweren Verluste ... Er übte zwar keine Kritik an dem Einsatz selbst, aber seine Fragen drehten sich alle um dasselbe Problem: War es notwendig gewesen, so viele von unseren Soldaten zu opfern? Weder der Brigadekommandeur noch ich selbst konnten den Einsatz rückhaltlos verteidigen, da wir, oder wenigstens ich, keineswegs mit dem zufrieden waren, was geschehen war. Am Ende wurde es ein nervenaufreibendes Gespräch zwischen drei Männern, deren Herzen von Trauer erfüllt waren.«

Die Presse sorgte dafür, dass die schweren Verluste nicht in Vergessenheit gerieten. Scharon war überrascht über die zahlreichen Interviewanfragen seitens der wichtigsten Zeitungen des Landes und sogar noch überraschter, wie schnell die Führung der Tzahal die Interviews genehmigte. Er hielt es nicht für einen Zufall, dass ihn Dajan nach dem gescheiterten Einsatz der Presse zum Fraß vorwarf. Scharon war am schmerzlichen Ende einer stolzen Periode seines Lebens angelangt. In seinen Augen hatten die Fallschirmjäger mit ihren 70 genehmigten Stoßtruppunternehmen auf feindlichem Territorium in der Tzahal einen neuen Kampfgeist geweckt und die Art verändert, wie die israelische Armee ihre Schlachten schlug.

Der Tiefpunkt für Scharon war erreicht, als sein Fahrer beim Generalstabschef ein Päckchen abliefern sollte und hohe Offiziere in einem Nebenraum über seinen Chef reden hörte. Sie stellten sich lachend vor, was Scharon wohl für ein Gesicht machen würde, wenn er seines Kommandos enthoben und auf einen Schreibtischposten versetzt werden würde. Der Fahrer eilte unverzüglich nach Be-er Jaakow, wo Scharon und seine Frau wohnten, und berichtete von seinem Erlebnis.

Gleich am folgenden Morgen eilte Scharon in Dajans Büro, aber der Generalstabschef empfing ihn nicht. Also fuhr er nach Jerusalem, um Ben Gurion aufzusuchen. Als er sich ein bisschen beruhigt hatte, sah er ein, dass es wohl besser war, telefonisch um ein Gespräch mit dem Ministerpräsidenten zu bitten. Er solle sofort kommen, antwortete Ben Gurion. In seiner Autobiografie *Warrior* schildert Scharon, wie er mit Tränen des Zorns in den Augen das Büro des alten Mannes betrat. Der Ministerpräsident hörte dem 28-jährigen Brigadekommandeur schweigend zu. Als er sich Luft gemacht hatte, riet ihm Ben Gurion zur Geduld. Er erzählte ihm die chinesische Legende von dem Fischer, der eine Leiche am Strand findet. Der Fischer bittet die Familie des Toten um Geld für die Leiche. Die verstörte Familie fragt einen weisen Mann um Rat, und der rät ihr, nicht zu zahlen. Der Fischer geht zu demselben weisen Mann, und dieser rät ihm ebenfalls abzuwarten. Am Ende werden beide Seiten des Wartens müde und kommen zu einer Einigung. Ben Gurion lachte über das Ende der Parabel. Scharon war getröstet. Er hatte verstanden, dass der Ministerpräsident nie zulassen würde, dass er seines Kommandos enthoben würde.

Kapitel 11
Die Falle am Mitla-Pass

Die Suezkrise erstickte nur wenige Wochen nach dem letzten Vergeltungsangriff der Fallschirmjäger die Kontroverse über Kibbija in Wolken feinen Wüstenstaubs. Am 26. Oktober, während einer Feier für die Fallschirmjäger in Ramat-Gan, bekam Scharon die Meldung, alles stehen und liegen zu lassen und seine Brigade für die Schlacht vorzubereiten. Im Hauptquartier des Zentralkommandos erfuhr er, dass die Fallschirmjäger in dem sich zusammenbrauenden Krieg eine zentrale Rolle spielen sollten.

Gemäß der israelischen Verteidigungsdoktrin gab es fünf Entwicklungen, die jeweils einen Kriegsgrund konstituierten: eine Störung des täglichen Lebens durch Terrorismus; die Sperrung der Schifffahrt und des Luftverkehrs von Elat; eine Verschiebung des Kräftegleichgewichts zwischen den arabischen Ländern und Israel; den Einmarsch eines irakischen Expeditionsheers in Jordanien oder Syrien; die Unterzeichnung eines trilateralen Kriegsbündnisses zwischen Ägypten, Syrien und Jordanien.

Im Lauf der letzten zwei Jahre waren all diese Kriterien erfüllt worden. Ägypten hatte 1955 eine Infiltrationseinheit aufgestellt, die von den Wüsten im Süden bis zum Jordan Terror verbreitete. Im April 1956 hatten diese Angriffe ihren Höhepunkt erreicht. Im September 1955, wenige Wochen nach Scharons tödlicher Vergeltungsaktion, hatte Ägypten ein umfangreiches Waffenlieferungsabkommen mit der Tschechoslowakei unterzeichnet. Einige Wochen später hatte es den Schifffahrtsweg von Israels südlicher Hafenstadt Elat und den Luftraum über ihr gesperrt. Im April 1954 hatte Syrien ein Waffengeschäft mit der Sowjetunion abgeschlossen, das die Lieferung von Jagdflugzeugen, Bombern, Panzern und Artillerie beinhaltete. Im Oktober 1955 unterzeichneten Ägypten und Syrien einen bilateralen Angriffspakt. Ein Jahr später, im Oktober 1956, trat Jordanien dem Vertrag bei. Zur selben Zeit wurde auf Verlangen König Husains II. an der jordanischen Grenze eine irakische Division mobilisiert, und ein irakisches Expeditionsheer marschierte in dem haschemitischen Königreich ein. Die Schlinge zog sich immer mehr zu. Alles schien auf einen Krieg hinzudeuten.

Israel versuchte händeringend Waffen zu beschaffen, um den Rückstand gegenüber den arabischen Staaten aufzuholen, stieß jedoch meist auf taube Ohren. Großbritannien, die frühere Kolonialmacht der arabischen Welt, weigerte sich, Panzer und Flugzeuge an Israel zu verkaufen; die Vereinigten Staaten pflegten ihre Neutralität. Der einzige Staat, der bereit war, Israel moderne Waffen zu liefern, war Frankreich. Im April 1956 erhielt Israel von Frankreich Hunderte von Jagdflugzeugen und Panzern, 105-Millimeter-Geschützen, Halbkettenfahrzeugen, Mörsern und Funkgeräten sowie Munition.

Die Gelegenheit zu einer Kooperation zwischen Israel, Frankreich und Großbritannien kam, als Gamal Abd el-Nasser den Suezkanal verstaatlichte und damit europäische Geschäftsinteressen bedrohte, insbesondere die Interessen Großbritanniens, dem der Kanal bis 1954 gehört hatte und dessen Wirtschaft immer noch vom Seehandel abhängig war. Im Suezvertrag von 1954 hatten sich die Briten das Recht vorbehalten, im Kriegsfall ihre Interessen in der Kanalzone zu verteidigen. Nun, im Herbst 1956, wollten sie, dass Israel Ägypten angriff und ihnen damit den Vorwand für eine Intervention lieferte.

Ben Gurion weigerte sich zunächst, da Israel als der Aggressor dastehen würde, während Frankreich und Großbritannien nur die »wildgewordenen Eingeborenen befrieden« und mit sauberen Händen aus der Krise hervorgehen würden. Der israelische Ministerpräsident fürchtete außerdem, dass sich die Briten in letzter Minute drücken und Israel im Stich lassen könnten. Schließlich wurde ein Abkommen geschlossen, nach dem Israel nur einen begrenzten Militärschlag durchführen sollte. Die öffentliche Meinung in Israel und im Rest der Welt würde einem groß angelegten Vergeltungsschlag zur Bekämpfung des Terrorismus vermutlich positiv gegenüberstehen. Im Hinblick auf den Vorwand für das britische und französische Eingreifen schlug Generalstabschef Dajan vor, Israel könne ein Regiment Fallschirmjäger tief im ägyptischen Territorium absetzen – eine Aktion, die groß genug war, um die Briten zu einer Intervention zu veranlassen, und klein genug, um schnell wieder abzuziehen, falls sie doch nicht intervenierten. Am 25. Oktober 1956 unterzeichnete

Ben Gurion in einer Pariser Villa das Geheimabkommen von Sèvres und kehrte nach Israel zurück, um den Krieg vorzubereiten.

Am folgenden Tag bestellte er Scharon und Dajan in sein Büro und erklärte ihnen die Ziele des Einsatzes. Israel werde die Fedajin von der Grenze vertreiben und die Meerenge von Tiran wieder für den Schiffsverkehr öffnen; Großbritannien werde Port Said und den Suezkanal wieder in Besitz nehmen. Ben Gurion betonte, dass die Armee so vorgehen solle, dass sie sich notfalls schnell zurückziehen könne.

Die Franzosen waren sich nicht sicher, ob die israelische Armee imstande war, ihren Teil des Plans durchzuführen, und entsandten einen gewissen Oberst Simon nach Israel. Der hatte im Gefecht ein Auge verloren und war am ganzen Körper von Narben bedeckt. Er besichtigte den Stützpunkt der Fallschirmjäger und sprach mit Scharon. Der israelische Oberstleutnant erzählte dem Franzosen eine Menge Geschichten und zeigte ihm, was die Fallschirmjäger bei ihren Stoßtruppunternehmen im Feindesland erbeutet hatten. Am eindrucksvollsten fand der Oberst die feurigen Araberpferde, die in ihren Ställen schnaubten.

Die israelische Invasion sollte von den Fallschirmjägern eröffnet werden. Ein Bataillon unter dem Kommando von Rafael Eitan sollte am Mitla-Pass abspringen, nur 29 Kilometer vom Suezkanal entfernt. Der Rest der Brigade sollte auf der Route Kuntila–Themed–Nahal 175 Kilometer durch die Wüste nach Süden vorstoßen und sich am Fuß des Passes mit Eitans Einheit vereinigen. Scharon erarbeitete den Schlachtplan zusammen mit Oberst Assaf Simchoni, dem neuen Oberkommandierenden des Südkommandos.

Beide Offiziere wussten, dass der Pass gut befestigt war, und beschlossen, die Fallschirmjäger am Ostausgang des Passes abzusetzen, wo sie sich verschanzen und 48 Stunden durchhalten sollten, bis Scharon mit dem Rest der Brigade eintraf. Scharon informierte Eitan am 27. Oktober über den Plan, 48 Stunden bevor die Flugzeuge starteten. Am 29. kam der Generalstabschef mit anderen hohen Offizieren auf den Stützpunkt und frühstückte mit den Fallschirmjägern. Anschließend bestieg um 15 Uhr Eitans Bataillon von fast 400 Fallschirmjägern die klapprigen Dakota-Maschinen. Es war der erste und wahrscheinlich auch der letzte Absprung von Fallschirmjägern der israelischen Armee über feindlichem Territorium.

Unterdessen begann Scharon an der Spitze eines zusammengewürfelten Konvois aus Militär- und Zivilfahrzeugen sein 175-Kilometer-Rennen zu Eitan und dem Mitla-Pass. Der Weg war von drei ägyptischen Festungen blockiert. Die ägyptischen Soldaten in Kuntila flohen, bevor die Fallschirmjäger eintrafen, Themed fiel in der Morgendämmerung und Nahal bis zum Abend, sodass der Weg frei war. Am Dienstag, dem 30. Oktober, um Mitternacht sah Eitan, 30 Stunden nachdem seine Fallschirmjäger am Fuß des Passes gelandet waren, Lichtpunkte in der Ferne, und die gespannte Stille wurde durch das Freudengeschrei der Wachen und Aufklärungspatrouillen unterbrochen.

Am Morgen dieses Tages hatte die ägyptische 2. Brigade das eingegrabene Fallschirmjägerbataillon angreifen wollen, aber vorgeschobene Beobachter von Eitans Einheit hatten den Konvoi rechtzeitig erspäht, und Eitan hatte Luftunterstützung angefordert, als die Ägypter den westlichen Rand des Passes erreicht hatten. Scharon erhielt die Meldung, dass die Brigade durch die Luftangriffe gefechtsunfähig gemacht worden sei. Also nahm er an, dass der Pass und die Wüste dahinter frei von ägyptischen Truppen seien. In Wirklichkeit jedoch hatte sich das 5. Bataillon der 2. Brigade in die Spalten und Winkel des zerklüfteten Passes gerettet, und später kam noch ein zweites Bataillon hinzu. Beide hatten sich tief in den Wänden der Schlucht verschanzt und beide hatten keinen Rückzugsweg.

Am Morgen des 31. Oktober bat Scharon den Generalstab um die Genehmigung, auf den Pass vorzurücken. Er vertrat die Ansicht, dass das Gelände am Ostausgang des Passes zu flach und für einen Panzerangriff verwundbar sei. Als er die Genehmigung nicht bekam, kochte er vor Wut. Er hatte keine Ahnung, dass Dajan die Fallschirmjäger mehr aus diplomatischen denn aus militärischen Gründen daran hinderte, auf die Meerenge von Tiran vorzustoßen: Die Briten und die Franzosen hatten den Beginn ihrer Offensive um 24 Stunden verschoben, und Dajan wollte Israel die Möglichkeit offen halten, seine Truppen mit der Begründung zurückzuziehen, dass es sich um einen bloßen Vergeltungsangriff gehandelt habe. Scharon war über diese Sachlage nicht informiert und fand, dass die Verzögerung ungerechtfertigt und taktisch unklug war und im Widerspruch zur Doktrin der Fallschirmjäger stand, die unablässiges Vorrücken gegen den Feind verlangte. Außerdem fand er, dass der Ruhm, die Meerenge geöffnet und die Wüste Sinai erobert zu haben, ihm allein gebührte.

Er lokalisierte einen ägyptischen Panzerverband 50 Kilometer nordwestlich und bat abermals dringend um die Genehmigung, höheres Gelände zu gewinnen. Wieder wurde ihm das verweigert. Als der Kommandeur vor Ort übte er gewaltigen Druck auf seine Vorgesetzten aus, ihm für die Entscheidungen, die er für notwendig hielt, freie Hand zu geben. Daraufhin ließ Dajan den Ersten Stabsoffizier des Südkommandos, Oberstleutnant Rehawam Seewi, zu Scharon fliegen, um ihn zu besänftigen und ihn von einem Vorrücken auf den Pass abzubringen.

Doch Seewi erreichte weder das eine noch das andere. Tatsächlich wurde Scharon nur noch wütender, als der Oberstleutnant ihn über die neusten Entwicklungen in der Region unterrichtete: andere Verbände der israelischen Armee eilten durch die Wüste auf den berühmten Rotes-Meer-Hafen Scharm el-Scheich zu. Scharon verlangte, dass ihm Seewi, der den Spitznamen »Gandhi« trug, wenigstens erlaube, eine Aufklärungspatrouille in den Pass zu schicken. Seewi war einverstanden, aber nur unter der Bedingung, dass es sich um ein reines Erkundungsunternehmen handelte und kein Zusammenstoß mit ägyptischen Truppen gesucht wurde. Bevor Seewi an Bord seines leichten Flugzeugs ging, sah er noch, dass Scharon eine Streitmacht von Bataillonsstärke zusammenstellte.

Am frühen Nachmittag brach der Bataillonskommandeur Mordechai Gur, der spätere Generalstabschef und lebenslange Feind Scharons, an der Spitze einer Kolonne von bewaffneten Mannschaftstransportwagen, Panzern, Mörsern und einem Nachschubfahrzeug zu dem Pass auf. Scharon befahl Gur, vorsichtig in den Pass vorzurücken. Er sollte Deckung suchen, wenn er unter Feuer genommen wurde, und den Pass nicht stürmen. Jitzhak Hoffi, der stellvertretende Kommandeur der Brigade, und der Bataillonskommandeur Aharon Davidi marschierten mit Gur.

Die Ägypter ließen Gurs Truppen ungerührt passieren. Erst als das Bataillon am ersten Hinterhalt vorbei war, griffen sie an. Sie feuerten mit allem, was sie hatten, und von allen Seiten. Die Mannschaftswagen wurden zu Todesfallen. Jitzhak Hoffi, der sicher war, dass sich Gur vor ihm befand, kämpfte sich durch das massive Sperrfeuer auf die westliche Seite des Passes durch. Später versuchte er vergeblich, sich wieder zurück zu den Truppen kämpfen, die in einer engen Kurve auf der Spitze des Passes festgenagelt waren. Als Scharon die verzweifelten Funksprüche der Eingeschlossenen empfing und ägyptische Flugzeuge auf die abgeschnittenen Soldaten herabstießen, sah er keine andere Möglichkeit, als den Rest der Brigade, der acht Kilometer weiter unten lagerte, in die Schlacht zu werfen.

Die einzige Chance, die Truppen im Pass zu entsetzen, bestand darin, die Ägypter in den Spalten und zerklüfteten Schluchten hoch über dem Pass in Feuergefechte von Mann zu Mann zu verwickeln. Scharon ließ das 890. Bataillon und die Aufklärungseinheit unter Eitans Kommando zu Davidis Einheit am Eingang des Passes vorrücken, um einen Gegenangriff zu starten. Eitan und Davidi waren nicht in der Lage, die schweigenden ägyptischen Geschütze zu lokalisieren, und suchten nach einem Freiwilligen, der mit einem Jeep über den Pass raste und das Feuer der ägyptischen Geschütze auf sich zog, damit sie ihre Stellungen verrieten. Davidis Fahrer Jehuda Ken Dror meldete sich. Er fuhr um die erste Kurve, zog eine lange Salve genau gezielten Feuers auf sich und raste weiter nach Westen, bis sein Jeep explodierte. Seine Kommandeure waren sich sicher, dass er tot war, aber er war nur tödlich verwundet und kroch die ganze Nacht zurück durch den Pass. Er lag noch drei Monate im Krankenhaus, bis er starb.

Scharon schickte zwei weitere Kompanien in den Pass mit dem Befehl, die blanken Felswände zu erklettern und dem verschanzten Feind in die Flanken zu fallen. Die Ägypter saßen in der Falle und kämpften bis zum letzten Mann. In dem siebenstündigen Nahkampf verloren sie 260 Mann. Die Fallschirmjäger hatten 38 Tote und 120 Verwundete zu beklagen. Gegen 20 Uhr verebbte die Schlacht. Scharon hatte sich die ganze Zeit am Fuß des Passes aufgehalten, über Funk Befehle erteilt und den Bau einer behelfsmäßigen Landebahn geleitet, während Gur mit dem Funkgerät eines Panzers Gegenschläge anforderte und um sein Leben kämpfte.

Unmittelbar nach der Schlacht beschuldigte Dajan Scharon, bewusst Befehle missachtet zu haben, indem er einen Angriffsverband statt einer reinen Aufklärungseinheit in den Pass geschickt hatte.

Nach Ansicht des Generalstabschefs war die Schlacht sinnlos gewesen und die Soldaten waren umsonst gestorben. Scharon habe den ungenauen Begriff »Patrouille« als Tarnung benutzt. In *Sinai Diaries* schreibt Dajan: »Einige unzufriedene Mitglieder des Generalstabs haben mich darauf aufmerksam gemacht, dass ich die Fallschirmjäger mit Samthandschuhen anfasse, obwohl ich weiß, dass sie den Mitla-Pass gegen meine ausdrücklichen Befehle angegriffen haben und die Aktion tödliche Folgen hatte.«

Und weiter heißt es dort: »Unnötig zu sagen, wie traurig wir alle über die vielen Todesopfer sind, die die Schlacht um den Pass gefordert hat, aber meine Erbitterung, meine eigentliche Empörung – meine extreme Empörung – gilt der Tatsache, dass die Kommandeure der Fallschirmjäger sich hinter dem Begriff »Patrouille« versteckten. Es betrübt mich, dass sie das taten, und es schmerzt mich, dass es mir nicht gelang, ein Vertrauensverhältnis zwischen mir und den Kommandeuren der Fallschirmjägerbrigade herzustellen. Ein Verhältnis, das sie veranlasst hätte, ihre Befehle wenigstens offen und direkt zu missachten, wenn sie sie schon missachten mussten.«

Elf Jahre später, als Scharon siegreich und triumphierend aus dem Sechstagekrieg hervorging, ergriff er die Gelegenheit, gegen den inzwischen Verteidigungsminister gewordenen früheren Generalstabschef vom Leder zu ziehen. In *Arik of the Paratroopers* zitiert Matti Schawit Scharons Äußerung auf einer Pressekonferenz nach dem Krieg: »Als wir uns dem Mitla-Pass näherten, wollte ich dem Verteidigungsminister ein Telegramm schicken: ›Wir stehen wieder am Mitla; diesmal mit Genehmigung.‹ Aber wieder herrschte Funkstille zwischen uns.«

Dajan erteilte Generalmajor Chaim Laskow den Auftrag, die Angelegenheit zu untersuchen. Scharon erklärte Laskow, dass er sich nach seiner Vereinigung mit dem 890. Bataillon durch einen Panzerangriff verwundbar gefühlt habe. Er behauptete, die Fallschirmjäger hätten viel schwerere Verluste erlitten, wenn sich der Panzerverband, den er 50 Kilometer nordwestlich seines Standorts gesehen hatte, nicht zum Kanal zurückgezogen, sondern angegriffen hätte. Er wiederholte, dass ihm Seewi eine Patrouille genehmigt und er den Pass für unbemannt gehalten hatte. Es sei nur über die Art des Einsatzes, nicht jedoch über die Größe des einzusetzenden Verbandes geredet worden. Als die Soldaten in der Todesfalle saßen, hätten Gur und Hoffi um ihr Leben gekämpft und er habe keine andere Wahl gehabt, als die ganze Brigade in die Schlacht zu werfen und den Pass zu nehmen.

Laskows Bericht fiel vage und unentschieden aus. Ben Gurion las das Dokument und bestellte Scharon und Dajan in sein Büro. Er fragte Scharon, ob er nicht mittlerweile auch der Meinung sei, dass die offensive Operation unnötig gewesen sei. Scharon antwortete, jetzt, da sie Kaffee trinkend beieinander säßen, wolle er das gerne einräumen, aber damals, allein im Feindesland, habe er angesichts der verfügbaren Informationen richtig gehandelt. Dann schilderte Dajan seine Sicht der Dinge. Am Ende sagte Ben Gurion, der Scharons Heroismus wie später auch denjenigen Begins unwiderstehlich fand, er sei nicht in der Lage, über solche militärtaktische Dinge zu urteilen, und ließ Scharon ohne eine Strafe für ein Verhalten davonkommen, das vielleicht taktisch vernünftig gewesen war, aber eindeutig gegen die Befehle seines Kommandeurs verstoßen hatte.

Aber in den Augen vieler Fallschirmjäger konnte Ben Gurion Scharons Namen nicht reinwaschen, viele von ihnen hatten mit anhören müssen, wie ihre in den Bergen liegen gebliebenen, verwundeten Kameraden in der Nacht nach der Schlacht langsam starben. Mordechai Gur, der 1967 als Befreier von Jerusalem gefeiert wurde, hat Scharon das nie verziehen. Er konnte nicht verstehen, dass der Kommandeur der Fallschirmjäger am Fuß des Passes zurückgeblieben war und den Bau einer Landebahn beaufsichtigte hatte, während seine Soldaten in der Schlacht starben. Gur war nicht der Einzige, der dieses Verhalten unverzeihlich fand. Viele hohe Offiziere in der Brigade verlangten eine Erklärung; schließlich hatte er selbst die Grundregel aufgestellt, dass der Kommandeur durch gutes Beispiel führt und immer an der Spitze seiner Formation marschiert. Uri Millstein, ein israelischer Militärhistoriker, versichert, dass Mordechai Gur und die anderen Kommandeure ihre Kritik mit voller Rückendeckung des Generalstabschefs äußerten, der Scharon nur zu gerne seines Kommandos enthoben hätte.

Am Donnerstag und Freitag, dem 1. und 2. November, machte Scharon die Brigade wieder gefechtsfähig und gruppierte sie um. Er verband sich in A-Tur mit eingeflogenen Verstärkungen und schloss die Besetzung der Wüste Sinai ab. Die 9. Brigade wartete in Scharm el-Scheich auf ihn. Die israelischen Kriegsziele waren erreicht: Die Meerengen waren offen, die Schifffahrtswege frei.

Die Fallschirmjägerbrigade war nach dem Suezkrieg nicht mehr dieselbe. Sie wollte nicht mehr von Scharon geführt werden. Das Territorium, das sie erkämpft hatte, musste auf Verlangen der Vereinigten Staaten, der Sowjetunion und der Vereinten Nationen wieder aufgegeben werden. Scharon begriff, dass es nach drei Jahren ununterbrochener Kämpfe und nachdem unter seinem Kommando 105 Soldaten gefallen waren, an der Zeit war, seinen Abschied zu nehmen.

Kapitel 12
Margalits Tod

Die Scharons zogen nach Zahala, einem vornehmen Viertel von Tel Aviv, in dem viele Berufsoffiziere wohnten. Sie kauften ihr neues Haus von Generalmajor Chaim Laskow, dem Offizier, der Scharons Verhalten in Suezkrieg untersucht hatte. Scharons Eltern waren enttäuscht über diese Entscheidung. Sie hatten in Kfar Malal schon ein Grundstück in der Nähe ihrer Farm für ihren Sohn ins Auge gefasst. Als Samuel Margalit und Arik das erste Mal in der Stadt besuchte, sagte er seinem Sohn ohne Umschweife, dass er einen schweren Irrtum begangen habe. Sein Platz im Leben sei in Kfar Malal nahe am Ackerboden.

Samuel war krank. Vor und nach dem Krieg war er immer wieder wegen Herzproblemen im Krankenhaus. Als Scharon seinen Vater nach dem Konflikt am Krankenbett besuchte, konnte er ihm nach all der Enttäuschung und Angst, die er ihm bereitet hatte, wenigstens mitteilen, dass er bald ein Enkelkind bekommen würde.

Am 27. Dezember 1956, während der langen Verhandlungen über die Stationierung israelischer Soldaten in der Wüste Sinai, erfuhr Scharon, dass er der Vater eines Jungen geworden war. Er eilte in die Entbindungsstation in Jaffa, im Süden Tel Avivs, um seinen Sohn zu sehen, der den Namen Gur erhielt. Vier Tage später starb Scharons Vater. Scharon saß die letzten Stunden an seinem Bett. Sein Vater umarmte ihn und flüsterte ihm letzte Worte ins Ohr.

Obwohl Scharon erst achtundzwanzig war, war er schon sehr vertraut mit dem Tod. Er hatte seinen Vater als Erwachsener kaum mehr gesehen. Seit seinem 17. Lebensjahr hatten sie nicht mehr unter einem Dach gelebt. An seinem letzten Tag bat Samuel Vera, zurück auf die Farm zu fahren und ihm sein Testament zu bringen. Als sie weg war, spürte er, dass es zu Ende ging. Er rief eine Krankenschwester und bat sie, seine letzten Worte an seine Frau zu übermitteln.

Scharons Berufsleben wurde schwieriger. Die Ereignisse am Mitla-Pass hatten schlimme Folgen. Hohe Offiziere zeigten ihm die kalte

Schulter, wenn er den Raum betrat. Auf einer von Ben Gurion organisierten Siegesfeier stellte er zu seiner Erleichterung fest, dass der alte Mann ihn immer noch an seiner Seite haben wollte, war jedoch über die offene Feindseligkeit der hohen Offiziere der Tzahal verstört.

Im September 1957 flog er mit seiner Familie nach England und belegte am Camberly Staff College einen einjährigen Kurs in militärischer Führung und Stabsarbeit. Er wohnte in einer Unterkunft auf dem Universitätsgelände und hatte für Gali und den zehn Monate alten Gur in London eine Wohnung gemietet. Offiziell gehörte die Versetzung nach Großbritannien zu seiner Offizierskarriere, aber er wusste, dass Dajan sie veranlasst hatte, und empfand sie als eine Art unfreiwilliges Exil.

Er widmete sich durchaus ernsthaft seinen Studien, aber privat bezeichnete er seine Ausbilder als übermäßig hoch dekoriert und fantasielos. Seine Kritik stützte sich größtenteils auf die jüngste Geschichte. Seiner Ansicht nach hatten die britischen Streitkräfte im Suezkrieg plump, zögerlich und mechanisch operiert.

Trotzdem war das Jahr in England Balsam für den überarbeiteten Offizier. Seit er sein Studium abgebrochen hatte, um die Einheit 101 zu gründen, hatte er stets mit Volldampf gearbeitet, und nun war er das erste Mal seit vier Jahren von dem nervenaufreibenden Dauerstress ständiger Einsatzbereitschaft befreit. Er befasste sich eine Zeit lang nicht mehr aktiv mit Politik und aktuellen Ereignissen, sondern genoss die gut eingeschenkten Biere im Offiziersklub, ging mit Margalit ins Kino und ins Theater und machte mit Gur Spaziergänge im Schnee. Einmal wurde er sogar von Königin Elizabeth empfangen.

Seine Rückkehr zur Armee war enttäuschend. Scharon, der erste Kommandeur der Fallschirmjäger, wurde an einen Schreibtisch gekettet. Der neue Generalstabschef Chaim Laskow hatte Scharon zwar in seinem Untersuchungsbericht über die Ereignisse am Mitla-Pass nicht verurteilt, aber er hatte bestimmt nicht im Sinn, seine glänzende Karriere weiter zu fördern. Scharon wurde zum Chefausbilder der Infanterieschule der Tzahal ernannt, damit er die Fähigkeiten, die er auf dem Schlachtfeld entwickelt hatte, an die Rekruten der Armee weitergeben konnte. Obwohl er den Posten nicht mochte, musste er ihn antreten. Laskow hatte ihm versichert, nur so werde er befördert werden. Kurz nach seinem 30. Geburtstag wurde Scharon zum Oberst befördert, aber er wachte jeden Tag zu Hause in seinem eigenen Bett auf und musste zu einer Arbeit, die er verabscheute.

Ben Gurion hatte bei Scharons Ernennung zum Chefausbilder die Hand im Spiel gehabt. Auch er war über seinen Mangel an Disziplin und den schwankenden Wahrheitsgehalt seiner Berichte aus dem Feld besorgt, aber er bewunderte seine Tapferkeit und seinen unkonventionellen Geist. Doch trotz dieser Bewunderung war er auf der Hut. Einmal bemerkte der Ministerpräsident, der den Staat Israel häufig aus der Perspektive der Bibel interpretierte, der junge Offizier sei eine Art Joab Ben Zeruja – König Davids wichtigster Feldherr, der den Wunsch des Königs nach einem Friedensvertrag letztlich missachtet und den Friedensstifter Abner erstochen hatte, weil dieser seinen Bruder getötet hatte.

Ende 1958 wurde Scharon zu Ben Gurion gerufen. Der Ministerpräsident fragte ihn, ob er »sich abgewöhnt habe, die Unwahrheit zu sagen«, und notierte später folgende Antwort: »Arik gab zu, dass er mir mehrmals nicht die Wahrheit gesagt hat. Aber er hat es sich abgewöhnt.« Ben Gurion gefiel die offene Antwort. Er sagte Scharon noch im selben Gespräch, dass er ihn unterstützen werde. Er wusste, dass Laskow Scharon nicht leiden konnte, und riet ihm, den Posten an der Infanterieschule anzunehmen und sich keine Sorgen zu machen. Nach der Unterredung sprach Ben Gurion mit Laskow und sagte, Scharon habe »negative Eigenschaften, aber auch ausgesprochen positive. Ich hätte gern, dass er eine Chance bekommt, sich zu bessern, denn er ist ein wichtiger Soldat.«

In den folgenden Jahren hatte es Scharon nur Ben Gurions schützender Hand zu verdanken, dass er seine Karriere fortsetzen konnte. Er besuchte den Ministerpräsidenten regelmäßig, wobei er ihm häufig ausführlich seine militärische Philosophie darlegte. Ben Gurion schrieb in sein Tagebuch: »Der Mann ist ein origineller Kopf. Wenn ... er nicht mehr gewohnheitsmäßig lügen würde, wäre er ein außerordentlicher militärischer Führer.«

Scharon hatte seinen Chefausbilderposten ein Jahr inne, bevor das Unvermeidliche bekannt wurde. Er hatte Streit mit seinem direkten Vorgesetzten Generalmajor Jossi Gewa. Dieser entließ ihn, nachdem er unentschuldigt bei einer Besprechung gefehlt hatte. Obwohl die beiden sich in fast allen Bereichen uneinig gewesen waren und häufig gestritten hatten, führte Scharon das Zerwürfnis auf Eifersucht zurück: Gewa war Kommandeur der Giwati-Brigade gewesen, während Scharon die gefeierten Fallschirmjäger geführt hatte.

Ben Gurion kam Scharon wieder einmal zu Hilfe und überzeugte den Generalstabschef, ihn zum Kommandeur der Infanterieschule zu ernennen. Wieder ein Schreibtischjob. Scharon fasste es als unverdiente Verbannung auf, dass er drei Jahre nicht als Feldkommandeur dienen durfte.

Die einfachen Soldaten in der Infanterieschule verehrten ihn und erzählten sich Geschichten über Einheit 101. Der introvertierte und zornige Scharon ging schonungslos mit den Soldaten um und sparte nicht an willkürlicher Kritik, wenn er sie gefechtstauglich machte. Ein Großteil dieses ruppigen Verhaltens war wahrscheinlich auf seine Wut über die Verbannung aus den Kampfeinheiten der Tzahal zurückzuführen.

In jener Zeit, die Scharon später als »verschwendete Jahre« bezeichnete, schrieb er sich an der juristischen Fakultät der Universität Tel Aviv ein. Im Jahr 1962 wurde Generalleutnant Swi Tzur Laskows Nachfolger als Generalstabschef. Scharon war darüber nicht gerade erfreut, wusste er doch, das Tzur seinen weiteren Aufstieg mit Sicherheit behindern würde.

Am 2. Mai 1962 erlitt Scharon einen schrecklichen Schicksalsschlag. Er war mit Gur daheim, nachdem sie zusammen einen Tag in der Infanterieschule verbracht hatten. Es war schon dunkel, und Margalit, die inzwischen als psychiatrische Krankenschwester beim Gesundheitsministerium arbeitete, hätte eigentlich längst zu Hause sein müssen. Plötzlich hörte Scharon ein vorsichtiges Klopfen an der Tür. Sein Nachbar, Motti Hod, damals Chef der israelischen Luftwaffe, bat Scharon, hinaus in den Hof zu kommen, und erzählte ihm, dass seine Frau einen Autounfall gehabt habe und tot sei.

»Obwohl seither so viele Jahre vergangen sind, erinnere ich mich an diesen traurigen Tag, als wäre er gestern gewesen«, sagt Hod. »Solche Augenblicke vergisst man nicht. Es war schrecklich. Der Personalchef der israelischen Armee machte mich ausfindig und informierte mich, dass Margalit bei einem Autounfall ums Leben gekommen war. Er wusste, dass wir sehr gute Nachbarn von Arik und

Margalit waren und dass Arik uns überzeugt hatte, in das Haus neben ihm zu ziehen, also bat er mich zu ihm hinüberzugehen und ihm zu sagen, dass seine Frau tot war.

Ich ließ alles stehen und liegen und fuhr nach Zahala«, berichtet Hod weiter. »Arik öffnete die Tür, und ich sagte: ›Arik, gehen wir hinaus in den Hof.‹ Wir gingen ein bisschen im Hof auf und ab, bis ich die Kraft hatte, ihm zu sagen, dass Margalit tot war. Es traf ihn hart. Sehr hart.«

Margalit war am Morgen auf dem Weg zur Arbeit getötet worden. Sie geriet in ihrem Auto, das das Steuer auf der rechten Seite hatte, auf die Gegenspur, als sie den zweiten von drei Hügeln hinauffuhr, die auf ihrem Weg nach Jerusalem lagen. Ein entgegenkommender Lastwagen stieß frontal mit ihrem Austin zusammen. Ihr Tod wurde im Shaare-Tzedek-Krankenhaus in Jerusalem festgestellt.

Scharon zeigte auf der Beerdigung keinerlei Gefühle. Er las den Nachruf auf seine Jugendliebe von einem Zettel ab; sein Gesicht war von Kummer gezeichnet, aber er blieb gefasst.

Kapitel 13
Eine zweite Ehe

Scharon, ein Berufssoldat, der es gewohnt war, im Feld zu schlafen und seinen Sohn nur am Wochenende zu sehen, hatte nun plötzlich ein Kind, dem die Mutter fehlte. Der fünfeinhalbjährige Gur glaubte seinem Vater nicht, als der ihm sagte, dass seine Mutter für immer von ihnen gegangen sei. Sie hätte ihn nie verlassen, sagte er. Lily, die bereits zum lebenden Inventar im Haus der Scharons gehörte und Gurs Lieblingstante war, füllt die Lücke, die der Tod ihrer Schwester gerissen hatte.

Lily Zimmerman war 1937, vier Jahre nach ihrer Schwester, im rumänischen Transsylvanien geboren. Sie war mit zehn Jahren nach Israel gekommen und hatte sich wie ihre älteren Geschwister an der Mosensohn-Schule eingeschrieben. Ihre Eltern waren mit ihren jüngeren Schwestern Olga und Jaffa noch mehrere Jahre in Europa geblieben.

Lily lernte Arik kennen, kurz nachdem er sich in ihre ältere Schwester verliebt hatte. Er verhielt sich wie ein älterer Bruder zu ihr. Jossef Margalit, Scharons Nachbar aus Kfar Malal, erinnert sich, dass Scharon öfters beide Schwestern an Feiertagen oder zum Abendessen mit der Familie einlud. Die beiden jungen Frauen hätten in Ariks Gegenwart immer glücklich und vergnügt gewirkt.

Mit 18 wurde Lily in die Armee eingezogen. Scharon ließ seine Beziehungen spielen und erreichte, dass sie auf einen Verwaltungsposten beim Fallschirmjägerbataillon versetzt wurde. Obwohl er selbst dafür gesorgt hatte, dass seine Schwägerin in seiner Einheit diente, ging er sehr korrekt, ja sogar etwas schroff mit ihr um. Sie konnte sich nicht erklären, warum er so streng mit ihr war. Und sie fragte sich ernsthaft, warum ihre bildschöne Schwester ausgerechnet diesen Mann geheiratet hatte. Mit der Zeit jedoch kamen sie sich näher. Lily wurde ein Teil der Familie und verbrachte ihre Zeit je zur Hälfte auf dem Stützpunkt und bei den Scharons.

Als sie mit 20 aus der Armee entlassen wurde, wollte sie in Tel Aviv bleiben. Ihre Eltern lebten in der Hafenstadt Haifa im Norden als orthodoxe Juden. Sie begann am Avni-Institut für Bildende Kunst in Tel Aviv zu studieren und half ihrer Schwester, für Gur zu sorgen. In dieser Zeit starb Margalit.

Scharon änderte sich nach Margalits Tod. Er übernachtete nicht mehr auf dem Stützpunkt, sondern kam lieber zu seinem Sohn und seiner Schwägerin nach Hause. Die Armee stand nicht mehr im Zentrum seiner Aufmerksamkeit. Zum ersten Mal in seinem Leben als Erwachsener investierte er mehr Energie in die Familie. Nach Margalits Tod tat er plötzlich all die Dinge mit Lily, die Margalit in der schlimmen Zeit der Vergeltungsangriffe gerne mit ihm hatte tun wollen. Sie gingen in vornehmen Steakhäusern essen, hörten zusammen gute Musik und spielten mit Gur. Arik, der harte und unnahbare Sohn der notorisch abgekapselten Scheinermans, öffnete sich Lily vollständig, sprach sanft mit ihr und teilte alles mit ihr. Die beiden verliebten sich leidenschaftlich. Und Lily wurde für Gur wie eine Mutter.

Sie brach ihr Studium ab und nahm eine Arbeit bei der Polizei an. Es war keineswegs das, was sie sich erträumt hatte, aber wenigstens konnte sie ihr künstlerisches Talent bei der Anfertigung von Phantombildern zur Geltung bringen. Ein Jahr nach Margalits Tod heirateten Lily und Arik. Sie gab ihre Stelle bei der Polizei sofort auf, um sich ganz Gur widmen zu können.

Nach Margalits plötzlichem Tod gab es schlimme Gerüchte. Lily erklärte die Umstände ihrer Heirat im September 1988 der Tageszeitung *Hadashot:* »Ich heiratete ihn, weil es gut für Gur war. Heute kann ich sagen, dass ich ihn wahrscheinlich damals schon liebte. Aber die Liebe war nicht entscheidend. Es war so, dass wir zwei Erwachsene waren, die sich einer guten Sache widmeten: der Sorge für ein Kind, das seine Mutter verloren hat. Arik war Gur und meinen zwei Söhnen – mögen sie lange leben – ein großartiger Vater. Er war engagiert, lieb und gut. Schon vor 25 Jahren, als das noch nicht die Regel war, stand er in der Nacht auf, um die Babys zu füttern und ihnen die Windeln zu wechseln. Die meiste Zeit war er bei der Armee, aber wenn er zu Hause war, sorgte er für die Kinder. Wir haben uns die Aufgabe wirklich geteilt.«

Lily war anders als ihre Schwester. Margalit hatte sich stark angepasst. Sie hatte stundenlang gewartet, bis Arik nach Hause kam, und unter der Einsamkeit gelitten. Lily war viel aufsässiger, und sie war an allen Aspekten der militärischen und politischen Karriere ihres Mannes beteiligt, wenn nicht gar bestimmend. Auch machte sie bei gesellschaftlichen Ereignissen eine blendende Figur und wirkte als Scharons Beraterin. Sie wartete, bis er von einer Besprechung nach Hause kam, damit sie das Ergebnis gemeinsam analysieren konnten.

Die Harmonie in seiner Familie wurde für Scharon zu einer Kraftquelle. Lily widmete ihrem Ehemann ihr Leben. Auf die Frage von Sarit Jischai-Levi von der Zeitung *Hadashot*, ob sie um Scharons Karriere willen auf die Entfaltung ihrer eigenen Talente verzichtet hätte, sagte sie: »Ich habe mich selbst entschieden, und wenn eine Entscheidung freiwillig getroffen wird, ist das in Ordnung. Ich will für Arik da sein, wann immer er will. Wenn mich irgendwer in den Schatten stellt, dann nur Arik. Aber ich habe nicht das Gefühl, dass ich in seinem Schatten stehe. Ich finde, dass ich ihn vervollständige. Das ist meine Freude, mein Vergnügen. Sollte ich versuchen, mich selbst zu finden? Ich habe mich schon vor langer Zeit gefunden – an Ariks Seite. Ich bin seine Frau, rund um die Uhr.«

Lily sorgte für Arik. Sie wählte seine Kleidung aus und kochte für ihn. Im Lauf der Jahre wurde ihr Einfluss beherrschend. Sie suchte seine Vertrauten aus und war an allen wichtigen Entscheidungen beteiligt.

Scharon schien in ihrer Liebe aufzublühen. »Ich sitze gern mit Lily zusammen, spreche gern mit ihr, esse gern mit ihr«, sagte er *Hadashot*. »Es ist mir sehr wichtig, was sie sagt. Sie hat ein einzigartiges Gespür für Nuancen. Auch für Menschen hat sie ein gutes Gespür. Sie liest vor mir die Zeitung und macht mich auf bestimmte Dinge aufmerksam. Sie ist viel schneller als ich. Es ist lächerlich, dass die Leute sagen, sie sei mein Schatten, sie hat so viel Eigenes zu bieten. Wenn ich unsere Beziehung in einem Satz zusammenfassen müsste, würde ich sagen, wir haben eine echte Freundschaft.«

Während die neue Beziehung aufblühte, zogen sich die Tage in der Infanterieschule dahin. Scharon arbeitete nun schon drei Jahre dort, und solange Swi Tzur Generalstabschef war, sah er kein Licht am Ende des Tunnels. Schließlich brachte Ben Gurion seinen Generalstabschef aber doch dazu, Scharon wieder eine Kommandeursstelle zu geben, beim Panzerkorps – in der Tzahal traditionell eine wichtige Stufe auf dem Weg zum General.

10. März 1986. Scharon und Lily im Publikum bei einer Sitzung des Cherut-Zentralkomitees in der Messehalle in Tel Aviv. (Foto: Nati Harnik, Government Press Office)

Der Wechsel von der Infanterie zur Panzertruppe ist nicht einfach. Ein Kommandeur muss lernen, wie die einzelne Einheit funktioniert, welche Stärken und Schwächen sie hat, wie kombinierte Einheiten im Verbund angreifen und wie man andere Panzer, Hubschrauber, spezielle Anti-Panzer-Truppen und Panzer sowjetischer Bauart bekämpft. Scharon studierte Theorie und Praxis des Panzerkriegs. Er kommandierte nun eine Streitmacht, die im Vergleich zur begrenzten Feuerkraft einer Infanteriebrigade sehr viel mehr Zerstörungspotenzial besaß. Nach einer kurzen Gewöhnungszeit wurde er zum Kommandeur einer Panzerbrigade der Reserve ernannt.

Ende 1963 nahm Scharons Karriere erneut eine positive Wendung, als Levi Eschkol Ministerpräsident wurde und Jitzhak Rabin zum neuen Generalstabschef ernannte. Ben Gurion hatte während seiner letzten Amtszeit als Ministerpräsident ein besonderes Vertrauensverhältnis zu Rabin entwickelt und diesem die Ernennung versprochen. Er hatte Eschkol gebeten, das Versprechen zu erfüllen. Kurz nach seiner Ernennung stattete Rabin Ben Gurion im Kibbuz Sedeh Boker einen Geburtstagsbesuch ab und bedankte sich für die Ernennung. Da bat Ben Gurion ihn um einen persönlichen Gefallen. In seiner Autobiografie *Service Notebook* erklärte Rabin, er habe sich persönlich verpflichtet gefühlt, Scharon zu befördern. In seinen letzten Gesprächen mit Ben Gurion habe dieser ihn gedrängt, Scharon anders zu behandeln als seine Vorgänger. Die sieben mageren Jahre waren zu Ende: 1964 wurde Scharon zum Kommandeur des Nordkommandos ernannt.

»In meiner ersten Woche als Generalstabschef der Tzahal«, schreibt Rabin, »bestellte ich Arik in mein Büro und sagte: ›Jeder weiß, dass Sie ein großartiger Soldat sind. Das Problem ist nur, dass manche Leute meinen, dass es Ihnen an Humanität fehle. Ich kenne Sie nicht gut genug, allgemein gesehen. Ich möchte Sie gern befördern, aber ich muss mich vergewissern, dass Ihre Kritiker nicht recht haben. Ich ernenne Sie zum Kommandeur des Nordkommandos unter Avraham Joffe. Wenn er als Ihr direkter Vorgesetzter nach einem Jahr sagt, Sie hätten gehandelt wie ein Mann, befördere ich Sie zum General. Geprüft wird Ihre Fähigkeit, mit Ihren kommandierenden Offizieren klarzukommen.‹«

Der Oberkommandierende des Nordkommandos Avraham Joffe akzeptierte Scharon; er war sich des möglichen Risikos zwar bewusst, sah aber vor allem den Nutzen, den der Mann ihm unter seinem Kommando bringen konnte. Arik und Lily zogen nach Norden in das leere Haus von »Sewele« Sluzki im Moschaw Nahalal. Sluzki hatte unter Scharon in Einheit 101 und bei den Fallschirmjägern gedient und war nun für den Mossad im Ausland. In jenem Sommer, am 19. August 1964, gebar Lily einen Jungen: Omri.

Arik und Lily Scharon machten sich zunächst Sorgen, ob sich Gur an die neue Umgebung und seinen kleinen Bruder gewöhnen würde. Aber er lebte sich gut ein, fand neue Freunde und war hervorragend in der Schule. Dass er gerne ritt, eine notwendige Fähigkeit in einem Moschaw, trug mit dazu bei, dass er in dem neuen ländlichen Milieu akzeptiert wurde. Zu seinem neunten Geburtstag kauften ihm seine Eltern eine Stute, mit der er jede freie Minute ausritt. Scharon war überglücklich. Seine militärische Karriere war endlich wieder im richtigen Gleis, und sein Privatleben war nie glücklicher gewesen.

Als zweithöchster Militär in dem von Spannungen geprägten Nordsektor bekam Scharon von seinem Freund und Kommandeur Avraham Joffe eine ungemein verantwortungsvolle Aufgabe zugeteilt. Syrien versuchte die Bevölkerung des jüdischen Staats zu zermürben, indem es viele seiner 15 000 Soldaten auf der Hochebene der Golanhöhen für Angriffe auf die Bewohner des darunterliegenden Galiläa einsetzte. Fischer auf dem nordöstlichen Teil des Sees Genezareth wurden von Scharfschützen beschossen und Bauern daran gehindert, auf ihre Felder zu gehen. Artilleriebeschuss war alltäglich. Wie ein Wirbelwind machte sich Scharon daran, den geplagten Nordsektor zu sichern.

Er hatte alle Hände voll zu tun. Anfang Januar 1965 griff Jassir Arafats Fatah bei ihrem ersten Terrorangriff die erst 1964 fertiggestellte Nationale Wasserleitung Israels an, die Wasser vom Kinneret in die Küstenebene und in die Negev leitet. Mehrere Monate zuvor hatte Syrien begonnen, die Flüsse Hazbani, Wazani und Banjas in den Jordan abzuleiten. Israel hatte klargemacht, dass es eine Fortsetzung des Projekts als aggressiven Akt betrachten und mit Gewalt darauf reagieren würde. Scharon ermutigte seine Truppen, die israelische Herrschaft über das grenznahe Ackerland zu behaupten und mit beispielloser Härte auf syrische Angriffe zu reagieren, indem sie die syrischen Stützpunkte mit Artillerie und Panzern unter Beschuss nahmen. Scharon genoss jede Minute, die er unter Joffe diente, aber Ende 1964 schied Joffe aus dem Militärdienst aus, und zu seinem Nachfolger ernannte Rabin Generalmajor David Elasar. Dieser begann sofort, Scharons Vollmachten zu beschneiden und seinen Einflussbereich einzuschränken. Dem vorsichtigen und besonnenen Elasar missfiel der ungestüme und extrem selbstbewusste Scharon.

Scharon stand der Feindseligkeit seines neuen Vorgesetzten hilflos gegenüber und begleitete seinen früheren Kommandeur Joffe, der inzwischen Direktor der von ihm gegründeten Nature and Park Authority geworden war, auf eine Informationsreise durch Ostafrika. Als Scharon nach Israel zurückkehrte, stellte er fest, dass man ihm im Nordkommando immer noch feindselig begegnete. Er sprach mit Rabin und bat ihn um einen neuen Posten, aber Rabin lehnte ab.

Scharon arbeitete weiter unter Elasar und wartete auf eine Nachricht von Rabin. Aus Enttäuschung nahm er sein altes Verhaltensmuster der Unberechenbarkeit wieder an und schwankte im Umgang mit seinen Soldaten und Offizierskollegen zwischen wilden Schimpftiraden und gemeinsamem Gelächter. Der Konflikt mit Elasar, hervorgerufen durch mangelndes Vertrauen und entgegengesetzte Sicherheitsphilosophien, erreichte im Oktober 1965 seinen Höhepunkt. Scharon zog sich drei volle Monate nach Hause zurück, bezog weiter sein Gehalt, blieb weiter Oberst, tat aber nichts anderes mehr, als schweigend zu schmollen. Er wartete nur noch auf einen Anruf aus dem Generalstab. Nur wenn Gur aus der Schule nach Hause kam, vergaß er für ein paar Stunden seinen Groll, und die beiden ritten durch die sanfte Hügellandschaft des Jesreel-Tals.

Im Januar 1966 schließlich bestellte Rabin den schmollenden Oberst zu sich nach Tel Aviv. Der Generalstabschef gab Scharon die ganze Schuld an der schwierigen Beziehung zu seinem Vorgesetzten, tadelte ihn für sein inkorrektes Verhalten und sagte zunächst, er werde keinen Kommandoposten mehr bekommen. Am Ende des Gesprächs jedoch informierte er Scharon zu dessen großer Überraschung, dass er ihn zum Chef der Ausbildungsabteilung der Tzahal und zum Kommandeur eines Reservebataillons ernennen würde.

In seinem Buch schrieb Rabin, Scharon habe die ihm auferlegte Prüfung schon unter Joffe bestanden gehabt. Arik und Lily feierten die Beförderung mit einem Abschiedsfest für ihre Nachbarn und Freunde in ihrem blumengeschmückten Haus in Nahalal, bevor sie nach Tel Aviv in die Nähe des Tzahal-Hauptquartiers zogen.

Im Februar 1966 übernahm Oberst Scharon das Kommando über die Ausbildungsabteilung. Gegen Ende des Jahres, im November, wurde sein Sohn Gilad geboren. Seine Position als oberster Ausbildungsleiter erlaubte es ihm, aus dem Nebel der Vergessenheit wieder aufzutauchen, der ihn seit dem Suezkrieg umgeben hatte. Er war mit einer ausgesprochen verantwortungsvollen Aufgabe betraut worden: Er musste Regeln der israelischen Armee für die Schlacht formulieren. Nach einem Jahr auf seinem neuen Posten bekam er den gekreuzten Olivenzweig und das Schwert des Generals auf die Schulter geheftet. Er war immer noch keine vierzig, und seine Zukunft sah vielversprechend aus.

Kapitel 14
Ruhm bei Abu-Ageila

Am 14. Mai 1967, zwei Monate nachdem Scharon zum General ernannt worden war, nahm er an den Feierlichkeiten zum 19. Unabhängigkeitstag Israels teil. Während die Militärkapellen die Straße hinuntermarschierten, erfuhr Scharon, der auf der Haupttribüne saß, dass sich ägyptische Truppen auf den Suezkanal zubewegten, obwohl die Kanalzone seit dem Suezkrieg demilitarisiert war. Am folgenden Tag war klar, dass die ägyptische Armee für einen Krieg mobilisiert war und zwei komplette Infanteriedivisionen durch den Sinai rollten. Jordanien und Syrien hatten ebenfalls mobilisiert. So begann eine nervenaufreibende dreiwöchige Wartezeit.

Scharon wurde von seinen Pflichten als Chef der Ausbildungsabteilung des Generalstabs befreit und nach Süden geschickt, um die 38. Division zu kommandieren, die im Kriegsfall die Ägypter im mittleren Frontabschnitt in der Wüste Sinai aufhalten sollte. Scharon fuhr in das Camp Schiwta in der Sandwüste bei Nizana und machte seine Truppen gefechtsbereit. Viele Soldaten waren Reservisten. Sie trafen in ihren eigenen Autos ein, trugen noch Zivilkleidung und verwandelten sich dann langsam in Soldaten.

Am 18. Mai befahl der ägyptische Generalstabschef Mohammed Fusi den UN-Beobachtern, die Sinaihalbinsel und das Kanalgebiet zu räumen. Am 22. ließ der ägyptische Präsident Nasser die Meerenge von Tiran schließen und blockierte dadurch Elat, was Israel traditionell als Kriegsgrund betrachtete. Bis Ende Mai hatte Ägypten sieben Divisionen im Sinai stehen. Aus dem Radio dröhnten die Reden der jordanischen, syrischen und ägyptischen Führer, die einen arabischen Sieg in dem kommenden Konflikt voraussagten.

In Israel, eingeklemmt zwischen den drei genannten Staaten und dem Mittelmeer, wandte sich die öffentliche Meinung zunehmend gegen den Ministerpräsidenten und Verteidigungsminister Levi Eschkol, der als schwach und zögerlich empfunden wurde. Er hielt am 26. Mai eine Ansprache im Radio, die als »Stotterrede« in die Geschichte einging. Scharon hörte die Rede in der Nähe der ägyptischen Grenze und war enttäuscht, dass sich Eschkol so unentschlossen gebärdete. Im Jahr 2004 wies Oberst Ami Gluska in einem wissenschaftlichen Aufsatz in *Maarachot*, einer Publikation der Geschichtsabteilung der Tzahal und des Verteidigungsministeriums, nach, dass Scharon, als Ministerpräsident Eschkol darauf beharrte, keinen Präventivschlag zu führen, dem Generalstabschef Jitzhak Rabin Folgendes empfohlen hatte: Er solle das Kabinett festnehmen lassen, die Regierung übernehmen und den arabischen Nachbarstaaten den Krieg erklären.

Das Land wurde von Furcht ergriffen. Aber Scharons Männer, von denen viele erst wenige Tage zuvor auf dem Stützpunkt eingetroffen waren, hatte wenig Zeit, sich zu ängstigen. Scharon hielt sie auf Trab, Pausen gab's nur für Inspektionen und motivierende Gespräche. Und er hielt eine – für Reservisten sonst eher untypische – eiserne Disziplin.

Am 23. Mai erlitt Generalstabschef Rabin durch den Stress einen Zusammenbruch. Am 25. fuhr er mit Eschkol nach Süden, um die Truppen an der Südgrenze zu inspizieren, nachdem er 36 Stunden bettlägerig gewesen war. Eschkol wurde in einen der Besprechungsräume der Division geführt, wo ihm Rabin und der Oberkommandierende des Südkommandos Jeschajahu Gawisch die Kriegspläne der Tzahal präsentierten.

Plan »Azmon« sah vor, den Gazastreifen und kleine Teile des nördlichen Sinai bis al-Arisch einzunehmen. Dadurch sollte Ägypten gezwungen werden, seine Truppen aus der Wüste abzuziehen und die Meerenge zu öffnen. Als zweiter möglicher Kriegsplan wurde dem Ministerpräsidenten »Azmon Zwei« vorgelegt. Dieser Plan sah vor, über al-Arisch hinaus nach Westen vorzustoßen und einen Landstreifen zu erobern, der zum Eingang des Suezkanals führte. »Kardum«, ein weiterer Plan, der noch in der Schublade lag und die Eroberung der gesamten Halbinsel vorsah, wurde zu diesem Zeitpunkt noch nicht in Erwägung gezogen.

Scharon war schockiert von der Präsentation. Er fand beide Pläne feige und defätistisch. Sie verrieten seiner Meinung nach einen großen Mangel an Selbstvertrauen im Generalstab und bei den führenden Politikern. Als der Generalstabschef die Präsentation beendet hatte, bat Scharon ums Wort. Er sprach direkt zu Eschkol. Die Begrenzung des Vorstoßes sei ein schwerer Fehler, sagte er. Gleichgültig, wie viel Land Israel erobern werde, der internationale Druck, es wieder zu räumen, werde der gleiche sein. Was man seiner Ansicht nach unbedingt erreichen müsse, sei die Zerschlagung der ägyptischen Armee und die Eroberung des gesamten Sinai.

Es herrschte Schweigen im Raum. Rabin kochte innerlich vor Wut. Nur Scharons alter Freund Joffe setzte sich für den Vorschlag ein. Nach der Besprechung bat Eschkol Rabin und Scharon, noch dazubleiben. Dann tadelte er Scharon für seinen unverantwortlichen Plan.

Drei Wochen später trug Scharon dasselbe noch einmal Eschkol und dem gesamten Generalstab vor. Diesmal stand er mit seinen Ansichten nicht mehr so allein. Der legendäre Pilot und Leiter der operativen Abteilung im Generalstab Eser Weizman sowie mehrere weitere Generale unterstützten ihn. Eschkol, auf den die USA, Großbritannien und die Sowjetunion enormen Druck ausübten, keinen großen Krieg anzufangen, stellte klar, dass die internationalen Mächte in der Region Frieden wollten und Israel ohne internationale Unterstützung nicht überleben könne. Nach der Besprechung bezeichnete Eschkol Scharon als impulsiv und unverantwortlich.

Noch am selben Tag kehrte Generalmajor Scharon nach Schiwta zurück und verzog sich in den Wohnwagen, der ihm als Befehlsstand diente. Die kistenförmige Behausung war karg eingerichtet. Es gab einen rechteckigen Tisch, ein kleines Blechschränkchen, einen Wasserhahn, einen Wassertank, ein Stück Seife, einen kleinen Spiegel und ein Handtuch. Drei sorgfältig zusammengefaltete Decken waren über zwei zusammengeschobene Bänke geworfen und bildeten das improvisierte Bett, auf dem Scharon schlief und wo er seine Windjacke ablegte. Der Rest seiner persönlichen Dinge war in einen für den großen Mann viel zu kleinen Rucksack gestopft. Scharon verbrachte die ganze Nacht über topografische Karten gebeugt und ging die Abwehr- und Angriffsbewegungen der Schlacht durch, die er im Kopf hatte. Am folgenden Morgen hatte er für seine Division einen unabhängigen, komplexen und weitreichenden Plan für den drohenden Krieg ausgearbeitet.

Scharons Schlachtplan zielte darauf ab, die wichtigsten Festungen der ägyptischen Armee im mittleren Frontabschnitt zu zerstören: den Komplex Abu-Ageila/Um Katef und die 21 Kilometer weiter südlich gelegene kleinere Festung Kazeima. Die wichtigsten Festungen, Um-Schichan und Abu-Ageila, lagen 24 Kilometer westlich der israelischen Grenze und beherrschten die Route zum Suezkanal. Sie waren im sowjetischen Stil gebaut. Die Südseite des elf Kilometer langen Festungskomplexes war durch die steilen Sandsteinwände des Dalfa-Berges gedeckt, die Nordseite wurde von drei unpassierbaren Wanderdünen geschützt. Die Ägypter hatten in jeder Erdfalte Gräben ausgehoben und Betonbunker mit Maschinengewehrnestern gebaut. Die Ostflanke des Festungskomplexes war mit 6,5 Kilometer Stacheldraht und Landminen und über einem halben Dutzend Gräben gesichert. In Um-Schichan, dem Westteil des Komplexes, war die Artillerie stationiert, die jeden Angreifer unter Feuer nehmen konnte. Die Ägypter hielten den Komplex mit einer Infanteriebrigade, 83 Panzern, 78 Artilleriegeschützen und einer Anzahl von Luftabwehrbatterien.

An jenem Tag erschien ein unerwarteter Besucher in Scharons Wohnwagen – Mosche Dajan, mittlerweile Knesset-Abgeordneter. Scharon zog seine Karten heraus und erklärte ihm den Plan, den er Eschkol und Rabin vorlegen wollte, in allen Einzelheiten: Seine Division würde sich zu Fuß durch 19 Kilometer scheinbar unpassierbare Sanddünen an die ägyptische Stellung heranpirschen. Fallschirmjäger, die er für seine Division ausgeliehen hatte, würden mit Hubschraubern anfliegen und die Artillerie von hinten angreifen. Der Großteil seiner Panzer würde den Festungskomplex in einer Zangenbewegung von Osten und Nordwesten attackieren. Der Angriff würde in der Nacht stattfinden – ein Nachteil für die schlecht ausgerüsteten Ägypter. Außerdem würde das ganze Gebiet durch Hinterhalte gegen feindliche Entlastungsangriffe gesichert.

Dajan nickte mehrmals zustimmend während Scharons Vortrag. Am Ende fragte er, ob er bei der Schlacht Scharon begleiten dürfe, was nach Jahren der Spannung und Feindseligkeit das Verhältnis zwischen den beiden Männern wieder in Ordnung brachte. Scharon erfüllte seine Bitte gern. Am 27. Mai konnte er dann allerdings eine andere Person gleichen Namens in seiner Division begrüßen. Dajans Tochter Jael, die im Pressebüro der Tzahal diente, hatte ihren Vater gebeten, Scharon begleiten zu dürfen. Dieser setzte sie zu seinem Stabsoffizier Dow Sijon in den Jeep. Erst später, als die beiden heirateten, verriet er, dass er damals im Krieg den Heiratsvermittler gespielt hatte.

Am 1. Juni 1967 wurde Scharon wie der Rest des Landes darüber informiert, dass eine breite Einheitsregierung gebildet worden war und Ministerpräsident Eschkol das Amt des Verteidigungsministers an Mosche Dajan abgetreten hatte, eine Entwicklung, die die Stimmung bei der Führung der israelischen Armee stark verbesserte. Am 2. Juni traf sich der Außen- und Verteidigungsausschuss der Knesset mit dem Generalstab der Armee. Bei dem Hearing legte Scharon erneut seinen Plan vor, die Sinaihalbinsel auf einen Schlag zu besetzen. Diesmal akzeptierte der Verteidigungsminister den Plan sofort.

Dajan befahl allen drei israelischen Panzerdivisionen, sich für einen Angriff bereit zu machen, genau wie Scharon geraten hatte, und änderte die Kriegspläne des Südkommandos radikal. Außerdem entschied er, dass Israel lange genug gewartet habe. Am 5. Juni 1967 um 7.45 Uhr sollte Israel Luftschläge gegen die Luftwaffen des Irak, Syriens, Jordaniens und Ägyptens führen. Eine halbe Stunde später würden die Panzerdivisionen von Scharon, Joffe und Jisrael Tal die ägyptische Grenze überqueren, um der ägyptischen Verteidigung auf der Sinaihalbinsel das Kreuz zu brechen. Ihr Ziel: Den größten Teil der ägyptischen Streitmacht zu vernichten und dann so schnell wie möglich nach Scharm el-Scheich vorzudringen, um die blockierte Meerenge zu öffnen. Bis zum Morgen des 3. Juni hatten die Stabsoffiziere des Südkommandos in Übereinstimmung mit Dajans Befehlen neue Kriegspläne entworfen.

Scharon kehrte nach Schiwta zurück, um sich vorzubereiten. Seinen Fahrer Joram schickte er nach Beerscheba, um 300 Taschenlampen mit rotem, blauem und grünem Licht zu kaufen. Die Lampen ließ er als Signalleuchten für die israelischen Panzer an die drei Infanteriebataillone verteilen, die die Gräben in Abu-Ageila stürmen sollten, damit die Panzer nicht aus Versehen auf die eigenen Leute in den ägyptischen Gräben feuerten.

Am 2. Juni kehrte Jael Dajan nach Tel Aviv zurück. Ihr Vater wohnte im selben Viertel wie Scharons Familie, und sie klopfte bei Lily an und übermittelte ihr Grüße von ihrem Mann. Die drei Söhne Scharons waren im Hof, und sie plauderte ein bisschen mit Omri, dem mittleren Sohn. Als sie dem Jungen erzählte, dass sie in Schiwta bald seinen Vater sehen würde, pflückte Omri zwei Blumen und bat sie, sie seinem Vater mitzubringen. Scharon presste die Blumen und behielt sie während des ganzen Krieges als Glücksbringer bei seinen Papieren. Jael übergab Lily außerdem einen Brief von ihrem Mann. Er schrieb ihr, wie sehr er sie liebe und dass er gut auf sich aufpassen werde, weil er wisse, was für eine fantastische Familie daheim auf ihn warte. Zwischen diesen optimistischen Zeilen war allerdings auch zu lesen, dass Lily im schlimmsten Fall für die Kinder Gur, Omri und Gilad sorgen sollte.

Am 4. Juni erfuhr die 38. Division, dass der Angriff für den folgenden Tag geplant war. Scharon rief noch einmal zu Hause an und bereitete sich dann in seinem Wohnwagen auf die Schlacht vor: Er rasierte und wusch sich und zog einen frischen Kampfanzug an. Dann stieg er in sein Privatauto und fuhr an der Spitze der Stabsoffiziere der Division zu einer Kreuzung in der Nähe von Nizana. Dort warf er seinen Rucksack in einen Jeep und ging zu einer Besprechung mit den ranghöchsten Offizieren seiner Division. Die Konferenz dauerte bis spät in die Nacht. Scharon, der wusste, dass er in den folgenden Tagen nicht zum Schlafen kommen würde, breitete seine Decken auf dem Boden zwischen zwei Halbkettenfahrzeugen aus, hüllte sich in seine Windjacke, legte sich hin und schlief sofort ein.

In der Division diente auch Scharons alter Freund, Major der Reserve Seew Sluzki, der schon in Einheit 101 unter Scharon gedient hatte. Sluzki hatte seinen Posten als verdeckt operierender Mossad-Agent aufgegeben und war nach Israel zurückgekehrt, als klar war, dass es Krieg geben würde.

Jael Dajan weckte Scharon wie vereinbart um 6.30 Uhr. Sie fragte, ob er noch einmal frisches Essen haben wolle, bevor es auf absehbare Zeit nur noch Militärrationen gebe. Bevor sie sich daranmachte, Eier und Tee zu kochen, registrierte sie, dass Scharon, nachdem er die Nacht vor der Schlacht zwischen ölverschmierten Halbkettenfahrzeugen verbracht hatte, aussah, als hätte er in einem mit Satin bezogenen Bett geschlafen.

Um 7.14 Uhr starteten 183 israelische Kampfflugzeuge und flogen einen Überraschungsangriff auf die ägyptische Luftwaffe. 197 ägyptische Militärmaschinen – 70 Prozent der gesamten ägyptischen Luftstreitmacht – wurden am Boden zerstört. Um 7.30 Uhr gab Scharon den Befehl, die Helme aufzusetzen. 45 Minuten später drückten die Soldaten die Zündungsknöpfe ihrer Fahrzeuge und fuhren nach

Westen. Das Halbkettenfahrzeug, das Scharon als Kommandofahrzeug diente, überquerte um 10.37 Uhr die ägyptische Grenze.

Scharon ging vor wie geplant. Zwei Infanteriebataillone, eine Panzerkompanie und die Aufklärungseinheiten der Division legten an allen Zufahrtsstraßen von Abu-Ageila Hinterhalte. Während das 63. Bataillon weit nach Norden in den Rücken des befestigten Gebiets vorstieß, eroberte eine Panzerbrigade relativ mühelos zwei nach Osten vorgeschobene Stellungen. Sie waren bis zwölf Uhr mittags gefallen. Die Panzerbrigade unter dem Kommando von Mordechai Sipori zog einen Großteil der ägyptischen Aufmerksamkeit auf sich. Um 13.00 Uhr befahl Scharon Oberst Kuti Adam, mit seiner Infanteriebrigade den weiten Marsch nach Norden in den Rücken der Festung zu beginnen. Adams Einheit hatte die Aufgabe, durch den tiefen Sand zu marschieren und dann, im Schutz der Nacht, von hinten anzugreifen. Die Soldaten fuhren mit Bussen der Tzahal an ihren Sammelpunkt. Damit sie nicht vergaßen, dass sie in die Schlacht fuhren, hatte Scharon die Busse mit Dreck beschmieren lassen. Er hoffte, dass sie das in die richtige Stimmung versetzen würde. Bevor die Soldaten abfuhren, hatte er sie in einer dreiseitigen Formation antreten lassen und ihnen erklärt, dass die Verantwortung für den Ausgang des Krieges an der Südfront auf ihren Schultern laste: Wenn sie Abu-Ageila nähmen, werde auch der Rest der Sinaihalbinsel fallen und der Weg zum Kanal frei sein.

Die Infanteristen fuhren, bis ihre Busse im Sand stecken blieben. Dann gingen sie die restlichen 19 Kilometer zu Fuß durch die Dünen, umgingen aber die vorderen Gräben. Um 22.00 Uhr meldete Oberst Adam, dass seine Truppen am vereinbarten Ort eingetroffen seien und nun auf Befehle warteten.

Einige Stunden zuvor, kurz nach Einbruch der Dunkelheit, war Oberst Danny Matt mit der Fallschirmjägerbrigade bei Um-Schichan abgesetzt worden, wo die ägyptischen Artilleriebatterien stationiert waren. Scharon hatte sich Mordechai Gurs Kritik, dass er in der Schlacht am Mitla-Pass nicht an der Front gewesen war, sehr zu Herzen genommen und fuhr nun mit seinem Kommandofahrzeug nach vorne in den östlichen Frontabschnitt. Um 21.52 Uhr erhielt er per Funk die Meldung, dass alle Einheiten am geplanten Standort eingetroffen und gefechtsbereit seien. Vor sich konnte er ägyptische Gräben sehen, und er stellte sich vor, dass Adams Kräfte genau dahinter lagen. Auf der gemeinsamen Frequenz der Division teilte er allen Kommandeuren mit, dass sie in wenigen Minuten die komplizierteste Schlacht eröffnen würden, die die israelische Armee je geschlagen hatte.

Um 22.50 Uhr befahl er Jaakow Aknin, dem Kommandeur der Artilleriebrigade, das Feuer zu eröffnen. »Lassen Sie die Erde beben«, sagte er. Aknin, der auch im Jom-Kippur-Krieg an Scharons Seite kämpfen sollte, behielt das letzte Wort: »Das wird sie«, sagte er. In den folgenden 20 Minuten wurde Abu-Ageila/Um-Katef mit 6000 Artilleriegranaten beschossen. Leuchtbomben tauchten die Landschaft in ihr gespenstisches Weiß. Scharon fuhr mit seinem Kommandofahrzeug neben Aknin, damit er sich mit ihm trotz des ohrenbetäubenden Geschützlärms verständigen konnte. Meistens schauten sie jedoch nur andächtig zu: »Was für ein Beschuss«, sagte Aknin. »So eine Hölle habe ich noch nie gesehen.«

Nach 15 Minuten Artilleriefeuer befahl Scharon Oberst Matt und den Fallschirmjägern, die hinter einer Sanddüne in der Nähe von Um-Schichan in Deckung gegangen waren, die ägyptische Artillerie anzugreifen. Dank diesem ersten Schachzug in dem mehrteiligen Angriff war der Infanteriebrigade unter Oberst Adam der seltene Luxus vergönnt, die Gräben des Feindes ohne den Geschosshagel feindlicher Artillerie anzugreifen. Adams Truppen trugen die farbigen Taschenlampen als Erkennungszeichen für die Panzer hinter ihnen und die Truppen links und rechts von ihnen.

Nicht alles lief reibungslos: Siporis Panzerbrigade, die einen Keil durch Um-Katef treiben sollte, blieb in einem Minenfeld stecken. Scharon sah den »Nebel des Krieges« durch die Funkgeräte wabern, als die Kommandeure versuchten, die Minenräumfahrzeuge zu lokalisieren. Sie waren zuletzt mehrere Kilometer hinter der Front gewesen und im Augenblick nirgends zu finden.

Der Rückschlag konnte sich verheerend auswirken. Die Ägypter hatten 70 Panzer in dem befestigten Bereich. Wenn Sipori seine Panzer nicht schnell durch das Minenfeld brachte, würde seine Brigade in der Falle sitzen und der ganze Angriff zusammenbrechen. Scharon nahm die Gefahr sehr ernst. Er drängte Sipori – der später im Libanonkrieg ein bitterer Rivale Scharons werden sollte –, das Minenfeld so schnell wie möglich zu durchqueren.

Scharon blieb keine andere Wahl, als das Spreng- und Minenräum-Bataillon zu dem Minenfeld zu schicken, um für die Sherman-Panzer eine Gasse zu bahnen. Eine halbe Stunde später stürmten die Panzer in einem mit dem 63. Panzerbataillon koordinierten Zangenangriff vorwärts. Gemeinsam vernichteten sie die ägyptischen Panzer.

Mitten in der Schlacht fragte der Oberkommandierende des Südkommandos Gawisch per Funk bei Scharon an, ob die Division Avraham Joffes seine Einheiten passieren könne, während sie noch mit den Ägyptern kämpften, um den Weg ins Zentrum der Sinaihalbinsel frei zu machen. Scharon stimmte zu. Er befahl sofort allen Versorgungslastwagen, die Straße zu räumen, und entsandte einen Jeep, der die Panzerdivision sicher an den Kämpfen vorbei und wieder auf die richtige Route führen sollte. Wenig später stand er auf seinem Kommandofahrzeug und sah zu, wie Tausende von Scheinwerfern donnernd vorbeizogen.

Scharon verkündete schon um drei Uhr morgens den Sieg, tatsächlich jedoch tobte die Schlacht bis zehn. Um die Mittagszeit schliefen seine Soldaten in ihren Panzern, Halbkettenfahrzeugen und Lastwagen. Das Rückgrat der ägyptischen Verteidigung des Sinai war gebrochen; die Schlacht war hervorragend geschlagen worden, die Route zu den Meerengen war frei für die israelischen Panzer. Die Division hatte ihre Aufgabe erfüllt, aber der Preis war hoch: 32 israelische Soldaten waren tot und 104 verwundet.

Die Ägypter hatten viel größere Verluste erlitten: fast 1000 Mann. Als die Nachricht von der Niederlage die in der Nähe gelegene Festung Kazeima erreichte, sprengten die dortigen Soldaten ihre Vorräte und flohen. Scharon ging unter seinen Soldaten umher, schüttelte vielen anerkennend die Hand und organisierte den Abtransport der Verwundeten. Er wollte keine Zeit zu verlieren. Scharon rief Gawisch an und fragte nach seiner nächsten Aufgabe. Er wollte unbedingt weiter nach Westen vorstoßen, bevor sich der Feind neu gruppieren konnte. Gawisch jedoch befahl ihm, ein Lager aufzuschlagen und zu schlafen, zu essen, Ausrüstung und Treibstoff zu ergänzen und zu warten.

Am Mittwoch, dem 7. Juni, dem dritten Tag des von den Israelis Sechstagekrieg genannten Konflikts, wachte Scharon frühmorgens auf. Nach dem Frühstück bekam er den Befehl, die direkt nach Süden fliehende 6. Division der ägyptischen Armee zu verfolgen und zu vernichten.

Ein kleiner Verband unter dem Kommando des stellvertretenden Brigadekommandeurs Mordechai Ben Porat war der fliehenden Kolonne, die aus Hunderten von Panzern, Lastwagen und bewaffneten Mannschaftstransportern bestand, dicht auf den Fersen. Scharon befahl Ben Porat, an der Kolonne dranzubleiben und sie unter Beschuss zu halten, während er südlich von Nahal einen Hinterhalt legte. Dann begann er mit seiner Division ein 200 Kilometer langes Rennen durch die Wüste.

Scharon wollte mit seiner Division schneller als die Ägypter in Nahal sein und sie überraschend angreifen, wenn sie aus dem engen Bergpass kamen, der aus der Stadt hinausführte. Zur gleichen Zeit sollten die Infanterieeinheiten der 38. Division die Ägypter mit Halbkettenfahrzeugen und Jeeps von hinten angreifen. Scharon befahl seinen Soldaten, das Feuer erst zu eröffnen, wenn die Ägypter nur noch 200 Meter von ihnen entfernt waren.

Kurz nach Mitternacht blieb die Aufklärungskompanie der Division, die die Aufgabe hatte, die halbblinden Panzer und Halbkettenfahrzeuge zu führen, in einem Minenfeld stecken. Während Scharon wartete, bis die Route wieder offen war, hörte er im Radio, dass israelische Fallschirmjäger die Jerusalemer Altstadt eingenommen hatten, wo sich die Klagemauer, die heiligste Stätte des Judentums, befand. Da der Vormarsch ohnehin stockte, feierte Scharon das Ereignis mit einem improvisierten Festmahl aus Dosenfleisch, Gemüse und etwas Schokolade sowie einer Flasche Whisky, die einer seiner Offiziere aus dem ägyptischen Stützpunkt mitgenommen hatte.

Seine Offiziere, die im Kreis auf dem Boden saßen und die Schokolade und den Whisky herumgehen ließen, hatten keine Ahnung, dass Scharon innerlich litt. In all den Jahren als Kommandeur der Fallschirmjäger hatte er immer davon geträumt, die heiligen Stätten zu befreien. Nun hörte er im Radio die vertrauten rauen Stimmen der Fallschirmjäger, hörte, wie sie Freunde und Bekannte mit Vornamen grüßten, hörte sie schildern, wie sie die israelische Flagge auf dem Tempelberg gehisst hatten, hörte ihre Stimmen vor Rührung zittern, und sein eifersüchtiges Herz krampfte sich zusammen. Der

Kommandeur der Fallschirmjäger war Mordechai Gur, sein geschworener Feind seit dem Mitla-Pass.

Scharon breitete ein paar Decken auf dem Boden aus und legte sich, erfüllt von Stolz und Eifersucht, schlafen. Am folgenden Morgen, dem 8. Juni, aß er sein Frühstück von einer topografischen Karte und ging die Schlachtpläne für den Tag noch einmal durch. Selbst in der Zeitnot vor einer Schlacht ließ Scharon nie eine Mahlzeit aus, und inzwischen war ihm das deutlich anzusehen. Früher war er nur stämmig gewesen, nun aber war er fett geworden.

Am Nachmittag des 8. Juni ließ Scharon seine Falle zuschnappen. Als die ägyptische Division sich dem Pass näherte, warfen vier israelische Flugzeuge Napalm auf sie ab, Teile des Konvois wurden zu brennenden Todesfallen aus Stahl. Der Rest der fliehenden Division fuhr geradewegs in Scharons Hinterhalt, den er unten am Berg auf beiden Seiten der Straße strategisch gut positioniert hatte.

Scharons Division verwandelte die Ebene südlich von Nahal in eine Walstatt aus Feuer, verbogenem Stahl und verkohlten Leichen. Hunderte von Ägyptern verließen ihre Fahrzeuge und wurden niedergemäht. Scharon sah von der Spitze eines Bergpasses zu, wie sich die Schlacht entwickelte. Die israelischen Kampfpiloten warfen ihre vierte und letzte Ladung ab. Als sie den Rückflug nach Israel antraten, erspähten sie Scharon, flogen im Tiefflug über ihn hinweg und wackelten grüßend mit den Flügeln.

Die Piloten waren nicht die Einzigen, die Scharon erspäht hatten. Wenige Minuten nach ihrem Abflug eröffneten sechs ägyptische Panzer das Feuer auf die Position des israelischen Kommandeurs. Scharon sprang aus seinem Jeep und suchte in einem defekten Panzer Schutz.

Die Schlacht dauerte fünf Stunden, dann war die ägyptische Division vernichtet. Die überlebenden ägyptischen Soldaten ergaben sich oder flohen in die Wüste. Scharon fuhr in das brennende Inferno hinunter. Hin und wieder explodierte durch die Hitze eine Ladung Munition.

Plötzlich wurde er unter Feuer genommen. Eine Gruppe ägyptischer Soldaten hatte sich in einem Gebüsch versteckt. Doch Scharon war in dem dicken schwarzen Rauch schwer auszumachen. Er und seine Stabsoffiziere erwiderten das Feuer und brachten die ägyptischen Waffen zum Schweigen.

Scharon fuhr zurück zu dem ägyptischen Stützpunkt in Nahal. Auf dem Rückweg sah er fliehende Soldaten und verstreut liegende Leichen. Arik wollte den Stützpunkt trotzdem inspizieren, weil er sich daran erinnerte, dass er im Suezkrieg in einem ägyptischen Stützpunkt hervorragendes luftgetrocknetes Fleisch gefunden hatte. Diesmal jedoch fand er nur Dutzende von Leichen. Hastig verließ er die Basis und fuhr in das offene Land dahinter, wo er das Divisionshauptquartier aufschlug, bevor er sich auf einem Feldbett schlafen legte. Eine flatternde Zeltleinwand, zwischen zwei Halbkettenfahrzeuge gespannt, diente ihm als Sonnenschutz.

Tiefes Unbehagen breitete sich unter den israelischen Offizieren und Soldaten aus. Die Bilder von dem Schlachtfeld bei Nahal verfolgten sie. Selbst Scharon, der den tödlichen Hinterhalt selbst geplant hatte, war niedergeschlagen. Am folgenden Tag flog er zu einer Besprechung des Generalstabs und zu Lily nach Tel Aviv. Sie fragte ihn, was er habe, seine Augen seien nicht so ruhig wie sonst. Scharon antwortete, er habe viele Tote gesehen; es sei sein schlimmster Tag als Soldat gewesen.

Nach seiner Rückkehr aus Tel Aviv verlegte er sein Hauptquartier weiter in die Wüste, um dem Verwesungsgeruch zu entrinnen. Sein Wohnwagen wurde aus Nizana gebracht und die Division, die in die Gegend von Beir Gafgafa gezogen war, gewöhnte sich an dem neuen, kargen Ort allmählich wieder an die täglichen Verrichtungen des militärischen Alltags. Jael Dajan machte ein paar Tage Urlaub in Tel Aviv und fragte Scharon, ob sie ihm etwas mitbringen solle. »Eine riesenlange Wurst und ein großes Stück Camembert«, antwortete er.

Mehrere Tage später besuchten Mosche Dajan, Eser Weizman, Luftwaffenchef Motti Hod, der Oberkommandierende des Südkommandos Gawisch und der stellvertretende operative Befehlshaber Rehawam Seewi den mittleren Frontabschnitt auf der Sinaihalbinsel. Als sie im Divisionshauptquartier über den Karten brüteten, war allen klar, dass die Schlacht, die Scharon bei Abu-Ageila kommandiert hatte, als eine der komplexesten und genialsten Schlachten des jungen Staates Israel in die Militärgeschichte eingehen würde.

Eine Heerschar ausländischer Journalisten folgte den Generalen auf dem Fuß. Scharon führte sie in ein Militärzelt und beantwortete geduldig ihre Fragen. Ein amerikanischer Journalist fragte Scharon, wie es möglich gewesen sei, dass die israelische Armee in nur sechs Kriegstagen sieben arabische Armeen geschlagen habe. Scharon antwortete mit einer Anekdote aus einem israelischen Gefängnis. Gefangene syrische Offiziere hätten ihre ägyptischen Kollegen gefragt, wie es zugegangen sei, dass die mächtige ägyptische Armee gegen die Juden verloren habe. »Die Israelis spielen nicht nach den Regeln«, habe einer der ägyptischen Offiziere geantwortet. Da haben Sie Ihre Antwort, sagte Scharon zu dem Journalisten.

Generalstabschef Rabin rief Scharon nach Tel Aviv und beauftragte ihn mit der Stationierung der israelischen Truppen auf der Sinaihalbinsel, der Unterbringung und Versorgung der ägyptischen Kriegsgefangenen und der Verwaltung der besetzten Gebiete. Am 18. Juni erhielt Scharon endlich Urlaub und konnte seine Familie in Tel Aviv besuchen. Er faltete seine Decken zusammen, packte seinen kleinen Rucksack und stieg zusammen mit Jael Dajan und Omris gepressten Blumen in einen wartenden Hubschrauber.

Scharon bat den Piloten, Richtung al-Arisch zu fliegen und über der Küste weit herunterzugehen. »Wir saßen nebeneinander und schauten durch die offene Tür des Hubschraubers auf die Landschaft hinunter«, schrieb Jael Dajan später. »Über dem Libniberg bei al-Arisch, über den Palmen am Strand, über dem weißen Sand von Rafah, über den Flüchtlingslagern bei Gaza, über der Schönheit des leeren Strandes und der Dünen versuchte Arik schreiend den Lärm des Hubschraubers zu übertönen, machte ausladende Gesten mit den Händen und deutete auf die Landschaft hinunter. Aber schließlich musste er seine Gefühle doch auf einem Zettel ausdrücken: ›All das gehört uns‹, schrieb er und lächelte wie ein Kind. Ich wollte ihm unbedingt sagen, dass ich nun wusste, was die Worte ›ein wahrer Führer‹ und ›ein glorreicher Kommandeur‹ bedeuteten, und dass ich diesen speziellen Zauber verstanden hatte, der bei den Menschen ein solches Vertrauen weckte, dass sie unter seinem Kommando alles riskierten.«

In Tel Aviv fuhren die beiden schweigend zu dem Viertel, in dem sie beide wohnten. Als sie Zahala erreichten, erspähte Arik Lily. Er stieg aus und sprang zu ihr ins Auto. Sie legte ihren Kopf auf seine Schulter. In diesem Augenblick war der Krieg für die beiden zu Ende.

Kapitel 15
Gur

Arik Scharon kehrte als Held aus dem Sechstagekrieg zurück. Sein Name, der zuvor vielleicht gerade mal in den Spätnachrichten gefallen war, stand nun in allen Zeitungen und war in aller Munde. Er war der Liebling der Journalisten. Seine Gegner im Generalstab beschuldigten ihn, er habe den Krieg benutzt, um berühmt zu werden, weil er operative Notwendigkeiten und persönliche Ambitionen nicht auseinandergehalten habe. Aber ihre Kritik konnte Ariks Hochstimmung nicht trüben. Er schwelgte in der Bewunderung der Öffentlichkeit.

Die ersten drei Monate nach dem Krieg waren eine Zeit des ungehemmten nationalen Optimismus. Israel hatte Ägypten die Sinaihalbinsel, Syrien die Golanhöhen und Jordanien das Westjordanland und die Jerusalemer Altstadt mit der Klagemauer abgenommen. In nur sechs Tagen hatte sich die Größe des Landes mehr als verdoppelt. Die seit zwei Jahren andauernde wirtschaftliche Rezession war zu Ende. Einige interpretierten die Tatsache, dass die heiligen Stätten nach über 2000 Jahren wieder in jüdischer Hand waren, als göttlichen Segen für Herzls Vision eines jüdischen Staates.

Scharon unternahm lange Ausflüge durch die eroberten Gebiete. Als er die Region gut genug zu kennen glaubte, entwickelte er einen Zweistufenplan für die Kontrolle des von Palästinensern dicht besiedelten Westjordanlands. Der erste Teil des Plans war leicht zu verwirklichen. Als Chef der Ausbildungsabteilung der israelischen Armee verlegte er viele Ausbildungszentren der Armee auf die östliche, besetzte Seite der so genannten Grünen Linie. Den zweiten Teil des Plans – die Ansiedlung von Zivilisten in den besetzten Gebieten – hatte er schon im Kopf, konnte ihn aber nicht verwirklichen, solange er noch Uniform trug. Er glaubte, dass die israelische Führung dem unvermeidlichen internationalen Druck, die besetzten Gebiete zu räumen, besser standhalten würde, wenn dort Tatsachen geschaffen würden.

Sein Familienleben war das reine Glück. Er verbrachte schöne Stunden mit Lily, spielte mit dem dreijährigen Omri und dem elf Monate alten Gilad und unternahm lange Ausritte mit dem elfjährigen Gur. Oft ritt er hinter ihm und freute sich daran, was für ein guter Reiter er war. In seiner Autobiografie *Warrior* schreibt Scharon, Gur, ein verblüffend gut aussehendes Kind, habe unter seinen Kameraden eine Art Führungsposition innegehabt. Scharon schaute gerne zu, wie sich die anderen Kinder um seinen Sohn scharten.

Am 4. Oktober 1967, einen Tag vor Rosch ha-Schana, dem jüdischen Neujahrsfest, saß Arik in seinem Schlafzimmer und machte Neujahrsanrufe bei Freunden, während Gur mit einem Nachbarkind im Nebenraum spielte. Um 9 Uhr kam der Junge zu seinem Vater ins Zimmer gestürmt und sagte, dass er mit seinem Freund hinaus in den Hof gehen wolle. Er salutierte zum Spaß und rannte wieder hinaus. Zwei Minuten später störte ein Gewehrschuss die Vorstadtruhe. Scharon hörte einen dumpfen Schlag und gleich darauf einen schrillen Schrei.

Er ließ den Telefonhörer fallen und rannte hinaus in den Hof, wo ihn eine schreckliche Szene erwartete: Gur lag blutend auf dem Boden mit einem Einschussloch im Gesicht, dicht neben einem Auge. Eine alte Zierflinte, die die Scharons an der Wand hängen hatten, lag neben dem Kind. In der Luft roch es nach verbranntem Pulver. Gurs Freund stand in der Nähe, totenblass und unter Schock. Omri und Gilad waren keine drei Meter entfernt und starrten entsetzt auf ihren verletzten Bruder.

Scharon nahm Gur auf die Arme und wollte zum Auto rennen. Doch es war nicht an seinem Platz; Lily hatte es genommen, um für den Feiertag einzukaufen. Scharon rannte zum Nachbarhaus, aber Luftwaffenchef Motti Hod war nicht zu Hause. Er rannte hinaus auf die Straße, hielt schreiend ein vorüberfahrendes Auto an und bat den Fahrer, ihn und seinen Sohn ins nächste Krankenhaus zu fahren.

In *Warrior* schreibt Scharon, er habe viele tödliche Wunden gesehen und nur zu genau gewusst, dass sein Sohn tödlich verletzt gewesen sei. Schon als er ihn schlaff im Hinterhof liegen sah, wusste er, dass er ihn verloren hatte. Aber wie jeder Vater wollte auch er an ein Wunder glauben. Er kletterte mit dem verletzten Jungen auf den Rücksitz des Autos und hielt ihn auf dem Schoß, während sich sein

Hemd mit dem Blut seines Kindes voll saugte. Die Fahrt schien ewig zu dauern. Als sie das Krankenhaus erreichten, war Gur in seinen Armen gestorben.

Lily Scharon äußerte sich nur einmal öffentlich über Gurs Tod: »Ich fuhr in die Stadt, um Geschenke für meine Schwiegermutter und die Kinder zu besorgen. Aber ich kam nur dazu, einen Jogginganzug für Gur zu kaufen. Heutzutage haben alle Kinder Jogginganzüge, aber damals war es ein Traum, der Wirklichkeit wurde. Ich merkte, dass ich mich verspätete, also rief ich Arik an, weil ich wusste, dass er zu einem Neujahrsumtrunk auf den Stützpunkt musste. Das Telefon war ständig belegt. Deshalb rief ich eine Nachbarin an und sagte, sie solle mir Arik ans Telefon holen. Sie fragte: ›Lily, wo bist du?‹ Ich sagte: ›In der Stadt.‹ Sie sagte: ›Weißt du es noch nicht?‹ Ich sagte: ›Was?‹ Sie sagte: ›Gur ist verletzt, Lily, Sie haben ihn ins Tel-Haschomer-Krankenhaus gefahren.‹ Ich raste wie eine Verrückte hin. Die ganze Zeit betete ich, dass er sich nur am Finger verletzt hatte. Dass es nichts Schlimmes war. Ich schaffte es zu dem Krankenhaus und sagte, ich wolle zu Gur Scharon. ›Das geht nicht‹, sagten sie. Sie fragten, wer ich sei, und ich sagte: ›Seine Mutter.‹ Es kam einfach so heraus. Sie sagten: ›Sie können nicht zu ihm.‹ Ich fragte warum, und da führten sie mich in einen Raum mit einem Arzt und sagten es mir.

Es passierte eine Minute, nachdem ich das Haus verlassen hatte«, fuhr Lily fort. »Ich hatte ihm versprochen, sofort zurückzukommen und mit ihm zum Friseur zu gehen. Ich war sicher, dass er mich umarmen würde, wenn ich nach Hause käme und er den Jogginganzug sehen würde. Er hatte sich den Anzug wirklich sehr gewünscht. Ganz plötzlich versteht man, was die Leute meinen, wenn sie sagen, ihre Welt sei schwarz geworden. Ich konnte das Sonnenlicht nicht mehr ertragen, konnte es nicht ertragen, dass ich das Licht genoss und er nicht. Ich verlor ein halbes Jahr meines Lebens. Gilad war elf Monate alt, und ich kann mich an seine Entwicklung in dieser Zeit nicht erinnern. Und Arik, er kam nie darüber hinweg. Er lernte nur, damit zu leben.«

Auf die Frage eines Journalisten, ob Gur mit einem von Scharons Gewehren erschossen worden sei, sagte Lily: »Zu dem Schmerz über die Tragödie kamen auch noch die gemeinen Gerüchte hinzu. Nein, er wurde nicht mit einer von Ariks Waffen getötet. Es war unmittelbar nach dem Sechstagekrieg. Arik hatte von seinen Soldaten ein paar 150 Jahre alte Gewehre geschenkt bekommen. Es waren rostige Vorderlader, aber Gur gefielen sie. Er bat uns, sie in seinem Zimmer als Schmuck an die Wand zu hängen. Am Tag der Tragödie kam einer der Nachbarsjungen herüber, ein bekannter Tunichtgut. Er nahm das Gewehr von der Wand. Er brachte das Pulver mit. Es dauerte nur ein paar Augenblicke, bis Gur starb. Alle meine Kinder waren kaum zwei Meter entfernt, als es passierte. Gilad lag in seinem Bettchen und Omri stand neben Gur. Es war ein Wunder, dass sie nicht alle drei getötet wurden.«

Am 8. Oktober 1967, am Morgen nach dem Feiertag, brachte die Tageszeitung *Yedioth Ahronoth* einen Artikel über die Tragödie. In ihm wurde der Nachbarjunge nicht erwähnt, allein Gur wurde für den Unfall verantwortlich gemacht. Scharon konnte es bei dieser Darstellung nicht belassen und verlangte eine polizeiliche Untersuchung. Er engagierte Schmuel Tamir, den Anwalt, der damals Meir Har-Zion vertreten hatte, und bat ihn, dafür zu sorgen, dass die Polizei gründlich ermittelte. Die Polizei stellte fest, dass die Kinder Metallstücke und Schießpulver in die Waffe gesteckt hatten.

Schmuel Tamir berichtet in seiner Autobiografie *A Son of This Land* über seine Rolle bei den Ermittlungen: »In seiner Qual kam Arik mit einer Bitte zu mir. ›Gur hat von klein auf gelernt, wie man mit Schusswaffen umgeht‹, sagte er. ›Er wusste, dass er sie nicht anfassen durfte, und er spielte nie damit. Ich bin sicher, dass er sich nicht versehentlich selbst erschossen hat. Ich bin sicher, dass ihn das ältere Kind versehentlich erschossen hat. Ich will niemanden verklagen. Aber ich will, dass der Polizeibericht veröffentlicht wird und dass die Polizei überzeugt ist, dass Gur das Gewehr nicht abgefeuert hat …‹ Ich erfüllte seine Bitte und beschäftigte mich einen Monat mit den Einzelheiten des Falls; studierte sogar die ballistischen Gutachten. Nachdem ich die Tatsachen vorgelegt hatte, akzeptierte die Polizei Ariks Version der Ereignisse.«

Die Familie des Nachbarjungen hat ein ganz anderes Bild vom Ablauf der Tragödie. Sie sagt ebenfalls, dass ihr Junge (der inzwischen verheiratet ist und Kinder hat) das Gewehr als Erster in der Hand gehabt habe, aber Sekunden bevor der Schuss fiel, habe Gur sich das

Gewehr geschnappt, um zu sehen, warum es nicht funktionierte. Er habe in den Lauf gespäht und dabei versehentlich auf den Abzug gedrückt. Nach Aussage der Familie »befanden sich nach dem Sechstagekrieg alle Arten von Waffen in Scharons Haus« und »es war leicht für Arik und Lily, dem anderen Kind die Schuld zu geben, das bei dem Unfall dabei war«. Langjährige Bewohner des Viertels berichten, dass die Beziehung zwischen den beiden Familien seit dem Unfall gestört war. Scharon verzieh dem Jungen nie und gab ihm im Gespräch mit dessen Mutter und Stiefvater die Schuld an Gurs Tod. Einmal schickte der Stiefvater des Jungen (sein biologischer Vater war im Unabhängigkeitskrieg getötet worden) sogar einen Brief an den Generalstabschef der Tzahal, in dem er sich über Scharons Verhalten beschwerte.

Nach dem Verlust des Kindes war Scharon ein gebrochener Mann. Er wollte Gur neben Margalit auf dem Friedhof Kirjat Schaul, nur wenige hundert Meter von seinem Haus entfernt, begraben, aber die *chewra kadischa,* eine Behörde, die in Israel für die Begräbnisse von Juden zuständig ist, konnte ihm den Platz so kurzfristig nicht geben. Niedergeschlagen rief Scharon seinen engen Freund Schlomo Goren an, den ranghöchsten Rabbi bei der Armee. Goren ließ seine Verbindungen spielen und klärte die Sache.

Die Beerdigung wurde hastig vorbereitet. Nach dem jüdischen Gesetz musste der Leichnam beigesetzt sein, bevor am Abend der Feiertag begann. Bevor der Trauerzug sich in Bewegung setzte, betrachtete Scharon ein letztes Mal seinen Sohn – allein. Er erinnerte sich daran, wie Gur mit einem schelmischen Lächeln auf den Lippen in seinem Schlafzimmer salutiert hatte. Scharon ließ ihn von einem Militärfahrzeug zu seinem Grab fahren.

Die Beerdigung war im Radio angekündigt worden und Tausende kamen, um dem General in seiner schweren Stunde beizustehen. Ein Bild blieb besonders in Scharons Gedächtnis haften: Als der Trauerzug sich durch das Tor des Krankenhauses schob, sah Scharon einen Mann, den er kannte, dem er aber noch nie persönlich begegnet war. Menachem Begin, der bebrillte, willensstarke Führer der Gahal-Partei, stand am Straßenrand. Scharon sah ihn durch das Wagenfenster. Er sollte den schmerzlichen Ausdruck auf seinem Gesicht nie mehr vergessen.

Eine halbe Stunde später stand er am offenen Grab seines Sohnes und erinnerte sich schmerzerfüllt, wie er fünfeinhalb Jahre zuvor nur ein paar Armlängen entfernt seine Frau begraben und ihr versprochen hatte, auf ihren Sohn aufzupassen.

Scharon wurde den ganzen Tag von schrecklichen Gedanken verfolgt, wie in einer Endlosschleife wiederholten sich die Ereignisse permanent. Die siebentägige Trauerzeit war schier unerträglich. Seew Sluzki und andere Männer von der Einheit 101 und den Fallschirmjägern wichen während der ganzen *schiwa* nicht von Scharons Seite.

Danach verfiel er in tiefe Melancholie. Seine Freunde konnten ihn nicht trösten. »Wir machten uns damals ernsthaft Sorgen um Arik«, sagt einer von ihnen, »nach Gurs Tod war er einfach untröstlich. Zum Glück war Lily an seiner Seite. Sie gab ihm die Kraft zu überleben und weiterzumachen.« Scharon versuchte seinen Gram in Arbeit zu ersticken. Aber sobald er nach Hause kam, stürzte ihn jeder Gegenstand in tiefe Trauer. In jenen Stunden fand er sein seelisches Gleichgewicht nur wieder, wenn er über alles ausführlich mit Lily sprach.

Scharon organisierte viele Jahre lang Pferderennen zu Gurs Gedenken, sprach aber nie öffentlich über seinen toten Sohn, bis er es im Januar 2003, sechsunddreißig Jahre nach jenem schrecklichen Morgen, doch noch tat. Er hatte sich gerade seine zweite Amtszeit als Ministerpräsident gesichert, als er Rafi Reschef, dem Gastgeber einer beliebten Fernsehsendung auf dem israelischen Kanal Zwei, das Interview gab.

Am Anfang des Gesprächs zeigte Reschef dem 75-jährigen Ministerpräsidenten ein Fotoalbum mit Fotos von Scharons Vater Samuel, seiner Mutter Vera, seiner Schwester Dita und seinen drei Söhnen Gur, Omri und Gilad. Die Bilder wurden auf dem Fernsehschirm gezeigt, bevor die Kamera wieder auf das sturmerprobte Gesicht des Ministerpräsidenten schwenkte. »Mit Ihrer Erlaubnis würde ich gerne über ein bestimmtes Bild sprechen, das mich tief berührt hat«, sagte Reschef. »Das von Ihrem Erstgeborenen Gur. Er scheint ein reizendes Kind gewesen zu sein.«

»Ja«, antwortete Scharon, »er war reizend, und er war extrem charismatisch, ein echter Führer, sehr begabt, und ein großartiger Reiter. Er nahm an vielen Reitwettbewerben teil. Er war elf, als er getötet wurde. Es war nicht, weil sich versehentlich ein Schuss löste; er wurde von einem anderen Kind erschossen.«

Reschef: »Es war eine Kugel, die ein anderes Kind versehentlich abfeuerte?«

Scharon: »Ja. Er verlor seine Mutter, meine erste Frau Margalit, die wir Gali nannten. Sie wurde in sehr jungen Jahren auf dem Weg nach Jerusalem bei einem Autounfall getötet.«

Reschef: »Sie war neunundzwanzig.«

Scharon: »Sie war sehr begabt. Sie hat viel erreicht als Psychiatriekrankenschwester. Sie war schon Oberschwester, als sie so jung starb.«

Schweigen. Die Kamera ruht auf Scharons Gesicht. Man sieht ihm an, dass er sich in die Vergangenheit zurückversetzt. Der Interviewer stört ihn nicht und wartet, bis der Ministerpräsident das Schweigen bricht. »Dieser Junge war wirklich etwas Besonderes«, sagt er schließlich. »Das Schrecklichste an der ganzen Sache war vielleicht der Morgen, als er getötet wurde. Ich war zu Hause, und plötzlich hörte ich einen Schuss. Ich ging hinaus und sah ihn neben seinen zwei Brüdern Omri und Gilad liegen. Ich hielt ihn in den Armen und wartete, bis mich jemand ins Krankenhaus fuhr. So starb er, in meinen Armen. Er wurde in den Kopf geschossen. Er hatte eigentlich keine Chance.«

Wieder Schweigen, und wieder spricht der Ministerpräsident als Erster: »Natürlich habe ich viele Erinnerungen, wie ich mit ihm gewandert und gereist bin. Er war wirklich ein besonderes Kind. Es ist sehr interessant: So viele Jahre sind vergangen, seit er an diesem Tag vor Rosch ha-Schana getötet wurde, und trotzdem kommen immer noch seine Freunde. Obwohl wir nie irgendeine Gedenkfeier ankündigen, kommen immer noch seine Schulfreunde. Er war so ein fähiges Kind.«

Reschef: »Ist es ein Klischee, wenn man sagt, die Zeit heilt alle Wunden?«

Scharon: »Wissen Sie, für diese Art von Schmerz gibt es kein Gegenmittel. Am Anfang trifft es einen tausendmal pro Minute. Man fragt sich ständig: Was wäre geschehen, wenn ich das getan hätte? Was wäre geschehen, wenn ich jenes getan hätte?«

Reschef: »Hat man Schuldgefühle?«

Scharon: »Nein, nicht Schuldgefühle. Man streitet mit sich selbst, wissen Sie. Danach trifft es einen ständig wieder. Wenn Sie mich fragen, es gibt keinen einzigen Tag, an dem ich nicht daran denke. Aber wenn man sehr beschäftigt ist – und ich weiß nicht, wie es ist, wenn man nichts zu tun hat und sich in seinem Verlust suhlen kann –, aber wenn man damit beschäftigt ist, Dinge zu schaffen, das hilft zu überleben.«

Reschef: »Es gibt Menschen, die nie über ihren Verlust hinwegkommen, besonders wenn er so plötzlich eintrat. Liegt es in Ihrem Fall an Ihrem Charakter, oder haben Sie einfach eine Entscheidung getroffen?«

Scharon: »Es hat viel mit dem Charakter zu tun. Nicht, dass es nicht wehtäte, Sie sehen, dass es wehtut, aber ich besitze die Fähigkeit, mit sehr harten Dingen fertig zu werden.«

Kapitel 16
Eine stillschweigende Übereinkunft

Scharon arbeitete weiterhin engagiert, wurde aber oft und unerwartet von einer melancholischen Stimmung ergriffen. Wer ihn kannte, erlebte ihn dann kontemplativer, introvertierter und vernünftiger als sonst. Er hatte eine Hacke und eine Gießkanne im Kofferraum seines Wagens, und immer wenn er an dem Jerusalemer Friedhof vorbeikam, wo seine Frau und seine Sohn begraben lagen, goss er die Pflanzen auf dem Grab und lockerte die Erde auf.

An den israelischen Grenzen zu Ägypten und Jordanien schwelte ein Abnutzungskrieg, der weniger heftig auch auf den Golanhöhen mit Syrien und in Galiläa mit dem Libanon geführt wurde. Auf der Sinaihalbinsel wurden die israelische Patrouillen immer wieder mit leichten Waffen und Artilleriegeschützen unter Feuer genommen, und die ägyptische Armee unternahm Stoßtruppunternehmen gegen israelische Stellungen am Suezkanal. Im Osten, an der jordanischen Grenze, kam es häufig zu illegalen Grenzübertritten und Terrorangriffen. Insgesamt verloren während des Abnutzungskriegs 721 Israelis ihr Leben, Tausende wurden verletzt. In den 18 Monaten, die der Krieg dauerte, unternahm die Tzahal 5270 Vergeltungsoperationen und tötete 10 000 ägyptische, 300 jordanische und 500 syrische Soldaten sowie 1800 palästinensische Terroristen und Angehörige von Milizen.

Im Januar 1968 trat Jitzhak Rabin von seinem Posten als Generalstabschef zurück und wurde israelischer Botschafter in den Vereinigten Staaten. Rabins Stellvertreter Chaim Bar-Lev wurde zum neuen Generalstabschef befördert. Eser Weizman, mit dem Scharon persönlich befreundet war, wurde bei der Ernennung übergangen. Rabin hatte sich mit Scharon beraten, bevor er seine Entscheidung traf, und Scharon war trotz seiner Freundschaft mit Weizman für Bar-Lev eingetreten, weil er ihn für den geeigneteren Mann hielt. Bar-Levs wichtigste Aufgabe als Generalstabschef war die Sicherung der Gebiete, die Israel im Krieg erobert hatte – eine Fläche, die mehr als viermal so groß war wie das ursprüngliche Staatsgebiet.

Anfang 1968 wurde im Generalstab über die Stationierung der Truppen auf der Sinaihalbinsel nachgedacht. Scharon befürwortete die Sicherung des südlichen Sektors durch leichte Patrouillen und Überwachungsmaßnahmen unmittelbar am Kanal und durch Panzerbrigaden in acht bis sechzehn Kilometern Entfernung von der Wasserstraße. Auf diese Weise würde Israel über eine mobile und unberechenbare Streitmacht in Kanalnähe verfügen, die im Alarmfall schnell reagieren konnte, aber außer Reichweite der ägyptischen Artillerie war. Eine solche Truppe konnte auf die unterschiedlichsten Angriffe der Ägypter angemessen reagieren.

Bar-Lev war anderer Ansicht. Er stationierte die israelischen Streitkräfte in befestigten Stellungen unmittelbar am Kanal mit der Begründung, nur so könne die israelische Herrschaft über das Ostufer des Kanals gesichert werden. Bei dieser Entscheidung spielten auch politische Erwägungen eine Rolle. Die massive israelische Präsenz am Kanal war eine klare Botschaft: Israel beherrscht die gesamte Halbinsel und kontrolliert genau wie die ägyptische Streitmacht auf dem anderen Ufer den Kanal. Die Kette israelischer Festungen entlang des Kanals wurde als Bar-Lev-Linie bezeichnet.

Scharon musste Bar-Levs Entscheidung akzeptieren, bedrängte ihn aber unaufhörlich, seine Meinung zu ändern, weil er sein Konzept für dumm und gefährlich hielt. Bei den Besprechungen ergriff der größte Teil des Generalstabs für Bar-Lev Partei. Nur Generalmajor Jisrael Tal übte ebenfalls offene Kritik, und Scharon glaubte, dass es vielen anderen Generalen wichtiger war, befördert zu werden, als ihre abweichende Meinung zu äußern. Unter Freunden bekannte Scharon, ihm täten Generale Leid, die sich für anderer Leute Ansichten abrackerten.

Bar-Lev wusste, das Scharon seine Ernennung unterstützt hatte, und versuchte eine Konfrontation zu vermeiden, aber Scharon ließ nicht locker und brachte das Thema bei jeder Besprechung des Generalstabs auf den Tisch. Er bezeichnete den Streit als »Kampf zwischen Originalität und Stagnation«, während Bar-Lev ihn als »Kampf zwischen Leichtsinn und Vorsicht« bezeichnete. Bald schon wurde der Konflikt auch in der Presse und im Radio ausgetragen. Bar-Lev fasste es als Vertrauensbruch auf, dass das Problem an die Öffentlichkeit gebracht wurde, und ranghohe Offiziere identifizierten Scharon als den Schuldigen.

Der Konflikt erreichte im April 1969 seinen Höhepunkt. Nachdem Generalmajor Avraham Adan die ersten Festungen errichtet hatte, berief Bar-Lev eine Generalstabskonferenz ein, um über die zunehmende Gewalt an der Südgrenze zu reden. In Anwesenheit von Verteidigungsminister Mosche Dajan beschuldigte er Scharon namentlich, die Presse über den Konflikt informiert zu haben und gezielt Panik in der Öffentlichkeit zu verbreiten, und er warf ihm vor, sich gegenüber seinen Kollegen illoyal zu verhalten. Scharon antwortete aggressiv, die Bar-Lev-Linie sei der Grund, weswegen so viele Soldaten am Kanal ihr Leben verloren hätten, und dass für schreckliche Fehlentscheidungen nie jemand zur Verantwortung gezogen werde. Und was die Weitergabe interner Informationen an die Presse betreffe: »Der Einzige, der ständig überall herumrennt und mit der Presse und mit Ministern über Generale spricht, ist der Generalstabschef selbst und sonst niemand.«

Carmit Guy zitiert die Reaktion des Generalstabschefs in seinem Buch *Bar-Lev* wie folgt: »Seit ich die Armee kenne, hat es Fehler, Schnitzer und fatale Irrtümer gegeben. Da Arik das Problem (der Fehler) angesprochen hat, möchte ich ihn an zwei seiner eigenen Fehler erinnern, auf die ich nicht unbedingt stolz wäre: die siebzehn Toten (Soldaten) in Kalkilja und die Schlacht am Mitla-Pass. Trotzdem wurden, soweit ich weiß, daraus keine Schlüsse gezogen, was Scharons Person betrifft. Ich kann mich nicht erinnern, dass Offiziere der Tzahal jemals einen Fehler ausgenutzt hätten, um sich persönliche Vorteile zu verschaffen. In diesem Forum kann ich mir dafür weitere Worte und Erklärungen sparen. Außer Ihnen lächelt niemand hier, Arik, und das ist alle Unterstützung, die ich brauche.« An diesem Punkt mischte sich Dajan ein und lenkte die Diskussion wieder auf das Thema zurück.

Auf der folgenden Konferenz, die zwei Tage später stattfand, verkündete Bar-Lev, Thema der Besprechung sei »das Verhalten von Offizieren und insbesondere hochrangigen Offizieren bei der Diskussion von Entscheidungen, die sie für falsch halten«. Sobald Bar-Lev die Diskussion eröffnet hatte, wurde Scharon von Jeschajahu Gawisch, dem Oberkommandierenden des Südkommandos, und David Elasar, dem Oberkommandierenden des Nordkommandos, angegriffen. Sie beschuldigten ihn der Vernachlässigung seiner

Pflichten als Chef der Ausbildungsabteilung im Hauptquartier der Tzahal. Anstatt sich auf seine ureigensten Aufgaben zu konzentrieren, verbringe er seine ganze Zeit damit, an der internen Politik der Armee herumzumäkeln, untergrabe die Autorität des Generalstabschefs und manipuliere die Presse in seinem Sinne.

Noch während Gawisch redete, schob Scharon seinen Stuhl zurück, stand auf und sagte, er sei davon ausgegangen, das es in der Besprechung um das Für und Wider der Bar-Lev-Linie gehen werde und nicht darum, über einen Kollegen zu richten. »Dies ist kein Gericht«, warf Mosche Dajan ein. »Dies ist eine Besprechung des Generalstabs, bei der viele Dinge verhandelt werden können.«

Scharon: »Ich habe nicht die Absicht, an dieser Art von Diskussion teilzunehmen.«

Dajan: »Dazu sind Sie nicht verpflichtet; Sie können ganz einfach den Mund halten.«

Scharon: »Ich muss die Besprechung verlassen.«

Dajan: »Bitte setzen Sie sich. Der Generalstabschef und ich stimmen darin überein, dass eine Diskussion über die Art und Weise, wie man Kritik äußert, absolut gerechtfertigt ist. Wenn Sie keinen Grund sehen, an dieser Diskussion teilzunehmen und eine Meinung zu äußern, sagen Sie einfach nichts. Dies ist eine Besprechung des Generalstabs, da können Sie nicht einfach aufstehen und gehen.«

Scharon setzte sich wieder und sagte, wenn die Konferenz weiter über diese Dinge verhandle, müsse sie das ohne ihn tun. Einige Sekunden herrschte unbehagliches Schweigen, dann machte Gawisch genau da weiter, wo er aufgehört hatte. Als er seinen ersten Satz gesagt hatte, war Scharon schon wieder aufgesprungen.

Als er an der Tür war, rief ihm Dajan nach, er solle sich wieder setzen. Aber Scharon stürmte hinaus und knallte die Tür hinter sich zu.

Scharon erschien auch in der folgenden Woche nicht auf der Generalstabskonferenz. Zwei Tage später erhielt er einen Anruf aus der Personalabteilung der Armee. Die Sekretärin wollte mit ihm einige verfahrenstechnische Dinge wegen seines Rücktritts klären. Scharon, der noch nicht wusste, dass Bar-Lev ihn gefeuert und durch seinen Stellvertreter ersetzt hatte, antwortete, er habe nicht die Absicht, die Armee zu verlassen.

Wieder einmal, aber schwerlich zum letzten Mal, hatte er das Gefühl, an ihm solle ein Exempel statuiert werden. Er ging zu Dajan in der Hoffnung, dass der Verteidigungsminister Bar-Lev umstimmen würde. Dajan versuchte tatsächlich den Generalstabschef zu besänftigen, aber dieser blieb bei seinem Entschluss. Scharon wandte sich an die Ministerpräsidentin Golda Meïr, aber sie machte ihm klar, dass sie sich nicht einmischen würde.

Nach dem Gespräch mit Golda Meïr erkannte Scharon, dass er schmählich aus der Armee entlassen würde, weil ihm Rabin und Ben Gurion nicht mehr helfen konnten, es sei denn, dass er den eleganten Sprung aus der Armee in die Knesset schaffte. Da eine Wahl bevorstand, eilte er zu seinem Jugendfreund Josef Sapir, einem Farmer aus Petach Tikwa, der mit Samuel Scheinerman befreundet gewesen war und zu den Führern der rechtsgerichteten Liberalen Partei gehörte. Scharon hatte Sapir als Kind oft in dessen Orangenhainen besucht. Offiziell war Generalmajor Scharon, wie damals alle israelischen Generale, Mitglied der Mapai. Obwohl es dafür keine Vorschrift gab, war es praktisch unmöglich, in die höheren Offiziersränge aufzusteigen, ohne Mitglied der herrschenden Partei des Landes zu sein.

Scharon fragte Sapir, ob die Gahal, eine Union der Liberalen und der Cherut und damals die wichtigste Opposition gegen die Mapai, ihn auf einem ihrer oberen Listenplätze für die Knesset kandidieren lassen werde. Sapir arrangierte ein Treffen mit dem Cherut-Führer Menachem Begin. Das Gespräch fand Anfang Juli 1969 im Jerusalemer King-David-Hotel statt, unmittelbar bevor die hunderttägige Sperrfrist für die Anmeldung neuer Kandidaten anlief.

Die Chemie zwischen dem vornehmen Stadtmenschen mit den europäischen Manieren und dem ländlichen General aus Kfar Malal stimmte nicht. Begin sprach ausführlich über die Chancen der Opposition in den kommenden Wahlen, ohne Scharon einen Sitz in der Knesset zu versprechen. Scharon, ein Neuling in der Politik, machte den naheliegenden Vorschlag, Begin solle aus seinem Status als Kriegsheld politisch Kapital schlagen. Am Ende des Gesprächs einigten sich die beiden darauf, künftig zusammenzuarbeiten. Begin bestellte Kognak, und sie stießen auf die neue Partnerschaft an.

Am folgenden Tag brachten die Zeitungen die Nachricht: »Generalmajor Scharon schließt sich der Gahal an.« Im linken Lager, das seit der Gründung Israels im Parlament die Mehrheit gehabt und alle Regierungen gebildet hatte, war Scharons Tabubruch Tagesgespräch. Schon vor Scharon war der Pfad von den oberen Rängen der Tzahal in hohe Regierungsämter gut ausgetreten gewesen, aber er hatte immer in die sozialistischen, linken Parteien geführt.

Die Besorgnis des linken Lagers war umso stärker, da Ministerpräsidentin Golda Meïr wegen ihrer fehlenden militärischen Kompetenz in diesem Bereich besonders verwundbar war. Die Besorgnis wurde so groß, dass Finanzminister Pinchas Sapir, der gerade in Washington weilte, Generalstabschef Bar-Lev anrief und ihn bat, für Scharon einen neuen Posten in der Armee zu finden. Dann rief er Golda Meïr an und bat sie, bei ihrem Verteidigungsminister die Daumenschrauben anzusetzen. Sapir organisierte von Washington aus eine regelrechte Lobby für Scharon. Die Kampagne, ihm einen ordentlichen Posten als Offizier zu verschaffen, wurde öffentlich geführt, und so wurde er zum meistumworbenen Mann des Landes.

Der Sturm im Blätterwald hörte erst auf, als Bar-Lev eine Woche später nachgab. Scharon erhielt einen Kompromissposten als eine Art internationaler Vortragsreisender der Armee. Außerdem wurde ihm für die Zeit nach den Wahlen ein »angemessener Posten« versprochen. Als erster und einziger vollzeitbeschäftigter reisender »Botschafter« der israelischen Armee war er immer noch Offizier der Tzahal, aber er wurde aus der Politik ferngehalten und konnte Bar-Lev nicht mehr in die Quere kommen. Scharon nahm den neuen Posten an und flog in die USA, wo er seine Vortragsreise begann.

Doch zuvor brachte er die erwartete Gegenleistung für seine Ernennung: Am 9. Juli schrieb er folgenden Brief an Menachem Begin und Josef Sapir: »In den vergangenen zwei Monaten habe ich darüber nachgedacht, wie ich dem Staat Israel am besten dienen kann. Nach sorgfältiger Überlegung bin ich zu dem Ergebnis gelangt, dass ich in dieser harten Zeit, in der die Tzahal an allen Fronten Krieg führt und das Blut unserer Soldaten bei der Verteidigung der Freiheit und Unabhängigkeit Israels vergossen wird, Schulter an Schulter mit diesen Soldaten an der Front stehen muss. In Freundschaft und tiefer Bewunderung, Generalmajor A. Scharon.«

Außerdem schickte er Josef Sapir noch einen persönlichen Brief. Arie Awneri veröffentlichte beide Briefe in *The Liberal Connection*:

»Lieber Herr Sapir«, schrieb Scharon in seinem zweiten Brief, »eigentlich wollte ich mit Ihnen sprechen, bevor ich Ihnen diesen Brief schicke, aber ich kann verstehen ... dass es für Sie etwas unangenehm ist, sich in diesen Zeiten mit mir allein und öffentlich zu treffen. In dem Gespräch wollte ich Ihnen, und zwar Ihnen allein, motiviert durch ein Gefühl der Nähe und der persönlichen Bewunderung, erklären, wie das Treffen mit Herrn Begin am vergangenen Sonntag auf mich gewirkt hat und wie ich dabei zu dem Schluss kam, dass ich auf keinen Fall in Abhängigkeit von dem Genannten in die Politik gehen werde. Ich würde gern mit Ihnen in Kontakt bleiben und wäre sehr erfreut, wenn Sie mich nächste Woche zu einem intensiven Gedankenaustausch in Ihr Haus einladen würden. Es tut mir leid, wenn ich Ihnen Unannehmlichkeiten und Schwierigkeiten gemacht habe, und ich danke Ihnen nochmals für unser warmherziges und freundliches Verhältnis. Ich hoffe und glaube, dass unsere Beziehung eine Zukunft hat. In großer Freundschaft, Ihr Arik Scharon.«

Kurz darauf brach er zu seiner zweimonatigen Vortragsreise auf, zunächst nach New York. Er hielt Vorträge an Universitäten und sprach mit hochrangigen Diplomaten und Militärs in Washington D.C., Mexiko City, Tokio, Peking und Seoul. In den zwei Monaten kehrte er nur einmal, am Vorabend des jüdischen Neujahrsfestes, nach Israel zurück und besuchte das Grab seines Sohnes. Sofort nach der Feier an dem Grab flog er wieder ab.

»Ich bekam das dickste Ticket, das die El Al ausdrucken kann«, erinnerte sich Scharon in einem Interview im Jahr 2000, »und ich konnte fliegen, wohin ich wollte. Ich machte eine faszinierende Reise rund um die Welt – nach Amerika, Japan, Korea. Sie ließen mich reisen, wohin ich wollte, wenn ich nur nicht vor den Wahlen wieder [in Israel] landete.«

Nach den Wahlen beendete Scharon seine Vortragsreise und wartete auf die Nachricht von seinem neuen Posten. Am 15. Dezember 1969, als die neue Regierung – mit Golda Meïr als Ministerpräsidentin, Mosche Dajan als Verteidigungsminister und Pinchas Sapir als Finanzminister – vereidigt war, erhielt Scharon, sehr zum Ärger des Generalstabschefs, einen der höchsten Posten in der Tzahal: Er wurde Oberkommandierender des südlichen Sektors.

Kapitel 17
Die Isolierung des Gazastreifens

Bevor Scharon seinen neuen Posten als Chef des Südkommandos erhielt, musste er sich allerdings bei Bar-Lev entschuldigen. Unter vier Augen versicherte er dem Generalstabschef, dass er sich künftig zügeln würde. Sein neuer Kommandobereich war um ein Vielfaches größer als das restliche Israel und erstreckte sich vom Toten Meer über die Negevwüste bis Elat. Er umfasste auch den Gazastreifen und die Sinaihalbinsel. Scharon verließ sein Haus in Tel Aviv und zog nach Beerscheba, einer düsteren Stadt im Süden, in der sich das Hauptquartier des Südkommandos befand.

Ende Dezember 1969 war der Abnutzungskrieg in vollem Gang. Am 13. Dezember wurden zwei israelische Soldaten getötet und einer als Geisel genommen, als ihr Jeep am Suezkanal in einen Hinterhalt geriet. Vier Tage später verlor die Tzahal in der Nähe von al-Balah einen weiteren Soldaten durch ägyptisches Feuer. Kein Tag verging, ohne dass Schüsse fielen. Im Februar wurden zwei weitere Soldaten als Geiseln genommen.

Obwohl Scharon nach wie vor gegen das Konzept und die schreckliche Realität der Bar-Lev-Linie war, behielt er seine Gedanken nun für sich und versuchte die Befehle des Generalstabschefs zu erfüllen, indem er die Frontlinie am Kanal befestigte und zehn Kilometer östlich des Kanals eine zweite Befestigungslinie anlegte. Im Juni 1970 gerieten Scharon, Dajan und Bar-Lev bei einer Inspektion der Front in schweres Artilleriefeuer und zogen sich knurrend in einen Bunker zurück. Danach posierten sie mit ein paar Soldaten für die Fotografen, wobei ihre tiefgreifenden Meinungsunterschiede durch ihr Lächeln nur mühsam kaschiert wurden. Dajan und Bar-Lev hielten die schweren Verluste an Menschenleben entlang des Kanals für eine Notwendigkeit.

Bei dem anderen massiven Problem in seinem Sektor wurde Scharon jedoch vom Generalstabschef und vom Verteidigungsminister unterstützt: dem Krieg gegen den Terror auf der offenen Steppe im

Juni 1970. Generalstabschef Bar-Lev und der Befehlshaber des Südlichen Kommandos Scharon unterrichten die Soldaten an der Südfront. (Foto: David Rubinger, *Yedioth Ahronoth*)

Süden und in dem dicht bevölkerten Gazastreifen. Anfang 1970 kamen immer wieder Terroristen aus Jordanien über die Ostgrenze Israels, die sich Hunderte von Kilometern durch die Wüste bis zum Roten Meer erstreckt. Scharon begann das Land der von Akazien gesäumten Flussbetten und rasiermesserscharfen Bergkämme in eine einzige riesige Überwachungszone zu verwandeln. Er hielt Aufklärungsflugzeuge in der Luft, schickte motorisierte Aufklärungspatrouillen aus und hielt Eingreiftruppen in Bereitschaft, die an den Infiltrationsrouten im Hinterhalt lagen. In der Folge stellten die Terrorbanden, die zuvor relativ unbehelligt durch die Wüste eingesickert waren, ihre Aktivitäten größtenteils ein.

Der überraschende Erfolg von Scharon als Chef des Südkommandos im Kampf gegen die Infiltration schlug im Generalstab und in der israelischen Öffentlichkeit hohe Wellen. Scharon brannte darauf, eines der wichtigsten Prinzipien der Tzahal umzusetzen: Er wollte ran an den Feind. Deshalb bekniete er Dajan von Anfang an, ihn im heikelsten und kompliziertesten Gebiet des Südkommandos operieren zu lassen: im Gazastreifen.

In den drei Jahren, seit der von 400 000 Menschen bevölkerte Gazastreifen von Israel besetzt worden war, hatte er sich zu einem Zentrum terroristischer Aktivitäten entwickelt. Im Jahr 1970 paradierten bewaffnete Mitglieder der Volksfront für die Befreiung Palästinas (PFLP), einer Terrororganisation mit kommunistischer Ausrichtung, durch die Straßen der Flüchtlingslager Dschibalja und Schati. Allein in diesem einen Jahr wurden in der Region Gaza 445 Terrorangriffe verübt, bei denen 16 Israelis getötet und 114 Zivilisten verletzt wurden.

Am 2. Januar 1971 wurden zwei israelische Kinder getötet und ihre Mutter schwer verletzt, als sie durch Gaza fuhren.

Die Empörung in der israelischen Öffentlichkeit war groß, und Dajan, der den Tatort mit Scharon inspizierte, war wie er der Meinung, dass eine massive Anti-Terror-Operation notwendig sei. Scharon vertrat die Ansicht, dass eine zurückhaltende Reaktion Israels von den Arabern nur als Schwäche aufgefasst würde, und Dajan gab Scharon bei einer Tasse Kaffee grünes Licht, den Terror in der Region auszumerzen.

Stufe eins der Terrorbekämpfung begann Anfang 1971. Soldaten des Südkommandos zäunten den Gazastreifen ein und isolierten so das Zielgebiet. Truppen wurden stationiert. Straßen wurden verbreitert und gepflastert, damit sie für Panzerfahrzeuge passierbar waren. Die stationierten Truppen wurden in kleine Einheiten aufgeteilt und jeweils einem Viertel zugeteilt, das sie wie ihre Westentasche kennen lernen sollten. Jede Nacht patrouillierte eine fünfköpfige Aufklärungseinheit in dem Gebiet, hielt nach dem Zufallsprinzip Zivilisten an und verhörte die angsterfüllten Palästinenser, um Informationen zu sammeln.

Fünf Monate später leitete Scharon die zweite Stufe ein. In den folgenden sieben Monaten führten seine Soldaten unaufhörlich Razzien in der Region durch und zwangen die Terroristen, sich zu verstecken. Nach monatelanger Nachrichtenbeschaffung teilte Scharon das Gebiet in zahlreiche kleine Areale auf und gab jedem Areal einen Code. Spezialeinheiten wie die Rimon, die von Scharons Freund, dem späteren Mossad-Chef Meir Dagan, geführt wurde, gingen von Tür zu Tür, töteten gesuchte Männer und beschlagnahmten illegale Waffen. Die Rimon und andere Kommandoeinheiten erhielten freie

Januar 1971. Ein Besuch seines Mentors. David Ben-Gurion unterwegs an der Südgrenze mit Ariel Scharon, dem Befehlshaber des Südkommandos.
(Foto: David Rubinger, *Yedioth Ahronoth*)

Hand. Sie durchkämmten jede Hütte, jede Obstplantage, jede Fabrik und jede Wohnung, und wenn ein Gebiet als »sauber« galt, hakte Scharon den Code auf seiner Liste ab.

Mit Hilfe der Informationen, die sie Palästinensern abpressten, fanden die Soldaten Hunderte von Sprengstoff- und Waffenverstecken. Um seinen Männern die Suche zu erleichtern, ließ Scharon in den Obstplantagen und anderswo Bäume fällen, die als Deckung dienen konnten. Er ließ Brunnen und Höhleneingänge mit Beton versiegeln und Häuser zerstören, die bei der Straßenverbreiterung im Weg waren. Er war an allen Einzelheiten der Operation persönlich beteiligt und nahm auch an den Patrouillen der Kommandoeinheiten teil.

Der Druck brachte gewisse Erfolge. Bis Ende 1971 waren 104 mutmaßliche Terroristen getötet und 700 gefangen genommen worden. Im folgenden Jahr wurden vom Gazastreifen aus nur noch 60 Terrorangriffe verübt; im Jahr vor der Offensive waren es noch 445 gewesen. Die Zahl der Anschläge ging während der nächsten Jahre weiter zurück, dennoch wurde das Vorgehen des Militärs kritisiert.

Die internationale Presse berichtete, dass Scharons Kommandoeinheiten willkürlich Gefangene exekutierten. Scharon bestritt diese Vorwürfe vehement, gab jedoch zu, dass seine Truppen nicht den ausdrücklichen Befehl hatten, Gefangene zu machen. Einigen Berichten zufolge patrouillierte Scharon mit einer Namensliste in einem Gebiet und strich die Namen, wenn deren Besitzer tot waren, durch. Jahre später, als Ministerpräsident, sollte Scharon die Gaza-Offensive in größerem Maßstab wiederholen. Er ließ überall im Gazastreifen und im Westjordanland Mordanschläge durchführen. Dabei wurden unter anderen zwei Hamas-Führer – Scheich Ahmed Jassin und Dr. Abdel Asis al-Rantisi – getötet.

Bei der brutalen Offensive der frühen siebziger Jahre wurde jeder Kontakt mit der lokalen palästinensischen Führung vermieden und militärische Gewalt jeder Diplomatie vorgezogen. Scharons wichtigster Kritiker war der Kommandeur des Gazastreifens und der nördlichen Sinaihalbinsel, Brigadegeneral Jitzhak Pundak. Seiner Ansicht nach waren Investitionen in den besetzten Gebieten die beste Methode zur Bekämpfung des Terrors. Er wollte das Gebiet wirtschaftlich entwickeln und langfristige Abkommen mit den Palästinensern schließen. Scharon dagegen wollte die Infrastruktur des Terrors vernichten; erst danach hielt er eine Übereinkunft mit der Führung der Palästinenser für denkbar, die, wie er stets betonte, die Terroristen unterstützte und ihnen Beihilfe leistete.

Dajan nahm mehrmals an Patrouillen mit Dajan und Pundak teil und versuchte die Kluft zwischen den beiden zu überbrücken. Pundak vertrat die Ansicht, dass das Ausreißen von Bäumen und die Vernichtung von Obstplantagen unnötig seien und grundlegende Rechte palästinensischer Zivilisten verletzten. Außerdem würden Scharons Soldaten die Bevölkerung terrorisieren. Sie liefen mit Schlagstöcken umher und hinderten die Menschen daran, die Früchte auf ihrem eigenen Land zu ernten. Scharon entgegnete, der Terrorismus könne nur dann bekämpft werden, wenn man dafür sorge, dass die lokale Bevölkerung den Terrorismus nicht unterstütze, und das könne nur durch Einschüchterung und Gewalt erreicht werden.

Die israelische Presse berichtete recht ausführlich über die Offensive im Gazastreifen. Artikel über nächtliche Ausgangssperren und Hausdurchsuchungen erschienen neben Statistiken, die einen beträchtlichen Rückgang der Terrorangriffe auswiesen. Scharon betrachtete die Offensive als strahlenden Erfolg. Er entwickelte sogar einen Slogan für den Feldzug, den er in den engen Gassen von Gaza geführt hatte: »Guerillakrieg gegen den Terror«.

Eines Nachts Anfang Februar 1972 sah er sich in seinem Haus in Beerscheba die Fernsehnachrichten an, als Dajan auf dem Bildschirm erschien und das Ende des Feldzugs gegen den Terror im Gazastreifen verkündete. Entsetzt hörte Scharon, wie Dajan ihn überschwänglich lobte – kein gutes Zeichen. Am folgenden Tag erfuhr er, dass der Befehl über den Gazastreifen an das Zentralkommando übergegangen war.

In den Monaten vor Dajans dramatischem Schritt hatte Scharon die Grundlage für eine Politik gelegt, die heute noch die gesamte Region erschüttert. Als Sohn von Farmern war er der Ansicht, dass Soldatenstiefel nicht ausreichten, um ein Territorium zu beanspruchen; nur Zivilisten, die das Land bebauten, konnten es wirklich in Besitz nehmen. Über seine geliebten Karten gebeugt, wählte er ein Gebiet südlich der Stadt Gaza aus. Dort, am Grenzvorsprung von Rafa, bei den Dünen, die den Gazastreifen von der Sinaihalbinsel trennten, beschloss Scharon eine Kette israelischer Siedlungen zu errichten. Sie sollten die territoriale Kontinuität unterbrechen, als Barriere gegen das Eindringen von Männern und Waffen dienen und Israels Anspruch auf das Land zum Ausdruck bringen.

Das einzige Hindernis waren die Beduinenstämme, die in dem Gebiet lebten. Sie waren zwar sesshaft geworden, wohnten aber immer noch in Zelten und trieben Subsistenzwirtschaft als Fischer und Ackerbauern. Wenn die Siedlungen gebaut werden sollten, mussten sie vertrieben werden.

Auf einem Flug über das Gebiet schilderte Scharon sein Projekt Dajan und betonte die Notwendigkeit, eine Barriere zwischen dem stark urbanisierten Gazastreifen und der schwer zu beherrschenden Wüste der Sinaihalbinsel zu errichten. Schon am folgenden Morgen überfielen israelische Soldaten die Lager der Beduinen, zerstörten ihre Zelte und ihre mit Blechdächern gedeckten Hütten, verjagten ihre Bewohner und umzäunten das Gebiet.

Vier Führer der Beduinenstämme klagten beim Obersten Gerichtshof Israels auf Rückgabe der 50 Quadratkilometer, auf denen etwa 10 000 Beduinen gelebt hatten. Sie verklagten den Chef des Südkommandos Ariel Scharon und den Staat Israel, weil sie am 14. Januar 1972 rechtswidrig und unter Anwendung von Gewalt von ihrem Land vertrieben worden seien, ohne dass dafür eine militärische Notwendigkeit bestanden habe.

Die Armee entgegnete, in dem Gebiet seien zahlreiche Terroranschläge vorbereitet worden und es sei ein offener Kanal für den Waffen- und Drogenschmuggel gewesen. Der Oberste Gerichtshof wies die Klage der Beduinen ab. Die israelische Linke bezeichnete die Vertreibung der Stämme als illegalen »Bevölkerungstransfer«. In der Presse wurde die Frage, ob Israel das Recht habe, Menschen in den besetzten Gebieten zu vertreiben, kontrovers diskutiert.

Menschenrechtsorganisationen ergriffen Partei für die Beduinen und attackierten Scharon als grausamen und zügellosen General, einen Mann, der nicht davor zurückschreckte, Frauen und Kinder aus ihren Behausungen zu vertreiben. Sogar die Führer der Kibbuz-Bewegung, insbesondere die aus der Negev, protestierten gegen die brutale Vertreibung ihrer beduinischen Nachbarn.

Scharon sprach in mehreren Kibbuzim und verteidigte seine Taten. Er erklärte den Mitgliedern des Kibbuz Nir Os, dass sich die Beduinen erst nach dem Sechstagekrieg bei Rafa angesiedelt hätten und ihr Rechtsanspruch auf das Land zweifelhaft sei. Mehrere Kibbuzniks antworteten, sie könnten sich daran erinnern, dass schon lange vor der Staatsgründung Beduinen in der Gegend gewesen seien. Scharon beschrieb die Gegend als eine Brutstätte des Terrorismus und des Schmuggels und nannte die Anzahl der kurz zuvor beschlagnahmten Bomben und Handgranaten. Er sagte, es sei leicht, die Araber zu verteidigen, aber man müsse auch an die Sicherheit der Juden denken.

In seinen Gesprächen mit den Kibbuzniks und der Presse betonte er den Sicherheitsaspekt und verschleierte seine Siedlungspläne. Jahre später, als Politiker, äußerte er sich stolz über seine Maßnahmen zur Besiedelung der Sinaihalbinsel und des Gazastreifens.

»Die Siedlung ist eine durch und durch politische Maßnahme«, wird er von Uri Even in *Arik – The Way of the Warrior* zitiert. »Unter dem Deckmantel des Kriegs gegen den Terror verschob ich die Grenze. Als Soldat bestimmte ich das diplomatische Geschehen. Ich ergriff die Initiative, ich nahm Kontakt zur Ministerpräsidentin auf ... und am Ende autorisierte die Judikative meine Maßnahmen ... Es gibt keinen einzigen Minister in der Knesset, mit dem ich nicht über die Grenzen gesprochen hätte. Ich managte die Besiedelung des Gazastreifens. Ich machte sie zum Thema, ich evakuierte die (beduinischen) Bewohner, ich setzte mich für das Projekt ein, für Sadot, Dikla, Nahal Sinai, Nahal Jam. Durch unablässigen Druck erreichte ich, dass sie zu zivilen Siedlungen wurden.«

Trotzdem zerstörte Scharon zunächst auf der Sinaihalbinsel und 25 Jahre später auch im Gazastreifen mit voller Absicht, was er aufgebaut hatte. Seine Politik war so beständig wie der Wüstensand.

Kapitel 18
Eine nicht ganz ehrenhafte Entlassung

Im Januar 1972 ging Generalleutnant Chaim Bar-Lev in den Ruhestand und wurde durch einen noch ärgeren Feind Scharons ersetzt. In einer seiner ersten Amtshandlungen als Generalstabschef beauftragte David Elasar Generalmajor Aharon Jariw, den Leiter des militärischen Geheimdienstes, zu ermitteln, ob Scharon den Bau eines Zaunes um das Beduinenland bei Rafa eigenmächtig angeordnet habe. Scharon räumte dies freimütig ein und betonte, dass er stolz darauf sei. Darauf zitierte Elasar Scharon zu sich und erteilte ihm eine mündliche Rüge.

Einige Monate später teilte Elasar Scharon mit, dass er sich schon mal auf das Zivilleben vorbereiten könne. Scharon hatte sich als Befehlshaber im Südsektor stets als pflichtbewussten Soldaten betrachtet. Nach seinem Dafürhalten gab es keinerlei beruflichen Grund, ihn aus der Armee zu entfernen.

Abgesehen von den Animositäten zwischen den beiden ging es Elasar auch darum, in der Generalität einen Generationswechsel herbeizuführen. Im Juni 1972 erhob er Schmuel Gonen in den Generalsrang, im September ernannte er Eli Saira zum Leiter des militärischen Geheimdienstes und machte ihn damit zum Nachfolger von Aharon Jariw, der diesen Posten seit neun Jahren innegehabt hatte. Auch die Befehlshaber der Marine und der Infanterie sowie der Direktor der Personalabteilung wurden abgelöst. Scharon sollte später behaupten, dieser Kehraus habe die israelische Armee geschwächt, als sie im Oktober 1973 Krieg führen musste.

Ende 1972 gehörten nur noch vier Generale aus der Zeit vor Elasar dem Generalstab an: Luftwaffenkommandeur Motti Hod, der Oberkommandierende des Zentralkommandos Rehawam Seewi, der Kommandeur der Panzertruppen Avraham Adan und der Oberkommandierende des Südkommandos Ariel Scharon. Die ersten drei standen kurz vor der Pensionierung; der vierte wurde vor die Tür gesetzt. Doch Scharon, der sich als natürlichen Nachfolger Elasars betrachtete, wollte nicht kampflos weichen. Im Mai 1973 informierte ihn Dajan, dass seine Armeekarriere offiziell im Januar 1974 zu Ende gehen werde, mit dem Auslaufen seiner Amtszeit als Oberkommandierender des Südkommandos.

Das Treffen endete mit einer schweren Verstimmung. Scharon sträubte sich dagegen, sein Schicksal zu akzeptieren. Wie üblich wandte er sich an die Ministerpräsidentin, doch Golda Meïr war nicht Ben Gurion, sie wollte sich nicht einmischen. Scharon begriff, dass seine Tage beim Militär gezählt waren. Der ersehnte Spitzenposten war für ihn unerreichbar.

Nachdem er mit Lily über seine Zukunft gesprochen hatte, wurde ihm klar, dass er sich künftig nicht mehr in eine Lage begeben durfte, in der sein weiteres Vorankommen vom Wohlwollen seiner Vorgesetzten abhing. Die Politik war in dieser Situation die natürliche Wahl. Er hatte nicht genügend Geld, um eine eigene Firma aufzumachen, er wollte die Zukunft des Landes mitgestalten, und er liebte die Macht und die öffentliche Aufmerksamkeit. Außerdem war er überzeugt, dass die meisten jener Menschen, die das Land regierten, kleinkarierte, kurzsichtige Bürokraten waren, die nicht über die Mittel und das Können verfügten, das Land voranzubringen.

Die nächsten Parlamentswahlen waren für den 31. Oktober 1973 angesetzt. Als Berufsoffizier musste Scharon nach seinem Abschied mindestens drei Monate warten, bevor er sich politisch betätigen durfte, was bedeutete, dass er bis Ende Juli die Uniform abgelegt haben musste. Da er mit dem Ausscheiden aus der Armee auch das Haus in Beerscheba aufgeben musste, begann sich Scharon nach einer neuen Bleibe umzusehen. Tel Aviv und das bürgerliche Viertel Zahala kamen nicht in Frage. Er wollte zu seinen Wurzeln zurückkehren und in einer ländlichen Umgebung leben und arbeiten.

Nachdem ihr Ehemann 25 Jahre im Militärdienst verbracht hatte, machte sich Lily Scharon Sorgen um die finanzielle Zukunft ihrer Familie. Sie drängte Ariel, eine Farm zu suchen, und wies ihn darauf hin, dass die Politik launisch und unberechenbar sei, während die Landwirtschaft etwas Handfestes darstelle, auf das man sich immer stützen könne. Von dieser Zeit erzählte sie im September 1993 in der Tageszeitung *Hadashot*: »Arik wollte nicht zu Hause herumsitzen und warten, bis ihm jemand einen Job anbot, daher musste ich jedem Anrufer sagen: ›Er ist ausgeritten, rufen Sie am Abend noch mal an.‹ Oder: ›Er arbeitet auf dem Feld, versuchen Sie's am Nachmittag noch einmal.‹«

Nach mehr als zwei Jahrzehnten im Militär kann die Freiheit des Zivillebens sehr anstrengend sein. Scharon kannte genügend Kriegshelden, die ihre Zeit in Cafés in Tel Aviv totschlugen, über Gott und die Welt lästerten und ihre Geschichten im Laufe der Zeit immer weiter ausschmückten.

Da er sich nicht wie seine Eltern in einem Moschaw niederlassen wollte, suchte Scharon im ganzen Land nach einem Fleckchen Erde, wo er sich eine eigene Farm aufbauen konnte. Schließlich fand er ein Grundstück in der nordwestlichen Ecke der Negev-Wüste, in der Nähe der Stadt Sederot. Auf dem vier Quadratkilometer großen Stück Land gab es außer Wüste nur ein paar Platanen und ein verfallenes Gebäude. Die Kargheit gefiel ihm. Im Jahr 1950 hatte die Israel Lands Authority diese Fläche an Rafi Eitan verpachtet, den Meisterspion und Kontaktmann des Agenten Jonathan Pollard. Eitan, der später zu einem der engsten Berater Scharons wurde und bis heute in der Knesset sitzt, verkaufte das Grundstück mehrere Jahre später an einen australischen Juden.

Der Australier erwarb das Land in der Hoffnung, seinen Sohn dazu bewegen zu können, nach Israel umzusiedeln und hier eine Schaffarm aufzubauen. Der Mann war in den fünfziger Jahren eingewandert, doch die häufigen Terrorangriffe aus dem Gazastreifen und die schlechte wirtschaftliche Lage bewogen ihn, mit seiner Frau wieder nach Australien zurückzukehren. Obwohl die Farm weiterbetrieben wurde, stand das Grundstück mehrere Jahre lang zum Verkauf.

Die abgeschiedene Lage faszinierte Scharon. Er schaute sich mit Lily das Grundstück an und versuchte nicht an den Kaufpreis zu denken – ihr gesamtes Vermögen belief sich nicht einmal auf ein Zehntel davon.

Scharon bemühte sich bei mehreren Banken um einen Kredit. Doch enttäuscht musste er zur Kenntnis nehmen, dass keine einzige Bank im Land bereit war, einem General mit ehrgeizigen Zukunftsplänen ein Darlehen zu bewilligen.

Scharon brauchte zwei Millionen Lira, umgerechnet rund 600 000 Dollar, um das Grundstück zu erwerben. Schließlich fand er Unterstützung bei Avraham Krinitzi. Der erste Bürgermeister von Ramat Gan, der mit Scharon seit dessen Zeit bei den Fallschirmjägern befreundet war, hörte sich dessen Klagen an und sagte ihm, er kenne jemanden, der ihm vielleicht helfen könne. Meschulam Riklis, ein israelischer Industriemagnat, der früher das Hotel Riviera und das gleichnamige Casino in Las Vegas besaß, neigte dem rechten politischen Spektrum in Israel zu und stand in Kontakt mit einflussreichen Politikern. Krinitzi wusste, dass Riklis besorgt war wegen der Entlassung Eser Weizmans und Scharons. Als er ihn fragte, ob er Scharons Ranch finanzieren könne, sagte Riklis umgehend zu. Riklis erklärte ihm, dass man es seiner Ansicht nach Männern wie Arik Scharon ersparen solle, sich damit beschäftigen zu müssen, wie sie ihren Lebensunterhalt verdienen konnten. Scharon solle sich vielmehr mit der Zukunft des Landes befassen. Riklis traf sich mit Scharon und bot ihm ein unbefristetes und zinsloses Darlehen über 200 000 Dollar an, sofern er ihm versprach, dass er sich künftig nicht nur mit Schafzucht beschäftigen und eine maßgebliche Rolle in der Regierung anstreben werde.

Durch Riklis' Geld konnte ein Drittel der Kaufsumme abgedeckt werden. Die Exchange National Bank aus Chicago, die gerade ihre erste Niederlassung in Israel eröffnet hatte, lieh Scharon den Rest. Der Manager der Bank, Samuel Zacks, ein altgedienter amerikanischer Soldat, kannte Scharon gut. Scharon verpflichtete sich, jährlich 50 000 Dollar an die Bank zurückzuzahlen.

Am Tag der Vertragsunterzeichnung war Scharon aufgeregt. Zur Feier des Ereignisses bat er den Sicherheitsbeamten, ihm ein Falafel-Sandwich zu besorgen, eine Gewohnheit, die er auch als Ministerpräsident beibehielt, wobei er sich später zu feierlichen Anlässen allerdings immer zwei Sandwiches bringen ließ, die er dann schnell hinunterschlang.

Arik und Lily Scharon tauften die Farm in Schikmim-Farm um. Im Jahr 2006 war der gesamte Komplex – drei große Wohnhäuser, ein Bürogebäude, Treibhäuser für landwirtschaftliche Erzeugnisse, ein Ziegenstall, ein Milchbetrieb, eine Kuh- und eine Schafherde, Straßen, Stromversorgung, ein Aussichtsturm sowie 360 Hektar Felder und Obstgärten, wo Zitronen, Grapefruits, Zuckermelonen, Wassermelonen und Gemüse angebaut werden – mehr als zehn Millionen Dollar wert. Die israelischen Steuerzahler haben Scharon die Straßen, die Stromversorgung und die Wachleute auf seiner Privatranch bezahlt.

Scharon bekam das Gefühl, dass er in der Uniform seine Zeit vergeudete. Sein Weg nach dem Ausscheiden aus der Armee war klar vorgezeichnet, und er wollte sofort loslegen. In einem Brief an den Generalstabschef bat er um seine sofortige Entlassung und ersuchte um einen Termin bei Verteidigungsminister Mosche Dajan. Im Juli 1973 teilte Dajan Scharon mit, dass Schmuel Gonen ihn als Oberkommandierenden des Südsektors ablösen werde. Scharon ließ durchblicken, dass er Gonen, auch Gorodisch genannt, für ungeeignet hielt.

Die Verabschiedungszeremonie für den scheidenden Südkommandeur fand am Morgen des 15. Juli 1973 statt. Omri, Gilad und Lily nahmen ebenfalls daran teil. Eine Ehrengarde präsentierte die Fahnen aller Kampfeinheiten der Tzahal, und der etwas niedergeschlagen wirkende Scharon salutierte. Zurück in seinem Haus in Beerscheba, unterzeichnete er sein letztes militärisches Schriftstück, zog die Uniform aus und schob seine langen Füße in Sandalen. Dann stieg er ins Auto und fuhr hinaus zu seiner Ranch, um nach der weidenden Schafherde zu sehen, die an diesem Tag angekommen war.

Einige Tage nach der offiziellen Verabschiedung lud Scharon Stabsoffiziere und Kommandeure aus dem südlichen Sektor sowie einige beduinische Stammesführer und Journalisten zu einer Party in sein Haus in Beerscheba ein. Dabei trat der berühmte Schauspieler und Sänger Arik Lavie auf, und die Gäste waren in bester Stimmung, bis Scharon seine Abschiedsrede hielt.

Scharon griff den Generalstabschef und andere ranghohe Militärführer an und erklärte, man habe ihn gezwungen, aus dem Militärdienst auszuscheiden, und er werde dies auch öffentlich verkünden, nachdem so viele seiner Anhänger ihn gedrängt hätten, in der Armee zu bleiben. Er sei stolz, erklärte er, dass er eigenmächtig gehandelt habe, nur seinem Gewissen verpflichtet, nicht als Teil einer Interessengruppe oder Clique. Zum Abschluss seiner Rede sagte er, nachdem er drei Jahrzehnte seinem Land gedient habe, sei es nur natürlich, dies künftig in anderer Form fortzusetzen.

Über seine Ansprache berichteten die Zeitungen am nächsten Tag in großer Aufmachung. Später brüskierte Scharon Elasar abermals, als er dessen Einladung zu einem Abschiedsessen ausschlug. Stattdessen ließ Scharon Elasar ausrichten, er solle ihm die Uhr – das traditionelle Geschenk, das ein Generalstabschef einem ausscheidenden General zukommen ließ – mit der Post schicken.

Scharon bat darum, auf der letzten Sitzung des Generalstabs, an der er teilnahm, ein paar Worte sagen zu dürfen. Als er ankam, sah er, dass auch der Verteidigungsminister anwesend war – vielleicht, um sich förmlich von ihm zu verabschieden, vielleicht aber auch, um den unberechenbaren General in Zaum zu halten. Dajan eröffnete die Sitzung mit einer ausführlichen Lobesbekundung für Scharon und entschärfte dadurch geschickt die Spannungen, die in der Luft lagen. Scharon dankte Dajan erfreut für dessen freundliche Worte und schlug ebenfalls versöhnliche Töne an.

Nach der Sitzung bat Scharon Dajan um einen Gefallen: Er wolle zum Kommandeur einer Reserve-Panzerdivision ernannt werden, die nur im Kriegsfall zum Einsatz kommen würde. Er war fast sicher, dass Dajan ihm diese Bitte abschlagen würde aufgrund des gespannten Verhältnisses zwischen ihnen und der noch größeren Differenzen zwischen Scharon und dem neuen Oberkommandierenden des Südsektors und dem Generalstabschef. Doch zu seiner Überraschung entsprach Dajan seiner Bitte unverzüglich: Vielleicht erkannte er, dass man einen General in Friedenszeiten nach anderen Maßstäben beurteilen muss als im Krieg.

Kapitel 19
Der Likud wird gegründet

Scharon lehnte das Angebot des Sprechers der israelischen Armee ab, eine Pressekonferenz anlässlich seines Ausscheidens abzuhalten. Wenn er die Öffentlichkeit über seine Haltung zu Fragen von nationaler Bedeutung informieren wolle, erklärte er, werde er den Zeitpunkt dafür selbst wählen. Scharon wollte sich nicht in die Karten blicken lassen, damals im Juli 1973.

Er wurde von den politischen Parteien umworben. Sowohl die Arbeitspartei als auch die Liberalen hatten ihm einen sicheren Listenplatz bei den Knessetwahlen angeboten. Dies wäre die übliche Form des Einstiegs in die Politik gewesen: Man scheidet aus der Armee aus, übernimmt einen kleinen Posten im diplomatischen Dienst und kämpft sich dann nach oben. Scharon aber wollte mehr. Er hatte verfolgt, wie in der Bevölkerung die Unzufriedenheit mit der Mapai-Partei (seit 1968 Israelische Arbeitspartei) wuchs, die seit der Staatsgründung die israelische Politik bestimmte, und erkannte die einzigartige Chance zu einer Veränderung, die sich jetzt bot.

Meschulam Riklis, der aus den USA eingeflogen war, um Scharon in seinen ersten Tagen als Zivilist zur Seite zu stehen, verbrachte viel Zeit auf der Schikmim-Farm, wo er mit Arik, Lily und Samuel Zacks über die politischen Konstellationen und Möglichkeiten diskutierte. Sie waren sich einig, dass die beiden Oppositionsparteien, die als Gahalblock auftraten, keine Chance hatten, die Hegemonie der Arbeitspartei zu erschüttern. Bei den Wahlen von 1965 hatte Gahal 26 Sitze errungen gegenüber 65 für die Arbeitspartei; vier Jahre später kam sie auf dieselbe Zahl von Mandaten im 120 Sitze umfassenden Parlament.

Zusammen mit Zacks und Riklis gelangte Scharon zu der Auffassung, dass nur durch eine Vereinigung der zersplitterten Gruppierungen der Rechten und der politischen Mitte die Arbeitspartei aus der Regierung verdrängt werden könne. Bei diesem Vorhaben war seine größte Schwäche zugleich sein wichtigstes Kapital: Als politischer Seiteneinsteiger war er nicht verstrickt in das klebrige Netz aus persönlichen Animositäten und Verpflichtungen, das die Oppositionsparteien lähmte. Verbitterung und Resignation saßen so tief, dass eine Vereinigung als Hirngespinst eines politischen Grünschnabels abgetan wurde. Doch Scharon, der Probleme stets aus einem unkonventionellen Blickwinkel anzugehen versuchte, machte sich an die Arbeit.

Das Haupthindernis, das einer Vereinigung im Wege stand, war die offene persönliche Feindschaft zwischen dem Oppositionsführer Menachem Begin und dem Führer des Freien Zentrums, einer Gruppierung, die sich 1966 von Begins Cherut abgespalten hatte und von Schmuel Tamir geführt wurde, jenem Anwalt, der Scharon bei den polizeilichen Ermittlungen nach dem Tode seines Sohnes unterstützt hatte. Scharon entschloss sich, seinen Plan gleichzeitig der Öffentlichkeit und den Politikern bekannt zu geben. Dadurch, so hoffte er, würde eine nicht mehr aufzuhaltende Eigendynamik in Gang gesetzt werden, bevor seine Initiative in den Hinterzimmern der Knesset abgewürgt werden konnte.

Am 17. Juli 1973, zwei Tage nach seinem offiziellen Abschied von der Armee, verkaufte Scharon zwei Tonnen Getreide und andere landwirtschaftliche Erzeugnisse. Mit dem Geld, das er dafür erhielt, mietete er den Hauptraum im Beit Sokolov, der Zentrale der israelischen Journalistengewerkschaft. Angetan mit einem blauen Hemd und einer Khakihose und mit sonnengebräuntem Gesicht blickte sich Scharon im Raum um und sah, dass ihm zumindest ein Anfangserfolg gelungen war. Seine Entscheidung, auf die von der Armee organisierte Standard-Pressekonferenz zu verzichten – bei der Generale üblicherweise eine langatmige Erklärung über die existenziellen Bedrohungen des Landes abgaben und dann für einen Tag in der Presse auftauchten –, hatte Neugier geweckt: Der Raum war brechend voll.

»Lassen wir nicht zu, dass die Regierung der Arbeitspartei mit uns macht, was sie will«, verkündete Scharon. »Ich bin der festen Überzeugung, dass wir ein Gegengewicht zur Regierung brauchen. Israel kann durchaus als eine Demokratie betrachtet werden, aber in einer Hinsicht gilt dies nicht: der realistischen Chance eines Regierungswechsels. Wir dürfen nicht länger an einem System festhalten, das dieselbe Regierung seit Jahrzehnten an der Macht hält, seit Gründung des Staates, ohne befürchten zu müssen, irgendwann abgewählt zu werden. Wir dürfen uns nicht mit der Rolle einer loyalen Opposition begnügen.«

»Dem Block der Arbeitspartei«, fuhr Scharon fort, »müssen wir ein breites Oppositionsbündnis entgegenstellen, das in der Lage ist, im Interesse der Nation die Streitigkeiten und den Hass der Vergangenheit zu überwinden. Es liegt in der Natur der Sache, dass Gahal das Zentrum dieses Blocks bilden muss. Es kommt nicht darauf an, wie viele Mitglieder der Knesset sich diesem Block anschließen. Wichtig ist vielmehr das Konzept: Wir müssen der Öffentlichkeit zeigen, dass wir bereit sind zu einem Wandel, zu einer Erweiterung des Systems, dass wir neuen Leuten Mitwirkungsmöglichkeiten bieten wollen ... dass der regierende Block durch eine Alternative herausgefordert wird – das ist mein Hauptanliegen.«

In den Schlagzeilen am folgenden Tag kam nicht nur Zustimmung zum Ausdruck. Einige Beobachter hielten Scharons großspuriges Auftreten für unangebracht und naiv; doch kaum jemand blieb gleichgültig.

Am Morgen nach der Pressekonferenz packte Scharon seine Familie in seinen Wagen und fuhr mit ihr zum palmengesäumten Haruba Beach im Norden des Sinai. Im Jahr 2000 erzählte er der Zeitung *Yedioth Ahronoth* eine Begebenheit aus diesen Tagen: »Einen meiner peinlichsten Momente erlebte ich, als ich mit Lily und den Kindern an einen Strand auf dem Sinai fuhr. Neben uns hatte eine andere Familie ihr Lager aufgeschlagen. Sie hatte ihr Radio voll aufgedreht, und in einer dieser politischen Wochenendshows setzte sich ein Kommentator mit meinem Vorschlag auseinander. Er verwarf ihn in Bausch und Bogen und nannte mich einen ›politischen Grünschnabel‹. Ich hätte mich am liebsten im Sand vergraben, aber bei meiner Statur ist das nicht so einfach.«

Während er im Sand saß und die Sonne heiß auf ihn herabbrannte, dachte Scharon über sein Vorhaben nach und erkannte, dass er sich mit Begin treffen musste. Bei ihm lag der Schlüssel. Wenn Begin als Cherut-Chef sich entschließen würde, die kleineren Parteien zur Bildung einer größeren Koalition einzuladen, würden diese nur schwerlich ablehnen können; wenn er sich weigerte, würde der Plan niemals vorankommen.

Scharons Verhältnis zu Begin war zwar nicht so herzlich wie zu Ben Gurion, doch die beiden vertrauten einander. Als Oppositionsführer in der Knesset war Begin schon mehrere Male in den südlichen Sektor gereist, um sich zusammen mit dem Oberbefehlshaber des Südkommandos einen persönlichen Eindruck von der Grenze auf dem Sinai zu verschaffen, und auch Scharon hatte schon häufig Begin in dessen Haus in Tel Aviv aufgesucht.

Seine privaten Besuche bei Alisa und Menachem Begin hatten bei Scharon einen nachhaltigen Eindruck hinterlassen. Der ehemalige Untergrundkämpfer während der britischen Mandatszeit, Oppositionsführer seit der Staatsgründung und weltbekannte Politiker lebte in sehr schlichten Verhältnissen. Scharon fand in Begins Haus keinen Stuhl, der sein Gewicht ausgehalten hätte. Sie waren alle wackelig, hatten keine Rückenlehne oder keine Armstützen. Begins Genügsamkeit und seine asketische Lebensweise faszinierten Scharon, während Scharons militärische Leistungen eine ähnliche Wirkung auf Begin ausübten. Dennoch endete ihre erste Zusammenkunft unerfreulich. Begin verlangte, dass Scharon entweder der Cherut oder der Liberalen Partei beitreten solle, bevor man über die Möglichkeit der Bildung eines Mitte-Rechts-Blocks sprechen könne. Scharon deutete dieses Verlangen als den Versuch, ihn in einen politischen Apparat einzuspannen, der von Begin kontrolliert wurde, was alle Chancen zunichte machen würde, dass sich die Splitterparteien bereit finden könnten, sich dem Monolithen Gahal anzuschließen. Zudem gewann Scharon den Eindruck, dass Begin seine ursprüngliche Idee gar nicht richtig würdigte: Einen ehemaligen Kriegshelden wie ihn musste man stärker in den Vordergrund stellen; ihn lediglich in eine bestehende Organisation einbinden zu wollen als ersten Schritt zu weiteren Verhandlungen, war schlicht unangemessen.

Scharon war noch ein unerfahrener Lehrling in der Politik. Anstatt sich um eine Übereinkunft mit dem Oppositionsführer zu bemühen, weigerte sich Scharon kategorisch, Gahal beizutreten. Er lieferte sich eine hitzige Auseinandersetzung mit Begin und erklärte ihm, er werde weiter an der Bildung eines Mitte-Rechts-Blocks arbeiten. Bei Begin entstand der Eindruck, dass er es mit einem energiegeladenen Mann zu tun hatte, der keine Autorität über sich zu dulden gewillt war.

Einige Stunden später, nachdem Scharon klar geworden war, dass sein Plan schon jetzt zu scheitern drohte, rief er Begin an und bat ihn um eine weitere Unterredung noch am selben Abend. Bei diesem Treffen, das in der Knesset stattfand, spielte Scharon seinen beträchtlichen Charme aus und stellte Begin sein Vorhaben noch einmal ausführlich dar, diesmal jedoch mit ruhiger Stimme und in der Form einer Bitte. Darüber hinaus erklärte er sich bereit, unverzüglich den Liberalen beizutreten. Besänftigt erwiderte Begin, er werde die Vereinigungsidee den Führern des Gahalblocks erläutern, obwohl er sehr skeptisch sei hinsichtlich ihrer Erfolgsaussichten. Er bezweifelte, dass sich der Zwist zwischen ihm und Schmuel Tamir beilegen lassen würde, der nach der schmerzlichen Wahlniederlage Gahals 1965 einen innerparteilichen Umsturzversuch unternommen hatte. Begin und seine zuverlässigen Gefolgsleute aus den Zeiten des Untergrundkampfes hatten den Aufstand niedergeschlagen und dadurch Tamir und Ehud Olmert aus der Partei getrieben, die daraufhin zusammen mit vier weiteren Gahal-Mitgliedern das Freie Zentrum gründeten. Bei den Wahlen von 1969 errang diese Splitterpartei zwei der insgesamt 26 Knessetsitze, die auf Gahal entfielen.

Scharon erfüllte seinen Teil der Absprache mit Begin. Anfang August 1973 gab Dr. Elimelech Rimalt, der Vorsitzende der Liberalen, bekannt, dass Scharon der Partei beigetreten sei, und überreichte der Presse Kopien von Scharons neuem Mitgliedsausweis. Scharon hatte sich aus gutem Grund für die Liberale Partei entschieden. Anders als die Cherut, die ganz von ihrem rhetorisch brillanten Führer Begin beherrscht wurde, schien diese Partei wie geschaffen dafür, von ihm übernommen zu werden.

Nun begann Scharon die quälenden Verhandlungen mit den potenziellen Partnern eines Mitte-Rechts-Blocks, dem er und Begin den vorläufigen Namen Likud (Zusammenschluss) geben wollten. Die beiden stellten ihr gemeinsames Ziel, die Arbeitspartei in der Regierung abzulösen, und die verbindenden Anliegen einer Mitte-Rechts-Koalition über die Fragen persönlicher Sympathie oder Freundschaft. Binnen kurzem entsandten alle vier Parteien – Cherut, die Liberalen, das Freie Zentrum und die Nationale Liste – Verhandlungsdelegationen in das Hauptquartier, das Scharon im Gebäude der Zionists of America eingerichtet hatte.

Scharon konzentrierte sich vorerst darauf, Schmuel Tamirs Freies Zentrum und die Nationale Liste von Jigal Horowiz und Salman Schowal für den Zusammenschluss zu gewinnen. Diese beiden Parteien, die eher in der Mitte als rechts standen, waren von entscheidender Bedeutung für Scharons Vorhaben. Ohne sie würde den rechten Parteien die Legitimation fehlen. Die große Mehrheit der Israelis betrachtete die Cherut und die Liberale Partei als Wiedergänger des fanatischen Untergrunds; nur wenigen Leuten erschienen sie als akzeptable Herausforderer der Arbeitspartei.

Die Differenzen zwischen den verschiedenen Mitte-Rechts-Gruppierungen waren im Wesentlichen durch persönliche Rivalitäten und Eitelkeiten motiviert. Im israelischen Wahlsystem präsentiert jede Partei den Wählern eine eigene Kandidatenliste. Die Wähler, die in erster Linie für eine Partei, nicht für eine bestimmte Person stimmen, entscheiden, wie viele Sitze auf jede Partei entfallen. Der Führer der Partei mit den meisten Stimmen wird mit der Bildung einer Regierung aus den verschiedenen im Parlament vertretenen Parteien beauftragt. Entsprechend ihrem politischen Gewicht und ihrer ideologischen Ausrichtung verlangt jede Partei einen bestimmten Preis für ihren Eintritt in eine Regierung. Scharons Verhandlungen kamen früh ins Stocken, weil sich die vier Parteien nicht über die Reihung ihrer Vertreter auf einer gemeinsamen Wahlliste einigen konnten.

Im August wurde jeden Tag verhandelt. Scharon arbeitete tagsüber auf dem Feld, setzte sich dann ins Auto und fuhr zwei Stunden nach Tel Aviv, wo er sich mit Tamir, Begin, Schowal und den Führern der Liberalen traf. Angesichts des zerrütteten Verhältnisses zwischen Begin und Tamir kam sich Scharon wie Sisyphos vor.

Den ersten Schritt in Richtung eines Kompromisses tat Tamir. Das Freie Zentrum hatte mit überwältigender Mehrheit für die Vereinigung gestimmt. Beflügelt durch gute Umfragezahlen, verlangte Tamir für seine Partei vier Plätze unter den ersten 32 einer gemeinsamen Likud-Liste. Begin wollte drei zugestehen. Scharon überzeugte Tamir, sich mit den Plätzen 6, 16, 29 und 35 zufrieden zu geben, doch Begin sträubte sich.

Verzweifelt bat Scharon seinen alten Freund Weizman, hemdsärmeliger ehemaliger Kampfpilot und Cherut-Mitglied, ihm dabei zu helfen, Begin umzustimmen. Sie kamen überein, dem Gahalblock ein Ultimatum zu stellen: Entweder ihr akzeptiert das Angebot des Freien Zentrums oder ihr verliert uns beide – die einzigen Generale unter euch, die einzigen Vertreter des Generalstabs, jener Organisation, der die Israelis mehr als allen anderen vertrauen. Diese Drohung belastete die Gespräche zusätzlich; Scharon und Begin lieferten sich heftige Wortwechsel.

»Tamirs Vorschlag ist schwierig, aber nicht böswillig. Ich bin neu hier. Ich gehöre nicht dem Freien Zentrum an, auch nicht der Nationalen Liste oder der Cherut … ich gehöre jetzt zum Likud. Ich hege keinen Groll. Ich bin bereit, mich mit dem 38. Platz zufrieden zu geben. Nehmen wir das Angebot an und gewinnen wir die Aufmerksamkeit der Öffentlichkeit … Der Likud ist eine Frage des Prinzips; die Reihung ist es nicht. Der Widerstand gegen den Vorschlag zeugt davon, dass noch keine echte Bereitschaft für den Likud besteht. Ich nehme Sie alle in die Pflicht. Ich habe den Likud zur Bedingung gemacht; ich kann nur im Likud sein, sonst nirgends. Ich möchte meinen Beitrag zur Politik leisten und es täte mir sehr leid, wenn das nicht möglich sein sollte. Ich habe den Eindruck, dass jene, die sich natürlicherweise zusammenschließen könnten, innerlich noch nicht bereit sind für den Likud, weil sie Schwierigkeiten nicht überwinden können, die nicht prinzipieller Natur sind. Das sage ich mit tiefem Bedauern.«

Begin erwiderte: »Ich empfinde große Sympathie für Sie, Arik. Ich gehörte zu denen, die auf Sie gewartet haben. Ich war nicht dafür, dass Sie das Militär verlassen, genauso wenig, wie ich es Eser geraten habe, denn die Armee braucht Leute wie Sie. Doch als Sie ausgeschieden sind, habe ich Ihnen gesagt, dass ich Sie umarmen werde. Eser habe ich physisch in die Arme genommen, und Sie, Arik, sind in meinem Herzen. Meine Entscheidung, den Likud ins Leben zu rufen, habe ich nach reiflicher Überlegung getroffen, der gründlichsten seit meiner Zeit im Untergrund. In diesem Streit hier geht es nicht nur um ein Mandat. Das gesamte Gebäude wird einstürzen, wenn wir dem Vorschlag folgen … Hört darauf, was euer alter Freund Menachem euch sagt. Liebe Freunde, ihr sagt: Nehmt Tamirs Angebot an, oder wir machen nicht mit. Wir lassen euch allein, wenn ihr nicht nachgebt. Tut das nicht. Glaubt ihr wirklich, ihr könnt Freunde durch Rückzugsdrohungen beeinflussen? Lasst die Gahal zusammen mit euch darüber entscheiden, welchen Weg sie gehen will. In einer Demokratie kann eine Minderheit nicht einer Mehrheit ihren Willen aufzwingen ... Ich appelliere an euch, Eser und Arik, lasst ab von dieser Taktik.«

Die Gahal stimmte für die Ablehnung von Tamirs Vorschlag. Scharon wurde aus der Verhandlungsgruppe ausgeschlossen, und eine Vereinigung schien in weite Ferne zu rücken. Doch Simha Erlich und Elimelech Rimalt redeten Begin besänftigend zu, während Scharon weiter Tamir bearbeitete. Nach zwei Tagen erklärten sich Begin und Tamir schließlich damit einverstanden, dass die Listenplätze 8, 16, 29 und 36 an Tamirs Partei fallen sollten. Das war die Geburtsstunde des Likud.

Drei Tage später, am 14. September 1973, hielten die Parteiführer ihre Vereinbarung schriftlich fest. Bereits sieben Wochen nachdem Scharon die Uniform abgelegt hatte, hatte der politische Neuling die Realitäten der Politik in Israel verändert. Arie Avineri beschrieb Scharons Eintritt in die Politik in seinem Buch *The Liberal Connection*: »Bevor Ariel Scharon in die Politik ging, galt der Bulldozer als exzellenter Fachmann für die Beseitigung von Schmutz und Ruinen und die Befestigung militärischer Stellungen. Doch indem Scharon wie immer mit der vollen Kraft seiner 265 Pfund auf das von ihm gewählte Ziel losstürmte, bewies er, dass auch in die Politik nicht mit dem Chirurgenskalpell hantiert wird. Was bei der Bekämpfung eines aufständischen Flüchtlingslagers oder beim Angriff einer Division funktionierte, war auch bei der Erreichung politischer Ziele hilfreich.« Scharon selbst fasste seine Eindrücke folgendermaßen zusammen: »Ich war politisch gewissermaßen ein neugeborenes Baby, aber schon bald habe ich zu wachsen begonnen.«

Die Zukunft erschien vielversprechend. Einen Monat vor den Wahlen zeigten Meinungsumfragen, dass die Öffentlichkeit die Gründung eines Mitte-Rechts-Blocks mehrheitlich begrüßte. Scharon, der Architekt der Vereinigung, wurde zum Wahlkampfmanager des Likud bestimmt. Er schien eine strahlende und gesicherte Zukunft vor sich zu haben.

Kapitel 20
Schock an Jom Kippur

Der 45-jährige Scharon bereitete sich mit einer Diät auf den Wahlkampf vor. Als Wahlkampfleiter musste er häufig im Fernsehen auftreten und er wusste, dass er zunehmend unförmiger und unansehnlicher geworden war. Es war seine erste von vielen weiteren Diäten, die jedoch allesamt keine nachhaltigen Wirkungen zeigten. Scharon liebte Wurst, Käse, Hammelfleisch und Falafel, alles in großen Mengen. Ihm selbst machte sein Gewicht nichts aus, doch im Bewusstsein des unvorteilhaften Bildes, das er abgab, fastete er vor den Wahlen diszipliniert, nur um danach umso heftiger wieder zuzuschlagen.

Ende September 1973 hielt Scharon für den Likud die Wahlkampfauftaktrede. Er erklärte, dass ruhige Jahre bevorstünden, in denen der Likud, sofern die Bürger Israels ihm die Chance dazu geben würden, einige soziale Schieflagen in der Gesellschaft beseitigen könne. Doch schon eine Woche später änderte sich alles schlagartig.

Am 5. Oktober 1973 erhielt Scharon in seinem Büro gegen neun Uhr vormittags einen Anruf. Brigadegeneral Uri Ben Ari, Stabsleiter des Oberbefehlshabers des Südkommandos, berichtete dem in Sandalen steckenden Scharon, dass Ägypten anscheinend mit einem großen Truppenaufmarsch begonnen habe. Scharon legte den Hörer nieder und verließ sofort das Büro.

Zwei Stunden später befand sich Scharon bereits wieder auf vertrautem Terrain. Er hatte sich zwar seit drei Monaten nicht mehr in der Militärbasis aufgehalten, doch sie war viele Jahre lang seine Heimat gewesen. Er schaute sich lange Reihen von Luftaufnahmen an, analysierte eingehend die schwarzen und weißen Streifen und wurde dabei immer unruhiger. Die Ägypter hatten Verbände in der Stärke einer Invasionsarmee zusammengezogen. Und sie hatten schwere transportable Brücken in die Nähe des Suezkanals geschafft. Ein Krieg stand bevor.

Die israelischen Kriegspläne waren auf eine Vorwarnzeit von mindestens zwei Tagen ausgelegt, damit noch die Reservisten einberufen werden konnten, das Herzstück der israelischen Streitkräfte. Während die Ägypter ihren Aufmarsch fortsetzten, blieb der militärische Geheimdienst, der die Bedrohungen der nationalen Sicherheit einschätzen musste, weiter bei seiner Auffassung, dass die Kriegsgefahr relativ gering sei. Nach ihrer vernichtenden Niederlage 1967 und da sie ihre Luftwaffe in der Zwischenzeit nicht nennenswert hatten verstärken können, würden die Ägypter einen Krieg meiden. Nach Ansicht von Eli Saira und seinen Leuten würden die Truppen, die in der Nähe des Suezkanals zusammengezogen wurden, lediglich an Tahrir 41 teilnehmen, einem großen Manöver unterschiedlicher Waffengattungen.

Einen Tag später, an Jom Kippur (Versöhnungstag), dem höchsten jüdischen Feiertag, an dem die Straßen leer gefegt sind, änderte der Militärgeheimdienst seine Meinung. Der Krieg werde um 18 Uhr beginnen, erklärte er nun. Aber auch das stimmte nicht. Ägypten und Syrien hatten ihren koordinierten Angriff von Süden und von Norden her auf 14 Uhr angesetzt. Dieser Zeitpunkt war ideal für Ägypten, das dadurch mit seinen Panzern nachts den Kanal überqueren konnte, aber weniger günstig für Syrien, das lieber am frühen Morgen angegriffen hätte, wodurch die Israelis gezwungen worden wären, nach Osten über die Golanhöhen in die aufgehende Sonne zu blicken.

Scharon, der durch die Luftbilder beunruhigt war, wurde missmutig, als er erfuhr, dass die einberufenen Soldaten noch nicht ihre Stellungen bezogen hatten, wie es in dem Notfallplan »Taubenschlag« vorgesehen war, den er als Oberbefehlshaber des Südkommandos ausgearbeitet hatte. Er rief im Kommandozentrum der 143. Division an, die er im Kriegsfall befehligen sollte, und wies seine Leute an, die höchste Alarmstufe auszurufen. Dann kehrte er nach Beerscheba zurück, wo Lily, Omri und Gilad darauf warteten, zu den Jom-Kippur-Feiern auf die Ranch gebracht zu werden.

Als sie auf der Farm angekommen waren und der Morgen bereits zu dämmern begann, brachte Arik die Kinder ins Bett und unternahm mit Lily einen Spaziergang über die Baumwollfelder. Dann zog Scharon seine gebügelte Uniform an, polierte routiniert die Knöpfe und fuhr mit seiner gesamten Familie zum Hauptquartier der 143. Division. Während sie unterwegs waren, wurden die Reservisten von dem Überraschungsangriff unterrichtet. Die Ägypter nahmen fälschlicherweise an, Israel würde es Schwierigkeiten bereiten, die Reservisten an Jom Kippur einzuberufen, denn die Mobilisierung erfolgte größtenteils über das Radio. Doch Scharons Division war wie auch viele andere leicht erreichbar: Alle Familien des Landes hielten sich an einem von zwei Orten auf, entweder zu Hause oder in der Synagoge.

Im Divisionshauptquartier verfolgte Scharon mit seiner Familie unter aufgespannten Tarnnetzen, wie die Mechaniker von Panzer zu Panzer eilten, während er Anweisungen erteilte und Ratschläge gab. Zufrieden darüber, dass die Division in guten Händen war, schickte er seine Familie nach Hause und sagte Lily, er werde vor dem Ausbruch des Krieges noch zu einem letzten Abendessen heimkommen. Dann begab er sich zum Hauptquartier des Südkommandos, um sich auf den neuesten Stand bringen zu lassen hinsichtlich der Bewegungen der feindlichen Truppen und der Vorbereitungen der Tzahal.

Der Krieg begann am Samstag, dem 6. Oktober 1973, um 13.55 Uhr, als die syrische Armee im Norden und die Ägypter im Süden angriffen. Die Syrer überrollten die Golanhöhen mit 1650 Panzern, fünf Divisionen, 20 Brigaden, starker Luftunterstützung und 1250 Artilleriegeschützen. Israel hatte den Angreifern gerade mal eine Division mit insgesamt 177 Panzern und 44 Artilleriegeschützen entgegenzusetzen. Im Süden griffen die Ägypter mit 2200 Panzern, 2000 Artilleriegeschützen, zwei Feldarmeen, zehn Divisionen, mehr als 40 Brigaden und mehreren Kommandobataillonen an, die tief auf israelisches Gebiet vorstießen. Auf dem anderen Ufer des Suezkanals, hinter Sanddünen und Benzingräben, die den Kanal im Falle einer Invasion in Brand setzen sollten, hatte Israel eine Division, 290 Panzer und 70 Artilleriegeschütze stationiert. Die Überraschung war den Angreifern wirklich gelungen und traf den Gegner vollkommen unvorbereitet.

Der Angriff der Ägypter und die mangelhafte Vorbereitung der israelischen Armee schlugen Arik auf den Magen, doch er ließ sich nichts anmerken. Am Abend kam er in Begleitung einiger Stabsoffiziere nach Hause. Lily entschuldigte sich für das karge Mahl und sagte, sie habe wegen einer Erkältung nicht alle Speisen zubereiten können, die sie geplant hatte. Doch Scharon schien erfreut. Er aß so viel, wie er hinunterbekam, und setzte damit seiner Vorwahl-Diät ein Ende.

Als sie mit dem Essen fast fertig waren, klopfte es. Wie im Sechstagekrieg kehrte »Sewele« Sluzki aus der Ferne heim, um zu kämpfen. Scharon umarmte seinen alten Freund. Da Sluzki keine vollständige Uniform besaß, bat er Scharon um ein Paar Armeestiefel. Während Lily die Reservestiefel ihres Mannes aus dem Schrank holte, ging Arik ins Kinderzimmer. Er gab den Kindern einen Gute-Nacht-Kuss, obwohl sie schon schliefen, nahm Lily in die Arme und bestieg dann gemeinsam mit Sluzki einen Tieflader.

Am 7. Oktober um drei Uhr nachts verließ der Laster, ein Zivilfahrzeug, wie es die Armee häufig in Notfällen einsetzte, Beerscheba und steuerte den zentralen Abschnitt des Sinai an. Brigadegeneral Avraham Tamir, ein alter Freund von Scharon, der seinen Schreibtischjob in Tel Aviv aufgegeben hatte, saß neben dem Generalmajor. Der Aufklärungsoffizier der Division saß auf dem Rücksitz neben Sluzki, dem Mossad-Mann, und Uri Dan, einem Journalisten, mit dem Scharon befreundet war.

Im Wagen herrschte eine gedrückte Stimmung. Scharon, der sein rotes Fallschirmjäger-Barett trug, umklammerte schweigend das Lenkrad. Immer wieder bat er Tamir, im Radio die neuesten Meldungen abzuhören, doch der Empfang war sehr schlecht und man konnte nichts verstehen. Als sie Um-Katef passierten, bemerkte Scharon, dass sie 1967 die Ägypter überrascht hätten und nicht umgekehrt.

Die 143. Division, deren Mobilmachung erst fünf Stunden vor den koordinierten Angriffen angeordnet worden war, brauchte 48 Stunden, bis sie einsatzbereit war. Als sie ankamen, stellten sie fest, dass die Notdepots im Lauf der Zeit und aufgrund übermäßiger Selbstsicherheit geleert worden waren. Scharon war verärgert wegen des Fehlens von Ferngläsern, Taschenlampen, feuerfesten Overalls und Gewehren, wollte aber nicht noch mehr Zeit verlieren und setzte seine Division unverzüglich nach Süden in Marsch. Den Soldaten wurde befohlen, nicht länger auf die riesigen, nur langsam vorankommenden Tieflader zu warten, sondern ihre Panzer zu besteigen, sobald sie fahrbereit waren, und dann, Kompanie für Kompanie, auf ihren Ketten die 190 Kilometer nach Süden zurückzulegen.

Im »Taubenschlag«-Plan, der im Mai 1973 fertiggestellt worden war, sollte einem Überraschungsangriff durch Eindämmung seine Wucht genommen werden. Den Planungen zufolge sollte die mobilisierte Panzerdivision die vorrückenden ägyptischen Verbände in einem Korridor zwischen dem Kanal und der Lateral Road, 29 Kilometer weiter östlich, aufhalten, bis die Reserveeinheiten eintrafen.

Aufgrund der allgemeinen Nachlässigkeit an Jom Kippur und der Tatsache, dass die Armee den Ausbruch der Kämpfe erst für den Abend erwartet hatte, war Generalmajor Mandlers Division noch nicht in ihren Stellungen, als die Ägypter um 13.55 Uhr angriffen. In einigen der befestigten Uferbastionen setzten die Soldaten erst kurz vor Beginn des Angriffs ihre Helme auf und zogen ihre Kampfjacken an. Viele Panzer waren nicht richtig aufgestellt oder nur unzureichend getarnt worden. Nach einem Befehl des Südkommandeurs Schmuel Gonen, den Generalstabschef Elasar abgesegnet hatte, war nur eine einzige Panzerbrigade an der Frontlinie in Stellung gebracht worden. Insgesamt sollten 450 Soldaten in 16 Stützpunkten die Linie am Kanal halten; von den 290 Panzern der Division standen nur drei an der Frontlinie, 88 waren im Korridor zwischen dem Wasser und der Lateral Road verteilt. Sie wurden unterstützt durch 28 Artilleriegeschütze.

Scharon traf am Morgen des 7. Oktober, des zweiten Kriegstags, am Kommandoposten in Refidim ein, 80 Kilometer östlich des Kanals. Obwohl seine Verbände noch nicht erschienen waren, rief er Generalmajor Jisrael Tal an, den Leiter der operativen Abteilung im Generalstab, und verlangte von ihm, dass die Armee in der Region um Kantara zurückschlagen und den Kanal überqueren solle. Dies wäre ein psychologischer Schlag für die ägyptische Armee, der ihren Kampfeswillen beeinträchtigen würde, meinte Scharon.

In Refidim traf sich Scharon mit Jaakow Aknin, dem Artilleriekommandeur, mit dem er in der Schlacht von Abu Agila gekämpft hatte, und den übrigen Stabsoffizieren der Division. Über Funk berichtete Generalmajor Mandler ausführlich von den schweren Verlusten seiner Männer. Danach verließ Scharon den Befehlsbunker und fuhr zu einer vorgeschobenen Stellung in Tassa. Die Soldaten empfingen ihn mit Applaus. Scharon ging durch die Reihen der Soldaten und schüttelte ihnen die Hände. Dann begab er sich in den Divisionsbunker, sein Kommandozentrum. Hier konnte man sich wie in einem U-Boot vorkommen. Die Luft war stickig und erfüllt vom Brummen eines Generators, die Lichter verbreiteten einen gelblichen Schimmer, die Gänge waren schmal, und in den Funkgeräten jagte ein Funkspruch den nächsten.

Scharon setzte sich mit zwanzig anderen Offizieren in eine drei Meter breite Kabine. Oberst Amnon Reschef, der Kommandeur einer Panzerbrigade in Scharons Division, informierte die Kommandeure über die aktuelle Situation im Sektor. Er berichtete, dass in der vorangegangenen Nacht zwanzig seiner Leute getötet worden waren, als sie Soldaten zu Hilfe eilen wollten, die in einem der Posten festsaßen. Nur ein einziger Mann sei zurückgekehrt. Er hatte seine Kameraden sterben sehen. Scharon, dem bewusst war, dass seine Untergebenen sein Verhalten genau beobachteten, stellte mit völlig ruhiger und gleichmütiger Stimme Fragen. Um 16 Uhr übernahm er das Kommando über den zentralen Sektor.

In den befestigten Uferstellungen sollten jeweils zwischen zehn und vierzig Soldaten, betäubt vom ohrenbetäubenden Lärm der ägyptischen Artillerie, Hunderte Kommandotrupps und Panzersoldaten abwehren. Scharon verfolgte anhand der Funksprüche, wie sich Panik in den Einheiten ausbreitete, funkte alle Posten an, erkundigte sich, wie viele Männer sie verloren hatten, wie ihre genaue Situation war, und gab den Soldaten Aufträge, durch die ihre Füße in Bewegung gehalten wurden und ihre Köpfe ruhig blieben.

Max Maman, ein Wehrpflichtiger, flehte über Funk: »Tachachan bittet um Unterstützung«, sagte er unter Verwendung seines Codenamens. »Wir können nicht standhalten, wenn jemand mich hört ... wir sind nicht stark genug.«

Die Stimme des Mannes weckte bei Scharon Erinnerungen an Latrun. »Wir hören Sie, Tachachan«, antwortete er. »Sie werden Hilfe bekommen. Gehen Sie nicht raus.« Das Rauschen des Funkgeräts verstummte. Schließlich erwiderte Maman: »Ich kenne Sie. Sie sind der frühere Oberkommandierende des südlichen Sektors. Ich danke Ihnen sehr. Bitte lassen Sie mich nicht allein ... bitte reden Sie weiter mit mir.« Nach dem Krieg wurde die Unterhaltung der beiden legendär.

Bereits jetzt überkamen Scharon Bedenken hinsichtlich der Art der Kriegführung im südlichen Sektor. Wären die Truppen entsprechend seinen Plänen aufgestellt worden, sagte er, hätte die eine stehende israelische Panzerdivision im Sinai die ägyptischen Panzer an der Überquerung des Kanals hindern oder sie zumindest gleich danach ausschalten können. Generalstabschef Elasar und der Südkommandeur Gonen erklärten dagegen, im Plan und nicht in der Aufstellung liege der Fehler. Zudem seien viel zu wenige Reservisten auf dem Sinai. Scharon warf ihnen vor, nichts unternommen zu haben zur Rettung der Soldaten an der Bar-Lev-Linie. Ihr Verhalten sei skandalös.

Am 6. Oktober standen zwei Drittel der Panzer auf der Ostseite des Suezkanals weit entfernt von der Frontlinie. Sie nahmen nicht teil an der ersten Welle des Kampfes. Scharon beklagte, dass durch diese Strategie die Festungen an der Frontlinie zu einem Niemandsland geworden seien. Bis zum 7. Oktober hatten 900 ägyptische Panzer, zwei Panzergrenadierdivisionen und fünf Infanteriedivisionen nahezu unbehelligt durch israelisches Feuer den Kanal überquert. Elasar und Gonen erklärten, sie hätten die Panzer aus gutem Grund geschützt: Sie waren zu diesem Zeitpunkt das Einzige, was noch zwischen der Wüste und Tel Aviv stand.

Scharons Wut richtete sich hauptsächlich gegen Gonen. Nachdem er viele Jahre lang selbst den Südsektor befehligt hatte, glaubte er, den sich entwickelnden Kampf besser erfassen und in den Griff kriegen zu können als Gonen. Er hatte noch nie viel von Gonen gehalten.

Bis zum Mittag des 7. Oktober erreichten mehr als 100 von Scharons Panzern Tassa. Gonen erteilte ihnen den Auftrag, die Lateral Road zu verteidigen. Der Generalstab wies Scharons Division den zentralen Sektor zu, Avraham Adans Division den nördlichen Abschnitt und dem Rest von Albert Mandlers Division den südlichen Sektor.

Am Abend des 7. Oktober hatten diese drei Divisionen 8 bis 16 Kilometer östlich des Kanals eine Verteidigungslinie aufgebaut. Scharon drängte den Generalstab, eine Rettungsaktion zu genehmigen. Er verlangte, dass 100 Panzer nach Westen, zum Kanal, vorstoßen sollten, um die Toten und Verwundeten zu bergen und die festsitzenden Soldaten zu befreien. Elasar fürchtete, es sei noch zu früh für einen Gegenangriff. Er hielt es für sinnvoller, entlang der zweiten Verteidigungslinie Truppen zusammenzuziehen, um die Offensive des nächsten Tages vorzubereiten.

Scharon blieb stur und rief Verteidigungsminister Dajan an und erläuterte ihm seinen Plan für einen sofortigen Gegenschlag. Dajan erklärte ihm, er werde sich in Kürze mit dem Generalstabschef zu einer Besprechung im Lagezentrum des Südkommandos treffen. Dort werde er Scharons Plan zur Sprache bringen. Doch Dajan war ebenso wenig wie Elasar und Ministerpräsidentin Meïr gewillt, Scharons Plan umzusetzen.

Das Treffen war für 19 Uhr angesetzt. Um fünf wartete Scharon auf einen Hubschrauber, der ihn in Tassa abholen sollte. Nachdem ihm gemeldet worden war, dass es in dieser Gegend für einen Flug zu gefährlich sei, fuhr er zu einem etwas entfernt gelegenen und gut geschützten Landeplatz und wartete dort zwei Stunden vergeblich. Scharon war überzeugt, dass eine unsichtbare Hand die Piloten dazu gebracht hatte, ihn nicht abzuholen, sodass niemand seine Ansichten über die verfehlten militärischen Entscheidungen im südlichen Sektor zu hören bekommen konnte.

Zu der Besprechung erschienen Gonen, Adan, Mandler, Elasar und Rabin, der den Generalstabschef begleitete, sowie Dajan. Bei dem Treffen ging es um die für den nächsten Tag geplante Offensive. Elasar ordnete einen angemessenen Schlag gegen jene ägyptischen Truppen an, die bereits auf den Sinai vorgedrungen waren. Adans Division sollte am Morgen von Norden her angreifen, aus der Gegend von Kantara, und dann nach Süden auf den Großen Bittersee vorstoßen. Die beiden übrigen Divisionen, jene von Mandel und Scharon, sollten sich zunächst heraushalten und in einer Verteidigungsposition bleiben. Falls Adans Division Schwierigkeiten bekam, sollten sie hinzugezogen werden; wenn Adans Angriff erfolgreich war, sollten auch sie sich an der Offensive beteiligen. Rabin hielt diesen Plan für »die bestmögliche Option«.

Als die Teilnehmer der Besprechung den Bunker verließen, kam ihnen Scharon entgegen. Elasar erläuterte ihm den beschlossenen Plan, doch Scharon drängte ihn abermals, noch in dieser Nacht einen Angriff zu unternehmen, um die Soldaten an der Front in Sicherheit zu bringen. Elasar weigerte sich. Während die beiden stritten, trat Rabin zu Scharon, legte ihm eine Hand auf die Schulter und sagte mit seiner rauchigen Bass-Stimme: »Arik, wir zählen auf Sie.« Die Diskussion endete mit allgemeinem Händeschütteln. Rabin und Elasar bestiegen einen Hubschrauber und entschwanden in die Dunkelheit, in Richtung Tel Aviv.

Scharon wandte sich an Gonen und erklärte ihm, dass der beschlossene Plan ein Fehler sei. Er und Adan müssten gemeinsam angreifen. Doch Gonen hörte gar nicht zu, was Scharon auch nicht erwartet hatte. Er, Adan und Gonen kamen überhaupt nicht miteinander aus. Adan schreibt in seinem Kriegsbericht *On the Banks of the Suez,* dass er und Scharon, die ausersehen worden waren, die Offensive am nächsten Tag zu leiten beziehungsweise zu unterstützen, schweigend in dem Helikopter saßen, der sie zu ihren Divisionen in der Wüste zurückbrachte. Scharon traf um ein Uhr nachts wieder in Tassa ein. Er rief seine Stabsmitarbeiter zu einer Besprechung zusammen. Zwei Jeeps und ein Kommandofahrzeug beleuchteten eine hölzerne Tafel, auf der topographische Karten und Luftaufnahmen angebracht waren. Die Offiziere saßen im Sand und hörten Scharon zu, der ihnen die Aufgabe für den nächsten Tag erläuterte. Zufrieden darüber, dass alle verstanden hatten, was von ihnen erwartet wurde, legte sich Scharon im Bunker auf die Pritsche und schlief eine Stunde. Gegen 4.30 Uhr stand er auf, rief Gonen an und bat ihn abermals um die Erlaubnis, sich Adans Offensive anschließen zu dürfen und die abgeschnittenen Soldaten zu retten. Gonen lehnte ab.

Ab diesem Zeitpunkt werden die Erinnerungen der Kommandeure widersprüchlich und gegensätzlich. Bis heute konnten die Historiker keine gesicherte Darstellung der Ereignisse während des israelischen Gegenangriffs vom 8. Oktober 1973 liefern. Auch die folgenden Absätze können den Nebelvorhang nicht lüften; vielmehr orientieren sie sich aufgrund der ineinander verschlungenen Argumente an Scharons subjektiver Sicht der Ereignisse.

Nachdem er seine Befehle von Gonen entgegengenommen hatte, fuhr Scharon mit seinen Stabsoffizieren zu einem vorgeschobenen Posten, der nur acht Kilometer vom Kanal entfernt war. Scharon legte sich auf eine flache Sanddüne und wartete auf Adans Panzer, um die erste offensive Aktion Israels im Krieg auf dem Sinai mitzuverfolgen. Generalmajor Tamir lag neben ihm, während Sluzki, der eine Zigarette rauchte, sich hinter ihnen niederließ. Da hörten sie das schrille Pfeifen heranfliegender Artilleriegeschosse. Die ersten landeten 180 Meter neben ihnen.

Scharon blieb liegen. Doch einen Augenblick später schlugen weitere Geschosse näher bei ihnen ein. Die ägyptische Artillerie hatte

Späher in den nahe gelegenen Büschen versteckt, die die ägyptischen Geschütze näher an Scharons sieben Halbkettenfahrzeuge herandirigierten. Scharon, Tamir und Sluzki eilten zu ihren gepanzerten Fahrzeugen und zogen sich zu einem weiter entfernten Aussichtspunkt zurück.

Gegen 9.45 Uhr entdeckte Scharon Adans Panzer durch sein Fernglas. Sie bewegten sich wie erwartet nach Westen, doch anstatt wie eine geballte Faust vorzurücken, schoben sie sich in kleinen Gruppen voran. Scharon war entsetzt und sagte später, in diesem Augenblick habe er gewusst, dass der Gegenangriff fehlschlagen würde.

Die ersten zwei Stunden des Gefechts wurden von optimistischen Funkmeldungen begleitet. Gestützt auf die Informationen aus dem südlichen Sektor verkündete der Generalstabschef auf einer Pressekonferenz in Tel Aviv: »Wir greifen weiter an und werden ihnen das Kreuz brechen.« Aufgrund von Adans Fortschritten aktivierte Gonen nun auch Scharons Division.

Er rief den Generalstabschef an und erhielt umgehend grünes Licht für eine Änderung des in der Nacht beschlossenen Plans. Um 10.45 Uhr erteilte er Scharon neue Befehle: Seine Leute sollten die Gegend um Tassa verlassen und auf der Lateral Road östlich des Kanals 100 Kilometer weit nach Süden vorrücken und die 3. ägyptische Armee umgehen, ohne feindliches Feuer auf sich zu ziehen. Dann sollten sie sich nach Westen wenden, in Richtung der Stadt Suez, und die drei von den Ägyptern über den Kanal gelegten Brücken besetzen. Durch diesen Plan, der auf Adans Erfolg gegen die 2. Armee der Ägypter aufbaute, würde Israel wieder den gesamten südlichen Sektor des Sinai unter seine Kontrolle bringen.

Scharon erhob Einwände. Es sei ein Fehler, das Hochland westlich von Tassa preiszugeben. Er rief Gonen an, warnte ihn vor einem Fehlschlag und drängte ihn, selbst aufs Schlachtfeld zu kommen und sich mit eigenen Augen davon zu überzeugen, dass seine Befehle falsch seien. Gonen erwiderte, Scharon solle seine Anweisungen wörtlich befolgen, anderenfalls würde er seines Kommandos enthoben werden.

Scharon gehorchte und gab seinen drei Brigadekommandeuren – Oberst Chaim Eres von der 421. Brigade, Oberst Amnon Reschef von der 14. Brigade und Oberst Tuwia Rawiw von der 500. Brigade – den Befehl, so schnell wie möglich nach Süden vorzurücken. Binnen einer Stunde waren Hunderte von Scharons Panzern und Halbkettenfahrzeugen unterwegs nach Suez. Die ersten 80 Kilometer legten sie in drei Stunden zurück, unbehelligt durch feindliches Feuer.

Der Generalstabschef verfiel vorübergehend in Optimismus. Verteidigungsminister Dajan, der das Kommandozentrum des Generalstabs im Armeehauptquartier in Tel Aviv besuchte, scherzte über Scharons Vorschläge und sagte, Scharon würde wohl gern den Kanal überqueren und anschließend gleich weitermarschieren – nach Suez, nach Kairo und dann natürlich an die Spitze der Likud-Partei.

Doch gegen zwei Uhr nachmittags machte sich Ernüchterung breit. Ägyptische Panzerabwehrraketen, so genannte Saggers, hatten 70 von Adans 170 Panzern ausgeschaltet. Als Scharons Division über den Dschiddi-Pass nach Süden vorrückte, tauchte ein israelischer Hubschrauber auf. Ein hoher Offizier des Südkommandos sprang aus der offenen Tür, berichtete Scharon von dem fehlgeschlagenen Gegenangriff und überreichte ihm ein Schriftstück: Er solle sofort umkehren.

Scharon war wütend. Er hatte nicht nur einen ganzen Tag verloren, seine Truppen hatten auch das Hochland kampflos aufgegeben. Die Division wandte sich wieder nach Norden. Alles in allem hatte sie an diesem Tag nichts weiter getan, als mit ihren Panzern 150 Kilometer in der Wüste umherzufahren. Von nun an hörten Scharons Offiziere, wie er immer häufiger laut, und ohne sich Zurückhaltung aufzuerlegen, über Elasar, Adan und Gonen schimpfte.

Als sie in die Region Tassa zurückkehrten, stellten sie fest, dass ägyptische Panzer ihre Stellungen eingenommen hatten. Mehrere Stunden nachdem sie das Gebiet verlassen hatten, mussten sich Scharons Panzer in der Nacht die Hügel zurückerobern. Anders als im letzten Krieg, als viele ägyptische Soldaten in Panik durch die Wüste geflohen waren, kämpften sie diesmal tapfer, und Scharons Einheiten erlitten schwere Verluste. Scharon war während des ganzen Gefechts wütend und schimpfte über die Halsstarrigkeit seiner Vorgesetzten.

Nun gerieten Scharon und Adan aneinander. Ein Streitpunkt war die Aufgabe der Hügel. Scharon erklärte, er habe Befehl erhalten, so schnell wie möglich abzurücken; Adan behauptete, seine Flanken seien ungeschützt gewesen und Scharon hätte mit dem Abmarsch warten sollen, bis er das Hochland übernommen hatte.

Um halb fünf am Nachmittag stieg Scharon aus seinem Halbkettenfahrzeug, müde und erschöpft. Er begab sich in seinen alten Kriegs-Wohnwagen und rief Dajan an. Der Generalstabschef und der Oberkommandierende des südlichen Sektors ließen sich nie an der Front blicken, klagte er, daher wüssten sie auch nicht, was auf dem Schlachtfeld vorgehe. Ihre Befehle seien wirklichkeitsfremd. Dann legte er auf, rief Lily an und erkundigte sich, wie es ihr und den Jungs gehe. Seine Frau wollte wissen, ob es gute Nachrichten gebe. Das Land, ständig um seine Existenz bangend, schien tatsächlich am Rande des Abgrunds zu stehen, denn syrische Truppen rückten jetzt auf den See Genezareth vor. Scharon erwiderte, er könne im Augenblick nichts Beruhigendes sagen.

Gegen Mitternacht trafen sich Dajan, Elasar und Gonen mit den Divisionskommandeuren im Süden. Elasar hörte sich die Berichte über den gescheiterten Gegenangriff an. Scharon brachte abermals seinen ursprünglichen Vorschlag zur Sprache, mit zwei Divisionen, seiner und der von Adan, anzugreifen und den Kanal zu überqueren. Elasar verwarf diesen Gedanken kategorisch. Er ordnete an, dass die Divisionen Verteidigungsstellungen beziehen und auf die Ankunft weiterer Reserveeinheiten warten sollten sowie darauf, dass der Krieg im Norden zu Ende gebracht wurde.

Elasars Befehl bedeutete, dass Scharons Truppen eine Woche lang untätig bleiben sollten. Er ordnete ferner an, dass sich die Soldaten in den Außenposten auf eigene Faust zurückziehen sollten. Um drei Uhr nachts brachte ein Hubschrauber Dajan, Elasar und Gonen zurück nach Tel Aviv. Sie würden der Regierung erklären müssen, dass die Berichte vom Vortag über den erfolgreichen Gegenangriff missverstanden worden seien. Die Stimmung im Hubschrauber war gedrückt.

Am späten Abend des 8. Oktober schloss die ägyptische Panzerstreitmacht die Überquerung des Suezkanals ab. Scharon kehrte frustriert nach Tassa zurück. Den Rest der Nacht bemühte er sich um Rettungsaktionen für jene Soldaten, die an der Frontlinie festsaßen. Seine Division konnte zwar 33 Soldaten aus dem Fort Porkan in Sicherheit bringen, aber die meisten Posten fielen an die Ägypter. Die Soldaten wurden entweder getötet oder gefangen genommen. In der dunkelsten Stunde der Nacht erfuhr Scharon, dass auch der Posten von Max Maman gefallen war.

Kapitel 21
Die Überquerung des Kanals

Am nächsten Morgen, es war ein Dienstag, fuhren die Panzer der 143. Division noch immer an der Frontlinie hin und her und suchten nach einem Weg zu den Außenposten. Um 9.30 Uhr griff eine ägyptische Brigade ein Bataillon der 143. Division an, das jedoch unversehrt blieb und 35 gegnerische Panzer zerstörte. Scharon wies Oberst Rawiw an, den fliehenden ägyptischen Einheiten nachzusetzen und zwei Stützpunkte der Ägypter anzugreifen. Doch dieser Angriff wurde unter hohen Verlusten zurückgeschlagen. Scharon entsandte Oberst Reschefs Brigade zur Verstärkung. Sie konnten zwar einen der Stützpunkte einnehmen, doch die Verluste stiegen weiter. An diesem Morgen verlor Scharons Division 50 Panzer, 18 mussten auf feindlichem Gebiet zurückgelassen werden.

Nach Gonens Auffassung hatte Scharon den direkten Befehl ignoriert, in einer Verteidigungsstellung zu verharren und auf den Rest der Reservisten und eine günstige Wendung an der Nordfront zu warten. Scharon behauptete, er habe nicht absichtlich gegen den Befehl verstoßen: Die Ägypter seien geflohen und es hätte den Grundregeln des Krieges widersprochen, sie unbehelligt ziehen zu lassen. Nachdem die Kämpfe bereits mehrere Stunden angedauert hatten, flog Gonen in die Kampfzone, um Scharon persönlich zu befehlen, jeglichen Kontakt mit dem Feind zu vermeiden und sich zurückzuziehen.

Gonen landete in Tassa. Zu diesem Zeitpunkt befehligte Scharon die Schlacht von seinem Schützenpanzer aus. Mit seinen wippenden Antennen und aufmontierten Maschinengewehren sah dieses Gefährt einigermaßen surreal aus. Scharon, der seine Befehle über ein Headset erteilte, stand neben Rabbi Schlomo Goren, dem Chef-Rabbi der Tzahal. Während der graubärtige, in ein weißes Hemd gekleidete Geistliche betete, machte das gepanzerte Fahrzeug einen Satz nach vorn und versuchte schlingernd und ruckelnd einem Artilleriebeschuss auszuweichen. Als durch die Einschläge ringsum

Staub aufgewirbelt wurde, stieß Scharon den Rabbi am Fuß einer Düne aus dem Fahrzeug, damit er in Deckung gehen konnte.

Gonen schnappte sich einen Jeep und fuhr los, um Scharon aufzutreiben. Nach dem Krieg berichtete er, obwohl er von Angesicht zu Angesicht mit Scharon gesprochen habe, sei er nicht überzeugt gewesen, dass Scharon seinen Befehlen Folge leisten und die Offensive einstellen würde. Doch am 9. Oktober schaltete die 143. Division 80 ägyptische Panzer aus und stoppte den Vormarsch der 2. und der 16. ägyptischen Division. Am Ende hatte sie eine Verteidigungslinie acht Kilometer östlich des Kanals aufgebaut.

Am Nachmittag erlebte Scharon erstmals einen Augenblick der Genugtuung, seit er sich am Freitag die Luftaufnahmen angeschaut hatte. Auf der Suche nach Wegen an die Front hatte die Aufklärungseinheit seiner Division eine Route entdeckt, die direkt zum Fort Mizmad führte. Dieser Außenposten am nördlichen Ende des Kanals in der Nähe des Großen Bittersees, eines Gebiets, das mit dem Codenamen »The Yard« bezeichnet wurde, war in allen Kriegsplänen, die Scharon als Oberbefehlshaber des Südkommandos entwickelt hatte, schon immer als Ausgangspunkt für eine Kanalüberquerung vorgesehen gewesen.

Scharon brütete über den Karten und versuchte herauszufinden, warum es auf dieser Strecke keine ägyptischen Truppen gab. Schnell entdeckte er, dass der Weg nach Mizmad durch das Niemandsland zwischen der 2. und der 3. Armee der Ägypter führte. Nach drei Tagen, die ihm nur Enttäuschung und Verzweiflung beschert hatten, glaubte er nun eine Schwachstelle bei den zahlenmäßig überlegenen ägyptischen Streitkräften gefunden zu haben, die vielleicht das Kriegsglück wenden konnte. Wenn Scharons Division den Kanal überquerte, würde sie der ägyptischen Offensive viel von ihrem Schwung nehmen, die Invasionstruppen möglicherweise auf der israelischen Seite des Kanals einschließen können und zu einer Bedrohung für die nicht mehr allzu weit entfernte Hauptstadt Ägyptens werden.

Um halb sieben Uhr abends berichtete Scharon Gonen über Funk, dass er praktisch am Kanalufer stehe. Gonen war darüber nicht sonderlich erfreut. Scharon erklärte ihm, dass seine Truppen im Verlauf eines sich über den ganzen Tag erstreckenden Gefechts den Vormarsch der Ägypter zum Stehen gebracht hätten. Gonen warf Scharon abermals vor, sich seinen Befehlen zu widersetzen. Unbeeindruckt durch diesen Vorwurf bat Scharon um die Erlaubnis, den Kanal zu überqueren, bevor die Ägypter Wind von der Lücke in ihren Linien bekämen. Gonen erwiderte, er werde die Sache prüfen und sich wieder melden. »Hol ihn weg von dort!«, brüllte Elasar Gonen am Telefon an. »Wir gehen nicht rüber!«

Scharon wurde nach Tassa zurückgepfiffen, 16 Kilometer östlich des Kanals. Er fügte sich, hatte aber das Gefühl, dass der Widerstand gegen seinen Plan persönlich, nicht militärisch motiviert war. Vielleicht waren es auch politische Gründe, dachte er sich. Schließlich bestand der gesamte Generalstab aus Mitgliedern der Arbeitspartei, und Scharon würde sich nach dem Krieg wieder für den Likud engagieren. An diesem Abend forderte Gonen Elasar auf, Scharon von seinem Posten zu entbinden. Elasar rief Dajan an und berief ein Treffen im Armeehauptquartier ein.

Elasar schilderte die Ereignisse des Tages. Scharon hätte vorsätzlich mehrere Befehle des Oberkommandierenden der Südregion und des Generalstabschefs missachtet. Hanoch Bar Tov gibt in seinem Buch *48 Years and 20 Days* einige Aussagen während dieser Besprechung zwischen dem Verteidigungsminister und dem Generalstabschef wieder.

Dajan: »Es überrascht mich nicht, dass Arik lügt.«
Elasar: »Aber das macht mich verrückt.«
Dajan: »Als ich Arik gestern anschaute, da dachte ich mir: Er fragt sich bestimmt ... wie kann mir das nützen? Soll ich hier bleiben, an diesem Platz, und mich nicht rühren ... oder soll ich zum Kanal hinunterfahren und dort Ordnung schaffen? Also ... wenn das klappt – fantastisch. Wenn nicht – dann verliert das israelische Volk eben 200 Panzer.«

Dennoch weigerte sich Dajan, Scharon zu entlassen. Stattdessen schlug er vor, einen Ämtertausch zwischen den beiden Männern herbeizuführen, Scharon also seinen alten Kommandeursposten zurückzugeben und Gonen die 143. Division anzuvertrauen. Doch damit war der Chef des Generalstabs nicht einverstanden. Schließlich einigten sich die beiden stattdessen darauf, dem gegenwärtigen

Minister für Industrie und Verkehr und ehemaligen Generalstabschef Chaim Bar-Lev das Kommando über den südlichen Sektor zu übertragen.

Am Morgen des 10. Oktober übernahm Chaim Bar-Lev die Kontrolle über die Region. Scharon reagierte auf die Ernennung mit gemischten Gefühlen. Bar-Lev hatte ihn aus der Armee zu drängen versucht, und die beiden waren wegen des Verteidigungskonzepts der Bar-Lev-Linie in Streit geraten. Aber sie hatten auch vertrauensvoll zusammengearbeitet, als Scharon der Oberbefehlshaber des südlichen Sektors gewesen war. An gegenseitigem Vertrauen mangelte es zweifellos zu dieser Zeit auf dem Sinai-Schlachtfeld. Bar-Lev entdeckte bald, dass man im Südkommando den Funkverkehr Scharons mitgeschnitten hatte, um festzustellen, ob Scharon seine Befehle befolgte.

Am Abend rief Bar-Lev die Divisionskommandeure und Stabsoffiziere des Sektors zu einer Lagebeurteilung zusammen. Scharon setzte sich weiter für eine Überquerung des Kanals ein. Mandler unterstützte ihn, Adan war dagegen. Bar-Lev entschied, die Divisionen an Ort und Stelle zu belassen und auf eine Offensive zu verzichten.

Bar-Lev hatte schon vorher gewusst, dass es in der Sinai-Region in nächster Zeit keine offensive Aktion geben würde. Elasar, Dajan und Golda Meïr hatten nämlich entschieden, am folgenden Tag tief nach Syrien hineinzustoßen und die Hauptstadt Damaskus unter Druck zu setzen. Die Luftwaffe sollte diesen Angriff mit ihrer ganzen Kraft unterstützen und dafür sorgen, dass am Himmel über dem südlichen Sektor Ruhe herrschte. In den folgenden fünf Tagen, bis zum 15. Oktober, hatten die Südtruppen den Auftrag, nichts weiter zu tun, als die Ägypter in Schach zu halten.

Das tagelange Warten zerrte an Scharons Nerven. Jeder Tag, der ohne eine Offensive verging, ermöglichte es seiner Auffassung nach den Ägyptern, sich auf der Ostseite des Kanals vor dem unvermeidlichen Waffenstillstand tiefer einzugraben. Bald kamen Gerüchte auf, dass er in Kürze von seinem Kommando abgelöst werden würde. Scharon bemerkte gegenüber den Leuten in seinem Umfeld, dass der Ursprung dieser Gerüchte wohl in der Knesset zu suchen sei, wo im Schatten des Krieges die Wahlen vorbereitet wurden. Schließlich würde er nach dem Krieg wieder seine Tätigkeit als Wahlkampfmanager des Likud aufnehmen, und Bar-Lev würde als Minister für Industrie und Verkehr in die Regierung der Arbeitspartei zurückkehren.

Einmal beschwerten sich Vertraute Scharons darüber, dass ein Bus mit ausländischen Journalisten aufgehalten worden sei, die Scharon in Tassa besuchen wollten. Stattdessen seien die Presseleute zu anderen Generalen in der Region gebracht worden, die ideologisch mit Bar-Lev und Elasar auf einer Linie waren. In Wirklichkeit aber war Scharon im Krieg die meiste Zeit von Journalisten umgeben. In den ersten sieben Kriegstagen interviewten ihn die bekanntesten israelischen Reporter, darunter auch sein Freund Uri Dan, der Militärkorrespondent des *Maariv*, der die ganze Zeit nicht von seiner Seite wich. Je länger die Armee im Sinai passiv blieb, desto mehr wuchs Scharons Frustration und umso bissiger attackierte er seine militärischen Vorgesetzten in der Presse.

Am Abend des 12. Oktober besuchte Dajan Scharon und hörte sich dessen Pläne an, den Kanal zu überqueren. Dajan beschrieb die Atmosphäre dieses Gesprächs in seinem Buch *Milestones:* »Adan und Arik saßen da, mit fiebrigen Augen, müde, heiser, unrasiert und erschöpft ... Sie befanden sich unter dauernder physischer Anspannung, wurden in ihren gepanzerten Fahrzeugen durchgerüttelt, ohne Rast, und auf ihren Schultern lastete die Bürde der ungelösten und unendlichen Probleme einer eilig aufgestellten Division. Arik stand mächtig unter Dampf. Er studierte, analysierte und begriff, was in der Region vor sich ging. Seine Lösung war richtig – den Kanal zu überqueren, die Raketenstellungen zu zerstören und die 2. und 3. Armee einzukesseln. Aber er betonte, dass wir nicht auf ein Wunder rechnen könnten. Wir konnten nicht darauf hoffen, eine ägyptische Brücke erobern zu können, die noch benutzbar war. Wir brauchten eigene Brücken und Unifloats – aber die waren im näheren Umkreis des Kanals nicht vorhanden.«

Scharon wurde um vier Uhr früh geweckt. Seine Leute hatten vier ägyptische Hubschrauber mit Spezialkommandos entdeckt und sie an Ort und Stelle vernichtet, doch Scharon wusste sofort, dass dies eine Offensive der Ägypter ankündigte. Und in der Tat, um 6.10 Uhr begann ein ägyptischer Angriff mit Artilleriebeschuss, dem sich Panzerverbände und Infanterie anschlossen. Der Angriff zielte vor allem auf die 143. Division.

Gegen sieben Uhr war Arik in seinem Halbkettenfahrzeug auf dem Schlachtfeld, um neun Uhr informierte er seinen Stellvertreter, Brigadegeneral Jaakow Ewen, dass es im Westen eine starke Konzentration von Panzern aus der 21. Division gebe, die er »festnageln« und mit der er »ein bisschen Spaß haben« könne.

In den folgenden Stunden kam es zur bisher größten Panzerschlacht in der Wüste, bei der 1000 ägyptische Panzer 750 israelischen gegenüberstanden. Die israelischen Panzersoldaten, denen zuvor noch die per Joystick gesteuerten Saggar-Raketen der ägyptischen Infanterie arg zugesetzt hatten, konnten jetzt die Art von Krieg führen, für die sie ausgebildet worden waren. Bis zum Nachmittag wurden 270 ägyptische Panzer kampfunfähig gemacht. Die Ägypter dagegen konnten nur sechs israelische Panzer zerstören. Scharon sah, wie Hunderte ägyptische Soldaten durch den Rauch davonrannten, um sich in Sicherheit zu bringen. Das war die erste Niederlage der ägyptischen Armee in diesem Krieg.

Nachdem der Sieg gesichert schien, bat Scharon abermals Bar-Lev um die Erlaubnis, den Kanal zu überqueren. Sie seien in der Vorwärtsbewegung und sollten den Schwung des Angriffs nutzen, sagte er, außerdem befänden sich die Ägypter auf dem Rückzug. Bar-Lev konnte Scharon nur schwer bremsen, da sich dessen Soldaten, die den abrückenden Ägyptern nachsetzten, rasch dem Wasser näherten.

Im weiteren Verlauf des Tages traf sich Scharon mit Dajan im Bunker des Verteidigungsministers. Er berichtete ausführlich über den Sieg am Morgen, erläuterte, wie sie die Ägypter zurückgedrängt hatten, und forderte abermals vehement eine israelische Offensive, die sie über den Kanal führen würde. Dann begleitete er Dajan zu dessen Helikopter, setzte sich wieder in sein Halbkettenfahrzeug und raste zurück zur Front.

Obwohl sich Dajan auf wenige aufmunternde Worte beschränkt und die Überquerung nicht ausdrücklich gebilligt hatte, wusste Scharon, dass eine Offensive nur noch eine Frage der Zeit war, nachdem die 21. Division der Ägypter zum Stehen gebracht worden war. Da er von deren Unausweichlichkeit überzeugt war und nicht nur Planungen auf Papier anstellen wollte, verließ er am 14. Oktober sein Hauptquartier in Tassa und fuhr mit mehreren Panzern und Schützenpanzern zu der Stelle, die als Ausgangspunkt für die Kanalüberquerung vorgesehen war. Die Kolonne passierte ohne Zwischenfälle die Sanddünen zu beiden Seiten der 2. und der 3. ägyptischen Armee. Dann blickten die Männer hinaus auf einen 165 Meter breiten Streifen blauen Wassers am nördlichen Rand des Großen Bittersees und kehrten unbemerkt wieder zurück.

Am 14. Oktober, kurz vor Mitternacht, kam von der Regierung schließlich grünes Licht für die Überquerung des Kanals, nachdem sich Verteidigungsminister Dajan und Generalstabschef Elasar dafür ausgesprochen hatten. Chaim Bar-Lev schlug Ministerpräsidentin Meïr vor, dass Scharons Division, verstärkt durch eine Fallschirmjägerbrigade, am Ostufer nördlich des Großen Bittersees einen Brückenkopf errichten, dann die Fallschirmjäger in der Nacht auf die westliche Seite bringen und anschließend die Brücken für die restliche Division legen solle. Sobald der Brückenkopf gesichert sei, solle Adans Division übersetzen und tief in ägyptisches Territorium vordringen.

Bar-Lev übertrug Scharon noch eine weitere Aufgabe. Er sollte die beiden ägyptischen Armeen weiter auseinandertreiben, damit die schweren Pionierbrücken unbehelligt zum Kanal geschafft werden konnten. Um eine sichere Überquerung zu ermöglichen, musste Scharons Division also erst zwei Gebiete einnehmen, die noch von den Ägyptern gehalten wurden. Chinese Farm und Missouri, wo sich ägyptische Panzer verschanzt hatten, mussten gesäubert werden, wenn verwundbare Truppen die Routen passieren sollten, die mit den Codenamen Tirtur und Akawisch belegt wurden. Diese zusätzliche Aufgabe bildete nach dem Krieg den Kern der Auseinandersetzungen zwischen Elasar und Bar-Lev einerseits und Scharon andererseits.

Am 15. Oktober saßen Scharons Stabsoffiziere um sechs Uhr früh auf einem langen Sandstreifen und hörten ihrem Kommandeur zu, der auf den Landkarten hinter sich einen Schlachtplan erläuterte. Am Ende erklärte Scharon, sie würden jetzt den Kanal überqueren und den Feind angreifen.

Scharon gab Amnon Reschefs Einheit, der 14. Brigade, den Auftrag, den Weg nach Akawisch und Tirtur und damit die Route zum Wasser zu öffnen sowie Chinese Farm und Missouri einzunehmen, um dadurch den Brückenkopf abzusichern. Sobald Reschefs Truppe diese Aufgabe erfüllt hatte, sollte Oberst Danny Matt, der Befehlshaber einer Reserve-Fallschirmjägerbrigade (der 247. Brigade) The Yard unter Kontrolle bringen und einen Brückenkopf auf der anderen Seite des Kanals errichten. Dann sollte die 421. Brigade, die unter dem Befehl von Chaim Eres stand, übersetzen, während die 600. Brigade, die von Tuwia Rawiw kommandiert wurde, im zentralen Abschnitt angreifen sollte, um die Ägypter abzulenken.

Die Wassergrenze unter feindlichem Feuer zu überqueren, war eine äußerst anspruchsvolle Aufgabe. Scharon, der als Befehlshaber der Südregion dieses Manöver mehrmals geübt hatte, wusste, dass dazu präzises Timing notwendig war, eine Anforderung, die bei kleinen, gezielten Vorstößen leicht zu erfüllen war, in einem umfassenden Krieg jedoch Schwierigkeiten bereiten konnte. Die Panzer, die Artillerie und die Infanterie seiner und Adans Division mussten sich genauestens mit den drei Pionierbataillonen abstimmen, wenn sie eine 180 Meter lange und 400 Tonnen schwere Rollbrücke durch feindliches Territorium zum Wasser transportieren wollten, dazu eine Pontonbrücke aus stählernen Schwimmkörpern, eine so genannte Unifloat, und mehrere Gilowas, Amphibienboote aus Gummi, die miteinander verbunden einen Panzer tragen oder eine behelfsmäßige Brücke bilden konnten.

Das Unternehmen, das den Codenamen »Beherzte Männer« erhalten hatte, sollte um halb neun Uhr abends beginnen und zwölf Stunden dauern. Zum Ende seiner Ausführungen entließ Scharon seine Offiziere mit der Bemerkung, er werde sie bei Tagesanbruch auf der anderen Seite des Kanals wiedersehen. Als er an die Front fuhr, um das Gelände ein letztes Mal zu inspizieren, sah er improvisierte Hütten, aus Munitionskisten errichtet und mit Palmblättern gedeckt, was ihn daran erinnerte, dass das jüdische Sukkot-Fest, das Laubhüttenfest, begonnen hatte.

Am Nachmittag des 15. Oktober, kurz bevor er Rawiws Brigade den Befehl erteilte, auszurücken und mit dem Angriff zu beginnen, der den Auftakt zur Kanalüberquerung bilden sollte, hatte Scharon eine schwierige Entscheidung zu treffen. Die schwere Ausrüstung, die zur Überquerung benötigt wurde, steckte noch zwischen den vielen Fahrzeugen fest, die an die Front unterwegs waren. Bar-Lev schlug Scharon eine Verschiebung um 24 Stunden vor, bis das Gerät in Tassa angekommen sei. Kurz vor vier rief Scharon Bar-Lev an und erklärte ihm, er werde wie geplant mit der Aktion beginnen. Die Fallschirmjäger, die ebenfalls aufgehalten worden waren, sollten dann eben um Mitternacht statt wie geplant um halb neun übersetzen.

Später sollte Scharon erklären, dass die Entscheidung, weiter nach Plan vorzugehen, ohne zu wissen, ob die Brücken rechtzeitig eintreffen würden, eine der schwersten seines Lebens gewesen sei. Aber nachdem er zwei Wochen lang auf diese Aktion gedrängt hatte, sah er sich aus zweierlei Gründen genötigt, unverzüglich weiterzumachen: Während der Wartezeit konnte vielleicht die Entschlossenheit der Regierung zur Offensive wieder ins Wanken geraten, und die Ägypter würden wohl auch nicht mehr lange der Nahtstelle zwischen ihren Verbänden so wenig Aufmerksamkeit schenken.

Um vier Uhr setzte sich Rawiws Brigade, die müde und ausgedünnt war vom Kampf, nach Westen in Richtung Ismailija in Bewegung und begann mit dem einleitenden Angriff zur Kanalüberquerung. Dieser Angriff überraschte die Ägypter, die sich erst noch von der Schlacht des Vortages erholen mussten. Scharon sah das Ziel ihres Unternehmens darin, so viele feindliche Panzer wie möglich ins Gefecht zu ziehen und dadurch von der Route nach dem Yard fernzuhalten. Amnon Reschefs Brigade wartete im Dunkeln, bis die ägyptischen Panzer beschäftigt waren, und rückte dann nach Nordwesten vor, zum Wasser.

Eine Stunde später geriet Rawiws Brigade unter heftigen Artilleriebeschuss, und im letzten Licht des Tages begann Reschefs Brigade ihren Vorstoß auf den Kanal. Auf dem Weg dorthin stieß sie bei der Chinese Farm auf 140 feindliche Panzer. Es kam auf engstem Raum zu einem Kampf zwischen den Panzerverbänden. Trotz der Berichte über schwere Verluste erteilte Scharon den Fallschirmjägern den Befehl, in Richtung des Yard vorzustoßen und sich auf die Überquerung vorzubereiten.

Zu diesem Zeitpunkt waren die Ägypter noch überzeugt, dass die Israelis es auf die Chinese Farm abgesehen hatten. Sie wehrten sich bravourös, zerstörten 60 Panzer und töteten 120 israelische Soldaten in diesem Gefecht, das eines der erbittertsten des Krieges war. Auch nachdem Scharon zur Verstärkung zwei Panzerbataillone in die Schlacht geworfen hatte, war der Weg zum Kanal noch nicht sicher für das schwere Gerät.

Unter Beschuss und etwas verspätet erreichte Matts Reserve-Fallschirmjägerbrigade gegen halb eins in der Nacht mit den Gummibooten und den Gilowas den Kanal. Eine Stunde später waren die voll ausgerüsteten Gummiboote im Wasser. Die Ägypter bemerkten sie nicht, als sie die 165 Meter breite Wasserstraße überquerten. Als die Fallschirmjäger ankamen, beseitigten sie mit Hilfe von Rohrbomben den Stacheldraht und gruben sich auf der westlichen Seite des Kanals ein. Als es zu dämmern begann, hatten die Fallschirmjäger einen 5,5 Kilometer breiten Brückenkopf errichtet.

Auf der anderen Seite der Wassergrenze machte sich Scharon Sorgen wegen der Verspätungen. Mit dem Tagesanbruch würde jegliches Überraschungsmoment verloren gehen. Die ägyptische Artillerie würde die Brücken zerfetzen und alle schweren Panzer darauf vernichten, wodurch die Truppen auf der anderen Seite des Kanals abgeschnitten werden würden. Morgens um fünf erschien Scharon am Yard zusammen mit zehn Panzern aus der Brigade von Chaim Eres. Um die Dinge voranzutreiben, sprang er aus seinem Halbkettenfahrzeug und dirigierte den Bulldozer zu den weißen Ziegeln in der Lehmmauer. Der Fahrer rammte die angenommene Schwachstelle mehrmals ohne Erfolg. Wütend über die ständigen Verzögerungen, schwang sich Scharon selbst auf den Bulldozer, setzte ihn in Gang und begann die Mauer zu bearbeiten. Seht her, so geht's, sagte er. Nach wenigen Minuten krachte die Sperre ins Wasser.

Danny Matt, der sein rotes Barett aufhatte, trat durch die Öffnung und reichte Scharon die Hand. Zu Matt, einem früheren Untergebenen von Scharon aus der lange zurückliegenden Mitla-Schlacht, gesellte sich Schimon Kahaner, ein noch älterer Veteran. Scharon ließ die Gilowas ins Wasser setzen und fuhr zusammen mit dem Bulldozer-Fahrer zu dem zweiten Punkt in der Sperre, der niedergerissen werden musste. Um sechs Uhr schoben die Soldaten das erste ihrer alten französischen Boote ins Wasser. Erleichtert atmete Scharon auf und verlangte nach etwas zu essen zum Frühstück. Eine Stunde später rollte der erste israelische Panzer unter dem Beifall der eingegrabenen Fallschirmjäger auf afrikanischen Boden. Bis zehn Uhr hatten

27 Panzer und 7 Schützenpanzer aus der Brigade von Chaim Eres den Kanal überquert. Obwohl diese Truppe inzwischen stark genug war, um die Fallschirmjäger zu schützen, war Scharons Mission noch lange nicht erfüllt: Das wichtigste Gerät, die Rollbrücke und die Unifloat-Pontonbrücken, waren noch nicht eingetroffen; die Wege zum Wasser waren noch immer nicht von feindlichen Truppen gesäubert worden; Missouri und Chinese Farm befanden sich noch immer in der Hand der Ägypter.

Am Morgen des 16. Oktober trafen sich die wichtigsten Kommandeure, um über das weitere Vorgehen zu beraten. Dajan fürchtete, dass Matts Männer auf der westlichen Seite des Kanals abgeschnitten und angegriffen werden könnten, was in einem Blutbad enden konnte, und verlangte, dass die Truppen wieder zurückkehrten. Bar-Lev und Generalstabschef Elasar widersprachen Dajan und entschieden, die Truppen zu belassen, wo sie waren. Scharon wollte so viele Soldaten wie möglich auf die andere Seite bringen, bevor die Ägypter auf das Manöver aufmerksam wurden, doch allen Anwesenden erschien dieser Plan als zu riskant.

16. Oktober 1973. Die Kommandeure erkunden das Westufer des Suezkanals. Von links: Bar-Lev, Elasar und Seewi (mit Brille). (Foto: David Rubinger, *Yedioth Ahronoth*)

Bis in den Nachmittag hinein herrschte Stille über dem Yard. Die Ägypter hatten die Brücke noch immer nicht entdeckt. Scharon verließ das Gebiet und fuhr mit seinem Schützenpanzer zur Chinese Farm. Dort erblickte er 50 zerstörte israelische Panzer neben 150 ägyptischen. Zwischen den verkohlten Fahrzeugen und den abgerissenen Ketten lagen tote israelische und ägyptische Soldaten nebeneinander, die alle aus ihren brennenden Panzern gesprungen waren.

Das andere Ufer des Kanals wirkte sehr ländlich. Obstbäume und Palmen säumten die ägyptische Seite.

Kapitel 22
König von Israel

Die Überquerung des Suezkanals und die Errichtung eines Brückenkopfes veränderten das Gesicht des Krieges: Zum ersten Mal seit dem ägyptischen Überraschungsangriff hatte Israel die Oberhand gewonnen. Da sich der Großteil der ägyptischen Panzerkräfte auf der israelischen Seite der Wüste befand, standen jetzt nur noch 225 Panzer zwischen Scharon und Kairo.

In einem Wettlauf gegen die Zeit bemühten sich Pioniere, Techniker und die Bediener des schweren Geräts, so viele Panzer wie möglich auf die Gilowa-Flöße zu laden, bevor die ägyptische Aufklärung auf die Überquerung aufmerksam wurde. Scharon wusste, dass sie ab diesem Zeitpunkt ständig unter Artilleriefeuer liegen würden.

Während seine Männer fieberhaft weiterarbeiteten, erhielt Scharon den Befehl, alle Übersetzaktivitäten einzustellen. Im Generalstab und im Hauptquartier des Südkommandos fürchtete man, der Brückenkopf könne zu schwach und zu klein sein und die Soldaten könnten dann abgeschnitten werden und in einer tödlichen Falle gefangen sein. Scharon empfand diesen Befehl als ungeheuerlich und höchst fragwürdig. Er räumte ein, dass es ihm nicht gelungen sei, in der Nacht die Wege zum Yard frei zu machen, aber seine Truppen auf der ägyptischen Seite, so erklärte er seinen Vorgesetzten, würden ungehindert nach Westen vorstoßen. Die Panzer von Chaim Eres stünden bereits 29 Kilometer jenseits des Kanals.

Doch das Kampfgeschehen auf der israelischen Seite des Kanals ließ eine wesentlich schlimmere Nacht erwarten. Trotz intensiver Bemühungen hatte es Amnon Reschefs Brigade nicht geschafft, den Weg nach Tirtur freizukämpfen. Die Nahtlinie blieb schmal und weitestgehend in ägyptischer Hand. Chinese Farm, ein befestigter ägyptischer Posten, der von tiefen Bewässerungsgräben gesäumt war, hatte noch immer nicht eingenommen werden können, wodurch die Brückenköpfe auf beiden Seiten des Kanals gefährdet blieben. Zwar war die Route nach Akawisch geöffnet worden, doch war es unwahrscheinlich, dass Scharons Verbände zu diesem Zeitpunkt einen ägyptischen Angriff würden abwehren können.

Nichtsdestotrotz drängte Scharon auf eine Fortsetzung der Offensive, um sich die Verwirrung auf Seiten der Ägypter zunutze zu machen. Doch Generalstabschef Elasar, der fürchtete, dass Scharon, wenn er auf der anderen Seite des Kanals freie Hand hatte, sofort nach Kairo weitermarschieren würde, unabhängig davon, was in seinem Rücken geschah, schenkte den Kampfberichten des Divisionskommandeurs keinen großen Glauben. Henoch Bar Tov zitiert in seinem Buch *48 Years and 20 Days – A War Diary* aus einem Gespräch, das Elasar am Morgen des 16. Oktober im Armeehauptquartier führte: »... Seine Berichte waren überheblich, nicht informativ. Einmal sagte ich: ›Erklären Sie mir, was geschehen ist.‹ Darauf antwortete er: ›Keine Sorge. Sie haben nichts zu befürchten. Alles wird gut werden.‹ Wer hatte denn etwas von Angst gesagt? Ich wollte nur wissen, was passiert war.«

Verteidigungsminister Dajan hatte dagegen einen gänzlich anderen Eindruck von Scharon, wie aus seiner Autobiografie *Milestone* hervorgeht: »Ich kenne keinen besseren Feldkommandeur als Scharon. Das soll nicht heißen, dass ich an seinem Verhalten nie etwas auszusetzen gehabt hätte ... Wir sind mehr als einmal aneinandergeraten, aber auch wenn ich ihn manchmal hätte ›umbringen‹ können – ich wusste zumindest, dass da jemand war, den man ernst nehmen konnte.«

Um elf Uhr vormittags erhielt Scharon einen direkten Befehl von Bar-Lev, der ihm untersagte, weitere Truppen über den Kanal zu schicken. Daraufhin forderte Scharon seine Vorgesetzten mehrmals auf, persönlich auf das Schlachtfeld zu kommen und sich selbst einen Eindruck von der Lage zu verschaffen, doch bis zum 19. Oktober ließen sie sich nicht blicken.

Oberstleutnant Dr. Elchanan Oren veröffentlichte im Dezember 2004 die offizielle Kriegsdarstellung der israelischen Armee. In *The History of the Yom Kippur War* schreibt er: »Aufgrund organisatorischer und zeitlicher Schwierigkeiten kam es am Morgen des 16. Oktober zu Spannungen zwischen Generalmajor Scharon und dem Stab des Südkommandos. Als Scharon verlangte, dass die 162. Division (die Division von Adan) den Auftrag erhalten solle, die Vormarschrouten zu öffnen, forderte ihn der Oberbefehlshaber des Südkommandos auf, zuerst dafür zu sorgen, dass die 121. Brigade (die Brigade von Chaim Eres) ihren Auftrag erfüllte (die Öffnung der Routen auf dem Ostufer). Generalmajor Scharon hätte lieber den Kanal überquert, um tief nach Ägypten vorzustoßen, aber Generalleutnant Bar-Lev bestand darauf, dass er zuerst die Vormarschwege (zum Kanal) freikämpfte und absicherte.«

Scharon glaubte, dass der 16. Oktober, an dem eine wichtige Etappe auf dem Weg zum Sieg hätte zurückgelegt werden können, durch diesen Befehl vergeudet wurde. Im Lauf des Tages entdeckten die Ägypter – auch dank der unfreiwilligen Hilfe von Ministerpräsidentin Meïr, die in einer Rede in der Knesset die Kanalüberquerung bekannt gab – die Brückenköpfe und griffen Danny Matts Fallschirmjäger sowie Eres' 27 Panzer an. Doch trotz dieser Angriffe und der ständigen Querschüsse konnten Scharons Einheiten den Brückenkopf auf der westlichen Seite des Kanals ausbauen, eine ägyptische Luftwaffenbasis einnehmen und fünf »Sam«-Raketenbatterien zerstören.

Am Abend des 16. Oktober legte sich Scharon auf dem warmen Verdeck eines Panzers zum Schlafen nieder, den Kopf voller Sorgen. Am nächsten Morgen weckte ihn der Lärm schweren Pioniergeräts. Endlich waren weitere Gilowas angekommen. Um sieben Uhr begann ein ägyptisches Sperrfeuer. Doch trotz dieses Artilleriebeschusses gelang es bis halb fünf am Nachmittag, die Amphibienfahrzeuge, die das Gewicht eines Panzers tragen konnten, miteinander zu verbinden, sodass sie nun eine Brücke über den Kanal bildeten.

Am 17. Oktober um neun Uhr vormittags entdeckte Sluzki, während er hinter Scharon stand, dass Granaten auf sie zugeflogen kamen. Er warnte Scharon, der sofort kopfüber in einen Schützenpanzer sprang. Dieser schnelle Reflex rettete ihm das Leben, denn der Platz, an dem er zuvor gestanden hatte, war jetzt ein Krater, und die Hinterräder seines Halbkettenfahrzeugs steckten tief im Boden.

Wenige Sekunden später ging eine zweite Salve über dem Platz nieder. Im Durcheinander krachte Scharon mit dem Kopf gegen das aufgepflanzte Maschinengewehr des Fahrzeugs. Blut strömte ihm über das Gesicht und er verlor das Bewusstsein. Er hörte noch, wie einer der Offiziere sagte, der Divisionskommandeur sei getroffen worden und umgekommen. Als er die Augen wieder aufschlug, schmerzte die Wunde und sein Kopf war blutverschmiert, aber er befand sich nicht mehr in Gefahr.

Mit einem weißen Verband um den Kopf stand Scharon wieder auf und sah, dass sich ägyptische Panzer dem Yard näherten. Er setzte sich per Funk mit Amnon Reschef in Verbindung und forderte sofortige Unterstützung an. Zu diesem Zeitpunkt waren die meisten Panzer, die den Yard verteidigten, schon abgerückt, um das 890. Fallschirmjäger-Bataillon in dessen blutigem Kampf um die Chinese Farm zu unterstützen (bei dem 40 Mann getötet und 60 verwundet wurden). Reschef folgte der Aufforderung bereitwillig. Mit seinem und zwei weiteren Panzern nahm er die ägyptischen Panzer unter Feuer und zerstörte sie.

Als die gefährliche Situation bereinigt war, fiel Scharon auf, dass Sluzki nicht mehr bei ihm war. Er fragte die Umstehenden, was geschehen sei, und erhielt nur ausweichende Antworten. Schließlich berichtete man ihm, dass es Sluzki in der Nähe des Brückenkopfs erwischt habe und er in kritischem Zustand weggebracht worden sei. Die Wahrheit war weniger zweideutig. Sluzki war durch eine Artilleriegranate getötet worden, seine Füße steckten noch immer in Scharons Stiefeln. Für Scharon war die Nachricht ein schwerer Schlag. Er wusste, dass er seinen engen Freund und Kampfgefährten verloren hatte.

Während des restlichen Tages stritt Scharon ständig mit seinen Kommandeuren darüber, wie die Kanalüberquerung organisiert worden war. Auf der anderen Seite des Kanals hatte Matt zwölf Männer verloren, 22 waren verwundet worden. Um 13 Uhr wurde Scharon zu einer dringenden Unterredung mit Dajan, Elasar, Bar-Lev und Adan gerufen. Das Treffen fand in Adans Hauptquartier statt, 18 Kilometer nordöstlich des Yard.

Vor der Besprechung wechselte Scharon seinen blutgetränkten Kopfverband. Leute, die Scharon missgünstig gesonnen waren, behaupteten, er habe nur an die bevorstehenden Wahlen gedacht und sei ohne Helm umhergefahren, um seinen Verband und sein Heldentum zur Schau zu stellen. Scharon erwiderte, eher sollten sich seine Vorgesetzten einen Helm aufsetzen, denn nach dem Krieg werde er mit ihnen seine Rechnungen begleichen.

Bei seiner Ankunft begrüßte ihn nur Dajan, und auch er war ziemlich reserviert. Die übrigen Generale blickten ihn nur schweigend an. Scharon hatte sie seit dem Beginn der Kanalüberquerung nicht mehr gesehen. Er glaubte, dass seine Handlungen für sich selbst sprächen, aber Bar-Lev warf Scharon sogleich vor, dass es nach seiner Auffassung einen großen Unterschied gebe zwischen dem, was er versprochen habe, und dem, was tatsächlich auf dem Feld geschehen sei. Scharon habe seine Aufgabe auf der östlichen Seite des Kanals nicht erfüllt – die Wege zu den Brückenköpfen freizukämpfen. Noch immer, klagte Bar-Lev, befinde sich Tirtur nicht vollständig in israelischer Hand. Nach dem Krieg enthüllte Scharon, dass es ihn in diesem Augenblick eine übermenschliche Kraftanstrengung gekostet habe, Bar-Lev nicht ins Gesicht zu schlagen.

Die Generale setzten sich in den heißen Wüstensand, um einen Kriegsrat abzuhalten, wie Dajan es in *Milestones* nannte. »Ariks Lageeinschätzung«, schreibt Dajan, »und seine Vorstellungen darüber, was als Nächstes unternommen werden solle, standen fast immer im Gegensatz zu den Ansichten seiner Vorgesetzten. Schlimmer noch, es gab auch kein gegenseitiges Vertrauen. Arik fühlte sich diskriminiert und hatte den Eindruck, dass seine Berichte vom Kampfplatz nicht ernst genommen wurden. Seine Vorgesetzten behaupteten, er führe ihre Befehle nicht aus und sei durch persönliche Ambitionen motiviert. Er wolle nur sich selbst darstellen und die Leistungen seiner Einheiten herausstreichen. Und zudem verstoße er gegen eine der disziplinarischen Grundregeln, weil er von der Front aus Freunde anrufe und unerlaubterweise militärische Angelegenheiten ausplaudere.«

»Arik erschien mit einem Kopfverband«, fährt Dajan fort. »Seine Stirn war durch Granatsplitter zerschrammt, sein silbernes Haar war zerzaust, und in seinem Gesicht sah man die Spuren mehrerer Tage und Nächte auf dem Schlachtfeld. Seine Division hatte tapfer gekämpft und sehr schwere Verluste erlitten, war aber nie vor ihrer Verantwortung zurückgeschreckt. Sie alle, von Arik bis zum letzten Soldaten, hatten unablässig unter Feuer gelegen. Im Kampf um den Brückenkopf waren 200 Männer gefallen. In Reschefs Brigade waren alle Kompanieführer gefallen – zuerst die ursprünglichen Offiziere und dann ihre Ersatzleute. In diesem Stadium des Krieges wurden die Kompanien bereits von der dritten Offiziersgarnitur befehligt.«

Der eineinhalbstündige Kriegsrat drehte sich um die Frage, welche vollständige Division als erste über den Kanal setzen solle. Scharon bat um die Erlaubnis, die Vorhut zu bilden und mit seiner Division nach Westen vorzurücken und den Feind niederzuwerfen. Bar-Lev erwiderte scharf, von diesem »Niederwerfen« höre er seit einer Woche, ohne dass bislang allzu viel passiert sei. Darauf meinte Scharon: »Bald werden Sie mir noch vorwerfen, ich hätte überhaupt nicht gekämpft.«

Generalstabschef Elasar entschied gegen Scharon: Vor der Errichtung der Brücke sollten keine weiteren Panzer mehr den Kanal überqueren. Bis dahin sollten Scharons Panzer auf der Ostseite bleiben und Akawisch, Tirtur und Missouri sichern. Dann sollte Adans gesamte Division den Kanal über die Brücke überqueren, die Scharons Männer gelegt hatten. Am Ende der Besprechung wandte sich Elasar an Scharon und sagte, er verstehe, dass er nach Afrika wolle, aber zuerst müsse er seine Pflichten in Asien erfüllen.

Scharon war beleidigt. Er war nach langen Gefechten und gefährlichen Arbeiten am Kanal zu diesem Kriegsrat gekommen. Und jetzt hatte er das Gefühl, dass Bar-Lev und die übrigen hohen Offiziere nur deshalb verhindern wollten, dass er den Kanal überquerte, damit er vor den Wahlen nicht verkünden konnte, er habe entscheidend dazu beigetragen, den Krieg zu gewinnen.

Das Treffen endete um 14 Uhr. Als Elasar und Bar-Lev in den Hubschrauber stiegen, bat Dajan sie, der Ministerpräsidentin auszurichten, dass er an diesem Abend nicht zur Kabinettssitzung kommen könne. Dajan blieb bei Scharon. Er setzte sich in Scharons Halbkettenfahrzeug und fuhr mit ihm in einer Staubwolke zu der Stelle, von wo aus die Überquerung erfolgen sollte. Dajan erkundigte sich nach Scharons Verletzung, worauf Scharon, der wusste, dass Dajan und Sluzki aus demselben Moschaw kamen, ihm von der tödlichen Verwundung seines Freundes erzählte. Scharon spürte, dass Dajan darauf brannte, auf die andere Seite des Kanals zu kommen.

Wie auf Befehl hörte der Artilleriebeschuss auf, als Dajan sich dem Yard näherte. Scharon führte den Verteidigungsminister zu einer der Öffnungen im Schutzwall, setzte sich auf den Boden und blickte hinaus aufs Wasser. »Arik und ich haben das Wasser in einem Amphibienfahrzeug überquert ... In Afrika wollte Arik in ein gepanzertes Fahrzeug umsteigen. Ich ging lieber etwas zu Fuß... Als ich zum Yard zurückkam, war die Brücke fertig, die Pontons waren miteinander verbunden und erstreckten sich von Ufer zu Ufer. Es war vier Uhr nachmittags.«

Dajan flog zurück nach Tel Aviv, und der gereizte Scharon begann darüber zu schimpfen, dass Adans Panzer so lange auf sich warten ließen. In den folgenden Stunden setzte er eine Reihe von Funksprüchen ab, in denen er immer wieder darauf hinwies, was für eine Verschwendung eine ungenutzte Brücke darstelle. Adans Division, die auf der Route über Akawisch aus logistischen Gründen aufgehalten worden war, begann schließlich um Mitternacht mit der Überquerung. Bis zum Morgen des 18. Oktober hatten zwei von Adans Panzerbrigaden den Kanal überquert.

Vom frühen Morgen bis Mitternacht waren die Soldaten damit beschäftigt, die Unifloat-Brücke zusammenzubauen. Vierundzwanzig Stunden später wurde die Rollbrücke, die von einem Dutzend Panzer über gefährliches, unebenes Gelände und durch mehrere Kampfzonen gezogen worden war, über das Wasser gelegt. Sobald sie installiert war, bat Scharon um die Erlaubnis, seinen Truppen den Befehl zur Kanalüberquerung und zum Vormarsch auf Ismailija geben zu dürfen. Doch Bar-Lev und Elasar bremsten ihn und beharrten darauf, dass er zuerst Missouri einnehmen solle, wo sich ägyptische Einheiten verschanzt hatten.

Scharon widersprach. Er erklärte, Missouri stelle keine Bedrohung mehr für den Brückenkopf dar, die Wege seien offen und eine Vertreibung der Ägypter würde nur zu unnötigen Verlusten führen. Anstatt auf dem Ostufer des Kanals Blut zu vergießen, solle man mehr Soldaten über das Wasser schicken und auf Ismailija und Kairo vorrücken, den Unterleib Ägyptens. Scharon kämpfte mit allen Mitteln gegen den Befehl, doch am Ende fügte er sich mit der Begründung, ihm sei »keine Wahl« geblieben.

Am 21. Oktober um drei Uhr nachts griffen 40 Panzer aus der Brigade von Tuwia Rawiw den Posten Missouri an. Sie setzen zwar 20 ägyptische Panzer außer Gefecht, konnten den Stützpunkt aber nicht einnehmen, da ihnen die gefürchteten Sagger-Raketen schwere

Oktober 1973. Generalmajor Scharon und Generalstabschef David Elasar auf afrikanischem Boden nach der Überquerung des Suezkanals.
(Foto: David Rubinger, *Yedioth Ahronoth*)

Oktober 1973. Scharon und Dajan am Ufer des Suezkanals. (Foto: Avraham Vered, Archive der Israelischen Verteidigungsstreitkräfte und des Verteidigungsministeriums)

Verluste zufügten. Bar-Lev verlangte daraufhin von Scharon, er solle am nächsten Tag mit seinen Truppen einen weiteren Angriff unternehmen. Über diesen Plan kam es zu einem heftigen Streit zwischen Scharon und seinem Vorgesetzten.

Diesmal wollte Scharon nicht nachgeben. Nach Mitternacht rief er Dajan an, beschwerte sich über den Befehl und wies ihn darauf hin, dass es völlig falsch sei, in einem unwichtigen Gefecht Leben zu opfern. Dajan wandte sich an den stellvertretenden Generalstabschef, Generalmajor Jisrael Tal, und bat ihn, Scharons Einwänden nachzugeben. Dajan erklärte Tal, er könne diese Bitte Scharons nicht einfach ignorieren. Jisrael Tal, einer der wenigen Unterstützer Scharons im Generalstab, weckte Elasar und fragte ihn, ob er Scharon nicht von dieser Aufgabe entbinden könne. Elasar berichtete später, als er in der Nacht aufgeweckt worden sei, habe er dies auch eingesehen – man könne einen hohen Feldkommandeur nicht zu einem Angriff zwingen, wenn er dazu nicht bereit sei.

Am nächsten Tag, es war der 22. Oktober, verabschiedete die UN-Vollversammlung die Resolution Nr. 338, in der ein Waffenstillstand verkündet wurde, der noch am selben Abend um 18.52 Uhr in Kraft treten sollte. Die Regierung Meïr akzeptierte den Waffenstillstand rasch, nachdem Adans Division die 3. ägyptische Armee eingeschlossen hatte. Zu diesem Zeitpunkt befand sich Scharon auf der westlichen Seite des Kanals mit seinen Truppen auf dem Vormarsch nach Ismailija. Sein Ziel, die 2. ägyptische Armee zu umzingeln, wurde durch die UN-Resolution vereitelt. Scharon rief Menachem Begin an und bat ihn, Ministerpräsidentin Golda Meïr dazu zu bewegen, den Waffenstillstand nicht anzunehmen. Doch als Scharons Einheiten den Stadtrand erreichten, hatte Israel schon zugestimmt.

Die israelischen Panzer kamen in einer militärisch durchaus vorteilhaften Position zum Stehen: Auf den Golanhöhen hatten sie ein Gebiet von 500 Quadratkilometern eingenommen, darunter auch den wichtigen Berg Hermon; Damaskus lag zu ihren Füßen. An der Südfront war die 3. ägyptische Armee, rund 40000 Mann, eingeschlossen, die Stadt Suez war abgeschnitten, und die Truppen hatten kurz vor Ismailija Halt gemacht, nur 100 Kilometer von Kairo entfernt. Doch dass die Israelis vom Gegner überrascht worden waren und hohe Verluste erlitten hatten, ließ keine euphorische Stimmung wie nach dem Sechstagekrieg aufkommen. Der viel gerühmte militärische Geheimdienst hatte versagt, und die arabischen Armeen, die lange Zeit nicht ernst genommen worden waren, hatten mit beachtlicher Tapferkeit gekämpft. Der Überraschungsangriff und die gleichzeitigen Offensiven aus dem Norden und dem Süden hatten einen Schock ausgelöst, dem sich anscheinend allein Scharon hatte entziehen können. Sein Kopf war zwar bandagiert gewesen, aber er hatte nie seine Selbstsicherheit verloren. Als die Bar-Lev-Linie gefallen war, hatte er als Einziger einen Gegenschlag gefordert, der schließlich den Kriegsverlauf gewendet hatte.

Nach 16 Tagen Krieg war endlich Ruhe. Scharon rief Dalja an, die Frau von Seew Sluzki. Er wollte ihr persönlich sagen, was er schon seit ein paar Tagen wusste – dass »Sewele« ums Leben gekommen war. Nachdem er aufgelegt hatte, ließ Scharon seinen Tränen freien Lauf.

Nach dem Waffenstillstand wuchs Scharons Popularität enorm. An den Fahrzeugen seiner Division erschienen Schilder, auf denen »Arik, König von Israel« stand. Diese Stimmung verbreitete sich schnell in der gesamten Wüste Sinai. An Kreuzungen hielten Reservisten ähnliche Schilder hoch. Zu Hause wurde Scharon als Held dieses Krieges gefeiert, als jener Mann, der den Kanal überquert und damit dem Krieg eine neue Wendung gegeben hatte. Gegenüber den überheblichen und selbstgefälligen Aufklärungsoffizieren und Armeekommandeuren erschien Scharon als der Retter des Landes.

Aber Scharon begrub seinen Groll aus den Kriegstagen nicht. Er spielte vielmehr eine maßgebliche Rolle in den Auseinandersetzungen, die nach Kriegsende zwischen den Generalen entbrannten. In einem Interview mit der *New York Times* griff er Elasar und Gonen an. Dieses Gespräch löste einen erbitterten Krieg der Worte aus. Elasar veröffentlichte eine kritische Erwiderung und tat sein Möglichstes, um Scharon von seinem Posten als Notstands-Divisionskommandeur abzulösen.

Generalmajor Gonen leitete eine formelle Untersuchung gegen Scharon ein und warf ihm vor, er habe sich einem Befehl widersetzt, als er sich an jenem Abend weigerte, sich mit seinen Truppen am Kampf um den Posten Missouri zu beteiligen. Scharon wurde entlastet, als die Agranat-Kommission, welche die zahlreichen Fehler und

Versäumnisse untersuchte, die zum Jom-Kippur-Krieg geführt hatten, feststellte, dass sich Scharons Verhalten im Rahmen der Vorschriften der Tzahal bewegt und nicht gegen die disziplinarischen Erfordernisse der Armee verstoßen habe.

Am 20. Januar 1974, nach 25 Jahren im Militärdienst, drei Monaten heftigen Streits und nachdem auf dem Sinai eine gewisse Stabilität eingekehrt war, verkündete Ariel Scharon seinen endgültigen Abschied von der Armee. Wie üblich, hielt er es nicht für nötig, diesen Schritt mit dem Generalstabschef abzustimmen. In seiner öffentlichen Erklärung ließ er keinen Zweifel daran, wer der große Sieger des Krieges war.

»Ihr Kämpfer«, schrieb er seinen Soldaten, »vor dreieinhalb Monaten sind wir in den Krieg gezogen. Es war ein schwieriger und blutiger Krieg. Wir wurden an Jom Kippur einberufen, und wir, die Reservisten, sind an eine zusammenbrechende Front gezogen. Unsere Division hatte sich der Hauptlast des feindlichen Angriffs zu erwehren. Ihr alle zusammen, die ihr mit Tapferkeit und höchster Anstrengung gekämpft habt, konntet die anstürmenden ägyptischen Truppen aufhalten. Unsere Division hat die Initiative und die Verantwortung für die härteste, schwierigste und grausamste Aufgabe in diesem Krieg übernommen – die Überquerung des Kanals. Die Überquerung des Kanals brachte die Wende des Krieges. Durch die Überquerung des Kanals ist der Krieg gewonnen worden. Es steht uns zu, daran zu erinnern, dass unser Sieg im Jom-Kippur-Krieg der größte unserer Siege war. Wenn wir – trotz des Chaos, trotz aller Fehler und Querschüsse, trotz des Verlusts der Ruhe und der Kontrolle – in der Lage waren, diesen Sieg zu erringen, dann dürfen wir behaupten, dass dies der bislang größte Sieg der israelischen Armee war.

Hunderte unserer besten Kämpfer sind in der Schlacht gefallen und viele weitere sind im Laufe des Krieges verwundet worden – aber wir haben gesiegt! Ihr habt gesiegt, trotz allem, und dies ist euch gelungen durch eure Entschlossenheit, eure Opferbereitschaft, eure Unnachgiebigkeit und Tapferkeit ... Nach dem Ende des Krieges habe ich erklärt, dass ich bei euch bleiben werde, so lange, wie die Reserveeinheiten benötigt werden. Ich habe euch versprochen, dass ich an eurer Seite bleiben werde, aber heute muss ich gehen. Euch Soldaten, den wahren Helden des Krieges, schulde ich dafür eine Erklärung. Der Krieg ist vorbei, die Verhandlungen mit Ägypten sind vorüber, und ich glaube, dass ich jetzt an einer anderen Front kämpfen muss. Wir müssen mit all unserer Kraft dafür kämpfen, dass es keinen Krieg mehr gibt. Deshalb nehme ich meinen Abschied. Ihr sollt wissen, dass ich noch nie in einer solchen Gemeinschaft von Kriegern gedient habe, wie ihr es seid. Ihr seid die Größten! Ich habe mich Waffenbrüdern noch niemals näher gefühlt und noch kein tieferes Gefühl von Kameradschaft empfunden als in dieser Division. Dass ihr mich so herzlich aufgenommen habt, hat mich in dem Glauben an unsere Kraft und unsere Fähigkeiten bestärkt. Heute verabschiede ich mich mit Wehmut von euch. Ich wünsche euch, dass ihr alle so bald wie möglich nach Hause gehen könnt, aber wenn wir zurückkehren und kämpfen müssen – dann werde ich an eurer Seite kämpfen, das verspreche ich euch.«

Scharons Erklärung wurde vielfach als eine politische Deklaration aufgefasst, vor allem auch, da er am selben Nachmittag im Beit Sokolow in Tel Aviv eine Pressekonferenz einberief. Ausländische Journalisten warteten auf seine erste Äußerung. Angetan mit einem schwarzen Stehbundkragen und einer schwarzen Lederweste, sprach Scharon zuerst auf Hebräisch und dann auf Englisch. Er mokierte sich darüber, wie die Führer der Arbeitspartei die Verhandlungen mit Ägypten geführt hatten. Nach der Pressekonferenz begab er sich zu einer Protestkundgebung in Tel Aviv, die unter dem Motto stand: »Der Rückzug von beiden Ufern des Suez im Austausch für nichts.«

Dass es an diesem Tag unablässig regnete, konnte Tausende von Menschen nicht davon abhalten, auf die Straße zu gehen. Unter aufgespannten Regenschirmen hörten die Menschen den Rednern Menachem Begin, Jitzhak Schamir und Ariel Scharon zu. Scharon bezeichnete den israelischen Rückzug als den »Rückzug einer siegreichen Armee, die eine geschlagene Führung besitzt«. Die Kundgebungsteilnehmer skandierten daraufhin: »Arik, König von Israel«.

Als die Reden vorbei waren, versuchte Scharon zu seinem Wagen zu kommen, aber die Leute stürmten auf ihn zu, versuchten ihn zu umarmen, seine Hände zu schütteln, ihn zu küssen. Die Woge der menschlichen Leiber erfasste ihn und trug ihn auf die andere Seite der Straße. Erst nach einer Stunde, als Polizisten erschienen waren, gelangte er zu seinem Auto. Erschöpft staunte er über die Macht der öffentlichen Zuneigung, ein Gefühl, das er noch nicht kannte.

Kapitel 23
Ein politischer Grünschnabel

Am 31. Dezember 1973 wählten die Israelis die 8. Knesset. Der Likud konnte zwar die Zahl seiner Sitze von 26 auf 39 steigern, aber es gelang ihm nicht, die Mehrheit zu erringen. Scharon war tief enttäuscht. Trotz allem schienen die Israelis jene, die für das Debakel an Jom Kippur verantwortlich waren, gegenüber dem Likud zu bevorzugen. Die Regierung der Arbeitspartei unter Ministerpräsidentin Golda Meïr verlor nur fünf Sitze.

Am 10. März 1974 stellte Meïr ihre neue Regierungskoalition unter Führung der Arbeitspartei vor, zu der auch die Nationalreligiöse Partei gehörte, eine Gruppierung, die lange Zeit in der Mitte stand, heute aber auf dem äußersten rechten Rand des politischen Spektrums angesiedelt ist, sowie Ratz, die Partei der Bürgerrechtsbewegung, und die Unabhängigen Liberalen. Ariel Scharon, der als Oppositionsabgeordneter in die Knesset eingezogen war, hatte sich seit seiner Rückkehr in die Armee am Vorabend von Jom Kippur nicht mehr mit seinen neuen politischen Weggefährten getroffen. Die Führer des Likud hielten den ehemaligen General für eingebildet und arrogant.

Anfang 1974 begann Scharon, sich mit der Rolle und den Aufgaben eines Parlamentariers vertraut zu machen. Obwohl er in den Ausschuss für auswärtige Angelegenheiten und Sicherheitsfragen gewählt wurde und den Vorsitz im Unterausschuss für das Verteidigungsbudget erhielt, empfand er die tägliche Routine der Parlamentsarbeit bald als langweilig. Ihm widerstrebten das aufgesetzte Lächeln, die Doppeldeutigkeiten und die vielen kleinen Intrigen, die das Alltagsgeschäft der Knesset bestimmen. Seine Aufgaben füllten ihn nicht aus. Oft saß er in der Kantine der Knesset und führte lange Gespräche mit Avraham Jaffe und Mohammed Abu Rabia, einem israelischen Beduinenführer.

Anfang April 1974 veröffentlichte die Agranat-Kommission, die vom Präsidenten des Obersten Gerichts Schimon Agranat geleitet wurde und der außerdem Richter Mosche Landau vom Obersten Gericht, der Präsident des Rechnungshofs Jitzhak Nebenzahl sowie die früheren Generalstabschefs Jigael Jadin und Chaim Laskow angehörten, ihren Zwischenbericht. Zur Überraschung der meisten Bürger erklärte die Kommission, dass Generalstabschef David Elasar und der Leiter des Militärgeheimdienstes, Generalmajor Eli Saira, maßgeblich für das Versagen der militärischen Aufklärung verantwortlich gewesen seien, das den Überraschungsangriff der Araber ermöglicht habe. Sie hätten sich durch die falsche Vorstellung in Sicherheit gewiegt, schrieb die Kommission, dass die Ägypter ohne eine starke Luftwaffe – die sie zu diesem Zeitpunkt nicht besaßen – keinen Krieg beginnen würden. Die Kommission empfahl die Abberufung von Saira: »Angesichts seiner schweren Versäumnisse ist Generalmajor Saira als Leiter des militärischen Geheimdienstes nicht länger tragbar.« In Bezug auf Generalstabschef Elasar schrieben die Kommissionsmitglieder: »Wir halten es für unsere Pflicht, seine Ablösung zu empfehlen.«

Auch Gonen wurde heftig kritisiert. Die Kommission bezeichnete seine Aufmarschpläne auf dem Sinai nach dem Beginn des Angriffs als »heilloses Durcheinander« und einen »schweren Fehler«. Zusammenfassend erklärte die Kommission in ihrem 40-seitigen Zwischenbericht: »Zum gegenwärtigen Zeitpunkt möchten wir noch keine abschließende Empfehlung bezüglich der weiteren Verwendung von Generalmajor Gonen in den israelischen Verteidigungsstreitkräften aussprechen, doch wir empfehlen, dass er keine aktive Position bekleiden soll, bis die Kommission die Untersuchung sämtlicher Maßnahmen abgeschlossen hat, die ergriffen wurden, um den feindlichen Vormarsch aufzuhalten.«

Das war Musik in Scharons Ohren. Acht Monate später, Ende 1974, veröffentlichte die Kommission ihren zweiten Zwischenbericht. Darin widerrief sie ihre erste Aussage zu Gonen und seiner weiteren Verwendbarkeit im Militär. Dennoch fühlte sich Scharon abermals bestätigt. Die Kommission verwarf die Beschuldigung der Befehlsverweigerung, die Gonen gegen ihn erhoben hatte. Sie stellte fest, dass Scharons Verhalten als Kommandeur der 143. Division in vollem Umfang mit den Vorschriften der Armee vereinbar war.

»Wir möchten uns einen Augenblick mit der Frage der Disziplin befassen, die viele öffentliche Diskussionen ausgelöst hat im Gefolge eines Interviews ..., in dem Generalmajor Ariel Scharon andeutete, dass es seiner Auffassung nach für einen Offizier in gewissen Situationen gerechtfertigt sei, Befehle nicht auszuführen. Als Generalmajor Scharon vor uns als Zeuge aussagte, befragten wir ihn zu diesem Thema, um die Angelegenheit aufzuklären. Generalmajor Scharon führte aus, dass eine bestimmte Aktion an einem der letzten Kriegstage seinem Gewissen zuwidergelaufen sei. An diesem Tag hatte er den Befehl erhalten, mit seiner Division ein bestimmtes Gebiet anzugreifen. Er vertrat die Ansicht, dass die Ausführung dieses Befehls zu hohen Verlusten an Menschenleben geführt hätte und dass auch der Offizier, der den Befehl erteilte, wäre er selbst auf dem Schlachtfeld gewesen und hätte er die dort herrschenden Bedingungen gekannt – was laut Scharon nicht der Fall war –, anders entschieden hätte. Daher habe er, Generalmajor Scharon, den Befehl einige Stunden lang ignoriert, dann aber, da der Befehl aufrechterhalten wurde, gehorcht und den Angriff ausgeführt. Danach stellte er fest, dass er dadurch nichts erreicht hatte, das ihn hätte dazu bewegen können, seine vorherige Meinung zu ändern. Er betrachtet dies als ein Beispiel für einen Befehl, der besser nicht hätte ausgeführt werden sollen, für den er aber dennoch anschließend die Verantwortung übernehmen müsse. In seiner Aussage betonte er allerdings auch, dass solche Fälle sehr selten vorkämen.«

In seinen eigenen Worten erklärte Scharon dem Ausschuss: »Ich gebe zu, dass ich dies vielleicht nicht hätte sagen sollen, denn seither werden mir alle möglichen Aussagen angedichtet, ganz gleich, wie oft ich die Angelegenheit richtigzustellen, zu erläutern und noch einmal richtigzustellen versuche. Ich gelte mittlerweile schon als ein Mann, der grundsätzlich Befehle nicht befolgen will. Ich halte mich aber nicht für einen Befehlsverweigerer ... Ich bin überzeugt, dass man Befehle buchstabengetreu befolgen muss ..., das habe ich mehrfach erklärt.« Die Kommission stellte fest, dass »Generalmajor Scharons Ansichten, die er uns gegenüber vertrat, mit den Erfordernissen der militärischen Disziplin in Einklang stehen«.

Die Agranat-Kommission ging mit Saira und Elasar hart ins Gericht, sprach aber die politisch Verantwortlichen von jeder Schuld frei. Weder Dajan noch Golda Meïr wurden wegen ihres Verhaltens bei dem Überraschungsangriff getadelt. Die israelische Öffentlichkeit reagierte empört. Gegen Golda Meïr wurden nun zunehmend Rücktrittsforderungen erhoben, und am 3. Juni 1974 beugte sie sich dem öffentlichen Druck und erklärte ihren Amtsverzicht.

Jitzhak Rabin, der ruhmreiche Befehlshaber aus dem Sechstagekrieg, Repräsentant einer Zukunft, die noch vor wenigen Jahren vollkommen makellos erschien, wurde zum neuen Vorsitzenden der Arbeitspartei und zum Ministerpräsidenten gewählt. Der frühere Botschafter in Washington und Arbeitsminister bildete im Juli 1974 eine Koalitionsregierung. Schimon Peres wurde darin Verteidigungsminister.

Ariel Scharon versuchte den Rückenwind der Agranat-Kommission zu nutzen. Unmittelbar nach Elasars vorzeitiger Pensionierung gab er, den die parlamentarische Arbeit langweilte und der schon lange ein Auge auf den höchsten Posten in der Armee geworfen hatte, bekannt, dass er Generalstabschef werden wolle. Die verpatzte Befreiungsaktion nach einem Terrorüberfall auf eine Schule in Maalot in Nordisrael und die Schwierigkeiten bei den Verhandlungen mit Ägypten halfen ihm bei seiner Bewerbung.

Menachem Begin setzte sich für Scharon ein, aber die Arbeitspartei zog dessen alten Rivalen Mordechai »Motta« Gur vor. Im Juni 1974 behauptete Jechiel Leket, der Vorsitzende der Jungen Garde in der Arbeitspartei, in der Parteizeitung, dass »Scharon imstande ist, einen Militärputsch durchzuführen, um an die Regierung zu kommen«. Scharon reagierte darauf lediglich mit der Bemerkung »Blödsinn«, doch Lekets Befürchtungen wurden in der Partei von vielen geteilt.

Scharon, bitter enttäuscht darüber, dass ein Gegenspieler das Rennen gemacht hatte, tröstete sich damit, dass Rabin Ministerpräsident geworden war. Bei seinen Bemühungen, für Scharon einen angemessenen Platz in der Tzahal zu finden, stieß Rabin jedoch auf großen Widerstand. Sowohl Gur als auch Peres vertraten die Auffassung, dass die Armee die internen Streitigkeiten überwinden müsse, die sie in der Vergangenheit geschwächt hatten, und dass Scharon dafür nicht gerade der geeignete Mann sei. Die Auseinandersetzung über den Wert Scharons bildete den Auftakt eines zwanzigjährigen Kampfes zwischen Rabin und Peres um die Macht in der Arbeitspartei.

Scharon, der weiter dem oppositionellen Likudblock angehörte, hielt sich den ganzen Sommer 1974 mit öffentlichen Aussagen zurück, weil er auf gute Nachrichten von Rabin hoffte. Schließlich mischte sich auch Rabbi Schlomo Goren in die Debatte ein und bewog Peres zum Nachgeben. Der Verteidigungsminister traf sich in Beerscheba mit Scharon und Schmuel Gonen. Beim Mittagessen verständigten sich Scharon und Gonen darauf, die gegenseitigen Beschuldigungen zurückzunehmen. Im Dezember 1974 wurde Scharon schließlich der heikle Posten des Senior Reserves Field Commander im Südsektor übertragen.

Diese Ernennung stieß bei vielen Abgeordneten der Arbeitspartei auf Widerspruch. Sie erklärten, es sei nicht vertretbar, gleichzeitig dem Militär und der Knesset anzugehören. Schließlich brachten sie ein Gesetz durchs Parlament, das aktiven Offizieren ab dem Rang eines Obersten untersagte, sich in die Knesset wählen zu lassen. Scharon bezeichnete das Gesetz als »Anti-Scharon-Bill«.

Doch wieder einmal überraschte Scharon die politischen Kommentatoren und seine Parteifreunde. Am 16. Dezember 1974 gab er ohne Vorankündigung seinen Sitz in der Knesset auf. »Ich bin sehr betrübt«, schrieb Scharon in seinem Rücktrittsschreiben, »über das willkürliche und antidemokratische Gesetz, das die Knesset verabschiedet hat – ein Gesetz, das als Scharon-Dekret bekannt geworden ist und das mich zwingt, die Knesset zu verlassen, damit ich mein elementares Recht als Bürger wahrnehmen kann, bei der Reserve zu dienen. Diese Entscheidung ist nach meinem Dafürhalten nicht verfassungsgemäß. Angesichts eines drohenden Krieges muss ich ... mich darauf konzentrieren, meinen Beitrag zur Sicherung des Staates zu leisten.«

Scharons Rückzug wurde mit Überraschung, doch ohne Bedauern zur Kenntnis genommen. Er hatte in seinem ersten Jahr als Knessetabgeordneter eine miserable Figur abgegeben. Er wirkte stets gelangweilt und erzürnte seine Kollegen vom Likud durch seine Unterwürfigkeit gegenüber Rabin, den er ständig umschmeichelte, um seine eigenen Pläne voranzubringen. Schmuel Tamir, sein früherer Anwalt und Oppositionspartner in der Knesset, nannte Scharon »einen Mann ohne Hemmungen«. Den Likud-Mitgliedern erklärte Scharon, angesichts des empörenden Anti-Scharon-Gesetzes sei ihm keine Wahl geblieben. Insgeheim hoffte er, durch seinen neuen Posten, wenn auch nur in der Reserve, doch noch eine Chance zu besitzen, eines Tages Generalstabschef werden zu können, wenn Gur in Ruhestand ging.

Doch kurz nach dem Truppenentflechtungsabkommen mit Ägypten geriet Scharon mit Gur aneinander. Die von Scharon erstellten Stationierungs- und Einsatzpläne für den Sinai wurden von Gur in Bausch und Bogen verworfen und durch Pläne des Generalstabs ersetzt. Als sich Scharon einmal die Freiheit nahm, mit Soldaten an der Front über seine Vorstellungen zu sprechen, brach Gur den Kontakt mit Scharon ab und ließ dessen Funktion ruhen. Da er keine Alternative hatte, kehrte Scharon auf seine Farm zurück.

Israel hatte zu dieser Zeit mit einer schweren Dürre zu kämpfen. Mit dem Agrargeschäft der Familie Scharon ging es bergab, wie auch mit der israelischen Wirtschaft allgemein. Die kleinen Gewerbetreibenden und die Farmer, die häufig Dollar-Kredite besaßen, litten unter der Rezession und der steigenden Inflation. Scharon musste entsetzt feststellen, dass die Farm während seiner Zeit in der Knesset an den Rand des Bankrotts geraten war.

Scharon entschloss sich, den Betrieb umzustrukturieren und seine Erzeugnisse künftig ins Ausland zu verkaufen. Seine Beschäftigten – darunter auch viele Araber – arbeiteten Tag und Nacht. Scharon fuhr frühmorgens zu den Melonenfeldern hinaus, kehrte um neun Uhr zum Frühstück zurück und war dann wieder auf den Feldern bis zum Mittagessen, das stets Liliy zubereitete. Nach mehreren Monaten intensiver Arbeit und der vollzogenen Umstellung auf den Export kam die Farm wieder aus den roten Zahlen.

Diese Phase dauerte ein halbes Jahr und war für Scharon die schönste Zeit in seinem Leben, wie er später öfter sagte. Es war das erste, aber nicht das letzte Mal, dass die Farm für ihn eine Zuflucht darstellte.

Während dieser Zeit traf sich Scharon nur gelegentlich mit den Führern des Likud, widmete sich viel seiner Familie und unternahm mit dem zehnjährigen Omri und dem achtjährigen Gilad Ausritte in die Wüste. Im Sommer 1975 erhielt Scharon ein ungewöhnliches Angebot von Ministerpräsident Rabin. Dieser trug ihm den Posten des Sicherheitsberaters des Regierungschefs an. Peres und Gur waren sprachlos.

Die beiden bemühten sich nach Kräften, Scharons Einfluss zu beschneiden. Sie weigerten sich, ihn zu den Treffen des Generalstabs hinzuzuziehen. Unter ihrem Druck gab Rabin nach, schloss Scharon von diesen Treffen aus und änderte seinen Titel in den eines »Allgemeinen Beraters« des Ministerpräsidenten. Generalstaatsanwalt Meir Schamgar entschied, dass Scharon gleichzeitig Berater des Ministerpräsidenten und General der Reserve im Südsektor sein dürfe.

Scharon packte seine neue Aufgabe mit großem Tatendrang an, musste jedoch bald feststellen, dass er praktisch nichts bewegen konnte. Bald wurde deutlich, dass Rabin ihn nicht deshalb engagiert hatte, weil er ihn als künftigen Generalstabschef betrachtete, sondern um die Kritik der politischen Rechten an einem Interimsabkommen mit den Ägyptern zum Verstummen zu bringen.

Seit März 1975 pendelte der amerikanische Außenminister Henry Kissinger zwischen Kairo und Jerusalem hin und her und versuchte beide Seiten zu einem Abkommen zu bewegen, das den Krieg offiziell beenden sollte. Kissinger und US-Präsident Gerald Ford setzten Israel stark unter Druck und forderten es auf, sich aus sämtlichen Gebieten östlich des Suezkanals bis hinter den Dschiddi- und den Mitla-Pass zurückzuziehen.

Bis zu seiner Ernennung zum Berater von Ministerpräsident Rabin im Juli 1975 hatte Scharon das von Kissinger vorgeschlagene Interimsabkommen heftig kritisiert. Als Mitglied des Ausschusses für auswärtige Angelegenheiten und Sicherheitsfragen hatte er die Aufgabe des Dschiddi- und des Mitla-Passes als eine eindeutige Bedrohung der Sicherheit des Staates Israel gebrandmarkt. Nachdem er seinen Beraterposten angetreten hatte, erfuhr er, dass der vorgeschlagene Rückzug viel weiter gehen sollte, als er bisher gewusst hatte, wodurch er in eine Zwickmühle geriet: Sollte er weiter an seinen ursprünglichen Überzeugungen festhalten und sich gegen die absehbare Übereinkunft zwischen Rabin und Ford aussprechen oder sollte er Loyalität gegenüber seinem Chef zeigen und den Mund halten? Scharon entschloss sich, seine Bedenken hintanzustellen, was jedoch seine Frustration weiter schürte.

Im August 1975 war Kissinger wieder im Nahen Osten unterwegs. Die rechtsgerichtete Siedlerbewegung Gusch Emunim (Block der Getreuen) veranstaltete bei jedem Besuch des jüdischstämmigen US-Außenministers in Jerusalem Massenkundgebungen, auf denen seine Politik heftig kritisiert wurde. Rabin richtete eine Expertengruppe ein, die sich mit den Einzelheiten des Abkommens befassen und das genaue Ausmaß des Rückzugs festlegen sollte. Zu dieser Gruppe gehörten Verteidigungsminister Schimon Peres, Außenminister Jigal Allon, Generalstabschef »Motta« Gur, Generalstaatsanwalt Meir Schamgar, Ariel Scharon als Berater des Ministerpräsidenten sowie Juwal Neeman, der Berater des Verteidigungsministers.

Ende des Monats begab sich die Gruppe zum Mitla-Pass, um die exakte Rückzugslinie festzulegen. Peres und Gur, die beiden einflussreichsten Mitglieder der Gruppe, sprachen sich dagegen aus, dass Scharon sie begleitete. Rabin gab wieder nach und erlaubte Scharon nur, sie bis zum Pass zu begleiten, aber nicht an der anschließenden Besprechung teilzunehmen. Gur und Peres schlugen vor, Israel solle der US-Regierung dadurch entgegenkommen, dass es sich bis zum Dschiddi- und zum Mitla-Pass zurückzog sowie der Einrichtung einer entmilitarisierten Zone zwischen den ägyptischen und israelischen Truppen und einer Warnstation zustimmte.

Am 31. August wurde das israelisch-ägyptische Abkommen besiegelt. Rabin schrieb in seinem *Service Notebook:* »Es war mein Berater Ariel Scharon, der gegen den Widerstand anderer empfahl, die Warnstation in möglichst großer Nähe zu unseren Stellungen zu errichten. Scharons Verhalten hat mich sehr ermutigt. Er sagte zu mir: ›Ich stimme nicht überein mit Ihrer Auffassung und ich bin eindeutig gegen das Interimsabkommen, aber solange ich Ihr Berater bin, werde ich Ihnen die besten Ratschläge geben, die ich Ihnen (im Rahmen Ihrer Politik) geben kann.‹ In dieser Frage hat sich Scharon loyal und fair verhalten, anders als Juwal Neeman, der Berater des Verteidigungsministers, der während seiner diplomatischen Tätigkeit sein Amt zu einer Basis für die Angriffe von Gusch Emunim auf den Ministerpräsidenten gemacht hat … Der Unterschied zwischen Scharon und Neeman war der Unterschied zwischen Fairness und

Heuchelei. Es war kein Zufall, dass Neeman für Schimon Peres arbeitete und Ariel Scharon für mich.«

Als Berater des Ministerpräsidenten war Scharon verantwortlich für die Organisation der Verhandlungen zwischen der Regierung und den Mitgliedern von Gusch Emunim, die sich in Sebastia niedergelassen hatten, der legendären Stadt, die von Herodes auf dem Boden der biblischen Siedlung Schomron erbaut worden war. Die Siedlung in Sebastia, die kurz nach der am 10. November 1974 verabschiedeten UN-Resolution errichtet worden war, die den Zionismus als rassistische Ideologie einstufte, wurde zum Symbol des Kampfes von Gusch Emunim gegen die Regierung Rabin.

Scharons erster Besuch in Sebastia fand noch unter anderen Vorzeichen statt: Am 1. Dezember, zwei Tage nach der Ankunft der ersten Siedler, geleiteten Scharon und Begin einen Konvoi von 400 Unterstützern in die Region. Man feierte das Hanuka-Fest, Scharon freute sich, an der Feiertagszeremonie teilnehmen zu können, und verzehrte gut gelaunt die süßen Krapfen, die von der israelischen Dichterin Naomi Schemer verteilt wurden.

Fünf Tage später kehrte Scharon als Rabins Vermittler nach Sebastia zurück. Rabin, der Peres misstraute und das Gefühl hatte, dass dieser vor einem Konflikt mit den Siedlern zurückschreckte, bat Scharon, Peres während der Verhandlungen im Auge zu behalten. Peres und Scharon trafen sich mit den Führern von Gusch Emunim in einem verlassenen Bahnhof in Sebastia, und dort kapitulierte die Regierung zum ersten Mal vor den Siedlern: Die Demonstranten, die sich in Sebastia eingefunden hatten, sollten in eine nahe gelegene Militärbasis umziehen, bis die Regierung eine Entscheidung über die jüdischen Siedlungen im Westjordanland und im Gazastreifen getroffen hatte. Nach Aussage von Peres legte Scharon den Kompromissvorschlag auf den Tisch, auf den man sich schließlich einigte.

Scharon und Peres halfen 30 Familien dabei, in die nahe gelegene Militärbasis in Kadum umzuziehen. Am 9. Mai 1976, ein halbes Jahr nach dem Umzug der Siedler, wurde ihr Sieg schließlich auch formell anerkannt. Die Regierung Rabin beschloss zwar, auf dem Gebiet der Basis Kadum kein Dorf zu errichten, doch die Siedler sollten »in eine dauerhafte Siedlung umziehen, die ihnen auf der Grundlage eines offiziellen Regierungsplans zuerkannt wird«. Am 17. April 1977 genehmigte die Regierung Rabin den Siedlern von Sebastia die Errichtung der Siedlung Kedumim unmittelbar neben der Militärbasis Kadum.

Scharon war stolz auf seine Rolle in Sebastia, denn er wusste, dass dies ein Meilenstein hinsichtlich der Errichtung jüdischer Siedlungen in den besetzten Gebieten war. Dennoch hatte er das Gefühl, seine Zeit zu vergeuden. Mehrmals wollte er zurücktreten, doch Rabin beharrte darauf, dass er weitermachte.

Im Dezember 1975, nachdem er den Beraterjob ein halbes Jahr lang ausgeübt hatte, sorgte Scharon mit einem eigenen Plan für Aufsehen. Sein Fünf-Punkte-Plan umfasste folgende Maßnahmen: die Ausrufung des nationalen Notstands durch die Regierung; die Bildung einer Regierung der nationalen Einheit mit zehn Ministern; das Einfrieren der Gespräche mit Außenminister Kissinger, der nach Scharons Empfinden Israel in den Verhandlungen mit Ägypten benachteiligt hatte; die Vorbereitung der Bevölkerung auf einen neuen Krieg; und eine unverzügliche und massive jüdische Besiedelung Judäas, Samarias und des Gazastreifens.

Rabin lehnte den Plan erwartungsgemäß ab. Im März 1976, neun Monate nachdem er für Rabin zu arbeiten begonnen hatte, gab Scharon seinen Posten auf. Doch sein Aufenthalt im Büro des Ministerpräsidenten war Gold wert. In diesen neun Monaten, einer Lehre der besonderen Art, lernte Scharon, wie Israel regiert wurde. Er erlebte, wie Rabin seine Entscheidungen unter vielfaltigem Druck von außen traf, und baute Kontakte zu politischen Führern in anderen Ländern auf. Bei einem Treffen mit Kissinger bemerkte der amerikanische Außenminister einmal gegenüber Scharon, er habe gehört, er sei der gefährlichste Mann im ganzen Nahen Osten. »Der gefährlichste Mann im Nahen Osten«, erwiderte Scharon, »der sind Sie.«

Kapitel 24
Das Schlomzion-Debakel

Im März 1976, 14 Monate vor der Parlamentswahl im Mai 1977, kehrte Scharon auf seine Farm zurück und bereitete sich auf seinen Wiedereinstieg in die Politik vor. Der Wachwechsel in der Arbeitspartei von Meïr und Dajan zu Rabin und Peres vermochte die Wut der Öffentlichkeit auf die regierende Partei nach dem Fiasko des Jom-Kippur-Krieges nur wenig zu dämpfen. Berichte über Korruptionsfälle in der Parteiführung trugen zur allgemeinen Unzufriedenheit bei.

Scharon erkannte, dass die Zeit reif war für den ersten großen politischen Umbruch in der Geschichte des Landes. Doch der Likudblock, den er im Sommer 1973 mitbegründet hatte, begegnete ihm sehr reserviert, denn da er Rabin als Berater gedient hatte, galt er als Abweichler. Sein Verhältnis zu Begin war unterkühlt. Simha Erlich, der Führer der liberalen Gruppierung und zeitmächtigste Mann des Likud, wandte sich strikt gegen eine Rückkehr Scharons.

Am 22. April 1977, mitten im Wahlkampf, erklärte Erlich, der sich sonst eher besonnen äußerte, der Zeitung *Yedioth Ahronoth*, Scharon sei »eine impulsive Primadonna, unfähig zur Teamarbeit und absolut ungeeignet für die Politik. Eser Weizman drängt mich, ihn wieder aufzunehmen, aber ich habe schon mehrmals gesagt, dass er verantwortungslos, unseriös und wankelmütig ist. Ich befürchte, dass Arik, wenn er durch uns wieder Einfluss gewonnen hat, zur Arbeitspartei wechseln könnte.« In der Lobby des Waldorf-Astoria-Hotels, wo beide an einer Konferenz der Zionists of America teilnahmen, sagte Erlich zu Scharon, der Jom-Kippur-Krieg habe sowohl der Lira als auch dem Ansehen des Generals schwer geschadet.

Anfang 1976 hatte sich Scharon mit einer Reihe bekannter Persönlichkeiten getroffen, die sich bisher noch nicht politisch betätigt hatten, um sie für eine neue Partei unter seiner Führung zu gewinnen. Die bekanntesten darunter waren der frühere Luftwaffenkommandeur Eser Weizman, die früheren Leiter des Militärgeheimdienstes

Meir Amit und Aharon Jariw, der ehemalige Generalstabschef Chaim Laskow, Professor Juwal Neeman und der Industrielle Steph Wertheimer. Sie alle lehnten sein Angebot ab. Daraufhin scharte Scharon eine Gruppe unbekannter Mitstreiter um sich und gründete 1977 eine neue Partei namens Schlomzion.

Zunächst strömten zahlreiche Sympathisanten und Helfer in das kleine Büro der Partei in Tel Aviv. In einer aufsehenerregenden Pressekonferenz, auf der er die Gründung der neuen Partei bekannt gab, erklärte Scharon, der Likud sei auch nicht besser als die Arbeitspartei und er werde nie mehr dorthin zurückkehren, auch wenn der Likud die bevorstehenden Wahlen gewinnen sollte. Da die Meinungsumfragen Scharons neuer Gruppierung Anfang 1977 acht Sitze in der Knesset voraussagten, schien seine Rückkehr in die Politik gesichert.

Um die unentschiedenen Wähler in der Mitte zu gewinnen, formulierte Scharon ein gemäßigtes politisches Programm. Doch knapp einen Monat später gründete der frühere Generalstabschef Jigael Jadin, mittlerweile ein international bekannter Archäologe, zusammen mit ausgesuchten Leuten aus der Armee, mit Professoren und Wirtschaftswissenschaftlern die Demokratische Bewegung für einen Wandel (DMC). Diese Partei eroberte die Öffentlichkeit im Sturm und drängte die verhältnismäßig unbekannte Schlomzion an den Rand.

Als die DMC immer mehr Anhänger fand und Schlomzion in der Wählergunst sank, fiel es Scharon zunehmend schwerer, die nötigen Geldmittel für die Partei zu beschaffen. Die Umfragen gaben seiner Gruppierung noch zwei Sitze, die Stimmung in der Parteizentrale war auf dem Tiefpunkt, und Scharon erklärte Lily, wahrscheinlich zum ersten Mal in seinem Leben, er würde am liebsten alles hinschmeißen. Seine kurze und wenig erfolgreiche politische Karriere schien vor dem endgültigen Aus zu stehen.

Doch Lily stand ihm zur Seite, obwohl sie ursprünglich dagegen gewesen war, dass er sich an die Spitze dieser neuen Partei stellte, und redete ihm zu, den Wahlkampf unter allen Umständen weiterzuführen. Sie packte die Kinder ins Auto, zusammen mit ein paar Eimern, Putzlappen und Bürsten, und fuhr ins Büro, um dort sauber zu machen. Die wenigen Helfer, die sie dort antraf, packten mit an, und für einige Stunden schienen zumindest die Parteimitarbeiter wieder neuen Mut zu schöpfen. Nur Scharon tigerte mit gesenktem Kopf und bedrückt im Büro hin und her.

Im März 1977, zwei Monate vor den Wahlen, ging Schlomzion das Geld für den Wahlkampf aus. Nur durch eine im letzten Augenblick in den USA organisierte Spendenaktion konnte sich die Partei bis zum Wahltag über Wasser halten.

Der Likud witterte seine Chance und rief alle Anhänger der Rechten und der politischen Mitte auf, bei der wichtigsten bürgerlichen Partei zu bleiben und keine Stimmen zu verschenken an Gruppen wie Schlomzion, die den Einzug in die Knesset ohnehin nicht schaffen würden. Verzweifelt versuchte Scharon, wieder beim Likud unterzukommen. Er wandte sich an Begin, doch am 22. März 1977 erlitt der Kandidat für das Amt des Ministerpräsidenten einen Herzinfarkt. Scharon besuchte ihn in einem Hotel am Strand von Herzlija, wo er sich erholte.

Scharon versprach, sich mit seiner Gruppe dem Likud anzuschließen. Begin erwiderte darauf, er müsse diesen Vorschlag erst mit den anderen führenden Likud-Mitgliedern Jitzhak Schamir und Eser Weizman besprechen.

Erlich unterlief diese Initiative. Am 17. April 1977 schrieb er einen Brief an einen Freund. Arie Avineri veröffentlichte diesen Brief in seinem Buch *The Liberal Connection*. »Niemand hat mehr dafür getan als ich, Arik in unsere Mitte zu holen, und niemand hat mehr dafür getan als ich, um dafür zu sorgen, dass er nicht mehr zurückkehrt. Ich habe ihn nicht hinausgedrängt. Er hat sich entschieden, Rabin als Berater zu dienen, und war im Grunde sein gehorsamer Gehilfe. 1973 habe ich gesagt: ›Meine Hochachtung gilt jenen, die ihn vom Posten des Generalstabschefs ferngehalten haben, denn Arik wäre als Generalstabschef eine Katastrophe für dieses Land gewesen.‹ Ich betrachte ihn als eine Gefahr für die Demokratie und die freie Gesellschaft, denn er wäre imstande, Gefängnisse für politisch Andersdenkende einzurichten, sollte er maßgeblichen Einfluss in der Regierung erhalten. Durch meine feste Haltung konnte der Zerfall des Likud und viel Leid für das Land abgewendet werden – das er verursacht hätte. Dieser Mann hat keine Prinzipien, keine menschlichen Empfindungen und keine moralischen Maßstäbe, wodurch er zu einer Gefahr für die Gesellschaft wird. Man frage jene, die ihn noch vor zwei Monaten bewundert haben; sie werden bestätigen, wie rücksichtslos er ist. Ich glaube, ihn aus dem Likud fernzuhalten ist eine Aufgabe von nationaler Bedeutung, das sage ich ohne die geringste Übertreibung.«

Auf Scharons Versuch, wieder in den Schoß des Likud zurückzukehren, reagierten die Mitglieder von Schlomzion mit Enttäuschung. Viele von ihnen wollten bis zum bitteren Ende im Rennen bleiben, doch Scharon umwarb unverblümt die Führer des Likud. Als der Endtermin für die Einreichung der Wahllisten näherrückte, traf sich Scharon in einem Café in Tel Aviv mit Jitzhak Schamir, um abschließend über die Bedingungen eines Zusammenschlusses zu verhandeln. Am Ende ihrer Unterredung erklärte ihm Schamir, er müsse die Sache noch mit Simha Erlich besprechen. Doch die beiden ließen nichts mehr von sich hören. Nach stundenlangen vergeblichen Telefonanrufen reichte Scharon schließlich seine eigene Knesset-Wahlliste ein. Hinter ihm, auf dem zweiten Listenplatz, stand Jitzhak Jitzhaki, ein unbekannter Lehrer.

Am 15. Mai 1977, zwei Tage vor den Wahlen, gab die Wahlkampfleitung des Likud bekannt, dass Begin, sollte er Ministerpräsident werden, entweder Eser Weizman oder Ariel Scharon zum Verteidigungsminister ernennen werde, wodurch abermals die Botschaft verbreitet wurde, dass es überflüssig sei, für Schlomzion zu stimmen. Scharons Partei interpretierte diese Ankündigung als erneuten Versuch, ihre Chancen auf einen Einzug in die Knesset zu schmälern. Schlomzions Umfragewerte fielen weiter.

Am 17. Mai 1977, dem Wahltag, gaben Ariel und Lily Scharon ihre Stimmen in Rehovot ab, wo sie vorübergehend wohnten, weil ihr Farmhaus in der Wüste renoviert wurde. Die Abendnachrichten verkündeten eine Revolution: Zum ersten Mal in der Geschichte des Staates Israel, nach 29 Jahren ununterbrochener Regierung der Mapai beziehungsweise Arbeitspartei, sollte Menachem Begins Partei die nächste Regierung stellen. Der Likud hatte 43 von 120 Sitzen errungen.

Schlomzion erhielt insgesamt 33 947 Stimmen, gerade so viel, um mit der Mindestzahl von zwei Sitzen in die Knesset einzuziehen. Obwohl seine Gruppierung nur so wenig Unterstützung gefunden hatte, empfand Scharon Erleichterung. Er wusste, dass es das schmachvolle Ende seiner politischen Karriere bedeutet hätte, wenn er den Einzug in das Parlament nicht geschafft hätte. Als neugewähltes Mitglied der 9. Knesset rief er Menachem Begin an und gratulierte ihm. Begin forderte ihn auf, sofort wieder dem Likud beizutreten, und empfahl ihm, Erlich einen versöhnlichen Brief zu schreiben. Die enttäuschten Mitglieder von Schlomzion verfolgten entsetzt, wie Scharon sie im Stich ließ und sich jenen an die Brust warf, die er noch vor zwei Tagen heftig kritisiert hatte.

Begin berief Scharon in die Delegation für die Koalitionsverhandlungen. Am 20. Juni stellte der frühere Untergrundführer seine Koalitionsregierung vor, die sich auf 45 Likud-Abgeordnete (inklusive der zwei Schlomzion-Abgeordneten), 15 DMC-Parlamentarier, zwölf Abgeordnete der Nationalreligiösen und die vier Vertreter der ultraorthodoxen Partei Agudat Israel stützen konnte. Begin ernannte Dajan, der der Arbeitspartei den Rücken gekehrt hatte, zum Außenminister und Eser Weizman zum Verteidigungsminister. Scharon bot er

Juni 1977. In der Knesset. Der neue Landwirtschaftsminister mit Ministerpräsident Menachem Begin. (Foto: David Rubinger, *Yedioth Ahronoth*)

den Posten des Ministers für die Sicherheitsdienste an. Doch Scharon lehnte ab, weil er fürchtete, in diesem Amt nur geringen Einfluss zu haben. Stattdessen forderte er ein Ministerium, zu dem er mehr Bezug hatte, das Landwirtschaftsministerium.

Begin willigte ein und übertrug Scharon darüber hinaus das nicht weniger wichtige Amt des Vorsitzenden des Ministerausschusses für Siedlungsangelegenheiten. Diese beiden Ämter versetzten Scharon in die Lage, die politische Landschaft des Nahen Ostens umzukrempeln.

Scharons gesamte Familie erschien zur Vereidigungszeremonie der neuen Regierung. Als er am Rednerpult der Knesset seinen Amtseid sprach, blickte Scharon zu seiner 80-jährigen Mutter Vera. Während ihr Tränen in die Augen traten, hatten beide den gleichen Gedanken: Wie schade, dass Samuel Scheinerman, der angefeindete Agronom aus Kfar Malal, diesen Tag nicht mehr erleben durfte, an dem sein Sohn als israelischer Landwirtschaftsminister vereidigt wurde.

Kapitel 25
Landwirtschaftsminister

Als Junge aus Kfar Malal und Eigentümer einer riesigen Farm war Scharon eine Idealbesetzung für den Posten des Agrarministers. Doch in der ersten Amtszeit von Ministerpräsident Begin beschäftigte er sich mehr mit der Errichtung jüdischer Siedlungen auf der Westbank und im Gazastreifen, jenen Gebieten, die im Sechstagekrieg von Israel erobert worden waren.

Scharon förderte gezielt den Bau von Siedlungen auf strategisch günstig gelegenen Hügeln entlang der Höhenrücken im Westjordanland, wodurch die palästinensischen Dörfer und Städte auseinandergerissen wurden. Der von ihm geleitete Ausschuss bestimmte die Größe und die Lage der Siedlungen, beauftragte die Baufirmen und unterstützte die neuen Siedler bei der Suche nach Jobs und der Finanzierung ihrer Häuser.

Als Vorsitzender des Ministerausschusses für Siedlungsangelegenheiten – zuständig für die Formulierung und Umsetzung der nationalen Siedlungspolitik – versuchte Scharon, die biblischen Gebiete durch Besiedelung für Israel zurückzugewinnen. Militärische Eroberungen hatten seiner Auffassung nach nur vorübergehenden Charakter; erst durch den Pflug und die Ansiedlung von Menschen konnte das Land dauerhaft in Besitz genommen werden. Scharon betrachtete dies als eine natürliche Erweiterung der von Ben Gurion und der Mapai vor der Staatsgründung verfolgten Siedlungspolitik.

Bereits am 26. Juli 1977 wurden auf einer 20-minütigen Sitzung des Ausschusses, an der sieben Minister und sieben Vertreter der Histadrut, der israelischen Gewerkschaften, teilnahmen, die Siedlungen Alon Moreh, Maale Adumim und Ofra legalisiert. Als anerkannte Ortschaften hatten diese Siedlungen nun Anspruch auf staatliche Gelder, und Scharon sorgte dafür, dass diese auch regelmäßig flossen. Die US-Regierung kritisierte diese Entscheidung. Außenminister Cyrus Vance erklärte, die Siedlungen verstießen gegen internationales Recht und bildeten ein Hindernis auf dem Weg zum Frieden. Dies hielt Scharon jedoch nicht davon ab, das Westjordanland und den Gazastreifen weiter mit Juden zu besiedeln.

Durch seinen Entschluss, sich auf die Siedlungspolitik zu konzentrieren, statt sich mit dem Wasserpreis für die Landwirtschaft oder Vertriebsbeschränkungen für Hühnerfarmen zu beschäftigen, hob sich Scharon aus der Ministerriege heraus. Anstatt ein bloßer Schatten von Verteidigungsminister Weizman zu bleiben, entwickelte sich Scharon zu einem Politiker, der die Zukunft des Landes entscheidend mitgestaltete. Der politische Kurs, den Scharon in den seit 1967 besetzten Gebieten verfolgte, und die vollendeten Tatsachen, die er dort schuf, sollten den israelisch-palästinensischen Konflikt in den kommenden drei Jahrzehnten maßgeblich bestimmen. Dass Begin Scharon auch ins Sicherheitskabinett berief, stärkte die Machtposition jenes Mannes weiter, der vor ein paar Wochen noch um den Einzug in die Knesset hatte bangen müssen.

Zur Umsetzung der Siedlungspolitik richtete Scharon eine kleine Expertengruppe aus Vertrauten ein, darunter auch einige Weggefährten aus Schlomzion, angeführt von seinem Freund Uri Bar-On. Nur selten zog Scharon Mitarbeiter des Landwirtschaftsministeriums heran. Die Gruppe benötigte zwei Monate, um die Einzelheiten zu klären und einen Besiedelungsplan zu entwerfen. In diesem Zeitraum schwärmten Scharons Gesandte auf den Hügeln aus und erkundeten das gesamte Gebiet. Mitte September 1977 diskutierte das israelische Kabinett über die Zukunft des Westjordanlandes. Scharon brachte eine riesige Landkarte mit, breitete sie vor den versammelten Ministern aus und erläuterte ausführlich die Einzelheiten seines bis ins Detail ausgearbeiteten Plans, den er wenig überraschend als »Scharon-Plan« titulierte.

Dieser Plan zur Besiedelung von Judäa und Samaria, der biblischen Bezeichnung für diese Region, erhob den Anspruch, eine Lösung für Israels Probleme an der Ostfront zu bieten – der Probleme mit der palästinensischen Bevölkerung, mit Jordanien, Syrien und dem Irak. Als Erstes wurde in diesem Plan der große Unterschied zwischen den Geburtenraten angesprochen: Während die palästinensische Bevölkerung rasch wuchs, war die Geburtenrate der jüdischen Bevölkerung fast auf westeuropäisches Niveau gesunken. Scharons zweite Befürchtung war, dass jene Palästinenser in Israels

Kernland einsickern könnten, die jenseits der Grünen Linie lebten – jener Grenze zwischen Israel und dem Westjordanland bzw. dem Gazastreifen, die in dem 1949 unterzeichneten Waffenstillstandsabkommen mit Ägypten, Syrien, Jordanien und dem Libanon festgelegt worden war. Das dritte Problem bezog sich auf die Topographie, da sich die Höhenzüge des Westjordanlands über Israels schmale Taille erheben, die Küstenebene, in der sich der Großteil der Bevölkerung in dicht besiedelten Städten drängt. »Damit befinden wir uns militärisch in einer sehr verwundbaren Lage.«

Scharon schlug vor, diese Probleme durch Dutzende von Siedlungen entlang der Höhenzüge zu beheben. Am 26. September plädierte er vor dem Kabinett leidenschaftlich für einen neuen Aufbruch, bei dem der Schwerpunkt der Siedlungsaktivität über die Grüne Linie ins Westjordanland vorgeschoben werden solle. Scharons Siedlungsplan beruhte weitgehend auf dem »Doppelten Rückgrat«, einem Positionspapier des Architekturprofessors Avraham Wachman. Diesen Plan, der 1976 Rabin vorgelegt und von ihm rundheraus abgelehnt worden war, hatte Scharon in seiner Zeit als Berater des früheren Ministerpräsidenten zu Gesicht bekommen. In seinem neuen Amt griff er einen Großteil von Wachmans Vorschlägen wieder auf.

Der Plan bestand aus drei zentralen Elementen: der Errichtung von Siedlungen und Gewerbebetrieben an den Höhenzügen im Westjordanland; der Gründung von Siedlungen im Jordantal, von Bet Schean bis zum Toten Meer, um Israels Ostgrenze abzusichern und zu verhindern, dass sich ein einheitliches palästinensisches Siedlungsgebiet vom Westjordanland über Jordanien bis zum Irak bildete; und schließlich der Schaffung eines jüdischen Siedlungsrings um die arabischen Viertel von Jerusalem. Die Pufferzone um Jerusalem begann südlich von Bethlehem im Gebiet um Gusch Ezion, erstreckte sich in östlicher Richtung bis nach Maale Adumim am Rand der Wüste, die zum Toten Meer abfällt, und im Norden von Ramalla bis Bet El. Im Scharon-Plan waren auch zahlreiche Straßen vorgesehen, die in Ost-West-Richtung verlaufen und an denen Siedlungen errichtet werden sollten, um die palästinensischen Wohngebiete zu trennen.

Scharon skizzierte die Straßen, die er im Westjordanland zu bauen beabsichtigte, um sowohl den Siedlern als auch der Armee

Bewegungsfreiheit in der Region zu verschaffen. Dann erläuterte er die ideologischen Ziele seines Plans – er sollte dazu beitragen, die Kontrolle der Juden über Jerusalem zu stärken, die ewige Hauptstadt Israels und des jüdischen Volkes. Scharon betonte die Notwendigkeit, die Siedlungstätigkeit um Jerusalem zu intensivieren, und führte mehrere Punkte auf, die dazu beitragen sollten, den Anteil der Juden in diesem Gebiet zu erhöhen. Am Schluss seiner Präsentation erklärte er: »Ich spreche hier nicht fürs Protokoll. Bedenken Sie alles sorgfältig. Sobald der Plan gebilligt ist, werde ich ihn ausführen.«

Am 2. Oktober 1977 genehmigte die Regierung Scharons Siedlungsplan. Am 9. November legte ihn Scharon der Knesset vor. Scharon besaß die volle Rückendeckung von Ministerpräsident Begin und wurde begeistert unterstützt von Gusch Emunim, der Siedlungsbewegung aus dem national-religiösen Lager, die Scharon nun als ihren Beschützer und Verbündeten betrachtete.

Um seinen Plan umzusetzen, musste Scharon junge israelische Männer und Frauen dafür gewinnen, die Annehmlichkeiten des israelischen Kernlands aufzugeben und in isolierte Siedlungen in entlegenen Gegenden des Westjordanlands umzuziehen, die von einer feindlichen palästinensischen Bevölkerung umgeben waren. Dazu tat er sich mit Gusch Emunim zusammen und deren geistigem Führer Rabbi Swi Jehuda Kook, der zur Besiedelung des historischen Landes Israel aufrief, wie es in der Bibel bezeugt war. Der eine wurde durch Landkarten und eine Strategie motiviert, der andere durch die Bibel und das Wort Gottes. Doch beide verfolgten dasselbe Ziel: vollendete Tatsachen zu schaffen, und zwar schnell.

Die Haltung der Regierung zur Besiedelung deckte sich nicht mit dem Tempo der Entwicklung. Während die Regierung Begin noch mit den USA und den anderen Koalitionsparteien verhandelte, baute Gusch Emunim so schnell wie möglich weiter. Scharon wurde immer wieder vorgeworfen, zu Lasten der Regierung mit den Siedlern gemeinsame Sache zu machen. Bisweilen räumten die Siedler auch ein, dass Scharon sie ermutigte, Siedlungen zu bauen, bevor sie dazu die Genehmigung erhielten, um unumstößliche Fakten zu schaffen.

Zwei Siedlungskomplexe lagen Scharon besonders am Herzen: jener, der ringförmig um Jerusalem gezogen werden sollte, und der andere auf der östlichen Seite der Grünen Linie, welche die arabische Bevölkerung im israelischen Kernland von der in den 1967 besetzten Gebieten teilte. Im Jahr 1977 trieb Scharon die Errichtung der Siedlungen Bet El, Elkana, Salit, Rimonim, Chalamisch, Migdal Oz, Schavei Schomron, Tkoa und Kedumim voran. In den beiden folgenden Jahren wurden Mevo Dotan, Ariel, Karnei Schomron, Schiloh, Tapuach, Kochaw, Haschachar und Alon Moreh gebaut.

Auch in Begins zweiter Amtszeit, als Scharon Verteidigungsminister war, unterstützte er die Siedler weiter tatkräftig bei ihren Expansionsbemühungen. Im Lauf dieser Jahre wurden Dutzende weiterer Siedlungen errichtet, etwa Alfei Menasche, Emanuel, Nokdim, Efrata, Psagot, Vered Jericho, Hirmesch, Givon Hahadascha, Eli Zahaw, Ateret, Ganim, Dolew, Jitzhar, Maale Lewona, Schaarei Tikwa, Kirjat Netafim, Kamrei Zur, Maale Amos, Maale Michmas, Neve Daniel, Telem, Barkan und Otniel.

Vom Landwirtschaftsministerium floss ein steter Geldstrom zu den Siedlungsunternehmen. Die Führer von Gusch Emunim wussten, dass sie unbesorgt ihre privaten Gelder einsetzen konnten – früher oder später würde Scharon auf Begin Druck ausüben, und die Regierung würde ihnen das Geld zurückerstatten, das sie vor der Anerkennung einer neuen Siedlung ausgegeben hatten. So ließ Scharon im Oktober 1977 Gusch Emunim neun Millionen Schekel zukommen für ihre Auslagen bei der Errichtung von Ofra und Kadum, die erst nachträglich legalisiert worden waren.

Scharon beantragte beim Finanzausschuss der Knesset Gelder für den Bau von Zufahrtstraßen nach Ofra und Kadum, für einen Stromanschluss, eine Müllbeseitigungsanlage, einen Speisesaal, Häuser, eine Synagoge, eine Bibliothek und für die Zahlung von Löhnen für die Bewohner der Siedlungen. Mitglieder der linken Opposition protestierten vergeblich. Die Tatsachen waren bereits geschaffen.

Im September 1977 regte Scharon an, Siedlern zu erlauben, Armeestützpunkte in Judäa und Samaria zu beziehen und das Gebiet von dort aus allmählich um zivile Bauten zu erweitern. Er schlug vor, Anhänger von Gusch Emunim in der Militärbasis Bet El und anschließend in sechs weiteren Basen anzusiedeln, wo sie Sicherheitsaufgaben übernehmen könnten. Dieser Vorschlag erboste Weizman und führte zu einem offenen Konflikt zwischen den beiden.

Später drängte Scharon die Gewerkschaften, Gusch Emunim als eine offizielle Körperschaft anzuerkennen, die mit der Besiedelung des Landes beauftragt sei. Der Knessetabgeordnete Jossi Sarid von der linken Opposition sprach in diesem Zusammenhang etwas aus, was alle wussten: »Gusch Emunim soll nicht zuletzt deshalb als offizielle Siedlerbewegung anerkannt werden, um den Transfer staatlicher Gelder und anderer staatlicher Mittel in die Kasse von Gusch zu erleichtern.«

Scharons energisches, ungestümes Vorpreschen, noch während der Entscheidungsprozess zur Erweiterung der Siedlungsaktivitäten lief, und seine beachtliche Fähigkeit, eine Siedlungsbewegung auf die Beine zu stellen, wie es sie seit den Anfangsjahren des Zionismus nicht mehr gegeben hatte, trugen ihm den Spitznamen »Bulldozer« ein. Am Ende von Begins erster Amtszeit hatte Scharon die Errichtung von 64 neuen Siedlungen im Westjordanland in die Wege geleitet.

Am 9. November 1977 kündigten ägyptische Zeitungen an, dass Präsident Anwar as-Sadat am Abend eine wichtige Rede halten werde. Diese Rede des Führers des stärksten und wichtigsten arabischen Landes im Nahen Osten war eine Sensation: Er erklärte seine Bereitschaft, nach Israel zu reisen und vor der Knesset zu sprechen, was nichts Geringeres bedeutete, als dass er als erster arabischer Staatsführer den jüdischen Staat anerkannte. Zehn Tage später landete Sadats Flugzeug auf dem Internationalen Flughafen Ben Gurion in Israel.

Bis auf Außenminister Dajan, der hinter den Kulissen die Verhandlungen geführt hatte, wurden alle übrigen Minister von diesem Schritt überrascht, auch Scharon. Sadat entstieg dem ägyptischen Flugzeug, schritt über den roten Teppich und schüttelte unzählige Hände. Vor Landwirtschaftsminister Ariel Scharon blieb er kurz stehen. »Aha, hier sind Sie«, sagte er. »Ich hatte gehofft, Sie im Oktober 1973 auf arabischem Boden gefangen nehmen zu können.« Scharon lächelte. »Ich bin froh, dass es mir gelungen ist, Ihnen zu entkommen.«

Vor dem Abflug Sadats trafen sich die beiden noch einmal. »Scharon«, sagte Sadat zu ihm am Flughafen, »es war sehr schön, Sie kennenzulernen.« Scharon erwiderte: »Ich hoffe, das nächste Mal treffe ich Sie als Landwirtschaftsminister, in Ägypten.« »Sie sind herzlich eingeladen«, erwiderte Sadat und drückte ihm herzlich die Hand.

Scharon verbarg seine wachsende Besorgnis hinter seinem Lächeln. Mit Friedensgesprächen waren zwangsläufig Forderungen verbunden. Die Bedingungen Kairos – vollständiger Stopp des Siedlungsbaus in den besetzten Gebieten, Anerkennung des Rechts der Palästinenser auf nationale Selbstbestimmung und Rückzug aus allen 1967 besetzten Gebieten einschließlich Ost-Jerusalems – machten Scharons Bulldozer-Flotte in den Augen mehrerer Minister, insbesondere von Verteidigungsminister Eser Weizman, zu einer Belastung.

Im Dezember 1977 machten Begin, Weizman und Dajan in Ägypten einen Gegenbesuch. Die Ismailija-Konferenz, wie dieses Treffen genannt wurde, brachte jedoch keinen Durchbruch bei den Verhandlungen. Im Gegenteil, die Differenzen zwischen beiden Seiten blieben weiterhin groß. Sadat verlangte, dass Israel die gesamte Sinaihalbinsel an Ägypten zurückgab und auf die Kontrolle über den Gazastreifen und das Westjordanland verzichtete. Begin erklärte sich einverstanden, den Großteil der Sinaihalbinsel zurückzugeben, wollte jedoch am Gazastreifen und am Westjordanland festhalten. Scharon begriff, dass es nun an der Zeit war, den Bulldozer im Schuppen zu lassen. Er forderte die Führer von Gusch Emunim auf, den Siedlungsbau vorläufig einzustellen und auf günstigere Zeiten zu warten.

Anfang Januar 1978 diskutierte eine Gruppe von Ministern über die Zukunft der jüdischen Siedlungen beim Grenzposten Rafa, einer Gegend in der nordöstlichen Ecke der Wüste Sinai, die in Israel als die Jamit-Siedlungen bekannt war. Aufgrund des Scheiterns der Ismailija-Konferenz schlug Scharon vor, die Siedlungen in dieser Region zu verstärken, um dadurch Ägypten und der Welt zu signalisieren, dass Israel nicht die Absicht habe, sich aus dem Gazastreifen und der Westbank zurückzuziehen.

In seinem Buch *The Battle for Peace* berichtet Weizman von dieser Besprechung. Wie immer hatte Scharon seine Landkarten dabei. Weizman war klar, dass Scharon weitere Siedlungen im Sinai bauen wollte, was er als eindeutiges Hindernis auf dem Weg zum Frieden betrachtete.

»Scharon wusste immer, wie er seine Ideen präsentieren musste«, schrieb Weizman, »damit sie der Mehrheit der Minister, wenn nicht allen einleuchtend erschienen. Seine Finger flogen über die Karten, die für die meisten Regierungsmitglieder unverständlich waren. Manchmal hatte ich den Eindruck, dass die Markierungen auf der Karte nicht sehr präzise waren. Doch keiner der Anwesenden gab zu, dass er nicht viel verstand. Scharon wollte unumstößliche Fakten schaffen, und das möglichst schnell ... und die Mitglieder der Regierung beeilten sich, ihm zu folgen.«

»Im Grunde«, so fasste Weizman seine Eindrücke zusammen, »präsentierte Scharon nicht mehr als einige symbolische Siedlungen – ein paar Wohnwagen, Wassertürme und Gräben. Zu meinem Bedauern musste ich feststellen, dass ein gewaltiger Unterschied bestand zwischen den Angeboten von Scharon und von Sadat. Der ägyptische Präsident sprach von großen Vorhaben, während wir uns mit Kleinigkeiten beschäftigten, und mit was für welchen: mit dem Bau von Pseudo-Siedlungen, die dazu geeignet waren, den Friedensprozess zu torpedieren.«

Im Hinblick auf das palästinensische Volk bot Begin eine Autonomie, aber keine Unabhängigkeit der Araber im Westjordanland und im Gazastreifen an. Und er versprach Scharon, dass die jüdischen Siedler in diesen Gebieten vollwertige israelische Staatsbürger bleiben würden. Schließlich versicherte er Scharon auch noch, dass allein Israel für die Sicherheit dieser Territorien zuständig sein würde.

Dennoch warnte Scharon in einer nichtöffentlichen Sitzung, die einige Zeit später stattfand, dass eine Autonomie für die arabische Bevölkerung in diesen Gebieten langfristig zu einer »tödlichen Falle« werden würde. Diese Aussage wurde an die Presse lanciert, was bei Scharons Kabinettskollegen einen Aufschrei der Entrüstung hervorrief. Scharons Erbitterung rührte zum Teil auch daher, dass seit Sadats Besuch Dajan und Weizman die politische Bühne beherrschten und der für den Siedlungsbau zuständige Landwirtschaftsminister aus dem Rampenlicht verdrängt worden war. Scharon musste von der Seitenlinie aus zuschauen, wie Begin, Dajan und Weizman ein historisches Friedensabkommen mit Ägypten zu schmieden begannen. Verzweifelt verfolgte er, wie Eser Weizman, sein größter Rivale, von allen israelischen Politikern die engsten Beziehungen zu Sadat aufbaute.

Im Januar 1978 diskutierte die Regierung über das weitere Vorgehen bei den Siedlungsaktivitäten, die seit November 1977 eingefroren waren, um die fragilen Beziehungen zu Ägypten nicht zu belasten. Scharon beschuldigte Weizman, mit Sadat gemeinsame Sache zu machen. Gegen den Widerstand Weizmans und der Minister der DMC beschloss das Kabinett auf Drängen Scharons, der von Begin und Dajan unterstützt wurde, die Errichtung von drei neuen Siedlungen im Westjordanland zu erlauben und den Siedlungskomplex am Grenzposten Rafa zu stärken.

Scharon wollte auch die Siedlungen im nördlichen Sinai ausbauen, um den Ägyptern zu signalisieren, dass Israel nicht bereit sei, sich aus der gesamten Halbinsel zurückzuziehen. Er schlug vor, das Territorium der Siedlungen auszuweiten und dazu das umliegende Land zu beschlagnahmen, umzupflügen und darauf Wassertürme zu errichten und Busse und Wohnwagen abzustellen. Diese Idee gefiel Dajan und Begin. Dadurch konnten sie die Reaktion der Ägypter testen, ohne die Verhandlungen zu gefährden. Dajan lud Weizman und Scharon zu sich nach Hause ein. Auf Karten markierten sie 23 infrage kommende Siedlungen.

Doch der Plan erwies sich als Bumerang. Eine Woche nach dem Treffen veröffentlichte die israelische Presse Berichte über die Vorhaben der Regierung. Die USA und Europa betrachteten den Plan als eine Provokation, weil er nur wenige Tage vor der ersten Sitzung der bilateralen israelisch-ägyptischen Sicherheitskommission bekannt wurde, die in Jerusalem über Einzelheiten des Friedensabkommens verhandeln sollte. Die Behauptung der Regierung, dass durch die geplanten Maßnahmen nur die bestehenden Siedlungen gestärkt werden sollten, konnte die Kritik nicht entkräften. US-Präsident Jimmy Carter schickte Begin einen harschen Brief und machte ihn für die aufkommenden Schwierigkeiten verantwortlich. Begin hingegen schob die Schuld größtenteils Scharon zu.

Der Journalist Amos Keinan schrieb in *Yedioth Ahronoth:* »Ich konnte es nicht glauben, als ich die Nachricht in der Zeitung las. In dem Artikel hieß es, dass der Landwirtschaftsminister 25 vorgetäuschte Siedlungen errichtet habe. Vertreter der Siedlerbewegung wurden aufgefordert, vor diesen Komplexen Getreide abzuladen, um den Eindruck zu erwecken, dass es sich um landwirtschaftliche Gemeinschaften handele. An einigen Orten stellten sie auch Wassertürme auf. Dieses Täuschungsmanöver diente dazu, neue politische Fakten zu schaffen. Diese Fakten sollten es Israel ermöglichen, in den Verhandlungen mit Ägypten diese Pseudo-Siedlungen aufzugeben, wenn Ägypten im Gegenzug dafür auf seine echten Siedlungen im Gebiet um Rafa verzichtete. Amerikanische Flugzeuge, die den Vollzug des israelisch-ägyptischen Entflechtungsabkommens auf dem Sinai überwachten, filmten die getürkten Bauten, und damit war diese Geschichte zu Ende.«

Scharon fühlte sich durch die Kapitulation der Regierung verraten. Er verlangte von Begin, er solle erklären, dass der Landwirtschaftsminister in Übereinstimmung mit einem Kabinettsbeschluss und nicht eigenmächtig gehandelt habe. Doch Begin versetzte Scharon bald einen weiteren Schlag. Im Frühjahr 1978 entzog er Scharons Ausschuss die Verantwortung für die Siedlungspolitik und übertrug sie dem Sicherheitskabinett. In den Siedlungsgebieten baute Gusch Emunim weiter, jedoch mit deutlich vermindertem Tempo. Zugleich begann die Öffentlichkeit zunehmend Scharon als Schuldigen zu betrachten. Die Nichtregierungsorganisation Peace Now, im März 1978 als Reaktion auf den ägyptischen Friedensplan und die fortgesetzte Ausweitung der israelischen Siedlungen entstanden, beschuldigte Scharon, er habe im Namen von Geisterstädten für Siedler Privatland von Palästinensern beschlagnahmt und deren Grundrechte mit Füßen getreten.

Tatsächlich bestanden viele der Außenposten, die in diesen Tagen errichtet worden waren, nur aus einem Wassertank, einem Stromgenerator und zwei Wohnwagen. Doch trotz der Angriffe in der Presse, der Knesset und aus der Regierung hielt Scharon an seiner Überzeugung fest, dass sich diese Geistersiedlungen bald in florierende jüdische Ortschaften verwandeln würden, die das Gesicht des Landes unwiderruflich verändern würden. Durch die Kritik der Öffentlichkeit ließ er sich nicht von seinem Ziel abbringen. Am 8. August 1978 posierte er an einem Aussichtsturm, der noch im Bau war, für ein Zeitungsfoto. Dabei wurde er mit den Worten zitiert: »Hunderte Familien warten darauf, dass sie die Erlaubnis erhalten, sich in Judäa und Samaria niederzulassen. Wir befinden uns gegenwärtig auf dem Gipfel der Siedlungsbewegung.« Im September 1978 regte er eine Rundreise durch die Region mit Pressevertretern an und verkündete: »Heute errichtet Israel in den besetzten Gebieten jenes Sicherheitsgerüst, das es braucht, um die Sicherheitsprobleme des Landes zu lösen.«

Im selben Monat lud US-Präsident Carter den ägyptischen Staatspräsidenten Anwar as-Sadat und den israelischen Ministerpräsidenten Menachem Begin nach Camp David ein, dem Landsitz der amerikanischen Präsidenten in Maryland, um die Kluft zwischen beiden Ländern zu überbrücken. Weizman und Dajan begleiteten Begin nach Amerika. Scharon blieb zu Hause. Zwei wichtige Probleme waren noch ungelöst: die Situation der Palästinenser und die Zukunft der israelischen Siedlungen im nördlichen Sinai. Sadat weigerte sich kategorisch, jüdische Siedlungen auf ägyptischem Boden zu belassen. Er bestand darauf, dass sie im Rahmen eines Friedensabkommens aufgelöst wurden. Weizman und Dajan drängten Begin zum Nachgeben, doch der Ministerpräsident war der Meinung, Israel müsse an den Flugplätzen am Posten Rafa und den Siedlungen in der Region Jamit festhalten.

Am Morgen des 14. August, dem letzten Tag der Verhandlungen, gerieten die Gespräche in eine Sackgasse und drohten zu scheitern. Die politischen Führer Israels und Ägyptens wollten nicht mehr miteinander reden. Dajan, Weizman und Begin hatten bereits ihre Koffer gepackt und waren zum Rückflug nach Israel bereit.

Zu diesem Zeitpunkt entschloss sich Weizman aus schierer Verzweiflung, Scharon anzurufen, jenen Mann, der am entschiedensten einen Rückzug aus dem Sinai ablehnte, und ihn zu bitten, sich bei Begin für einen Abbau der Siedlungen in Rafa einzusetzen. »Ich war mir nicht sicher, ob er es tun würde«, schrieb Weizman später, »denn er galt als der Kopf der Siedlerbewegung und hatte als Befehlshaber des Südsektors zu jenen gehört, die sich für die Errichtung von Siedlungen am Posten Rafa stark gemacht hatten. Sie waren ihm so teuer wie sein Augapfel.« Weizman wandte sich an seinen Berater, Generalmajor Avraham Tamir, und sagte: »Wir haben nichts zu verlieren. Rufen wir Arik an.«

Tamir meldete sich telefonisch bei Scharon und berichtete ihm, dass Weizman und Dajan Sadats Forderung nachgeben wollten, aber

Begin sich sträube. Scharon überraschte ihn. Er sagte, er sei bereit, Begin anzurufen und ihm mitzuteilen, dass ein historischer Friedensschluss mit Ägypten es seiner Ansicht nach wert sei, die Siedlungen von Jamit zu opfern. Während Scharon von zu Hause aus mit Begin telefonierte, kam zufällig Gerschom Scheft vorbei, ein Führer von Gusch Emunim. Nachdem Scharon aufgelegt hatte, eröffnete er Scheft, er habe gerade Begin mitgeteilt, dass er damit einverstanden sei, für einen Frieden mit Ägypten Siedlungen aufzugeben. Scheft war fassungslos. Er informierte sofort die Verantwortlichen von Gusch Emunim, die daraufhin eine Kampagne gegen den Rückzug starteten.

Scharons seltsam zwiespältige Haltung zur Siedlungsbewegung kam nun deutlich zum Vorschein. Er unterstützte die Siedlungsidee und die Ausbreitung der Siedlungen über Groß-Israel, aber er war auch bereit, von einem Augenblick zum anderen zu zerstören, was er aufgebaut hatte.

Es gibt unterschiedliche Meinungen darüber, inwieweit Scharon tatsächlich seine Einstellung in der Siedlungsfrage revidiert habe. Kritiker meinen, seine doppeldeutige Haltung habe gezeigt, dass er die Siedlerbewegung lediglich als Sprungbrett für seine persönliche Karriere benutzen wollte. Seine Anhänger hingegen behaupten, sein Verhalten sei durch praktische Notwendigkeiten motiviert gewesen. Er habe stets nationale Ziele verfolgt, keine persönlichen. Dieser Theorie zufolge hatte sich Scharon vor allem deshalb an die Spitze der Siedlerbewegung gesetzt, um eine kritische Masse von jüdischen Siedlungen zu schaffen, die eines Tages als Pfand in den entscheidenden Verhandlungen über endgültige Grenzen eingesetzt werden konnte. Klar ist auf jeden Fall, dass er in erster Linie ein Pragmatiker war und weniger ein Ideologe.

Am 17. September 1978 unterzeichneten Israel und Ägypten in Camp David zwei Abkommen. Im ersten verständigte man sich darauf, eine Normalisierung der Beziehungen und einen Friedensschluss anzustreben bei einem allmählichen Rückzug der Israelis aus dem gesamten Sinai. Im zweiten Abkommen wurde den Palästinensern im Gazastreifen und im Westjordanland nach einer Übergangszeit von fünf Jahren Autonomie versprochen. Die beiden Abkommen wurden in der Knesset von einer breiten Mehrheit ratifiziert.

4. September 1979. Der ägyptische Präsident Anwar as-Sadat und seine Frau Dschihan mit Landwirtschaftsminister Scharon bei einem Besuch in Haifa.
(Foto: Saar Jaakow, Government Press Office)

Am 26. März 1979 wurden die Friedensabkommen von Camp David im Weißen Haus in Washington feierlich unterzeichnet. Menachem Begin räumte später ein, dass der Anruf Scharons ihm geholfen habe, die schwierigste Entscheidung seines Lebens zu treffen: jüdische Siedlungen aufzulösen.

Kapitel 26
Verteidigungsminister

Durch Scharons Ernennung zum Landwirtschaftsminister 1977 entstand ein Interessenkonflikt: Der Eigentümer eines der größten Agrarbetriebe des Landes entschied nun über die Wasserverteilung und die Vorschriften für landwirtschaftliche Erzeugnisse. Zudem war eines der wichtigsten Anbauerzeugnisse auf Scharons Farm Baumwolle, und der Generaldirektor im Landwirtschaftsministerium, Scharons Untergebener, war zugleich Vorsitzender des Israeli Cotton Council. Auch die Melonen stellten ein Problem dar, denn die Ranch exportierte sie über eine Regierungsfirma namens Agrexco, die vom Landwirtschaftsministerium beaufsichtigt wurde.

Am 15. August 1977 veröffentlichte die Ascher-Kommission, die Interessenkonflikte in der Politik untersucht hatte, ihre Ergebnisse. Die Kommission schlug vor, dass Regierungsmitglieder, die wirtschaftliche Interessen auf Gebieten besaßen, die unter die Zuständigkeit ihres Amtes fielen, ihre Firmen oder ihren Besitz auf unabhängige, ihnen nicht untergeordnete Personen übertragen sollten. Die Regierung billigte die Empfehlungen der Kommission, wodurch Scharons Stellung als Chef des Agrarministeriums in Gefahr geriet, denn er weigerte sich, die Kontrolle über die Schikmim-Farm abzugeben.

Im Juli übertrug Scharon schließlich die Hälfte des Grundstücks auf Lily und erklärte, dass er die Ranch nun nicht mehr selbst verwalte. Doch Aharon Barak, der Generalstaatsanwalt und spätere leitende Richter am Obersten Gericht, hielt diese Maßnahmen nicht für ausreichend. Lily erwiderte darauf: »Die Kommission kann einen Menschen doch nicht zwingen, seine gesamte Lebensart zu ändern.« Im Februar 1978 verpachtete Scharon sein Grundstück an vier israelische Farmer für die Dauer seiner Tätigkeit als Minister. Die vier erhielten eine befristete Vollmacht, die sie ermächtigte, bis auf weiteres an Scharons Stelle zu entscheiden. Auch diese Lösung erschien Barak nicht befriedigend.

Über das Hin und Her zwischen Scharon und Barak wurde ausführlich berichtet. Dutzende von Zeitungsartikeln heizten die öffentliche Diskussion an. Scharon erklärte, dass die Ranch sein privates Zuhause sei, nicht nur ein Wirtschaftsunternehmen. Schließlich setzte die Regierung eine weitere Untersuchungskommission unter Leitung des ehemaligen Richters Max Kennet ein, die ebenfalls die Situation als untragbar bezeichnete.

Erst 1980 kam es zu einer Verständigung. Scharons Fahrer im Jom-Kippur-Krieg, Motti Levi, gründete eine Firma, die die Farm pachtete. Einige Monate später verkaufte die Israel Lands Authority weitere 50 Hektar an Levi und die Schikmim-Farm. Das Abkommen zwischen Levi und Scharon bestand zehn Jahre, bis 1989, als die Farm schließlich Scharons Söhnen Omri und Gilad übertragen wurde.

Im Lauf der Jahre tauchte Scharon immer wieder in Zeitungsartikeln und Berichten des Staatskontrolleurs im Zusammenhang mit vermuteten Interessenkonflikten, Vetternwirtschaft und sogar kriminellen Vergehen auf. Er wurde zwar nie angeklagt, doch in seiner Zeit als Ministerpräsident umgaben ihn vielerlei Verdächtigungen, die zu mehreren polizeilichen Ermittlungen führten. Eine davon, die Annanax-Untersuchungsaffäre, in die sein Sohn Omri verwickelt war, der 1999 bei den innerparteilichen Likud-Vorwahlen Scharons Wahlkampfmanager war, führte zu einem Teilgeständnis des Sohnes und einer neunmonatigen Haftstrafe.

Als Begin am 23. Oktober 1979 Josef Burg von der Nationalreligiösen Partei zum Leiter der Verhandlungsdelegation über die Autonomie der Palästinenser ernannte, trat Dajan von seinem Amt als Außenminister zurück, weil er sich dadurch in seinen Kompetenzen beschnitten fühlte. Begin übernahm das Ministerium amtierend, bis das Amt 1980 an Jitzhak Schamir kam. Darüber hinaus sah sich Begin zwischen Scharon und Weizman gefangen, die gleichzeitig von rechts und von links an ihm zerrten. Das umstrittenste Thema in dieser Zeit war das Schicksal der Siedlung Alon Moreh, über das in jeder Kabinettssitzung diskutiert wurde und das schließlich vor dem Obersten Gericht landete.

Die Siedler von Alon Moreh, die bereits in den Siedlungen auf der Militärbasis Kadum und der zivilen Siedlung Kadumim gelebt hatten, wollten sich ohne Erlaubnis auf einem kahlen Hügel in der Nähe von Nablus niederlassen. Die Armee vertrieb sie elf Mal. Internationale Fernsehteams filmten, wie die Siedler von den Soldaten weggetragen wurden. Am 7. Januar 1979 anerkannte die Regierung schließlich die Gruppe von Alon Moreh als Bewerber für eine künftige Siedlung, ohne allerdings die genaue Lage dieses zu schaffenden Dorfes anzugeben. Scharon charterte einen Hubschrauber, ließ sich über die Gegend um Nablus fliegen und entdeckte einen Platz, der sich ideal zu eignen schien: privates Palästinenserland in der Nähe des Dorfes Rudschajeb.

Viermal versuchte Scharon, eine offizielle Anerkennung des Siedlungsprojekts durch die Regierung zu erreichen, doch jedes Mal brachten Dajan, Weizman und Jadin eine Mehrheit zustande, die sich gegen diesen Ort aussprach. Die Gegner erklärten, es sei nicht zu rechtfertigen, eine Siedlung auf privatem Palästinenserland und zudem noch in einer dicht besiedelten Gegend zu errichten, obwohl es noch so viel freien Boden im Westjordanland gebe. »Dieser Mann und diese Gruppe«, beklagte sich Weizman gegenüber Begin, »treiben die Regierung in eine existenzgefährdende Position.« »Welchen Mann meinen Sie?«, fragte Begin düster. »Natürlich Arik Scharon«, antwortete der Verteidigungsminister. Weizman erklärte, dass Scharons Siedlungen den brüchigen Frieden mit Ägypten gefährdeten und Israels Ansehen in der Weltöffentlichkeit schadeten. »Unseren nächsten Besuch in Kairo«, fuhr Weizman fort, »werden wir dann wohl auf den Geschütztürmen von Ariks Panzern absolvieren.«

Im Juni 1979 stimmte die Regierung mit Billigung Begins schließlich dem Antrag zu, auf dem 80 Hektar großen Gelände südöstlich von Nablus eine Siedlung zu errichten. Die Enteignungsverfügung wurde am 4. Juni unterzeichnet, und noch am selben Tag machten sich die Leute von Gusch Emunim auf den Weg, um vollendete Tatsachen zu schaffen, bevor die palästinensischen Eigentümer Klage beim israelischen High Court for Justice einreichen konnten. Der stellvertretende Landwirtschaftsminister Uri Bar-On leitete die Unternehmung und ließ sich mit seinen Getreuen auch selbst auf dem Hügel nieder. Dass für diesen Schritt ausgerechnet der Vorabend der palästinensischen Autonomiegespräche mit Ägypten gewählt wurde, vertiefte die Kluft zwischen Weizman und Scharon.

Zu Scharons Bestürzung entzog ihm Weizman seinen Posten als Divisionskommandeur der Reserve. Scharons Verhältnis zu seinen Ministerkollegen befand sich auf einem Tiefpunkt. Immer öfter polterte er am Kabinettstisch und wurde ausfällig gegen jeden, der andere Ansichten vertrat als er. Einmal bemerkte er gegenüber Gideon Patt von der Liberalen Partei: »Sie sind es nicht wert, dass ich über Ihre Stellungnahmen nachdenke. Ich beschäftige mich nicht mit den Aussagen eines Deserteurs.« Patt erwiderte: »Mein Gott, sind Sie kindisch!« Mit ähnlichen Tiraden überzog Scharon auch Außenminister Jitzhak Schamir sowie den stellvertretenden Ministerpräsidenten Jigael Jadin, und Presseberichten zufolge soll er sich häufig auch mit Ministerpräsident Begin angelegt haben.

Am 26. Mai 1980 schied Eser Weizman aus der Regierung aus. Als offizielle Begründung für seinen Rücktritt wurde die starke Kürzung der Verteidigungsausgaben genannt, der wirkliche Grund war jedoch das zerrüttete Verhältnis zwischen ihm, Scharon und Begin und sein Widerstand gegen die zwei Wochen vorher getroffene Entscheidung der Regierung, den irakischen Atomreaktor in Osirak zu bombardieren.

Nach dem Abgang Weizmans begann der Kampf um den Posten des Verteidigungsministers. Nachdem Dajan nicht mehr im Spiel war, trumpfte Scharon bei den Kabinettssitzungen noch mehr auf und wurde noch ungebärdiger. Einmal warf Jadin Scharon vor, er habe sieben Siedlungen größer bauen lassen, als die Regierung es genehmigt habe. Scharon entgegnete: »Ich ziehe Sie auf dem Kabinettstisch aus bis auf die Haut.« Später erläuterte er: »Sieben Tage lang hatte mich Jadin der Täuschung und der Lüge bezichtigt ... Ich hatte nicht die Absicht, ihn physisch auszuziehen, ich wollte lediglich seine Beschuldigungen politisch entkräften.«

Auf einer Kabinettssitzung kritisierte Scharon Begin wegen dessen weitreichender Konzessionen an die Ägypter und die Amerikaner in der Autonomiefrage. Doch Begin ließ sich nicht beirren und behielt seine nachsichtige, fast väterliche Haltung gegenüber Scharon bei. Politische Kommentatoren erklärten Begins Verhalten mit seiner blinden Verehrung des Militärs und Scharons militärischer Leistungen, aber in Wirklichkeit stand Begin, der fest an Groß-Israel glaubte, in der Siedlungsfrage auf Scharons Seite.

In einer Angelegenheit allerdings blieb Begin hart. Er widerstand Scharons Drängen, ihn zum Verteidigungsminister zu ernennen. Einmal drohte Scharon sogar, er werde aus der Regierung ausscheiden, wenn er den Posten nicht bekomme. »Wenn Arik zurücktreten will, werde ich ihn nicht aufhalten«, schimpfte Begin und übernahm das Amt des Verteidigungsministers selbst, womit er nun die beiden wichtigsten Positionen in der Regierung in Personalunion besetzte wie einst Ben Gurion.

Im August 1980 wäre es beinahe zum Bruch zwischen Scharon und Begin gekommen. Laut Zeitungsberichten bezeichnete Begin Scharon als eine »Gefahr für die Demokratie«. Im Gegenzug griff Scharon den Ministerpräsidenten in bisher nicht gekannter Schärfe an und erklärte, dieser treffe seine Entscheidungen »in unverantwortlicher und spontaner Weise«. Auf der folgenden Kabinettssitzung verurteilten alle Anwesenden Scharon. Begin bestritt die ihm zugeschriebene Äußerung und sagte zu Scharon: »Sie wissen, dass ich Sie trotz der Propaganda von Schlomzion zum Minister ernannt habe ... Warum können Sie mir so etwas antun?« Daraufhin entschuldigte sich Scharon.

Am 30. Juni 1981 sollten die nächsten Parlamentswahlen stattfinden. Begin und der Likud rutschten in den Meinungsumfragen ab. Aus Angst, die Arbeitspartei könne wieder an die Regierung kommen, trieb Scharon den Siedlungsbau fieberhaft voran. Eine Machtübernahme der Arbeitspartei hätte für die Siedlungsbewegung einen schweren Rückschlag bedeutet. Noch kurz vor der Wahl wurden viele Siedlungen mit tatkräftiger Unterstützung durch Scharon noch schnell an das nationale Stromnetz und die Wasserversorgung angeschlossen.

Scharon spielte eine tragende Rolle im Wahlkampf der Arbeitspartei. Er wurde als ein Politiker dargestellt, der widerrechtlich privates arabisches Land beschlagnahmte und öffentliche Gelder für unbewohnte Siedlungen verpulverte. Scharons damaliger Assistent Eli Landau schlug vor, das Siedlungsprojekt durch eine Initiative mit dem Titel »Wir sind da« zu verteidigen. Im Rahmen dieses Programms, das die Presse mit der Bezeichnung »Scharon Tours« belegte, wurden rund 300 000 potenzielle Wähler auf geführten Touren durch das Westjordanland kutschiert, um ihnen die sicherheitspolitische Bedeutung der Siedlungen nahezubringen.

Doch die Wahl wurde wahrscheinlich am Nachmittag des 7. Juni 1981 entschieden, drei Wochen bevor die Wähler zu den Urnen schritten. An diesem Tag legte eine Staffel israelischer F-16-Kampfflugzeuge im Tiefflug Hunderte Kilometer über feindlichem Territorium zurück und griff den irakischen Atomreaktor an. Um 5.30 Uhr meldeten die Piloten, dass sie ihre Aufgabe erfüllt und den Reaktor zerstört hatten. Die meisten Staaten kritisierten Israel wegen dieser Verletzung der Souveränität eines anderen Landes. Sogar die USA, Israels engster Verbündeter, unterstützten eine UN-Resolution, in der Israel wegen dieses Schritts verurteilt wurde, und stoppten den Verkauf amerikanischer Flugzeuge an das Land. Doch die israelische Öffentlichkeit ließ sich dadurch nicht beeindrucken. Allgemein herrschte Erleichterung darüber, dass Saddam Hussein seiner nuklearen Kapazitäten beraubt worden war.

Scharon galt als einer der Väter dieses Plans, er hatte Begin mehrmals gedrängt, ihn auszuführen. Scharons Zuspruch unter den rechtsgerichteten Wählern wuchs. Viele erkannten, dass er bereits im Laufe einer Wahlperiode die politische Landkarte grundlegend ungestaltet hatte. Während seiner vierjährigen Amtszeit waren im Westjordanland und im Gazastreifen 64 Siedlungen, einige Außenposten und mehrere Städte entstanden, wodurch sich diese einstmals militärischen Zonen, in denen früher Palästinenser unter der Aufsicht des israelischen Militärs gelebt hatten, zu Gebieten mit regem jüdischem Leben gewandelt hatten, wie es viele Beobachter empfanden.

Der Landwirtschaftsminister blieb auch diesseits der Grünen Linie nicht untätig. Unter seiner Ägide wurden in Galiläa 56 neue jüdische Städte und Dörfer gegründet, in einem Gebiet, das überwiegend von arabischen Bürgern Israels bewohnt war. Als er 1981 aus dem Amt schied, hatte Scharon den Bau von 20 neuen Kibbuzen und Moschaws sowie von 34 dörflichen Siedlungen organisiert, die er als »Aussichtsposten« bezeichnete. Im Zuge der von ihm betriebenen »Judaisierung« Galiläas hatte Scharon rund 30 300 Hektar Land konfisziert.

Scharon konnte auch auf eine Reihe wirtschaftlicher Erfolge verweisen. In seiner Zeit als Landwirtschaftsminister war die nationale

Agrarproduktion um 15 Prozent gestiegen, die Erzeugung von Weizen sogar um 21 Prozent. Die Exporte waren um 16,5 Prozent gewachsen, von 379 Millionen Dollar 1977 auf 576 Millionen Dollar 1981. Die staatlichen Fördergelder waren vor allem an die Farmer in den Kibbuzen, den Moschaws und den Grenzstädten in Galiläa geflossen.

Nichtsdestotrotz musste sich Scharon am Wahltag, dem 30. Juni 1981, auf eine Niederlage gefasst machen. Die Umfragen hatten seit Jahresanfang einen Sieg der Arbeitspartei vorhergesagt. Doch nach einem imposanten Wahlkampf durch Begin, den mitreißendsten Redner Israels, und dem Angriff auf den irakischen Atommeiler erschien das Rennen am Schluss wieder offener. Der Schwung der Wahlkampagne verhalf dem Likud schließlich doch noch zum Sieg. Mit seinen 48 Sitzen, einem mehr als die von Peres geführte Arbeitspartei, konnte der Likud-Block zusammen mit den religiösen Parteien eine rechtsgerichtete Regierung bilden, die allerdings nur über eine knappe Mehrheit verfügte.

Im Lauf des Wahlkampfes war Scharon, der auf Platz zwei der Likud-Liste stand, zu der Erkenntnis gelangt, dass er im Empfinden vieler Israelis Begin als meistgefürchteten Politiker des Landes abgelöst hatte. Der lange verteufelte Begin, den Ben Gurion während dessen jahrzehntelanger Tätigkeit als Oppositionsführer nie mit Namen genannt, sondern immer nur als »den Mann, der neben dem Knessetmitglied Bader sitzt« bezeichnet hatte, wurde bereits nach seiner ersten Amtszeit von der Öffentlichkeit mit ganz anderen Augen betrachtet. Nun trug Scharon Begins alten Mantel. Sein Image eines ungestümen, skrupellosen Politikers mit einem zweifelhaften Verhältnis zur Demokratie sollte ihm später immer wieder zu schaffen machen.

Am 5. August 1981, fünf Wochen nach den Wahlen, wurde die neue Regierung vereidigt. Scharon konnte endlich seinen Traum verwirklichen und wurde Verteidigungsminister. Begin hatte sich lange dagegen gesträubt und seine Bedenken am 17. Juni 1981 in *Yedioth Ahronoth* dargelegt: »Sollte Scharon gegen Kabinettsbeschlüsse verstoßen, werde ich ihn feuern.« Ein Jahr später sollten Scharon und Generalstabschef Rafael »Raful« Eitan Israel in den Libanonkrieg führen.

Eitan äußerte sich in seiner Autobiografie zu Scharons Ernennung. »Scharon behandelt die Soldaten und die Offiziere, die ihm unterstellt sind, sehr grob. Er verhält sich herrisch, eingebildet und distanziert ihnen gegenüber. Er lässt keine Gelegenheit ungenutzt, sie seine Überlegenheit spüren zu lassen. Auch mit mir hatte er Schwierigkeiten. Wir sind ungefähr im selben Alter. Wir haben ähnliche Erfahrungen gemacht seit dem Unabhängigkeitskampf ... Er wusste, dass er nicht auf mich herabblicken oder mich zurückstufen konnte. Andere schrie er erbarmungslos an, fuhr ihnen über den Mund und beschimpfte sie. Unser Verhältnis dagegen war korrekt.« Daher, so fuhr Eitan fort, »gelangte ich zu dem Entschluss: Ich würde dem Ministerpräsidenten nicht meinen Rücktritt erklären, wenn er Arik ernannte ... aber wenn Arik durch sein Verhalten als Verteidigungsminister meine Autorität oder die Strukturen der Armee untergraben oder wenn er in entscheidenden Fragen Auffassungen vertreten sollte, die den meinen vollkommen zuwiderliefen, dann würde ich aufstehen und nach Hause gehen, ganz einfach, still und ohne Aufhebens.«

Scharon hielt sich weitgehend zurück in seinen ersten Wochen im neuen Amt. Er versprach Begin, ihm täglich Bericht zu erstatten und ihn in alle Entscheidungen einzubinden. Der Aufstieg des 53-jährigen Scharon schien unaufhaltsam zu sein. Politische Kommentatoren betrachteten ihn schon als Begins Erben.

Das drängendste Thema, mit dem sich Scharon nach seinem Amtsantritt befassen musste, war der Rückzug aus dem Sinai und die Auflösung der Siedlungen in Jamit, wie im Friedensvertrag mit Ägypten vereinbart. Begin verfolgte beunruhigt die Entstehung einer Bewegung gegen den Abzug aus dem Sinai. Manche Beobachter glauben, seine Angst davor, Juden gewaltsam aus ihren Häusern vertreiben zu müssen, habe ihn dazu gebracht, Scharon, den Bulldozer, zum Verteidigungsminister zu bestellen.

Scharon, der wie kein anderer die Besiedelung besetzter Gebiete vorangetrieben hatte, sah sich nun plötzlich mit der Aufgabe konfrontiert, die erste gewaltsame Vertreibung von Juden seit der Staatsgründung durchführen zu müssen. Insgesamt mussten 7000 Juden umgesiedelt werden. Einige der Jamit-Siedler zogen nach Norden, in den Gazastreifen, um dort 25 Jahre später abermals vertrieben zu werden.

Das Friedensabkommen gab Israel acht Monate Zeit für den Rückzug. Der Endtermin war festgelegt: der 21. April 1982. Scharons Partner von der Gusch Emunim waren beunruhigt. Zwar unterstützte Scharon weiterhin energisch die Besiedelung im Gazastreifen und im Westjordanland, doch er schien auch bereit und entschlossen zu sein, ganze Gemeinden aus dem Sinai zu vertreiben. Zudem registrierten sie irritiert, dass Scharon ein herzliches Verhältnis zu Hosni Mubarak pflegte, dem Nachfolger Sadats, der am 6. Oktober 1981 einem Attentat islamistischer Extremisten zum Opfer gefallen war.

Im November 1981 flog Scharon nach Washington, um ein strategisches Abkommen zwischen Israel und den USA zu unterzeichnen. Dieser Pakt verschaffte den USA einen wichtigen Stützpunkt im Nahen und Mittleren Osten zu einer Zeit, als der Irak und der Iran im Aufruhr waren und der Einfluss der Sowjetunion in der Region immer mehr zunahm.

Doch diese Vereinbarung hatte nicht lange Bestand. Im Dezember 1981 traf Ministerpräsident Begin eine folgenschwere Entscheidung zur Zukunft der Golanhöhen: Israel gab bekannt, dass es dieses Territorium, das es im Sechstagekrieg von Syrien erobert hatte, formell annektieren werde. Daraufhin drohte die US-Regierung mit der Kündigung des Strategieabkommens. Scharon, der die Annexion vehement unterstützte, reagierte schroff auf diese Drohung. »Die Entscheidung, die Golanhöhen zu annektieren«, erklärte er, »war notwendig, um den Amerikanern und der ganzen Welt zu zeigen, dass Israel nicht bereit ist, jemals wieder in die Grenzen von 1967 zurückzukehren.«

Scharon hielt Wort gegenüber Begin. In den ersten Monaten seiner Tätigkeit als Verteidigungsminister rief er ihn mehrmals am Tag an und hielt ihn selbst über kleinere Angelegenheiten auf dem Laufenden. Das Verhältnis zwischen den beiden wurde herzlicher. Scharon bemühte sich sogar am Kabinettstisch um einen umgänglicheren Ton. Am 17. November 1981 äußerte sogar die linksgerichtete Zeitung *Al Hamishmar,* die noch nie ein großer Fan von Scharon gewesen war, Respekt vor seinem neuen Auftreten. »Seit seiner Ernennung zum Verteidigungsminister hat sich Scharon in die politische Mitte bewegt und wird immer mehr zum unangefochtenen Kandidaten für die Nachfolge Begins, sollte dieser als Ministerpräsident zurücktreten.«

Die Zeitung fuhr fort, die Ziele, die Scharon als Verteidigungsminister verfolge, seien »gut durchdacht: Reorganisation der Militärverwaltung in den besetzten Gebieten, verstärkter Dialog mit gemäßigten palästinensischen Führern auf der Westbank, eine harte Linie gegen Unterstützer der PLO, Fortsetzung der Autonomieverhandlungen und eine Kürzung des Verteidigungshaushalts. Nachdem er diese Maßnahmen in die Wege geleitet hatte, flog er nach Washington und unterzeichnete den Strategiepakt. Außenminister Jitzhak Schamir, Innenminister Josef Burg und selbst Ministerpräsident Menachem Begin – von ihnen allen ist kaum etwas zu sehen. Scharon schmeißt den Laden ganz allein.«

Begin bereute es nicht, Scharon mit der Auflösung der Siedlung von Jamit beauftragt zu haben. Anfang Dezember 1981 verbarrikadierten die Bewohner von Jamit ihre Tore. Scharon fuhr in die Siedlung, um über den Ablauf der Räumung und die Entschädigungen für die Bewohner zu verhandeln. Nachdem die Zufahrt wieder geöffnet war und die Gespräche abgeschlossen waren, erklärte der Sprecher der Siedler: »Scharon hat uns nichts weiter versprochen, als dass er sich um die Sache kümmern wird. Wir vertrauen Arik; er ist der Einzige, der uns aus diesem Schlamassel herausholen kann.«

Zwei Monate vor der Absiedelung, Ende Februar 1982, erkannten die Siedler langsam, dass Scharon ein politisches Spiel getrieben und nur besänftigende Botschaften ausgesandt hatte, um Zeit zu gewinnen. Scharon ließ Jamit mit militärischen Straßensperren umgeben, um zu verhindern, dass Unterstützer von außerhalb in die Stadt gelangen konnten. Viele Bewohner der Siedlung versuchten daraufhin, die Sperren eigenhändig zu beseitigen. Sie wollten 20 000 Sympathisanten in die Stadt holen, um die Räumung zu erschweren.

Scharon erfuhr davon und entsandte ohne Ankündigung zusätzliche Truppen zu den fünf wichtigsten Punkten im Sinai. Über Nacht errichtete er Kontrollstellen, und nur langjährige Bewohner der Siedlungen durften passieren. Die Unterstützer von auswärts wurden nach Hause geschickt.

Innerhalb von zwei Tagen ließ Scharon 15 Kompanien aufmarschieren, die die Verbindungswege zwischen dem Norden des Sinai und Israel bewachten, dazu schickte er Ambulanzen und Feuerwehrwagen und ließ Stacheldrahtzäune sowie Polizeiausrüstung zur Bekämpfung von Unruhen und mit Nägeln versehene Straßensperren in die Region schaffen – ein klares Signal, dass Gewalt entsprechend beantwortet werden würde. Die Siedlungsbewegung protestierte gegen die Belagerung, doch Scharon erklärte lapidar: »Die Straßensperren werden nicht beseitigt.«

Zwei Tage später erteilte er den Befehl, die Bewohner von Hazar Adar im Jamit-Block abzusiedeln. Die Räumung dauerte eine Stunde. Bevor die Siedler auf Polizeilastwagen geführt wurden, zündeten sie Gummireifen an und gaben zu erkennen, dass die eigentliche Konfrontation erst noch bevorstehe.

Die israelischen Zeitungen berichteten, dass rechtsgerichtete Gruppen Schusswaffen und Granaten horteten. Mehrere Anhänger von Rabbi Meir Kahane, dem Gründer der Jüdischen Verteidigungsliga, schlossen sich in einem Keller ein, als die Räumung begann, und erklärten, sie seien bereit, »zu kämpfen und zu sterben«. Hunderte weitere Siedler ketteten sich aneinander und kauerten sich auf Hausdächer. Die Soldaten stiegen mit Leitern hinauf und trieben sie mit Hochdruck-Schaumsprays in Käfige, die an Kränen befestigt waren.

Dann ordnete Scharon die Zerstörung von Jamit an. Eigentlich hatte er die Stadt unversehrt lassen wollen und erklärt, man solle »den Frieden nicht mit verbrannter Erde beginnen«, aber drei Wochen später sagte er in einer Kabinettssitzung: »Da uns keine Wahl bleibt, werden wir alle Gebäude in Jamit niederreißen, um sicherzustellen, dass die Gegner der Räumung nicht wieder in die Stadt zurückkehren.«

Die israelische Öffentlichkeit unterstützte nahezu einmütig die Räumung von Jamit. Scharon befand sich auf dem Höhepunkt seiner Macht.

Kapitel 27
Der Weg in den Libanon

Am 3. Juni 1982 schossen kurz vor Mitternacht Terroristen von Abu Nidals radikaler PLO-Splittergruppe Schlomo Argow, dem israelischen Botschafter in Großbritannien, aus kürzester Distanz eine Kugel in den Kopf. Die Attentäter hatten Argow vor dem Dorchester Hotel in London aufgelauert, wo ein festliches Abendessen für Diplomaten stattgefunden hatte. Verteidigungsminister Ariel Scharon wurde bei einem Besuch in Rumänien über den Anschlag unterrichtet.

Begin hatte Scharon nach Rumänien entsandt, nachdem das kommunistische Land über Geheimdienstkanäle mit Israel Kontakt aufgenommen und sein Interesse an technologischer und wissenschaftlicher Zusammenarbeit bekundet hatte. Da ein plötzlicher Besuch des israelischen Verteidigungsministers für Aufsehen gesorgt hätte, wurde beschlossen, dass Scharon mit Frau und Kindern reisen und vorgeben solle, dass Lily ihre Heimatstadt Brasow besuchen wolle, drei Autostunden von Bukarest entfernt. Scharon brachte sein offizielles Programm zu Ende, traf sich mit mehreren Ministern sowie mit Staatschef Nikolai Ceaușescu und flog am nächsten Tag nach Israel zurück.

Bereits am Morgen des 4. Juni trat das Kabinett ohne Scharon zu einer Dringlichkeitssitzung zusammen, um über die zunehmenden terroristischen Angriffe auf Israel und jüdische Ziele in anderen Teilen der Welt zu sprechen. Begin war sehr aufgewühlt, während Argow in einem Londoner Krankenhaus um sein Leben rang. Er bat den Generalstabschef, die verschiedenen Optionen für einen Angriff auf den Libanon darzustellen, jenes Land, das zahlreichen palästinensischen Terroristen und ihren Organisationen Unterschlupf gewährte. Zu diesem Zeitpunkt steckte der Libanon, dessen staatliche Grenzen 1920 von den Franzosen in San Remo willkürlich festgelegt worden waren, mitten in einem Bürgerkrieg, der das Land entlang der Trennlinien zwischen den religiösen Gruppen, den Muslimen, den Christen und den Drusen, zu zerreißen drohte.

Eitan legte eine Liste mit elf möglichen Angriffszielen vor, darunter auch Munitionsdepots der PLO in der Nähe von Beirut. Begin übernahm Eitans Empfehlungen und beauftragte ihn, einen Einmarsch mit Bodentruppen in den Libanon vorzubereiten, falls es zu größeren palästinensischen Vergeltungsaktionen kommen sollte.

Die israelische Armee hatte auf Anweisung Scharons bereits seit Januar mehrere derartige Pläne ausgearbeitet. Bei der Operation Oranim (oder »Operation Zedern«) sollte die Armee PLO-Stützpunkte sowie Teile der Infrastruktur im Libanon zerstören, sich mit den christlichen Verbänden im Norden des Libanon verbünden, Beirut einnehmen und Vorbereitungen treffen, um die syrischen Truppen in der Bekaa-Ebene entlang der Straße von Beirut nach Damaskus zu vernichten. Im Mai 1981 legte die Tzahal einen überarbeiteten Plan vor, »Oranim Katan« oder »Kleine Zedern«, der »im Grunde dieselben Ziele verfolgte wie die reguläre Operation Oranim«, wie es in dem Konzept hieß. In einer dritten Variante, »Oranim Mitgalgal« oder »Oranim-Stufenplan«, wurde dargelegt, wie die Armee die Ziele von Oranim in einzelnen Schritten erreichen konnte. Es ist ungewiss, inwieweit den Ministern die Unterschiede zwischen diesen Planvarianten klar waren.

Oranim sollte die zahlreichen Probleme lösen, die zwischen Israel und dem Libanon bestanden: Die Artillerie der terroristischen Gruppen, die den israelischen Grenzstädten zu schaffen machte, sollte so weit zurückgedrängt werden, dass sie die israelischen Bevölkerungszentren in Galiläa und an der Nordgrenze nicht mehr erreichen konnte; die politische und militärische Infrastruktur der palästinensischen Terroristen im Südlibanon, in der Bekaa-Ebene und im Raum Beirut sollte zerschlagen werden; der Einfluss von Syrien, dem wichtigsten Förderer der Terrororganisationen, sollte neutralisiert werden, ohne einen direkten Konflikt mit den syrischen Truppen im Libanon zu riskieren; und die christlichen Milizen im Nordlibanon sollten bei ihrem Versuch unterstützt werden, eine stabile Regierung auf die Beine zu stellen, die einen Friedensschluss anstreben würde. Die Tzahal und die christlichen Gruppen im Libanon arbeiteten bereits seit 1976, als Rabin Ministerpräsident war, auf politischer und militärischer Ebene zusammen.

Schon damals, 1976, hatte Scharon darauf hingewiesen, dass Israel geschwächt werden würde, wenn man zuließe, dass die Syrer auf libanesisches Territorium vorstießen. Scharon hatte Rabins Entscheidung kritisiert, auf der Landkarte des Libanon eine rote Linie zu ziehen, deren Überschreitung durch die Syrer als Kriegsgrund aufgefasst werden sollte. Mit diesem »Fehler von '76«, wie Scharon ihn nannte, musste sich nun die Regierung Begin herumschlagen. Denn seit diesem Zeitpunkt bedeutete ein Angriff auf »Fatah-Land«, wie die von den PLO-Gruppen kontrollierten Gebiete im Libanon genannt wurden, möglicherweise auch einen Konflikt mit Syrien. Im Jahr 1978 richtete Israel eine »Sicherheitszone« im Libanon ein. Dieses Gebiet, ein acht Kilometer breiter Landstreifen entlang der Grenze, durch den Infiltrationsversuche und Artilleriebeschuss unterbunden werden sollten, wurde von Major Saad Haddad kontrolliert, dem Kommandeur der christlichen Milizen im Libanon. Seit dem 19. März 1978 war auf der Grundlage der Resolution Nr. 425 des UN-Sicherheitsrates die UNO-Eingreiftruppe UNIFIL (United Nations Interim Force in Lebanon) nördlich dieser Zone stationiert.

Im Juli 1981 verschärften sich die Grenzkonflikte zwischen dem Libanon und Israel. Die PLO unternahm eine Reihe von Terrorangriffen, und Israel bombardierte verschiedene Ziele aus der Luft, worauf die PLO Tausende von Katjuscha-Raketen in Richtung Israel abfeuerte. Philip Habib, der Sondergesandte von US-Präsident Reagan, begann zwischen Beirut und Jerusalem hin und her zu pendeln. Drei Wochen vor Scharons Ernennung zum Verteidigungsminister gelang es Habib, ein Waffenstillstandsabkommen zwischen Israel und der PLO auszuhandeln. Am 5. August 1981, jenem Tag, an dem Scharon sein Amt übernahm, herrschte Ruhe an der Nordgrenze.

Obwohl der Rückzug aus Jamit seine ersten Wochen im Amt beherrschte, behielt Scharon auch die wachsende militärische und politische Stellung der PLO im Libanon wachsam im Auge. 15 000 bewaffnete palästinensische Kämpfer hatten sich in Beirut und im so genannten Fatah-Land südlich der Hauptstadt versammelt. Die verschiedenen PLO-Gruppen verstießen mehrmals gegen den Waffenstillstand und griffen mit Terrorkommandos israelische und jüdische Ziele an. Vor diesem Hintergrund wurde der Oranim-Plan entwickelt. Begin und Eitan waren von Anfang an über diesen Geheimplan informiert; die Minister erfuhren davon auf der Kabinettssitzung vom 21. Dezember 1981.

Am 12. Januar 1982 besuchte Scharon heimlich Beirut. Zu seiner Begleitung gehörten der stellvertretende Generalstabschef Mosche Levi, der Chef des militärischen Geheimdienstes Generalmajor Jehoschua Sagui, der stellvertretende Verteidigungsminister Generalmajor Awarsche Tamir, der Leiter der operativen Abteilung im Generalstab Uri Sagui, der Chef der Fallschirmjäger und Infanterieoffizier Amos Jaron, Scharons Assistent Oded Schamir, mehrere Leibwächter sowie der Zivilist Dr. Boleslaw »Bolek« Goldman, Scharons persönlicher Freund und Arzt der Familie.

Die Gruppe flog mit einem Hubschrauber der Luftwaffe zur christlichen Stadt Dschunieh. Baschir Gemajel, der Führer der christlichen Falange, umarmte Scharon zur Begrüßung und sagte: »Ich wusste, Sie würden kommen! Es ist gut, dass Sie gekommen sind, wir haben auf Sie gewartet.« Vom Landeplatz begab sich die Gruppe zum Hafen, wo Scharon die Spezialitäten der libanesischen Küche genoss: mediterrane Salate, Hummer, Tahini (eine Sesampaste), Kebab und anderes Grillfleisch, Baklawa (eine Blätterteig-Pastete), französischen und holländischen Käse sowie libanesisches Halwa (eine Sesam-Nuss-Mischung). Die Gastgeber überschütteten Scharon mit Lobesbezeugungen, und sie hatten auch allen Grund, den Verteidigungsminister zu umgarnen: Ein Einmarsch der Israelis hätte ihren Zielen sehr gedient, denn auch sie wollten die palästinensischen Terrororganisationen zerschlagen, die Syrer aus Beirut und der Bekaa-Ebene vertreiben und im Libanon eine christliche Regierung an die Macht bringen.

Das Essen ging um Mitternacht zu Ende. Anschließend machte sich der Konvoi auf nach Beirut, um dem Hauptquartier der Falangisten in der Hauptstadt einen Besuch abzustatten. Gemajel erläuterte die Besonderheiten der christlichen Verteidigungsstellungen in der geteilten Stadt, wo der Westen den Christen und der Osten den Muslimen und den PLO-Gruppen gehörte. Dann fuhren sie zum Hafen. Scharon schlief ein paar Stunden in einer bewachten Villa in Dschunieh, bevor er sich zu einem 17-stöckigen Hochhaus aufmachte, von dem aus er die Stadt und den Präsidentenpalast in Baabda, das Symbol der Unabhängigkeit des Libanon, aus der Vogelperspektive betrachten konnte. Mehrere Minuten lang blickte Scharon schweigend auf die Stadt hinab. Dann begab sich die Gruppe zum libanesischen Wintersportgebiet am Berg Snen. Während sich die anderen Reiseteilnehmer eine Schneeballschlacht lieferten, starrte Scharon hinüber zur strategisch wichtigen Straße zwischen Beirut und Damaskus.

Gemajel drängte Scharon zu einem Einmarsch in sein Land. Der Journalist Schimon Schiffer schreibt in seinem Buch *Kadur Sheleg*, Scharon habe gegenüber Gemajel erklärt, dass Israel die terroristische Infrastruktur im Libanon zerschlagen, aber nichts gegen die Syrer unternehmen werde. Laut Schiffer sprach Scharon nur wenig während der Reise, doch als die Gruppe an einem Aussichtspunkt oberhalb von Beiruts internationalem Flughafen Halt machte, habe er sich an Gemajel gewandt mit der Bemerkung: »Ich möchte unseren Plan jetzt nicht im Einzelnen darlegen, denn er muss erst noch im Detail ausgearbeitet werden. Es wäre verfrüht, über Einzelheiten zu sprechen. Aber eines ist klar, und darauf wird auch die operative Einsatzfähigkeit der Tzahal im Libanon fußen: Wenn die Zeit gekommen ist ... werden wir auf der Küstenstraße auf Beirut vorrücken.«

Ein aufmerksamer Beobachter hätte erkennen können, dass Scharons Besuch im Libanon ein Zeichen dafür war, dass etwas bevorstand. Dass Scharon überhaupt keine Angst zeigte, als er zwei Tage lang auf den Straßen Beiruts umherlief, in einer vom Bürgerkrieg zerrissenen Stadt, und Straßensperren passierte, die von bewaffneten falangistischen Truppen und regulären libanesischen Soldaten besetzt waren, grenzte an Leichtsinn. Nachdem er am Abend des 12. Januar das Hauptquartier der Falangisten besucht und die erste Nacht auf libanesischem Boden verbracht hatte, verbreitete sich das Gerücht, dass der israelische Verteidigungsminister im Lande sei. Am nächsten Morgen wussten bereits Hunderte von Leuten, dass er in der Stadt war. Es ist nur schwer vorstellbar, welch enormer Schaden Israel entstanden wäre, wenn es einer Terrorgruppe gelungen wäre, den Verteidigungsminister, den Chef des Militärgeheimdienstes, den Leiter der operativen Abteilung im Generalstab sowie weitere ranghohe israelische Generale in ihre Gewalt zu bringen.

Scharons Verbindungen zu den christlichen Führern im Libanon wurden zu einem der Hauptstreitpunkte während und nach dem

Krieg: Viele israelische Politiker und Journalisten warfen Scharon vor, er habe durch sein Verhalten gegen die zentrale Doktrin der Tzahal verstoßen, wonach die Armee nur zur Verteidigung des Landes eingesetzt werden dürfe. Sie behaupteten, Scharon habe Israel nicht nur deshalb in den Libanon geführt, um die Artilleriegeschütze der Terroristen zurückzudrängen, sondern auch um die Syrer aus dem Land zu treiben und dem israelfreundlichen Baschir Gemajel ins Präsidentenamt zu verhelfen. Es hatte daher durchaus symbolische Bedeutung, dass bei dem Festessen am Hafen am 12. Januar auch Elie Hobeika anwesend war. Der Chef der Aufklärungsdivision der falangistischen Milizen befehligte die Truppen, die später das Massaker in den Flüchtlingslagern Sabra und Schatila verübten, eine Tragödie, die beinahe zum Ende von Scharons politischer Karriere geführt hätte.

Am 9. Mai 1982 ließen Begin und Scharon terroristische Stützpunkte im Libanon bombardieren als Vergeltung für Minen, die von der PLO in Israel gelegt worden waren. Im Gegenzug beschoss die PLO unbewohntes israelisches Gebiet mit Granaten und primitiven Katjuscha-Raketen. Dass die Palästinenser darauf verzichteten, besiedelte Gebiete anzugreifen, sollte eine Warnung sein: Das nächste Mal würden die Raketen über Dörfer und Städte niedergehen. Zu Scharons Bestürzung beschloss die Regierung, diesmal nichts zu unternehmen. Doch am 16. Mai 1982 erklärte die PLO den Waffenstillstand für beendet. An der Nordgrenze verschärfte sich die Lage wieder.

In Anbetracht des eskalierenden Konflikts beschloss die Regierung am Freitag, dem 4. Juni, eine Militäraktion. Um 15.15 Uhr griff die israelische Armee elf Ziele im Libanon an, zwei davon in Beirut, wobei zahlreiche Palästinenser ums Leben kamen. Zwei Stunden später, um 17.20 Uhr, nahmen palästinensische Einheiten israelische Wohngebiete unter Beschuss.

Am 5. Juni traf sich Scharon im Hauptquartier der Tzahal in Tel Aviv mit dem Generalstab. Eitan informierte ihn, dass die Armee in der Sicherheitszone Panzer aufgefahren habe, um einen Angriff vorzubereiten. Eitan hatte eine Teilmobilisierung der Reserve angeordnet und die Frontlinie auf den Golanhöhen stärker befestigt, um gegen einen »Überraschungsangriff der Syrer«, wie er sich ausdrückte, gewappnet zu sein. Der Generalstab unterrichtete Scharon, dass die Luftwaffe ihre Angriffe im Libanon fortsetze, nachdem das schlechte Wetter am Vortag sie daran gehindert hatte, alle elf Ziele zu treffen.

Von der Besprechung im Generalstab fuhr Scharon zur Residenz des Ministerpräsidenten im Jerusalemer Viertel Talbijeh, wo er am Abend des 5. Juni, es war ein Samstag, an einer Dringlichkeitssitzung des Kabinetts teilnahm. Es herrschte eine sehr angespannte Atmosphäre. Die Artillerieduelle an der Nordgrenze und die Nachrichten aus London vom kritischen Zustand von Botschafter Argow bedrückten die Minister. Seit der letzten Kabinettssitzung eineinhalb Tage zuvor hatten palästinensische Terrorgruppen aus dem Libanon 29 israelische Dörfer und Städte unter Feuer genommen, darunter die Städte Naharija und Kirjat Schmona. Seit dem Sabbat (dem Freitagabend) lagen die Israelis an der Nordgrenze unter Dauerbeschuss.

Begin kritisierte die Verletzung des Waffenstillstandsabkommens vom Juli 1981 durch die Palästinenser und bekräftigte, dass Israel darauf militärisch antworten werde. Die Minister wurden unterrichtet, dass die PLO formell beschlossen habe, israelische Zivilisten ins Visier zu nehmen. »Ich schlage vor, dass wir heute Abend den Beginn der Operation ›Frieden für Galiläa‹ beschließen«, erklärte Begin unter Verwendung des israelischen Begriffs für den Libanonkrieg.

Dann wandte sich der Ministerpräsident an Scharon. »Würden Sie uns bitte den Plan erläutern, da wir ihn hier zum ersten Mal behandeln. Wir haben zwar schon früher einmal darüber gesprochen, aber da er jetzt umgesetzt werden soll, müssen wir alle Einzelheiten kennen.« Scharon entfaltete seine Landkarten, warf mit dem Projektor Dias an die Wand und stellte den Plan vor, der auf dem »Oranim«-Konzept beruhte. »Das Ziel der Operation ›Frieden für Galiläa‹«, erklärte er, »besteht darin, die Artilleriegeschütze und die Mörser der Terroristen zurückzudrängen, sodass die nördlichen Städte Israels nicht mehr in ihrer Reichweite liegen. Wir sprechen dabei von einem Operationsradius von 40 Kilometern.«

Scharon erläuterte die Absicht der Armee, die syrischen Truppen nördlich des Berges Hermon an den Flanken zu umfassen, sie kampflos zum Rückzug zu bewegen und dadurch sowohl die Artillerie der Terroristen als auch die Syrer aus der Bekaa-Ebene zu vertreiben. Den meisten Ministern erschienen diese Ziele auf Anhieb einleuchtend. Nur Kommunikationsminister Mordechai Sipori befürchtete, dass es dadurch zu einem Zusammenstoß mit syrischen Truppen kommen würde. »Ich habe eine Reihe von Fragen«, erklärte Sipori, ein Brigadegeneral der Reserve und ehemaliger Kommandeur einer Panzerbrigade, der im Sechstagekrieg unter Scharon gedient hatte. »Erstens der Satz ›Die Terroristen 40 Kilometer weit zurückwerfen‹... das erscheint mir zu stark vereinfacht. Ich will wissen, wie weit unsere Truppen genau vorstoßen müssen.«

In seinem Buch *In A Straight Line* schreibt Sipori, dass in diesem Augenblick angespannte Stille im Raum herrschte. »So wie das Problem mit den Terroristen in der syrischen Region dargestellt wird, heißt das schlicht, dass wir die Syrer angreifen werden«, fuhr Sipori fort. »Und ich glaube, das ist nicht in Ordnung.«

»Moment, Herr Sipori«, erwiderte Begin, »ich habe gesagt, dass wir die Syrer nicht angreifen werden.«

»Es spielt keine Rolle, welche formelle Entscheidung wir treffen, Herr Ministerpräsident«, entgegnete Sipori. »Die Maßnahmen, so wie sie hier dargelegt wurden, werden uns zwangsläufig in Gefechte mit den Syrern verwickeln.«

Begin erwiderte: »Es ist die Frage, wer anfängt. Wenn sie unsere Truppen angreifen – dann müssen wir reagieren.«

Begin überließ das Wort Generalstabschef Eitan, der auf die Frage der 40-Kilometer-Linie einging. »Es geht um 40 Kilometer von Metulla aus«, erläuterte Eitan. »Das reicht fast bis nach Karun Pond.« Scharon ergänzte: »An der Küste sind es 42 Kilometer bis Sidon. Auf der östlichen Seite geht es bis Karun Pond.«

»Wie passt Beirut in diesen Plan?«, fragte der stellvertretende Ministerpräsident Simha Erlich.

»Beirut bleibt aus dem Spiel«, antwortete Scharon. »Dort gibt es ausländische Botschaften, und davon müssen wir uns fernhalten. Entsprechend den Plänen, die vom Kabinett gebilligt wurden, geht es bei der Operation ›Frieden für Galiläa‹ nicht darum, Beirut einzunehmen, sondern darum, die Terroristen zurückzudrängen. Wir sprechen von einem Bereich von 40 Kilometern.« Scharon wiederholte, dass »das Ziel der Mission nicht darin besteht, die Syrer anzugreifen. Einen Angriff auf syrische Truppen wird es nur geben, wenn sich die Syrer einmischen.« Scharon wurde gefragt, wie lange die Operation dauern würde. Er antwortete: »Ungefähr zwölf Stunden bis zu dem Stadium, von dem ich gesprochen habe. Ich weiß nicht, wie sich die Dinge entwickeln werden, daher schlage ich vor, dass wir einen Zeitraum von 24 Stunden ins Auge fassen. Aber soweit es den 40-Kilometer-Bereich betrifft, wird es früher zu Ende sein.«

Begin stellte die Operation ›Frieden für Galiläa‹ zur Abstimmung. Vierzehn Minister stimmten dafür, zwei enthielten sich, keiner war dagegen. In ihrem Buch *Israel's Lebanon War* behaupten Schiff und Jaari, dass die Kabinettsmitglieder an diesem Abend das Haus des Ministerpräsidenten in dem Glauben verließen, sie hätten eine kurze Militäraktion gebilligt, die auf ein bis zwei Tage beschränkt bleiben würde.

An die israelische Armee ergingen Befehle, in denen klar zum Ausdruck kam, dass sie sich darauf vorbereiten solle, mit den Truppen der libanesischen Christen zusammenzuarbeiten und die syrische Armee im Libanon zu zerschlagen. Später behaupteten einige Regierungsmitglieder, in der Kabinettssitzung vom 5. Juni sei von einem möglichen Bündnis mit den Einheiten der Falangisten im Norden des Libanon oder einem Vorstoß nach Beirut nicht die Rede gewesen. Nach dem Krieg warfen sie Scharon vor, er habe ihnen damals nicht das volle Ausmaß seiner Pläne im Libanon dargelegt. Scharon und Eitan bestritten diese Beschuldigungen vehement und behaupteten, jede Phase der Operation ›Frieden für Galiläa‹ sei im Kabinett besprochen und abgesegnet worden.

Am späten Samstagabend kehrte Scharon auf die Schikmim-Farm zurück, um etwas zu schlafen, bevor am nächsten Tag die Invasion begann. Der Auftakt der Operation ›Frieden für Galiläa‹ war für Sonntag, den 6. Juni, um elf Uhr geplant. Später sollte diese Aktion von einigen Beobachtern als der »Krieg Arik Scharons« bezeichnet werden.

Kapitel 28
Gefangen in Beirut

Am 6. Juni 1982 bestieg Scharon um sechs Uhr morgens einen Hubschrauber und flog zum vorgeschobenen Kommandozentrum im Nordsektor. Dort stellten der Generalstabschef und die Divisionskommandeure ihre endgültigen Schlachtpläne vor.

Scharon war von Anfang an in alle Einzelheiten der militärischen Planung für den Libanon einbezogen. Kritiker behaupten, er habe sich gewissermaßen zum obersten Befehlshaber aufgeschwungen und sich über Generalstabschef Eitan gestellt. Doch Scharon verstieß niemals gegen die militärische Befehlskette – stets erteilte Eitan die Befehle an das Militär, aber jeder wusste, wer die Richtung und das Tempo vorgab. Dieses Modell unterschied sich deutlich von den Gepflogenheiten unter Mosche Dajan und David Ben Gurion. Da sich Scharon eingehend mit allen Details der Kriegsplanung beschäftigte, vielleicht aufgrund seines unerfüllten Wunsches, den Posten des Generalstabschefs zu erlangen, wurde er aufs Engste mit diesem Krieg verbunden – im Guten wie im Schlechten.

Nachdem Scharon die Kommandozentrale verlassen hatte, flog er nach Jerusalem zur letzten Sitzung des Kabinetts und des Ausschusses für auswärtige Angelegenheiten und Sicherheitsfragen der Knesset, bevor die Operation ›Frieden für Galiläa‹ anlief. Um elf Uhr vormittags, gerade als die Truppen in Marsch gesetzt worden waren, trafen sich Scharon und Begin mit den Führern der Opposition – mit Jitzhak Rabin, Schimon Peres und Chaim Bar-Lev. Begin informierte sie über den Kabinettsbeschluss, gegen die palästinensischen Terroristen im Libanon einen Bodenangriff zu unternehmen. Bar-Lev erklärte, er halte die Entscheidung der Regierung für unrechtmäßig und sagte, dass »diese Operation uns Schwierigkeiten mit den Syrern bescheren« werde. Darauf erwiderte Begin: »Es besteht der ausdrückliche Befehl, nicht das Feuer auf die Syrer zu eröffnen.« Scharon fügte hinzu, dass die israelischen Truppen die klare Anweisung hätten, sich den syrischen Verbänden nicht weiter als auf vier Kilometer zu nähern.

In einem Interview mit dem Radiosender Voice of Israel lieferte Peres später seine Version dieses Treffens mit Begin am 6. Juni. »Man hat uns ausdrücklich erklärt, dass es sich um eine Sache von drei bis vier Tagen handeln würde, dass man 40 Kilometer weit vorstoßen werde, um die Artillerie zurückzudrängen, aber nicht mehr. Rabin und Bar-Lev wurde auf ihre Nachfragen mitgeteilt, dass die Armee nicht auf Beirut vorrücken werde. Es wurde auch versichert, dass wir uns nicht mit den Syrern anlegen würden. Wir alle waren entsetzt darüber, was danach geschah.«

Nach der Unterredung im Büro des Ministerpräsidenten flog Scharon nach Norden, um das Einrücken der israelischen Panzer in den Libanon zu verfolgen. Am ersten Kriegstag wurden die israelischen Verbände in vier Gruppen aufgeteilt, die jeweils über Panzerkräfte, Infanterie und leichte Pionierbataillone verfügten. Die Invasion erfolgte über drei verschiedene Sektoren: den westlichen und den zentralen Sektor des Südlibanon, wo die PLO-Gruppen das Sagen hatten und das »Fatah-Land« ausgerufen hatten, und den östlichen Sektor in der Bekaa-Ebene entlang der syrisch-libanesischen Grenze, wo die syrischen Truppen stationiert waren.

Die Invasionsstreitmacht im Westen, die Divisionsstärke besaß und von Brigadegeneral Jitzhak Mordechai befehligt wurde, hatte die Aufgabe, Tyrus einzunehmen, den Fluss Litani zu überqueren und nach Norden in Richtung Sidon vorzustoßen. Die zweite Division unter dem Kommando von Brigadegeneral Amos Jaron sollte im Norden bei Sidon vom Meer her an Land gehen. Die dritte Division, die unter dem Befehl von Awigdor Kahalani stand, sollte von Metulla aus nach Norden marschieren, durch den zentralen Sektor, den Litani überqueren und auf Sidon vorrücken. Im Ostsektor sollte die vierte Division, die Generalmajor Janusch Ben-Gal kommandierte, durch die Bekaa-Ebene nach Norden in Richtung der syrischen Truppen vorstoßen. Ben-Gals Einheiten hatten den Befehl, mehrere Kilometer vor den syrischen Stellungen Halt zu machen, vor der Stadt Hasbaije, und dort zu warten.

Bei der abendlichen Kabinettssitzung wurde Scharon ermächtigt, eine fünfte Angriffslinie zu eröffnen. Eine Division unter dem Befehl von Brigadegeneral Menachem Einan erhielt den Auftrag, entlang der Nahtlinie zwischen den syrischen und palästinensischen Einhei-

10. Juni 1982. Scharon im Libanon. (Foto: David Rubinger, *Yedioth Ahronoth*)

ten nach Norden vorzustoßen in Richtung der Schouf-Berge und dadurch die Syrer einzuschließen. Durch diesen Plan wollte man ursprünglich die Syrer nach Osten treiben, zurück auf ihr eigenes Territorium, um einen militärischen Konflikt zu vermeiden. Einans Truppen hinderten außerdem die Terroristen daran, nach Syrien zu fliehen. Ihnen blieb damit nur noch eine Fluchtrichtung: nach Norden, nach Beirut.

Gleichzeitig bombardierte die israelische Luftwaffe Munitionsdepots der PLO und warf Bomben mit Verzögerungszündern ab, um den Zugang zu den Waffen und Minen zu unterbinden. Das Hauptquartier der PLO im Südlibanon wurde bombardiert und zerstört, was beträchtliche Verwirrung in den Reihen der Palästinenser erzeugte. Während der ersten Stunden des Krieges rückten die Israelis ungehindert an den Fronten im Westen und im Zentrum vor.

Oberst Eli Gewa, Kommandeur einer Panzerbrigade, bildete mit seinen Leuten die Spitze von Mordechais Division. Kurz vor Mittag geriet eines seiner Bataillone an einer Kreuzung in der Nähe des Flüchtlingslagers Al-Baz in einen Hinterhalt durch einen Trupp palästinensischer Milizionäre, die mit Panzerabwehrgranaten bewaffnet waren. Fünf Soldaten wurden getötet, der Bataillonskommandeur und zwei Soldaten wurden gefangen genommen. Später wurden zwei der drei Gefangenen von den Palästinensern umgebracht. Dieser Vorfall machte Scharon klar, worauf er sich einstellen musste: Da sie in offener Schlacht gegen die israelische Armee nichts ausrichten konnten, würden sich die palästinensischen Kämpfer unter der Zivilbevölkerung in den Flüchtlingslagern verstecken und sich entlang der Straßen in kleinen Gruppen formieren mit schultergestützten Raketenwerfern. Sie hatten so gut wie keine Chance, den Vormarsch der israelischen Panzertruppen aufzuhalten, aber sie konnten ihnen Verluste zufügen und zeigen, dass sie sich durch die Stärke der israelischen Armee nicht einschüchtern ließen.

Am Abend des ersten Kriegstages, des 6. Juni 1982, berichtete Scharon dem Kabinett, dass der Vormarsch im westlichen und im zentralen Sektor wie erwartet vonstatten gehe. Im östlichen Sektor, erklärte Scharon den Ministern, hätten die Syrer Truppen zusammengezogen und die israelischen Einheiten in dieser Region unter Artilleriebeschuss genommen. Der Verteidigungsminister äußerte seine Einschätzung, dass der Druck der israelischen Armee noch nicht ausreichen würde, um die Syrer zum Rückzug aus der Bekaa-Ebene zu zwingen, und schlug vor, dass die Armee weiter nach Norden vorstoßen, die Syrer an den Flanken umfassen und mit vollständiger Isolierung und Umzingelung bedrohen solle. »Bis jetzt sind wir im Zeitplan ...«, fasste er zusammen. »Ich glaube, dass die zweite Phase, der Vorstoß über die 40 Kilometer, in den nächsten 24 Stunden abgeschlossen werden kann.«

Nach dem Krieg wurde die Idee, die syrischen Truppen zu isolieren und einzukreisen, heftig kritisiert. Es sei offensichtlich gewesen, dass eine derartige Aktion zu einer militärischen Auseinandersetzung führen würde, sagten die Kritiker. Wohnungs- und Bauminister David Levi fragte Scharon auf der Kabinettssitzung, ob sich durch die Umzingelungsaktion der Plan ändere, den er am Vortag vorgelegt habe, und ob die israelischen Truppen durch diese Entwicklung über die 40 Kilometer hinaus vorstoßen würden. Scharon antwortete: »Ja, damit überschreiten wir die 40-Kilometer-Linie.« Am Ende der Sitzung beschlossen die Minister, dass die Armee die Umfassungsaktion fortsetzen und dass Philip Habib den Syrern mitteilen solle, dass Israel die Absicht habe, das von ihnen kontrollierte Gebiet bis zu der 40-Kilometer-Linie von Terroristen zu säubern.

Am Abend des 6. Juni flog Scharon zurück zur vorgeschobenen Kommandozentrale, um den Generalstabschef über die Entscheidung der Regierung in Kenntnis zu setzen. Als sich die beiden über Landkarten beugten und die Aktionen des nächsten Tages besprachen, wussten sie noch nicht, dass die Aufklärungseinheit der Golani-Brigade, die Sajeret, Beaufort eingenommen hatte, eine alte Kreuzfahrerfestung auf einer schmalen Anhöhe über dem Fluss Litani, von der aus die Artillerie der Palästinenser Kirjat Schmona und Metulla hatte unter Feuer nehmen können. Das Beaufort, das im Lauf der Jahre Hunderten israelischer Luftangriffe getrotzt hatte, war zu einem Symbol des palästinensischen Widerstands geworden. Sechs israelische Soldaten waren bei dem Gefecht getötet worden, darunter auch Guni Harnik, der Kommandeur der Sajeret.

Am nächsten Morgen gab es eine peinliche Szene, als Scharon zusammen mit Ministerpräsident Begin und einer großen Schar von Reportern und Fernsehleuten auf dem Beaufort landete. Scharon, der noch nicht wusste, dass es Tote gegeben hatte, erzählte Begin und den Medienvertretern gut gelaunt, dass die israelische Armee in diesem Gefecht keine Verluste erlitten habe. In diesem Augenblick unterbrach ihn ein junger Offizier, ein Leutnant der Sajeret, und sagte: »Was reden Sie denn da? Sechs meiner Freunde sind gestern Abend umgekommen, sechs Kämpfer der Sajeret!« Scharon war entsetzt und beschämt, und die Medien griffen diesen Vorfall begierig auf. Rückblickend betrachtet, bildete dies den Auftakt einer massiven öffentlichen Kampagne gegen Scharon.

In heftigen Gefechten gelang es der israelischen Armee im Lauf der folgenden Tage, die Flüchtlingslager bei Tyrus und Sidon einzunehmen. Jedes Lager war befestigt worden, um einem Angriff standzuhalten. Die palästinensischen Freischärler wehrten sich erbittert in den Gassen, feuerten Panzerabwehrgranaten aus kurzer Entfernung ab, schleuderten Granaten aus Fenstern und beschossen die Angreifer von Hausdächern herab. Allein in diesem Abschnitt verlor die israelische Armee 21 Soldaten, 95 wurden verwundet. Einans Division, die auf die Straße Beirut–Damaskus vorrückte, erhielt den Befehl, alle PLO-Verbände auszuschalten, aber einen Zusammenstoß mit den Syrern möglichst zu vermeiden. Zur selben Zeit war Jarons amphibische Einheit von Damour nach Aley unterwegs. Auch ihr Ziel war die Straße von Beirut nach Damaskus.

Am 8. Juni beschloss die israelische Regierung, auf diplomatischem Weg mit Syrien in Kontakt zu treten und durch Phillip Habib dem syrischen Präsidenten Hafis al-Assad einen Brief zu übergeben, in dem erklärt wurde, dass die israelische Armee keinen Krieg mit Syrien wolle. Dieser Brief, den Begin geschrieben hatte, enthielt auch die Zusicherung, dass nicht das Feuer auf syrische Truppen eröffnet werden würde, solange diese nicht israelische Soldaten beschossen; ferner wurde verlangt, dass sich die syrischen Truppen in ihre Ausgangsstellungen vom 5. Juni zurückziehen sollten und dass Syrien den Terrorgruppen, die in dem von ihm kontrollierten Gebiet Stützpunkte unterhielten, befehlen solle, sich 25 Kilometer weit nach Norden zurückzuziehen. Wenn Assad diese Forderungen erfülle, schrieb Begin, würden die militärischen Aktionen eingestellt werden und man würde auf diplomatischer Ebene weiterverhandeln. Scharon war irritiert über die Entscheidung des Ministerpräsidenten,

10. Juni 1982. Verteidigungsminister Scharon im Libanon.
(Foto: David Rubinger, *Yedioth Ahronoth*)

denn er lehnte jede Übereinkunft ab, die es den Syrern erlaubte, auf libanesischem Boden zu bleiben.

Am selben Tag, dem 8. Juni, erklärte Begin in einer Rede vor der Knesset, dass Israel keinen Krieg mit Syrien wünsche. Doch auf dem Kriegsschauplatz, in der Nähe der Stadt Jessin, hatte es bereits Gefechte zwischen israelischen und syrischen Einheiten gegeben. Die Truppen von Brigadegeneral Menachem Einan und Generalmajor »Janoosch« Ben-Gal nahmen die Stadt gegen Abend ein. Im Gegenzug verstärkten die Syrer ihre Batterien mit Boden-Luft-Raketen und schickten zusätzliche Truppen in den Libanon.

Am Morgen des 9. Juni diskutierte das Kabinett auf seiner Sitzung über eine entscheidende Frage: Sollte man die Ziele als erreicht betrachten, wenn es gelungen war, die Terroristen im östlichen und im zentralen Sektor zurückzudrängen, oder sollte man durch einen Frontalangriff die Syrer aus dem Libanon zu vertreiben versuchen? Scharon war zusammen mit Amos Amir, dem stellvertretenden Luftwaffenkommandeur, erschienen. Begin informierte die Minister über eine Botschaft an Assad, die durch die Amerikaner übermittelt worden war, wonach Israel die syrischen Raketenstellungen angreifen würde, sollte der syrische Präsident sie nicht nach Syrien zurückverlegen.

Während der Beratungen kamen neue Berichte herein: Weitere syrische Raketenbatterien seien auf dem Weg in den Libanon. Scharon drängte die Minister zu einem Angriff. »Wir stehen acht Kilometer südlich der Straße Beirut–Damaskus«, erklärte er. »Die Syrer werden nicht die Hände in den Schoß legen. Das Schlimmste, was uns passieren kann, ist, dass sie weitere Boden-Luft-Raketen vom Typ Sam-6 heranschaffen … Wenn wir (vom syrischen Präsidenten) keine zustimmende Antwort erhalten …, dann führt meiner Ansicht nach an dieser Operation kein Weg mehr vorbei.«

Kommunikationsminister Mordechai Sipori hatte eine Landkarte und ein Lineal zur Sitzung mitgebracht und zeigte den Ministern, dass die Armee schon längst die 40-Kilometer-Linie überschritten hatte. Während Sipori auf der Karte mit seinem Lineal die Entfernung ausmaß, bemerkte Scharon abfällig, dass künftig vielleicht jeder Minister mit einem Lineal zur Kabinettssitzung erscheinen solle.

Sipori, der hartnäckigste Gegenspieler Scharons in der Regierung, erhob in seinem Buch *A Straight Line* schwere Vorwürfe gegen den Verteidigungsminister. »Scharons großes Täuschungsmanöver«, schrieb er, »begann bereits am ersten Kriegstag aufzufliegen ... Während das gesamte Kabinett – und was in diesem Zusammenhang über Begin, seinen Chef, gesagt wurde, ist meines Erachtens zutreffend – noch davon ausging, dass die israelische Armee im östlichen und im westlichen Sektor 40 Kilometer weit vorstoßen würde, wurde schon in der ersten Nacht des Krieges unmissverständlich klar, dass die Lage auf dem Feld weit über das hinausging, was geplant und zugesagt worden war und worauf man sich verständigt hatte. Im westlichen Sektor drang die Armee bis nach Damour vor, rund 80 Kilometer nördlich der israelischen Grenze. Anders gesagt, doppelt so weit, wie vorher angekündigt.«

Sipori schreibt weiter, dass keines der Kabinettsmitglieder wusste, dass die Armee bereits am Samstagabend den Befehl erhalten hatte, im zentralen Sektor aktiv zu werden und sich darauf vorzubereiten, »die syrische Armee im Libanon zu vernichten«. Sipori zufolge »bat der Verteidigungsminister das Kabinett mehrmals darum, die Einnahme einer ›besseren taktischen Position‹, die ›Verbreiterung einer Marschroute‹ oder die ›Vergrößerung einer Lücke in einer Route‹ zu genehmigen, alles im Interesse eines ›angemessenen‹, ›effizienten‹ Vormarsches, während er sorgsam den Grundsatz wahrte, dass es darum gehe, einen ›echten Konflikt mit den Syrern‹ zu vermeiden ...«

Schließlich beschloss die Regierung, dass die Armee die syrischen Raketenstellungen angreifen, zugleich aber Begin einen weiteren Brief an Assad senden solle, in dem er bekräftigte, dass Israel keinen Krieg gegen Syrien wolle und das vorangegangene Schreiben nach wie vor gültig sei. Kurz vor Mittag verließ Scharon die Kabinettssitzung, rief den Generalstabschef an und befahl Luftangriffe auf die syrischen Raketenstellungen in der Bekaa-Ebene.

An diesem Tag zerstörte die Tzahal 17 der 19 syrischen Raketenbatterien im Libanon. Im engen Luftraum über der Ebene drängten sich 200 Kampfflugzeuge, die sich heftige Gefechte lieferten. Insgesamt wurden 29 syrische MIGs abgeschossen, während die israelische Luftwaffe keine Verluste erlitt. Die Geschehnisse am Himmel schufen eine neue Realität am Boden: Es entbrannte ein Krieg zwischen Israel und Syrien. Ab diesem Zeitpunkt hatte Israel im Libanon zwei Schlachten zu schlagen.

Am selben Abend schickte US-Präsident Reagan Begin eine eindeutige Botschaft: Er verlangte einen Waffenstillstand, der am nächsten Tag, dem 10. Juni, um sechs Uhr früh in Kraft treten sollte. Begin berief für vier Uhr nachts eine Kabinettssitzung ein. Scharon fürchtete, dass die israelische Armee durch einen Waffenstillstand daran gehindert werden könnte, bis zur Straße Beirut–Damaskus vorzustoßen, und versuchte daher Zeit zu gewinnen. Er erklärte den Ministern, es sei von entscheidender Bedeutung, diese Straße vor dem Inkrafttreten des Waffenstillstands zu erreichen, denn der Besitz dieser Verbindung würde die israelische Verhandlungsposition nach dem Krieg enorm stärken, und zudem würde man dadurch Anschluss finden an das Territorium der christlichen Truppen im Libanon. Sein Plädoyer überzeugte. Das Kabinett ermächtigte die Armee, sowohl an der palästinensischen als auch an der syrischen Front weiter vorzurücken.

Am Morgen des 11. Juni, es war ein Freitag, verkündete Begin, dass er gemeinsam mit Außenminister Jitzhak Schamir und Verteidigungsminister Ariel Scharon zu der Auffassung gelangt sei, dass ein Waffenstillstand auch im Interesse Israels liege. Ab Mittag schwiegen schließlich die Waffen. Im westlichen Sektor waren die israelischen Truppen bis auf drei Kilometer an den internationalen Flughafen von Beirut herangerückt und hatten die Städte Tyrus, Damour und Chalda eingenommen; im östlichen Sektor standen sie nur noch wenige Kilometer entfernt von der Straße zwischen Beirut und Damaskus in der Region Ein Zahlata.

Die Minister verließen ihre Amtssitze, denn die Verhandlungen über die konkreten Bedingungen des Waffenstillstands sollten erst nach dem Wochenende beginnen. Scharon rief den Generalstab zusammen und erklärte, die Armee habe die Ziele der Operation »Frieden für Galiläa« zur Gänze erreicht. Doch während durch den Waffenstillstand die Kämpfe mit den Syrern im Ostsektor beendet worden waren, blieb die Lage im westlichen Sektor, an der Front zu den Palästinensern, weiter angespannt. Am Freitag, Samstag und Sonntag lieferten sich die israelische Armee und die PLO zwischen

Sidon und Beirut mehrere Gefechte. Der Krieg trat nun in eine neue Phase ein – die Belagerung von Beirut.

Nach einer Woche Krieg befanden sich die palästinensischen Verbände in einer schwierigen Lage. Arafat und die von ihm geführte PLO waren isoliert. Die Israelis hatten das gesamte »Fatah-Land« im Südlibanon umzingelt. Die Palästinenser konnten sich nur noch nach Norden, nach Beirut zurückziehen. Scharon hoffte, dass die libanesische Falange den Israelis die Arbeit abnehmen und die Terroristen aus Beirut vertreiben würde, und flog am Freitag nach Dschunieh, um sich mit Baschir Gemajel zu treffen. Dort aber erwartete ihn eine Enttäuschung. Der Führer der Falangisten, ein noch relativ junger Anwalt, der in den USA studiert hatte, weigerte sich, eine tragende Rolle in diesem Kampf zu übernehmen.

Scharon musste erkennen, dass die Beziehungen zwischen Israel und der Falange, die seit den siebziger Jahren sorgsam gepflegt worden waren, nicht jene Früchte trugen, die sich Israel erhofft hatte. Gemajel begnügte sich lieber mit der Zuschauerrolle. Er und die übrigen Führer der Falange wollten sich in den noch bevorstehenden Kämpfen nicht als aktive Verbündete der Israelis betätigen.

In ihrem Buch *Israel's Lebanon War* behaupteten Schiff und Yaari, Scharon habe versucht, die Falangisten dafür zu gewinnen, sich mit der israelischen Armee südöstlich von Beirut zu vereinigen und dadurch die PLO-Truppen in der Stadt vollständig zu umzingeln. Gemajel jedoch habe sich nicht sehr begeistert gezeigt. Schließlich hätten sie sich darauf verständigt, dass die Israelis in Richtung der Stellungen der Falange vorrücken sollten, nicht umgekehrt. Scharon legte den Treffpunkt fest und verlangte, dass diese Vereinbarung schriftlich festgehalten werde. Scharon und Gemajel unterzeichneten das Papier und auch die Landkarte mit den entsprechenden Markierungen. In seiner Autobiografie *Warrior* behauptet Scharon dagegen, in diesem Stadium des Krieges habe er nicht gewünscht, dass die Führer der Falange weitere militärische Operationen unternähmen, weil er fürchtete, die israelische Armee könnte in Beirut in eine Falle gelockt werden.

Am nächsten Tag, Samstag, dem 12. Juni, flog Scharon in den Libanon, um Brigadegeneral Amos Jaron und dessen Truppen südöstlich von Beirut, in der Nähe des Präsidentenpalastes in Baabda, aufzusuchen. Er konnte zunächst Jaron nicht ausfindig machen, aber er traf auf einen falangistischen Soldaten, der ihm anbot, ihn zu Jaron zu bringen. Auf dem Weg dorthin fuhren sie unmittelbar an einem syrischen Armeeposten in Beirut vorbei. Plötzlich gab einer der Soldaten, die Scharon begleiteten, unabsichtlich einen Schuss ab. Die Leute im Wagen warteten nervös, ob die Syrer etwas gehört hatten. Hätten die Syrer eine Patrouille ausgeschickt, um der Ursache des Schusses auf den Grund zu gehen, wäre ihnen der israelische Verteidigungsminister in die Hände gefallen. Einige Minuten später kam der Wagen in Baabda an und hielt vor dem Gebäude der Stadtverwaltung. Brigadegeneral Amos Jaron war entsetzt, als er den Verteidigungsminister mit wedelnden Armen auf sich zukommen sah.

Da Baschir Gemajel wusste, dass Scharon eingetroffen war, schickte er eine Eskorte, um den Verteidigungsminister in den sicheren christlichen Teil der Stadt zu bringen. Scharon war fasziniert von der Schönheit der Stadt. Doch er beobachtete auch entsetzt die Leute in den Cafés, die sich durch den um sie herum tobenden Krieg nicht beeindrucken ließen. Scharon machte Gemajel darauf aufmerksam, weil er hoffte, der Führer der Christen würde sich dadurch angespornt fühlen, seine Kämpfer zu mobilisieren. Doch Gemajel blieb stumm. In Baabda bestieg Scharon einen Hubschrauber und flog zurück nach Jerusalem zur ersten Kabinettssitzung nach dem Inkrafttreten des Waffenstillstands.

Nach dem Krieg schilderte Scharon die Ereignisse vom Abend des 12. Juni folgendermaßen: »Die Fallschirmjäger ... stießen weiter nach Norden vor, um ihre Mission zu erfüllen und die Verbindung mit dem christlichen Sektor herzustellen. Entsprechend ihren Befehlen verzichteten sie bei ihrem Vormarsch auf den Beschuss feindlicher Stellungen ... Am Nachmittag des 13. Juni überschritten (die Fallschirmjäger) die Grenze zum christlichen Gebiet und stellten den Zusammenschluss her, sodass unsere Truppen ihren kampflosen Vormarsch nach Norden weiter fortsetzen konnten, um die Straße zwischen Beirut und Damaskus zu blockieren und dadurch Beirut von Syrien und der syrischen Armee abzuschneiden ... An diesem Tag informierte ich das Kabinett, dass wir uns mit den Christen verbunden hatten und zur Straße Beirut–Damaskus vorgestoßen waren.

Die Unterrichtung wurde wie üblich durch eine detaillierte Erläuterung auf der Karte begleitet. Ich betonte, dass es bei dieser Aktion in erster Linie darum gegangen sei, die Straße von Beirut nach Damaskus zu erreichen, nicht Beirut einzunehmen, worüber noch kein Beschluss gefasst worden war.«

Schiff und Yaari widersprechen dieser Behauptung. In *Israel's Lebanon War* erklären sie, dass die israelische Armee ohne Genehmigung durch die Regierung in die libanesische Hauptstadt eingedrungen sei und auch entgegen den Zusagen, die der Verteidigungsminister gegenüber dem Kabinett abgegeben hatte. »Dies war einer der entscheidendsten Augenblicke des Libanonkrieges«, schreiben sie. »Die Fakten wurden vom Kriegsgeschehen diktiert, und die Regierung sah sich gezwungen, Aktionen abzusegnen, die bereits gelaufen waren.«

Kommunikationsminister Mordechai Sipori stellte die Ereignisse wiederum etwas anders dar. Laut Sipori riefen die andauernden Kämpfe in der Bevölkerung eine Welle der Empörung und des Protests hervor. Immer mehr Soldaten im Feld fühlten sich hinters Licht geführt und belogen, eine Stimmung, die sich nach den offiziellen Erklärungen aus den Büros des Ministerpräsidenten und des Verteidigungsministers noch verstärkte. »Scharon trieb die Truppen nach Beirut voran, als die israelischen Panzer auf den Präsidentenpalast in Baadba zurollten«, schrieb Sipori in seinem Buch *In A Straight Line*. »Am 13. Juni war der Palast umzingelt und das Feuer wurde vorübergehend eingestellt. Die israelische Regierung war nicht zum ersten und auch nicht zum letzten Mal mit vollendeten Tatsachen konfrontiert: Obwohl Scharon verkündet hatte, dass es der Tzahal nicht darum gehe, in arabische Hauptstädte einzumarschieren, drangen unsere Truppen nun in den Ostteil von Beirut vor.«

Generalstabschef Eitan stellte sich auf die Seite Scharons. In seinem Buch *A Soldier's Story* schilderte er die Ereignisse des 13. Juni. Da sich die palästinensischen Terrorgruppen nicht an den Waffenstillstand hielten, sei der Kampf gegen sie mit voller Wucht wieder aufgenommen worden. Die israelische Armee rückte durch die libanesische Hauptstadt zu den Stellungen der Christen im östlichen Teil Beiruts vor. Nachdem sich die beiden Streitkräfte vereinigt hatten, erlangten sie auch die Kontrolle über die Straße von Beirut nach Damaskus. »Beirut ist abgeriegelt«, schrieb Eitan. »Doch wir haben nicht die Absicht, in Beirut einzumarschieren.«

In Wirklichkeit traf sich am Sonntag, dem 13. Juni 1982, um 13 Uhr eine Fallschirmjägereinheit in der Nähe der christlichen Stadt Saba östlich von Beirut mit Vertretern der Falange. Fadi Frem, Gemajels Stellvertreter, empfing die Fallschirmjäger an einer Straßensperre in den Außenbezirken der Stadt. Eine Stunde später stieß Baschir Gemajel dazu, und von der israelischen Seite kamen Generalstabschef Eitan und Amir Drori, der Befehlshaber des Nordsektors. Eitan und Drori wurden nach Dschunieh gebracht, die Fallschirmjäger rückten weiter in Richtung Baabda vor, zum libanesischen Verteidigungsministerium – und dort wurde die Straße Beirut–Damaskus zum ersten Mal blockiert.

Den Ministern, die sich am 13. Juni zur Kabinettssitzung einfanden, war klar, dass durch den Waffenstillstand zwar der Krieg gegen die syrische Armee beendet war, der Kampf gegen die 15 000 PLO-Kämpfer und andere palästinensische Milizen, die sich in Beirut verschanzt hatten, aber noch lange nicht vorbei war. Am nächsten Tag verstärkte die israelische Armee ihren Druck auf Beirut. »Scharon betont«, schrieb Generalstabschef Eitan, »dass die völlige Abriegelung Beiruts ... von höchster politischer Bedeutung sei«, insbesondere da der Ministerpräsident in Kürze zu Gesprächen nach Washington aufbrechen würde. Am folgenden Tag, es war der 15. Juni, flog Begin in die USA.

Die Umzingelung Beiruts war ein Wendepunkt im Verhältnis der Medien und der Öffentlichkeit zu Ariel Scharon. Zu einem sehr peinlichen Moment kam es am 13. Juni, als Ministerpräsident Begin im Fernsehen mit der Aussage zitiert wurde, die israelische Armee befinde sich nicht in Beirut, worauf unmittelbar ein Live-Bericht aus einem Außenbezirk der Stadt folgte, in dem vorüberfahrende Armeefahrzeuge zu sehen waren. Am Vortag, dem 12. Juni, hatte die Militärzensur bereits einen Fernsehbericht verhindert, in dem mitgeteilt werden sollte, dass israelische Truppen den christlichen Teil Beiruts erreicht und den Flughafen unter ihre Kontrolle gebracht hätten. In diesem nicht gesendeten Bericht war auch darauf hingewiesen worden, dass sich das sichere Gebiet von Dschunieh bis zur israelischen Grenze erstrecken würde, sobald die israelischen Truppen den Schulterschluss mit ihren christlichen Verbündeten hergestellt hätten.

Auch die großen Verluste an Menschenleben schockierten die israelische Öffentlichkeit. Am 14. Juni, neun Tage nach Kriegsbeginn, gab der Generalstab bekannt, dass 170 Soldaten gefallen und 700 verwundet worden seien. Einige Tage später erfuhr die Öffentlichkeit, dass die Zahl der Opfer noch weiter gestiegen war: Nun waren es 214 Tote und 1114 Verwundete. Die israelischen Medien begannen unangenehme Fragen zu stellen: Inwieweit war Ministerpräsident Begin von Verteidigungsminister Scharon über die Geschehnisse an der Front unterrichtet worden? War Begin informiert gewesen über die Absicht, bis nach Beirut vorzustoßen, und wenn ja, wann hatte er es erfahren? Zum ersten Mal in der noch jungen Geschichte des Landes wagten es Politiker, Journalisten und weite Teile der israelischen Öffentlichkeit, die Motive hinter einem gerade stattfindenden Krieg in Frage zu stellen.

Scharon war tief beunruhigt über die wachsende öffentliche Kritik und sprach von einer »Angstkampagne der Opposition«. Die Polarisierung der israelischen Öffentlichkeit, während die Kämpfe noch tobten, nütze allein den Interessen der Terroristen, erklärte Scharon, und erschwere es der Armee und der Regierung zusätzlich, ihre Ziele zu erreichen. »Zu Hause«, sagte Scharon 1987 bei einem Gastvortrag an der Universität von Tel Aviv, »erlebten wir ein erbärmliches Schauspiel der Opposition und von Teilen der Medien, die während der Belagerung von Beirut zeigten, wie verantwortungslos sie waren. In beiden Gruppen gab es Leute, die im Grunde derselben Meinung wie die Terroristen waren und behaupteten, dass die Terroranschläge keinen Bruch des Waffenstillstandsabkommens darstellten.« Scharon blieb bis zum Ende seiner Tage überzeugt, dass die israelische Armee, wenn die innere Opposition nicht die Öffentlichkeit gespalten hätte, sehr schnell die Terrorgruppen aus dem Libanon hätte vertreiben, die Syrer in ihr eigenes Land zurückdrängen und eine christliche Regierung im Libanon hätte installieren können, um dann ein Friedensabkommen mit Israel zu unterzeichnen.

Am Donnerstag, dem 15. Juni, trat das Kabinett am Morgen ohne Begin zusammen. Das Kabinett beschloss, Verteidigungsminister Scharon zu ermächtigen, den falangistischen Truppen zu erlauben, in Beirut einzumarschieren und die palästinensischen Terroristen in der Stadt zu bekämpfen. Darüber hinaus wurde Scharon ermächtigt, den Falangisten Hilfe durch Israel zuzusagen, solange sie und nicht die israelische Armee die Hauptlast des Kampfes trugen. Scharon reiste zu einem weiteren Treffen mit Baschir Gemajel, doch dieser war noch immer nicht bereit, seine Truppen in den Kampf zu werfen. Scharon wartete ab, ob der amerikanische Präsident in seinem für den 21. Juni angesetzten Treffen mit Begin die fortdauernde Präsenz der israelischen Armee billigen würde.

In diesen sechs Tagen wies Scharon die Armee an, langsam weiter vorzurücken und weitere Positionen an der Straße Beirut–Damaskus zu besetzen, um dadurch den Druck auf die libanesische Hauptstadt zu erhöhen, wo 6000 syrische Soldaten zusammen mit den Palästinensern abgeriegelt waren. Die Israelis und die PLO-Verbände lieferten sich mehrmals Artilleriegefechte. Am 20. Juni, einen Tag vor Begins Treffen mit Reagan, zogen sich die PLO-Kämpfer und die syrischen Truppen aus dem internationalen Flughafen Beiruts zurück und ermöglichten es dadurch den Israelis, ihn kampflos unter ihre Kontrolle zu bringen.

Begin lächelte, als er am folgenden Tag aus dem Büro des US-Präsidenten kam. Reagan akzeptierte die Forderung der Israelis nach einem Rückzug aller fremden Truppen aus dem Libanon – womit sowohl die Syrer als auch die Israelis gemeint waren. Ferner teilte der Präsident die Auffassung, dass im Libanon eine stabile Regierung gebildet werden müsse. Begins Unterredung mit Reagan stimmte Scharon wieder zuversichtlicher. Der Druck durch die Medien, die Opposition und aus der eigenen Regierung hatte ihn zeitweilig verunsichert. Am 24. Juni, nachdem Begin aus den USA zurückgekehrt war, ermächtigte die Regierung Scharon, die Einnahme der Straße Beirut–Damaskus im Gebiet von Alej-Dahar al-Baider-Bahemdun abzuschließen und die syrischen Truppen aus dieser Region zu vertreiben. Der Angriff begann noch am selben Abend und war schon zu Beginn des nächsten Tages beendet. Damit war der Belagerungsring um die libanesische Hauptstadt geschlossen.

Am folgenden Tag, dem 26. Juni, kam es zu einem historischen Ereignis: Zum ersten Mal in der Geschichte des Staates Israel versammelten sich auf dem Kikar Malchei Jisrael, dem zentralen Platz in Tel

Aviv, 100 000 Menschen zu einer Demonstration gegen den Krieg und verlangten den Rückzug der Armee aus dem Libanon. Einige Tage später nahm Scharon an einer Gegenkundgebung teil, auf der die Maßnahmen der Regierung gutgeheißen wurden. Auch viele Familien, die ihre Söhne im Krieg verloren hatten, mischten sich in die Debatte ein. Das Land war zutiefst gespalten.

PLO-Chef Jassir Arafat, der zusammen mit 15 000 Kämpfern im dicht besiedelten Westteil Beiruts festsaß, weigerte sich, den Libanon zu verlassen. Unter der Belagerung veränderte sich sein Image – er wandelte sich vom blutrünstigen Terroristen zum Freiheitskämpfer, der im Namen seines Volkes gegen eine Besatzungsarmee kämpfte.

Während die Belagerung andauerte, wuchs im Westen die Popularität Arafats, der stets mit seinem Erkennungszeichen, der schwarzweißen Kaffija auftrat. Arafat erschien täglich im Fernsehen, das verwundete palästinensische Kinder und die rauchenden Trümmer palästinensischer Häuser zeigte. Durch die Belagerung Beiruts wurde Arafat in den Augen von Millionen Fernsehzuschauern weltweit zum heroischen Führer des palästinensischen Volkes.

War bis dahin der Krieg im Libanon noch als eine legitime Aktion Israels zum Schutz seiner Bürger im Norden betrachtet worden, wendete sich nun das Blatt. Das Ansehen Israels nahm schweren Schaden, während sich Arafat, in einer belagerten Stadt gefangen und in höchster Bedrängnis, auf Kosten Scharons zu profilieren vermochte. In den folgenden drei Wochen blieb Arafat untätig, vergeudete Zeit mit Verhandlungen und ließ sich beflügeln durch die Protestkundgebungen in Jerusalem und Tel Aviv und die sich anscheinend vertiefende Kluft in der israelischen Gesellschaft.

Oberst Eli Gewa, der Kommandeur einer der Panzerbrigaden, die vor Beirut lagen, verkündete, er werde seinen Posten aufgeben, sollte der Befehl zum Einmarsch nach Beirut erfolgen. »Das ist nicht unser Kampf«, erklärte er Scharon. Der Verteidigungsminister schickte den Oberst zu Begin, der ihm ins Gewissen redete. Zwei Tage später wurde er aus der Armee entlassen und durfte nicht einmal mehr nach Beirut zurückkehren, um sich von seinen Soldaten zu verabschieden. Die Gewa-Affäre, über die ausführlich berichtet wurde und die zu beträchtlicher Unruhe in Israel führte, beschädigte die letzte Bastion, auf die sich Scharon noch stützen konnte: die Kommandokette der Armee.

Die Belagerung Beiruts dauerte bis in die zweite Augusthälfte 1982. Immer wieder wurden die Stellungen der Palästinenser aus der Luft, vom Boden und vom Meer her unter Beschuss genommen. Langsam rückte die israelische Armee in den Westteil der Stadt ein. Bis zum 5. August hatten die Israelis das Stadtviertel Hai-a-Salum im Südwesten Beiruts, das Viertel Usai an der Küste sowie die Museumsgegend bis zum Hippodrom eingenommen und das Flüchtlingslager Bourj al-Barajneh umzingelt. Arafat und seine Leute waren auf einer Fläche von 14 Quadratkilometern gefangen. Viele israelische Soldaten starben im Straßenkampf. Die Amerikaner waren empört über die Invasion und verlangten, dass sich Israel auf seine vorherige Linie zurückziehe. Begin lehnte die Rückzugsforderung ab, wies aber Scharon an, auf einen weiteren Vormarsch zu verzichten.

Am 9. August bombardierte die israelische Luftwaffe die Flüchtlingslager im Südwesten Beiruts, um den Druck auf Arafat zu verstärken. Am 12. August, der von den eingekesselten Palästinensern als »schwarzer Donnerstag« bezeichnet wurde, flogen die Israelis besonders schwere Einsätze. Zahlreiche Bunker der Terrorgruppen wurden zerstört, aber auch viele Zivilisten getötet, was den internationalen Protest weiter schürte. In der Kabinettssitzung vom 12. August – nachdem Begin einen wütenden Telefonanruf von Reagan erhalten hatte, der die sofortige Einstellung aller Luftangriffe auf zivile Ziele verlangte – musste Scharon feststellen, dass er allein stand. Die Minister David Levi, Simha Erlich, Josef Burg, Sewelun Hammer, Mordechai Sipori und sogar Jitzhak Schamir kritisierten ihn, weil er befohlen hatte, West-Beirut anzugreifen, ohne sich vorher mit Begin abzustimmen.

Am Ende der Sitzung wurde Scharon die Befugnis entzogen, Luftangriffe anzuordnen – ein beispielloser Beschluss. Es hatte den Anschein, als habe sich auch Begins Einstellung zu Scharon geändert. Bis zu diesem Zeitpunkt hatte er ihn fast bedingungslos unterstützt. Noch fünf Tage vorher, am 7. August, hatte Begin erklärt: »Ich werde über alle Operationen informiert, manchmal vorher, manchmal auch erst nachher.« Während der stürmischen Kabinettssitzung vom 12. August tadelte Begin Scharon, als dieser sich mit seinen Ministerkollegen anlegte:»Schreien Sie nicht so. Ich möchte klarstellen, wer diese Sitzung leitet.« David Levi, der Wohnungs- und Bauminister, warf Scharon vor:»Wir haben in Beirut bis jetzt überhaupt nichts erreicht ... Nicht nur die Bevölkerung ist verwirrt, auch die Regierung.« Sozialminister Josef Burg erklärte:»Was geschehen ist, steht im Gegensatz zu den Entscheidungen der Regierung.« Der stellvertretende Ministerpräsident Simha Erlich rief Scharon zu:»Sie sind ein Demagoge!«

Kommunikationsminister Mordechai Sipori schreibt in seinem Buch, Begin habe Scharon auf dieser Sitzung daran erinnert, dass er die Regierung gegenüber der Armee vertrete, nicht umgekehrt. Laut Sipori sagte Begin:»Sie genießen keine besonderen Privilegien in dieser Regierung, Sie haben denselben Rang wie alle anderen ... Wie können Sie es daher wagen, ein derartiges Verhalten an den Tag zu legen?« Sipori schreibt, dass die Minister,»die alle höchst angespannt waren, erfreut waren über die plötzliche Festigkeit des Ministerpräsidenten, von der in den Monaten des Krieges nichts zu spüren gewesen war. ... Einige von ihnen rügten Scharon noch schärfer. Sie warfen ihm vor, der Armee Befehle erteilt zu haben, die sich nicht mit Entscheidungen der Regierung deckten, und in einigen Situationen sogar dem Ministerpräsidenten in den Rücken gefallen zu sein.«

Scharon präsentierte seine Version der Ereignisse fünf Jahre später in einem Vortrag in Tel Aviv.»Bei einem unserer heftigsten Angriffe habe ich Luftschläge gegen die von den Terroristen beherrschten Gebiete im Süden Beiruts angeordnet. Dieser Angriff verärgerte die Amerikaner und führte zu einer heftigen Kontroverse zwischen Präsident Reagan und dem Ministerpräsidenten. Auch die Regierung übte scharfe Kritik. Auf einer außerordentlichen Kabinettssitzung, um deren Einberufung ich Begin gebeten hatte, wurde ich ermächtigt, eine Reihe von verlassenen Häusern zu besetzen, die von Scharfschützen der Terroristen für Angriffe auf unsere Soldaten genutzt wurden. Ich bat um die Erlaubnis, 100 Meter weit in das Viertel Beirut Grove vorzudringen, um einen Obstgarten unter Kontrolle zu bringen, der von den Terroristen genutzt wurde.«

»Ich habe die Regierung informiert«, fuhr Scharon fort,»dass wir im Laufe der Nacht gezwungen waren, einige Handlungen zu unternehmen, die nicht durch den Regierungsbeschluss gedeckt waren:

Wir haben zwei Häuser in der Nähe des Hippodroms gestürmt, von denen aus die Terroristen unsere Truppen unter Feuer nahmen. Es war nicht möglich, die Regierung mitten in der Nacht zusammenzurufen und darüber entscheiden zu lassen, ob diese beiden Häuser genommen werden sollten. Die Regierung kann nicht über jedes einzelne Haus entscheiden. Es stimmt, dass unsere Regierung – und darüber bin ich froh – sich mit allen militärischen Einzelheiten befasst …, aber damals waren wir meiner Meinung nach an einem Punkt angelangt, an dem dies mit unnötigen Risiken verbunden war. Die Regierung billigte meine Pläne nicht und traf folgende Entscheidung: 1. die vom Verteidigungsminister vorgelegten Pläne nicht umzusetzen, 2. die Luftwaffe nicht ohne die ausdrückliche Billigung des Ministerpräsidenten oder auf dessen direkten Befehl einzusetzen, 3. die Situation auf dem Kriegsschauplatz nicht ohne eine Entscheidung der Regierung zu verändern.«

Dieser Beschluss war gewissermaßen eine Misstrauenserklärung gegen Scharon. Gerade als er seine Position als Kronprinz Begins zu festigen begann, wurden die unberechenbaren Züge von Scharons Persönlichkeit sichtbar. Dieselben Charakterzüge, die ihm schon in der Vergangenheit geschadet hatten – übermäßiges Selbstvertrauen, Streben nach Kontrolle, Missachtung der Meinung anderer Politiker und Fachleute zu Sicherheitsfragen –, all dies zeigte sich nun wieder in aller Deutlichkeit.

Die massiven Luftangriffe auf die PLO-Stellungen in Beirut verfehlten ihre Wirkung nicht. In der Nacht vom 12. zum 13. August erklärte sich Arafat zur Aufgabe bereit und willigte ein, mit allen seinen Anhängern Beirut zu verlassen. Zwischen dem 21. August und dem 1. September zogen 9000 palästinensische Kämpfer sowie 6000 syrische Soldaten unter dem Schutz einer multinationalen Friedenstruppe aus der Stadt ab. Am 30. August 1982 begab sich Arafat nach Tunesien.

Nun schien sich die Lage zu beruhigen. Am 23. August 1982, eine Woche bevor Arafat Beirut verließ, wurde Baschir Gemajel vom libanesischen Parlament zum Staatspräsidenten gewählt. Scharon hoffte, dass nun bald sein Traum in Erfüllung gehen würde: Ein libanesischer Präsident, der Israel freundlich gesonnen war, würde einen Friedensvertrag zwischen den beiden Ländern unterzeichnen.

Doch am 14. September wurde Scharon auf dem Weg zu einer Besprechung in Tel Aviv über Funk aufgefordert, so schnell wie möglich zur nächstgelegenen Militärbasis zu kommen. Dort teilte man ihm mit, dass Baschir Gemajel durch eine gewaltige Explosion getötet worden sei, während er eine Rede hielt. Er starb eine Woche vor seiner Amtseinführung als Staatspräsident des Libanon. Mit dem Abgang von Scharons Verbündetem schwand auch die Möglichkeit eines Friedensschlusses zwischen den beiden Staaten.

Kapitel 29
Sabra und Schatila

Am Morgen nach der Ermordung Gemajels rückte die israelische Armee in West-Beirut ein. Noch am Abend nach dem Attentat hatten Scharon und Begin den Einmarsch in die Hauptstadt beschlossen, weil sie fürchteten, dass dort das Chaos ausbrechen könnte. In der Nacht vom 16. zum 17. September ermöglichte es die Tzahal den Milizen der Falange, in die palästinensischen Flüchtlingslager Sabra und Schatila einzudringen. Obwohl sie ermahnt worden waren, sich an das Kriegsrecht zu halten und nur gegen bewaffnete Kombattanten vorzugehen, schlachteten die Falangisten, die die Ermordung ihres Führers rächen wollten, Hunderte Zivilisten ab, darunter auch viele Frauen und Kinder.

Die schrecklichen Bilder dieses Massakers schockierten die Welt. Die israelische Öffentlichkeit reagierte entsetzt. Am 28. September 1982 richtete die Regierung unter dem Druck der Medien und der Öffentlichkeit eine Untersuchungskommission ein, die den Ablauf des Massakers aufklären sollte, das vor den Augen der israelischen Armee begangen worden war. Die Kommission wurde geleitet von Jitzhak Kahan, dem Chef-Richter am Obersten Gericht. Ihm zur Seite standen Aharon Barak, der frühere Generalstaatsanwalt und spätere Leiter des Obersten Gerichts, und Jonah Efrat, ein Generalmajor der Reserve.

Die Kommission hörte Dutzende von Zeugen. Gegen Ende ihrer Untersuchungen, im November 1982, ließ sie auf der Grundlage von Artikel 15a des Gesetzes über Untersuchungsausschüsse neun Personen vorladen: Ministerpräsident Menachem Begin, Verteidigungsminister Ariel Scharon, Scharons Mitarbeiter im Verteidigungsministerium Avi Dudai, Außenminister Jitzhak Schamir, Generalstabschef Rafael Eitan, den Leiter des Militärgeheimdienstes Generalmajor Jehoschua Sagui, den Oberbefehlshaber des Nordkommandos Amir Drori, Brigadegeneral Amir Jaron und den Chef des Mossad, dessen Name nicht öffentlich genannt wurde.

In der Begründung zu Scharons Vorladung hieß es: »Verteidigungsminister Ariel Scharon ist zu belangen, sofern die Kommission feststellt, a) dass er ignoriert oder nicht bedacht hat, dass die Gefahr von Blutvergießen oder Racheakten seitens der libanesischen Milizen an den Bewohnern der Flüchtlingslager in Beirut bestand und er keine geeigneten Maßnahmen ergriffen hat, um diese Gefahr abzuwenden; b) dass der Verteidigungsminister den libanesischen Milizen nicht den schnellstmöglichen Abzug aus den Flüchtlingslagern befohlen oder keine Maßnahmen ergriffen hat, um die Bewohner der Lager zu schützen, nachdem er von Tötungen und Übergriffen unterrichtet worden war, die von den libanesischen Milizen begangen wurden; c) dass der Verteidigungsminister durch diese Versäumnisse gegen seine Amtspflichten verstoßen hat.«

Das Land wartete gespannt auf den Bericht der Kommission. Scharon, der als die treibende Kraft hinter dem Krieg galt, war sehr beunruhigt. Zu Beginn der Anhörungen hatte ein unbekannter junger Anwalt namens Dow Weissglas, den das Verteidigungsministerium gestellt hatte, Scharon vertreten. Weissglas, der in der Rechtsabteilung des Ministeriums arbeitete, sollte den Minister in einer seiner schwersten Stunden verteidigen.

Nachdem die Kahan-Kommission ihre Vorladungen verschickt hatte, verfügte der Civil Service Commissioner, dass Scharon nicht länger durch einen vom Staat bezahlten Anwalt vertreten werden dürfe. Darauf wandte sich Scharon an Schmuel Tamir und besuchte ihn sogar zu Hause, um ihn zu überreden, das Mandat zu übernehmen, aber Tamir lehnte ab. Da er sonst nicht mehr viele Möglichkeiten hatte, kam Scharon wieder auf Weissglas zurück, der mittlerweile aus der Reserve ausgeschieden war, und bat ihn, als privater Anwalt für ihn tätig zu werden. Weissglas übernahm den Fall. Seit diesem Zeitpunkt verband die beiden eine Freundschaft fürs Leben.

Am 7. Februar 1983, einen Tag vor der Veröffentlichung des Kommissionsberichts, erhielt Menachem Begin ein Vorausexemplar. Scharon versuchte von Begin zu erfahren, was in dem Bericht stand, doch zum ersten Mal in seinem Leben konnte er den Ministerpräsidenten nicht telefonisch erreichen. Als er schließlich doch zu Begin durchkam, erklärte ihm der Ministerpräsident, er dürfe ihm über den Inhalt des Berichts vor der Veröffentlichung am nächsten Morgen keine Auskunft geben. Scharon kam sich vor, als stürze der Himmel über ihm ein.

Durch die Veröffentlichung des Kommissionsberichts am 8. Februar 1983 wurde die israelische Öffentlichkeit über den genauen Ablauf der Ereignisse informiert, die zu den Massakern der christlichen Milizen in den palästinensischen Flüchtlingslagern Sabra und Schatila führten. Am Dienstag, dem 14. September 1982, als noch nicht völlig klar war, ob Baschir Gemajel überlebt hatte oder nicht, besprach Scharon mit Begin, Generalstabschef Eitan und dem Chef des militärischen Geheimdienstes Sagui die Situation in Libanon. Gegen elf Uhr wurde Gemajels Tod bestätigt. Daraufhin beschlossen Scharon und Begin, die Armee nach West-Beirut zu schicken, um den Ausbruch von Anarchie zu verhindern. Später sprachen Scharon und Eitan davon, sie hätten auch die Falange-Milizen in diese Aktion einbinden wollen. »Dass die Falangisten in den Einmarsch einbezogen werden sollten«, schrieb die Kommission, »wurde zu diesem Zeitpunkt dem Ministerpräsidenten nicht mitgeteilt.«

Am Abend flog der Generalstabschef nach Beirut, unterrichtete die israelischen Armeekommandeure über den geplanten Einmarsch und begab sich anschließend zum Hauptquartier der Falangisten. Dort forderte Eitan die Führer der Falange auf, ihre Milizen zu mobilisieren, in den von ihnen kontrollierten Gebieten eine Ausgangssperre zu verhängen und sich darauf vorzubereiten, in dem bevorstehenden Kampf eine aktive Rolle zu übernehmen. Laut dem Bericht der Kommission erklärte der Generalstabschef den Falangisten, die israelische Armee werde die palästinensischen Flüchtlingslager im Westteil der Stadt, Sabra und Schatila, nicht betreten, vielmehr sollten sich die Falangisten um sie kümmern. In seiner Aussage berichtete Eitan der Kommission, dass die Entscheidung, die Falange-Milizen in die Flüchtlingslager zu schicken, am 14. September gegen 8.30 Uhr in einem Gespräch mit Scharon gefallen sei.

Nachdem Eitan die Falangisten verlassen hatte, fuhr er zum Hauptquartier der israelischen Armee in Beirut, das auf dem Dach eines fünfstöckigen Gebäudes rund 200 Meter südwestlich von Schatila eingerichtet worden war. Bei den beiden Flüchtlingslagern handelte es sich im Grunde um ein zusammenhängendes Wohngebiet aus schmalen Gassen und niedrigen Häusern. Sabra umfasste eine Fläche von 300 auf 200 Meter, Schatila war etwas größer, ungefähr 500 auf 500 Meter. Es ist nicht bekannt, wie viele Menschen in Sabra und Schatila lebten, als die christlichen Milizen in die Lager eindrangen, denn viele Bewohner waren bereits während der Artilleriegefechte in der Gegend geflohen. Nach Schätzungen hielten sich damals noch ungefähr 6000 Menschen in den beiden Lagern auf.

Am 15. September rückte die israelische Armee gegen sechs Uhr früh in West-Beirut ein. Eitan stand auf dem Dach und beobachtete durch das Fernglas die Flüchtlingslager, konnte aber nicht sehen, was in den engen, verstopften Gassen vor sich ging. Zunächst stießen die israelischen Soldaten bei ihrem Vormarsch in West-Beirut auf keinen Widerstand, aber im Lauf des Tages, als sich die Überraschung gelegt hatte, eröffneten palästinensische Kämpfer aus den Lagern das Feuer auf sie. Zwei Stunden nach dem Einmarsch in West-Beirut, zwischen acht und neun Uhr, erschien Scharon im Kommandozentrum auf dem Dach. Eitan unterrichtete ihn über das Abkommen mit der Falange – die Mobilmachung, die Ausgangssperre und den Einmarsch der Milizen in die Flüchtlingslager. Die Kommission schrieb, dass »der Verteidigungsminister die Zusammenfassung der Ereignisse zustimmend zur Kenntnis nahm. Scharon rief Ministerpräsident Begin vom Kommandozentrum auf dem Dach an und berichtete ihm, dass es keinen Widerstand in Beirut gebe und die Operation reibungslos verlaufe.«

Das Protokoll von Scharons Besuch in Beirut am 15. September enthält auch einen Befehl, den Scharon dem Generalstabschef und dem Leiter des militärischen Geheimdienstes erteilte: »Nur eine Kraft, und zwar die israelische Armee, soll die Befehlsgewalt über die Streitkräfte in der Region ausüben. Für die Operation in den Flüchtlingslagern sollen die falangistischen Milizen eingesetzt werden.«

Zusammen mit dem Chef des Militärgeheimdienstes, dem Kommandeur des israelischen Geheimdienstes Schabak und mehreren Mossad-Angehörigen begab sich Scharon zu den Führern der Falange. »Bei dieser Besprechung«, hieß es im Kommissionsbericht, »erklärte der Verteidigungsminister unter anderem, die Tzahal werde wichtige Punkte und Straßenkreuzungen in West-Beirut besetzen, doch nach ihr sollten auch die Milizen der Falangisten nach West-Beirut einrücken, und die falangistischen Kommandeure sollten während dieser Operation Kontakt halten zu Generalmajor Drori, dem Oberbefehlshaber des Nordkommandos.« Anschließend fuhr der Verteidigungsminister nach Bikfaja, um der Familie Gemajel einen Kondolenzbesuch abzustatten.

Noch am 15. September kehrte Scharon nach Israel zurück. Gegen 18 Uhr kam er müde und erschöpft zu Hause an. Einige Stunden zuvor hatte Begin den amerikanischen Botschafter empfangen und ihn informiert, dass Israel in West-Beirut einmarschiert sei, um Blutvergießen zu verhindern, und dass sich die falangistischen Milizen diszipliniert verhielten. Scharon rief Begin von der Schikmim-Farm an und berichtete ihm, dass die israelische Armee noch an diesem Abend alle ihre geplanten Positionen in West-Beirut einnehmen würde und dass alles in Ordnung sei.

Am Morgen des nächsten Tages, es war der 16. September, bestellte Scharon den Generalstabschef, den Leiter des Militärgeheimdienstes und weitere hohe Offiziere zu einer Besprechung in sein Büro. Der Generalstabschef erklärte zu Beginn der Unterredung: »Die ganze Stadt befindet sich in unserer Hand, es ist alles ruhig, die Lager sind abgeriegelt und umzingelt; die Falangisten sollen zwischen elf und zwölf Uhr einrücken. Gestern haben wir noch mit ihnen gesprochen.« Scharon bestätigte, dass die Falangisten in die Flüchtlingslager geschickt werden sollten, dann rief er den Ministerpräsidenten an und berichtete ihm: »Der Kampf ist zu Ende. Die Flüchtlingslager sind umzingelt. Der Beschuss hat aufgehört. Wir haben keine weiteren Verluste mehr erlitten. Alles ist ruhig und friedlich.« Wiederum vermied es Scharon, den Ministerpräsidenten über seine Entscheidung zu unterrichten, die Falangisten in die Lager zu entsenden.

Am 16. September gegen elf Uhr erschienen die Kommandeure der Falangisten-Milizen im Hauptquartier einer der israelischen Divisionen zur ersten Koordinationssitzung mit dem Chef des Nordkommandos Amir Drori, um den Einmarsch in Sabra und Schatila zu besprechen. Drori teilte ihnen mit, dass sie den Einmarsch mit der Division von Brigadegeneral Amos Jaron abstimmen sollten, die in diesem Sektor stand. Diese Koordinationssitzung fand am Nachmittag statt. Man verständigte sich darauf, dass eine Kompanie der falangistischen Milizen, insgesamt nicht mehr als 150 Mann, nach Sabra und Schatila hineingehen solle.

Im Lauf der Unterrichtung erläuterte Jaron den christlichen Kommandeuren, wo die palästinensischen Scharfschützen in den Flüchtlingslagern saßen, und schärfte ihnen ein, die Zivilbevölkerung zu schonen. Jaron sagte vor der Kommission aus, er habe diesen Punkt besonders betont, weil er wusste, dass sich die Verhaltensnormen der Falange-Milizen nicht mit den Vorschriften der Tzahal deckten. Jaron stellte Beobachtungsposten auf dem Kommandodach und einem benachbarten Hausdach auf, doch die Gassen blieben weiter uneinsehbar.

Elie Hobeika, der Befehlshaber der falangistischen Einheit, der die Ausführung der Aktion übertragen worden war, begab sich nicht selbst in das Flüchtlingslager, sondern verbrachte die Nacht in einem vorgeschobenen Kommandoposten der Israelis. Wie mit Jaron vereinbart, wurde ein Verbindungsoffizier der Falangisten mit einem Funkgerät auf dem Kommandodach postiert. Gegen 18 Uhr marschierten Hobeikas Leute schließlich in die Lager ein.

Um 19.30 Uhr traf die israelische Regierung mit dem Generalstabschef, dem Leiter des Mossad und dem Chef des militärischen Geheimdienstes zusammen, um über die Lage im Libanon nach der Ermordung Gemajels zu beraten. Zuerst sprachen Begin und Scharon, dann Generalstabschef Eitan, der die Anwesenden informierte, dass die Falangisten am Abend in Sabra und Schatila einmarschiert und anschließend Kämpfe ausgebrochen seien.

David Levi, der stellvertretende Ministerpräsident und Wohnungs- und Bauminister, erklärte, er akzeptiere die Aussage der Armee, dass der Einmarsch in Beirut notwendig gewesen sei, um Anarchie zu verhindern, fügte jedoch einschränkend hinzu: »Doch dieses Argument könnte entkräftet werden, und wir würden völlig unglaubwürdig werden, wenn bekannt wird, dass die Falangisten in ein bestimmtes Viertel eingedrungen sind – ich weiß schließlich, was sie unter Rache verstehen, zu welchen Grausamkeiten sie fähig sind. Dann wird uns niemand mehr abnehmen, dass wir es getan haben, um die Ordnung aufrechtzuerhalten, und man wird uns die Schuld zuschieben. Ich befürchte daher, wir befinden uns in einer Situation, in der man uns für das Geschehen verantwortlich machen und unseren Erklärungen keinen Glauben mehr schenken wird.« Niemand erwiderte etwas darauf.

Während die Minister in Jerusalem zusammensaßen, rückten die falangistischen Milizionäre in Schatila von Süden nach Westen vor. Sobald sie den Wall überwunden hatten, der das Lager umgab, konnte man sie vom Kommandodach oder vom anderen Beobachtungspunkt aus nicht mehr sehen. Die PLO-Kämpfer ließen von den israelischen Stellungen ab und richteten ihr Feuer nun gegen die Eindringlinge. Als es dunkel wurde, verlangte der Verbindungsoffizier der Falangisten von den Israelis Leuchtbomben, die er auch erhielt. Mörser und aus Flugzeugen abgeworfene Phosphor-Leuchtbomben gingen langsam über den Flüchtlingslagern nieder.

In der Nacht vom 16. auf den 17. September erhielten einige israelische Offiziere – nicht aber der Verteidigungsminister oder der Generalstabschef – Berichte darüber, dass die christlichen Milizen von ihrem Auftrag abwichen und auch gegen unbewaffnete Zivilisten in den Lagern vorgingen. Laut einem dieser Berichte bemerkte der falangistische Verbindungsoffizier am Abend des 16. September gegenüber israelischen Offizieren in der Kantine, dass bis jetzt rund 300 Menschen getötet worden seien, darunter auch Zivilisten. Später am Abend korrigierte er die Zahl auf 120.

Amir Drori, der Oberbefehlshaber des Nordkommandos, sagte aus, er habe die Bemerkung des Verbindungsoffiziers in der Kantine nicht mitbekommen. Drori hatte aber gehört, dass die christlichen Milizen eine »schmutzige Aufräumarbeit« erledigten – das heißt, dass sie nicht zuerst die Zivilisten zum Verlassen der Häuser aufforderten, sondern die Gebäude sofort unter Feuer nahmen. Aufgrund dieser Information hatte Generalmajor Drori Brigadegeneral Jaron angewiesen, »die Operation der Falangisten zu stoppen, das heißt, dafür zu sorgen, dass die Falangisten, die in die Lager einmarschiert waren, dort blieben, wo sie waren und nicht weiter vorrückten«. Jaron vergewisserte sich, dass der Befehl an die Kommandeure der Milizen weitergeleitet worden war. Drori telefonierte mit dem Generalstabschef und erklärte ihm, dass die Falangisten »vielleicht etwas zu weit gegangen« seien. Er informierte Eitan, dass er ihnen befohlen habe, sämtliche Aktivitäten einzustellen, worauf der Generalstabschef erwiderte, er werde am Nachmittag selbst nach Beirut kommen.

Eitan erschien am Freitagnachmittag, dem 17. September, in Beirut und begab sich zusammen mit Drori zu den Befehlshabern der

Falange. Laut einem Mossad-Mitarbeiter, der bei diesem Treffen dabei war, sprach der Generalstabschef von »seinem positiven Eindruck, den er aus der Erklärung der falangistischen Streitkräfte und ihres Auftretens im Feld gewonnen« habe. Eitan sagte vor der Kommission aus, die Kommandeure der Milizen hätten ihm gemeldet, dass die Operation abgeschlossen sei, dass alles in Ordnung sei und dass sie bis fünf Uhr früh wieder verschwunden sein würden, nachdem die Amerikaner ihren Abzug verlangt hätten. Darauf habe er erwidert: »Gut, in Ordnung, Sie haben Ihren Auftrag erledigt.«

Im Hinblick auf das Treffen zwischen Eitan und den Milizenkommandeuren stellte die Kommission fest: »Aus allen Zeugenaussagen ergibt sich eindeutig, dass die falangistischen Befehlshaber nicht explizit auf die Gerüchte oder inzwischen eingegangenen Berichte über die Behandlung der Zivilisten in den Lagern angesprochen wurden. Die falangistischen Kommandeure ihrerseits brachten solche Berichte nicht ›von sich aus‹ zur Sprache, sodass diese Angelegenheit bei dem Treffen nicht diskutiert wurde. Das Verhalten der Falangisten gegenüber den Bewohnern der Lager wurde bei dieser Unterredung in keiner Form angeschnitten, noch gab es irgendeine Kritik oder Warnungen bezüglich dieser Angelegenheit.«

Eitan kehrte am Freitagabend nach Israel zurück. Irgendwann zwischen acht und neun Uhr abends telefonierte er mit dem Verteidigungsminister. Laut Scharons Einlassung »berichtete ihm der Generalstabschef in diesem Gespräch, dass er gerade aus Beirut zurückgekehrt sei und dass ›die Aktion der Falangisten in den Lagern unter der Zivilbevölkerung mehr Opfer gefordert habe als erwartet‹. Dem Verteidigungsminister zufolge verwendete der Generalstabschef die Formulierung, dass die Forces Libanaises »zu weit gegangen« seien und deshalb ihre Aktivitäten im Lauf des Nachmittags gestoppt, der Einmarsch weiterer Einheiten unterbunden worden und an die Falangisten der Befehl ergangen sei, ihre Milizen bis fünf Uhr am nächsten Morgen abzuziehen. Der Verteidigungsminister fügte hinzu, der Generalstabschef habe darüber hinaus erklärt, dass auch Zivilisten getötet worden seien. Laut Aussage des Verteidigungsministers erfuhr er dabei zum ersten Mal von den irregulären Aktivitäten der Falangisten in den Lagern. Eitan bestritt die Aussage, es habe »mehr Tote gegeben als erwartet«.

Dieses Gespräch wurde nicht aufgezeichnet und auch nicht anderweitig dokumentiert. Dessen ungeachtet gelangte die Kahan-Kommission zu der Schlussfolgerung: »Nach unserer Auffassung ist die Version des Verteidigungsministers von diesem Gespräch genauer als jene des Generalstabschefs. Wir sind überzeugt, dass der Generalstabschef mit dem Verteidigungsminister über das Vorgehen der Falangisten gesprochen hat und dass der Verteidigungsminister aus dessen Worten erkennen konnte und auch erkannte, dass die falangistischen Milizen in den Flüchtlingslagern Zivilisten töteten. Unsere Ansicht wird dadurch erhärtet, dass der Verteidigungsminister ausweislich des Materials, das uns bei der Beweisaufnahme vorgelegt wurde, über die Tötungen in den Lagern bis zu diesem Telefongespräch nicht informiert worden war; doch nach diesem Telefonat wusste der Verteidigungsminister, dass es in den Lagern zu Tötungen gekommen war – wie sich eindeutig aus einem späteren Gespräch zwischen ihm und Herrn Ron Ben-Jischai ergibt.«

Um 22.30 Uhr an diesem Freitagabend rief der Militärkorrespondent Ron Ben-Jischai, der für das Fernsehen arbeitete, Arik Scharon an und teilte ihm mit, mehrere Armeeoffiziere hätten ihm berichtet, sie hätten Informationen darüber erhalten, dass die falangistischen Milizen in den Flüchtlingslagern Zivilisten umbrachten. »Nach Aussage des Verteidigungsministers«, fuhr der Bericht fort, »habe ihm Ron Ben-Jischai nichts Neues erzählt, da er schon vorher vom Generalstabschef über die Tötungen informiert worden sei, und er wusste auch, dass aufgrund dieser Berichte der Einmarsch weiterer Truppen unterbunden worden und an die Falangisten der Befehl ergangen war, die Lager zu verlassen.« Begin erfuhr nichts von alldem.

Am Samstagmorgen um fünf Uhr waren die Falange-Milizen noch nicht wie versprochen aus den Lagern abgezogen. Brigadegeneral Amos Jaron befahl ihnen den unverzüglichen Abmarsch, und gegen acht Uhr waren sie schließlich verschwunden. Die israelische Armee versorgte die Flüchtlinge in beiden Lagern mit Wasser und Lebensmitteln, bevor sie in das nahe gelegene Stadion gebracht wurden. Unterdessen strömten Reporter und Fotografen zum Ort des Geschehens, nachdem sich die Nachricht verbreitet hatte, dass dort ein Massaker verübt worden sei.

September 1982. Das Massaker in Sabra und Schatila.
(Foto: Jossi Rot, *Yedioth Ahronoth*)

Am Samstag wurde Scharon über das Ausmaß der Tötungen informiert. Um ein Uhr nachts berichtete ihm Dave Kimchi, der Generaldirektor des israelischen Außenministeriums, dass ihn der US-Botschafter angerufen und über ein Massaker an palästinensischen Flüchtlingen informiert habe. Scharon erklärte Kimchi, dass die Operation der Falangisten mittlerweile gestoppt worden sei und alle christlichen Milizen die Lager wieder verlassen hätten. Zur selben Zeit entdeckten Mitarbeiter des Roten Kreuzes Hunderte toter Zivilisten, überwiegend Frauen und Kinder. Die Lage der Leichen sprach dafür, dass sie ermordet und nicht im Kampf getötet worden waren.

Die Schätzungen über die Zahl der Toten gehen weit auseinander. Vertreter der Palästinenser sprachen von Tausenden Opfern, doch diese Aussagen erscheinen tendenziös und beruhen nicht auf zuverlässigen Zählungen. Die Helfer des Roten Kreuzes fanden 328 Leichen, doch der Kommission erschien die Schätzung der israelischen

Armee realistischer, die von 700 bis 800 Toten (die meisten in Schatila) ausging.

Die grauenhaften Bilder verbreiteten sich um die Welt. In den meisten Berichten wurde das Massaker den christlichen Milizen angelastet, doch auch die israelische Armee und der Staat Israel, die als deren Beschützer galten, wurden von vielen mitverantwortlich gemacht. Die israelische Armee hielt sich weiter von den Lagern fern, weil sie fürchtete, ihre Anwesenheit könnte als Zeichen dafür aufgefasst werden, dass sie an dem Massaker beteiligt gewesen sei.

Ministerpräsident Begin erfuhr von dem Massaker durch eine Radiomeldung der BBC am Samstagabend. Er rief sofort Eitan und Scharon an, die ihm mitteilten, dass mittlerweile alles gestoppt worden sei und die falangistischen Truppen aus den Lagern abgezogen worden seien. Am nächsten Tag, dem 19. September, an dem das jüdische Neujahrsfest Rosch ha-Schana begangen wurde, berief Begin für den Abend eine Kabinettssitzung zu sich nach Hause ein. Es ging ausschließlich um die Geschehnisse in West-Beirut, um die Ermordung von Zivilisten in den Flüchtlingslagern.

Nach der Sitzung erklärte Scharon, »dass die Armee die Lager nicht betreten hat, die Bastionen der Terroristen waren, denn wir wollten keinen einzigen Soldaten in den Lagern in Gefahr bringen«. Er fügte hinzu: »Als wir erfuhren, was sich dort ereignet hatte, hat die Armee sofort eingegriffen und die Milizen entfernt.« Scharon behauptete, niemand habe sich vorstellen können, dass die falangistischen Truppen derartige Gräueltaten begehen würden. Am Ende der Kabinettssitzung äußerte man tiefes Bedauern über die Geschehnisse. Doch gleichzeitig wies die Regierung alle Anschuldigungen zurück, in denen dem israelischen Militär eine Mitverantwortung für die Tragödie zugewiesen wurde.

Die Kommission ging sorgfältig der Frage nach, wer unmittelbar und wer nur indirekt Schuld an dem Massaker trug. Sie kam zu dem Ergebnis, dass die Kommandeure der Falangisten unmittelbar verantwortlich zu machen waren, da alle Indizien darauf hinwiesen, dass sie das Massaker verübt hatten und sich zum fraglichen Zeitpunkt keine israelischen Soldaten in den Lagern aufgehalten hatten. »Es gab zweifellos keine Verschwörung oder Absprache zwischen Mitgliedern der politischen oder militärischen Führung Israels und den Falangisten mit dem Ziel, Gräueltaten in den Lagern zu verüben. Die Entscheidung, die Falangisten in die Lager zu entsenden, sollte dem Ziel dienen, weitere israelische Verluste im Libanonkrieg zu vermeiden und dem Druck der israelischen Öffentlichkeit entgegenzukommen, die verärgert darüber war, dass die Falangisten, denen die Früchte des Krieges zufielen, nicht auch selbst daran teilnahmen … Auf israelischer Seite gab es keinerlei Absicht, der nichtkämpfenden Bevölkerung in den Lagern Schaden zuzufügen.«

Im Hinblick auf indirekte Verantwortlichkeiten stellte die Kommission fest, dass die Entscheidung, nach der Ermordung Baschir Gemajels die christlichen Milizen in die Lager zu schicken, von Verteidigungsminister Scharon und dem Generalstabschef getroffen worden sei. »Die Entscheidung, die Falangisten in die Lager zu entsenden«, schrieb die Kommission, »wurde gefällt, ohne die damit verbundene Gefahr zu berücksichtigen – mit der die Verantwortlichen für diese Entscheidung hätten rechnen müssen –, dass die Falangisten an den Bewohnern der Lager Massaker und Pogrome verüben könnten, und ohne die Maßnahmen zu prüfen, die zur Abwendung dieser Gefahr einzuleiten waren. Zudem ergab sich eindeutig, dass den ersten Berichten über die Aktionen der Falangisten in den Lagern nicht die gebührende Beachtung geschenkt wurde, dass keine korrekten Schlussfolgerungen aus ihnen gezogen wurden und dass keine energischen und unverzüglichen Maßnahmen ergriffen wurden, um die Falangisten zurückzuhalten und ihre Aktionen zu stoppen. Darin begründet sich Israels indirekte Verantwortung für die Geschehnisse in den Flüchtlingslagern.«

Die Kommission stufte Begins Einlassung – dass er erst am Donnerstagabend, dem 16. September, vom Eindringen der falangistischen Milizen in die Flüchtlingslager erfahren habe – in vollem Umfang als glaubwürdig ein. »Wir stellen uns allerdings die Frage«, hieß es in dem Bericht, »weshalb die Beteiligung der Falangisten am Einmarsch in West-Beirut und der ihnen erteilte Auftrag, in den Lagern ›aufzuräumen‹, dem Verteidigungsminister als so unwichtig erschien, dass er den Ministerpräsidenten nicht davon in Kenntnis setzte und dessen Einwilligung zu dieser Entscheidung einholte;

doch diese Frage steht nicht in Zusammenhang mit der Verantwortung des Ministerpräsidenten.«

Was Scharons Verantwortung betraf, so stellte die Kommission fest,

»dass der Verteidigungsminister sich die Ansicht zu eigen machte, dass niemand sich habe vorstellen können, dass die Falangisten in den Lagern ein Massaker begehen würden und dass diese Tragödie unvorhersehbar gewesen sei. Der Verteidigungsminister betonte in seiner Aussage zu seinem eigenen Schutz, dass der Leiter des militärischen Geheimdienstes, der sich in den Tagen vor dem Einmarsch der Falangisten in die Lager und auch zum Zeitpunkt ihres Eindringens bei ihm aufhielt und mit ihm in Verbindung stand, nicht auf die Gefahr eines Massakers hingewiesen habe und dass auch durch den Mossad, der für die Zusammenarbeit mit den Falangisten zuständig war und den besonderen Charakter dieser Milizen kannte, keine Warnung erfolgte.

Es stimmt, dass weder die militärische Aufklärung noch der Mossad davor warnten, was bei einem Einmarsch der falangistischen Milizen in die Lager geschehen könnte ... Doch nach unserer Auffassung ist es auch ohne eine solche Warnung nicht zu rechtfertigen, dass der Verteidigungsministers die Gefahr eines Massakers nicht bedachte. Wir möchten hier nicht wiederholen, was wir bereits weiter oben ausgeführt haben über die allgemein bekannte Kampfethik der Falangisten, ihren Hass auf die Palästinenser und die Pläne ihrer Führer für die Zukunft der palästinensischen Bevölkerung für den Fall, dass besagte Führer an die Macht kommen sollten. Neben diesen allgemeinen Kenntnissen verfügte der Verteidigungsminister auch über spezielle Informationen aus seinen mehrmaligen Treffen mit den Spitzen der Falangisten vor der Ermordung Baschir Gemajels.

Unter den Umständen, die nach dem Attentat auf Baschir herrschten, bedurfte es keiner prophetischen Gabe, um zu erkennen, dass die konkrete Gefahr schwerer Übergriffe bestand, als die Falangisten zu dieser Operation in die Lager geschickt wurden ohne Begleitung durch die israelische Armee und ohne dass die israelische Armee in der Lage gewesen wäre, ihre Handlungen dort wirksam zu überwachen. Eine derartige Gefahr musste jedem vernünftigen Menschen bewusst sein, der sich in dieser Angelegenheit auskannte, und war sicherlich auch dem Verteidigungsminister gegenwärtig, der in allen Fragen, die mit dem Krieg zu tun hatten, eine maßgebliche Rolle spielte. Er war tief verwickelt in den Krieg, und die Zusammenarbeit mit den Falangisten stand unter seiner permanenten Kontrolle. Wenn der Verteidigungsminister bei seiner Entscheidung, die Falangisten ohne Beteiligung der Tzahal in die Lager zu entsenden, tatsächlich nicht daran dachte, dass diese Entscheidung jene Katastrophe heraufbeschwören könnte, die sich schließlich ereignete, dann lässt sich dies nur damit erklären, dass er jegliche Besorgnis über möglicherweise zu erwartende Folgen beiseite schob, weil die Vorteile – die wir bereits dargestellt haben –, die ein Einsatz der Falangisten in den Flüchtlingslagern mit sich brachte, ihn in diesem Fall von einer sachgerechten Abwägung abhielten.

Als Politiker, der für die Sicherheitsbelange Israels zuständig ist, und als Minister, der eine aktive politische und militärische Rolle in diesem Krieg spielte, war es die Pflicht des Verteidigungsministers, alle Gründe sorgfältig abzuwägen, die für und gegen einen Einsatz der falangistischen Milizen in den Flüchtlingslagern sprachen, und nicht die schwerwiegenden Einwände gegen eine solche Aktion zu ignorieren, insbesondere die Gefahr, dass die Falangisten Gräueltaten begehen könnten. Es wäre seine humanitäre Pflicht gewesen, dies zu unterbinden, und es wäre ebenso seine Pflicht gewesen, möglichen politischen Schaden von unserem Land abzuwenden. Vom Verteidigungsminister selbst wissen wir, dass diese Überlegung ihn überhaupt nicht beschäftigt hat und dass diese Frage mit all ihren möglichen Konsequenzen in den Sitzungen und Besprechungen, die der Verteidigungsminister abhielt, weder angesprochen noch erörtert wurde. Nach unserer Auffassung hat der Verteidigungsminister einen schweren Fehler begangen, als er die Gefahr von Racheakten und Übergriffen durch die falangistischen Milizen gegen die Bewohner der Flüchtlingslager ignorierte. ...

Bezüglich der Verantwortung des Verteidigungsministers genügt der Hinweis darauf, dass er der Armee keinen Befehl erteilte, geeignete Maßnahmen zu ergreifen. Zudem unternahm der Verteidigungsminister bei seinen Treffen mit den falangistischen Führern keinen Versuch, ihnen die unabweisbare Gefahr zu verdeutlichen, dass ihre Männer Übergriffe und Morde begehen könnten. Es erscheint zwar fraglich, ob die Massaker durch diesbezügliche Warnungen des Verteidigungsministers hätten verhindert werden können, doch sie hätten die falangistischen Befehlshaber nicht unbeeindruckt gelassen, die aus Rücksicht auf ihre politischen Interessen ihre Leute vielleicht besser überwacht und dafür gesorgt hätten, dass sie sich auf reguläre Kampfhandlungen beschränken.

Wir sind der Ansicht, dass dem Verteidigungsminister Verantwortung zuzuweisen ist, weil er die Gefahr von Blutvergießen und Racheakten der falangistischen Milizen an den Bewohnern der Flüchtlingslager ignoriert und diese Gefahr nicht in Betracht gezogen hat, als er die Entscheidung traf, die Falangisten in die Lager zu entsenden. Dem Verteidigungsminister ist darüber hinaus Verantwortung zuzuweisen, weil er keine geeigneten Maßnahmen getroffen hat, der Gefahr eines Massakers als Folge des Einmarsches der Falangisten in die Lager zu begegnen. Diese Verfehlungen erlauben das Urteil, dass der Verteidigungsminister seiner Amtspflicht nicht gerecht geworden ist.«

Auch Generalstabschef Eitan wurde von der Kommission heftig getadelt. »Wir sind der Ansicht, dass der Generalstabschef die Gefahr von Blutvergießen und Racheakten an den Bewohnern der Flüchtlingslager in Beirut nicht bedachte; er ordnete keine geeigneten Maßnahmen an, um dieser Gefahr zu begegnen, und dieses Versagen kommt einem Verstoß gegen die Pflichten gleich, die ihm als Generalstabschef auferlegt waren.« Die Kommission »gelangte zu gravierenden Schlussfolgerungen hinsichtlich der Handlungen und Versäumnisse des Generalstabschefs Generalleutnant Rafael Eitan«, erklärte jedoch, es habe keine »praktische Bedeutung«, seine Entfernung aus dem Dienst zu empfehlen, da er ohnehin in Kürze in den Ruhestand treten werde.

Aufgrund der Bewertung der Fakten kam die Kommission auch zu Schlussfolgerungen hinsichtlich der Verantwortung von Ministerpräsident Begin, Außenminister Schamir und des Mossad-Chefs, vertrat jedoch die Ansicht, »dass es genügt, Verantwortung zuzuweisen, und keine Notwendigkeit besteht, weitergehende Empfehlungen auszusprechen«. Ähnlich äußerte sie sich bezüglich des Oberbefehlshabers des Nordkommandos Amir Drori. Dagegen empfahlen die Mitglieder der Kommission, dass Generalmajor Jehoschua Sagui, der Leiter des Militärgeheimdienstes, abgelöst werden solle. Brigadegeneral Amos Jaron, so schrieb die Kommission, solle »nicht mehr in der Funktion eines Feldkommandeurs der Israelischen Verteidigungsstreitkräfte verwendet werden, und diese Empfehlung soll nicht vor Ablauf von drei Jahren überprüft werden«.

Die Entscheidung der Kommission bezüglich Ariel Scharons war von allen die schwerwiegendste: »Wir stellen fest, wie wir in diesem Bericht auch ausführlich belegt haben, dass der Verteidigungsminister eine persönliche Verantwortung trägt. Wir halten es für erforderlich, dass der Verteidigungsminister die angemessenen persönlichen Schlussfolgerungen aus den Fehlern zieht, die im Zusammenhang mit der ihm anzulastenden Vernachlässigung seiner Amtspflichten aufgedeckt wurden – und dass erforderlichenfalls der Ministerpräsident in Erwägung ziehen möge, die Befugnis wahrzunehmen, die ihm in Artikel 21-A(a) des Grundgesetzes eingeräumt wird, wonach ›der Ministerpräsident, nachdem er das Kabinett von seiner Absicht in Kenntnis gesetzt hat, einen Minister aus dem Amt entlassen kann‹.«

Kapitel 30
Allein auf der Farm

Am 10. Februar 1983 beriet das Kabinett über die möglichen Konsequenzen aus dem gerade veröffentlichten Kahan-Bericht. Scharon kam zu spät. Aktivisten und Anhänger von Peace Now, die seinen Rücktritt verlangten, hatten die Straßen zu seiner Farm blockiert. Eine Polizeieskorte musste Scharon den Weg nach Jerusalem frei machen. Vor dem Eingang zum Regierungsgebäude erwartete ihn eine große Gruppe von Anhängern. Ihre Sprechchöre – »A-rik, A-rik!« – vermischten sich mit den Schmährufen der linken Demonstranten – »Arik ist ein Mör-der!«

Scharon schlug vor, die Regierung solle lieber Neuwahlen ausrufen, als die Empfehlungen der Kommission zu akzeptieren. Dieser Vorschlag wurde mit 16 gegen 1 Stimme abgeschmettert. Doch Scharon konnte eine Vereinbarung mit Begin treffen: Er würde als Verteidigungsminister zurücktreten, aber der Regierung weiterhin als Minister ohne Geschäftsbereich angehören. Am Freitag teilte Scharon Begin mit, dass er am Montag seinen Rücktritt erklären werde; Begin fragte ihn, warum er damit so lange warten wolle.

Am selben Tag wollte Scharon in der Israel Bar Association, der Anwaltskammer, in Tel Aviv einen Vortrag vor Anwälten halten. Wieder musste ihm die Polizei einen Weg durch den Pulk der Demonstranten bahnen. Er und Lily, die in diesen quälenden Tagen nicht von seiner Seite wich, schritten an den johlenden linken Demonstranten vorüber, ohne eine Miene zu verziehen.

»Wenn sich eine Menschenmenge vor der Israel Bar Association versammelt und mich einen Mörder nennt, das ist schon eine schlimme Sache«, sagte Scharon im Forum. »Das schafft keine positive Atmosphäre, das ist verbale Gewalt. Ich bin noch nie wegen Mordes angeklagt worden oder vor Gericht gestanden, und plötzlich werde ich als Mörder tituliert. Ich nehme es nicht persönlich, aber zu meinem Bedauern muss ich feststellen, dass verbale Gewalt zu einem

Teil unserer Gesellschaft geworden ist. Es wird Zeit, dass dem ein Ende bereitet wird.«

In Israel tobte ein heftiger politischer Sturm. Am Vorabend hatte ein Anhänger der Rechten eine Splittergranate in eine Gruppe linker Demonstranten geschleudert, die zum Büro des Ministerpräsidenten marschiert waren, wobei der Peace-Now-Aktivist Emil Grünzweig ums Leben kam. Dieser Mord verschärfte die Spannungen zwischen den beiden politischen Lagern. »Ich möchte meine Trauer und mein Bedauern zum Ausdruck bringen«, erklärte Scharon in der Israel Bar Association, »über das verbrecherische Attentat in Jerusalem, den Anschlag auf Menschen, die Blut von unserem Blute sind und einfach nur ihre politische Meinung kundtun wollten. Die Hand des Bösen muss abgeschlagen werden. Wir werden gegen diese Erscheinungen mit aller Macht ankämpfen.«

Am Montag, dem 14. Februar, übernahm der ruhige und bedächtige Professor Mosche Arens, das genaue Gegenbild Scharons, dessen Posten in der Regierung. An seinem letzten Arbeitstag als Verteidigungsminister führte Scharon mehrere Gespräche mit Mitarbeitern des Ministeriums. In seiner düsteren Abschiedsrede betonte Scharon, dass kein israelischer Soldat, Offizier oder Politiker einer Beteiligung an den Massakern in Sabra und Schatila überführt worden sei. Lily stand bei der Zeremonie neben ihm. Im Lauf des Tages kamen immer wieder Mitarbeiter seines Stabes in sein Büro, einige weinten, andere brachten Blumen.

Anschließend kehrten Arik und Lily unverzüglich auf die Farm zurück, wo er, wie auch schon früher, im Kreise seiner Familie seine Wunden lecken konnte und keine Politiker und Fernsehkameras in der Nähe waren. Scharon war wütend auf seine Parteifreunde, die ihn im Stich gelassen hatten, und erbost über die Schlussfolgerungen der Kahan-Kommission.

Er war zum Paria der Nation geworden; die Menschen starrten ihn hasserfüllt und mit Verachtung an. Die Begeisterung, die ihn noch während seiner Zeit bei den Fallschirmjägern getragen hatte, war vollends verflogen. Einer der zuvor einflussreichsten Politiker im Nahen Osten wurde nun von der Gesellschaft geächtet. Tiefe Enttäuschung und ein Gefühl der Hilflosigkeit und der Leere erfassten ihn. Er klagte gegenüber Lily, es sei absurd, dass ein israelischer Verteidigungsminister für etwas büßen müsse, das christliche Araber muslimischen Arabern angetan hatten.

Am 15. Februar 1983 brachte ein Leitartikel in der liberalen Zeitung *Haaretz* die vorherrschende Stimmung gegenüber Scharon treffend zum Ausdruck. Der Kolumnist Joel Marcus schrieb: »Herr Scharon kann Gott dankbar sein, dass das Schicksal ihn nicht dazu verurteilt hat, 1953 dem Kabinett Stalins anzugehören. Wenn sich die politische Führung damals einen Minister vom Hals schaffen wollte, den jeder fürchtete und dem niemand vertraute, dann wurden ihm auf einer Kabinettssitzung seine privaten Schusswaffen abgenommen, und man schickte ihn an einen Ort, von dem niemand mehr zurückkehrte. Herr Scharon dagegen darf sich der Vorzüge eines demokratischen Systems erfreuen.«

Zu Beginn seiner Amtszeit als Verteidigungsminister hatte Lily eine Fehlgeburt erlitten. Jetzt versuchten sie abermals ein Kind zu zeugen, doch es wollte sich kein weiterer Nachwuchs einstellen. Besucher in dieser Zeit beschrieben Scharon als einen deprimierten, grüblerischen Mann, der zu Wutausbrüchen neigte, sich aber auch bemühte, seiner Einsamkeit durch Gespräche zu entfliehen. Er beklagte sich über Kabinettsmitglieder, Journalisten und Ministerpräsident Begin. Viele, die früher regelmäßig zu ihm gepilgert waren, ließen sich jetzt nicht mehr blicken. Er war allein und verwirrt und wusste nicht mehr, wie es weitergehen sollte. Politisch schien er mausetot zu sein.

Aus dem Ausland sah sich Scharon noch heftigerer Kritik ausgesetzt. Das amerikanische Nachrichtenmagazin *Time* berichtete, die Kahan-Kommission habe in einem als geheim eingestuften Anhang geschrieben, dass Scharon in Gesprächen mit Pierre Gemajel und Baschirs Bruder Amin die Christen dazu gedrängt habe, Rache zu nehmen. Ferner behauptete die Zeitschrift, Scharon habe bereits vor der Beerdigung Baschirs mit dessen Angehörigen gesprochen. Dies bestritt Scharon energisch.

Am 22. Februar 1983 berichtete Razi Barkai, der New Yorker Korrespondent der *Voice of Israel*, dass *Time* einen vernichtenden Artikel über Scharon vorbereite. Scharon rief »Dubi« Weissglass an und fragte ihn, was in dem geheimen Anhang stehe. Weissglass antwortete, er wisse es nicht. Er wandte sich an den Staatssekretär Dan Meridor, der ihm mitteilte, dass es in dem Anhang um technische Einzelheiten aus Geheimdienstquellen gehe; von Gesprächen Scharons mit den Gemajels sei nicht die Rede. Daraufhin entschloss sich Scharon, das Nachrichtenmagazin zu verklagen. Der Prozess, über den ausführlich berichtet wurde, zog sich über drei Jahre hin.

Scharon tauschte sein Büro im Regierungsgebäude und die Korridore der Macht gegen ein kleines Büro in einem ungenutzten Haus, das er als »leeres Büro in einem leeren Gebäude« bezeichnete. Niedergeschlagen entschloss er sich, aus dem Kabinett auszuscheiden und der unverhohlenen Schadenfreude seiner Kollegen zu entfliehen. Er unterrichtete Uri Dan von seiner Entscheidung. Wie ein Prediger, der zutiefst überzeugt ist von seiner Sache, zählte ihm Dan mehrere Gründe auf, weshalb es ein Fehler wäre, gerade jetzt die Regierung zu verlassen. Einige Jahre später räumte Scharon ein, dass er ohne Dans Unterstützung wohl endgültig aus der Politik ausgeschieden wäre.

Während seiner Überlegungen über die Zukunft formte sich bei Scharon eine politische Grundüberzeugung: Die Politik ist ein Rad, das sich ständig weiterdreht; manchmal ist man oben, manchmal schlägt man auf dem Boden auf, aber das Rad dreht sich immer weiter. Scharon gelangte zu der Auffassung, dass er wohl nicht mehr tiefer fallen könne und sich sein Schicksal bald wieder wenden würde. Er musste einfach nur dabeibleiben.

Ende April brach Scharon sein Schweigen und hielt eine Rede auf einer Likud-Versammlung in Tiberias, in der er das Verhalten der Tzahal im Libanon rechtfertigte, die Empfehlungen der Kahan-Kommission verurteilte und die Erfolge aufzählte, die durch den Krieg erzielt worden seien. Die Zuhörer applaudierten begeistert.

Der Erfolg dieser Rede baute ihn wieder auf und gab ihm neues Selbstvertrauen, wozu auch eine Geste Begins beitrug, der ihn ins Sicherheitskabinett berief. Im Mai 1983, einige Wochen nach seinem Auftritt in Tiberias, flog Scharon nach New York und sprach vor 1500 Leuten in der Synagoge am Sutton Place. Die amerikanischen Juden und die israelischen Emigranten im Publikum bejubelten seine Rede gleichermaßen.

Doch nicht bei allen seinen öffentlichen Auftritten hatte es Scharon mit einem wohlgesinnten Publikum zu tun. In Israel wie auch im Ausland riefen seine Reden häufig massive Proteste hervor. In Montreal demonstrierten Anfang Juni 1983 Mitglieder linker jüdischer und pro-palästinensischer Gruppen vor dem Ritz Carlton Hotel, aber es gab auch Gegendemonstranten, und zwar von der Jugendorganisation der Cherut, die Scharon unterstützten.

Zwei Wochen nach seiner Rückkehr aus Kanada traf sich Scharon mit Raja Hurnik, der Mutter von Gurni Hurnik, dem gefallenen Kommandeur der Aufklärungseinheit der Golani-Brigade. Vor einem Jahr, nachdem ihr Sohn bei der Einnahme der Festung Beaufort ums Leben gekommen war, hatte Raja Hurnik gedroht, sie werde den Verteidigungsminister erschießen, sollte er ihr jemals begegnen. Im Lauf des Jahres hatte sie ihm mehrere Briefe geschickt, in denen sie ihm ihre Trauer und ihren Zorn geschildert und beschrieben hatte, wie diese Gefühle noch dadurch verstärkt wurden, dass der Verteidigungsminister sich geweigert hatte, sich für seine Behauptung zu entschuldigen, dass beim Kampf um Beaufort niemand getötet worden sei. Scharon hatte auf ihre früheren Briefe nicht reagiert, doch jetzt bat er sie um ein Treffen.

Scharon erklärte Frau Hurnik, dass er als Vater, der seinen Sohn verloren hatte, sehr wohl ihre Gefühle nachempfinden könne. Die beiden unterhielten sich über die Schlacht um Beaufort und über den Libanonkrieg, dann trennten sie sich mit einem stummen Handschlag. »Ich konnte ihn nicht überzeugen«, sagte Raja Hurnik anschließend, »und er konnte mich nicht überzeugen.« Doch das Treffen war für beide wichtig.

Am 26. Juli 1983, fünf Monate nach der Veröffentlichung des Kahan-Berichts, fuhr Scharon von seiner Ranch zum Mezudat Seew, dem Likud-Hauptquartier in Tel Aviv. Die Diskussionsveranstaltung, an der er dort teilnahm und auf der die junge Generation dazu aufgerufen wurde, sich aktiv an den Kommunalwahlen zu beteiligen, war nebensächlich. Es war vielmehr sein erster Besuch in der Parteizentrale nach seinem Abgang als Verteidigungsminister, und er wollte prüfen, wie die Stimmung der Parteioberen war.

Scharon, der ein weißes Hemd mit offenem Kragen trug, beklagte sich, dass seine gegenwärtige Aufgabe in der Regierung ihn lediglich eineinhalb Tage in der Woche beschäftige. In seiner Rede griff er auch die israelischen Medien an. Am nächsten Tag trat Scharon in der beliebten politischen Talkshow *Moked* auf. Dort nahm er kein Blatt vor den Mund. Er warf einigen Mitgliedern der Regierung vor, sich unangemessen verhalten zu haben, behauptete, er müsse als Einziger für die Verfehlungen büßen, und kritisierte abermals die Ergebnisse der Kahan-Kommission. »Die Kommission hat sich nicht mit den tatsächlichen Fakten beschäftigt«, klagte er. Die israelische Journalistengewerkschaft entgegnete darauf: »Wir verurteilen Ariel Scharons Angriffe auf die Medien. Anscheinend hat ihm sein Hass auf die Massenmedien den Verstand geraubt.«

Am 28. Juli 1983 besuchte Scharon den Bezirk Pardes-Katz, um einen Likud-Kandidaten bei den Kommunalwahlen in Bnei Brak zu unterstützen. Die Menge jubelte ihm zu und rief begeistert: »Arik, König von Israel.« Sie hielten Schilder hoch, auf denen stand: »Arik, wir lieben dich« und »Arik Scharon steht für Sicherheit.«

Plötzlich sprang ein junger Mann auf die Bühne und schrie: »Arik, geh nach Hause! Mein Bruder ist im Libanon umgekommen.« Polizisten führten den Demonstranten ab, woraufhin die Menge rief: »Arik, wir wollen dich als Verteidigungsminister, wir vertrauen dir.« Scharon wischte sich den Schweiß von der Stirn und hob an: »Vielen Dank. Auch ich habe großes Vertrauen in euch.«

In den folgenden Wochen absolvierte Scharon weitere Auftritte vor Likud-Aktivisten und entdeckte dabei jene Kraft, die künftig die Grundlage für seinen Einfluss innerhalb der Partei bilden sollte: die Ortsgruppen des Likud. Scharons Ansehen begann vor allem unter den Fußtruppen der Partei in den verschlafenen Entwicklungstädten im entlegenen Süden und im Norden zu wachsen.

In Ofakim sprach Scharon vor einer Gruppe von Likud-Aktivisten. »Ich höre, wie der Propagandaapparat sagt: ›Scharon hat uns in diesen Sumpf hineingeführt, jetzt müssen wir uns aus eigener Kraft wieder daraus befreien.‹ Nun, von welchem Sumpf reden diese Leute eigentlich? Meinen sie die von uns geleitete beispiellose Aktion der Tzahal, die dazu führte, dass die Terrorgruppen aus Beirut vertrieben wurden, dass die Infrastruktur der PLO-Terroristen im Libanon zerschlagen wurde, dass die Dörfer im Norden gerettet und die syrischen Truppen aus den Schouf-Bergen verjagt wurden? So sah die Lage aus, als ich vor sieben Monaten das Verteidigungsministerium verließ. Jetzt, da ich nichts mehr zu entscheiden habe, kehren die Syrer und die Terroristen ... wieder nach Beirut zurück. Das ist der wirkliche Sumpf, und ich bin nicht bereit, mich dafür verantwortlich machen zu lassen.«

Während Scharon immer stärker mit seiner Wählerschaft zusammenwuchs, war vom unbestrittenen Chef des Likud nicht mehr viel zu sehen. Menachem Begin schränkte die Zahl seiner öffentlichen Auftritte ein, verbrachte immer mehr Zeit zu Hause und verkroch sich in einem Schneckenhaus. Den vielen Likudanhängern in den unterprivilegierten Vierteln und Städten, die Begin als ihren geistigen Mentor betrachteten, kam ihr Führer abhanden. Am 19. September 1983 trat Begin als Ministerpräsident zurück. Den Grund dafür nannte er der israelischen Öffentlichkeit nie. Die meisten politischen Kommentatoren brachten seinen Rücktritt mit der Bürde der gefallenen Soldaten in Verbindung, die er nicht länger habe schultern können, und mit den täglichen herzzerreißenden Protesten vor seinem Haus von Familien, die ihre Söhne im Krieg verloren hatten. Einige von Begins Vertrauten machten Scharon und dessen Vorgehen im Libanon für den Rücktritt verantwortlich, doch diese Gerüchte wurden durch Begin selbst niemals bestätigt. Als die tragischen Ereignisse des Libanonkrieges bekannt wurden, versank Begin immer tiefer in Melancholie. Die Aussage vor der Kahan-Kommission war eine der schlimmsten Erfahrungen seines Lebens. Er verließ die öffentliche Bühne gesenkten Hauptes. Es lässt sich nicht mehr klären, ob Begin vollends den Depressionen verfiel, die ihn seit Geburt plagten, wie in einer neuen Studie von Ofer Grosbard behauptet wird; ob er vom Blutzoll des Krieges überwältigt wurde; oder ob er zutiefst enttäuscht war von seinem Verteidigungsminister, den er einst so bewundert hatte. Er nahm die Wahrheit mit ins Grab.

Die Likud-Gremien bestimmten Außenminister Jitzhak Schamir zum Nachfolger Begins bis zum Ende der Wahlperiode im Juli 1984. Unterdessen tingelte Scharon weiter unermüdlich durch die Basisgliederungen der Partei, worauf der politische Kolumnist Gideon Samet von der Zeitung *Haaretz* die Bezeichnung »Arik, König der Straßen« für ihn prägte.

Doch außerhalb der Hochburgen der Rechten und der Konservativen schlug Scharon heftige Ablehnung entgegen. Ein besonders demütigendes Erlebnis hatte er im Februar 1984. Scharon bedrängte

Schamir, ihm einen wichtigeren Posten in der Regierung zu geben als den Minister ohne Geschäftsbereich, doch der neue Ministerpräsident ließ sich nur zu vagen Zusagen bewegen, bis eines Tages einer von Schamirs Mitarbeitern Scharon mitteilte, er könne zum Vorsitzenden der Einwanderungsbehörde, der Alija, nominiert werden (der Ausdruck bedeutet »emporsteigen«, im Sinne einer geistigen Erhöhung). Da er sich als Minister ohne Geschäftsbereich langweilte, erklärte sich Scharon bereit, diese untergeordnete Position zu übernehmen. Doch die Einwanderungsbehörde lehnte ihn ab. Der 56-Jährige hatte sich wie ein politischer Grünschnabel von Schamir austricksen lassen.

Eine Person, die Scharon nahestand, erinnert sich, »dass Arik wirklich ziemlich niedergeschlagen wirkte. Er war Verteidigungsminister gewesen und schon als möglicher Ministerpräsident gehandelt worden, und plötzlich hatte er mit einem solchen Rückschlag zu kämpfen. Ich erinnere mich, dass er sagte: ›Wir müssen untersuchen, was hier gelaufen ist.‹ Das war ein Wendepunkt für ihn. Er war wie ein unbedarfter Grünschnabel in eine Falle gelaufen. In einer solchen Situation bricht man entweder zusammen, geht nach Hause und kehrt der Politik für immer den Rücken oder man fängt wieder ganz von vorn an.«

Ein enger Vertrauter Scharons in diesen Tagen war ein junger Studentenführer namens Jisrael Kaz. Kaz, der auch von Schamir umworben wurde, setzte auf Scharon, obwohl dieser in einer schwierigen Lage steckte. Nach dem Alija-Fiasko erklärte Kaz Scharon, er müsse aufhören, sich verstreut im ganzen Land Unterstützer zu suchen, und sich stattdessen eine wirkliche Hausmacht in der Partei aufbauen. Er schlug ihm vor, seine starke Unterstützung in den Likud-Ortsgruppen umzumünzen in eine Vertretung und echten Einfluss im Zentralkomitee. Scharon, der die Gremien der Partei kannte und sie verachtete, gab Kaz dennoch grünes Licht. Die Alija-Affäre spielte eine kleine, doch entscheidende Rolle bei der Formierung des Scharon-Lagers.

Als der Likud seinen Kandidaten für das Amt des Ministerpräsidenten bestimmen musste, entschloss sich Scharon, zu testen, wie stark seine »Hausmacht« mittlerweile war. Die meisten seiner politischen Freunde nannten eine Kandidatur selbstmörderisch und prophezeiten ihm, dass er im Zentralkomitee nicht mehr als zehn Prozent erhalten werde, doch als die Stimmen ausgezählt waren, schockierte Scharon alle Beteiligten mit einem Anteil von 42,5 Prozent. Zwar gewann der amtierende Ministerpräsident Schamir mit 56 Prozent, doch die klare Botschaft dieser parteiinternen Vorwahlen lautete, dass der abgehalfterte Verteidigungsminister in das Herz der israelischen Politik zurückgekehrt war. Ihm war ein nicht für möglich gehaltener Neuanfang gelungen.

Hunderte von Likud-Aktivisten aus dem von Kaz gesteuerten Scharon-Lager drängten sich nach der Stimmenauszählung um Arik und Lily Scharon. Die Presse sprach von »Scharons erstaunlichem Sieg«. Auch Uri Dan mischte sich unter die Gratulanten und erklärte jedem, der ihm über den Weg lief, dass er vor 13 Monaten, nach der Veröffentlichung des Kahan-Berichts, verkündet habe: »Wer Scharon nicht als Verteidigungsminister will, der kriegt ihn als Ministerpräsidenten.«

Im nächsten Knesset-Wahlkampf, dem ersten, den der Likud ohne den charismatischen Begin bestreiten musste, sprach Scharon auf 180 Veranstaltungen. Die Inflation, der Crash an der Börse und der schwierige Rückzug in die Sicherheitszone entlang der libanesischen Grenze waren die wichtigsten Themen dieses Wahlkampfes. Trotz verheerender Umfragewerte gelang es dem Likud, bei der Wahl am 23. Juli 1984 mit der Arbeitspartei fast gleichzuziehen.

Der Likud verlor sieben Sitze und fiel von 48 auf 41 Abgeordnete zurück. Die Arbeitspartei unter Führung von Schimon Peres – einem der wenigen Berufspolitiker, der nie eine Wahl gewinnen konnte – büßte drei Sitze ein und sank von 47 auf 44 Abgeordnete. Zusammen mit den übrigen linken Parteien und den antizionistischen arabischen Parteien konnte sie eine Koalition bilden, die sich auf 60 Abgeordnete stützte; der Likud brachte es zusammen mit den anderen rechten Gruppen, den Ultraorthodoxen und den Nationalreligiösen ebenfalls auf 60 Sitze, sodass ein Patt zwischen den beiden Blöcken entstand.

Scharon spielte während der 39-tägigen Koalitionsverhandlungen eine zentrale Rolle bei der Formierung der Blockade-Gruppierung. Er führte die Ultraorthodoxen und die Nationalreligiösen zusammen, um Peres daran zu hindern, eine Mehrheit mit 61 Sitzen zu er-

September 1984. Jizhak Rabin und Scharon verhandeln über die Bildung einer Regierung der nationalen Einheit. (Foto: David Rubinger, *Yedioth Ahronoth*)

reichen. Mit einer Kippa auf dem Kopf reiste Scharon von Bnei Brak nach Jerusalem und überzeugte die Rabbiner, ihr politisches und ideologisches Bündnis mit dem Likud aufrechtzuerhalten. Zu Beginn der Verhandlungen initiierte Scharon aber auch ein Geheimtreffen mit Peres und bot ihm die Bildung einer Regierung der Nationalen Einheit an, die auf einer gleichberechtigten Vertretung der beiden großen Parteien beruhen sollte.

Die monatelange Funkstille zwischen den beiden Politikern aufgrund des hitzigen Wahlkampfs und weiterbestehender Gegensätze wegen des Libanonkriegs war beendet. Danny Koren zitiert Scharon in seinem Buch *Z'man Be'afor* mit den Worten: »Die Begegnung war emotional, da Schimon und ich uns seit vielen Jahren kannten.« Die beiden sprachen über die Gleichberechtigung von Arbeitspartei und Likud. Scharon sagte zu Peres: »Entscheiden wir die Dinge zwischen den beiden großen Parteien. Die Kleinen sollen im Wartezimmer warten, wie im Krankenhaus.«

Nach 39 Verhandlungstagen wurde eine Regierung der Nationalen Einheit gebildet. Die breite Koalition beruhte auf einer Ämterrotation an der Spitze: In der ersten Hälfte der Legislaturperiode sollte

Schimon Peres den Posten des Ministerpräsidenten besetzen, Jitzhak Schamir sollte als Außenminister und stellvertretender Ministerpräsident fungieren; in der zweiten Hälfte sollten die Ämter getauscht werden. Jitzhak Rabin sollte während der gesamten Wahlperiode Verteidigungsminister sein, Arik Scharon eines der wichtigsten Ministerien im Wirtschaftsbereich erhalten.

Scharon hielt sich gerade wegen eines Verleumdungsprozesses in New York auf. Während einer Verhandlungspause wurde ihm ausgerichtet, er solle sich mit Ministerpräsident Schamir in Verbindung setzen. Scharon ging ins Richterzimmer und rief ihn an. Schamir fragte ihn, ob er bereit wäre, in der kommenden Regierung der Nationalen Einheit das Amt des Ministers für Industrie und Handel zu übernehmen. Scharon sagte zu und kehrte beschwingt in den Verhandlungsraum zurück – seine politische Verbannung war zu Ende.

Kapitel 31
Minister für Industrie und Handel

Scharons Nominierung für dieses wichtige Ministeramt war nicht unumstritten. Als sich die Koalitionsverhandlungen dem Ende näherten, teilte Jitzhak Schamir Peres mit, dass Scharon sein Kandidat für diesen Posten sei. »Wir müssen Arik das Ministerium für Industrie und Handel geben«, sagte Schamir zu Peres. »Wir dürfen ihn nicht im Regen stehen lassen.« Peres rief die Führungsleute der Arbeitspartei im King David Hotel in Jerusalem zusammen und stellte ihnen die geplante Postenverteilung in der Regierung der Nationalen Einheit vor. Als er zum Namen Scharon kam, senkte er die Stimme und flüsterte: »Wir geben Arik das Ministerium. Wir haben keine Wahl.«

Der ehemalige Staatspräsident Jitzhak Navon (1978–1983) äußerte Vorbehalte gegen diese Ernennung. Gad Jaakowi warnte: »Das wäre ein historischer Fehler; dafür werden wir einen hohen Preis zahlen müssen.« Doch Peres wollte auf dem Sessel des Ministerpräsidenten Platz nehmen und keine weitere Krise in den Verhandlungen riskieren. Am 13. September 1984 legte Israels erste Regierung der Nationalen Einheit ihren Amtseid ab. Scharon erhielt das Ministerium für Industrie und Handel.

Der Abgeordnete Jossi Sari verließ daraufhin enttäuscht die Arbeitspartei. »Es ist schon der Gipfel der Ironie«, erklärte er am 13. September 1984, »dass Menachem Begin Ariel Scharon als Verteidigungsminister abgesetzt und zu einem Minister ohne Geschäftsbereich gemacht hat und ausgerechnet Schimon Peres ihm jetzt wieder zu einem ehrenvollen und einflussreichen Posten verhilft. Diese Woche habe ich in der Zeitung gelesen, dass Scharon bereit sei, den Leuten von der Arbeitspartei zu verzeihen. Ich hätte heulen können. Ich musste an die 400 000 Menschen denken, die sich damals auf dem Platz versammelt und seine Absetzung verlangt hatten. Ich fühle mich beschämt. Warum haben wir eigentlich zu dieser Demonstration aufgerufen? Nur um ihn zwei Jahre später wieder in Amt und Würden zu bringen?«

Mehrere Monate konzentrierte sich Scharon auf die Aufgaben seines Ministeriums, vermied politische Streitereien und entwickelte sogar ein spannungsfreies Verhältnis zu Ministerpräsident Peres. »Scharonophile« Beobachter prophezeiten jedoch, dass die Idylle nicht von langer Dauer sein würde. Unterdessen nahm sein Prozess gegen das Nachrichtenmagazin *Time* einen immer größeren Teil von Scharons Zeit in Anspruch. »Der *Time*-Prozess beschäftigt mich 20 Stunden am Tag. Jeden Tag sitze ich bis Mitternacht mit meinen Anwälten beisammen«, erklärte Scharon im Dezember 1984, nachdem er wegen dieser Angelegenheit zwei volle Wochen im Ausland hatte verbringen müssen.

Lily, die Arik nach New York begleitete, erklärte, Geldprobleme hätten sie dazu gezwungen, den Zimmerservice in Anspruch zu nehmen; die Mahlzeiten im Regency seien zu teuer gewesen. Sie reagierte damit auf israelische Zeitungsberichte, in denen Kritik daran laut geworden war, dass die Regierung Scharons Kreuzzug in New York finanziell unterstütze. In gastronomischer Hinsicht jedenfalls bestand kein Grund, sich um das Wohlergehen von Arik und Lily Scharon zu sorgen. Die beiden dinierten regelmäßig in den besten Restaurants New Yorks unter den wachsamen Augen amerikanischer Leibwächter, die von den Bundesbehörden für sie abgestellt worden waren. Scharon wurde begleitet von Arie Ganger und Meschulam Riklis, seinen beiden israelisch-amerikanischen Freunden, sowie seinem israelischen Anwalt »Dubi« Weissglass und dem Journalisten Uri Dan.

Eines Abends speiste die Gruppe in einem berühmten New Yorker Lokal. Am Ende des Mahls informierte sie der Kellner, dass die Rechnung bereits beglichen worden sei, und deutete zu einem Paar, das in einer Ecke des Restaurants saß. Scharon ging zu den beiden hinüber, um sich zu bedanken. Der Mann erzählte, er habe zusammen mit ihm in den »Kamel-Kommandos« im Südsektor gedient und Terroristen und Eindringlinge gejagt. Scharon erkannte ihn sofort. Eines, so erklärte Scharon, habe ihm seit damals Kopfzerbrechen bereitet. »Während einer unserer Aktionen verschwand eine gut abgehangene Salami aus meinem Kühlgerät. Ich hatte immer Sie im Verdacht, sie mir stibitzt zu haben. Waren Sie es?« Der Mann erbleichte, dann lächelte er. Ja, er habe die Wurst genommen, antwortete er, und jetzt wolle er Scharon für diesen Verlust entschädigen.

Der Prozess gegen *Time* schleppte sich hin. Die Regierung musste Scharon eine dreimonatige Beurlaubung bewilligen. Im Zeugenstand in New York und in der Sendung *Nightline* von Ted Koppel wurde er gefragt, ob er Ministerpräsident werden wolle. Beide Male bejahte er diese Frage.

Im Januar 1985 kehrte Scharon nach Israel zurück, ohne dass ein Urteil ergangen war. Das US-Bundesgericht wartete noch auf eine Stellungnahme der israelischen Behörden. Der Richter wollte Einblick nehmen in den geheimen Anhang des Untersuchungsberichts. Scharon verlangte, dass dieses »umstrittene Dokument« veröffentlicht werde, doch die Behörden entschieden, dass es nicht freigegeben werden könne. Daher bat Scharon Richter Kahan, einen Brief zu schreiben, in dem er eindeutig erklärte, dass in besagtem Dokument kein Treffen Scharons mit der Familie Gemajel erwähnt werde, in dem es um Racheaktionen gegangen sei. Richter Kahan entsprach der Bitte, wodurch der *Time*-Bericht widerlegt wurde.

Um seinen Einfluss im Likud weiter zu steigern, tourte Scharon in der ersten Hälfte des Jahres 1985 durch die Ortsgruppen und kritisierte dort vehement die Politik der Regierung. Scharons harte Haltung kam der Einstellung der meisten Mitglieder des Likud-Zentralkomitees und der Cherut-Konferenz entgegen – jener beiden Gremien, die über die Führung des Likud entschieden. Zunächst reagierte Ministerpräsident Peres nicht darauf. Doch im August 1985 ging Scharon zu weit.

In diesem Monat hielt Scharon in Tel Aviv eine Rede vor Likud-Mitgliedern und Veteranen der rechten Untergrundgruppe Lechi. Abermals äußerte er Kritik an der Regierungspolitik – in relativ moderater Form für Scharons Verhältnisse –, doch dann fügte er noch eine persönliche Beleidigung hinzu: »Schimon Peres und seine Leute sollen zum Teufel gehen.« Der Ministerpräsident war wütend. Doch Scharon blieb hart: »Peres verkauft Judäa und Samaria«, erklärte er vor Journalisten. Die Führung der Arbeitspartei verlangte von Peres, Scharon zu entlassen, aber Peres war entschlossen, die Regierung der Nationalen Einheit nicht zu gefährden, und erklärte, ihm sei die Zukunft des Friedensprozesses wichtiger als seine Fehde mit Arik Scharon. Am 22. Oktober 1985 hielt Peres eine Rede vor der UN-Vollversammlung. Für Scharon war dies das Signal zum Angriff. Unterstützt durch den Wohnungs- und Bauminister David Levi, attackierte Scharon Peres, weil dieser sich in seiner Rede für multinationale statt bilaterale Friedensverhandlungen ausgesprochen hatte. Der multinationale Ansatz, erklärte Scharon, würde es den Sowjets und den Europäern ermöglichen, Druck auf Israel auszuüben. Dass sich Peres nicht zu Verhandlungen mit der PLO geäußert hatte, erboste ihn darüber hinaus.

Die verbalen Pfeile, die Scharon und Levi verschossen, zielten mehr auf den Außenminister und Likud-Vorsitzenden Jitzhak Schamir als auf Peres. Die beiden bereiteten sich auf die bevorstehende Auseinandersetzung im Likud vor. Schamir und Arens wollten die Koalition bis 1986 zusammenhalten, denn dann würden sie die Zügel in die Hand nehmen. Im Hintergrund schlachteten Scharon und Levi alle politischen Differenzen mit Peres aus. Peres meinte zu Schamir: »Scharon und Levi wollen eher Sie vernichten als mich.«

Anfang November 1985 beschuldigte Scharon Peres, ein Geheimabkommen mit Saddam Hussein anzustreben und eine internationale Friedenskonferenz einberufen zu wollen. »Die Gefahr für den Frieden geht von der unentschlossenen und laschen Haltung der Regierung aus, wie sie Schimon Peres verkörpert«, erklärte er. Daraufhin verlangten alle Minister der Arbeitspartei von Peres, Scharon zu feuern. Am 14. November stellte Peres ein Ultimatum: Scharon sollte entweder bis zum Nachmittag ein Entschuldigungsschreiben übergeben oder er würde entlassen werden. »Ich bin nicht bereit, mich von Scharon so behandeln zu lassen, wie er schon jemand anderen behandelt hat«, sagte Peres, womit er auf Scharons Rolle beim Rücktritt Begins anspielte. Scharon gab klein bei und schickte noch am selben Tag einen »Klärungsbrief«.

Anfang Januar 1986 wurde Scharon juristisch entlastet. Die *Time* wurde zu einer Entschuldigung verurteilt, musste aber nicht jene 50 Millionen Dollar Schadensersatz zahlen, die Scharon hatte einklagen wollen, weil nach amerikanischem Recht böser Vorsatz oder bewusste Missachtung der Wahrheit gegeben sein müssen, damit der Verleumdungsklage einer Persönlichkeit des öffentlichen Lebens entsprochen werden kann.

Scharons Verleumdungsklage in New York richtete sich gegen Time Inc. International, den amerikanischen Verlag des Nachrichtenmagazins. Zugleich hatte er in Israel Klage gegen Time Life International eingereicht, den europäischen Herausgeber der Zeitschrift. Anders als in den USA, wo ein Kläger nachweisen muss, dass ein verleumderischer Bericht über eine Person des öffentlichen Lebens diffamierend und falsch ist und unter böswilliger oder bewusster Missachtung der Wahrheit veröffentlicht wurde, müssen in Israel nur die beiden ersten Erfordernisse erfüllt sein, um eine Verleumdungsklage zu begründen. Weissglass stützte seine Klageschrift auf die Feststellung der amerikanischen Jury, dass die Zeitschrift *Time* diffamierende und falsche Anschuldigungen veröffentlicht habe, wenngleich ohne bösen Vorsatz. Der Tel Aviver Bezirksrichter Elijahu Vinograd akzeptierte die Feststellung der amerikanischen Jury und empfahl den beiden Parteien, sich zu einigen. Noch im selben Monat, im Januar 1986, legte *Time* dem Gericht eine Erklärung vor, in der es hieß: »*Time* Magazine anerkennt die Entscheidung der Jury des Federal District Court in Manhattan, die das israelische Gericht jüngst als bindend erklärt hat, wonach die Frage, wie der Tod von Baschir Gemajel gerächt werden solle, nicht im Bericht der Kahan-Kommission

Februar 1986. Außenminister Schamir mit Scharon, dem Minister für Industrie und Handel. (Foto: David Rubinger, *Yedioth Ahronoth*)

erörtert wurde und auch in Appendix B eine derartige Absprache nicht erwähnt wird. *Time* entschuldigt sich für die fehlerhafte Berichterstattung. *Time* hat sich bereit erklärt, einen Teil der Prozesskosten des Klägers zu übernehmen betreffend des vorerwähnten Artikels, dessen Höhe zwischen den Parteien ausgehandelt werden soll.«

Scharon war wohlgemut und guter Dinge. Nach eineinhalbjähriger Tätigkeit als Industrie- und Handelsminister hatte er sich auf der politischen Landkarte Israels als Rechtsaußen positioniert, der gegen die »Nachgiebigkeit der Regierung Peres« und »Schamirs Kapitulation vor dieser Politik« kämpfte. Als die Sitzung der Cherut-Konferenz am 11. März 1986 näher rückte, hatte Scharon sein eigenes Lager in der Partei fest im Griff. Auf seiner ersten Versammlung nach acht Jahren wollte das wichtigste Gremium des Likud die innerparteiliche Machtbalance nach Menachem Begins plötzlichem Rückzug neu ordnen. Die Stärke des Scharon-Lagers indes war nur schwer einzuschätzen.

Ende Januar 1986 trat Benny Begin, der Sohn des zurückgetretenen Ministerpräsidenten, in der Sendung *Moked* auf, dem am meisten beachteten Politmagazin im israelischen Fernsehen. Der junge Begin, ein Doktor der Geologie und vermutlich einer der scharfzüngigsten Redner, die jemals in der Knesset saßen, wurde gefragt, ob er wütend sei über Scharons Verhalten während des Libanonkriegs. Er antwortete: »Es wäre unangemessen, persönliche Empfindungen mit dem öffentlichen Diskurs zu vermischen. Ich habe nicht die Absicht, einen Roman zu schreiben mit dem Titel ›Mein Leben als Rachefeldzug‹. Meine persönliche Haltung zu Scharon steht nicht im Zentrum unserer nationalen Agenda.«

Benny Begin erklärte weiter, dass die beiden wichtigsten Gruppierungen im Likud hinter Schamir und Levi stünden und diese beiden Lager im Interesse der Funktionsfähigkeit der Partei zusammenarbeiten müssten. Auf die Frage nach dem Scharon-Lager antwortete er: »Scharon hat selbst gesagt ..., dass es ein solches Lager nicht gibt.«

Begins Worte fanden großen Widerhall und wurden von der Öffentlichkeit dahingehend gedeutet, dass er für seinen Vater gesprochen habe, der seinen Rückzug aus der Politik bislang noch nie begründet hatte. Benny Begins Entschluss, sich gegen Scharon zu stellen, nur zwei Monate vor der ersten Tagung der Cherut-Konferenz nach achtjähriger Pause, und seine Entscheidung, selbst in die Politik zu gehen, waren ein Versuch, Scharons Aufstieg in der Partei aufzuhalten, die sein Vater einst geführt hatte.

In den ersten Tagen nach dem Fernsehinterview schien es, als zeige Begins Schachzug Wirkung. Doch während die Öffentlichkeit Benny Begins Erklärungen begeistert zur Kenntnis nahm, zeitigten sie bei den Likud-Aktivisten genau den gegenteiligen Effekt. Scharon hatte in den letzten drei Jahren an unzähligen Diskussionsforen, Hochzeiten und Bar-Mizwa-Feiern teilgenommen. Er kannte Tausende Likud-Mitglieder persönlich und wurde von vielen als Freund betrachtet. Er und Lily hatten pflichtbewusst alle diese Veranstaltungen besucht, und nun sollten sich ihre Mühen auszahlen. »Als Benny Begin sagte, Arik habe kein eigenes Lager«, erinnerte sich später ein Likud-Aktivist, »hatte er keine Ahnung, wie sehr diese Äußerung uns dazu aufstachelte, ihm zu beweisen, dass das Gegenteil der Fall war.«

Eine eng zusammenarbeitende Gruppe von Vertrauten und Freunden unterstützte Scharon bei seinen Vorbereitungen auf die Cherut-Konferenz. Die Gruppe traf sich zweimal wöchentlich, einmal unter der Woche in Scharons Büro, dann am Wochenende auf seiner Farm. Sein einflussreichster Berater war stets Lily. Sie nahm an allen Treffen teil, hatte zu allem eine eigene Meinung und mischte sich sogar in die personellen Entscheidungen ihres Mannes ein. Vielen seiner Vertrauten war ihre Beteiligung so willkommen wie ein Hornissennest im Schlafzimmer, aber keiner traute sich, etwas gegen sie zu sagen.

Scharons Gehilfe Jisrael Kaz handelte ein Abkommen mit Levis Lager aus. David Levi, der aus der Entwicklungsstadt Beit Schean stammte und einer der Führer des Arbeiterflügels der Partei war, hatte ein kompliziertes Verhältnis zu Scharon. 1982 erreichte ihre Beziehung einen Tiefpunkt, als Levi offen Scharons Verhalten und sein Vorgehen im Libanonkrieg kritisierte. Wie Scharon verdankte auch Levi seine Machtstellung in der Partei zum großen Teil dem Militär.

Beide fühlten sich aus unterschiedlichen Gründen benachteiligt. Sie verständigten sich auf ein gemeinsames Vorgehen, um das »arrogante Establishment«, wie sie das Lager um Schamir und Arens nannten, zurückzudrängen. Unter diesem Establishment verstanden

Die Gründung des Scharon-Lagers im Likud. Jisrael Kaz, der stellvertretende Minister für Industrie und Handel, flüstert seinem Chef etwas ins Ohr.
(Foto: Michael Kramer, *Yedioth Ahronoth*)

sie die so genannten »Likud-Prinzen« – Benny Begin, Dan Meridor, Roni Milo und Ehud Olmert –, die allesamt Söhne prominenter Falken waren und nun die nächste Generation, Scharon und Levi, zu übergehen beabsichtigten.

Am 8. März 1986, drei Tage vor Beginn der Sitzung, trafen sich Scharon und Levi im Plaza Hotel in Tel Aviv, um ihre Schritte zu planen und aufeinander abzustimmen. Sie wollten dem Schamir-Arens-Lager in zwei Etappen eine Niederlage bereiten. Zuerst sollte Scharon mit Unterstützung Levis gegen Benny Begin um den Vorsitz der Mandatskonferenz kandidieren. Dann sollte Levi, unterstützt durch Scharon und dessen Lager, gegen Arens antreten bei der Wahl des Vorsitzenden jenes Gremiums, welches das Zentralkomitee des Likud wählt.

Die Stimmen der 2081 Delegierten der Cherut-Konferenz waren am 12. März 1986 gegen 14 Uhr ausgezählt. »Arik hat gewonnen«, rief der Abgeordnete Gidon Gadot aus dem Scharon-Lager in das Mikrofon. Roni Milo stand das Entsetzen ins Gesicht geschrieben. Scharon hatte 1082 Stimmen erhalten, Begin nur 850. Abermals begannen Scharons Anhänger zu singen: »Arik, König von Israel«. Die Zeitungen meldeten am nächsten Tag in ihren Schlagzeilen: »Arik Scharon bringt Benny Begin vernichtende Niederlage bei«.

Als nächstes hatten die Delegierten zwischen Levi und Arens zu entscheiden. Die Debatte wurde hitziger. Auf dem Höhepunkt der Auseinandersetzung lieferten sich Scharon und Mosche Kazaw, seit dem Jahr 2000 israelische Staatspräsident, der damals dem Schamir-Arens-Lager angehörte, ein Schreiduell, das damit endete, dass Scharon auf die Bühne sprang und erklärte, dass er hiermit als Vorsitzender der Mandatskonferenz zurücktrete. Dann verließ er das Podium unter den Rufen seiner Anhänger, die ihn umzustimmen versuchten.

Nun ging Levi auf die Bühne und warf Schamir vor, die Abstimmung durch Erpressung für sich entscheiden zu wollen. Schamir setzte zu einer Erwiderung an, aber dann stürmten Delegierte das Podium, und der Außenminister wurde von seinen Sicherheitsleuten weggebracht. Es kam zu keiner Entscheidung, und die Öffentlichkeit verfolgte erstaunt im Fernsehen, wie sich die Delegierten gegenseitig mit Stühlen bewarfen. Politische Kommentatoren sprachen von politischem Massenselbstmord.

Mehr als alle anderen profitierte Scharon davon, dass die Konferenz ohne Ergebnisse zu Ende gegangen war. Über seine Bewerbung war als Einzige abgestimmt worden, und er hatte sie gewonnen – gegen den Mann, der ihn angegriffen hatte, den Sohn des früheren Ministerpräsidenten, der von den wichtigsten Strippenziehern im Likud unterstützt wurde.

Als der Zeitpunkt der Ämterrotation in der Regierung näher rückte, bereitete Scharon eine weitere Überraschung für Schamir vor, diesmal in Form eines Angriffs auf Peres, der darauf zielte, die Stabilität der Regierung der Nationalen Einheit zu untergraben. Nach einem Terroranschlag auf eine Synagoge in Istanbul erklärte Scharon, dieser Anschlag sei eine unmittelbare Folge der Nachgiebigkeit der von Peres geführten Regierung. Abermals verlangte Peres eine schriftliche Entschuldigung. Nachdem er 24 Stunden lang massiv unter Druck gesetzt worden war, schrieb Scharon schließlich den gewünschten Brief. Am 10. Oktober 1986 räumte Peres wie vereinbart den Sessel des Ministerpräsidenten für die zweite Hälfte der Wahlperiode und wechselte in das Außenministerium. Um weiteres

Chaos zu vermeiden, verständigten sich alle Beteiligten darauf, dass Schamir auch den Vorsitz des Likud-Blocks übernehmen solle. Alle übrigen Posten in der Parteiführung sollten hingegen zur Disposition gestellt werden. Scharon interessierte sich für den Vorsitz des Zentralkomitees, eine einflussreiche Position, da er damit das wichtigste Entscheidungsgremium der Partei leiten würde. Ovadia Eli, ein Mitglied des Levi-Lagers, kandidierte gegen ihn. Scharon gewann mit 66 Prozent der abgegebenen Stimmen.

Scharon hatte Levis Kandidaten nicht ohne Hilfe schlagen können. Das Schamir-Arens-Lager hatte ihn unterstützt. Im Gegenzug konnte Arens auf Scharons Unterstützung zählen bei seiner Kandidatur gegen einen Mann Levis. Levi erfuhr damit auf schmerzhafte Art und Weise und auch nicht zum letzten Mal, dass man sich um eine gute Rückendeckung bemühen musste, wenn man mit Scharon zu tun hatte. Die Zeitungen berichteten am nächsten Tag: »Untergang David Levis und großer Sieg für Scharon.«

Kapitel 32
Die erste Intifada

Während seiner Zeit als Industrie- und Handelsminister und selbst während der hitzigen Auseinandersetzungen um die Führung des Likud kehrte Scharon regelmäßig auf seine Farm und zu seiner Familie zurück. Sein 55 Kilo schwerer Hund Juan empfing ihn dort am Tor. Scharon war stolz darauf, dass das ungestüme Tier ihn niemals umrannte. Wenn er spät abends heimkam, legte er sich kurz auf die Couch, blätterte Kunstbände durch und hörte etwas klassische Musik, bevor er sich nach oben ins Schlafzimmer begab.

Hin und wieder diskutierten er und Lily die ganze Nacht über Politik. Gemeinsam legten sie fest, wer auf ihrer Seite stand, wer gegen sie arbeitete, wen man für sich gewinnen und wen man auf Abstand halten sollte.

In einer Ecke des Wohnzimmers, in dem es stets nach Lilys Essen roch, stand ein altes dunkles Klavier. Darüber hingen in kleinen hölzernen Rahmen Porträts der Familie Scheinerman. Einige Fotos zeigten Scharon als kleinen Jungen und Scharon mit Ben Gurion während des Unabhängigkeitskriegs. Die Holzmöbel wirkten etwas antik und ländlich. Das Treppengeländer war mit Sätteln und Zügeln verziert. Überall im Haus standen Grünpflanzen. Ölgemälde hingen an den Wänden, und in den Glasvitrinen sah man Porzellangeschirr und Silberbesteck. Die Teppiche stammten aus Damaskus.

Die Samstage gehörten in Scharons Domizil den Freunden, der Familie und dem Essen. Der Tag begann mit Ausritten und Rundfahrten über das Farmgelände und endete mit Spaziergängen im Mondlicht. Scharon war ein vollendeter Gastgeber, amüsierte sich immer prächtig und unterhielt sich gern über jedes Thema. Aus der Stereoanlage erklangen abwechselnd Mozart und hebräische Volksmusik, und Speisen und Getränke wurden stets reichlich aufgefahren.

Dieses gesellige Beisammensein wurde sorgfältig geplant. Nur eine kleine, handverlesene Gruppe von Vertrauten wurde dazu eingeladen. Freunde, die Scharon enttäuscht hatten, kamen nie wieder.

Arik und Lily hatten eine eiserne Regel: Sie verlangten absolute, bedingungslose Loyalität. Wer davon abwich, wurde ausgeschlossen.

Zu diesem »Ranchforum«, wie es in den israelischen Medien genannt wurde, gehörten seine Vertrauten und politischen Berater. An den Samstagen stießen auch Freunde von außerhalb der Politik dazu, wie die Künstlerin Ilana Gur und die Schauspielerin Gila Almagor. Almagor wurde jedoch von der Einladungsliste gestrichen, nachdem sie an einer Demonstration gegen den Libanonkrieg teilgenommen hatte. Auch Omri, der damals die Feldarbeit erledigte, und Gilad, der am Wochenende von der Armee nach Hause kam, nahmen an den Samstagsritualen teil.

Sämtliche Mitglieder des »Ranchforums« vertraten gemäßigt rechte, konservative Auffassungen, ähnlich wie Scharon, und alle fühlten sich der Aufgabe verpflichtet, ihrem Führer auf den Sessel des Ministerpräsidenten zu verhelfen. Zu der Gruppe gehörten Eli Landau, der Bürgermeister von Herzlija; Reuven Adler, ein Mann aus der Werbebranche; der Journalist Uri Dan; der Anwalt »Dubi« Weissglass; Oded Schamir, der während des Libanonkriegs Staatssekretär

September 1989. Arik begutachtet zu Hause auf der Schikmim-Farm interessiert Lilys Töpfe. (Foto: David Rubinger, *Yedioth Ahronoth*)

Juni 1986. Gilad und Omri Scharon. (Foto: Schaul Golan, *Yedioth Ahronoth*)

im Verteidigungsministerium gewesen und von Scharon zum Leiter der Investitionsabteilung im Industrie- und Handelsministerium ernannt worden war; der ehemalige Schabak- und Mossad-Mitarbeiter Rafi Eitan, den Scharon zum Vorsitzenden des Board of Israel Chemicals machte; und Jossi Ginossar, der frühere Jurist des Schabak, den Scharon zum Vorsitzenden des Israelischen Exportinstituts berufen hatte.

Jeden Freitagvormittag traf sich die Gruppe um elf Uhr in Scharons Ministerbüro in Tel Aviv, um »Ariks Woche« auszuwerten und die kommende Woche vorzubereiten. In besonders stürmischen Zeiten versammelte sich die Gruppe kurzfristig in Scharons Jerusalemer Büro. Scharon leitete das dreistündige Treffen. Das jeweilige Thema wurde aus unterschiedlichen Blickwinkeln analysiert, jeder äußerte seine Meinung, und Scharon entschied schließlich.

Die Diskussionen wurden häufig durch Witze oder sarkastische Zwischenbemerkungen aufgelockert. Nach den Freitagstreffen begab sich die Gruppe in das Olympia-Restaurant in Tel Aviv zu Räucherfisch, Zwiebelringen, Lauchpastetchen, erlesenen Fleischgerichten, Wein, Bier, Pistazien und Kirschen.

Der große Vorzug dieses Diskussionsforums bestand darin, dass es sich aus unabhängigen Köpfen mit unterschiedlichem Hintergrund zusammensetzte, aus Leuten, die Scharon stets die Wahrheit sagten. Wenn er einen Fehler machte, in einer Frage unschlüssig war oder eine bestimmte Sache falsch handhabte, kam unverzüglich eine ehrliche Reaktion. Anders als viele andere einflussreiche Politiker hörte Scharon nicht nur das, was er hören wollte.

Jedes Mitglied der Gruppe hatte ein bestimmtes Fachgebiet. Uri Dan kannte sich bestens mit nationalen und internationalen Medien aus. »Dubi« Weissglass war zuständig für Rechtsfragen. Eli Landau wusste Bescheid über die israelische Kommunalpolitik und konnte Dinge entschlossen anpacken. Reuven Adler war der »Spin-Doktor«, der Mann für die Öffentlichkeitsarbeit. Rafi Eitan und Jossi Ginossar waren Spezialisten für palästinensische Angelegenheiten und den Kampf gegen den Terrorismus. Oded Schamir kümmerte sich um finanzielle Dinge.

Keiner von ihnen erhielt eine Bezahlung für die vielen Stunden, die sie Scharon widmeten. Doch ihre Nähe zu ihm und ihr Wissen über das komplizierte Beziehungsgeflecht zwischen dem politischen System und der Finanzwelt kamen ihnen bei ihren privaten wirtschaftlichen Unternehmungen sehr zugute.

Eine der selbstgesetzten Aufgaben des Forums bestand darin, Scharon durch die von einer Doppelspitze geführte Regierung der Nationalen Einheit zu geleiten, der gegenwärtig Schamir vorstand. Außenminister Peres brachte eine »Land für Frieden«-Regelung ins Gespräch, um den Konflikt mit den Palästinensern zu lösen; Schamir lehnte diesen Vorschlag unverzüglich ab. Peres traf sich heimlich mit dem jordanischen König Husain II. in London und verständigte sich mit ihm auf die Bedingungen einer multinationalen Friedenskonferenz und direkter Friedensgespräche zwischen Israel und Jordanien. Schamir jedoch würgte diese Initiative ab und verurteilte im Mai 1987 das so genannte Londoner Dokument.

Obendrein wurde die Regierung der Nationalen Einheit durch die Affäre um Jonathan Pollard belastet. Im März 1987 wurde der Offizier des US-Marinegeheimdiensts verhaftet und später in den USA wegen Spionage für Israel verurteilt. Auf einer Kabinettssitzung im Mai, auf der über die Folgen der Pollard-Affäre diskutiert wurde, kam es zu gegenseitigen Anschuldigungen. Scharon verlangte von Peres, die nötigen Konsequenzen zu ziehen und zurückzutreten. Erbost erwiderte Peres: »Sie sind verantwortlich für die Pollard-Affäre!« Scharon entgegnete: »Ich war eineinhalb Jahre auf meiner Farm in der Zeit, als Pollard angeworben wurde. Ich habe zu Hause gesessen wegen der Demonstrationen, die Sie mit Hilfe der PLO gegen mich organisiert haben.« Peres darauf: »Sie sind nicht der Papst! Sie sind ein drittklassiger, beschissener Politiker! Sie sind ein billiger Politiker!« Scharon: »Ich möchte mit Ihnen nicht darum wetteifern, wer sich vulgärer ausdrücken kann.«

Scharon bewahrte Haltung. Nur Peres hatte sich gehen lassen. Die sanfte Stimme und der gelassene, ruhige Gesichtsausdruck sollten von nun an eines der Erkennungszeichen Scharons werden. Gleiches verlangte er auch von seinen Assistenten und Beratern.

Am 11. August 1987 schockierte Scharon die Regierung durch eine lange Rede vor Studenten an der Universität von Tel Aviv. Gestützt auf Karten und Dokumente, legte er hier zum ersten Mal seine Sicht des Libanonkriegs ausführlich dar. Scharon schwitzte und wurde beim Sprechen zunehmend bleicher, während er die Ereignisse des Krieges umfassend schilderte und aus einem 70-seitigen Dokument vorlas, das er zusammen mit Oded Schamir im Laufe von zwei schlaflosen Wochen aus einem ursprünglich 170 Seiten starken Bericht erstellt hatte.

Lily, Arie Ganger und Uri Dan hatten Scharon in die Universität begleitet. Im Publikum saßen auch der stellvertretende Leiter des Generalstabs Ehud Barak, mehrere Generale, die im Libanon gekämpft hatten, und Eli Gewa, der Befehlshaber der Panzerbrigade, dem das Kommando entzogen worden war, weil er sich geweigert hatte, in Beirut einzumarschieren. Mitten während des Vortrags drang ein linker Demonstrant in den Raum ein und beschimpfte Scharon lautstark, bevor er weggeführt wurde.

»Fünf Jahre sind nun vergangen, seit die Terrorgruppen, ihre Mitarbeiter und ihr Hauptquartier aus Beirut vertrieben wurden«, hob Scharon an, »... und seit wir das zentrale Ziel in einem grausamen Krieg erreicht haben, der uns aufgezwungen wurde und in dem Hunderte israelischer Soldaten ihr Leben verloren haben und Tausende verletzt worden sind ... Ich möchte hier die Ereignisse dieses Krieges darstellen«, fuhr Scharon fort, »und darlegen, weshalb er ausgebrochen ist, wie er geführt wurde, wie wir der PLO das Rück-

August 1987. Scharon bei seinem berühmten Vortrag über den Libanonkrieg in der Universität von Tel Aviv. (Foto: David Rubinger, *Yedioth Ahronoth*)

grat gebrochen und sie aus Beirut verjagt haben. Doch gleich zu Beginn möchte ich sagen, dass dies ein Befreiungskrieg war, ein rechtmäßiger Krieg, und dass ich stolz darauf bin, dass ich das Privileg hatte, an der Planung und Leitung dieses Krieges als Verteidigungsminister der israelischen Regierung unter Führung Menachem Begins teilzunehmen.«

Scharon betonte, dass der Libanonkrieg der erste Krieg Israels gewesen sei, in dem es um konkrete Ziele gegangen sei, die schon Monate vor Kriegsausbruch festgelegt worden seien, sich im Lauf des Krieges nicht mehr veränderten und ausnahmslos alle erreicht worden seien. Laut Scharon seien die Kriegsziele der Regierung, der Tzahal und auch der Öffentlichkeit klar gewesen, bevor der erste Schuss abgefeuert wurde. Es sei der erste und der einzige Krieg gewesen, hob er hervor, der durch insgesamt 93 Kabinettssitzungen und ständige Berichte an die Knesset begleitet und in dem jeder einzelne Schritt, jede größere und kleinere Maßnahme, von oben genehmigt worden sei.

Scharons Version der Ereignisse – wonach Ministerpräsident Begin in alle Entscheidungen einbezogen gewesen sei und die Führer der Arbeitspartei den Beschluss der Regierung zum Einmarsch in Beirut mitgetragen hätten – stieß vielfach auf Widerspruch. Verteidigungsminister Jitzhak Rabin erklärte im israelischen Fernsehen: »Der Libanonkrieg gehört zu jenen Kriegen, bei denen die festgelegten Ziele nicht erreicht wurden, deshalb müssen die Verantwortlichen alles daransetzen, ihre Handlungen zu rechtfertigen ... Würde Scharon wirklich glauben, dass die Kriegsziele erreicht wurden, dann müsste er sich jetzt nicht nach Partnern umsehen. Man sucht sich Partner nach Fehlschlägen, nicht nach Erfolgen.«

Eser Weizman, der kurze Zeit später Staatspräsident werden sollte, reagierte ähnlich heftig: »Arik Scharon ist ein Lügner«, erklärte er am 12. August 1987 in *Yedioth Ahronoth*. »Er reißt die Dinge aus dem Zusammenhang. Ben Gurion hat in seinem Buch über Scharons zweifelhafte Wahrheiten geschrieben. Als ich Scharon im Fernsehen hörte, habe ich Mitleid mit ihm empfunden. Mitleid für einen Verteidigungsminister, der aus dem Amt gejagt worden ist und nun einen verkorksten Krieg rechtfertigen will, den er geführt hat. Einen Krieg, der in einem Blutbad geendet hat. Sein Gewissen muss ihm sehr zu schaffen machen; auf seiner Seele lastet offenbar eine schwere Schuld.«

Ende 1987 sorgte Scharon erneut für Furore, als er im muslimischen Viertel der Jerusalemer Altstadt ein Haus erwarb. Die Händler in der Altstadt riefen einen Generalstreik aus als Protest gegen die Einweihungsparty, die Scharon im Dezember veranstaltete und die nur unter massivem Polizeischutz durchgeführt werden konnte.

»Uns geht es hier nicht um eine Einweihungsparty«, erklärte Scharon mit gespielter Unschuld. »Wir tun nichts anderes als das, was auch jener Jude getan hat, der vor hundert Jahren dieses Haus gebaut hat: Wir entzünden in unserem bescheidenen Heim in der Altstadt die erste Hanuka-Kerze«, sagte er und fügte hinzu, dass er nicht gern im Hotel schlafe und die Autofahrt von Jerusalem zu seiner Farm sehr anstrengend sei, weshalb er eine Wohnung in der Hauptstadt benötige. Scharon wies darauf hin, dass auch noch weitere Juden in diesem Viertel lebten und dass sein Haus in der Nähe der Talmudhochschule Ateret Cohanim liege und daher die ganze Aufregung nur viel Lärm um nichts sei.

Auf die Idee, im muslimischen Viertel ein Haus zu kaufen, war Scharon gekommen, nachdem sich in der Gegend mehrere Morde ereignet hatten. Scharon glaubte, sein Schritt könnte auch andere Israelis ermutigen, in die Altstadt zurückzukehren. Die arabischen Bewohner hassten ihren neuen jüdischen Nachbarn – er verkörperte für sie das israelische Militär und die Besatzung –, und die Medien gingen ebenfalls in die Offensive und verwiesen auf die hohen Kosten, die durch diesen Schritt für die israelischen Steuerzahler entstanden, nämlich jährlich 1,5 Millionen Schekel – acht Mal so viel, wie für den Personenschutz des Ministerpräsidenten ausgegeben wurde.

Der Knessetabgeordnete Jossi Sarid, der für einen Ausgleich mit den Palästinensern eintrat, äußerte sich in der Tageszeitung *Davar* über Scharons Neuerwerbung: »Gestern, am 15. Dezember 1987, brannte das Land, als Nero Cäsar sein neues Haus im muslimischen Viertel Jerusalems bezog und Violine zu spielen begann. Das Land brannte und brannte und er spielte und spielte. Scharon-Nero Cäsar erhielt dabei Gesellschaft durch 300 Schmeichler und Heuchler, Glücksritter und Opportunisten, Verrückte und Spinner.« Auch Minister der Arbeitspartei bezeichneten den Hauskauf als eine »Provokation«, doch Scharon, der befriedigt zu sein schien über den Aufruhr, den er ausgelöst hatte, erwiderte, er sei das einzige Kabinettsmitglied, das Violine spielen könne, und darauf sei er auch stolz. Scharon hielt sich nur selten in seiner Wohnung in der Altstadt auf. Obwohl die Kritik wegen der hohen Sicherheitsaufwendungen nicht abebbte, ließ er sich nicht beirren.

Am 9. Dezember 1987 stieß ein israelischer Lastwagenfahrer in Gaza mit dem Auto eines Palästinensers zusammen, wobei vier Personen ums Leben kamen. Dieser Unfall löste im Westjordanland und im Gazastreifen einen bislang beispiellosen Volksaufstand aus. Nach den Begräbnissen in Gaza stürmten Hunderte Palästinenser Außenposten der israelischen Armee. Nach kurzer Zeit standen die besetzten Gebiete in Flammen. Die Intifada – abgeleitet vom arabischen *intafada* (»sich erheben, loswerden, abschütteln«) – hatte begonnen. Tausende von Jugendlichen, viele davon noch Kinder, strömten in Ramalla, Nablus, Hebron und Gaza auf die Straßen und bewarfen die Soldaten, die durch die Straßen patrouillierten, mit Steinen.

Dass sich im Libanonkrieg die Jungs mit den schultergestützten Granatwerfern in den Flüchtlingslagern um Tyrus und Sidon so gut gegen die israelischen Panzerkräfte geschlagen hatten, hatte bei den Palästinensern im Westjordanland und im Gazastreifen einen bleibenden Eindruck hinterlassen. Eine der unvorhergesehenen Nebenwirkungen der Vertreibung der PLO-Kämpfer von Beirut nach Tunesien und der Zerschlagung der palästinensischen Milizen im »Fatah-Land« bestand darin, dass sich der Großteil der PLO-Aktionen nun innerhalb der israelischen Grenzen abspielte, in den besetzten Gebieten. Da sich Arafat jetzt in Tunesien aufhielt, wurde der Aufstand von lokalen Aktivisten angeführt, die in den Flüchtlingslagern Dschebalja, Khan Junis, Rafiah, Dschenin und Balata aufgewachsen waren.

Die Tzahal und die Sicherheitskräfte, die nicht mit dieser Erhebung gerechnet hatten, waren verwirrt und wirkten hilflos. Außenminister Schimon Peres schlug vor, Israel solle sich aus dem Gazastreifen zurückziehen. »Das ist ein unkluger Vorschlag«, widersprach Scharon, »der die Gewalt der Palästinenser nur anstacheln wird, weil es nicht möglich ist, den Gazastreifen hermetisch abzuriegeln. Wenn wir von dort abziehen, werden die Terroristen Sederot und Aschkelon mit Artillerie und Raketen unter Beschuss nehmen, so wie sie es bereits vom Libanon aus getan haben.«

Scharons Gefolgsleute erzählten jedem, der es hören wollte, dass Scharon in den siebziger Jahren den Terrorismus im Gazastreifen ausgerottet habe. Doch anders als damals standen bei der Intifada nicht Milizen mit AK-47-Gewehren, sondern Steine werfende Jugendliche bewaffneten Soldaten gegenüber. Auch die Technik hatte sich verändert. An jeder Straßenecke warteten nun Reporter auf die israelischen Soldaten und hielten ihre Handlungen fest.

Scharon, der nichts sehnlicher wünschte, als wieder Verteidigungsminister zu werden, wartete im Januar 1988 mit einem neuen Vorschlag auf: »Die einzige realistische Lösung«, erklärte er, »ist ein Palästinenserstaat in Jordanien. Israel hat alle Rechte auf das historische Land Israel. Wir sollten sehr genau unterscheiden zwischen jenen, die an Unruhen teilgenommen haben und Israel Schaden zufügen wollen, und jenen, die nichts mit dem Aufstand zu tun haben und lediglich in Israel arbeiten wollen. Die arabischen Bewegungen sollten für ungesetzlich erklärt werden. Dazu müssen entsprechende

Gesetze erlassen werden. Die Flüchtlingslager sollten aufgelöst und im Gazastreifen sollte gezielt Industrie angesiedelt werden.«

Scharon äußerte sich kritisch, ja abschätzig über die Politik von Verteidigungsminister Jitzhak Rabin. Nachdem er drei Jahre lang Peres zugesetzt hatte, richtete er jetzt seine Kritik gegen Rabin und Ministerpräsident Schamir, der ihn stützte. Ende März 1988 verlangte Scharon, Schamir solle »die Autorität über die besetzten Gebiete einem Ministerausschuss übertragen und nicht die ganze Macht in den Händen des Verteidigungsministers belassen angesichts von Rabins Unfähigkeit, Frieden und Ruhe wiederherzustellen.« Doch dazu war Schamir nicht bereit.

Mitte Juni 1988 wies Scharon warnend darauf hin, dass Israel sich nicht mit den Geldströmen der PLO befasse, die über israelische Banken liefen. »Ich möchte meine Freunde, die Minister, die einst darüber geklagt haben, dass durch den Libanonkrieg so viel Schaden angerichtet worden sei, daran erinnern, dass der Schaden, der heute entsteht, viel größer ist«, erklärte Scharon mit Blick auf Rabin. »Israelische Araber schließen sich dem Aufstand der Palästinenser an, unsere Fähigkeit zur Abschreckung lässt immer mehr nach, und darüber hinaus ist ein großer finanzieller Schaden entstanden.« Scharon forderte Schamir auf, den Verteidigungsminister anzuweisen, auf der Westbank und im Gazastreifen Ruhe und Ordnung wiederherzustellen.

In einer Rede vor Likud-Aktivisten in Tel Aviv erklärte Scharon, dass Jitzhak Rabin, trotz allen Respekts, den er für ihn empfinde, als Verteidigungsminister abgelöst werden müsse, wenn er den Palästinensern nicht Einhalt gebieten könne. Am 23. Juli 1988 wurde er von der Zeitung *Haaretz* gefragt, wer Rabin ersetzen solle, falls dieser sein Amt aufgeben müsse. Ohne zu zögern, antwortete er: »Wäre ich am 9. Dezember 1987 Verteidigungsminister gewesen, wäre es nicht zu den Unruhen in Judäa, Samaria und Galiläa gekommen.«

Scharon gelang es nicht, mit seiner Kampagne Schamir zu schwächen; es trat sogar der gegenteilige Effekt ein. Durch seine Zusammenarbeit mit dem Verteidigungsminister von der Arbeitspartei rückte Schamir näher an die Mehrheitsmeinung heran und gewann auch in den Augen vieler Likud-Anhänger an Statur. Selbst Scharons Freunde räumten in ihren Forumsdiskussionen ein, dass Scharon durch seine harte Linie zwar bei einigen Likud-Parteigängern Punkte gesammelt habe, doch dass Schamirs Ansehen seit seinem Amtsantritt als Ministerpräsident stetig gewachsen sei.

Am 13. Mai 1988 starb Scharons Mutter Vera Scheinerman im Alter von 88 Jahren. Vera wollte nicht »Ariks Mutter« genannt werden und hatte darauf beharrt, dass sie eine eigenständige Persönlichkeit sei. Bis zum Schluss ritt sie in Kfar Malal noch jeden Tag mit dem letzten Maultier zu den Feldern hinaus. Mehr als jeder andere Mensch hatte sie den Charakter und die Persönlichkeit ihres Sohnes geprägt. Sie wurde mit einer schlichten Zeremonie im Nachbarort Ramat Haschawim bestattet. Scharon, einige Freunde und führende Regierungsvertreter gaben ihr das letzte Geleit. Nach der Beerdigung kehrten die Freunde und die Familie nach Kfar Malal zurück, um ihrer zu gedenken. Von dort begab sich Scharon auf seine Farm, wo er die Schiwa, die Trauerwoche, abhielt.

»Ihre Weisheit fehlt mir sehr«, bekannte er in der Wochenzeitung *HaOlam HaZe*. »Ihre realistische Einstellung zum Leben, ihre Liebe zum Land, all das vermisse ich. In meiner frühesten Erinnerung sehe ich meine Mutter, wie sie im Kuhstall arbeitet. So ist sie mir im Gedächtnis geblieben: als eine Frau bei der Arbeit. Noch bis vor einem Jahr hat sie 18 Stunden am Tag gearbeitet. Sie hat Obstbäume gepflanzt, Tabak angebaut, die Kühe und die Ziegen gemolken, gepflügt und gewacht. Sie hat sich keine Minute Ruhe gegönnt.«

Scharon erzählte vom Selbstvertrauen seiner Mutter und ihrer Weigerung, Autoritäten zu akzeptieren. Im Hinblick auf seine Kindheit sagte er: »Schon mit zehn Jahren habe ich meiner Mutter bei allen Arbeiten geholfen – auf dem Feld, im Weinberg. In diesem Heim wurden die Kinder nicht mit Liebe überschüttet, so wie ich es mit meinen Söhnen getan habe. Wir waren mit unseren Eltern über die Arbeit verbunden. Ein anerkennender Blick von ihnen, wenn ich vom Pflügen auf dem Acker nach Hause kam und meine Arbeit gut erledigt hatte, war mehr wert als tausend Küsse.«

September 1981. Scharons Mutter Vera Scheinerman.
(Foto: Jossi Rot, *Yedioth Ahronoth*)

Kapitel 33
Die Nacht der Mikrofone

Im Sommer 1988 trat das Zentralkomitee der Cherut zusammen, um seine Kandidaten für die Likud-Liste zu der für den Herbst angesetzten Knesset-Wahl zu bestimmen. Scharon, der unbedingt besser abschneiden wollte als Schamir, Levi und Arens, besuchte zahlreiche Parteigliederungen, sprach mit Mitgliedern des Zentralkomitees und versicherte ihnen, dass er als Verteidigungsminister die Intifada niederwerfen würde.

Doch trotz seiner Bemühungen landete Scharon hinter Schamir, Arens und Levi, nachdem die 2081 Komiteemitglieder ihre Stimmen abgegeben hatten. Das »Ranchforum«, das mit einem Rückschlag gerechnet hatte, hatte viel Zeit darauf verwendet, die parteiinternen Vorwahlen vorzubereiten, die am 6. Juli 1988 stattfinden sollten.

Scharon versuchte Levi davon zu überzeugen, dass sie nur durch ein Bündnis verhindern könnten, von den Vertretern des Lagers um Schamir und Arens vernichtend geschlagen zu werden. Zusätzliches Kopfzerbrechen bereitete ihm der kometenhafte Aufstieg von Benjamin Netanjahu – des Bruders von Jonathan Netanjahu, der die legendäre Geiselbefreiung von Entebbe geleitet hatte und dabei ums Leben gekommen war. Er hatte sich dem Schamir-Lager angeschlossen und drohte Levi und Scharon zu überflügeln.

Spannungen und gegenseitige Beschuldigungen beherrschten die Tage vor den Wahlen. Niedergeschlagen schrieb Scharon am 3. Juli 1988 einen Brief an Schamir und bat ihn, die internen Querelen zu beenden. »Es muss Grenzen geben für unsere Ambitionen«, schrieb er, »es gibt genug Platz für alle.« Weiter erklärte er, dass es ein Fehler wäre, »die Partei zu spalten ... statt innere Einheit anzustreben.«

Der Wahltag, der 6. Juli 1988, ließ sich zunächst recht gut an für Scharon. Seine Absprache mit dem Levi-Block zahlte sich aus. Entsprechend dem Wahlverfahren wurden die Kandidaten für die Parteiliste jeweils in Siebenergruppen zusammengefasst. Levi und Scharon belegten die beiden ersten Plätze in der ersten Gruppe, gefolgt

Dezember 1988. Im Likud-Hauptquartier in Tel Aviv. Scharon mit Netanjahu und dessen Frau Sara. (Foto: Chaim Siw, *Yedioth Ahronoth*)

von Mosche Arens, Mosche Kazaw, Benjamin Netanjahu, David Magen und Benny Begin.

Doch gegen fünf Uhr früh schwand Scharons Zuversicht zusehends. Mit jeder weiteren Siebenergruppe verlor sein Lager an Boden. Immer mehr Kandidaten aus dem Scharon-Lager erkannten, dass sie ihre Chancen auf einen Einzug ins Parlament aufs Spiel setzten, und gingen von der Fahne. Die Mitglieder des Zentralkomitees stimmten ab, wie es ihnen am günstigsten erschien, und hielten sich nicht mehr an Scharons Anweisungen. Sein Bündnis mit dem Levi-Lager zerfiel. Bei den Parlamentswahlen am 1. November 1988 errang der Likud 40 Sitze; Scharon selbst und seine beiden Getreuen David Magen und Gidon Gadot waren die einzigen Vertreter des Scharon-Lagers in der Knesset.

Schon vor der Wahl, im August 1988, hatte Scharon einen weiteren Rückschlag hinnehmen müssen. Die Cherut und die Unabhängigen Liberalen, die gemeinsam den Likud-Block bildeten, schlossen sich formell zu einer einzigen Partei mit einem einheitlichen Statut und einem gemeinsamen Vorstand zusammen. Bis dahin hatte jede

Gruppierung selbst ihre Knessetkandidaten bestimmt, die dann in einer vorher festgelegten Reihenfolge auf der Wahlliste aufgeführt wurden. Nachdem sie nun ihre Gremien zusammengelegt hatten, entstand ein Gesamtzentralkomitee mit 3000 Mitgliedern. Die zusätzlichen 1000 Mitglieder des Leitungsgremiums, überwiegend aus dem Schamir-Arens-Lager, schwächten Scharons Position.

Trotz des enttäuschenden Abschneidens in den parteiinternen Vorwahlen und Streitigkeiten in seinem eigenen Lager konzentrierte sich Scharon weiterhin auf einflussreiche Likud-Funktionäre und wichtige Mitglieder des Zentralkomitees. Scharon hatte nach dem Libanonkrieg erkannt, wie wichtig die Mitglieder des Zentralkomitees waren. Wie die meisten Spitzenpolitiker hatte er bis dahin die Funktionäre eher verachtet, die die Partei leiteten und in der Öffentlichkeit und den Medien eine gute Figur zu machen versuchten; nach dem Krieg fand Scharon in ihnen eine neue Stütze. Das Likud-Zentralkomitee tat ähnlich wie Scharon von seinem Naturell her eher das Gegenteil vom dem, was man von ihm erwartete: Je mehr die Medien Scharon kritisierten, desto mehr liebte es ihn.

Anders als der kranke und eigenbrötlerische Menachem Begin oder »Dado« Elasar, der geschasste Generalstabschef aus dem Jom-Kippur-Krieg, der sich nie mehr vom Bericht der Agranat-Kommission erholte, wollte sich Scharon nicht ohne Weiteres aufs Abstellgleis schieben lassen. Doch nun wurde ihm auch klar, dass Charisma und natürliche Führungskraft – Eigenschaften, die ihm bei seinem Aufstieg vom Kommandeur der Einheit 101 zum Verteidigungsminister zugute gekommen waren – nicht mehr ausreichen.

Bei seinem zweiten Generalangriff auf die israelische Politik musste sich Scharon daher einer neuen, weniger dezenten Vorgehensweise bedienen: Vetternwirtschaft und machiavellistischer Taktik.

Als sich die Partei auf die Wahlen vorbereitete, bat Scharon Schamir, ihn zum Wahlkampfleiter zu bestellen. Doch dazu war Schamir nicht bereit. Scharon verfolgte das Ziel, bis zum Ende der Wahlperiode Verteidigungsminister zu werden. Dieses Ziel war nach der Veröffentlichung des Kahan-Berichts geradezu zu einer Obsession von ihm geworden. Schamir verwehrte ihm den Zugang zu der angestrebten Position, indem er sich weigerte, ihn zum Wahlkampfleiter zu machen. Mitte August, elf Wochen vor den Wahlen, berief Scharon eine Pressekonferenz ein, auf der er seinen Plan vorstellte, Teile des Westjordanlands formell zu annektieren, um den Problemen zu begegnen, die durch die Intifada aufgeworfen worden waren.

Dieses einseitige Vorpreschen widersprach allem, was die Parteistrategen predigten. Den Likudführern war von ihren politischen Beratern empfohlen worden, sich nicht allzu sehr als Falken zu gebärden, denn nach ihrer Einschätzung würde die Wahl in der politischen Mitte entschieden werden. Scharon ignorierte diesen Rat. Ein Kameramann der Arbeitspartei filmte seine Pressekonferenz. Bilder von Scharon mit dem Hinweis, dass er beabsichtige, Teile des Westjordanlands zu annektieren, wo Hunderttausende Palästinenser lebten, spielten dann eine zentrale Rolle im Wahlkampf der Arbeitspartei.

Am 19. August 1988 erklärte Scharon in der Zeitung *Haaretz*, »dass ich leider nicht in die täglichen Aktivitäten der Likud-Wahlkampfzentrale eingebunden bin. Ich wünschte, ich wäre es, aber ... irgendjemand wollte mich anscheinend nicht dabeihaben. Ich möchte nicht sagen, dass der Likud schon verloren hat, aber meiner Meinung nach droht Ungemach. Wie auch schon früher werde ich wieder meinen eigenen Stab zusammenstellen und für das Wohl der Partei arbeiten.«

Im September 1988 gab Scharon Schamir klar zu verstehen, welchen Kabinettsposten er anstrebte. »Der Posten des Außenministers ist sehr wichtig ..., aber es gibt einen Job, den ich besser als jeder andere erledigen kann – und der liegt im Verteidigungsministerium.« Fünf Jahre nachdem er dieses Amt hatte aufgeben müssen, führte Scharon einen persönlichen Feldzug, um wieder an jenen Platz zurückzukehren, den ihm die Kahan-Kommission seiner Ansicht nach zu Unrecht entrissen hatte. In einem Interview mit der *New York Times* sagte er, er sei überzeugt, dass er als Verteidigungsminister die Intifada stoppen könne.

Am 1. November 1988 schlug der Likud die Arbeitspartei mit einer hauchdünnen Mehrheit, mit 40 gegenüber 39 Sitzen. Doch in Wirklichkeit war der Vorsprung größer, weil das Lager der rechten und der religiösen Parteien deutlich gewachsen war und nun insgesamt 64 Abgeordnete umfasste.

Ministerpräsident Schamir hatte nun zwei Optionen. Er konnte eine kleine Koalition mit den Religiösen, der äußersten Rechten und den Ultraorthodoxen bilden, oder er konnte weiter mit der Arbeitspartei regieren, ohne an der Spitze erneut einen Wechsel vornehmen zu müssen. Scharon war klar, dass er bei einer Koalition mit der Arbeitspartei keine Chance hatte, Verteidigungsminister zu werden. Daher setzte er sich für eine kleine Koalition mit den Religiösen, den Ultraorthodoxen und den rechten Parteien ein und verschärfte zugleich seine Angriffe auf Verteidigungsminister Rabin.

Auf der ersten Kabinettssitzung nach den Wahlen entlud sich die Rivalität zwischen den beiden Männern in persönlichen Attacken. Als darüber diskutiert wurde, wie man der gewaltsamen Intifada Herr werden könne, sagte Scharon: »Ich möchte nicht auf Rabins ungehobelte Bemerkungen eingehen. Das passiert ihm gelegentlich, vor allem wenn er keinen klaren Kopf besitzt und seine Selbstbeherrschung verloren hat.« Rabin entgegnete: »Arik, Sie können sagen, was Sie wollen, es ist mir schnurzegal.«

Schamir verwandte große Sorgfalt auf die Koalitionsverhandlungen. Im Lauf der Zeit begriff Scharon, dass das Verteidigungsministerium für ihn unerreichbar war. Nun meldete er sein Interesse an für die beiden anderen Schlüsselministerien – das Außen- und das Finanzministerium. Er machte klar, dass er wieder auf seine Farm und auf den Traktor zurückkehren würde, sollte er nicht eines der drei Schlüsselressorts erhalten. »Ich werde mich nicht mit einer zweitklassigen Position zufriedengeben«, erklärte er Schamir.

Am 22. Dezember 1988 bildete Schamir zum zweiten Mal eine Regierung der Nationalen Einheit. Schamir zog eine Regierung auf breiter Basis vor, damit er nicht auf die Unterstützung der verschiedenen Likud-Lager angewiesen war. Er ernannte Rabin zum Verteidigungsminister, Peres zum Finanzminister und stellvertretenden Ministerpräsidenten und Arens zum Außenminister. Das war für Scharon das schlimmstmögliche Ergebnis. Er selbst blieb Minister für Industrie und Handel.

Auch Levi wurde ausgebremst. Er musste sich weiter mit dem Wohnungs- und Bauministerium begnügen. Drei der »Likud-Prinzen« – Ehud Olmert, Dan Meridor und Roni Milo – wurden zu Ministern befördert. Scharon machte zwar seine Drohung nicht wahr, aus der Knesset auszuscheiden und sich wieder auf den Traktor zu schwingen, aber er wurde zunehmend unzufriedener. Scharon, Levi und Jitzhak Modai, die alle das Finanzministerium angestrebt hatten, bildeten eine Koalition der Verbitterten. Die drei koordinierten ihre Aktionen und warteten auf eine Gelegenheit, um sich an Schamir zu rächen.

Am 14. Mai 1989 kehrte Schamir von einem Besuch bei US-Präsident George Bush zurück und legte dem Kabinett einen Vierstufenplan vor: Israel würde Maßnahmen ergreifen, um den Friedensvertrag mit Ägypten auf der Grundlage der Abkommen von Camp David zu festigen; es sollten Schritte eingeleitet werden, um zu einer Friedenslösung zwischen Israel und seinen arabischen Nachbarn zu kommen; das Problem der palästinensischen Flüchtlinge sollte gelöst werden; und schließlich, das war der wichtigste Punkt, sollten die Palästinenser im Westjordanland und im Gazastreifen in demokratischen Wahlen ihre Vertreter bestimmen, die dann mit Israel über die Bedingungen einer Autonomieregelung verhandeln sollten.

Trotz des Widerstands von Scharon, Levi und Modai wurde der Plan mehrheitlich angenommen. Sofort nach der Entscheidung begannen die drei gegen den Plan Front zu machen und behaupteten, er laufe den ideologischen Grundsätzen des Likud zuwider. Sie verlangten, dass die Likud-Gremien zusammentreten und über eine Reihe von Grundsätzen abstimmen sollten, die im Falle einer Annahme den Verhandlungsspielraum der Parteiführung eingeschränkt hätten. Die Medien bezeichneten diese Einschränkungen als »Hoops« (Reifen, Basketballkörbe) und die drei Politiker, die sie durchsetzen wollten, als »Hoopsters« (Basketballspieler).

Die drei Rebellen behaupteten, Schamirs Plan würde letztlich zur Schaffung eines Palästinenserstaats im Westjordanland und im Gazastreifen führen. Sie erstellten eine Liste mit sechs unverhandelbaren Bedingungen: keine Gespräche mit der PLO; kein Palästinenserstaat, unter welchen Umständen auch immer; weitere Genehmigung jüdischer Siedlungen im Westjordanland und im Gazastreifen; keine ausländische Souveränität westlich des Jordans; Beendigung der Intifada als Vorbedingung für die Aufnahme von Verhandlungen; keine Teilnahme der in Ostjerusalem lebenden Araber an palästinensischen Wahlen.

Am 5. Juli 1989 berief Scharon das Likud-Zentralkomitee ein, dessen Vorsitzender er war, um über den Schamir-Plan zu diskutieren.

Schamir wollte, dass das Gremium entweder Ja oder Nein zu seinem Vorschlag sagte. Scharon dagegen sprach sich für zwei getrennte Abstimmungen aus, eine über den Schamir-Plan und eine zweite über seinen eigenen. Bei einer Annahme von Scharons Plan, der in dem mehrheitlich aus Falken bestehenden Zentralkomitee gute Chancen besaß, wäre Schamirs Konzept erledigt gewesen.

Wenige Augenblicke vor Beginn der Sitzung akzeptierte Schamir die Bedingungen der drei »Hoopsters«. Das Zentralkomitee sprach sich einmütig für die sechs Punkte aus, und die Sitzung endete mit einer Demonstration der Geschlossenheit, als David Levi, der zwischen Schamir und Scharon stand, deren Arme nach oben zog, während die Parteiführer die »Hatikwa« sangen, die israelische Nationalhymne.

Scharon, Levi und Modai grüßten ihre Anhänger in der Menge mit dem Siegeszeichen. Ihren strahlenden Gesichtern war zu entnehmen, wie sehr sie der Sieg über Schamir freute. In der Knesset verbrachten die drei vor wichtigen Sitzungen stets eine Menge Zeit hinter verschlossenen Türen, um ihr Vorgehen zu besprechen. Vor den Türen warteten die Medienvertreter, begierig darauf, Einzelheiten über den nächsten Coup der drei zu erfahren, der bestimmt wieder Schlagzeilen machen und Schamir in unvorteilhaftem Licht erscheinen lassen würde.

In Schamirs innerem Zirkel galt Scharon als Kopf der Dreiergruppe. Der Ministerpräsident versuchte Levi aus der Gruppe herauszubrechen und einen Keil zwischen ihn und Scharon zu treiben. Am 19. Juli 1989 beklagte sich Scharon bei einem Treffen der Likud-Minister, dass Schamir und Außenminister Arens Geheimgespräche mit den Palästinensern führten, ohne das Kabinett zu informieren. Schamir erwiderte darauf: »Ich, der Außenminister und andere führen Gespräche mit den Palästinensern. Es sind inoffizielle Gespräche, und ich sehe keinen Grund, weshalb ich ihnen einen offiziellen Rahmen geben sollte. Ich halte Minister David Levi darüber auf dem Laufenden.«

Scharon: »Und ich darf nichts darüber erfahren?«

Schamir: »Nein, weil Sie alles ausplaudern.«

Scharon: »Sie plaudern die größten Geheimnisse gegenüber den Arabern aus, aber mich wollen Sie nicht informieren.«

Schamir: »Alle hier im Raum werden von mir über geheime Informationen in Kenntnis gesetzt und bewahren Stillschweigen. Aber Sie können den Mund nicht halten.«
Scharon: »Es ärgert mich, was Sie sagen.«
Schamir: »Ich kenne Sie. Sie wollen die Atmosphäre zwischen uns vergiften und Zwietracht säen.«
Scharon: »Dass ich nicht lache.«
Schamir: »Wir werden sehen, wer zuletzt lacht. Ich will nicht mehr mit Ihnen reden.«
Schamir gab bekannt, dass die Gespräche mit den Palästinensern fortgesetzt werden würden und nicht im Widerspruch stünden zum Beschluss des Zentralkomitees. Er rief seine Vertrauten zusammen, um mit ihnen über seine Schwierigkeiten mit dem aufmüpfigen, geschwätzigen Industrie- und Handelsminister zu sprechen. Scharon seinerseits traf sich mit Levi und Modai, was Schamir signalisieren sollte, dass eine Entlassung Scharons zu einem Riss im Likud führen könnte, der die Partei möglicherweise spalten würde.

Schamir fürchtete in der Tat, dass Scharon noch mehr Schaden anrichten würde, wenn er ihn feuerte. Knapp einen Monat später erklärte Scharon auf einer Reise durch den nördlichen Landesteil, worin seiner Meinung nach das Hauptproblem der Regierung bestünde: Es fehle ihr an echter Führungskraft.

Am 1. Oktober 1989, die Intifada hatte mittlerweile an Heftigkeit zugenommen, beriefen die drei »Hoopsters« eine Sitzung des Zentralkomitees ein. Diesmal zielten sie mit ihren Attacken auf Rabin, Schamirs wichtigsten Partner bei seinem politischen Vorhaben. »Der Mann, der als israelischer Churchill bezeichnet wird, eine kleine und unbedeutende Imitation des echten Churchill ..., hat gesagt, es gebe keine Alternative, wir müssten mit den Anführern der Intifada sprechen. Wenn ich mir diese Westentaschenausgabe ansehe, muss ich an den echten Churchill denken, der im Juni 1941 erklärt hat, dass Großbritannien niemals mit Hitler und seinen Spießgesellen verhandeln werde. So hätten auch wir reagieren sollen. Doch unser Churchill, der ein kompletter Versager ist, schlägt eine andere Lösung vor: ›Wir haben keine Alternative; wir müssen mit den Anführern der Intifada reden.‹«

Dann kam Scharon auf Schamir zu sprechen, der ihn davon habe abhalten wollen, die Sitzung des Zentralkomitees einzuberufen. »Wenn es keine Kooperation gibt«, erklärte er vor der jubelnden Menge, »dann berufen wir das Zentralkomitee eben ohne Zustimmung ein.« Die nächste Sitzung des Likud-Zentralkomitees wurde für den 12. Februar 1990 angesetzt. Als Leiter des Gremiums weigerte sich Scharon, sich mit Schamir, dem Vorsitzenden des Likud, über die bevorstehende Tagung zu verständigen. Schamir wollte bei der Sitzung vor allem eines erreichen: ein Vertrauensvotum für ihn als Parteichef. Seine Berater gaben zu verstehen, dass er diesmal aufs Ganze gehen werde.

Scharon, ein Politiker in der Armee und ein Soldat in der Politik, bereitete sich mit militärischer Präzision auf die Tagung vor. Er stellte sicher, dass seine Leute die Verstärker und die Mikrofone unter ihrer Kontrolle hatten. Sein neuer Assistent Uri Schani, der Nachfolger von Jisrael Kaz, der sich nach einer heftigen Auseinandersetzung von ihm getrennt hatte, überwachte die Vorbereitungen. Scharons Leute wurden aufgefordert, schon einige Stunden vor Beginn der Sitzung zu erscheinen und die vordersten Reihen zu besetzen. Scharon fürchtete, dass Schamir während seiner Rede um eine Abstimmung per Handzeichen bitten und dann, zufrieden über seinen Sieg, die Konferenz unverzüglich für beendet erklären würde.

Scharon eröffnete die Sitzung und erklärte, dass zu Beginn über die aktuellen politischen Entwicklungen diskutiert, anschließend die Vorschläge der Politiker erörtert und schließlich geheim darüber abgestimmt werden solle. Als er fertig war, bat er um die Erlaubnis, eine kurze persönliche Stellungnahme abgeben zu dürfen. Selbst einem Mann, der so berechnend und ruhig war wie Scharon, fiel es in diesem Augenblick schwer, gelassen zu wirken. »Ich möchte gerne aus einem Brief zitieren, den ich heute Abend dem Ministerpräsidenten geschickt habe. ›Hiermit erkläre ich meinen Rücktritt. Ich habe mich entschlossen, aus der Regierung auszuscheiden.‹« Die unruhige Menge wurde mit einem Schlag still.

Scharons Partner Levi und Modai waren gleichermaßen schockiert. Modai beugte sich zu seinem Nachbarn und sagte: »Haben Sie gehört, was Arik gesagt hat? Hat er wirklich gesagt, er will zurücktreten?«

Nun kam Bewegung in den Saal. Scharons Anhänger begannen zu skandieren: »A-rik, A-rik.« »Als Mitglied des Zentralkomitees und als Mitglied der Knesset«, fuhr Scharon fort, »werde ich weiterhin um die Erfüllung unserer nationalen Ziele kämpfen, die durch die bloße Existenz dieser Regierung gefährdet werden. Ich bin zu dem Schluss gekommen, dass ich als Mitglied dieser Regierung die Lawine nicht länger aufhalten kann. Das ist eine Frage von nationaler Bedeutung und eine Frage von Prinzipien. Herr Ministerpräsident, unter Ihrer Regierung wütet der palästinensische Terror im Lande Israel und fordert das Leben vieler unschuldiger Juden. Durch die Politik der Regierung, der Sie vorstehen, wird jüdisches Leben aufs Spiel gesetzt. Ich weiß und ich bin überzeugt, dass wir den Terrorismus ausrotten können. In relativ kurzer Zeit ist es möglich, Recht und Ordnung in Israel wiederherzustellen und Frieden zwischen uns und den Arabern zu erzielen auf der Grundlage unseres historischen Rechts auf das Land Israel.«

Wieder wurde es still im Saal. »Unter dieser Regierung«, tönte Scharons Stimme aus den Lautsprechern, »hat der arabische Terrorismus auf den Straßen unserer Hauptstadt Jerusalem überhand genommen. Die Führer der Terroristen führen ein bequemes Leben im östlichen Teil der Stadt. Die israelische Regierung hat sich damit abgefunden. Ihr politischer Plan, Herr Ministerpräsident, bringt Israel auf einen Weg, der zu einem Palästinenserstaat führt ... Wir müssen uns unverzüglich um die Fragen der Sicherheit kümmern, aber ... das Kabinett funktioniert nicht mehr, und die Regierung ist gelähmt.«

Scharon holte tief Luft, ließ seine Augen über das Publikum wandern und senkte sie dann wieder auf sein mitgebrachtes Manuskript. »Es gibt Augenblicke, da muss sich ein Mann aus seinem Sessel erheben und zu marschieren beginnen. Es gibt Augenblicke im Leben einer Nation, im Leben eines Volkes, wo es aufwachen und kämpfen muss, um heraufziehenden Gefahren zu begegnen. Dies ist vielleicht die letzte Gelegenheit, das zu tun.«

Während das Publikum und die Millionen Fernsehzuschauer noch damit beschäftigt waren, seine Erklärung zu verarbeiten, erteilte Scharon mit gespielter Gleichmütigkeit dem nächsten Redner, Schamir, das Wort. Der Ministerpräsident hatte Scharons Brief noch nicht lesen können, denn man hatte dafür gesorgt, dass er erst eintraf, als Schamir sein Büro schon verlassen hatte. »Ich muss Ihren Brief erst erhalten«, sagte er zu Beginn seiner Ausführungen, »erst dann werde ich dazu Stellung nehmen.«

Schamir begann seine vorbereitete Rede über die drängenden politischen Fragen vorzutragen. Als er fertig war, blickte er in das Publikum und bat die Anwesenden unter Umgehung von Scharons Autorität als Vorsitzender des Zentralkomitees, ihm durch Handaufheben ihr Vertrauen als Führer der Likud-Partei auszusprechen. Genau wie Scharon befürchtet hatte, versuchte Schamir die vereinbarte Wahlprozedur zu unterlaufen.

Darauf war Scharon vorbereitet. Er hatte Schani beauftragt, einen Drahtschneider zur Sitzung mitzubringen. Schani hatte Scharon erklärt, dass er die Lautstärke von Schamirs Mikrofon mit den vor ihm angebrachten Knöpfen regulieren könne, doch Scharon beharrte darauf: »Bringen Sie einen Drahtschneider mit!« Scharon ging erst auf das Podium, nachdem ihm Schani die Zange in seiner Tasche gezeigt hatte. Vorher hatte Schani bereits Scharons Mikrofon lauter und jenes von Schamir leiser gestellt und Scharons Mikrofon am Tisch festgenagelt, so dass nur er es benutzen konnte.

Während Schamir sprach, verstummte plötzlich sein Mikrofon. Da brüllte Scharon: »Wer ist dafür, den Terrorismus auszurotten? Wer ist dafür, den Terrorismus auszurotten?« Schamir versuchte Scharon zu übertönen und schrie: »Wer unterstützt mich? Wer unterstützt mich?« in sein nicht mehr funktionierendes Mikrofon. Doch Scharon, der es gewohnt war, sich mit seiner Stimme gegen donnernden Lärm durchzusetzen, brüllte weiter: »Wer ist dagegen, den Arabern von Ostjerusalem zu erlauben, sich an Wahlen zu beteiligen? Wer will den Terrorismus auslöschen?«

In dem nachfolgenden Tumult ließ sich unmöglich feststellen, ob die hochgestreckten Hände Unterstützung für Schamir und dessen politischen Plan bekunden sollten oder eine Zustimmung zu Scharon und dessen Forderung waren, den Terrorismus auszumerzen, bevor man in Verhandlungen eintrat. Die beiden Politiker standen mehrere Minuten gemeinsam auf dem Podium, wobei jeder den anderen niederzuschreien versuchte. Dies war vermutlich die beschämendste Darbietung in der Geschichte der israelischen Politik. Angewidert erklärte Schamir, dass sein Vorschlag mit der Mehrheit der Stimmen angenommen worden sei. Als Vorsitzender des Likud erklärte er die Sitzung des Zentralkomitees für geschlossen. Als er das Podium verließ, hatte sich der Saal in einen Hexenkessel verwandelt, es herrschte ein ohrenbetäubender Lärm.

Jede Seite beanspruchte den Sieg für sich, doch die israelische Öffentlichkeit, die hier einmal ihre politischen Führer ungeschminkt und unverfälscht erlebt hatte, schien eher abgestoßen zu sein. Das erbärmliche Spektakel wurde als die »Nacht der Mikrofone« bekannt, und alle politischen Kommentatoren und Analysten waren sich einig, dass Scharon dabei der große Verlierer war.

Kapitel 34
Minister für Wohnungsbau und Infrastruktur

Scharon hatte sich bereits 24 Stunden vor der »Nacht der Mikrofone« zum Rücktritt entschlossen. Er hatte diese Entscheidung – zurückzutreten, um weiter voranzukommen – allein getroffen, zwei Wochen vor seinem 62. Geburtstag.

Viele meinen, Scharons Neigung, Entscheidungen im Alleingang zu fällen, sei Ausdruck seiner egozentrischen Persönlichkeit. »Arik Scharon«, sagte ein ehemaliger Vertrauter von ihm, »glaubt, dass Arik Scharon das Wichtigste auf der Welt ist, dass er der Mittelpunkt der Welt ist. Das muss man wissen, wenn man Arik verstehen will und die Entscheidungen, die er trifft.«

Die Schlacht um die Mikrofone, die Scharons Rücktrittsankündigung folgte, ließ sowohl ihn als auch Schamir in wenig vorteilhaftem Licht erscheinen. Die Medienleute drängten sich nach seiner Ankündigung sofort um ihn, während er mit schweißnassem Gesicht ihre Fragen beantwortete.

Am nächsten Morgen beriet sich Scharon mit einigen seiner Gefolgsleute. Sie versuchten ihn vergeblich dazu zu bewegen, sich das Ganze noch einmal zu überlegen. Sein Abgang bedeutete nämlich auch, dass sie ihre einflussreichen Regierungsämter verlieren würden. Die Finanz-Tageszeitung *Globes* berichtete, dass 27 führende Mitarbeiter von Regierungsbehörden, die dem Industrie- und Handelsministerium unterstanden, um ihre Posten fürchteten. Sie waren nicht die Einzigen.

Am 14. Februar 1990 wurde Scharons Rücktritt wirksam. Ab diesem Zeitpunkt war er nur noch einfaches Knessetmitglied. Doch Scharon bemerkte bei mehreren Gelegenheiten, dass er aus dem Amt ausgeschieden sei, um eines Tages zurückzukehren, und dass er sich als natürlichen Kandidaten für den Posten des Ministerpräsidenten betrachte, aber da die nächsten Wahlen erst in zweieinhalb Jahren stattfinden würden, wirkte dies eher als leeres Gerede. Scharon kehrte auf seine Farm zurück, diesmal froh gestimmt und scherzend, dass sich die Likud-Abgeordneten »um seinen (von der Regierung gestellten) Volvo schlugen«.

Scharon mietete ein Büro im Zentrum von Tel Aviv. Die Miete wurde vom Institute for Security and Peace bezahlt, einer rechtsgerichteten privaten Organisation, die laut verschiedenen Berichten von Scharons reichen Freunden Arie Ganger und Meschulam Riklis finanziert wurde. Scharon tauschte seine Regierungslimousine gegen einen neuen Chevy Caprice mit Telefon und Chauffeur.

Die wenigen Besucher, die vorgelassen wurden, waren überrascht über die schiere Macht, die dieser Ort ausstrahlte. Alles in diesem Büro glänzte, und Besucher mussten sich einer Leibesvisitation unterziehen, bevor sie in den Warteraum geführt wurden. Scharon saß in einem geräumigen Büro hinter einem riesigen Mahagonitisch, auf dem keinerlei Papier lag – es schien fast, als führe er eine Parallelregierung, obwohl es keine Mitarbeiter oder Minister gab, die ihm unterstellt waren.

In dieser Zeit knüpfte er enge Kontakte zu Robert Maxwell, einem britischen Milliardär jüdischer Abstammung, der vor kurzem die israelische Tageszeitung *Maariv* erworben hatte. Maxwell bat sogar Lily, sich um die Einrichtung seiner Wohnung in Tel Aviv zu kümmern. Knapp zwei Jahre später wurde Maxwell tot aus dem Atlantik gefischt. Nach offiziellen Berichten soll er einen Herzanfall erlitten und von seiner Yacht gestürzt sein, als er vor den Kanarischen Inseln unterwegs war. Bis heute sind die Umstände seines Todes rätselhaft.

Scharons Auszeit war nur von kurzer Dauer. Obwohl die nächsten Wahlen erst für 1992 vorgesehen waren, wurde sie durch ein Ereignis verkürzt, für das Jitzhak Rabin den prägnanten Ausdruck »The Stinky Trick« prägte.

Da US-Außenminister James Baker und die Regierung Bush auf eine internationale Friedenskonferenz drängten, stellte Außenminister Schimon Peres Ministerpräsident Schamir ein Ultimatum: Entweder er nahm Bakers Bedingungen an oder die Arbeitspartei würde sich aus der Regierung der Nationalen Einheit zurückziehen. Scharon und die »Hoopsters« des Likud lehnten Bakers Initiative ab, die sich auch auf Vertreter der Palästinenser aus den Lagern erstreckte und am Ende auf territoriale Zugeständnisse Israels hinauslaufen würde. Schamir weigerte sich, die Pläne der Amerikaner zu akzeptieren; daraufhin setzte Peres der Koalition ein Ende.

Anfang März 1990 brachte die Arbeitspartei in der Knesset einen Misstrauensantrag ein. Am 12. März entließ Schamir den Außenminister, nachdem er begriffen hatte, dass Peres seine Regierung zu Fall bringen wollte. Im Gegenzug traten die Minister der Arbeitspartei zurück und wechselten in die Opposition. Peres' wichtigster Verbündeter bei diesem »Stinky Trick« war Arjeh Deri, der Führer der Schas-Partei. Am 15. März sprachen 60 Knessetabgeordnete der Regierung das Misstrauen aus, 55 stimmten für sie, und fünf Mitglieder der Schas, der sephardischen ultraorthodoxen Partei, blieben wie geplant der Abstimmung fern. Zum ersten Mal in der Geschichte des Landes war eine Regierung durch ein Misstrauensvotum gestürzt worden.

Am 4. April 1990 versammelte Peres nach diversen taktischen Spielchen und Mauscheleien eine Mehrheit von 61 Stimmen hinter sich und traf eine Absprache mit der Schas, dass sie, die üblicherweise mit der Rechten zusammenarbeitete, der neuen Regierung nach ihrer Bildung beitreten würde.

Scharon sah nun eine Gelegenheit, auf die politische Bühne zurückzukehren. Am 18. März 1990 trat das Likud-Zentralkomitee zusammen. Schamir war geschwächt. Doch Scharon, der Vorsitzende des Zentralkomitees und erklärte Gegner Schamirs, sorgte für eine Riesenüberraschung, als er sich auf die Seite Schamirs schlug. Er rief alle Likud-Mitglieder auf, persönliche Differenzen zurückzustellen und sich hinter ihrem Führer zu scharen. Diese klare Unterstützung erstickte alle aufkeimenden Bestrebungen, Schamir als Ministerpräsidenten abzulösen.

Scharon unterstützte Schamir aus zwei Gründen. Zum einen hoffte er, dass er für seine Hilfestellung in dieser kritischen Situation irgendwann in der Zukunft eine Gegenleistung erhalten würde, zum anderen fürchtete er, dass Peres vorschnell Gebiete zurückgeben könnte, die von entscheidender Bedeutung waren. Scharon erläuterte seine Entscheidung in Danny Korens Buch *Zman Be'afor*: »Ich habe Schamir gerettet, obwohl er mein politischer Rivale war, weil er den ›Baker-Test‹ bestanden hatte (durch die Ablehnung der Friedensinitiative), während seine übrigen politischen Freunde ihm gern den Kopf abgerissen hätten.«

Am 11. April 1990 erschienen die Führer der Arbeitspartei in ihren besten Anzügen in der Knesset, um ihre Amtseide zu leisten und die Regierung zu übernehmen. Doch Peres hatte zu wenig auf Scharon geachtet, der sich in den Tagen zuvor um die einflussreichsten Rabbiner der Welt bemüht und sie zu beeinflussen versucht hatte. Eine Regierung Peres, die von den Linken und den arabischen Parteien getragen wurde, solle nicht von Führern des Judentums unterstützt werden, hatte er ihnen erklärt. Scharon flog nach New York, wo er sich mit dem Rebbe (Oberhaupt) der chassidischen Lubawitsch-Bewegung, Rabbi Menachem Mendel Schneerson, traf und intensive Gespräche mit dessen persönlichem Assistenten Rabbi Dow Groner führte. Auch zwei Knessetabgeordneten von der ultraorthodoxen Partei Agudat Jisrael, von denen bekannt war, dass sie sich in allen wichtigen Fragen der Autorität des Rebbe unterwarfen, brachte Scharon seine Sicht der Dinge nahe.

Um den beiden Abgeordneten Avraham Verdiger und Eliezer Mizrachi ihre Entscheidung zu erleichtern, versprach Scharon ihnen alle möglichen neuen Posten und Zuständigkeiten, sobald der Likud wieder die Regierung stellte. Zwei Tage vor der Knessetabstimmung, auf der die Regierung Peres gewählt werden sollte, verschwanden diese beiden Abgeordneten plötzlich spurlos und schienen wie vom Erdboden verschluckt. Verdiger und Mizrachi sorgten bei Peres für blankes Entsetzen, als sie auch bis zum festgesetzten Termin nicht auftauchten; sie hatten die Anweisungen ihres Rebbe getreulich befolgt.

Die Sitzung der Knesset wurde vertagt. Ohne diese beiden Abgeordneten konnte Peres die erforderliche Mehrheit nicht auf die Beine stellen. Gedemütigt, doch beharrlich wie eh und je bot Peres dem Likud eine Neuauflage der Regierung der Nationalen Einheit an. Am 26. April 1990 teilte Peres schließlich widerstrebend dem Staatspräsidenten mit, dass er keine Regierung bilden könne. Nun wurde Schamir mit der Regierungsbildung beauftragt.

Abermals kämpfte Scharon mit aller Entschiedenheit um den Posten des Verteidigungsministers. Doch Schamir, der Scharons wachsenden Einfluss in der Partei fürchtete, ernannte Arens zum Verteidigungs- und Levi zum Außenminister. Scharon erhielt das Ministerium für Wohnungsbau und Infrastruktur, ein wichtiges Ressort zwar, das aber nicht zu den Schlüsselministerien gehörte.

Darüber hinaus bot Schamir Scharon einen weiteren einflussreichen Posten an: Er sollte Beauftragter des Kabinetts für die Eingliederung der Einwanderer werden. Nachdem der Eiserne Vorhang gefallen war, strömten nun vermehrt Juden aus der ehemaligen Sowjetunion nach Israel. Da die Zuwanderung von Hunderttausenden Juden zu bewältigen war, wurde Scharon bald zu einer zentralen Figur in der Regierung. Der politische Kommentator Schimon Schiffer von *Yedioth Ahronoth* bezeichnete Scharon sogar als die Achse der neuen Regierung, als jenen Mann, um den sich alles drehe.

Scharon besetzte Schlüsselpositionen sofort mit engen Vertrauten und entmachtete die Gefolgsleute Levis zunehmend. Nach zehn Jahren im Amt, so behaupteten Scharons Leute, habe Levi in seinem Ministerium »verbrannte Erde« hinterlassen. Scharon rügte in der Knesset »Levis Untätigkeit«. Zwei Wochen später erlitt Levi einen Herzinfarkt, für den viele seiner Mitarbeiter Scharon verantwortlich machten. Nach seiner Entlassung aus dem Krankenhaus erklärte Levi: »Man hat den Versuch unternommen, ein ganzes Lebenswerk auszulöschen ...«

Scharon nahm das Ministerium im Sturm. Die Lichter in den Büros brannten bis in die frühen Morgenstunden. Es war ein gewaltiges Problem zu lösen: Fast eine Million Menschen, mehr als 20 Prozent der Bevölkerung Israels, waren gerade erst eingewandert und brauchten Unterkünfte.

Ende Juli legte Scharon dem Kabinett Pläne vor, die mehrere hundert Seiten umfassten. Er forderte die Errichtung von 400 000 neuen Wohnungen im Lauf der nächsten fünf Jahre und als Übergangslösung die Anschaffung von 50 000 Caravans. Die Gesamtkosten für den Import der Wohnwagen und die Einrichtung von Strom- und Wasseranschlüssen in den Caravan-Siedlungen sollten sich auf ungefähr eine Milliarde Dollar belaufen.

Finanzminister Jitzhak Modai merkte kritisch an, dass in dem Plan das eigentliche Problem der Einwanderer, nämlich die Schaffung von Arbeitsplätzen, nicht angesprochen werde. Die Auseinandersetzung zwischen den beiden Ministern eskalierte und rutschte schließlich sogar ins Persönliche ab. Modai behauptete, er habe Scharon in Latrun vor dem sicheren Tod bewahrt, worauf Scharon sofort klarstellte, dass Jaakow Bugin jener Mann gewesen sei, der ihn damals gerettet habe.

Scharon verbrachte viel Zeit mit dem Besuch von Bauplätzen. Zwar sollte der Großteil der Siedlungen diesseits der Grünen Linie angelegt werden, doch Scharon entschied, auch im Westjordanland zahlreiche neue Siedlungen zu errichten, die einen Ring um Jerusalem bilden sollten. Dieser Beschluss sorgte für Unruhe, da Außenminister Levi den Amerikanern versichert hatte, dass Israel jegliche Siedlungstätigkeit in diesen Gebieten einstellen werde.

Im Oktober 1990 erschien Scharon in Bat Jam, einer etwas heruntergekommenen Stadt, um die ersten Einwanderer in der Caravan-Siedlung willkommen zu heißen. Die Neuankömmlinge ließen ihn ihre Unzufriedenheit spüren und drängten ihn in einen der Caravans, damit er aus erster Hand einen Eindruck von den unzulänglichen Verhältnissen bekommen solle.

Am 17. Januar 1991 begann der Golfkrieg. Sieben Tage vor der amerikanischen Offensive hatte Scharon den amerikanischen Präsidenten gegen sich aufgebracht, als er in der französischen Zeitung *France Soir* erklärte, falls Saddam Hussein seine wiederholten Drohungen wahr machen und Israel angreifen sollte, würde Israel darauf militärisch antworten. Die Aussage des Ministers für Wohnungsbau und Infrastruktur stand in klarem Gegensatz zu einer vertraulichen Übereinkunft zwischen Bush und Schamir.

Hussein setzte seine Drohungen in die Tat um und feuerte ein Dutzend »Scud«-Raketen auf israelische Städte ab. Aus Angst vor Angriffen mit chemischen Waffen ließ die Tzahal an alle Bürger Israels Gasmasken verteilen und wies die Bevölkerung an, in ihren Häusern einen Schutzraum einzurichten. Doch Husseins Raketen waren konventionell bestückt und blieben größtenteils wirkungslos. Zwar wurden mehrere Personen verletzt, aber überwiegend gab es nur Sachschaden. Scharon besuchte jeden Raketenkrater. Er unterhielt sich mit besorgten Bürgern und kritisierte die Palästinenser, die »angesichts von Raketen, die auf die Bewohner Tel Avivs fallen, auf den Dächern tanzen«. Er schlug vor, wieder die volle Souveränität Israels über alle Gebiete im Westjordanland und im Gazastreifen herzustellen, die von Juden bewohnt waren.

US-Präsident Bush mahnte die Israelis zur Zurückhaltung, weil er fürchtete, dass ein Angriff auf Bagdad zu einem irreparablen Bruch in der Kriegskoalition führen könnte, der auch mehrere arabische Länder angehörten. Scharon war gegenteiliger Meinung. Seiner Auffassung nach musste Israel aus zwei Gründen mit einem Gegenschlag reagieren: weil dies ein Grundrecht jedes Staates sei, der angegriffen wurde, und weil es erforderlich sei, um Israels Abschreckungspotenzial zu erhalten. Zehn Jahre später, als er selbst Regierungschef war, sah Scharon die Dinge etwas anders und fügte sich ähnlichen Forderungen, die George W. Bush bei der zweiten amerikanischen Invasion im Irak an die Israelis richtete.

Während Schamir Scharons ständige Sticheleien und die Scud-Angriffe schweigend erduldete, äußerte Scharon immer wieder unverblümt seine Meinung. »Das ist doch idiotisch. Wenn wir uns hinstellen und sagen, Israel muss sich selbst verteidigen, was glauben Sie denn, was dann geschieht? Stoppen die Amerikaner dann den Krieg und ziehen die Briten dann ab? Das glauben Sie doch selbst nicht!« Scharon konnte sich auch den Hinweis nicht verkneifen, dass er zusammen mit Menachem Begin 1981 den Angriff auf den irakischen Atomreaktor Osirak angeordnet habe, was ihnen ebenfalls weltweite Kritik eingetragen habe. Jetzt, zehn Jahre danach, würde man erkennen, wie klug diese Entscheidung damals gewesen sei.

Kapitel 35
Entmachtung

Nach dem Golfkrieg setzte der Wohnungsbau- und Infrastrukturminister den Siedlungsbau im Westjordanland fort. US-Außenminister Baker verlangte von Ministerpräsident Schamir, er solle Scharon stärker an die Kandare nehmen. Im April 1991 berichtete die *Washington Post,* dass es zwischen Schamir und Scharon zu einer Auseinandersetzung wegen Scharons Berichten über die Bautätigkeit in den besetzten Gebieten gekommen sei. Scharon erklärte der Zeitung, er habe keine neuen Siedlungen in den besetzten Gebieten errichtet, sondern lediglich die bestehenden erweitert, um sie an das natürliche Wachstum der Einwohnerzahlen anzupassen, wogegen die Amerikaner nichts einzuwenden gehabt hätten. Er fügte hinzu, möglicherweise hätten die irakischen Scud-Raketen viele Israelis dazu veranlasst, das Kernland zu verlassen und in die besetzten Gebiete zu ziehen – und daher rühre das beschleunigte Tempo der Bautätigkeit.

Ranghohe Beamte des US-Außenamts ließen durchblicken, dass dem amerikanischen Außenminister durchaus bekannt sei, dass Scharon es darauf anlege, die Friedensinitiative zum Scheitern zu bringen, und dass die Aktivitäten des Ministers die Bereitschaft der USA, sich für einen Zehn-Milliarden-Dollar-Kredit zu verbürgen, den Israel von amerikanischen Banken erhalten sollte, unmittelbar beeinflussen könnten. Nachdem das Land 300 000 Juden aufgenommen hatte – die nach dem Heimkehrergesetz alle Anspruch auf die israelische Staatsbürgerschaft besaßen –, brauchte es dringend Geld.

Bakers diplomatische Reaktion folgte unverzüglich. Anfang Mai 1991 besuchte Scharon die Vereinigten Staaten. Als er zu seinem Termin mit Jack Kemp unterwegs was, dem Minister für Wohnungsbau und Stadtentwicklung, rief Baker Kemp an und bat ihn, Scharon nicht in seinem Büro zu empfangen. Um ein diplomatisches Fiasko zu vermeiden, traf sich Kemp in der israelischen Botschaft in Washington mit Scharon. Scharon wich den Fragen amerikanischer

Journalisten aus, die wissen wollten, ob er den Wechsel des Empfangsorts als Affront betrachte. Doch er äußerte freimütig seine Meinung zum Irak und erklärte, dass Beschwichtigung und Zurückhaltung angesichts des Raketenbeschusses ein Fehler gewesen seien. Im Hinblick auf das Darlehen erklärte er, offenbar wolle die amerikanische Regierung eine Politik durchsetzen, die man als »Land für Juden« umschreiben könne – sie weigere sich, die Kreditverträge zu unterschreiben, solange Israel den Siedlungsbau in den besetzten Gebiete nicht einstelle.

Im August 1991 gelang es Baker, die Zustimmung aller unmittelbar in den Nahostkonflikt verstrickten Parteien zu einer internationalen Friedenskonferenz zu erlangen. Schamir knüpfte seine Zustimmung an mehrere Bedingungen: Die Konferenz solle zwar formell in einem internationalen Rahmen stattfinden, doch es sollten nur bilaterale Gespräche geführt werden; die palästinensische Delegation müsse in die Delegation Jordaniens integriert sein; die PLO dürfe nicht als Repräsentantin des palästinensischen Volkes anerkannt werden; Israel solle das Recht eingeräumt werden, einzelne Mitglieder der palästinensischen Delegation abzulehnen; und Syrien müsse seine Bereitschaft zu Verhandlungen ohne Vorbedingungen erklären.

Scharon behauptete, Schamir und Außenminister Levi hätten ihre Übereinkunft mit den Amerikanern geheim gehalten. Er griff Schamir heftig an, weil dieser sich bereit erklärt hatte, an einer Konferenz mit Vertretern der UNO und der Europäer teilzunehmen, die von vielen Israelis als voreingenommen betrachtet wurden. Scharon stellte die Frage, weshalb Schamir von seiner Forderung abgerückt sei, dass Verhandlungen erst nach Beendigung der Intifada aufgenommen werden könnten.

»(Sie sind) nicht in der Lage, irgendetwas zu fordern, in irgendeiner Sache hart zu bleiben«, sagte er am 5. August 1991 in *Yedioth Ahronoth*. »Als Mitglied der Regierung empfand ich Trauer und Scham wegen der Unfähigkeit der Delegation, die Verhandlungen angemessen zu führen.« Levi erwiderte: »Alles was Scharon sagt, grenzt an Herablassung und Dreistigkeit.«

Als der Termin der Konferenz näher rückte, drängte Schamir Scharon in den Hintergrund und betraute den aufstrebenden Benjamin Netanjahu, der damals stellvertretender Leiter des Büros des Ministerpräsidenten war, mit den Vorbereitungen. Da er nun nicht mehr in das Geschehen eingreifen konnte, betätigte sich Scharon an einer anderen Front: Jedes Mal wenn US-Außenminister Baker zu Besuch kam, genehmigte er den Bau einer weiteren Siedlung im Westjordanland oder im Gazastreifen. Viele Siedlungen wurden inoffiziell gegründet, aber mit dem Wissen der Behörden. Die Siedlungen Bat Ajin, Avnei Hefez, Talmon und Ofarim entstanden jeweils bei einem Baker-Besuch.

Um junge Paare und Neueinwanderer in die Westbank zu locken, kündigte Scharon an, dass sein Ministerium im Lauf der nächsten drei Jahre 13 000 neue Wohnungen in den besetzten Gebieten bauen werde. Wer sich eine neue Heimat schaffen wolle, werde kostenlos ein staatliches Grundstück erhalten. Zudem förderte das Ministerium dort den Hausbau mit Darlehen zu besonders niedrigen Zinsen und übernahm die Kosten für die Wasser- und Stromversorgung sowie die Müllbeseitigung. Durch diese Maßnahmen wuchs die 70 000 Menschen umfassende Siedlungsbevölkerung, und während sich zuvor nur ideologisch motivierte Menschen in den Siedlungen niedergelassen hatten, wurden sie jetzt aufgrund der zahlreichen Anreize und weil sie zudem oft nur wenige Autominuten von größeren Städten entfernt waren, auch für breitere Bevölkerungsschichten attraktiv.

Nach dem Golfkrieg änderte Scharon seine Taktik. Hatte er früher seine Siedlungsaktivitäten eher im Verborgenen vorangetrieben, gab er als Minister für Wohnungsbau und Infrastruktur nun die Haushaltsmittel seines Ministeriums offen für den Bau von Straßen und Häusern in den besetzten Gebieten aus. Jaakow Kaz, genannt Kazele, war in Scharons Ministerium als Berater und Assistent tätig. Zusammen mit Zev »Zambish« Hever von der radikalen politisch-religiösen Siedlerbewegung Gusch Emunim arbeitete er mit Scharons Billigung und tatkräftiger Unterstützung daran, die Berge im Westjordanland mit Dutzenden von Siedlungen zu überziehen.

Die Bautätigkeit wurde ähnlich rasant vorangetrieben wie in den Anfängen der Siedlungsbewegung im Jahr 1977. Im Januar 1992 berichtete *Yedioth Ahronoth*, dass während Scharons Amtszeit für insgesamt 3,5 Milliarden Schekel 18 000 Wohnungen in den besetzten

Gebieten gebaut worden seien. Die linksgerichtete Zeitung *Al-Ha'Mishmar* meldete, dass ein Viertel aller mit Geldern des Ministeriums gebauten Wohnungen in den besetzten Gebieten errichtet worden seien. Scharon erklärte unumwunden: Jeder, der nicht diesseits der Grünen Linie in einem Caravan leben will, kann in ein Haus auf der Westbank umziehen.

Kaz beschrieb einmal ihre Vorgehensweise: »Jeden Abend schickten wir Arik ein Fax, in dem wir erläuterten, was wir am Tag gemacht hatten, was wir für morgen planten und was wir alles brauchten. Eine Stunde später rief Arik an, und wir sprachen die verschiedenen Punkte durch. Einige der Gemeinschaften verdanken ihre Existenz James Baker. Jedes Mal wenn er kam, um seine Friedensinitiative voranzutreiben, haben wir eine neue Siedlung gebaut. Ein Besuch? Revava. Ein weiterer Besuch? Eine neue Siedlung in Talmonim. Noch ein Besuch? Nerja. Am Abend erstatteten wir Scharon Bericht. Da er der Regierung angehörte und wir ihn nicht in eine missliche Situation bringen durften, schrieben wir, dass es eine weitere Überraschung für Baker geben werde. Kein anderer Nichtjude auf der Welt wird in Judäa und Samaria so geschätzt wie James Baker.«

Am 10. Oktober 1991, 20 Tage vor dem Beginn der Friedenskonferenz, ließ Scharon eine weitere politische Bombe platzen: Er kündigte an, er werde gegen Schamir um den Vorsitz des Likud kandidieren. Seit 1984 hatte niemand mehr Schamir herausgefordert. Auch Levi, der verärgert darüber war, dass Schamir Netanjahu mit der Koordination der Friedenskonferenz betraut hatte, stürzte sich ins Getümmel.

Obwohl die arabischen Staaten ihre Außenminister und nicht ihre Staatschefs zu der Konferenz schickten, war Israel mit Schamir und Netanjahu vertreten. Levi war verstimmt und blieb zu Hause. Der am amerikanischen MIT ausgebildete und sehr mediengewandte Netanjahu avancierte bald zu Israels wichtigstem Sprachrohr. Scharon musste die klare, unzweideutige Sichtweise des »Ranchforums« in die Debatte einbringen, um Punkte zu machen, bevor Netanjahu ihn endgültig überflügelte.

Der amerikanische und der russische Außenminister luden am 18. Oktober 1991, zwölf Tage vor Eröffnung, gemeinsam zu der Konferenz ein. Am folgenden Tag forderte Scharon Schamir zum Rücktritt auf, denn die Tagung, an der er teilzunehmen beabsichtige, sei »keine Friedens-, sondern eine Kriegskonferenz«. Schamir widersetzte sich allen Aufforderungen, Scharon zu entlassen. Der alte Mossad-Mann hielt es für klug, seine Feinde klar im Blick zu behalten. Am 30. Oktober begann die Friedenskonferenz in Madrid mit Reden von Bush und Gorbatschow. Dann sprachen Schamir, Dr. Haidar Abdel Schafi, der Vertreter der Palästinenser, sowie die Außenminister von Syrien, Jordanien, Libanon und Ägypten.

Die Reden enthielten nichts Neues. Nach der Eröffnungszeremonie führten die Israelis bilaterale Gespräche mit den Syrern, den Libanesen und den Palästinensern aus Jordanien. Nach Beendigung der Konferenz ging US-Außenminister Baker zur zweiten Stufe über und organisierte für Dezember bilaterale Verhandlungen in Washington. Die Madrider Konferenz schuf den Rahmen für alle zukünftigen Gespräche zwischen Israel und seinen arabischen Nachbarn mit Ausnahme von Ägypten. Ab diesem Zeitpunkt verhandelte Israel jeweils direkt mit einem seiner Nachbarstaaten.

Nach einer weiteren langwierigen Auseinandersetzung um die Macht im Likud, bei der es Schamir gelang, Levi und Scharon in die Schranken zu weisen, sorgte die Staatskontrolleurin mit ihrem Jahresbericht für ein politisches Beben. Miriam Ben Porat, eine pensionierte Richterin vom Obersten Gericht, entdeckte gravierende Fehler in der Arbeit des Ministeriums für Wohnungsbau und Infrastruktur. Aufgrund des Zeitpunkts seiner Veröffentlichung, nur zwei Monate vor den nächsten Wahlen, war der Bericht dazu angetan, dem Likud schwer zu schaden.

Die Staatskontrolleurin stellte fest, dass das Ministerium sein Budget um 1,5 Milliarden Schekel überzogen hatte. Im Hinblick auf die Caravan-Siedlungen schrieb die Kontrolleurin, dass ihre Errichtung viel zu teuer gewesen sei, zu lange gedauert habe und mit zahlreichen Planungsmängeln behaftet gewesen sei, sodass es einfacher und billiger gewesen wäre, dauerhafte Häuser zu bauen. Ferner stellte sie fest, dass die Siedlungen häufig gegen die staatliche Planung und die Bebauungsbestimmungen verstießen.

Uri Schani spielte eine unrühmliche Rolle in dem Bericht. Scharons enger Berater und Vertrauter, der von ihm zum Chef der staatlichen Baufirma Amidar bestellt worden war, nutzte seine Position, um in Luxussuiten abzusteigen, und auch ansonsten genehmigte er sich auf Staatskosten eine Menge weiterer Annehmlichkeiten. Nach langwierigen Ermittlungen wurde Schani 1997 wegen Untreue zu sechs Monaten Haft auf Bewährung und 10 000 Schekel Geldstrafe verurteilt.

Entsetzt über die Schwere der Anschuldigungen, bat Scharon Schamir, er solle die Polizei anweisen, ihre Ermittlungen binnen eines Monats abzuschließen, damit sie nicht mehr die für den 23. Juni 1992 angesetzten Knessetwahlen beeinflussen konnten. In seinem Brief an Schamir beschwerte er sich darüber, dass die Staatskontrolleurin ihren Bericht nicht schon vor einigen Monaten an den Generalstaatsanwalt weitergeleitet habe. Er äußerte die Vermutung, dass es kein Zufall sei, dass der Bericht gerade zu diesem Zeitpunkt veröffentlicht wurde.

In einem Interview für den staatlichen Fernsehsender Channel 1 sagte Scharon: »Ich halte es für falsch und für eine hochgradige Unverschämtheit zu behaupten, das Ministerium für Wohnungsbau und Infrastruktur sei durchsetzt von Korruption. Es fällt schwer, sich des Eindrucks zu erwehren, dass hier vielleicht nicht vorsätzlich, wohl aber wissentlich der Versuch unternommen wird, den laufenden Wahlkampf zu beeinflussen.«

Ben Porat bekräftigte: »Ich stehe hinter allen Aussagen in diesem Bericht.«

Scharon rechtfertigte seine Handlungen: »Als ich das Ministerium für Wohnungsbau und Infrastruktur übernahm, klagte man allgemein über den Einwanderungsdruck und darüber, dass niemand Häuser baue in Israel. Diese Kritik hörte man von morgens bis abends in allen Medien, und auch in politischen Kreisen redeten alle von dem ›großen Debakel‹, das durch die Untätigkeit drohe ... Ich empfehle den Kritikern, hinauszugehen und sich die Tausenden von Wohnungen und Häusern anzuschauen, die überall im Land gebaut worden sind, und auch die Caravans. Ich weiß, was ich tue und was ich zu tun habe. Zwischen Anfang 1990 und Mitte 1991 sind mehr als 315 000 Neueinwanderer nach Israel gekommen – sie alle haben jetzt ein Dach über dem Kopf und keiner muss hungern. Welches andere Land auf der Welt hat etwas Ähnliches vollbracht?«

Die Veröffentlichung des Berichts kündigte das bittere Ende von Scharons Ministertätigkeit an. In kaum zwei Jahren hatte er den Bau von 144000 neuen und die Renovierung von 22000 alten Wohnungen in die Wege geleitet. Diese beispiellose Leistung bestätigte einmal mehr Scharons Ruf, dass er ein Mann der Tat war – ein Bulldozer –, andererseits aber auch der umstrittenste Politiker des Landes.

Scharons Verhalten, das im Bericht dokumentiert wurde, war nur ein Glied in einer langen Kette von Verfehlungen der israelischen Politiker, deren Ansehen in der Öffentlichkeit zunehmend schwand. Die Arbeitspartei beschloss daher, in ihrem Wahlkampf das Versprechen eines Wandels in den Mittelpunkt zu stellen. Jitzhak Rabin löste Schimon Peres, den Urheber des »Stinky Trick«, als Parteichef ab. Der charismatische Kriegsheld trat noch unter einem weiteren Motto an: »Israel wartet auf Rabin.« Diese Strategie zahlte sich aus. Am 23. Juni 1992 errang die Arbeitspartei 44 Sitze; der Likud erhielt nur 32 und musste erstmals seit 1977 wieder zurück in die Opposition.

Eine Woche nach den Wahlen spürte Scharon bei einem Treffen niedergeschlagener Likudminister ein heftiges Stechen im Bauch, nachdem er auch schon während des Wahlkampfs häufiger unter Bauchschmerzen gelitten hatte. Sofort nach der Besprechung begab er sich ins Krankenhaus, wo man Gallensteine feststellte. Die Schmerzen hielten an, als er wieder auf seiner Farm war, sodass er sich dazu entschloss, die Gallenblase entfernen zu lassen. Die Krankenschwestern sprachen davon, wie sehr sich Lily während dieser Zeit um ihren Mann kümmerte. In Bezug auf Scharon sagten sie: »Er verhielt sich wie ein gehorsamer Soldat.«

Scharon sah sich im Laufe seiner Karriere immer wieder mit Anschuldigungen konfrontiert, durch die seine Integrität in Zweifel gezogen wurde. Im Mai 1987 hatte Staatskontrolleur Jaakow Meltz von Scharon, der damals Industrie- und Handelsminister war, Aufklärung über sein Verhältnis zu Meschulam Riklis verlangt. Einige Jahre zuvor hatte Riklis Scharon zinslos eine größere Summe Geldes geliehen. Während seiner Tätigkeit als Industrie- und Handelsminister war Scharon mit der Entscheidung über eine Kreditvergabe an Riklis befasst, der Miteigentümer von Haifa Chemicals war. Der Staatskontrolleur schrieb: »Das Darlehen, das Sie von Mr. Riklis erhalten haben, um die Ranch zu kaufen, belief sich auf einen substanziellen Betrag, war langfristig ausgelegt und zinslos. Dies stellt eine Sondervergünstigung dar, durch die Sie an Mr. Riklis gebunden sind ... Sie hätten diesen Sachverhalt offen legen, von einer Entscheidung in diesem Fall absehen und die Angelegenheit einem Ministerausschuss übertragen sollen.«

Riklis erwiderte: »Arik, ein Mann, der sein ganzes Leben dem Dienst am Staat gewidmet hat, soll nichts Besseres zu tun haben, als Riklis einen Gefallen zu tun? Es stimmt, vor 15 Jahren habe ich ihm 200 000 Dollar geliehen und zu ihm gesagt: ›Sir, wenn Sie Ihr Leben dem Staat Israel widmen, dann helfe ich Ihnen, die Ranch zu kaufen, damit Sie vor niemandem zu Kreuze kriechen müssen.‹ Dieses Geld hat er mir schon längst zurückgezahlt! Wie kann jemand behaupten, Arik sei korrupt, vor allem nach seinem Prozess gegen *Time*?« (*Yedioth Ahronoth*, 26. Mai 1989).

Im Juli 1987 befasste sich der Staatskontrolleur abermals mit Scharon. Während seiner Tätigkeit als Industrie- und Handelsminister 1984 hatte ein Ausschuss, der von mehreren Wirtschaftsverbänden getragen wurde, die Einfuhr von 400 Tonnen gefrorenen Hammelfleisches empfohlen. Damit diese Empfehlung umgesetzt werden konnte, musste sie durch ein Gremium von Generaldirektoren aus verschiedenen Ministerien abgesegnet werden. Laut dem Bericht des Staatskontrolleurs verzögerte der Generaldirektor des Industrie- und Handelsministeriums die Einberufung dieses Gremiums drei Jahre lang, um zu verhindern, dass das Fleisch importiert wurde. Unterdessen stieg der Preis für einheimisches Hammelfleisch, wovon der Minister, der eine große Schafzucht betrieb, nicht unwesentlich profitierte.

Kapitel 36
Der grobe Fehler von Oslo

Fast jeden Tag eilte Scharon gleich morgens nach dem Aufstehen in die Knesset, ohne auf den Rat seiner Ärzte zu hören, die ihm empfohlen hatten, sich drei Wochen zu schonen. Die Regierung Rabin, der Schimon Peres als Außenminister angehörte, ließ bald alle seine Befürchtungen wahr werden. In einer ihrer ersten Amtshandlungen annullierte sie Scharons Plan, in dem Jerusalemer Viertel Scheich Jara 200 Wohnungen zu bauen. Am 25. August 1992 brachte Scharon einen Misstrauensantrag ein, in dem er von einer »Verschwörung der Regierung gegen die jüdischen Siedlungen in Jerusalem« sprach, der jedoch keine Mehrheit fand und auch von den Medien kaum beachtet wurde. Die Führer der Arbeitspartei machten sich nicht einmal die Mühe, sich damit auseinanderzusetzen. Sie standen jetzt wieder oben und ignorierten Scharons Versuche, die Regierung zu stürzen.

Wegen des katastrophalen Abschneidens bei den Wahlen im Juni gab Schamir den Parteivorsitz auf und löste dadurch einen Kampf um seine Nachfolge aus. Sowohl Scharon als auch Levi betrachteten sich als natürliche Nachfolger, doch Netanjahu gewann zusehends an Unterstützung. Auf einer Sitzung des Likud-Zentralkomitees Mitte November 1992 schlug Netanjahu vor, das unzulängliche und von Mauscheleien geprägte Wahlverfahren durch vollwertige Vorwahlen zu ersetzen, in denen alle registrierten Likud-Wähler ihre Führung bestimmen sollten. Als er diese Idee vortragen hatte, riefen die Delegierten: »Bi-bi, Bi-bi!« Der 66-jährige Scharon reagierte sichtlich befremdet.

Nach Meinung vieler politischer Beobachter signalisierte Netanjahus Aufstieg das Ende von Scharons Karriere als Führungsfigur im Likud. Doch Scharon, der schon viele Höhen und Tiefen erlebt hatte, kümmerte sich nicht um solche Prognosen. Am 10. Juli 1992 erklärte er, auf Netanjahu gemünzt, gegenüber einem Reporter von *Yedioth Ahronoth*: »Die letzten Wahlen sind nicht von Models gewonnen worden. Jitzhak Rabin ist 70 Jahre alt … Es wurden Leute gewählt, die in der Vergangenheit wirklich etwas geleistet haben.«

Die Hauptkonkurrenten um den Likud-Vorsitz waren Levi, Netanjahu und Benny Begin. Scharon rangierte so weit abgeschlagen, dass er sich auf die Seite Begins schlug, um Netanjahu daran zu hindern, das Wahlverfahren zu ändern. Dennoch wurde Netanjahus Vorschlag mit einer Mehrheit von 80 Prozent angenommen. »Die Mitglieder des Likud-Zentralkomitees wünschen sich eine Führung, die die Partei einigt und zum Sieg führt, statt sich mit Mauscheleien und Rivalitäten zu beschäftigen«, erklärte Netanjahu im Anschluss.

Insgesamt ließen sich 216 000 Wähler als Likud-Mitglieder registrieren, wodurch sie zur größten Partei des Landes wurde. Nun wehte ein neuer Wind, der nichts mehr mit Scharon zu tun hatte. Am 24. März 1993 wurde Netanjahu mit 52 Prozent zum Vorsitzenden des Likud gewählt. Auf Levi, Begin und Mosche Kazaw entfielen jeweils 26, 15 und sieben Prozent der Stimmen.

Für Scharon interessierte sich die Öffentlichkeit nicht mehr. Er erwog, in die Kommunalpolitik einzusteigen und für das Amt des Bürgermeisters von Jerusalem zu kandidieren, fürchtete aber, gegen den legendären Teddy Kollek zu verlieren. Einer seiner Freunde meinte: »Wenn Arik oben ist, dann ist er so weit oben wie möglich, dann ist er der König von Israel. Aber wenn er unten ist, dann ist er wirklich ganz unten – seine Lage erscheint aussichtslos, wir haben großes Mitleid mit ihm, denn er ist kein gewöhnlicher Politiker, der von der Politik lebt. Arik ist ein Krieger und ein Rancher, ein Mann, der sich gern abrackert. Er steht morgens auf und will arbeiten. Es bringt ihn um, wenn er keine richtige Aufgabe hat. Er ist nicht dafür geschaffen, am Morgen aufzuwachen und an Sitzungen teilzunehmen, auf denen die Leute nur reden und reden und nichts vorangeht.«

Das Likud-Zentralkomitee trat am 17. Mai 1993 unter Leitung des Vorsitzenden Netanjahu zusammen. Scharon, der Star der stürmischen Sitzungen in den achtziger Jahren, saß stumm auf seinem Platz, weitab von den Scheinwerferlichtern, während Netanjahu sprach. Doch er bewahrte sich seinen Glauben daran, dass das politische Rad des Schicksals bald wieder seinen natürlichen Lauf nehmen würde.

Am 4. Juni 1993 erklärte Scharon der Zeitung *Hadashot,* dass er eine künftige Kandidatur um die Führung des Likud nicht ausschließe, fügte jedoch hinzu: »Mein Ehrgeiz ist wesentlich geringer ausgeprägt, als die Leute glauben. Das ist meine Geheimwaffe. Anders als meine Freunde leide ich keinen Augenblick darunter, wenn ich nicht der Regierung angehöre. Aber wenn es notwendig ist, dann kämpfe ich. Es kommt drauf an. Es hängt sehr stark vom Likud ab und davon, welche Linie Netanjahu einschlägt.«

Ende August 1993 berichteten die Medien von einem Geheimabkommen, das Außenminister Peres und sein Stellvertreter Jossi Beilin in Oslo mit Arafat und dessen Vertrautem Abu Ala geschlossen hätten. Während die offiziellen Verhandlungen, eine Fortsetzung der Madrider Konferenz, in einer Sackgasse steckten, waren seit Januar Gespräche auf niedrigerer Ebene geführt worden, von denen Scharon und Netanjahu nichts gewusst hatten.

Nach 14 geheimen Treffen war Rabin überzeugt, dass der Weg zu einer historischen Aussöhnung geebnet sei. Am 20. August unterrichtete er das Kabinett formell über die Vereinbarungen von Oslo. Am 13. September 1993 standen Rabin, Peres und Arafat als Gäste von US-Präsident Clinton im Rosengarten des Weißen Hauses und schüttelten sich vor den Fernsehkameras die Hände, wobei Rabin seine Abneigung gegen Arafat deutlich ins Gesicht geschrieben stand.

Im ersten Osloer Abkommen anerkannten sich Israel und die PLO offiziell und verständigten sich auf eine Selbstverwaltung der Palästinenser im Gazastreifen und in Jericho. Erstmals akzeptierte Israel damit die PLO als legitimen Verhandlungspartner und Arafat als Führer des palästinensischen Volkes. Im Gegenzug bekannte sich Arafat zum Friedensprozess. Der PLO-Vorsitzende versprach, das Schwert des Terrorismus niederzulegen, auf Gewalt zur Durchsetzung politischer Ziele zu verzichten und aus der PLO-Charta alle Passagen zu streichen, in denen die Vernichtung des Staates Israel gefordert wurde.

Innerhalb weniger Wochen war die israelische Rechte ein Anachronismus geworden. Die große Mehrheit der Bevölkerung glaubte an Schimon Peres' Vision eines neuen Nahen Ostens. Überlandreisen nach Paris, durch die Altstadt von Damaskus und über den Bosporus erschienen den isolierten Bürgern Israels plötzlich nicht mehr unmöglich. Doch Scharon, ein entschiedener Gegner der Osloer Abkommen, entwickelte einen eigenen Plan: Er sprach sich vehement gegen eine Anerkennung der PLO aus, schlug Jordanien als Staat für die Palästinenser vor und forderte, alle Verhandlungen über die Zukunft der palästinensischen Bewohner des Gazastreifens und des Westjordanlands müssten mit den Führern des haschemitischen Königreichs geführt werden. Am 2. Oktober 1993 lud Rabin Scharon ein, seinen Plan dem Kabinett vorzustellen. Doch dabei ging es ihm in Wirklichkeit darum, einen Keil zwischen Scharon und Netanjahu zu treiben und die Opposition zu schwächen.

Auf der Kabinettssitzung schlug Scharon vor, Rabin solle die Souveränität über die von Juden besiedelten Gebiete im Westjordanland bekräftigen und den Palästinensern in den wichtigsten Städten Selbstverwaltung zugestehen. Scharon unterstrich, dass man nicht zulassen dürfe, dass die autonomen Gebiete eine territoriale Einheit bildeten, und dass man einen künftigen palästinensischen Staat im Westjordanland verhindern müsse. Ferner schlug er vor, dass Israel seine Siedlungspolitik ausweiten und zwischen dem Jordan und dem Mittelmeer oder, wie die Palästinenser sagen, zwischen dem Fluss und dem Meer einen Streifen mit jüdischen Bevölkerungszentren schaffen solle. Und schließlich regte er an, die Palästinenser in den besetzten Gebieten mit jordanischen Pässen auszustatten und ihnen das Wahlrecht in Jordanien zu gewähren.

Scharons neuer Plan fußte auf der geopolitischen Strategie, die ihn seit den siebziger Jahren leitete: Jüdische Siedlungen würden zur Annexion des biblischen Israel führen und dem Land verteidigungsfähige Grenzen und historische Legitimität verschaffen.

Scharon hatte erstmals im November 1988 die Annexion bestimmter Gebiete vorgeschlagen. Ende 1993 forderte er Rabin auf, noch mehr Land zu annektieren, und gab ihm gleichzeitig zu verstehen, dass ihm das rechte Lager nicht gestatten werde, auch nur eine einzige Siedlung im Gazastreifen oder im Westjordanland aufzulösen. Am 4. Oktober 1993 erklärte er einem Reporter von *Haaretz*, falls die Regierung beabsichtigen sollte, sich aus den Siedlungen zurückzuziehen, »werden wir auf den Berg steigen«. (Damit meinte er schlicht, er würde auf einen Berg steigen und dort laut protestieren, nicht aber eine Besteigung des Tempelbergs).

Nach dem Oslo-Abkommen (auch Oslo I genannt) flog Scharon zusammen mit Uri Ariel, dem Generaldirektor des Siedlerrates Jescha, der gewissermaßen das Führungsorgan der Siedlungen jenseits der Grünen Line bildete, in die USA. Die beiden traten vor den wichtigsten jüdischen Wohltätigkeitsorganisationen auf und warnten, dass eine Auflösung von Siedlungen die Existenz des Staates Israel gefährden würde. Als er um eine Begründung für diese Einschätzung gebeten wurde, nachdem er doch seinerzeit selbst den Rückzug aus Jamit durchgesetzt habe, antwortete Scharon: »Das war ein Fehler, und es tut mir leid, dass ich diese falsche Entscheidung mitgetragen habe. Dafür müssen wir jetzt den Preis bezahlen.« (*Yedioth Ahronoth*, 3. Januar 1994). Scharon erklärte, dass sich nur Arafats Worte geändert hätten: Er verfolge nach wie vor die Absicht, Israel zu vernichten, erforderlichenfalls auch in Etappen.

Bei seinen Vorträgen konnte Scharon Millionen Dollar für die Siedlerbewegung sammeln. Er erwies sich als solch erfolgreicher Redner, dass der israelische Botschafter in Washington, Itamar Rabinowitsch, Außenminister Peres empfahl, jemanden von vergleichbarem Format rüberzuschicken, um die Unterstützung der Regierung für das Osloer Abkommen zu erläutern.

Kapitel 37
Die Ermordung Rabins

Ende März 1994 versammelten sich 20 000 Siedler zu einer Protestkundgebung gegen die Ankunft der ersten bewaffneten palästinensischen Polizisten in Hebron. Benjamin Netanjahu hielt eine flammende Rede, in der er diese jüngste Auswirkung des Osloer Abkommens geißelte: die Übernahme der Kontrolle über große Teile Hebrons durch die Palästinenser. Scharon, der nach ihm sprach, heizte die Stimmung noch weiter an und bezeichnete Schimon Peres als den »Außenminister Palästinas«.

Der Außenminister reagierte scharf: »Scharons erbärmliche Beleidigungen sind Ausdruck der letzten Zuckungen des Architekten der Schande im Libanon, der sich gegen seinen politischen Untergang sträubt.« Siedler schwenkten Plakate, auf denen Rabin als der Pharao dargestellt wurde, der die Juden in die biblische Knechtschaft gezwungen hatte. »Wir haben ihn überlebt, und wir werden auch den überleben«, hieß es auf den Transparenten. Dies war der Beginn einer Hetzkampagne der äußersten Rechten gegen den Ministerpräsidenten.

Eine Woche später – und nur sechs Wochen, nachdem ein jüdischer Extremist, der Arzt Dr. Baruch Goldstein, auf Muslime geschossen hatte, die vor dem Grab des Patriarchen beteten, wobei 29 Menschen getötet und 150 verletzt worden waren – führte die Hamas ihren ersten Selbstmordanschlag aus. Ein Rekrut, der sich einen Sprengstoffgürtel um den Bauch geschnallt hatte, sprengte sich in Afula in die Luft und riss acht Menschen mit in den Tod. Am 13. April schlug die Hamas abermals zu, diesmal am Busbahnhof in Hadera. Das Land wurde von einer bedrückenden Mischung aus Wut, Angst und Machtlosigkeit erfasst. Rechtsgerichtete Demonstranten strömten nach jedem Anschlag auf die Straßen, und in der Öffentlichkeit schwand die Unterstützung für Rabin.

Am 4. Mai 1994 unterzeichneten beide Seiten das Kairoer Abkommen, auch Oslo II genannt, das den militärischen Rückzug der Israelis aus Jericho und Gaza vorsah. Nach diesem Abkommen, das in Israel als »Erster Plan für Gaza und Jericho« bezeichnet wurde, sollte die israelische Armee durch bewaffnete Truppen unter dem Befehl Jassir Arafats ersetzt werden. Die Proteste der Rechten nahmen an Schärfe zu. Scharon stand dabei an vorderster Front.

Ende Mai gab Scharon bekannt, dass er vor den nächsten Wahlen, die 1996 stattfinden sollten, wieder um den Vorsitz des Likud kandidieren wolle. Durch seine Ankündigung vertiefte sich die Kluft zwischen ihm und Netanjahu. »Scharon betreibt eine unablässige Wühlarbeit«, erklärte Netanjahu. »Ihm geht es allein um seinen persönlichen Vorteil. Er hat Begin unterminiert, dann Schamir und jetzt mich ... Er möchte Streit vom Zaun brechen und diesen dann für sich ausnutzen. Es ist an der Zeit, dass dieser Mann des Streits den Likud verlässt.«

Am 1. Juli 1994 kehrte Arafat nach 27 Jahren im Exil in den Gazastreifen zurück. Schon am folgenden Tag versammelten sich Tausende rechtsgerichteter Demonstranten auf dem Zion-Platz in Jerusalem zu einer Protestkundgebung. Die dicht gedrängte wütende Menge rief: »Rabin ist ein Verräter, Arafat ist ein Mörder!« In einer verabredeten Geste reichten sich Netanjahu und Scharon die Hände und versöhnten sich. Von einem Balkon über dem Platz sagte Netanjahu: »Wir stellen jetzt alle persönlichen Überlegungen, alle Streitigkeiten und Auseinandersetzungen hintan« – dabei streckte er Scharon seine Hand entgegen – »und marschieren unter einer einheitlichen Fahne voran.« Scharon ergriff Netanjahus Hand und erklärte: »Zum ersten Mal in der Geschichte des jüdischen Zionismus weicht eine israelische Regierung vor ihren grausamsten und gefährlichsten Feinden zurück.«

Weder der fortgesetzte Siedlungsbau noch die zunehmenden Selbstmordanschläge hatten den Friedensprozess aufhalten können. Nachdem sich die Tzahal aus Jericho und Gaza zurückgezogen und Arafat seine Autonomiebehörde eingerichtet hatte, nahmen Israel und Jordanien Friedensverhandlungen auf. Am 3. August 1994 wurde als Vorläufer eines formellen Friedensvertrags die Washingtoner Erklärung, die von Ministerpräsident Rabin und König Husain II. in Gegenwart von US-Präsident Clinton am 25. Juli unterzeichnet worden war, der Knesset vorgelegt. An diesem Tag gab es im israelischen

Parlament eine seltene Einmütigkeit: Ein Friedensvertrag mit Jordanien erforderte keine territorialen Zugeständnisse, und es herrschte weithin die Auffassung vor, dass er von ernsthaftem Friedenswillen getragen sei.

Nur Scharon entdeckte einen Makel. Vor der Abstimmung in der Knesset forderte er Rabin auf, in den Vertrag eine Klausel aufzunehmen, wonach Jerusalem zur ungeteilten und ewigen Hauptstadt Israels erklärt werden sollte. Rabin weigerte sich und erwiderte, er müsse nicht durch einen schriftlichen Eid sein Bekenntnis zu Jerusalem unter Beweis stellen, und zudem gebe es im Vertragsdokument keinen Platz mehr, wo man diese Ergänzung unterbringen könne. Von den 96 anwesenden Knessetmitgliedern stimmten 91 für den Friedensvertrag. Drei Abgeordnete von der Moledet-Partei auf der äußersten Rechten stimmten dagegen, Scharon und ein weiterer Abgeordneter enthielten sich.

Vor ihrer Unterschrift unter den Vertrag verlangten die Jordanier die Rückgabe eines 385 Quadratkilometer großen Gebiets, das der Befehlshaber des Südkommandos der israelischen Armee, Ariel Scharon, Anfang der siebziger Jahre besetzt hatte. Nachdem diese Angelegenheit geregelt war, unterschrieben Rabin und Husain II., die nun echte Partner und Freunde waren, am 26. Oktober 1994 den Vertrag im Beisein eines strahlenden Bill Clinton.

Rabin betätigte sich weiter an verschiedenen Fronten und trieb gleichzeitig die Verhandlungen mit Syrien und jene über die Interimsabkommen auf der Basis der Oslo-Verträge voran. Nach neuesten Quellen war Rabin zum Rückzug von den Golanhöhen im Austausch für einen umfassenden Friedensvertrag mit Syrien bereit. Scharon, der bis dahin stets nur Rabins Politik und das Vorgehen der Regierung, nicht aber den Ministerpräsidenten persönlich angegriffen hatte, bezeichnete Rabin jetzt als den »Verteidigungsberater des syrischen Präsidenten Hafis al-Assad«. Er warnte die Siedler auf den Golanhöhen, dass Rabin sie zu vertreiben beabsichtige. Zudem erklärte er, dass der Likud, sollte er wieder an die Regierung kommen, sich nicht an das Rückzugsabkommen halten werde.

Am 10. Dezember 1994 erhielten Rabin, Peres und Arafat gemeinsam den Friedensnobelpreis. Dass Rabin bereit war, den Preis zusammen mit jenem Mann entgegenzunehmen, der für den Tod so vieler Juden verantwortlich war, entsetzte Scharon. Einer seiner Freunde erläuterte, wie er Rabins Verhalten interpretierte: »Im Lauf der Jahre entwickelte Arik immer mehr Abneigung gegen das, was er das ›Rote-Teppich- und Cocktail-Getue‹ bezeichnete. Er verachtete jene, die bereit waren, Zugeständnisse zu machen, um internationale Anerkennung zu erreichen, auf roten Teppichen empfangen und zu Cocktails eingeladen zu werden. Arik hat uns gegenüber mehrfach erklärt, dass er seine Überzeugung niemals für ein solches Ereignis verkaufen würde, wie historisch es auch sein mag.«

Am 22. Januar 1995 sprengten sich an der Straßenkreuzung Beit Lid nördlich von Tel Aviv zwei Selbstmordattentäter der Hamas in die Luft – einer nach dem anderen, damit es auch unter den Rettungskräften Opfer gab, die während der zweiten Explosion eintrafen. Bei dem Anschlag kamen 21 Menschen ums Leben, und Rabins Popularität sank rapide, während Netanjahu wieder Oberwasser bekam. Als Reaktion auf dieses Ereignis schlug Rabin die Errichtung einer Trennmauer vor.

Doch die Planungen für diese Mauer kamen nicht recht vom Fleck – wenn sie entlang der Grünen Linie verlief und damit den Wünschen der Amerikaner und der internationalen Öffentlichkeit entsprach, konnte der Eindruck entstehen, dass durch Terrorismus etwas erreicht werden konnte, was durch Verhandlungen nicht möglich gewesen war, nämlich Palästina in den Grenzen vor 1967 zurückzugewinnen; wenn sie darüber hinausging, würde es nach illegitimer Landnahme aussehen. Während die Politiker über die Vor- und Nachteile eines solchen Schrittes diskutierten, forderten immer mehr Selbstmordanschläge einen bislang ungekannten Blutzoll von der israelischen Gesellschaft. Busse, Cafés und Einkaufszentren waren die Ziele, und die Öffentlichkeit verlor zunehmend das Vertrauen in die Osloer Abkommen.

Im ganzen Land wuchs der Widerstand. Aktivisten veranstalteten eine permanente Mahnwache vor Rabins Haus in Tel Aviv. Scharon und Netanjahu verteufelten öffentlich die Politik der Regierung Rabin. Demonstranten brüllten Parolen wie: »Mit Blut und Feuer werden wir Rabin vertreiben.« Ben Caspit und Ilan Kfir schrieben in ihrem Buch *Netanyahu: The Road to Power,* dass der Schabak-Chef Carmi Gilon Netanjahu im Juli 1995 aufforderte, die Proteste einzudämmen, weil er ein politisches Attentat befürchtete. Netanjahu informierte Scharon. Laut Caspit und Kfir erwiderte Scharon darauf, Gilons Verlangen sei eine »stalinistische Verschwörung der Regierung«.

Am 23. August 1995, nach einem weiteren Terroranschlag in Jerusalem, begannen Scharon und 20 weitere rechtsgerichtete Politiker, Professoren und bekannte Persönlichkeiten einen Hungerstreik vor dem Regierungsgebäude. Tausende von Sympathisanten strömten zum Rosenpark in der Nähe der Knesset, um ihre Unterstützung zu bekunden. Am fünften Tag des Hungerstreiks verkündete Scharon abermals, dass der Rückzug aus Jamit ein Fehler gewesen sei. »Die Räumung des Sinai«, erklärte er, »war ein schwerer historischer Fehler, vor allem da die Regierung ihn jetzt als Präzedenzfall betrachtet und als Mittel zur Propaganda benutzt.«

Nachdem der Hungerstreik seinen Zweck erfüllt hatte, wurde er nach einer Woche abgebrochen. Scharon hielt eine flammende Rede auf der Abschlusskundgebung. Die Regierung arbeite mit der Hamas zusammen, rief er. Wäre er Ministerpräsident, würde er die Armee nach Jericho schicken, um mit den Terrorzellen aufzuräumen. »Sobald nach den Wahlen eine nationalistische Regierung gebildet ist«, sagte er, »werden alle Abkommen mit den Palästinensern für ungültig erklärt.« Einige Demonstranten riefen »Rabin ist der Ingenieur« und stellten damit den Ministerpräsidenten in eine Reihe mit Jehia Ajasch, dem meistgesuchten palästinensischen Terroristen und Bombenbauer, der »al-Mohandeis« genannt wurde, »der Ingenieur«.

Nach der Unterzeichnung des Oslo-II-Abkommens am 28. September 1995, das den Palästinensern in Hebron, Bethlehem, Dschenin, Nablus, Kailkilja, Tulkarem, Ramalla und weiteren 450 Dörfern Selbstverwaltung einräumte, veröffentlichten neun bekannte Rabbiner eine Halacha, eine religiöse Norm, die einen Rückzug aus jüdischen Siedlungen im biblischen Land Israel untersagte. Durch dieses Gebot wurden die Gläubigen grundsätzlich ermächtigt, gegen einen Rückzug auch gewaltsam Widerstand zu leisten. In rechtsextremen Talmudhochschulen wurde zudem darüber diskutiert, ob *Din Rodef* – die Pflicht, auch unter Einsatz des eigenen Lebens einen Juden zu töten, der Leben oder Eigentum eines anderen Juden gefährdet – auch auf Rabin anzuwenden sei, da dieser sich anschicke, biblisches

Land aufzugeben. Trotz der Absurdität dieser Einschätzung wollten die Diskussionen nicht verstummen. Dem Vernehmen nach belegten mehrere Rabbiner Rabin mit einem kabbalistischen Todesfluch, einem *Pulsa di Nura* (»Peitsche des Feuers«), in dem der Todesengel angerufen und gebeten wird, eine Person zu töten, die gegen ihre religiösen Pflichten verstößt.

Nachdem Oslo II die Knesset passiert hatte, kehrten die rechten Aktivisten und Demonstranten auf den Zion-Platz zurück. Die Führer des rechten Lagers, darunter auch Scharon, drängten sich auf einem Balkon. Netanjahu, die Hauptattraktion des Abends, erklärte, die Regierung sei »abhängig von den Arabern«. Auf dem Platz verteilten Demonstranten Flugblätter, die Rabin in einer SS-Uniform zeigten. Die Polizisten wurden von den Demonstranten als »Nazis« und »Judenrat« [machtlose, von den Nazis im 2. Weltkrieg eingesetzte Selbstverwaltung der Juden in den Ghettos, A.d.Ü.] beschimpft. Einige verbrannten Bilder des Ministerpräsidenten. Es ist unklar, ob die Männer auf dem Balkon wussten, was sich unter ihnen zusammenbraute, während sie sprachen.

Befürworter der Oslo-Abkommen organisierten eine Gegendemonstration, um deutlich zu machen, dass die schweigende Mehrheit der Israelis den Ministerpräsidenten und seine Politik unterstützte. Mehr als 100 000 Menschen fanden sich am 4. November 1995 zu der Kundgebung auf dem zentralen Platz in Tel Aviv ein. Dieser starke Zuspruch richtete Rabin wieder auf, nachdem er monatelang politischem Druck und persönlichen Angriffen ausgesetzt gewesen war. Er nahm an der Veranstaltung teil, wirkte aber ein wenig schüchtern, als er das Friedenslied sang. Als er anschließend zu seinem Auto ging, wurde ihm in den Rücken geschossen. Die Leibwächter vom Schabak warfen sich über ihn, während der Wagen zum nahe gelegenen Ilchow-Krankenhaus raste, wo die Ärzte aber auf dem Operationstisch nur noch seinen Tod feststellen konnten. Zum ersten Mal in der Geschichte des Landes war ein Regierungschef einem Mordanschlag zum Opfer gefallen. Der Mörder Jigal Amir, ein 27-jähriger Religionsstudent und Mitglied der rechtsextremen Siedlergruppe »Kämpfende jüdische Organisation«, gab zu, dass er durch seine Tat den Osloer Friedensprozess habe aufhalten wollen.

Das Land stand unter Schock. Schimon Peres übernahm das Amt des Ministerpräsidenten. Viele Politiker, Journalisten, Schriftsteller und die Familie Rabin beschuldigten die Führer der Rechten – vor allem Netanjahu und mehrere Rabbiner der Siedler –, ihre Anhänger aufgehetzt und dann ihre Augen und Ohren verschlossen zu haben vor dem Hass und der Unruhe, die sie geschürt hatten. Leah Rabin, Jitzhaks Witwe, weigerte sich bei der Beerdigung ihres Mannes, Netanjahus Hand zu ergreifen. Über Nacht wurde Netanjahu von einem aufstrebenden Politiker zu einem Aussätzigen.

Scharon erfuhr von dem Attentat auf seiner Farm. Am liebsten wäre er sofort ins Auto gesprungen und zum Krankenhaus gefahren, aber sein PR-Berater Reuven Adler überredete ihn, zu Hause zu bleiben und wie der Rest des Landes die Tragödie im Fernsehen zu verfolgen.

Scharon hatte in den vergangenen Jahren stets sorgfältig darauf geachtet, seine Kritik gegen die Regierung und nicht gegen einzelne Personen zu richten. Dies und die Tatsache, dass er Rabin im Allgemeinen mit Respekt begegnet war, kamen ihm jetzt zugute. Die Familie nahm seine Trauerbezeigung entgegen, als er ihr einen Schiwa-Besuch abstattete, denn sie kannte die lange gemeinsame Geschichte der beiden Generale und wusste, dass sie beide Schützlinge von Ben Gurion gewesen waren, und das hatte sie verbunden. Am Eingang des Hauses umarmte Scharon Jeheskel Scharaabi, Rabins Fahrer, der dabei in Tränen ausbrach.

Zwei Tage nach dem Attentat veröffentliche Scharon einen Nachruf. Darin erklärte er, dass er Rabin als politischen Gegner und als Freund betrachtet habe. Er erinnerte an den langen Weg, den sie beide gemeinsam gegangen seien, in der Uniform und im Zivilleben. In dem Text, der am 6. November 1995 in *Yedioth Ahronoth* erschien, schrieb er weiter: »Dies ist nicht die Zeit, um alte Rechnungen zu begleichen und nachzuforschen, wer als Erster gegen den anderen aufgewiegelt hat, wer sich verbal am meisten vergriffen hat, wer als Erster neben Plakaten mit der Aufschrift ›Mörder‹ gestanden hat, die den anderen denunzierten, wer diese Plakate zu verhindern versucht hat und wer nicht. Ich möchte mich nicht mit diesen Fragen beschäftigen. Es ist verboten, sich jetzt damit zu beschäftigen. Es ist zu gefährlich. Das muss sofort aufhören.«

Doch seine Worte vermochten nichts auszurichten gegen die Wirklichkeit. Die israelische Öffentlichkeit fragte, wie ein jüdischer Attentäter einen Ministerpräsidenten hatte töten können und ob man mit dem Mordanschlag nicht habe rechnen müssen. Die Diskussion konzentrierte sich zunächst nicht auf Scharon. Am 17. November 1995 jedoch veröffentlichte der einflussreiche politische Kolumnist Nahum Barnea einige Sätze aus einem Interview, das Scharon zwei Monate vor dem Anschlag einer ultraorthodoxen Zeitschrift gegeben hatte. Darin hatte er die Oslo-Abkommen mit den Unterwerfungsverträgen verglichen, die Marschall Pétain, der Führer von Vichy-Frankreich, mit dem Dritten Reich abgeschlossen hatte. Er hatte erklärt, Rabin und Peres seinen »wahnsinnig geworden« und müssten vor Gericht gestellt werden. Auf die Frage, ob Medienberichte über Morddrohungen gegen Rabin reine Provokationen seien, antwortete er: »Natürlich sind sie das.«

»Sehen Sie sich an, was im stalinistischen Russland geschehen ist«, sagte Scharon. »Mitte der dreißiger Jahre verbreiteten Regierungsbehörden Gerüchte, dass ein Attentat auf Stalin geplant sei, was dann als Vorwand dazu diente, die gesamten höheren Ränge der Roten Armee auszulöschen. Genauso war es bei den jüdischen Schriftstellern und Ärzten, von denen Stalin behauptete, sie wollten ihn vergiften. Dasselbe tut die Regierung Rabin jetzt in Israel: Sie provoziert, indem sie über die Medien angebliche Attentatspläne auf Rabin verbreiten lässt. Ihre Ziele sind leicht durchschaubar. Wir müssen erkennen, woher diese Dinge kommen. Nur die Linke ist zu solchen Provokationen fähig! ... Und ich frage mich: Ist eigentlich alles erlaubt im Interesse des Wahlsiegs – das nationalistische Lager anzuschwärzen, die Siedler zu vertreiben und vielleicht sogar einen Bürgerkrieg heraufzubeschwören?«

Ungeachtet der Trauerstimmung im Land rief Scharon fast unmittelbar nach dem Mord die israelische Öffentlichkeit auf, zu verhindern, dass diese schreckliche Tat dazu missbraucht werde könne, die Wahrheit über Oslo zu vertuschen, denn die Regierung führe das Land unbeirrt weiter in eine nationale Katastrophe. Fünf Tage nach dem Mord verlangte Scharon von Peres, er solle die Oslo-Abkommen aufkündigen. Die arabischen Staaten hätten nicht abgerüstet, erklärte er zur Begründung.

Fünf Jahre später hielt Scharon, geleitet von den Winden politischer Zweckmäßigkeit, am Rednerpult in der Knesset eine Lobrede auf Rabin. »Wir müssen entscheiden, wie wir den Frieden erreichen können, nach dem wir alle uns so sehr sehnen, da wir wissen, dass der Frieden fast so schmerzhaft ist wie der Krieg. Denn im Frieden, das wusste Jitzhak Rabin sehr gut – möge die Erinnerung an ihn stets wach bleiben –, sind schmerzhafte Zugeständnisse zu machen, schwere Zugeständnisse ... Ich vermisse Jitzhak Rabin in dieser Situation, ich vermisse es, ihn um Rat fragen zu können, auch wenn wir unterschiedlicher Meinung waren. Ich vermisse seine schnörkellosen, klaren Worte, ohne Parolen. Da Jitzhak nicht mehr unter uns weilt, ist die Verantwortung auf unseren Schultern größer, schwerer geworden. So empfinde ich es jedenfalls.«

Kapitel 38
Wieder im Amt

Da Scharon stets aufmerksam die Meinungsumfragen verfolgte, wusste er, dass er keine Chance hatte, Netanjahu als Likud-Vorsitzenden abzulösen. Falls Netanjahu zurücktrat, würde irgendjemand anderes die Zügel übernehmen. Daher zog er Anfang 1996 seine Kandidatur für den Parteivorsitz zurück und schlug sich auf die Seite seines Rivalen. Doch angesichts des lädierten Rufes von Netanjahu bildete sich in der Partei eine Strömung, die Dan Meridor, einen der »Likud-Prinzen«, zum Vorsitzenden küren wollte. Scharon, der Meridor entschieden ablehnte, warf sein ganzes politisches Gewicht zugunsten von Netanjahu in die Waagschale. Meridor hatte Scharon gegen sich aufgebracht, als er 1982 als Staatssekretär gegen den Libanonkrieg und den Verteidigungsminister Front gemacht hatte.

Nach dem Attentat auf Rabin musste Peres entscheiden, ob er eine neue Regierung auf der Grundlage der bestehenden Knesset bilden oder Neuwahlen anstreben sollte. Netanjahu war in den Umfragen abgestürzt. Peres führte mit 30 Prozent Vorsprung. Seine Berater empfahlen ihm, einen möglichst kurzfristigen Wahltermin festzusetzen, um die Zustimmung und die Wut der Öffentlichkeit auszunutzen. Doch Peres wollte als Friedensstifter gewählt werden, nicht lediglich als Ersatz für Rabin. Er brauchte Zeit, um eine neue, weitreichende Friedensinitiative zu entwickeln. Scharon nutzte Peres' Fehler. Ihm war klar, dass es für Netanjahu am besten war, wenn möglichst viel Zeit zwischen dem Mord und den Wahlen verstrich.

Netanjahu, der davon überzeugt gewesen war, dass Scharons politische Kraft erlahmt war, lernte eine Lektion, die Schamir 1990 hatte lernen müssen: In Krisenzeiten war Scharon noch immer in der Lage, Wahlen zu beeinflussen. In den Tagen nach dem Attentat, als immer mehr über Meridor geredet wurde, verlor Netanjahu fast alle seine einflussreichen Unterstützer im Likud. Nur Scharon, sein einstiger Gegner, blieb noch an seiner Seite. Scharon glaubte, dass sich seine Unterstützung in dieser Situation eines Tages für ihn auszahlen und er eines der drei Schlüsselministerien erhalten würde.

Scharon einte die Rechte hinter Netanjahu, was von entscheidender Bedeutung war, weil in Rabins Regierungszeit das Wahlsystem geändert worden war. Nach dem alten System, das seit der Staatsgründung gegolten hatte, entschieden sich die Wähler für eine Partei, und der Führer der stärksten Partei bildete dann eine Koalition, die sich auf eine Mehrheit in der Knesset stützen konnte. Jetzt hatte jeder Wähler zwei Stimmen: eine für die Partei und eine weitere für den Ministerpräsidenten. Daher mussten die rechten Parteien auf Netanjahu eingeschworen werden, bevor es zum Urnengang kam.

Scharon schlug vor, zwei einflussreiche politische Köpfe einzubinden: Rafael Eitan, den Führer der Zomet-Partei und früheren Generalstabschef während des Libanonkrieges, und David Levi, der sich vor einigen Monaten vom Likud getrennt hatte und als Vorsitzender von Gescher, einer neuen, stark sozialpolitisch ausgerichteten zentristischen Partei, für die Knesset zu kandidieren beabsichtigte. Levi und Netanjahu kamen nicht miteinander aus und verachteten sich gegenseitig. Levi erklärte Scharon, es sei ausgeschlossen, dass er gemeinsam mit Netanjahu auftreten würde. Und Netanjahu bezweifelte, dass Levi wirklich zu einer Rückkehr in den Likud bereit sei, und beteiligte sich nicht an diesem politischen Liebeswerben. Aber Scharon, der Bulldozer, arbeitete unbeirrt weiter.

Anfang Februar 1996 legte Peres den 29. Mai als Termin für Neuwahlen fest. Peres hatte noch immer einen großen Vorsprung in den Umfragen, doch die Ermordung Rabins war nun nicht mehr das alles beherrschende Thema. Stattdessen machte jetzt eine Welle von Selbstmordanschlägen in allen größeren Städten Schlagzeilen.

Der Wahltermin veranlasste die Rechte, sich hinter Netanjahu zu scharen. Als Erster kam Eitan, dem für seine sieben Zomet-Kandidaten aussichtsreiche Plätze auf der Wahlliste des Likud zugesagt worden waren. Netanjahu erklärte sich zu einem Abkommen bereit, wonach der zweite Listenplatz an Eitan gehen sollte. Nun musste noch

Levi eingebunden werden, was sich allerdings als schwieriger gestaltete, da dieser mittlerweile mit Peres über eine gemeinsame Liste mit der Arbeitspartei verhandelte.

Scharon kannte Levi sehr gut. Er stellte Gescher ein ähnliches Abkommen wie mit Zomet in Aussicht und bot Levi ebenfalls den zweiten Listenplatz an; er war sich sicher, später Netanjahu und Eitan dazu bringen zu können, dieser Regelung zuzustimmen. Levi nahm das Angebot an.

An einem Samstag Ende Februar erschien Netanjahu auf der Schikmim-Farm. Scharon legte ihm den Entwurf des Abkommens mit Levi vor und erläuterte ihm dessen Bedeutung: Entweder er beuge sich Levis Bedingungen oder er würde die Wahl verlieren. Netanjahu ließ sich mehrere Tage Zeit, bis er sich einverstanden erklärte. Nachdem Levi als Nummer zwei gesetzt worden war, stiegen Netanjahus Umfragewerte wieder.

Die Hamas, die Angst hatte vor Peres und dessen Bereitschaft zu einer historischen Friedensregelung und zudem erbittert war wegen der Ermordung von Ajasch, »dem Ingenieur«, verstärkte in den Monaten vor den Wahlen ihre Terroranschläge. Am 25. Februar 1996 sprengten sich zwei Terroristen in die Luft, einer an einer Bushaltestelle in Aschkelon, der andere im Bus Nr. 18 in Jerusalem, wobei insgesamt 26 Menschen ums Leben kamen. Am 3. März verübte ein weiterer Selbstmordattentäter einen Anschlag in der Buslinie 18, der 20 Todesopfer forderte. Am nächsten Tag, dem Purim-Fest, ereignete sich ein weiterer Anschlag, diesmal in Tel Aviv vor dem Einkaufszentrum Dizengoff inmitten einer Gruppe von Eltern und kostümierten Kindern. Dabei starben 13 Männer, Frauen und Kinder. Nun verbreitete sich Angst auf den Straßen, und auch die Wirtschaft wurde in Mitleidenschaft gezogen. Die Medien berichteten in erschreckenden Details über das nicht enden wollende Blutbad. Ministerpräsident Peres wirkte hilflos, seine Parole von einem »neuen Nahen Osten« erschien wie ein grausamer Witz.

Am 12. März 1996 unterzeichneten Netanjahu, Levi und Eitan ein Vereinigungsabkommen. Doch bei der Unterschriftszeremonie witterte Scharon Verrat. Netanjahu ließ für dieses von den Medien stark beachtete Ereignis nur drei Stühle aufstellen, wodurch Scharon, die treibende Kraft hinter dem Abkommen, ausgeschlossen geblieben wäre. Als Eitan und Levi protestierten, wurde schließlich noch ein vierter Stuhl auf die Bühne gebracht.

In den parteiinternen Vorwahlen am 26. März landete Scharon nur knapp hinter dem vor kurzem pensionierten General Jitzhak Mordechai, wodurch ihm auf der Wahlliste der fünfte Platz hinter Netanjahu, Levi, Eitan und Mordechai zufiel. Weil er Benny Begin und die »Likud-Prinzen« abgehängt hatte, hieß es mal wieder, ihm sei das Comeback des Jahres gelungen.

Trotz seines guten Abschneidens fühlte sich Scharon von Netanjahu benachteiligt. Der Likud-Vorsitzende bestellte Mordechai zum Wahlkampfleiter und hielt Scharon von allen Treffen fern, auf denen die Wahlkampfstrategie und die einzelnen Kampagnen besprochen wurden. Dass Netanjahu nichts unternahm, um Scharons Einsatz für seine Kandidatur entsprechend zu würdigen, war ein erster Hinweis auf die bevorstehenden Auseinandersetzungen zwischen den beiden.

Netanjahu führte einen brillanten Wahlkampf. Beraten von Arthur Finkelstein – einen geheimnisumwitterten, nur selten in der Öffentlichkeit auftretenden Politikberater, der bereits zahlreichen konservativen Kandidaten in Amerika und Israel zu Ämtern und Würden verholfen hatte – trat Netanjahu unter dem Motto an: »Peres will Jerusalem teilen.« Einen Monat vor den Wahlen schrumpfte Peres' einst komfortabler Vorsprung auf wenige Prozentpunkte zusammen.

Da Netanjahu noch etwas zulegen musste, wandte er sich an Scharon, der abermals die schwer durchschaubaren Führer des ultraorthodoxen Spektrums zur Unterstützung zu bewegen versuchte. Zwei Wochen vor den Wahlen traf sich Scharon mit Jitzhak Aharonow, dem Vorsitzenden der Jugendorganisation der Chabad. Diese chassidische Gruppierung, die in allen Teilen der Welt Juden spirituell begleitet, hatte in Israel mehr als 200 Sektionen und wollte eigentlich ihre politische Neutralität wahren. Doch Scharon wusste, dass ein Wort von den Rabbinern bedeutete, dass Zehntausende Unterstützer auf den Straßen ausschwärmen würden, um sich mit Leib und Seele für Netanjahu zu engagieren.

Scharon traf sich heimlich mit Aharonow und weiteren führenden Rabbinern in Beit Rikwa, einer ultraorthodoxen Mädchenschule. Dort hielt Scharon den Rabbinern mitten in der Nacht einen Vortrag über die Sicherheit des Staates. Er erzählte ihnen, dass unter Peres unzählige heilige Stätten auf dem Westjordanland verloren gehen würden. Daraufhin verlangten die Rabbiner ein Gespräch mit Netanjahu. Dieser erschien binnen einer Stunde, mit einer Kippa auf dem Kopf.

Netanjahu versicherte den Geistlichen, dass er sich dem biblischen Land Israel verpflichtet fühle. Die Rabbiner wollten wissen, ob er Teile des Westjordanlands oder des Gazastreifens zurückgeben würde. Er verneinte es. Später forderten sie ihn auf, ihnen dies schriftlich zu geben. Er tat, was sie verlangten, und erhielt dafür ihre Unterstützung.

Auch Scharon wollte eine schriftliche Zusicherung von Netanjahu, dass er ihm eines der drei Schlüsselministerien übertragen werde. Netanjahu sträubte sich. Als altes Schlachtross der israelischen Politik entwarf Scharon daraufhin eine Art Versicherungspolice: Er verständigte sich mit Levi darauf, dass, falls einer von ihnen von Netanjahu nicht das erhalten sollte, was dieser ihnen versprochen hatte, der andere mit dem Bruch der Koalition drohen würde, bis der Ministerpräsident einlenkte.

Die Chabad-Bewegung wartete mit einem überraschenden Wahlkampf-Slogan auf: »Netanjahu ist gut für die Juden!« Sie überschwemmte das Land mit Hunderttausenden Aufklebern und Plakaten. Tausende von Chabad-Mitgliedern zogen zusammen mit den Siedlern und anderen rechtsgerichteten Aktivisten durch die Straßen. Ihre aufwendige Kampagne wurde von dem australischen Millionär Rabbi Joseph Gutnik finanziert, der sowohl Chabad als auch die Siedlerbewegung tatkräftig förderte. Diese zusätzliche Unterstützung wendete das Blatt zugunsten von Netanjahu.

Nach Schließung der Wahllokale wurde in den Abendnachrichten ein knapper Sieg von Peres vorhergesagt. Diese Prognose hatte auch den größten Teil des Abends Bestand, doch am Morgen gab es das Endergebnis: Netanjahu hatte mit einem halben Prozent Vorsprung gewonnen. Ein halbes Jahr nach der Ermordung Rabins hatte Peres – ein erfahrener, zu neuen Wegen bereiter Politiker, der aber die Wähler nicht anzusprechen vermochte – wieder mal eine Niederlage eingefahren.

Drei von Scharons Initiativen hatten maßgeblich zum Wahlsieg Netanjahus beigetragen: seine Entscheidung, die eigene Kandidatur zurückzuziehen und Netanjahu zu unterstützen, wodurch Meridors Bewerbung aussichtslos wurde; seine Fähigkeit, Levi herüberzuziehen und Eitan bei der Stange zu halten; und seine erfolgreiche Überzeugungsarbeit gegenüber der Chabad-Bewegung.

Scharon hatte seinen Beitrag geleistet, obwohl ihn wachsender Argwohn beschlich. Am Morgen nach dem Wahltag wartete Scharon neben dem Telefon. Levi hatte bereits das Amt des Außenministers in der Tasche – ein etwas eigenartiger Posten für einen Mann, der in seinem Wahlkampf soziale Fragen in den Vordergrund gestellt hatte. Scharon hoffte auf das Finanz- oder das Verteidigungsressort.

Scharon blieb auf seiner Farm, versuchte die Völlerei einzuschränken, der er sich während des Wahlkampfes hingegeben hatte, und wartete auf Nachricht von Netanjahu. Doch bald wurde ihm klar, dass er keine Chance hatte auf eines der anderen wichtigen Ministerien.

Netanjahu ernannte Mordechai zum Verteidigungsminister, Levi zum Außenminister und Dan Meridor zum Finanzminister. Kurze Zeit hatte es den Anschein, als würde Netanjahu Scharon das Ministerium für Wohnungsbau und Infrastruktur antragen, an sich schon ein Affront, doch schließlich überließ er diesen Posten der Partei Agudat Jisrael. Scharon wurde bei der Regierungsbildung völlig übergangen.

Der neu gewählte Ministerpräsident war mit 46 Jahren bei weitem der jüngste Regierungschef, den Israel jemals hatte, und schien für viele Jahre die bestimmende Kraft auf der Rechten zu werden. Doch nachdem er fünf Jahrzehnte in der Armee und in der Politik verbracht hatte, wollte Scharon nicht zulassen, dass ihn Netanjahu aus der politischen Arena drängte. Scharon setzte auf Levi, und Levi, ein Ehrenmann, hielt sein Wort. Der Außenminister und Chef der Gescher-Partei weigerte sich, seinen Amtseid abzulegen, solange Scharon kein angemessenes Amt in der Regierung erhalten habe.

Unter starkem Druck erklärte sich Netanjahu schließlich bereit, für Scharon eine neue Position zu schaffen, das Ministerium für nationale Infrastruktur. Scharon blieb der Vereidigung der Regierung fern und formulierte zu Hause mit Unterstützung des »Ranchforums« die grundlegenden Aufgabenstellungen für sein neues Ministerium.

September 1996. Infrastrukturminister Scharon erhält einen Segen von Raw Kaduri.
(Foto: Danny Solomon, *Yedioth Ahronoth*)

Januar 1997. Lily richtet dem Infrastrukturminister die Krawatte.
(Foto: David Rubinger, *Yedioth Ahronoth*)

Zwei Wochen später, am 3. Juli 1996, versammelten sich die Koalitionäre, um über die Grundlinien der neuen Regierung zu diskutieren. Levi listete die Versprechungen auf, die Netanjahu gegenüber Scharon abgegeben und nicht eingehalten hatte, und erklärte vor den verblüfften Journalisten, dass er zusammen mit den Gescher-Abgeordneten die Koalition verlassen werde, sollte Scharon nicht sofort zum Minister bestellt werden. Scharon nahm ebenfalls an der Konferenz teil, sagte aber nicht viel. Sein Gesicht war wie stets ausdruckslos.

Netanjahu knickte schnell ein. Das neue Ministerium wurde eingerichtet und mit einem Etat von 20 Milliarden Schekel (4,5 Milliarden Dollar) ausgestattet, wie Scharon gefordert hatte. Am 8. Juli 1996 wurde Scharons neues Amt auch von der Knesset bestätigt. Sein Handschlag mit Netanjahu war kühl, doch er und Levi umarmten sich und unterhielten sich lange. »David Levi hat mir gezeigt, dass es echte Freundschaft gibt«, bemerkte Scharon.

Ariel Scharon war nun plötzlich zuständig für den staatlichen Wasserversorger Mekorot; die israelische Eisenbahn; die Pipeline von Elat nach Aschkelon; die Gesellschaft für die Entwicklung des

Februar 1997. Während des Verleumdungsprozesses gegen *Haaretz*.
(Foto: Oren Agmon, *Yedioth Ahronoth*)

Negev; die Gesellschaft für die Entwicklung Galiläas; die Israel Lands Authority, die 93 Prozent des israelischen Bodens verwaltete; das Energieministerium; den nationalen Stromversorger; die Kinneret Authority, die den See Genezareth verwaltete; und die National Authority for Water and Waste. Die übrigen Minister rieben sich verwundert die Augen. Das neue Ministerium verfügte über enorme Finanzmittel und kontrollierte zahlreiche wichtige Behörden. Nach Wochen der Frustration hatte Scharon jetzt wahrlich wieder Grund zur Freude.

Kapitel 39
Minister für nationale Infrastruktur

Am 30. Juli 1996 stellte der neue Minister für nationale Infrastruktur seine langfristigen Pläne für das Ministerium vor. Die israelische Presse berichtete darüber mit Schlagzeilen wie »Die Rückkehr des Bulldozers«. Scharon wirkte locker und geradezu ausgelassen. Mit einem Haushalt von 20 Milliarden Schekel war er einer der einflussreichsten Minister in der Regierung.

Er gab eine völlige Neugestaltung der Israel Lands Authority bekannt mit dem Ziel, vor allem die Entwicklung der Negev und Galiläas zu fördern; er schilderte seine Pläne für ein Schienennetz; sprach über seine Verhandlungen mit verschiedenen Erdgaslieferanten (um Israels Abhängigkeit von nur einem Lieferland zu beenden); präsentierte weitreichende Pläne zur Behebung der chronischen Wasserknappheit und genehmigte ein Straßenbauprojekt für 170 Millionen Schekel in der Umgebung von Jerusalem und im Norden des Westjordanlands.

Scharon hatte mehr als Erdgas im Sinn. Er wollte eine geopolitische Strategie durchsetzen sowie Israels Grenzen für immer festlegen und zugleich den arabisch-israelischen Konflikt lösen. Er entwarf einen alternativen Friedensplan, während Netanjahu sich auf die Wiederaufnahme der Osloer Friedensgespräche vorbereitete, die die Regierung zuvor zugesagt hatte.

Im August 1996 beschloss das Kabinett, dass Netanjahu die Verhandlungen über die Übergangsabkommen mit der Palästinensischen Autonomiebehörde (PA) wieder aufnehmen sollte. Sie hatten nach Rabins Tod geruht und sollten unter anderem eine Verminderung der israelischen Präsenz in Hebron bewirken. Anfang September bestimmte Netanjahu sein »Küchenkabinett«, eine kleine Gruppe von Ministern, die die Friedensverhandlungen führen sollten. Außer Netanjahu waren Verteidigungsminister Jitzhak Mordechai und Außenminister David Levi mit von der Partie. Scharon fasste seinen Ausschluss aus dieser Gruppe als Verrat auf, drohte aber nicht mit Rücktritt.

Levi und Netanjahu stritten auch weiterhin. Der Ministerpräsident brachte seinen Außenminister gegen sich auf, weil er König Husain II. von Jordanien allein – ohne Levi – besuchte. Die Regierung Clinton übte immer noch Druck aus, damit Netanjahu dem von Rabin und Peres beschrittenen Pfad weiter folgte. Netanjahu wollte eine persönliche Begegnung mit Arafat vermeiden, aber am 4. September 1996 gab er dem amerikanischen Druck nach und traf den Palästinenserführer am Checkpoint Eres an der Grenze des Gazastreifens.

Er überreichte Arafat einen neuen Truppenstationierungsplan für Hebron. Scharon kochte vor Wut, weil er den Plan nicht zu Gesicht bekommen hatte. Doch er spürte, dass Netanjahus Thron schon wackelte, biss die Zähne zusammen und reagierte nicht auf die Provokation.

Am 23. September eröffnete Netanjahu mit dem Jerusalemer Bürgermeister Ehud Olmert einen Fußgängertunnel zwischen der Klagemauer und der Via Dolorosa und löste damit im Gazastreifen und im Westjordanland einen Sturm der Entrüstung aus. Viele Palästinenser glaubten nämlich, durch den Tunnel würden die Fundamente der Al-Aksa-Moschee untergraben. Es kam zu gewalttätigen Auseinandersetzungen: Feuergefechte zwischen palästinensischen Polizeikräften und Soldaten der israelischen Armee brachen aus; 16 Israelis und 90 Palästinenser wurden getötet.

Der Friedensprozess drohte zusammenzubrechen. In den Medien wurde Netanjahu scharf kritisiert, weil er die Palästinenser provoziert und den Tunnel unter Missachtung der Ratschläge des Geheimdiensts Schabak eröffnet hatte. Weltweite Verurteilung folgte. Plötzlich suchte Netanjahu das Gespräch mit Arafat, statt umgekehrt. Auf einer Kabinettssitzung im Gefolge des Aufstands verlangte Scharon, Netanjahu solle aufhören, um ein Treffen mit Arafat zu betteln.

Am 24. Dezember 1996 diskutierte das Kabinett über einen Entwurf des Vertrags über Hebron, der den Palästinensern die Kontrolle über den größten Teil der Stadt überlassen würde. Unmittelbar vor der Sitzung traf sich Scharon mit Oppositionsführer Schimon Peres und sprach mit ihm über die Idee, eine Regierung der nationalen Einheit zu bilden.

Die Beziehungen zwischen Scharon und Peres waren im Lauf der Jahre mal besser mal schlechter gewesen, letztlich jedoch fühlten sich die beiden trotz des ideologischen Abgrunds, der sie trennte, miteinander verbunden, weil sie als Politiker beide das gleiche Problem hatten: Sie drohten von jungen Stars in ihrer jeweiligen Partei zur Seite geschoben zu werden – von Ehud Barak in der Arbeitspartei und von Netanjahu im Likud.

Der Friedensprozess wurde fortgesetzt. Netanjahu traf sich mit Arafat in Washington, und am 17. Januar 1997 wurde das Hebron-Abkommen unterzeichnet: Der größte Teil der Stadt wurde den Palästinensern übergeben; die wenigen hundert Siedler in der Stadt blieben mitsamt den rund 15000 Palästinensern, die zwischen den jüdischen Siedlungsenklaven lebten, unter israelischer Herrschaft. Die Stadt war mehrere Jahre lang der Sitz König Davids gewesen, und durch das Abkommen kamen die Grabstätten Abrahams, Isaaks und Jakobs unter palästinensische Kontrolle. Dies veranlasste Benni Begin, die Regierung zu verlassen. Auch Scharon stimmte gegen das Hebron-Abkommen, zog aber einen Rücktritt nie in Erwägung.

Der Konflikt zwischen Netanjahu und Scharon flammte am 18. Februar 1997 bei einem Treffen des Ministerausschusses für Jerusalemer Angelegenheiten wieder auf. Netanjahu und Scharon gerieten sich wegen einer Siedlung in die Haare, die in dem Viertel Har Homa in Südjerusalem jenseits der Grünen Linie errichtet werden sollte. »Halten Sie mir keine Moralpredigt wegen Jerusalem«, sagte Netanjahu mit erhobener Stimme. »Ich empfehle Ihnen, leise zu sprechen«, entgegnete Scharon. Scharon weigerte sich von Anfang an, Netanjahus Autorität zu akzeptieren. Er wollte so bald wie möglich seine Nachfolge als Ministerpräsident antreten. Wieder einmal bekämpfte er den Parteiführer, weil er sich aus dem inneren Kreis der Macht ausgeschlossen fühlte. Trotzdem gab es einen Unterschied: In dem Konflikt mit Schamir war es ausschließlich um Macht und Ideen gegangen, aber in dem mit Netanjahu war auch Verachtung mit im Spiel. Bei der Einweihung des Jitzhak-Rabin-Zentrums im März 1997 wurde Netanjahu noch mehr gedemütigt. Der Veranstaltungsleiter bat alle Zuhörer, sich zu erheben, als Netanjahu den Saal betrat, aber Leah Rabin forderte sie auf, sitzen zu bleiben. Und sie blieben sitzen. Scharon hingegen wurde mit Jubelrufen begrüßt, als er das Podium betrat.

»Wir wollen alle Frieden«, sagte Scharon, »aber es ist schwer, zu einem Abkommen zu finden, deshalb müssen wir auf etwas verzichten. Obwohl Jitzhak Rabin nicht mehr mit uns marschiert, möchte ich gerne, dass wir seinem Pfad folgen.« Dies war der erste Hinweis auf die dramatischen Veränderungen in Scharons Einstellung zu dem Konflikt zwischen Israel und den Palästinensern.

Am 19. März 1997 verkündete Netanjahu, Israel sei nicht bereit, die drei Rückzüge zu vollziehen, die laut dem Übergangsabkommen der Oslo-Verträge binnen zwei Jahren stattfinden sollten. Stattdessen schlug er vor, nur noch einen Rückzug durchzuführen und im September 1997 dann ein endgültiges Abkommen zu schließen – ein Vorschlag, der sowohl für die israelische Regierung und Opposition als auch für Arafat akzeptabel war. »Ich habe das schon vor vielen Jahren vorgeschlagen«, sagte Scharon. »Meiner Ansicht nach sollten wir unsere strategischen Trümpfe noch in der Hand haben, wenn wir über die endgültige Lösung verhandeln.«

Mitte Juni hatte Dan Meridor einen Zusammenstoß mit Netanjahu und verließ die Regierung. Die Rücktritte von Begin und Meridor und das gespannte Verhältnis zwischen Netanjahu und Levi kamen Scharon gut zupass. Netanjahu blieb nichts anderes übrig, als sich um eine Versöhnung mit Scharon zu bemühen, und plötzlich war dieser ein geeigneter Kandidat für den Posten des Finanzministers.

Scharon erklärte, er nehme das Amt nur unter der Bedingung an, dass er neben Mordechai und Levi in das Küchenkabinett aufgenommen werde. »Was muss ich noch lernen, damit ich da mit drin sitzen darf?«, fragte er Netanjahu erbittert. Doch der Ministerpräsident wollte Scharon nicht im innersten Kreis haben und verzichtete lieber darauf, ihn zum Finanzminister zu küren.

Im Juni 1997, während Scharon und Netanjahu über Scharons Aufnahme in das Küchenkabinett stritten, erschienen in den Medien Berichte über ein Geheimtreffen zwischen Scharon und Abu Masen (Mahmud Abbas), Arafats Stellvertreter. Die beiden hatten in Scharons Arbeitszimmer zwei Stunden lang über verschiedene Aspekte des Friedensprozesses diskutiert. Und sie hatten eine gemeinsame Sprache gefunden.

Abu Masen sagte zu Scharon: »Ich bin Ihnen wirklich dankbar, dass Sie die PLO aus dem Libanon vertrieben haben, als Sie Verteidigungsminister waren. Erst danach konnten wir uns dem Einfluss Tu-

März 1997. Grundsteinlegung des Rabin-Zentrums.
(Foto: Effi Scharir, *Yedioth Ahronoth*)

nesiens und Syriens entziehen, wurden wirklich unabhängig und konnten zu den Oslo-Verträgen kommen.« Scharon sprach von seinem Kantonisierungsplan, der statt eines geschlossenen Gebiets Exklaven mit palästinensischer Autonomie vorsah. Abu Masen sagte, die Kluft zwischen diesen Vorstellungen und denen der PLO sei unüberbrückbar, meinte aber, dass sich Scharon vielleicht mit Arafat treffen sollte. Das aber lehnte Scharon ab.

Am folgenden Tag bezeichnete Scharon das Gespräch als ehrlich und gut und fügte hinzu, sie hätten vereinbart, sich wieder zu treffen. Abu Masen sagte, er sei über Scharons Gastfreundschaft und die warme Atmosphäre in seinem Haus überrascht gewesen. Scharon hatte nach dem Treffen allerdings mit der wachsenden Wut der israelischen Rechten zu kämpfen.

Die Führer der Siedler erinnerten ihn an seine eigenen Stellungnahmen, so etwa um 1974: »Wir müssen einen Ausgangspunkt für Gespräche mit den Palästinensern finden, auch wenn wir meiner Ansicht nach zuerst Arafat und die terroristischen Organisationen auslöschen sollten.« Oder 1982: »Der Terrorismus gehört zum Volkscharakter der Palästinenser. Sie haben ein tiefes Bedürfnis, den Staat Israel zu zerstören.« Oder 1985: »Unser Fehler im Libanon war, dass wir Arafat am Leben gelassen haben.« Oder 1994: »Wenn die Leute den Likud wählen, bedeutet das, dass sie kein Abkommen mit der PLO wollen. Ein Abkommen mit der PLO ist ein historischer, moralischer und praktischer Irrtum.« Oder Anfang 1997, nur wenige Monate vor dem Treffen mit Abu Masen: »Arafat ist nach jedem Gesetz ein Kriegsverbrecher.«

Scharon hatte nur Netanjahu über sein Treffen mit Abu Masen informiert – ein Schachzug, durch den er näher an den inneren Kreis heranrücken wollte. Mordechai und Levi erfuhren von dem Treffen erst aus dem Fernsehen und waren schockiert.

Als Levi versuchte, einen ausreichend großen Block für den Sturz Netanjahus zu organisieren, kam es wieder einmal zur Machtprobe mit Scharon. Der Infrastrukturminister sprach mit mehreren Mitgliedern von Levis Partei Gescher, überredete sie, weiter in der Regierung zu bleiben, und hielt dadurch Netanjahu an der Macht.

Während Levi sich fragte, was aus der »wahren Freundschaft« zwischen ihm und Scharon geworden sei, verfolgte dieser andere

Ziele. Dank seiner Gespräche mit ranghohen Mitgliedern der PLO-Führung stand er erstmals seit 1983 wieder im Zentrum des arabisch-israelischen Konflikts.

Am 30. Juli 1997 kosteten zwei Terroranschläge auf dem Gemüsemarkt in Jerusalem zwanzig Israelis das Leben. Netanjahu stoppte den Friedensprozess mit der Begründung, die Palästinenser hielten ihren Teil des Abkommens nicht ein, weil sie den Terror nicht bekämpften. Scharon unterstützte die Entscheidung.

Am 25. September wurden in der jordanischen Hauptstadt Amman zwei Agenten des Mossad geschnappt, als sie Chaled Maschaal, dem Chef des politischen Flügels der Hamas, Gift ins Ohr injizierten. (Er überlebte, weil er rechtzeitig ins Krankenhaus kam.) Dass der Mossad bei einer Operation auf jordanischem Boden ertappt wurde, war extrem peinlich für Israel und drohte, einen Keil zwischen die beiden Länder zu treiben. Husain II. drohte, die Mossad-Agenten vor Gericht zu stellen, was sie vermutlich an den Galgen gebracht hätte. Netanjahu schickte den einzigen Gesandten, den der König empfangen wollte: Scharon. Er sprach mit Husain und konnte die Katastrophe verhindern. Später traf sich Efrajim Halewi, ein führender Offizier des Mossad, mit dem König und handelte die Bedingungen der Versöhnung aus: Die Mossad-Agenten wurden gegen Scheich Ahmed Jassin, den an den Rollstuhl gefesselten spirituellen Führer der Hamas, der in einem israelischen Gefängnis saß, ausgetauscht.

Ende des Jahres belohnte Netanjahu Scharon für seine Mühen, indem er ihn endlich doch in das Küchenkabinett aufnahm.

Anfang 1998 empörte sich David Levi gegen den von Netanjahu vorgelegten Staatshaushalt, weil er angeblich die sozial schwachen Bevölkerungsschichten benachteiligte, die den Großteil seiner Wählerschaft stellten. Er trat wutentbrannt aus der Regierung aus, was Scharon zum zweitwichtigsten Minister in Netanjahus Kabinett machte. Nachdem er nur um Haaresbreite ins Kabinett gekommen war, war er nun der aussichtsreichste Kandidat für das Außenministerium.

Kapitel 40
Außenminister

Mitte März 1998 schockierte Scharon die israelische Öffentlichkeit mit der Erklärung, es sei an der Zeit, dass sich Israel aus dem Libanon zurückziehe. Der amtierende Verteidigungsminister Jitzhak Mordechai widersprach. Er vertrat die Ansicht, Israel könne sich aus seiner »Sicherheitszone« im Libanon nur zurückziehen, wenn der Rückzug mit der libanesischen Regierung abgestimmt sei, sonst werde die Hisbollah das Vakuum füllen. Viele warfen Scharon nach seiner Äußerung eine erneute ideologische Kehrtwendung vor. Er jedoch vertrat die Ansicht, die libanesische Armee und die UN-Truppen dienten als passiver Hintergrund für die ungehemmten Aktivitäten der Hisbollah. Eine Übereinkunft mit Beirut sei wertlos, weil die Marionetten in der libanesischen Hauptstadt ihre Befehle aus Damaskus bekämen.

Mordechai setzte sich durch. Im April genehmigte die Regierung seinen Rückzugsplan. Ein Jahr später sollte dann doch Scharons Plan genehmigt werden, aber zu spät: Der Vorsitzende der Arbeitspartei Ehud Barak wurde im Mai 1999 Ministerpräsident, und nun zog er die israelischen Truppen aus dem Libanon zurück.

Im Laufe des Jahres 1998 erhöhte die amerikanische Regierung den Druck auf Israel, damit es den in den Oslo-Verträgen vereinbarten, so genannten »zweistelligen« Rückzug aus dem Westjordanland durchführte. Während Netanjahu in Washington verhandelte, führte Scharon eine Kampagne gegen den vorgeschlagenen Umfang des Rückzugs. Er sagte, Israel könne höchstens weitere neun Prozent des Westjordanlands räumen. Netanjahu und Mordechai neigten dazu, sich den amerikanischen Forderungen zu beugen. Scharon dagegen operierte vom äußersten rechten Rand der politischen Landkarte aus und kritisierte den Ministerpräsidenten hemmungslos. Netanjahus Leute behaupteten, Scharons Einwände seien lediglich eine Form der politischen Erpressung: Er wolle sich mit dem Außenministerium dafür bezahlen lassen, dass er keine Kritik mehr übe. Scharon konterte: »Wenn mir Netanjahu das Außenministerium nur unter der Bedingung anbieten würde, dass ich meine Ansichten ändere, würde ich das Angebot empört zurückweisen. Ich mache keine Geschenke.«

Scharon weigerte sich, mit Clintons Nahostvermittler Dennis Ross und mit der US-Außenministerin Madeleine Albright zu sprechen. Und er beschuldigte Netanjahu und Mordechai, sie wären den Amerikanern willfährig. Außerdem nahm er sich die Freiheit, mit dem Oppositionsführer Ehud Barak zu sprechen, er versuchte ihn mit der Aussicht auf eine Regierung der nationalen Einheit zu ködern. Aber Barak, die neue Hoffnung der Linken, wollte Netanjahus Regierung kein neues Leben einhauchen und ging nicht auf das Angebot ein. Netanjahu betrachtete Scharons Treffen mit Barak als Verrat.

Im September 1998 flog Scharon nach China. Dort erklärte er, dass er »unter bestimmten Umständen« gegen Netanjahu für das Amt des Ministerpräsidenten kandidieren werde. Wenig später stritt er mit dem Ministerpräsidenten über das Ausmaß des nächsten Rückzugs aus dem Westjordanland. Netanjahu wollte die amerikanische Regierung zufriedenstellen, die eine Räumung von weiteren 13 Prozent forderte. Scharon traf sich mit Abu Masen und Abu Ala, den beiden wichtigsten Stellvertretern Arafats, und versuchte sie davon zu überzeugen, eine »einstellige« Räumung von neun Prozent zu akzeptieren.

Im Oktober 1998 hatte Netanjahu keinen Spielraum mehr. Die US-Regierung wollte Ergebnisse, aber die Siedler und die rechtsgerichteten Gruppen in seiner Koalition drohten, ihn zu stürzen, wenn er die Forderungen der Amerikaner erfüllte. Es gab nur noch einen Mann, an den er sich wenden konnte: Scharon. Er bot ihm das Amt des Außenministers an, um seine Unterstützung zu gewinnen.

Die beiden unterzeichneten eine Übereinkunft, die der frühere Justizminister Jaakow Neeman verfasst hatte. Scharon verstaute das Papier in dem Safe auf seiner Ranch, dann forderte er noch drei zusätzliche Monate als Infrastrukturminister. Offiziell wollte er noch einige Projekte zum Abschluss bringen; tatsächlich jedoch wollte er sich einen Notausstieg offen halten. Auch versprach ihm Netanjahu das Amt des Außenministers nicht nur für die laufende, sondern auch für die folgende Legislaturperiode.

Anfang Oktober, zwei Wochen vor seiner geplanten Reise nach Washington, ernannte Netanjahu Scharon zu seinem Außenminister. Er lobte ihn wegen seiner gewaltigen Erfahrung und wegen seiner Vertrautheit mit Krieg und Frieden, und er bezeichnete ihn als »einen bewundernswerten Mann«. Die Schmeicheleien waren nicht ohne Hintergedanken. Netanjahu hatte erkannt, wie sich Scharon zähmen ließ: durch Einbindung. Sobald der alte General hinter dem Schreibtisch des Außenministers saß, stellte er seinen Widerstand gegen den »zweistelligen« Rückzug ein.

Scharon war nach 15 Jahren unfreiwilligem Exil wieder auf die höchste Ebene der israelischen Politik vorgestoßen und feierte den Wiederaufstieg mit seiner Familie. Dann bretterte er eine Stunde mit seinem Geländewagen über die Felder. Als er zurückkehrte, sagte er, er habe vor seinem inneren Auge sein ganzes Leben an sich vorüberziehen sehen.

Das Geschrei der Linken über seine Ernennung ging in einer Welle von zustimmenden Reaktionen der Amerikaner und der Palästinenser unter. Am 20. Oktober 1998 flogen Scharon und Netanjahu in die Vereinigten Staaten. Bevor sie und die Vertreter der Palästinenser in Washington das Abkommen über den Rückzug unterzeichneten, trafen sie auf der Wye Plantation in Maryland zusammen. Zum ersten Mal in seinem Leben saß Scharon an einem Tisch mit Arafat, den er als Kriegsverbrecher betrachtete. Und er hielt sein Versprechen, dem Mann nie die Hand zu geben. Auf Clintons Drängen äußerten sich beide, sprachen aber immer nur in der dritten Person voneinander.

Am 23. Oktober 1998, nach einem Verhandlungsmarathon unter Beteiligung von Clinton und König Husain II., unterzeichneten Netanjahu und Arafat das Wye-Abkommen. Darin verpflichtete sich Israel, weitere 13 Prozent des Westjordanlands zu räumen. Im Gegenzug verpflichtete sich die Palästinensische Autonomiebehörde, Terroristen hinter Gitter zu bringen, Anschläge wenn möglich zu verhindern und die Artikel in der PLO-Charta zu streichen, die zur Vernichtung Israels aufforderten.

Nach ihrer Rückkehr wurden Netanjahu und Scharon von der Führung der Siedler und den sich verratenen fühlenden Chabad Chassidim scharf kritisiert. Arafat goss noch Öl ins Feuer, indem er am 4. Mai 1999 seine Absicht verkündete, einseitig einen unabhängigen Palästinenserstaat mit Jerusalem als Hauptstadt zu proklamieren. Trotzdem ratifizierte die Knesset das Wye-Abkommen. Abu Masen traf sich mit Scharon, und dieser sagte, das Abkommen »ist nicht leicht, aber die Regierung ist entschlossen, jede Anstrengung zur Erringung des Friedens zu machen, und ich habe diese Haltung übernommen«.

Er sagte allerdings auch, wenn die Palästinenser ihren Teil des Abkommens nicht erfüllten, werde es keinen Rückzug geben. Bei seinem nächsten Washington-Aufenthalt wurde Scharon wegen dieser Äußerung heftig vom Nationalen Sicherheitsberater Sandy Berger kritisiert. Clinton kam zu der stürmischen Besprechung hinzu – er hatte begriffen, dass der pragmatische General der Einzige war, der Netanjahu vor den Siedlern abschirmen und ihm die Durchführung des Rückzugs ermöglichen konnte.

Nach der Besprechung sagten Beamte des Weißen Hauses zu dem israelischen Botschafter Salman Schowal, dass der Präsident inzwischen fast die gleiche Sympathie für Scharon hege wie zuvor für Rabin. Selbst Außenministerin Madeleine Albright gab zu, dass Scharon kreativ sei. Ihre Kommentare zeigten, dass die US-Regierung begriffen hatte, wie stark Netanjahu von Scharon abhängig war.

Anfang 1999 war die Umsetzung des Wye-Abkommens zum Stillstand gekommen, und die Regierung Netanjahu steckte in einer tiefen Krise. Netanjahu wurde zwischen den Siedlern und der US-Regierung förmlich zerrieben und sah sich gezwungen, für den 17. Mai 1999 Neuwahlen anzuberaumen.

Verteidigungsminister Jitzhak Mordechai, ein weiterer Minister, der mit Netanjahu zerstritten war, verkündete, dass die Regierung das Land in den Krieg führe. Er wurde am 23. Januar entlassen. Damit war Scharon zum zweitmächtigsten Mann in der Regierung aufgestiegen.

Auf Anraten des geheimnisvollen Arthur Finkelstein ernannte Netanjahu Mosche Arens zum Verteidigungsminister, umgab sich also mit Veteranen. Doch sein Gegner, der Oppositionsführer Ehud Barak, legte in den Meinungsumfragen immer mehr zu, während Netanjahu und Scharon abstürzten. Nach drei Vierteln von Netanjahus Amtszeit war der Friedensprozess wegen übermäßiger Vorsicht und des Fehlens eines schlüssigen Gesamtkonzepts für den Umgang mit den Palästinensern endgültig ins Stocken geraten. Das ewige Hin und Her ging auch den Mitgliedern der Regierung Clinton auf die Nerven.

Im Februar wurde bei Lily Lungenkrebs diagnostiziert. Scharon begleitete sie nach Boston, Massachusetts, wo weitere Untersuchungen vorgenommen wurden. Als sie im April erneut in die USA flogen, traf sich Scharon mit Madeleine Albright. Offiziell wurde dabei über das Wye-Abkommen gesprochen, in Wirklichkeit jedoch wies die US-Außenministerin ihren israelischen Kollegen wegen seiner Kritik an dem militärischen Eingreifen der NATO im Kosovo zurecht. (Scharon hatte gesagt, dass sich die Unterstützung solcher Aktionen für Israel noch einmal rächen könnte.)

Einer der Gründe, warum Scharon nach Russland flog, war die Tatsache, dass fast eine Million Israelis aus der ehemaligen Sowjetunion stammten. Wie Seew Schiff in der *Haaretz* schrieb, versuchte er außerdem die russische Unterstützung für einen israelischen

Oktober 1998. Außenminister Scharon mit Lily und Rotem auf einem Geländefahrzeug auf der Farm. (Foto: Chaim Horenstein, *Yedioth Ahronoth*)

Rückzug aus dem Libanon zu bekommen. Laut demselben Artikel übermittelte Scharon durch den russischen Außenminister an Syrien die Botschaft, dass er nach den Wahlen bereit sein werde, über einen Rückzug von den Golanhöhen zu verhandeln. Scharon behauptete, der Inhalt des Artikels sei völlig falsch. Schiff dagegen schrieb, Scharon treibe ein gefährliches Spiel, wenn er die Amerikaner hintergehe, und wies darauf hin, dass dieser nicht zum ersten Mal mit einem unhaltbaren Dementi auf einen Tatsachenbericht reagiere.

Ehud Barak baute seine Führung in den Meinungsumfragen weiter aus. Der Likud war von internen Auseinandersetzungen geplagt. In Netanjahus Werbespots kamen nur der Ministerpräsident selbst und Scharon vor. Netanjahu versuchte, für den Likud die Unterstützung der religiösen Parteien zu gewinnen, doch diese hatten die falschen Versprechungen seines letzten Wahlkampfs noch gut in Erinnerung.

Am 17. Mai 1999 schlug Barak Netanjahu mit 56 zu 44 Prozent. Noch am selben Abend verkündete Netanjahu, »es sei an der Zeit, eine Pause zu machen, sich um seine Frau und seine kleinen Kinder zu kümmern und über die Zukunft nachzudenken«. Scharon hatte jahrzehntelang auf diesen Augenblick gewartet und trat sofort in seine Fußstapfen.

Kapitel 41
Vorsitzender des Likud

Netanjahu dankte zwei Menschen in seiner Rücktrittsrede: seiner Frau Sara und Scharon. Scharon war einer der wenigen, die zu ihm standen, als er zurücktrat. Makellos gekleidet und mit steinernem Gesicht hörte er bei der Rücktrittsrede zu. Am folgenden Tag wurde er allgemein als Netanjahus Nachfolger betrachtet.

Am 27. Mai 1999 wurde er zum vorläufigen Vorsitzenden des Likud gewählt. Netanjahu unterstützte die Nominierung. Er dachte, dass der 71-Jährige ihm den Stuhl ruhig ein paar Jahre warm halten könne – lieber als einer der Shootingstars Silvan Schalom oder Ehud Olmert, die ihn vielleicht langfristig verdrängen würden. Scharon verhandelte gleich nach seiner Wahl mit Barak über einen Regierungsbeitritt. Dabei stellte er den ideologischen Teil des Likud mit der Zusage ruhig, dass die Partei nur unter bestimmten, fest vereinbarten Bedingungen wie dem Ausbau der Siedlungen in Ostjerusa-

Juni 1999. Der erste Enkel, Rotem Scharon. (Foto: Schaul Golan, *Yedioth Ahronoth*)

lem und dem Westjordanland in die Regierung eintreten würde. Für Scharon hätte sich eine Regierung der nationalen Einheit gelohnt. Als geschäftsführender Vorsitzender des Likud hätte er einen der wichtigsten Ministerposten bekommen und damit beste Chancen bei einer Kandidatur für den regulären Parteivorsitz gehabt.

Barak, der früher eine Spezialeinheit der israelischen Armee kommandiert hatte, war ein alter Bewunderer Scharons, aber er wusste, dass er für dessen Aufnahme in die Regierung einen hohen Preis hätte zahlen müssen. »Ehud hat immer viel von Arik gehalten«, sagt eine Person, die Barak nahesteht, »aber er wusste, dass er bei Koalitionsverhandlungen ordentlich durch die Mangel gedreht worden wäre, deshalb hielt er den Likud draußen. Barak hatte Angst, dass Scharon eine rechtsgerichtete religiöse Opposition innerhalb der Regierung aufbauen würde.«

Tatsächlich hatte Scharon Jahre zuvor bewirkt, dass Barak zum General befördert wurde. Generalstabschef Eitan war der Ansicht gewesen, Barak sei noch zu jung und besäße nicht genügend Fähigkeiten als Kommandeur, aber Scharon hatte nicht nachgegeben. Trotzdem wollte Barak nach seinem Wahlsieg keine Rücksicht auf seinen alten Gönner nehmen.

Anfang Juni 1999 gab der Jerusalemer Bürgermeister Ehud Olmert bekannt, dass er für den Parteivorsitz des Likud kandidieren wolle. Sein Stab brachte Scharons fortgeschrittenes Alter ins Gespräch und argumentierte, es sei unwahrscheinlich, dass er bei den nächsten Wahlen in vier Jahren als Fünfundsiebzigjähriger noch gegen Barak kandidieren werde. Plötzlich war Scharons Alter allgemeines Gesprächsthema. Einigen Berichten zufolge war er kaum noch in der Lage, seine täglichen Aufgaben zu erledigen.

Scharon konterte, ein Kandidat brauche keine Geburtsurkunde vorzulegen; ein Leben voller Erfolge müsse genügen. Sein Stab gab bekannt, dass er gesund sei und in die Fußstapfen seines Onkels Jossef und seiner Tante Fania zu treten gedenke, die 101 und 99 Jahre alt geworden seien, oder wenigstens in die Fußstapfen seiner Mutter Vera, die mit 88 Jahren »früh« das Zeitliche gesegnet habe und bis zuletzt bei klarem Verstand gewesen sei. Scharon bereitete die parteiinternen Vorwahlen am 2. September 1999 vor, indem er Uri Schani zum Generaldirektor des Likud und seinen Sohn Omri zum Wahl-

Juni 1999. Frühstück auf der Schikmim-Farm. (Foto: Schaul Golan, *Yedioth Ahronoth*)

Juni 1999. Aufnahmen von Scharons Familie an den Wänden ihres Wohnhauses auf der Schikmim-Farm. (Foto: Schaul Golan, *Yedioth Ahronoth*)

kampfmanager ernannte. Innerhalb eines Monats hatte Schani es geschafft, dass Scharons Foto neben den Fotos von Begin und dem Vater des revisionistischen Zionismus Seew Jabotinski an den Wänden der Parteizentrale hing. Fast alle lokalen Führer der Partei, die kurz zuvor noch fest in Netanjahus Lager gestanden hatten, bekannten sich nun zu Scharon. Er wirkte verändert: Sein Gesicht war vom Alter gezeichnet. Seine Schlagfertigkeit und seine scharfe Zunge waren einer Art brütenden Melancholie gewichen. Der politische Erfolg schien angesichts der Tragödie in seiner Familie zu verblassen.

Seit klar war, dass Lilys Krebs hatte, hörten die beiden nicht mehr klassische Musik auf der heimischen Stereoanlage oder speisten in Edelrestaurants. Ihr Heim, das immer eine Zuflucht für Scharon gewesen war, war plötzlich wie verflucht. »Lily war ein integraler Bestandteil von Arik«, sagt ein enger Freund der Familie. »Sie war wie eines der Organe in seinem Körper. Mit der Krankheit konnten beide kaum umgehen.«

Lily wollte Arik auf keinen Fall beeinträchtigen: »Lily fragte immer: ›Wie wirkt es sich auf Arik aus?‹ oder: ›Wie wird Arik ohne mich zurechtkommen?‹«, erinnert sich ein enger Freund. »Das hat ihr Verhältnis zu der Krankheit stark geprägt – die Sorge um Arik. Sie wollte auf keinen Fall, dass er für sie die Politik aufgab oder auch nur geringe Abstriche im Wahlkampf machte. Ihr ganzes Leben hat sie uns allen gepredigt, es sei nur eine Frage der Zeit, bis er Ministerpräsident würde. An seiner Seite zu sein, wenn er dies erreichte, war ihr Lebensziel. Sie wollte nicht, dass ihre Krankheit der Verwirklichung dieses gemeinsamen Wunsches im Weg stand.«

Ende Juni 1999 ging Lily ins Memorial Sloan-Kettering Cancer Center in New York. Es war das vierte Mal, dass sie zur Behandlung in die Vereinigten Staaten flog. Wie immer wurde sie von Scharon begleitet. Ihre Freundinnen beschrieben ihn als den perfekten Ehemann: Er war liebevoll und sensibel und besprach all seine Pläne mit ihr. Scharon war im Begriff, seine höchsten Ziele zu erreichen – den Vorsitz des Likud und die Kandidatur für das Amt des Ministerpräsidenten. Aber er verbrachte den größten Teil seiner Zeit an Lilys Seite.

An der politischen Front versuchte er, den Wahlkampf möglichst unspektakulär zu halten, damit möglichst wenige Likud-Mitglieder abstimmten, was seine Chancen wahrscheinlich verbessern würde.

Olmert dagegen griff seinen Gegenkandidaten hart an. Er beschuldigte Scharon, er sei während Netanjahus Amtszeit als Ministerpräsident an ihn herangetreten und habe einen Putsch vorgeschlagen, um »Bibi« zu stürzen. »Wenn es einen Menschen gibt, der sich während seiner ganzen Karriere durch Illoyalität ausgezeichnet hat, dann ist es Scharon«, sagte Olmert am 20. August 1999. »Zuerst hat er offen und verdeckt gegen Begin opponiert, dann hat er die »Hoopsters« gegen Schamir angeführt und schließlich hat er gegen Netanjahu Stimmung gemacht.«

Reuwen Adler achtete streng darauf, dass Scharons Wahlkampf nicht aus dem Ruder lief. Olmerts Angriffe wurden keiner anderen Reaktion für würdig befunden als der Erklärung: »Das verdient keine Antwort.« An der Spendenfront liefen die Dinge weniger glatt. Omri trieb als Wahlkampfmanager viel mehr Geld auf, als gesetzlich zulässig war, und versuchte das Geld in Scheinfirmen zu tarnen. (Er wurde im August 2005 wegen Verletzung der Gesetze über politische Geldbeschaffung und wegen Falschaussage zu neun Monaten Gefängnis und einer Geldstrafe von 65000 Dollar verurteilt. Auch sein Vater geriet in Verdacht und entging der Strafverfolgung nur knapp.)

Einen Tag vor der Wahl beschuldigte Olmert Scharon, er habe Privatdetektive angeheuert, die versucht hätten, ihn mit gefälschtem Belastungsmaterial zu diskreditieren. Adler reagierte mit der üblichen Stellungnahme, in der nichts dementiert und nichts bestätigt wurde. Tatsächlich hatte Omri Scharon David Spector, den Besitzer des privaten Sicherheitsunternehmens Specurity, damit beauftragt, herauszufinden, ob Olmert illegal Mitglieder der ultraorthodoxen Glaubensgemeinschaft in den Likud aufgenommen hatte. Spector legte seine Ergebnisse den Medien und der Polizei vor, aber diese stellten keine strafbaren Handlungen fest, und Olmert bestritt alle Vorwürfe.

Scharon war sehr erleichtert, als er am 2. September 1999 53 Prozent der Stimmen erhielt, während 24 Prozent auf Olmert und 22 Prozent auf Meir Schitreet entfielen. Ein zweiter Wahlgang war nicht nötig. Nach 28 Jahren bei der Armee und 27 Jahren in der Politik war Ariel Scharon endlich der unumstrittene Führer des Likud. Lily begleitete ihn an diesem Tag auf einem Hubschrauberflug in den Norden. Sie hatten sich freigenommen und versuchten, Lilys Krankheit wenigstens für einen Tag zu vergessen.

Kapitel 42
Lily

Vier Menschen hatten 1999 die Entscheidungen in Scharons Wahlkampf um den Vorsitz des Likud getroffen: Er selbst und Lily sowie seine Söhne Omri und Gilad Scharon. Ab diesem Zeitpunkt wurden die wichtigen Entscheidungen von der Familie getroffen, und der Einfluss des »Ranchforums« ging zurück.

Lily hatte jahrelang eine dominierende Rolle bei Scharons Entscheidungsprozessen gespielt. Beide hatten denselben Traum: Ariks Inthronisierung als Ministerpräsident. Als Lilys Körper verfiel und ihr Interesse an der Politik schwand, füllten ihre Söhne das Vakuum. Gilad, ruhig und introspektiv, managte alle inneren Angelegenheiten der Familie; Omri, robust in Körperbau und Charakter, agierte als »Außenminister« und führte die Entscheidungen aus, die zu Hause getroffen wurden. Gilad führte die Ranch und Omri das Scharon-Lager im Likud. Das »Forum der vier« ersetzte das »Ranchforum«.

Zwei Tage nachdem Scharon zum Parteivorsitzenden gewählt worden war, schloss Ehud Barak in Scharm el-Scheich auf der Sinai-Halbinsel mit Jassir Arafat einen Zusatzvertrag zum Wye-Abkommen. Es sah vor, dass Israel Teile des Westjordanlands räumte und in Endstatusverhandlungen eintrat. Ganz ähnlich wie nach dem Wye-Abkommen sollten auch nach den Vereinbarungen von Scharm el-Scheich das Oslo-II-Abkommen umgesetzt und die wirklichen Hindernisse auf dem Weg zur Versöhnung – der Status von Jerusalem, der endgültige Grenzverlauf, das Rückkehrrecht der Flüchtlinge und die Siedlungen – in einem späteren Stadium in Angriff genommen werden. Manche nannten das Abkommen deshalb Wye II. Scharon jedoch, der Wye noch befürwortet hatte, griff das Scharm-el-Scheich-Abkommen an.

Er vertrat die Ansicht, Barak habe nicht auf Gegenseitigkeit geachtet: Er habe sich bereit erklärt, ohne angemessene Gegenleistung palästinensische Gefangene freizulassen und Land herzugeben. Scharon bezeichnete das Abkommen als unverantwortlich und sagte, es sei voll nutzlosen Blendwerks. Die Entscheidung, den Palästinensern den Bau eines Seehafens in Gaza zu erlauben ohne Sicherheitsmaßnahmen oder die Erlaubnis für Israel, die hereinkommenden Waren zu inspizieren, bedeute, dass Terroristen nach Lust und Laune Waffen einführen könnten.

Doch Barak wusste die Mehrheit der israelischen Bevölkerung hinter sich. Er versprach, alle kleinlichen Widerstände und Hindernisse auf dem Weg zum Frieden zu überwinden und mit den Palästinensern innerhalb weniger Monate eine dauerhafte Friedensregelung auszuarbeiten. Scharon gewann mit seinen Angriffen nur die Siedler und andere Vertreter der ideologischen Rechten, die massenhaft in sein Lager strömten, aber wirklich zu bedrängen vermochte er Barak nicht. Trotzdem opponierte er weiter gegen den Friedensprozess und verschärfte seine Kritik sogar noch.

Anfang November 1999 berief er einen Parteitag des Likud ein, auf dem die Position der Partei zu den Endstatusverhandlungen geklärt werden sollte. Dabei steckte er zwei Grenzen ab: Israel müsse einen Landstreifen zwischen dem palästinensischen Territorium und Jordanien, in dem rund 1,6 Millionen palästinensische Flüchtlinge lebten, behalten, damit es nicht beiderseits des Jordan eine Art palästinensischen Staat gebe. Zweitens müsse Israel das Gebiet des Tempelbergs vor zunehmender palästinensischer Besiedlung schützen. Er zeichnete seine Grenzen auf einer Karte ein, suchte damit den sephardischen Rabbi Owadia Jossef auf, dessen Partei zu Baraks Koalition gehörte, und warnte ihn vor den Gefahren, die er sah.

Am 8. Dezember 1999 verkündete Präsident Clinton die Wiederaufnahme der Friedensgespräche mit Syrien. Dies war ein weiterer großer Erfolg von Barak, und Scharon reagierte sofort mit dem Vorwurf, Barak habe dem vollständigen Rückzug auf die Grenzen von 1967 zugestimmt. Er behauptete, Barak habe sich dem amerikanischen Druck gebeugt, und forderte ihn zum Rücktritt auf. »Wie ist Barak in diese Falle geraten?«, fragte er. »Was hat einen so begabten militärischen Führer, einen Sohn dieses Landes zu einer so schimpflichen Kapitulation bewegt?«

Eine Woche später brach in Scharons Haus ein Brand aus. Lily und Arik waren gerade bei Verwandten, als sich das hölzerne Dach durch Funken aus dem Heizsystem entzündete; das ganze obere

Stockwerk wurde ein Raub der Flammen. Sie fuhren so schnell wie möglich nach Hause, als sie die Nachricht bekamen. Lily war besonders wegen der Taube besorgt, die sich vor ihrem Schlafzimmerfenster niedergelassen hatte.

Die Feuerwehr war noch im Einsatz, als sie eintrafen. Mehrere Bilder von Lilys Mutter und mehrere Gemälde von Samuel Scheinerman waren zerstört. Lily wollte sich mit dem Verlust nicht abfinden. Sie grub in der Asche nach und fand immerhin Samuel Scheinermans Ehering. Ebenfalls vernichtet waren Hunderte Seiten Notizen, die sich Scharon seit seinen ersten politischen Gesprächen, damals noch mit Ben Gurion, gemacht hatte. Auch Hunderte von Büchern waren verbrannt, darunter eines von Ben Gurion, das er mit den Worten »in Freundschaft und Erwartung« signiert hatte. Nur die Bibeln waren unversehrt, was Scharon als Gottes Werk betrachtete.

Mehrere von Lilys Freunden eilten zur Ranch. »Wir gingen hinüber und wurden Zeugen einer wirklich traurigen Szene«, erinnert sich eine gute Freundin. »Es war herzzerreißend. Arik und Lily standen auf der Plattform der Feuerwehrleiter und fuhren langsam hi-

Dezember 1999. Das Wohnhaus der Farm steht in Flammen.
(Foto: Danny Solomon, *Yedioth Ahronoth*)

nauf zum oberen Stockwerk, um nach Dingen zu suchen, die noch zu retten waren. Wir brachten Lily Kleider mit, damit sie etwas zum Anziehen hatte, denn ihre ganze Garderobe war verbrannt. Auch Ariks Kleidung war in Flammen aufgegangen. Und es ist nicht leicht für einen Mann seiner Statur, neue Kleidung zu finden. Er hatte am nächsten Tag eine Konferenz in der Knesset, und ich weiß noch, dass wir als Erstes etwas für ihn zum Anziehen suchten. Viele Erinnerungen wurden in jener Nacht in der Schikmim-Farm begraben.«

Lily begann schon am folgenden Tag, die Renovierung zu planen. Sie und Arik zogen zu Omri ins Nachbarhaus. Ihr ältester Sohn füllte das Haus mit Blumen. Mit der Zeit verließ Lily ihr Bett immer seltener. Das Haus versank in Düsternis.

150 000 Israelis begrüßten das neue Jahr mit einer Demonstration gegen die Rückgabe der Golanhöhen. Ehud Barak befand sich in Shepherdstown, Virginia, wo er mit den Syrern verhandelte. Scharon durfte auf der Demonstration nicht sprechen. Aber die Meinungsumfragen trösteten ihn: Barak verlor an Boden.

Scharon rechnete fest damit, dass 50 Jahre Erfahrung mit den Palästinensern nicht trügen würden. Er war sich sicher, dass die Kluft zwischen der öffentlichen Meinung der Israelis und der der Palästinenser nicht überbrückt werden konnte. Statt Endstatusverhandlungen schlug er einen erweiterten Waffenstillstandsvertrag vor, als eine Art Test sozusagen.

Am 18. Januar 2000, einen Monat nach dem Brand, wurde Lily in kritischem Zustand ins Krankenhaus eingeliefert. Nach Ansicht der Ärzte war ihre Lunge durch den eingeatmeten Rauch zusätzlich geschwächt worden. Scharon sagte alle Termine ab und blieb an ihrer Seite.

Lily war nun ans Bett gefesselt. Es war für beide eine schreckliche Zeit. Scharon versuchte, ihr Hoffnung zu machen. Er versprach ihr, dass sie ein Konzert in der Israelischen Philharmonie in Tel Aviv besuchen würden, wo sie in der fünften Reihe ihre Stammplätze hatten, sobald es Lily wieder gut ging. Sie trieb ihn weiter an, nach dem Amt des Ministerpräsidenten zu streben, und erlaubte ihm nicht, ihretwegen Abstriche zu machen.

Im März 2000, sechs Monate nach seiner Wahl zum Vorsitzenden des Likud, befand sich Scharon in einer üblen Lage: Seine Frau lag im

Sterben, sein Haus war teilweise zerstört, Baraks Popularität war wieder gestiegen, nachdem er versprochen hatte, bis Juni 2000 alle israelischen Truppen aus dem Libanon abzuziehen, und im Likud wurde der Ruf immer lauter, Netanjahu wieder zum Parteivorsitzenden zu berufen.

Wenn Scharon von Freunden nach seinem Befinden gefragt wurde, fiel seine Antwort ungewöhnlich düster aus.»Die Zeiten sind nicht leicht«, antwortete er dann. Und in einem Interview mit der Zeitung *Yedioth Ahronoth* sagte er: »Ich bin von einer Art Sehnsucht erfüllt. Ich habe mich daran gewöhnt, dass ich seit 25 Jahre in einem wunderschönen Haus wohne, in dem alles von Lily geprägt ist: jede Pflanze, jeder Baum, jede Vase, die Bilder über dem Klavier und die gestrickten Handtücher im Bad und die Matten in jeder Ecke. Ich kam abends nach Hause, und die Musik, die Lily und ich liebten, war immer an, und ich setzte mich auf die Couch und Lily machte mir einen Drink, und als ich noch Zigarren rauchte, zündete sie mir eine Zigarre an, und wir saßen beieinander und redeten. Das haben wir jetzt nicht mehr, und ich vermisse diese Augenblicke wirklich sehr.«

Scharon war entschlossen, den Krebs in der Lunge seiner Frau zu bekämpfen.»Ich habe mir nicht erlaubt, auch nur eine Sekunde zusammenzubrechen. Ich musste sofort Entscheidungen treffen. Es ist ein Problem, aber soll man zusammenbrechen und aufgeben? Ich bin nicht so konstruiert. Ich habe in meinem ganzen Leben vor nichts kapituliert, und ich hoffe, dass ich das nie tun werde. Für mich ist es ein Kampf, etwas, das besiegt werden muss. Ich habe schon die größten Siege und die bittersten Niederlagen erlebt, und ich bin nie zusammengebrochen, niemals. Aber wenn Sie mich fragen, ob ich nicht an meinen Tränen fast erstickt bin, muss ich sagen: Ja, ich bin fast erstickt bei dem Versuch, meine Tränen zurückzuhalten.«

Scharon vermisste Lily auch in seinem politischen Leben. Bei Besprechungen, an denen sie nicht mehr teilnehmen konnte, verließ er alle paar Minuten den Raum, rief sie an und erklärte ihr die Entwicklung in allen Einzelheiten.

»Es ist wirklich schlimm«, sagte er dazu. »Ich brauche Lily ganz besonders, wenn ich in einem Kampf stecke. Ich muss wissen, dass sie in der ersten Reihe sitzt, und sie weiß das. Ganz egal, wie viel sie zu tun hatte, sie fand immer die Zeit, mich zu begleiten. Ich glaube nicht, dass es jemals vorkam, dass ich ohne Sie zu einem Fernsehinterview oder zu einer Redeschlacht in der Knesset oder zu einer politischen Kampagne ging ... Ich muss sie dasitzen sehen, um das Gefühl des Sieges mit ihr zu teilen. Den Schmerz muss ich nicht teilen, den kann ich allein tragen, aber ich brauche das Gefühl, einen Rückhalt zu haben, eine gemeinsame Front. Nur Lily konnte mir das geben.«

In Lilys letzten Tagen war Scharon entweder an ihrer Seite, oder er rief sie ständig an. Ihr nahender Tod erinnerte ihn an frühere Katastrophen – den Tod von Margalit und Gur. »Die wirklich schweren Schläge«, sagte er einmal, »haben mich im Privatleben getroffen, nicht in der Politik.«

Am 25. März 2000 starb Lily Scharon. Nach 37 Jahren war diese eindrucksvolle Liebesgeschichte zu Ende. Lily hatte ihre letzten Tage in einem Krankenhaus in Tel Aviv verbracht. Scharon wohnte in einem Hotelzimmer neben dem Krankenhauskomplex. Jede Nacht blieb er bei ihr, bis ihre Schmerzen aufhörten und sie die Augen schloss. Am Freitagabend, dem 24. März, begann sie unter akuter

26. März 2000. Windflower Hill. Omri, Arik und Gilad bei Lilys Beerdigung, Gilad hat einen Arm um seinen Vater gelegt. (Foto: Danny Solomon, *Yedioth Ahronoth*)

Atemnot zu leiden. Sie hatte das Gefühl zu ertrinken, aber sie geriet nicht in Panik. »Arik«, murmelte sie, »draußen zwitschern die Kiebitze.« Am Samstag um sieben Uhr morgens verschied sie mit Bildern ihrer Enkelkinder in den Händen.

Bei einem ihrer letzten gemeinsamen Spaziergänge hatte Lily zu Arik gesagt, sie würde gerne auf dem grünen Hügel begraben werden, der das Ranchhaus überragte und sich im Sommer durch blühende Wildblumen wunderbar rot färbte. Scharon konnte die Tränen nicht zurückhalten, als er auf dem Hügel in Anwesenheit des Ministerpräsidenten, des Staatspräsidenten und von Freunden und Verwandten ihren Nachruf hielt: »Bis heute bin ich ohne dich nicht ausgekommen. Ab heute werde ich ohne dich auskommen müssen«, sagte er an ihrem offenen Grab. »Es wird nicht einfach sein, aber ich gehe den Weg weiter, an den wir beide geglaubt haben. Wir haben dich alle geliebt.« Nach der Feier legte Scharon zum Abschied eine einzelne Blume auf das Grab. Während der Schiwa öffnete er sein Haus für alle Besucher, und sie kamen in Scharen.

Kapitel 43
Oppositionsführer

Dank seiner Familie hatte Scharon immer Gesellschaft. Seine Schwiegertochter Inbal, Gilads Frau, schlüpfte in Lilys Rolle. Sie füllte das Haus mit Blumen, machte Tee aus den Kräutern im Garten, buk die Teekuchen, die Scharon so gern mochte, und kaufte ihm die Kleidung, genau wie es seine Frau getan hatte.

Inbal war die Mutter des zweijährigen Rotem, Ariks und Lilys erstem Enkelkind, und Scharons düstere Stimmung hellte sich etwas auf, als sie verkündete, dass sie bald ein zweites Kind bekommen werde. Gilad, ein Agrarökonom mit einem Bachelor of Arts der Hebräischen Universität, führte die Ranch und versuchte sich nebenher als Geschäftsmann. Er und Inbal reparierten das zerstörte Obergeschoss von Ariks Haus und fügten einen Anbau hinzu.

Omri dagegen konzentrierte sich ganz auf die Politik. Seine Mutter hatte ihn einst ermutigt, in die Politik zu gehen, und nun hatte er viele interne Institutionen des Likud gut im Griff. Im Gegensatz zu Gilad hatte er nie einen Studienabschluss gemacht. Als seine Mutter starb, studierte er gerade Jura, verbrachte aber viel Zeit auf Partys in Tel Aviv.

Heute pendelt Omri zwischen Jerusalem, Tel Aviv und der Ranch hin und her. Er hat seine Freundin Tamar Natanel nicht geheiratet und nie längere Zeit mit ihr unter einem Dach gelebt, aber die beiden haben drei Töchter: Denja, Aja und Awigajil. Weltanschaulich ist Omri der Liberalste in der Familie.

Gilad steht politisch rechts von seinem Vater. Er lernte Inbal während seines Militärdienstes kennen, als sie noch in Haifa zur Schule ging. Als sie sieben Jahre zusammen waren, heirateten sie unangekündigt und ohne Gäste im örtlichen Rabbinat. Sie sagten Arik und Lily erst hinterher Bescheid, um ein großes Hochzeitsfest zu vermeiden. Gilad war schon immer sehr darauf bedacht, seine Privatsphäre zu schützen.

Scharon behandelte seinen jüngsten Sohn in der Regel mit großem Respekt. Nach Lilys Tod wuchs Gilads Einfluss auf seinen Vater im strategischen, weltanschaulichen und politischen Bereich. Omris Stärke dagegen war die Parteipolitik. Er war sehr durchsetzungsfähig, und es kam sogar vor, dass er seinen Vater öffentlich kritisierte oder anschrie; Gilad dagegen war immer sehr behutsam.

Scharon hatte die Erfahrungen von Kfar Malal an seine Söhne weitergegeben. Sie hatten auf den Feldern gearbeitet, die Pferde versorgt und die Ernte eingebracht – manchmal sogar nach der Schule, wenn es schon dunkel war. Beide kannten die Geschichten von den Kämpfen und der Unbeugsamkeit der Scheinermans gut. Omri, der im Gegensatz zu seinem Bruder zahlreiche Presseinterviews gab, war immer stolz auf den nonkonformistischen Zug, den er von zu Hause mitbrachte.

Nach dem Tod seiner Mutter stand Omri, ein Hauptmann der Tzahal, der einst eine militärische Karriere ins Auge gefasst hatte, seinem Vater extrem nahe. Die beiden stärkten einander den Rücken. Wer immer zu Scharon wollte, musste zuerst mit Omri Kontakt aufnehmen.

Die Leute im Likud begannen Omri und seine Entourage als den Hofstaat des Königs zu bezeichnen. Aber Scharon wusste eines ganz sicher: Auf die Loyalität seines Sohnes konnte er bauen.

Silwan Schalom, Ehud Olmert und Benjamin Netanjahu wollten alle drei gerne Scharons Nachfolge antreten. Netanjahu, sein gefährlichster Rivale, wartete nur darauf, dass der Generalstaatsanwalt über einen gegen ihn erhobenen Bestechungsvorwurf entschied. Wenn er auf eine Klageerhebung verzichtete, wollte Netanjahu wieder in die Politik zurückkehren. Seine PR-Leute warben schon für einen neuen, gereiften Netanjahu.

Unterdessen begann Barak mit seinen grandiosen Plänen zu scheitern: Die Verhandlungen mit den Syrern brachen zusammen, und er hatte seine Koalition aus 75 Abgeordneten immer weniger im Griff. Barak, der vier der höchsten israelischen Auszeichnungen für Tapferkeit bekommen hatte, der einen Magistergrad der Stanford University im Fach industrielle Planungssysteme besaß und der allgemein als brillanter Stratege galt, reagierte auf die Krise, indem er verkündete, dass er den israelisch-palästinensischen Konflikt ein für alle Mal lösen werde – binnen 100 Tagen. Er versicherte Clinton, er sei zu weitreichenden territorialen Zugeständnissen bereit, und verkündete als Zeichen seines guten Willens, er werde die Kontrolle über drei Städte am östlichen Rand der israelischen Hauptstadt aufgeben. Durch diese Erklärung hatte er das konfliktträchtigste Thema in Israel und im ganzen Nahen Osten auf die Tagesordnung gesetzt – Jerusalem.

Dass Barak offensichtlich gewillt war, Teile von Jerusalem, das 1967 in seiner Gesamtheit offiziell von Israel annektiert worden war, auf den Verhandlungstisch zu bringen, spaltete seine Koalitionsregierung. Die Juden in Israel und auf der ganzen Welt betrachten Jerusalem als ihre heiligste Stadt. In Israel erhitzen sich die Gemüter insbesondere bei den religiösen Juden, wenn es um das Schicksal Jerusalems geht. Die goldglänzende Al-Aksa-Moschee steht nach Ansicht vieler Juden an der Stelle, wo sich früher der Tempel befand und wo Isaak gefesselt wurde. (Die Muslime glauben, dass auf demselben Fleck heiliger Erde Mohammed gen Himmel fuhr.) Scharon machte sich den Wirbel um Jerusalem zunutze. Er stattete dem spirituellen Führer der ultraorthodoxen Schas-Partei, Rabbi Owadia Jossef, erneut einen Besuch ab und nahm eine dicke Rolle Karten mit.

Anfang Mai traf er sich außerdem zu einem persönlichen Gespräch mit Barak und sagte ihm, er habe zwei Möglichkeiten: Entweder er halte vorgezogene Neuwahlen ab, oder die Wahlen würden durch eine schonungslose Kampagne zum Sturz der Regierung erzwungen. Scharon hatte ein grundsätzliches und ein taktisches Motiv für sein Verhalten: Er war gegen jede Art von Verhandlungen über die Zukunft Jerusalems, und er wollte unbedingt, dass Neuwahlen stattfanden, bevor Netanjahu seine Kandidatur für den Vorsitz des Likud organisieren konnte.

Barak nahm Scharons Ultimatum nicht ernst. Am 23. Mai, nach 18 Jahren Guerillakrieg, zog sich Israel aus dem Libanon zurück, und die neue Grenze wurde von den Vereinten Nationen anerkannt. Wieder hatte Barak die israelische Öffentlichkeit auf seiner Seite. Der Rückzug wurde in einer einzigen Nacht ohne Verluste durchgeführt und stärkte Baraks Zuversicht, mit den Palästinensern ein Friedensabkommen aushandeln zu können.

Obwohl der Ministerpräsident inzwischen verkündete, dass über Jerusalem nicht verhandelt werde, beharrte Scharon weiter darauf, dass die heilige Stadt in Gefahr sei. Im Juni 2000 traf sich Arthur Finkelstein in Reuwen Adlers Büro in Tel Aviv mit Scharon. Dort und bei einem weiteren Treffen im Juli im Sheraton Hotel in Tel Aviv planten Scharon, Omri, Gilad, David Spector und Finkelstein Scharons Kampagne gegen Barak. Finkelstein riet Scharon, sich auf einen einzigen Punkt zu konzentrieren: Jerusalem. Er sagte, er solle einen einzigen Satz wie ein Mantra wiederholen: »Ein ungeteiltes Jerusalem ist für immer und ewig die Hauptstadt des jüdischen Volkes.« Scharon befolgte seinen Rat.

Unterdessen bereitete sich Barak auf Camp David vor. Der Ort der Endstatusverhandlungen hatte für alle Teilnehmer symbolische Bedeutung. Clinton hoffte, in Carters Fußstapfen zu treten und in dem waldumschlossenen Zufluchtsort in den Catoctin Mountains einen dauerhaften Frieden zu schaffen. Wenige Tage vor Baraks Abreise im Juli traten auch die Nationalreligiöse Partei und die Partei Jisrael Bealija aus der Koalition aus, weil sie einen untragbaren Kompromiss bezüglich Jerusalems fürchteten. Die Schas-Partei stand unter Druck, ihnen zu folgen. Ihre Mitglieder verlangten von Barak eine klare Antwort, wo er die Grenzen für territoriale Zugeständnisse ziehen wolle. Als er die Antwort schuldig blieb, trat auch Rabbi Owadia Jossef mit seiner Partei aus der Koalition aus.

Wenige Tage vor Baraks Abreise hatte Scharon, genau wie ihm Finkelstein geraten hatte, in einer Rede vor seinen Anhängern in Tel Aviv gesagt, kein israelischer Ministerpräsident habe das juristische oder moralische Recht, Teile der vereinigten und ewigen Hauptstadt des jüdischen Volkes preiszugeben. Scharon rief Barak, dessen Koalition inzwischen rapide zerfiel, dazu auf, die Regierung aufzulösen und Neuwahlen auszuschreiben. Dann fuhr er, gefolgt von zwei Bussen voller Journalisten, auf den Scopusberg in Jerusalem.

Die Friedensgespräche von Camp David zwischen dem 11. und dem 24. Juli waren ein Fehlschlag historischen Ausmaßes. Barak bot Arafat über 90 Prozent des Westjordanlandes an. Er bot ihm sogar auf Druck von Bill Clinton Teile von Ostjerusalem an. Doch Arafat lehnte ab. Barak schlug ihm vor, Abu Dis, ein Dorf am Rand der Jerusalemer Altstadt, zur Hauptstadt der Palästinenser zu machen, aber Arafat, der in seinen arabischen Reden genauso viel Wert auf Jerusalem legte wie Scharon in seinen hebräischen, lehnte auch diesen

Vorschlag ab. Das entscheidende Hindernis war der Tempelberg. Barak war bereit, den Palästinensern Autonomie zu gewähren, Arafat wollte die volle Souveränität. Keiner gab nach. In den folgenden Wochen versuchten beide Seiten einen Kompromiss zu finden. Doch sie scheiterten.

Die israelische Linke hatte ihren Tag der Wahrheit erlebt. Barak hatte den Palästinensern im Austausch gegen den Frieden angeboten, was sie seit langem verlangt hatten, und Arafat hatte es abgelehnt. Der Ministerpräsident kehrte geschlagen und politisch geschwächt nach Israel zurück. Er verlor seine Mehrheit im Parlament und ließ Scharon ausrichten, dass er über eine Einheitsregierung verhandeln wolle. Scharon war nicht mehr interessiert. Er wollte Neuwahlen, und zwar schnell.

Scharon hatte erkannt, dass die Rechte leicht siegen konnte. Die Knesset hatte gerade einen neuen Staatspräsidenten gewählt – ein hauptsächlich repräsentatives Amt. Barak hatte den Veteranen der Arbeitspartei Schimon Peres unterstützt, aber mit den Stimmen der Schas hatte sich der viel weniger bekannte und renommierte Mosche Kazaw durchgesetzt, und Peres hatte mit 57 zu 63 Stimmen eine schockierende Niederlage erlitten.

In den spannenden Minuten vor der Abstimmung am 31. Juli 2000 hatte ein Referent von Kazaw fieberhaft nach Scharon gesucht. Nachdem er die Säle der Knesset durchgekämmt hatte, fand er ihn in der Cafeteria über einen Teller Suppe gebeugt. Scharon versicherte ihm, dass für alles gesorgt sei. Nach dem Essen ging er in den Sitzungssaal, setzte sich auf seinen Platz und lächelte Peres zu. Nach dem Sieg von Kazaw, sagte er: »Das ist der Beweis, dass wir mit einem vereinigten nationalistischen Lager die Regierung ablösen können.«

Angesichts der bevorstehenden Wahlen kehrte Netanjahu aus seinem selbstgewählten Exil zurück. Obwohl Scharon als Parteivorsitzender des Likud und Oppositionsführer eigentlich im Vorteil war, hatte Netanjahu in allen Meinungsumfragen einen Popularitätsvorsprung, Also machte ihn Scharon im Kampf um die parteiinternen Vorwahlen bei jeder Gelegenheit schlecht. Außerdem zählte er gegenüber den Führern des Likud alles auf, was er getan hatte, um die Partei nach Netanjahus Abgang zu sanieren: Der Likud habe Schulden in Höhe von mehreren Dutzend Millionen Schekel gehabt, und im ganzen Land hätten Ortsvereine schließen müssen, als Netanjahu zurückgetreten sei.

Schließlich jedoch arrangierte Reuwen Adler in seiner Werbeagentur in Tel Aviv ein Versöhnungsgespräch zwischen den beiden Kandidaten, und so kam es, dass sie sich unter einem gerahmten Bild von Scharon und dem »Ranchforum« für den Kampf gegen Barak miteinander verbündeten.

Scharon flog nach New York und beriet sich mit Arthur Finkelstein. Als er nach Israel zurückkehrte, verkündete Generalstaatsanwalt Eljakim Rubinstein, dass die Beweise gegen Netanjahu nicht für eine Anklageerhebung ausreichten. Scharon schickte seinem Rivalen eine Glückwunschkarte. Aber er wusste, dass er es nun mit einem starken internen Herausforderer zu tun bekommen würde.

Zwei Tage später machte Scharon seinen entscheidenden Schachzug: Am 28. September 2000 unternahm er jenen offiziellen Besuch auf dem Tempelberg, der Israel und den gesamten Nahen Osten erschüttern sollte.

Kapitel 44
Der Tempelberg

Kaum jemand wusste, dass Scharon den Berg besuchen wollte. Omri war dagegen, Gilad war dafür, und Arthur Finkelstein gab den Ausschlag. Die graue Eminenz in den USA fand den Besuch eine gute Idee, weil er gut zu dem auf Jerusalem konzentrierten Wahlkampf Scharons passte. Omri dagegen war überzeugt, dass der Besuch ein schwerer Fehler war, und weigerte sich, Arik und Gilad auf den Tempelberg zu begleiten.

Der geplante Besuch auf dem Tempelberg stürzte Barak in ein schweres Dilemma. Es war ihm gar nicht recht, dass die Aufmerksamkeit auf die heiligste Stätte in Jerusalem gelenkt wurde, während er noch mit den Palästinensern verhandelte. Würde er aber Scharon den Zugang verweigern, würde dies als Eingeständnis gewertet werden, dass der Tempelberg bei den Verhandlungen zur Disposition stand. Letztendlich genehmigte Barak den Besuch, weil dieser nach Einschätzung der Geheimdienste ohne Gewaltausbrüche bewerkstelligt werden konnte.

Scharon hatte sich ein symbolträchtiges Datum gewählt: das Wochenende vor dem jüdischen Neujahr. Der Gedanke, dass Ariel Scharon den Haram al-Scharif, das »edle Heiligtum« auf dem Tempelberg, besuchen würde, erzürnte die Muslime auf der ganzen Welt. Im Jahr 1967 hatten israelische Truppen den Davidstern auf dem Tempelberg gehisst. Aber der wie immer nicht berechenbare Verteidigungsminister Mosche Dajan hatte befohlen, die Flagge wieder einzuholen, und aus Ehrfurcht vor dem Glauben der Araber dem muslimischen Wafk die Verwaltung der heiligen Stätte gelassen. Nun mobilisierten Arafats Fatah und andere muslimische Organisationen ihre Männer, um den Besuch zu verhindern. Mitglieder der Force 17, einer Eliteeinheit der Fatah, blockierten die Eingänge zu dem Heiligtum. Scharon wurde aufgefordert, sich der Moschee nicht zu nähern. Doch der pochte auf seinem Recht, als Israeli die heiligste Stätte des jüdischen Volkes zu besuchen, und sagte, er werde sich durch die Drohungen der Palästinenser nicht davon abhalten lassen.

Wegen des Besuchs wurden 1000 Polizeibeamte weiträumig in der Altstadt verteilt. Scharfschützen wurden auf Mauervorsprüngen postiert, Hubschrauber kreisten in der Luft. Es sah aus wie eine Szene aus einem Hollywood-Actionfilm.

Dass es zu gewaltsamen Auseinandersetzungen kommen würde, war schon klar, bevor sich Scharon auch nur der Klagemauer unter dem Tempelberg näherte. Die israelische Polizei hatte nur Muslime in das Gebiet gelassen, die älter als 40 Jahre waren. Trotzdem wartete eine wütende Menschenmenge auf Scharon. Anhänger der Hamas und der Fatah hatten sich mit dem palästinensischen Aristokraten Faisal al-Husseini und den arabisch-israelischen Knesset-Abgeordneten Ahmad Tibi, Asmi Bischara (einem Christen) und Taleb al-Sana zusammengetan.

Als Scharon um 7.55 Uhr durch das Mugrabi-Tor schritt, brach die Hölle los. Die Palästinenser bombardierten die Polizisten mit einem Hagel von Steinen, und diese antworteten mit Gummigeschossen. Gilad und sein Freund Roni Schajak hielten sich nahe bei Scharon, der stämmige Schajak schirmte Scharons Rücken mit seinem Körper vor Heckenschützen ab.

Hunderte von Palästinensern drängten sich zwischen den uniformierten Soldaten hindurch und versuchten nach Scharon zu schlagen, der unter seiner schusssicheren Weste schwitzte und den Journalisten in seiner Begleitung hektisch erklärte, dass er mit einer Botschaft des Friedens auf den Tempelberg gekommen sei. Aber aus der Menge schrie es: »Scharon ist ein Mörder!«; »Wir werden Sabra und Schatila nicht vergessen!«; »Mit Blut und mit Feuer werden wir die al-Aksa befreien!«.

Scharon änderte seinen Ton, als er erfuhr, dass arabisch-israelische Abgeordnete an der gewalttätigen Demonstration teilnahmen. »Am gravierendsten ist die Hetze und Feindseligkeit der arabischen Mitglieder der Knesset«, sagte er. »Sie vertreten antijüdische und antiisraelische Parteien. Es ist unfassbar, dass ein Jude die heiligste Stätte des jüdischen Volkes nicht besuchen kann.« Als Scharon die Treppe erreichte, die zu Salomons Ställen führte, legten sich Demonstranten vor ihm auf den Boden und versperrten den Weg.

Scharon drehte sich um und beendete den Besuch, aber nicht ohne zuvor Mordechai Gurs unsterbliche Worte von 1967 zu wiederholen: »Der Tempelberg ist in unseren Händen.«

Der 45-minütige Besuch löste die schlimmsten Unruhen seit dem Beginn der ersten Intifada im Jahr 1987 aus. Sie erfassten auch die besetzten Gebiete. Wutentbrannte Jugendliche bewarfen israelische Soldaten mit Steinen und Molotow-Cocktails. Arafat brachte eine Erklärung heraus, in der er Scharon beschuldigte, in Jerusalem einen Religionskrieg begonnen zu haben. Er war frustriert, dass die Verhandlungen in einer Sackgasse steckten, und überzeugt, durch Gewaltanwendung ein besseres Ergebnis erreichen zu können. Also rief er seine Anhänger zum Aufstand auf, um »die heiligen Stätten des Islam« zu verteidigen. Bei den folgenden Unruhen tötete die israelische Armee sieben Palästinenser. Die so genannte Al-Aksa-Intifada hatte begonnen.

Das berühmteste Opfer der Zusammenstöße war ein 12-jähriger Junge namens Mohammed al-Dura, der im Gazastreifen im Kreuzfeuer zwischen israelischen Soldaten und der Fatah starb. Ein palästinensischer Kameramann filmte seinen Tod: Der Vater des Jungen versucht, ihn mit seinem Körper abzuschirmen, während er den Soldaten winkend signalisiert, dass er sich ergibt. Sekunden später erschlafft der Junge in seinen Armen. Die Bilder wurden auf der ganzen Welt gezeigt, um die israelischen Truppen als grausam und gefühllos zu dämonisieren. Bei späteren Untersuchungen wurden die palästinensischen Behauptungen jedoch in Zweifel gezogen. Mehrere glaubwürdige, unabhängige Quellen, darunter insbesondere James Fallows im *Atlantic Monthly,* kamen zu dem Schluss, dass der Junge nicht von israelischen Kugeln getroffen wurde.

Wenige Tage später wurden die schlimmsten Befürchtungen der jüdischen Israelis wahr, als sich die arabischen Bürger ihres Landes aus Solidarität mit ihren palästinensischen Brüdern erhoben. Eine wichtige Autobahn, die das Zentrum des Landes mit Untergaliläa verbindet, wurde zum Schlachtfeld. Jugendliche strömten auf die Straße und lieferten sich Kämpfe mit der Polizei. Steine wurden auf die wichtigste Fernstraße des Landes geworfen, es gab einen Toten. Das Land war gelähmt und die Polizei reagierte mit beängstigender Härte: Dreizehn Araber, darunter zwölf israelische Staatsbürger, wurden getötet. Zuvor war die Polizei mit scharfer Munition und Scharfschützen gegen israelische Bürger vorgegangen. Die Regierung Barak hatte es geschafft, zugleich brutal und uneffektiv zu wirken.

In den USA machte Richard Boucher, der Sprecher des Außenministeriums, Scharon für den Aufstand verantwortlich. Madeleine Albright stimmte ihm zu. Scharon gab Arafat die Schuld und sagte, die Unruhen seien geplant gewesen. Er hatte die historische Wahrheit auf seiner Seite. Für einen im September 2005 im *Atlantic Monthly* erschienenen Artikel interviewte David Samuels Mamduh Nofal, den früheren militärischen Kommandeur der Demokratischen Front für die Befreiung Palästinas und Mitglied des Sicherheitsrats der Fatah, des wichtigsten Entscheidungsorgans der Palästinenser zu Beginn der Intifada. Nofal kannte Arafat schon seit der Schlacht von Karamah im Jahr 1968. Er sagte, der Palästinenserführer habe ihn und seine Leute angewiesen, sich auf Kämpfe vor und nach Camp David vorzubereiten. Als Scharon verkündet habe, dass er den Tempelberg besuchen wolle, habe Arafat gesagt: »Okay, es ist Zeit, an die Arbeit zu gehen.« Selbst der abgewählte Ministerpräsident Ehud Barak, der seine Niederlage vor allem den Unruhen zu verdanken hatte, gab in Privatgesprächen ebenfalls Arafat die Schuld. Er sagte ungeachtet des amerikanischen Drucks, Scharons Besuch sei lediglich ein Vorwand gewesen.

Zwei Wochen später, als die Gewalt immer noch in vollem Umfang andauerte, räumte Barak ein, dass es ein Fehler gewesen sei, Scharon den Besuch auf dem Tempelberg zu genehmigen. Es war der Anfang vom Ende.

Am 16. Oktober 2000 traf er sich in Scharm el-Scheich mit Arafat, um einen Waffenstillstand auszuhandeln. Der Termin für die Endstatusverhandlungen war längst überschritten. Bevor Barak nach Scharm el-Scheich aufbrach, setzte er sich mit Scharon in Verbindung und bot ihm an, angesichts der Krise eine Einheitsregierung zu bilden. Für Scharon war das Angebot ein großer Erfolg. Er sagte, er werde es annehmen, wenn Barak sich bereit erkläre, alles zurückzunehmen, was er in Camp David auf den Verhandlungstisch gelegt habe, und die Verhandlungen nur mit Zustimmung des Likud wieder aufzunehmen. Barak musste sich zwischen Scharon und Clinton entscheiden. Er folgte dem amerikanischen Präsidenten.

Die Zeit wurde knapp, und die Regierung Clinton setzt Barak unter massiven Druck, eine Einigung zu erreichen. Doch die Gespräche scheiterten, und Arafat gab bekannt, dass er die Absicht habe, am 15. November 2000 einseitig einen palästinensischen Staat auszurufen. Scharon forderte Barak auf, das gesamte Territorium unter der Herrschaft der Palästinensischen Autonomiebehörde zu erobern.

Baraks Popularität sank rapide. Sein Vorsprung gegenüber Scharon schmolz dahin, die bei weitem besten Umfragewerte aber hatte Netanjahu.

Israel wurde von einer neuen Welle von Terroranschlägen überzogen. Scharon ließ ein Protestzelt vor der Knesset aufbauen. Im November versammelten sich rechtsgerichtete Anhänger des Likud-Vorsitzenden unter dem Slogan »Lasst die israelische Armee gewinnen« auf dem Zion-Platz. In einer Rede vor den 100000 Demonstranten sagte Scharon: »Sobald sich das Gebiet beruhigt, müssen wir einen Plan anstreben – einen mehrstufigen Friedensplan, der auf den Waffenstillstandslinien basiert und sich über einen längeren Zeitraum erstreckt.«

Am 28. November verkündete Barak, er sei nun bereit, Neuwahlen auszuschreiben – und zwar für die Knesset und für das Amt des Ministerpräsidenten. Dabei beschuldigte er Scharon, das Land zu verfrühten Neuwahlen getrieben zu haben, und sagte, dieser werde seine Agitation noch bedauern. Scharon wiederum machte Barak dafür verantwortlich, dass es zu keiner Einheitsregierung gekommen war, und fügte hinzu, dass sein Hauptproblem Mangel an Erfahrung sei. Tatsächlich brauchte Scharon zu diesem Zeitpunkt dringend eine Einheitsregierung, um die ansonsten unvermeidlich scheinende Rückkehr Netanjahus zu verhindern.

Die Führung des Likud wartete darauf, dass Netanjahu von einer Vortragsreise in den Vereinigten Staaten zurückkehrte. Alle nahmen an, dass er seine Kandidatur für das Amt des Ministerpräsidenten bekannt geben und damit Scharons Kandidatur vereiteln würde. Netanjahus Unterstützer hatten bereits Vorbereitungen getroffen, das größte Fußballstadion in Jerusalem für den Auftritt ihres Idols zu mieten. Doch plötzlich änderte Barak seine Meinung. Am 10. Dezember 2000 gab er seinen Rücktritt bekannt – ein Schritt, dem nach der damaligen Rechtslage innerhalb von 60 Tagen eine Direktwahl des Ministerpräsidenten, und zwar nur des Ministerpräsidenten, folgen musste. Um bei dieser Wahl zu kandidieren, musste man Mitglied der Knesset sein. Dieses Kriterium erfüllte Netanjahu nicht.

Barak glaubte, nachdem er seinen populärsten Rivalen ausgeschaltet hatte, werde er kaum noch Probleme mit Scharon, dem vielgeschmähten Architekten des Libanonkriegs, haben.

Nun aber brachten Netanjahus Anhänger das später so genannte Netanjahu-Gesetz in die Knesset ein, nach dem auch ein Nicht-Mitglied der Knesset für das Amt des Ministerpräsidenten kandidieren konnte, wenn der amtierende Ministerpräsident zurücktrat. Netanjahu schien den Sieg bei den parteiinternen Vorwahlen schon in der Tasche zu haben, und er hatte die überwältigende Mehrheit der israelischen Öffentlichkeit hinter sich. Fast alle anderen Kandidaten zogen zurück. Nur Scharon wappnete sich gegen eine Niederlage, blieb aber im Rennen.

Plötzlich verkündete Netanjahu völlig überraschend, dass er nur für das Amt des Ministerpräsidenten kandidieren werde, wenn gleichzeitig Knesset-Wahlen stattfänden. Ansonsten würden dem Likud mit nur 19 Sitzen die Hände gebunden bleiben. Netanjahus Erklärung schockierte selbst seine engsten Berater. Zuvor hatte es so ausgesehen, als ob ihm der Parteivorsitz und das Amt des Ministerpräsidenten praktisch in den Schoß fallen würden.

Warum Netanjahu diese Entscheidung gefällt hat, ist bis heute ein Rätsel. Wie inzwischen bekannt wurde, hatte Scharons Verbündeter Arie Ganger mit ihm gesprochen und versucht, ihm die Kandidatur auszureden, bevor er tatsächlich seinen Verzicht bekannt gab. Einer Version der Ereignisse zufolge sagte Netanjahu, er solle sich zum Teufel scheren. Weder Ganger noch Netanjahu waren bereit, sich zu dieser Angelegenheit zu äußern.

Am 18. Dezember 2000 verabschiedete die Knesset das »Netanjahu-Gesetz« (63 der 120 Knesset-Abgeordneten waren dafür), stimmte aber gegen einen Gesetzesvorschlag, der allgemeine Wahlen ermöglicht hätte. Netanjahu hielt Wort und verkündete, er werde nicht gegen Scharon für den Parteivorsitz oder das Amt des Ministerpräsidenten kandidieren. Höflich wünschte er dem 72-jährigen Kandidaten des Likud Erfolg.

Kapitel 45
Ministerpräsident

Am 19. Dezember 2000 wachte Scharon beim ersten Hahnenschrei auf. Der Wahltermin war keine zwei Monate mehr entfernt. Scharon nahm sich den Morgen frei und besuchte Lilys Grab. Dann machte er sich, beflügelt durch den Spaziergang auf den Wildblumenhügel, auf den Weg nach Tel Aviv zu Reuwen Adlers Büro. *Ein* Wunder musste noch bewerkstelligt werden: die Verwandlung des Ariel Scharon.

Basierend auf einem von Finkelstein entwickelten System platzierten Adler und seine Helfer die israelischen Politiker nach ihrer jeweiligen Position in geopolitischen Fragen auf einer Skala von 1 bis 5. Für die extreme Linke setzten sie den Wert 1 und für die extreme Rechte den Wert 5 fest. Scharon stand bei 4,7. Kalman Gajer, Adlers wichtigster Demoskop, schätzte dass die Mehrheit der israelischen Bevölkerung zwischen 2,6 und 3,2 platziert war. Finkelstein vertrat die Ansicht, dass Scharon auf der Skala bei 2,7 liegen müsse, wenn er (nur 20 Tage vor seinem 73. Geburtstag) die kommenden Wahlen gewinnen wolle.

Sein Wahlkampfteam bestand aus Finkelstein, Adler, Gajer, dem Medienberater Ejal Arad, aus Uri Schani sowie Omri und Gilad Scharon. Gajer ermittelte täglich, wo Scharon auf Finkelsteins Skala stand. Adler dachte sich den Wahlslogan aus. Er lautete: »Nur Scharon bringt den Frieden.«

Unterdessen stellte Scharon das »100-Tage-Team« zusammen, eine Gruppe, die seine ersten Schritte als Ministerpräsident planen sollte. Er wusste, dass er angesichts der fortgesetzten Intifada, der unaufhörlichen Terroranschläge und des stockenden Friedensprozesses in seinem Amt praktisch keine Anlaufzeit haben würde. Außerdem waren bis zu den nächsten allgemeinen Wahlen nur zwei Jahre Zeit.

Eine Woche nachdem Netanjahu seinen Verzicht auf die Kandidatur bekannt gegeben hatte, führte Scharon gegen Barak in den Meinungsumfragen mit 49 zu 38 Prozent. Im Wahlkampf wurde er als

Januar 2000. Scharon spielt auf der Farm mit seinem deutschen Schäferhund.
(Foto: Michael Kramer, *Yedioth Ahronoth*)

freundlicher Großvater dargestellt, der in seinen reifen Jahren bereit ist, »schmerzliche Zugeständnisse« für den Frieden zu machen. Was für Zugeständnisse wurde nicht verraten, aber laut Adler wusste Scharon genau, welche Zugeständnisse er machen würde. Der Likud warb mit den Begriffen »Sicherheit«, »Erfahrung«, »Jerusalem«, »Führungsstärke«, »Hoffnung« und »Frieden« – alles Dinge, die Barak versprochen, aber nicht erfüllt hatte.

Scharon und Barak einigten sich darauf, im Wahlkampf auf persönliche Angriffe zu verzichten. Als Scharon jedoch seine Führung in den Meinungsumfragen immer weiter ausbaute, brach Barak die Absprache und stellte Scharon in seiner Wahlwerbung als Wolf im Schafspelz dar. Im ganzen Land wurden Plakate mit den Toten aus Sabra und Schatila aufgehängt. Anspielungen auf frühere Menschenrechtsverletzungen wurden gemacht, und es gab geflüsterte Befürchtungen, was Scharon wohl als Oberbefehlshaber tun würde. Barak behauptete, die Plakate seien ohne sein Wissen aufgehängt worden, und er befahl sie zu entfernen. Doch der Schaden war bereits angerichtet.

In Scharons Wahlkampfzentrum tobte eine heiße Debatte, wie man auf Baraks Angriffe reagieren sollte. Adler vertrat die Ansicht, Schweigen sei die beste Taktik, da Scharon in den Meinungsumfragen führe und das Thema bald wieder vergessen sei. Seiner Ansicht nach gehörten die Ereignisse im Libanon einer fernen Vergangenheit an und hatten kein Gewicht. Alle außer Scharon stimmten ihm zu. Für ihn war der Libanon immer noch eine offene Wunde. Trotzdem hielt er sich an den Ratschlag seines Wahlkampfteams und gab lediglich eine kurze Erklärung ab, dass Barak das zwischen ihnen getroffene Abkommen verletzt habe.

Als die Wahl näher rückte und Scharon seine Führung immer noch ausbaute, besann sich die Linke auf die Katastrophe von Kibbija, auf die Vertreibung der Beduinen aus dem Grenzvorsprung von Rafa und auf den »unaufhaltsamen« Marsch nach Beirut. Der Schutzpatron der Siedlungen wurde als ein Politiker porträtiert, der sich weigerte, territoriale Zugeständnisse (also die klassische Land-für-Frieden-Lösung) auch nur in Erwägung zu ziehen.

Scharon hielt sich weiterhin zurück. Er, der früher immer in aller Schärfe seine Meinung gesagt hatte, entsprach nun als »guter

Großvater« dem populären Klischee und setzte auf Konsens. Interne Umfrageanalysen zeigten, dass er der ersehnten Markierung von 2,7 Punkten jeden Tag näher kam.

Gegen Ende des Wahlkampfs änderte Scharons Stab den Wahlslogan »Nur Scharon bringt Frieden« in »Ich fühle mich sicher, wenn Scharon Frieden bringt«. Umfragen hatten gezeigt, dass die israelische Öffentlichkeit angesichts der Intifada und zahlreicher Terroranschläge mehr Wert auf Sicherheit als auf Frieden legte. Scharon machte eine Wahlkampftournee durch das Jordantal, das Gebiet zwischen dem Jordan und den Hügeln des Westjordanlands, und verkündete, dass Israel das Jordantal für immer behalten werde. Anfang Januar 2001 führte er in den Meinungsumfragen um 20 Prozent.

Scharon hielt sich eher im Hintergrund und folgte pflichtbewusst den Anweisungen seines Stabs. Er hatte ihn gemeinsam mit seinen Söhnen Omri und Gilad zusammengestellt und setzte volles Vertrauen auf ihn. Finkelstein, Adler, Arad, Omri, Gilad und er selbst hielten täglich eine Besprechung ab. Scharon hörte genau zu und machte sich in seiner sorgfältigen, runden Handschrift gelegentlich Notizen auf seinem Spiralblock. Das Team beschloss, dass sich Scharon auf drei Dinge konzentrieren sollte: Das Bedürfnis der Bevölkerung nach Einheit, ihr Bedürfnis nach Sicherheit und ihre Sehnsucht nach Frieden.

Eine Umfrage unter den jüngeren Wählern ergab, dass die meisten von ihnen keine Ahnung von Scharons Taten als Kommandeur der Einheit 101 und in der Schlacht von Abu Ageila im Sechstagekrieg hatten. Also kam Scharon auf seine Rolle bei der Zerschlagung der Terrorzellen im Gazastreifen in den siebziger Jahren und auf seine heroische Überquerung der Suezkanals im Jom-Kippur-Krieg zu sprechen.

Allmählich forderte die Anstrengung des Wahlkampfs bei dem fast Dreiundsiebzigjährigen seinen Tribut: Er verlor gelegentlich den Faden oder vergaß Namen, was ihm zuvor fast nie passiert war. Baraks Wahlkampfteam schoss sich auf diese Schwäche ein. Die Nachrichtenmedien thematisierten Scharons Alter. Anonyme Zeugen berichteten in den Medien, dass er an Vergesslichkeit leide und öffentliche Auftritte vermeide, weil er nicht mehr im Vollbesitz seiner körperlichen und geistigen Kräfte sei, und dass er nur noch eine Marionette seines Stabes sei.

Sein Wahlkampfteam beschloss, nicht auf die Meldungen zu reagieren, aber Omri sah sich genötigt, den Behauptungen zu widersprechen. Niemand habe je für seinen Vater entschieden, sagte er, und gesundheitlich sei er nach Aussage seiner Ärzte ein »Tiger«.

Scharon selbst bezeichnete die Kampagne als »infantil«, aber die wirksamste Schützenhilfe erhielt er von seinem Arzt Dr. Goldman, der ihn schon in Beirut betreut hatte. Er teilte von Kambodscha aus der Presse mit, dass Scharon über einen einwandfreien Gesundheitszustand verfüge.

Adler macht sich Sorgen, weil Scharon vor der Kamera schwerfällig und unaufrichtig wirkte. Deshalb orientierte er sich an Erfahrungen aus dem amerikanischen Wahlkampf. Dort hatte George W. Bushs Wahlkampfteam dafür gesorgt, dass der Kandidat nur in die Kamera sprach, wenn er zugleich etwas anderes tat, wie zum Beispiel Auto fahren. Scharon, der beim Ablesen von einem Manuskript sogar noch unbeholfener wirkte als Bush, sprach von da an nur noch in die Kamera, wenn er »arbeitete« oder das Land »bereiste«.

Ab dem 16. Januar 2001, 21 Tage vor den Wahlen, wurden jeden Tag staatlich geförderte Wahlwerbespots im Fernsehen gezeigt. Scharon wurde gezeigt, wie er mit seinem Enkelsohn Rotem spielte. Die Botschaft schien klar: Ein Großvater, der sich so rührend um seine Familie kümmert, wird das Land nicht in den Krieg führen.

Barak betonte in seinen Werbespots die Tatsache, dass er die israelischen Streitkräfte aus dem Libanon zurückgezogen hatte, während sein Gegner sie 19 Jahre zuvor dort hineingebracht hatte. Seine Berater drängten ihn, in die Offensive zu gehen und Scharon persönlich anzugreifen, aber er weigerte sich – eine Entscheidung, die ihn nach Ansicht vieler den Wahlsieg kostete.

Bei einer Wahlkampfveranstaltung wurde Scharon von einer 16-jährigen Schülerin kalt erwischt. In einer Fragerunde mit dem Kandidaten machte sie Scharon dafür verantwortlich, dass sie mit einem durch den Krieg traumatisierten Vater aufgewachsen sei, der im Libanon in einem nutzlosen Krieg gedient habe. Deshalb dürfe man nicht zulassen, dass Scharon Ministerpräsident werde. Scharon wurde rot. Er war nicht auf den Angriff der jungen Frau vorbereitet. Er sagte, sie täte ihm wegen ihres Schicksals leid und er habe sich schon 1982 für den Rückzug aus dem Libanon eingesetzt, aber kein Ministerpräsident habe auf ihn gehört.

Die amerikanische Regierung präsentierte den Clinton-Plan. Er sah vor, dass den Palästinensern etwa 90 Prozent des Westjordanlands und des Gazastreifens sowie die arabischen Viertel von Jerusalem übergeben würden. Scharon schlug stattdessen ein langfristiges Übergangsabkommen vor, das mit der Zeit zu einem Palästinenserstaat auf den ohnehin schon von den Palästinensern kontrollierten 42 Prozent des Gazastreifens und des Westjordanlands führen sollte. Der Plan sollte Scharon eigentlich noch näher an Finkelsteins 2,7 Punkte bringen, aber die Bevölkerung nahm ihn nicht ernst. Es war klar, dass kein Palästinenser ein solches Angebot unterzeichnen würde. Barak nannte den Plan ein Rezept für den Krieg.

Nach Scharons Plan sollte Israel die Kontrolle über das Jordantal, Jerusalem und insbesondere den Tempelberg behalten. Den palästinensischen Flüchtlingen sollte auf keinen Fall ein Rückkehrrecht eingeräumt werden, die jüdischen Siedlungen sollten erhalten und sogar noch ausgebaut, aber keine neuen mehr errichtet werden. Scharon betonte, dass er mit Arafat nicht verhandeln würde, solange Israel unter Beschuss stand, und dass er sich an Baraks Zugeständnisse nicht gebunden fühle.

Außerdem werde er Arafat nicht die Hand geben, bevor nicht der palästinensische Konflikt eine vollständige und endgültige Lösung gefunden habe. Seine Berater versuchten ihn in diesem Punkt umzustimmen, weil er ihrer Ansicht seine Wahlchancen beeinträchtigte, aber Scharon blieb hart.

Nachdem er im Januar seinen Plan veröffentlicht hatte, wurde er von seinem früheren Widersacher Dan Meridor unterstützt, der die politische Mitte in Israel fast idealtypisch verkörperte. Die Unterstützung dieses früheren Gegners und überzeugten Humanisten verschaffte Scharon erstmals in seiner Karriere Zugang zum Mainstream der israelischen Politik.

Auch der größte Teil der Unternehmer, der zuvor mehrheitlich hinter Barak gestanden hatte, wechselte nun in Scharons Lager.

Sieben Tage vor den Wahlen berichteten die Medien, dass sich Omri Scharon und Dow Weissglass in Wien mit Arafats Finanzberater Mohammed Raschid getroffen hatten. Das Treffen hatte im Haus von Martin Schlaff stattgefunden, einem der Besitzer des Kasinos in der palästinensischen Stadt Jericho, und hatte angeblich Staatsangelegenheiten zum Thema gehabt. Barak beschwerte sich, dass Scharon seinen Zuständigkeitsbereich als Ministerpräsident usurpiert und den von ihm selbst verkündeten Grundsatz, nicht unter Beschuss mit Arafat zu verhandeln, verletzt habe. Das Treffen warf noch weitere Fragen auf: Warum war es so dringlich gewesen? Welche Rolle hatte Omri Scharon dabei gespielt? Warum gaben die Palästinenser keine klare Antwort auf die Frage, was in Wien diskutiert worden war?

Durch das Geheimtreffen wurde jedenfalls klar, dass Scharons Team nichts mehr fürchtete, als dass Arafat und Barak in letzter Minute doch noch ein Abkommen schließen könnten. Ein solches Abkommen wäre für die arabischen Israelis ein Grund gewesen, zu den Wahlen zu gehen, und dann hätte es für Scharon noch einmal eng werden können. Sein Wahlkampfteam hatte sich darauf konzentriert, vor allem drei Bevölkerungsgruppen als Wähler zu gewinnen: die Siedler, die ultraorthodoxen Juden und die Immigranten aus der früheren Sowjetunion.

Sechs Tage vor der Wahl brachte Scharons Schwiegertochter Inbal die Zwillinge Joaw und Uri zur Welt. Wie es der Brauch war, wurden sie sieben Tage nach der Geburt beschnitten, also am Wahltag, ein Zufall, den die Familie Scharon als Zeichen des Himmels interpretierte.

Drei Tage vor der Wahl lud Scharon die Presse in sein Haus ein. Seine Gastfreundlichkeit hatte üble Folgen, weil einer der Journalisten entdeckte, dass das Visum von Scharons thailändischer Köchin nur für Feldarbeit, nicht jedoch für Hausarbeit gültig war. Die Enthüllung löste eine letzte Flut von Artikeln aus, und Scharons Helfer beschlossen, den Wahlkampf vorzeitig zu beenden.

Scharon hatte inzwischen nicht mehr nur mit verbalen Ausrutschern und Gedächtnislücken zu kämpfen. Durch den enormen Druck waren die Ticks in seinem Gesicht so außer Kontrolle geraten, dass er nicht mehr in der Öffentlichkeit auftreten konnte.

Am 5. Februar, einen Tag vor der Wahl, erklärte er, dass er im Fall seines Wahlsiegs die Bildung einer Einheitsregierung anstreben würde. Inzwischen war klar, dass er gewinnen würde.

6. Februar 2001. Uri Dan (links), Cyril Kern, Arie Ganger und Scharon verfolgen im Fernsehen die Wahlergebnisse, als Scharon zum ersten Mal zum Ministerpräsidenten gewählt wird. (Foto: David Rubinger, Tageszeitung *Yedioth Ahronoth*)

Am Abend des 6. Februar um 22 Uhr war sogar Scharon überrascht über das Wahlergebnis: Er hatte 62 Prozent der Stimmen bekommen und Barak nur 38 Prozent. 1 698 077 Bürger hatten für Scharon gestimmt und nur 1 023 944 für Barak. Niemand hatte sich eine solche Niederlage der Linken vorstellen können.

Scharon blieb ganz ruhig, bedankte sich und schüttelte allen die Hand, die kamen, um ihm zu gratulieren. Kurz vor Mitternacht trat er ans Rednerpult und erzählte der begeisterten Menge, dass er gerade mit dem Präsidenten der Vereinigten Staaten telefoniert habe. »Er bat mich, Ihnen seine besten Wünsche auszurichten«, sagte Scharon. »Er sagte, er wolle sehr eng mit meiner Regierung zusammenarbeiten.

6. Februar 2001. Die Siegesnacht. Scharon und sein Sohn Omri liegen sich in den Armen, Cyril Kern schaut zu. (Foto: David Rubinger, *Yedioth Ahronoth*)

Und er hat mich an einen Ausflug erinnert, den ich mit ihm in Samaria und dem Jordantal gemacht habe. Außerdem sagte er: ›Niemand hat damals gedacht, dass ich Präsident und Sie Ministerpräsident werden würden. Nun sind wir es beide geworden, obwohl es keiner für möglich gehalten hat.‹« Danach dankte Scharon der Frau, die ihm so viele Jahre lang den Rücken gestärkt hatte: »Seit meiner Jugend habe ich mich ganz diesem Land, seiner Konsolidierung und Sicherung gewidmet. Auf all meinen Posten und in guten wie in schlechten Zeiten bin ich immer von meiner lieben verstorbenen Frau Lily begleitet worden. Sie hat mich von ganzem Herzen unterstützt. In diesem Augenblick, da das israelische Volk mir sein Vertrauen ausgesprochen hat und ich es in den kommenden Jahren regieren darf, vermisse ich sie, denn sie steht nicht hier an meiner Seite.«

Kapitel 46
Die Politik der Zurückhaltung

Scharon stand bis vier Uhr morgens auf dem Balkon seines Hotels und blickte hinaus auf Tel Aviv und die Küstenlinie jenseits der Stadt. Dann ging er zu Bett, wachte aber wie gewohnt um 5.30 Uhr wieder auf. Er fuhr zur Ranch und bat seinen Personenschutz vom Schabak, am Fuß des Wildblumenhügels zu warten, während er Lilys Grab besuchte.

Er stand lange an ihrem Grab. Dann ging er zu dem Hubschrauber, der auf dem Landeplatz in der Nähe auf ihn wartete. Er hatte eigentlich direkt nach Jerusalem fliegen wollen, um an der Klagemauer für seinen Wahlsieg zu danken, aber wegen des schlechten Wetters musste er mit einem gepanzerten Fahrzeug durch die für Eselskarren gebauten Gassen bis zur Mauer fahren. Anhänger begrüßten ihn mit ein paar Stößen aus dem Schofar-Horn. Scharon setzte eine Kippa auf, legte die rechte Hand auf die alten Steine und betete, was für ihn sehr ungewöhnlich war.

Im Gegensatz zu seinen beiden unmittelbaren Vorgängern blieb Scharon auch nach seinem Wahlsieg auf der Hut. Er triumphierte nicht oder zeigte irgendwelche äußere Anzeichen von Schadenfreude, denn er wusste genau, dass einem Unterstützung und Zustimmung der israelischen Bevölkerung wie Wasser zwischen den Fingern zerrinnen können.

Führungskräfte des Likud kamen scharenweise in sein Büro und wollten herausragende Posten. Scharon dankte ihnen persönlich für ihre Unterstützung und notierte sich ihre Wünsche. Er hatte seine Prioritäten gesetzt. Er stritt sich nicht mehr mit seinen Rivalen oder machte sie lächerlich, sondern orientierte sich an seinem wichtigsten Ziel: einer Einheitsregierung.

Die Zeit war kurz. Scharon hatte ein Mandat für zwei Jahre. Schlimmer noch, er hatte nur 45 Tage, um eine Koalition zu schmieden. Wenn er im Parlament keine Mehrheit fand, wurden Neuwahlen ausgerufen, und Netanjahu würde wieder in den Ring steigen.

Ehud Olmert, damals Bürgermeister von Jerusalem, Jaakow Neeman und Uri Schani führten sein Verhandlungsteam.

Es dauerte nur drei Wochen, bis die Koalition gebildet war. Unter der Oberfläche hatte sich Scharon überhaupt nicht verändert. »Er war ein meisterhafter Manipulator, ein Genie der Manipulation«, erinnert sich ein enger Weggefährte jener Jahre. »Stets war alles geplant, sogar seine Versprecher. Ich werden nie vergessen, wie er eines Tages den Rücktritt eines Ministers organisierte, um ihn durch einen anderen zu ersetzen, und danach sagte: ›Jago hat die Strippen gezogen.‹ Mit Jago meinte er sich selbst.«

Scharon ignorierte Aufforderungen, eine Rechts-Mitte-Koalition zu bilden, die über 61 Sitze verfügt hätte. Er wollte eine stabile Einheitsregierung, die aus Baraks Arbeitspartei (26 Sitze), der Schas-Partei (17 Sitze), der Jisrael Bealija (6 Sitze) und dem Likud (19 Sitze) bestand. Alles hing davon ab, ob Barak bereit war, unter Scharon als Verteidigungsminister zu dienen. Er schwankte. Scharon erklärte ihm, dass die wahre Kunst in der Politik nicht darin bestehe, gegen den Strom zu kraulen, sondern sich zur Rettung der eigenen Karriere treiben zu lassen. Barak, der vor allem von seiner eigenen Partei unter Druck gesetzt wurde, sagte schließlich ab. Scharon hielt sich an sein versöhnliches Drehbuch und sagte: »Was Barak passiert ist, bedrückt mich persönlich.« Sein Mitgefühl zahlte sich aus: Barak erklärte sich gelegentlich bereit, als Scharons inoffizieller Botschafter nach Washington zu fliegen.

Scharon gelang es, eine stabile Koalition zu bilden: Er gab das Außenministerium Schimon Peres und das Verteidigungsministerium Benjamin Ben Elieser von der Arbeitspartei, das Innenministerium Eli Jischai von der Schas, das Ministerium für Wohnungsbau und Infrastruktur Natan Scharanski von Jisrael Bealija sowie das Ministerium für nationale Infrastruktur Awigdor Liberman und das Ministerium für Tourismus Rehawam Seewi von dem Bündnis zwischen Jisrael Beiteinu und der Nationalen Union. In nur drei Wochen hatte er eine Koalition geschmiedet, die über eine Mehrheit von 68 Sitzen verfügte. Die Nationalreligiöse Partei, Gescher und das Zentrum gehörten der Koalition nicht an, waren aber bereit zu verhandeln.

Vom Likud ernannte Scharon Silvan Schalom zum Finanzminister, Limor Liwnat zum Bildungsminister und Reuwen Riwlin zum

Kommunikationsminister. David Levi, seinem alten Verbündeten, der bei Baraks Sturz eine führende Rolle gespielt hatte, bot er einen Regierungsposten als Minister ohne Amtsbereich an. Levi lehnte beleidigt ab.

Netanjahus Lager beschwerte sich, dass Scharon sein Wahlversprechen, Netanjahu ein Ministeramt anzubieten, nicht gehalten habe. Scharon rief seinen Rivalen in Übersee an und fragte ihn, ob er als Minister in seinem Kabinett dienen wolle. Doch der frühere Ministerpräsident erkannte, dass es sich nur um ein Scheinangebot handelte: Alle wichtigen Posten waren bereits vergeben. Das nicht ernst gemeinte Angebot war der erste einer ganzen Reihe von Schachzügen, die alle dazu dienten, die letzte wirkliche Bedrohung auszuschalten.

Noch bevor die neue Regierung überhaupt vereidigt war, brachte Scharon zwei Gesetze durch die Knesset, die zu verabschieden er schon im Wahlkampf versprochen hatte: Er brachte das Wahlgesetz wieder in seine ursprüngliche Form, nach der die Bürger nur einmal eine Partei wählten, und mit dem zweiten Gesetz verlängerte er de facto die Befreiung der ultraorthodoxen Juden vom Wehrdienst.

Am 7. März 2001 wurde die Regierung vereidigt, und der Ministerpräsident sprach die übliche Eidesformel: »Ich, Ariel Scharon, Sohn von Samuel und Dewora gesegneten Andenkens, erkläre hiermit, dem Staat Israel und seinen Gesetzen treu zu dienen und als Ministerpräsident die Beschlüsse der Knesset getreulich auszuführen.«

In seiner ersten Rede wiederholte Scharon sein Bekenntnis zum Frieden und zur Notwendigkeit »schmerzlicher Zugeständnisse«, die allerdings erst mit der Zeit gemacht würden – wenn die Palästinenser keine Terroranschläge mehr verübten. »Unsere beiden Völker sind dazu verurteilt, Seite an Seite auf diesem Flecken Erde zusammenzuleben«, sagte er. »Wir haben nicht die Macht, das zu ändern, aber wir können den Weg des Blutvergießens verlassen.«

Nach einer kurzen Zeremonie der Amtsübergabe mit Barak bezog Scharon das Büro des Ministerpräsidenten. Offiziell war Uri Schani sein Stabschef, aber Omri Scharon, der als direkter Verwandter nicht offiziell eingestellt werden konnte, tätigte einen Großteil der Amtsgeschäfte seines Vaters.

Die internationale Presse reagierte alarmiert auf Scharons Wahlsieg. Zeitungen in ganz Europa und Teilen Amerikas äußerten sich besorgt über die Zukunft des Nahen Ostens, nachdem ein Mann mit so extremen Ansichten zum politischen Führer Israels gewählt worden war. Die französische Zeitung *Libération* brachte eine Karikatur mit der Überschrift »Scharon der Schreckliche«. Sie zeigte Scharon als Metzger, der das Fleisch von Palästinensern verkauft.

Scharon schickte Abgesandte in Hauptstädte auf der ganzen Welt. Im Ausland hatte sich sein Image seit dem Libanonkrieg kein bisschen verändert. Er galt als durchsetzungsfähig, militaristisch und extremistisch.

Scharon trat sein Amt etwa zur gleichen Zeit an wie der neue amerikanischen Präsident George W. Bush. Seine beiden wichtigsten Ziele waren die Herstellung einer guten Beziehung zu Bush und die Beendigung der neuesten Terrorwelle.

Arafat war einer der ersten politischen Führer, die Scharon gratulierten. Tatsächlich gratulierte er ihm zweimal: zu seinem Wahlsieg und weil er Großvater von Zwillingen geworden war. Er forderte Scharon auf, die Abriegelung der besetzten Gebiete durch Israel zu lockern und die Steuergelder der palästinensischen Arbeiter zu überweisen. Scharon sagte, er werde beides tun, sobald der Terror aufhöre. Zwei Tage später wurde ein Israeli im fahrenden Auto erschossen; weitere drei Tage später wurden acht Menschen von einem palästinensischen Lastwagenfahrer getötet; weitere zwei Wochen später sprengte sich ein Selbstmordattentäter im Busbahnhof von Netanja in die Luft und riss drei Zivilisten mit in den Tod. Scharon interpretierte das alles als klare Botschaft von Arafat.

Arafat bestritt, für die Anschläge verantwortlich zu sein. Scharon verkündete, dass er nicht unter Beschuss verhandeln werde. Die beiden gingen auf Kollisionskurs. Zwischen jenem ersten Telefonanruf Arafats und dem Tod des Palästinenserführers in einem französischen Krankenhaus während Scharons zweiter Amtszeit trafen die beiden nie zusammen. Scharon schickte allerdings Omri, um Botschaften zu überbringen und entgegenzunehmen – ein Verfahren, das in Israel scharf kritisiert wurde, weil Scharon nach Ansicht der Kritiker von Israels despotischen Nachbarn die Unsitte übernommen hatte, nur den eigenen Blutsverwandten zu trauen.

Scharon bat seinen Stab, nicht auf seinen 73. Geburtstag hinzuweisen. Ohne Lily hatte er keine Lust zu feiern. Trotzdem schickten ihm seine Mitarbeiter am 26. Februar 2001 einen großen Blumenstrauß. (Er gefiel ihm nicht, und die Geste wurde nicht wiederholt.) Am 14. März 2001, ein Jahr nach Lilys Tod, versammelten sich ihre Freunde und Verwandten auf dem Wildblumenhügel. Ein Denkmal aus unbehauenem Stein wurde enthüllt. Es trug nur ihren Namen: Lily Scharon.

Noch im selben Monat flog Scharon nach Washington zu seinem ersten Treffen mit Bush. Er hatte sich sorgfältig vorbereitet, denn er war sich sicher, dass seine Beziehung zu Bush den Verlauf seiner Amtszeit nachhaltig beeinflussen würde. Scharon schickte Arie Ganger mit einer geheimen Botschaft auf den Capitol Hill: Er sei milder geworden und zu territorialen Zugeständnissen bereit. Die Botschaft wurde mit Skepsis aufgenommen.

Allerdings wurde Arafat mittlerweile als der wirkliche Schurke im israelisch-palästinensischen Konflikt betrachtet. Die Intifada tobte nun schon sechs Monate, und er galt vielen als der Mann, der das Feuer schürte. Scharon ließ nicht nur verbreiten, dass er zu territorialen Zugeständnissen bereit sei, um den Friedensprozess voranzubringen, er war außerdem entschlossen, bei diesem ersten Besuch nicht um Finanzhilfe zu bitten. Sein wichtigstes Ziel bestand darin, mit Bush Freundschaft zu schließen, der ihm weltanschaulich nahe stand. Scharon stellte nur eine einzige Bedingung. Keine Verhandlungen unter Beschuss. Er und Bush verstanden sich glänzend.

Israel wurde mit einer neuen Welle von Terroranschlägen überzogen. Der rechte Flügel im Kabinett forderte unter Führung von Awigdor Liberman und Rehawam Seewi eine harte Reaktion. Ende März wurde Schalhewet Pas, ein zehn Monate altes Kind, in Hebron von einem palästinensischen Heckenschützen getötet. Seewi schlug vor, als Vergeltungsmaßnahme Arafats Amtssitz in die Luft zu sprengen. Die amerikanische Regierung empfahl Zurückhaltung.

Obwohl die Terrorwelle Mitte April praktisch unvermindert weiterging, hielt Scharon die Bush gegebene Zusage und übte Zurückhaltung. Er instruierte die Armee, nur zu schießen, wenn auf ihre Soldaten geschossen würde. Obwohl der Aufstand der Palästinenser weiterging, autorisierte Scharon israelische Regierungsbeamte, Gespräche mit palästinensischen Diplomaten der mittleren Ebene zu führen, und entsandte Omri, der im Vergleich zu seinem Vater eine Taube war, um mit Arafat zu reden. Scharon behauptete, die Kontakte mit den Palästinensern könnten nicht als Verhandlungen bezeichnet werden, eher als gezielte Gespräche über einen Waffenstillstand. Niemand der israelischen Rechten glaubte ihm.

Mitte April beschossen palästinensische Militante Serot, eine Stadt in der Nähe des Gazastreifens und der Schikmim-Farm, mit Mörsergranaten. Scharon schickte die Armee nach Gaza, womit er die palästinensische Autonomie in einem so genannten A-Gebiet verletzte. Wegen intensiven amerikanischen Drucks musste er die Truppen jedoch wieder zurückziehen.

Die ersten 100 Tage von Scharons Amtszeit waren von einer nicht abbrechenden Terrorwelle geprägt. Trotzdem hielten ihn im Mai 2001 70 Prozent der Bevölkerung für vertrauenswürdig, und 65 Prozent fanden, er reagiere gut oder sehr gut auf den Aufstand in den besetzten Gebieten. Diese hohen Zustimmungsraten können zu einem Großteil auf die »gezielten Tötungen« führender palästinensischer Terroristen zurückgeführt werden. Auch wenn Peres den Begriff geprägt und Barak die Maßnahme eingeführt hatte, formte Scharon daraus Israels mächtigste Waffe gegen den Terror.

Zum ersten Mal seit 1973 genoss Scharon breite öffentliche Unterstützung. Er achtete darauf, bei 2,7 Punkten auf der Finkelstein-Skala zu bleiben. Im Mai 2001 autorisierte er Peres, einen geheimen Verhandlungskanal mit den Palästinensern zu öffnen, erklärte jedoch gleichzeitig, er werde sich nie aus den besetzten Gebieten zurückziehen. Arafat förderte weiterhin die Gewalt, was Scharon erlaubte, zwischen den Fronten zu lavieren und politisch letztlich keinen Finger zu rühren.

Im Mai erschien der Mitchell-Bericht, eine Untersuchung der Ursachen der zweiten Intifada, die eine Kommission unter Führung des US-Senators George Mitchell durchgeführt hatte. Mitchell, der bei den erfolgreichen Friedensverhandlungen in Nordirland den Vorsitz geführt hatte, untersuchte unter anderem, welche Rolle Scharons Besuch auf dem Tempelberg beim Ausbruch der Unruhen gespielt hatte. Scharon hatte Barak kritisiert, weil er es genehmigt hatte, dass eine ausländische Kommission über Israels innere Angelegenheiten

21. Mai 2001. Ministerpräsident Scharon, Rabbi Owadia Jossef und Innenminister Eli Jischai. (Foto: Saar Jaakow, Government Press Office)

September 2001. Kabinettssitzung. Scharon mit Außenminister Schimon Peres.
(Foto: David Rubinger, *Yedioth Ahronoth*)

Ermittlungen anstellte, und die Genehmigung als Kapitulation bezeichnet. Aber das Ergebnis war eher positiv für ihn. Mitchell kam nämlich zu dem Schluss, dass Scharons Besuch die Palästinenser zwar bedrückt habe, aber nicht, wie Arafat behauptet hatte, die Hauptursache für die Gewalt in den besetzten Gebieten gewesen sei.

Der Bericht empfahl beiden Seiten, ein Ende der Gewalt zu verkünden und sich zur Einhaltung früherer Abkommen bereit zu erklären. Außerdem sah er vor, dass sie später vertrauensbildende Maßnahmen durchführen sollten – die Palästinenser, indem sie Terroristen hinter Schloss und Riegel brachten und Anschläge verhinderten, und die Israelis, indem sie ihre Reaktionen auf gewaltfreie Proteste mäßigten, die Abriegelung palästinensischer Städte aufhoben und die Zoll- und Steuereinnahmen ausbezahlten, die sie der Palästinensischen Autonomiebehörde schuldeten. Außerdem forderte der Bericht, alle Siedlungsaktivitäten einschließlich der Erweiterung wegen natürlichem Bevölkerungswachstum einzustellen, aber die Friedensgespräche erst wiederaufzunehmen, wenn die ersten zwei Stufen seiner Empfehlungen erfüllt wären.

Sofort nach dem Erscheinen des Berichts erklärte Scharon einen einseitigen israelischen Waffenstillstand. Arafat dagegen weigerte sich, in aller Klarheit zu einer Beendigung der Terroranschläge aufzurufen. Am 3. Juni 2001 sprengte sich ein Selbstmordattentäter neben einer Warteschlange von Teenagern in die Luft, die sich vor einer Stranddisco beim Delfinarium in Tel Aviv gebildet hatte, und tötete 21 Menschen. Zum ersten Mal seit Scharons Amtsantritt gingen rechtsgerichtete Demonstranten aus Wut über seine Zurückhaltung auf die Straße. Sie versammelten sich hinter einem Transparent mit der Aufschrift »Lasst die israelische Armee gewinnen«, einem Slogan, den Scharon im Wahlkampf gegen Barak benutzt hatte.

Die amerikanische Regierung erkannte, in welcher Zwickmühle Scharon nun steckte, und erhöhte den Druck auf beide Seiten, ein Friedensabkommen zu schließen. Bush entsandte CIA-Direktor Tenet nach Israel, um einen Plan für einen sofortigen Waffenstillstand zu entwerfen. Beide Seiten unterzeichneten das Tenet-Abkommen, aber die Anschläge gingen weiter. Vierundzwanzig Stunden nachdem die israelische Armee die hermetische Abriegelung der palästinensischen Städte aufgehoben hatte, flammte die Gewalt wieder auf.

Im Juni wurden 29 israelische Zivilisten getötet. Israel konnte seine Politik der Zurückhaltung nicht mehr fortsetzen.

Ende des Monats reiste Scharon erneut nach Washington. Diesmal zeigte ihm Bush die kalte Schulter. Scharon breitete seine Karten aus wie ein alter General und legte dem amerikanischen Präsidenten seinen Plan vor. Ein langfristiges Übergangsabkommen, nach dem Israel die Kontrolle über den Großraum Jerusalem und das Jordantal und bestimmte »Sicherheitszonen« im Westjordanland behalten würde. Doch er konnte Bush für seine unverzichtbare und unablässig wiederholte Vorbedingung nicht gewinnen: keine Gespräche, ohne dass Arafat dem Terror ein Ende setzte.

Bush wollte, dass Scharon mit den gezielten Mordanschlägen aufhörte. Er schlug vor, Scharon solle eine zweiwöchige Periode ohne Terroranschläge als Zeichen von Arafats gutem Willen annehmen. Scharon dagegen wollte sechs Wochen Ruhe. Wieder in Israel, schickte er Omri zu Arafat. Das Verfahren war immer das gleiche: Scharon schrieb detaillierte Anweisungen auf ein Stück Papier und Omri trug diese Arafat mündlich vor. Dieses Mal überbrachte Omri die Botschaft, dass Israel keinen großen Angriff gegen die Autonomiebehörde starten werde. Arafat war frustriert, dass er es nur mit einem Abgesandten zu tun bekam, und sagte gegenüber Reportern, Omri sei nur eine genetisch verbesserte Ausgabe seines Vaters – einer der typischen rätselhaften Arafatismen.

Der dominante rechte Flügel des Likud forderte eine Sitzung des Zentralkomitees der Partei, in der politische Richtlinien für Scharon beschlossen werden sollten. Netanjahu hatte gefordert, Gesetze zu verabschieden, die die Osloer Verträge für null und nichtig erklärten, und er hatte die Politik der Zurückhaltung kritisiert. Scharon sagte, die Politik der Zurückhaltung werde fortgesetzt, dasselbe gelte auch für die gezielten Tötungen. Außerdem äußerte er auf Druck von Netanjahu die unverhohlene Drohung, dass Israel durchaus in der Lage sei, die Palästinensische Autonomiebehörde zu zerschmettern.

Am 22. Juli begrüßten die Mitglieder des Zentralkomitees Netanjahu wie einen heimkehrenden König. Er kritisierte in einer leidenschaftlichen Rede Scharons Politik der Zurückhaltung und bekam dafür rauschenden Applaus. Scharon dagegen wurde feindselig empfangen und seine Rede mehrmals durch Zwischenrufe unterbrochen. Viele Zuhörer riefen, er solle zurücktreten.

Anfang August sprengte sich ein Selbstmordattentäter mit einem Gitarrenkoffer voller Sprengstoff vor der Pizzeria Sbarro in der Jerusalemer Innenstadt in die Luft und tötete 15 Zivilisten. Das Ehepaar Schijveschuurder und seine drei ältesten Kinder wurden getötet. Der Angriff schockierte ganz Israel und gab der Rechten weiter Auftrieb. Arafat verurteilte den Anschlag, fügte jedoch im selben Atemzug hinzu, dass Scharon dafür verantwortlich sei, weil er sich nicht an Mitchells Empfehlungen gehalten habe. Als Vergeltung für den Angriff schickte Scharon die israelische Armee nach Dschenin, die Stadt, aus der die Terroristen geschickt worden waren. Und er ließ das Orient-Haus, das diplomatische Zentrum der Palästinensischen Autonomiebehörde in Ostjerusalem, besetzen.

Er gab bekannt, dass die Übernahme des Orient-Hauses für immer gelte. Das Gebäude in der Altstadt wurde schon lange von europäischen Offiziellen frequentiert, und Scharon fand, dass dadurch der israelische Souveränitätsanspruch über ganz Jerusalem unterminiert werde. Peres hingegen, der zu vielen Vertretern der Europäischen Union gute Kontakte hatte, verkündete, die Übernahme sei nur befristet. Der Konflikt verschärfte sich noch, als der Ministerpräsident Peres untersagte, sich mit Arafat zu Waffenstillstandsverhandlungen zu treffen. Peres drohte, aus der Regierung auszutreten und damit die Koalition zu destabilisieren. In der Folge trafen sich die beiden alten Männer der israelischen Politik zum Mittagessen im Büro des Ministerpräsidenten und fanden einen Kompromiss: Peres durfte mit Vertretern der Palästinenser verhandeln, aber nicht mit Arafat.

Später im gleichen Monat stellte sich Peres gegen Scharons Entscheidung, Truppen in die unmittelbar südlich von Jerusalem gelegene palästinensische Stadt Beit Dschalla zu entsenden, weil der Südjerusalemer Stadtteil Gilo seit Wochen immer wieder von Heckenschützen unter Beschuss genommen wurde. Verteidigunsminister Ben Elieser, ebenfalls von der Arbeitspartei, war für den Einmarsch. Ende August ließ die israelische Regierung Abu Ali Mustafa, einen Führer der Volksfront für die Befreiung Palästinas (PFLP), ermorden. Der Mord stellte insofern eine Eskalation dar, als Israel zuvor nur aktive Terroristen, nicht jedoch ihre Führer aufs Korn genommen hatte. Peres, der sich immer dagegen ausgesprochen hatte, Mustafa zu töten, erfuhr von dem Mord aus dem Radio und war außer sich vor Zorn.

Anfang September bereiteten sich die Israelis mit wenig Freude auf Rosch Haschana vor. Das Leben in Israel war nahezu unerträglich geworden. Touristen und Geschäftsleute mieden das Land. Die Hotels standen leer, der Immobilienmarkt brach zusammen und die Arbeitslosigkeit stieg rapide an.

Anfang September 2001 hatte sich Scharon noch nicht entschieden, wie er vorgehen wollte. Netanjahu drängte auf eine militärische Lösung, Peres und die Amerikaner wollten Verhandlungen. Währenddessen wurden in den USA Flugzeuge von muslimischen Terroristen entführt und in die beiden Türme des World Trade Centers und ins Pentagon geflogen. Der politischen Landschaft des Nahen Ostens stand ein Erdbeben bevor.

Kapitel 47
Der 11. September

Die Nachricht von den Angriffen erreichte Scharon auf einer Kabinettssitzung. Uri Schani nahm ihn beiseite und zog sich mit ihm in das Büro des Ministerpräsidenten zurück, wo sie die Entwicklung verfolgten. Plötzlich kamen zwei Beamte des Schabak herein und forderten Scharon auf, sie zu einem geheimen Stützpunkt zu begleiten. Scharon weigerte sich.

Nach den brutalen Angriffen der Al-Qaida war die amerikanische Regierung bemüht, eine Koalition für ihren Krieg gegen den Terror zu schmieden. Die potenziellen Verbündeten Saudi-Arabien und Ägypten verlangten allerdings, dass Bush Israel zur Lösung des Palästinenserproblems zwinge. Die US-Regierung setzte Scharon unter Druck, endlich mit Verhandlungen zu beginnen. Außenminister Colin Powell drängte Peres zu einem Treffen mit Arafat. Scharon beschwerte sich bei Powell, es sei doch absurd, dass ausgerechnet Arafat, der seinen Lebensunterhalt mit Terrorismus verdiene, von den Terrorangriffen auf Amerika profitieren solle. Doch Scharon war sich bewusst, dass der Riese aus dem Schlaf geweckt war und absolut überhaupt nicht mit sich spaßen ließ, also gab er den amerikanischen Forderungen nach. Zu Hause stand er auf schwankendem Boden. Die Intifada tobte weiter. Jede Woche zählte das Land seine Toten. Die Kluft zwischen Arm und Reich wurde immer größer. In der Öffentlichkeit setzte sich allmählich die Ansicht durch, dass auch Scharon über keine Lösungen verfüge.

Bushs Druck hatte am 23. September 2001 Erfolg: Scharon wurde der erste Führer des Likud in der Parteigeschichte, der die Idee eines Palästinenserstaats westlich des Jordan propagierte. In seiner historischen Rede in Latrun sagte der Ministerpräsident: »Israel will den Palästinensern geben, was niemand ihnen je zuvor gegeben hat: die Möglichkeit, einen eigenen Staat zu gründen.«

Die Aussage stand im Widerspruch zum Parteiprogramm des Likud, in dem ein Palästinenserstaat ausdrücklich abgelehnt wurde.

Eine neue Bewegung innerhalb der Partei forderte deshalb den Ausschluss Scharons. Viele Mitglieder des Zentralkomitees betrachteten die Rede von Latrun als Verrat.

Nach der Rede verlor Scharon an Rückhalt im Zentralkomitee. Sie hatte einen Graben zwischen der Partei und ihrem Vorsitzenden aufgerissen, der mit der Zeit immer tiefer werden sollte. Dass Scharon immer mehr in die Mitte rückte, konnte danach nicht mehr als reine Taktik interpretiert werden.

Wenn Scharon auf die wachsende Kluft zur Partei angesprochen wurde, sagte er oft, er selbst und nicht die Parteiführung sei gewählt worden, um dem Volk zu dienen. Tatsächlich kehrte er damit wieder zu seinen politischen Wurzeln zurück: Als er nach dem Libanonkrieg die Unterstützung der Öffentlichkeit verloren hatte, war er gezwungen gewesen, die Parteibürokratie als Hebel gegen Schamir und Netanjahu einzusetzen. Als Ministerpräsident jedoch ging er auf Distanz zur Parteipolitik und wurde wieder der Liebling der Öffentlichkeit.

Auf Druck von Colin Powell und weil er erkannte, dass Amerika seine potenziellen Verbündeten zufriedenstellen musste, um eine Koalition für die Invasion in Afghanistan schmieden zu können, erlaubte Scharon Peres, sich mit Arafat zu treffen. Nach dem Treffen sagte er jedoch, Peres habe dem Palästinenserführer Legitimität verschafft, anstatt ihn in der Welt nach dem 11. September zu isolieren.

Bis zu den Angriffen auf Amerika hatte Präsident Bush sich wenig um die hartnäckigen Probleme im Nahen Osten gekümmert. Nun jedoch waren sie ihm von anderen auf die Tagesordnung gesetzt worden. Scharon hoffte, Bush werde eine harte Haltung gegenüber Arafat und der Palästinensischen Autonomiebehörde einnehmen, die Scharon als eine Terrororganisation betrachtete. Stattdessen verkündete Bush am 4. Oktober 2001, er unterstütze die Gründung eines Palästinenserstaats.

Mehrere Tage zuvor, am 30. September, waren am Jahrestag der Al-Aksa-Intifada überall in den besetzten Gebieten Unruhen ausgebrochen. Dutzende von Schusswechseln hatten stattgefunden; zehn Israelis waren verwundet und elf Palästinenser getötet worden. Am 4. Oktober, zwei Tage nachdem der amerikanische Präsident sich für die Notwendigkeit eines Palästinenserstaats ausgesprochen hatte, äußerte Scharon die schärfste Kritik an Bush, die ein israelischer Ministerpräsident je an einem amerikanischen Präsidenten geäußert hat. Er sagte: »Ich rufe alle westlichen Demokratien, insbesondere jedoch die Führungsmacht der freien Welt, die Vereinigten Staaten, dazu auf, den schrecklichen Fehler von 1938 nicht zu wiederholen, als die europäischen Demokratien die Tschechoslowakei für eine befristete Lösung geopfert haben. Versuchen Sie nicht, die Araber auf unsere Kosten zu besänftigen.« Und dann sprach er eine versteckte Drohung aus: »Die Palästinenser haben alle unsere Versuche vereitelt, einen Waffenstillstand zu erreichen ... Wir werden alle Maßnahmen ergreifen, die notwendig sind, um für die Sicherheit des israelischen Volkes zu sorgen. Von heute an verlassen wir uns nur noch auf uns selbst.«

Einen Tag nach der »Tschechoslowakei-Rede« schossen zwei Terroristen im Busbahnhof von Alufa wild um sich und töteten drei Israelis. Durch den Vorfall wurde die Wut der amerikanischen Regierung auf Scharon, weil er Bush mit Neville Chamberlain verglichen hatte, allerdings nicht besänftigt. Scharon wurde gezwungen, sich zu entschuldigen, aber die Äußerung selbst nahm er nie zurück.

Am 7. Oktober 2001 rief Bush Scharon an und informierte ihn, dass der Krieg in Afghanistan in einer halben Stunde beginnen werde. Obwohl das knappe Timing des Anrufs vielleicht durch Bushs Verstimmung verursacht war, sprachen die beiden lange miteinander, ohne dass Scharons Rede erwähnt worden wäre. Allerdings drängte die amerikanische Regierung Scharon auch weiterhin, den Empfehlungen des Mitchell-Berichts zu entsprechen, weil sie ihre Koalition im Afghanistankrieg zusammenhalten musste.

Auch innenpolitisch war Scharon unter Beschuss geraten: Weil er Peres, wie von Amerika gefordert, verhandeln ließ, hatte er der israelischen Rechten eine Angriffsfläche geboten, die Netanjahu liebend gern ausnutzte. Plötzlich stieg Netanjahus Popularität rapide an, und rechtsgerichtete Parteien drohten, die Einheitsregierung zu Fall zu bringen.

Am 13. Oktober 2001 sagte Bush, die »Welt sollte bejubeln«, wie Arafat die Kundgebungen zugunsten der Al-Qaida in den besetzten Gebieten erstickt hatte. (Arafat schien endlich doch eine der Lektionen aus dem ersten Golfkrieg gelernt zu haben: Dass die Palästinenser auf den Dächern tanzten, als Saddams Raketen in Israel einschlugen, hatte der palästinensischen Sache international keine Sympathien eingebracht.) Am selben Tag forderten Rehawam Seewi und Awigdor Liberman, die Führer von Nationaler Union bzw. Jisrael Beiteinu, dass Scharon weitere Verhandlungen zwischen Peres und Arafat verhindern solle. Sie verkündeten außerdem, dass sie an den Kabinettssitzungen nicht mehr teilnehmen würden, bis die Politik der Zurückhaltung neu überdacht worden sei. Scharon beugte sich ihren Forderungen nicht und sagte, die Einheitsregierung sei von nationalem Interesse. Beide Minister traten zurück.

Ihre Rücktrittserklärungen sollten binnen 48 Stunden wirksam werden. In diesem Zeitraum wurde jedoch Rehawam Seewi erschossen, als er vom Frühstücksbüffett im Hyatt Hotel in Jerusalem in sein Zimmer zurückkehren wollte. Die Mörder von der PFLP flohen in die von der Palästinensischen Autonomiebehörde beherrschten Gebiete, und die PFLP erklärte, Seewi sei als Vergeltung für die Ermordung Abu Ali Mustafas durch die israelische Armee getötet worden.

Scharon, der jahrzehntelang mit Seewi befreundet gewesen war, bekam die Meldung von seinem Tod, als er gerade eine Sitzung des Sicherheitskabinetts eröffnete. Er bat Peres und Elieser, mit ihm eine Schweigeminute einzulegen. Nach der Sitzung überzeugte er Liberman, seine Rücktrittserklärung aufgrund der tragischen Umstände zurückzuziehen. Paradoxerweise hatte die Regierung, die Seewi durch seinen Rücktritt hatte stürzen wollen, durch seinen Tod eine Atempause erhalten.

Die Rechte reagierte massiv auf Seewis Tod. Netanjahu forderte den totalen Krieg gegen die Autonomiebehörde und die Terrororganisationen, die unter ihrer Schirmherrschaft operierten, sowie die Verbannung oder Tötung Arafats. Zehntausende von Aktivisten versammelten sich auf dem Zion-Platz, um Seewis zu gedenken und gegen Scharons Politik zu protestieren. Alle Redner forderten Scharon auf, Arafat abzusetzen und die Autonomiebehörde zu zermalmen.

Nach der Tötung eines Ministers war eine harte Reaktion in der Tat so gut wie unvermeidlich. Scharon stellte Arafat ein Ultimatum:

Entweder er liefere die Mörder aus oder Israel werde die Autonomiebehörde zur Terrororganisation erklären und sie stürzen. Arafat weigerte sich, die Mörder auszuliefern. Scharon schickte Truppen in die palästinensischen Städte Dschenin, Nablus, Bethlehem, Kalkilja, Tulkarem und Ramalla.

Er versuchte Arafat als »den Osama bin Laden des Nahen Ostens« zu brandmarken, stieß jedoch auf taube Ohren. Bush fürchtete, die Koalition in Afghanistan könnte auseinanderbrechen, wenn er den israelischen Einmarsch duldete, und verlangte, dass Israel die palästinensischen Städte schleunigst wieder räume.

Im November 2001 wurde Scharon aufgefordert, die israelischen Soldaten vor seinem geplanten Besuch in Washington aus den Städten abzuziehen. Scharon, dem kaum Spielraum blieb, verschob den Besuch und ließ verlauten, er könne das Land aus »Sicherheitsgründen« nicht verlassen.

Neben der Forderung, aus den palästinensischen Städten abzuziehen, bestand die amerikanische Regierung außerdem darauf, dass Scharon auf seine Bedingung einer mehrwöchigen Frist ohne Terror verzichtete und die Empfehlungen des Mitchell-Berichts sofort umsetzte. Powell schickte den (pensionierten) General der Marines Anthony Zinni als Sonderbotschafter in den Nahen Osten. Scharon machte mit dem Viersternegeneral und früheren Kommandeur des US-CENTCOM im Nahen Osten seine übliche Hubschraubertour und wies ihn auf Israels verwundbare schlanke Taille und die topographisch beherrschende Stellung der Golanhöhen hin.

Im Dezember reiste Scharon zu einem Treffen mit Präsident Bush nach Washington, das für ihn sehr unangenehm zu werden versprach. Die amerikanische Regierung wollte, dass Israel die Empfehlungen des Mitchell-Berichts sofort umsetzte und sich rasch auf Endstatusverhandlungen zubewegte, wobei Scharon in Bezug auf Jerusalem, die Siedlungen und territoriale Zugeständnisse an die Palästinenser große Opfer abverlangt werden sollten. Wie es in Washington hieß, war in der Umgebung des Präsidenten von einem Palästinenserstaat die Rede, der den gesamten Gazastreifen und fast das gesamte Westjordanland umfassen sollte. Bestimmte, dicht von Juden besiedelte Gebiete sollten gegen unbesiedelte Gebiete auf der israelischen Seite der Grünen Linie ausgetauscht werden.

Arafat brachte die Initiative zum Scheitern, noch bevor sie begonnen hatte. In den Tagen unmittelbar vor dem Treffen wurde Israel von vier schrecklichen Terroranschlägen heimgesucht. Innerhalb einer Woche wurden 33 Israelis getötet – Teenager an einem Samstagabend in Jerusalem und Erwachsene in einem Bus am folgenden Nachmittag in Haifa. Bush blieb nichts anderes übrig, als Scharon bei seinem Besuch sein tiefstes Bedauern auszusprechen und mit ihm um die Toten zu trauern. Er erlegte Scharon bei der Vergeltung der Anschläge keine Beschränkungen auf. Wie Zinni meldete, hatte Arafat ein Glaubwürdigkeitsproblem.

Diese Woche war der Wendepunkt in der Beziehung zwischen Bush und Scharon. Scharons Zurückhaltung insbesondere während des Kriegs gegen Afghanistan, gepaart mit einer starken Anti-Arafat-Kampagne in Washington, seine Versuche (trotz der Tschechoslowakei-Rede), Bushs Sympathie zu gewinnen, und der Umstand, dass den Amerikanern nach dem 11. September plötzlich ihre eigene Verwundbarkeit bewusst geworden war, führten in ihrer Gesamtheit dazu, dass Bush seine Position überdachte. Seine Einstellung zu Arafat begann sich zu ändern. Bei einer Veranstaltung mit jüdisch-amerikanischen Parteispendern kurz nach Scharons Abreise aus der Hauptstadt sagte der Präsident, er hätte in Scharons Lage genauso gehandelt. Mitte Dezember eröffnete ein palästinensischer Terrorist das Feuer auf einen israelischen Bus in der Nähe der Siedlungen von Emanuel und tötete zehn Menschen. Diesmal gab Bush Scharon grünes Licht, mit überwältigender Stärke Vergeltung zu üben. Seine einzige Bedingung war, dass Israel Arafats Leben verschone.

Arafat hatte sein Leben wohl nur dieser Forderung des US-Präsidenten zu verdanken. Scharon verachtete den Palästinenserführer seit Beirut 1982 und brannte darauf, ihn zu töten oder wenigstens ins Exil zu schicken. Bush war diese Haltung des israelischen Ministerpräsidenten bewusst, und er nötigte ihm das Versprechen ab, den Palästinenserführer weder zu töten noch auszuweisen. Nach Terroranschlägen klagte Scharon immer wieder, dass dieses Versprechen ein Fehler gewesen sei.

Statt Arafat zu töten, beschränkte Israel seine Bewegungsfreiheit auf Ramalla. Nach Scharons neuer politischer Linie war der Palästinenserführer nicht mehr »relevant« für den Friedensprozess. Anstatt sich über die Heuchelei zu beschweren, mit der Arafat sowohl den Terrorismus als auch den Frieden unterstützte, ignorierte Israel ihn einfach und versuchte andere Staaten zu überreden, das Gleiche zu tun.

Im Januar 2002 brachten israelische Kriegsschiffe die *Karin A* auf, die sich auf dem Weg nach Gaza befand. Unter Reissäcken versteckt transportierte das Schiff eine Vielzahl von Waffen, darunter auch Boden-Luft-Raketen, Sprengstoff und andere Werkzeuge des Terrors. Arafat bestritt kategorisch, etwas von der Waffenlieferung gewusst zu haben. Doch Israel legte mehreren politischen Führern des Westens Beweise des Gegenteils vor.

Am 14. Januar 2002 sprach Scharon auf der jährlichen Konferenz der Auslandskorrespondenten. »In ein paar Wochen bin ich vierundsiebzig«, sagte er. »Ich habe keine weiteren politischen Ziele mehr im Leben. Ich habe alles getan. Das einzige, was ich noch will, ist ein politisches Arrangement, das zum Frieden mit den Palästinensern und der arabischen Welt führen wird. Das ist das Letzte, was ich in meinem Leben erreichen will, danach gehe ich zurück auf die Ranch, reite die Pferde und hüte die Schafe. Im Augenblick verschwenden die Palästinenser kostbare Zeit.«

Und über sein Verhältnis zu Arafat sagte er: »Ich hege keinen persönlichen Groll gegen ihn. Ich bin zu beschäftigt, um für so etwas Zeit zu verschwenden. Arafat hat sich für eine Terrorstrategie entschieden, bevor ich zum Ministerpräsidenten gewählt wurde.« Weiter sagte Scharon, Arafat werde Ramalla nicht verlassen dürfen, bis der Palästinenserführer Seewis Mörder und die Verantwortlichen für die *Karin A* verhaftet habe.

Am selben Tag genehmigte Scharon die Ermordung von Raad Karmi, den Israel für eine Serie von Terroranschlägen verantwortlich machte, die von Tulkarem aus verübt worden waren. Karmi, ein Fatah-Mitglied, galt als palästinensischer Nationalheld. Nach seinem Tod schworen alle palästinensischen Terrorgruppen einmütig, ihn zu rächen. Die folgende Welle von Terroranschlägen brachte Scharon nicht von seinem Kurs ab. Er wollte Arafat stürzen und mit seinem hoffentlich gemäßigteren und den Terrorismus ablehnenden Nachfolger verhandeln.

Scharon hatte das Gefühl, dass sich die Internierung Arafats allmählich auszahlte. Arafats Leute, die in Hebron, Nablus, Dschenin und Gaza Machtpositionen innehatten, waren demoralisiert, ihre Geldmittel erschöpft. Scharon erklärte 2002 der Zeitung *Maariv*, wie er Arafats Situation einschätzte: »Er macht in Ramalla das Fenster auf, sieht die Panzer und weiß, dass er nirgendwohin kann. Er würde schrecklich gern reisen; er hat es satt, in seiner Zelle zu sitzen.« Scharon bezeichnete Arafat oft als »den Hund«.

Im Februar 2002 traf sich Scharon ein weiteres Mal mit Bush und bat ihn, öffentlich die Amtsenthebung Arafats zu verlangen und die Washingtoner Büros der PLO zu schließen. Bush machte jedoch klar, dass beides überhaupt nicht in Frage käme. Stattdessen brachte er sein Missfallen über die immer noch andauernden Abriegelungen in den besetzten Gebieten und seine Unterstützung der Gespräche zwischen Peres und Arafats rechter Hand Abu Ala zum Ausdruck.

Bush forderte Israel auf, nicht unangenehm aufzufallen, während er seine Koalition gegen den Irak schmiedete. Die Atmosphäre bei dem Gespräch war positiv, aber Bush sagte Scharon, dass sich das Ansehen Arafats in Europa und im ganzen Nahen Osten durch die Belagerung nur erhöhe. Arafat sei nach wie vor der einzige Vertreter des palästinensischen Volkes. Bushs Haltung bedeutete für Scharon, dass er wieder ganz von vorn anfangen musste. Seine Versuche, Arafat jede Legitimität als Palästinenserführer abzusprechen, waren gescheitert.

Bei einem Zwischenaufenthalt in New York erkrankte Scharon an einer Grippe. Seit er im Amt war, hatte er sämtliche Ratschläge seiner Ärzte in den Wind geschlagen. Obwohl sie ihm zu mehr Ruhe geraten hatten, saß er immer noch um sechs Uhr morgens am Schreibtisch und ging fast nie vor Mitternacht zu Bett. Als er nach Israel zurückkam, nahm er einen weiteren Tag frei. Er verkroch sich auf seiner Ranch, wie er 70 Jahre zuvor in Kfar Malal in der Scheune Zuflucht gesucht hatte, und dachte über seine Lage nach.

Er hatte nicht nur schwierige Feinde und Verbündete, auch Netanjahu saß ihm im Nacken. Er war sich sicher, dass der ehemalige Ministerpräsident seit seiner Rede von Latrun eine Kampagne führte, um ihn aus seinem Amt zu verdrängen. Im Februar hörten Omri

Scharon und Uri Schani über das Handy eines ihrer Unterstützer mit, wie Netanjahu Scharon vor 2000 Mitgliedern des Likud kritisierte. Netanjahus Anhänger unter den Abgeordneten des Likud feierten ihn als »den Ministerpräsidenten der Vergangenheit und der Zukunft«. Außerdem erkannte Scharon allmählich, dass der 11. September zwar von allen gleich gesinnten Ländern als Tragödie aufgefasst wurde, für die Probleme seines Landes allerdings keine Lösung bedeutete. Ganz im Gegenteil: Die Angriffe hatten die Aufmerksamkeit der ganzen Welt auf Israel gelenkt, und es wurde als Stachel im Fleisch des Nahen Ostens betrachtet.

Kapitel 48
Operation Schutzwall

Nach der Ermordung Raad Karmis folgten die Anschläge in rascher Folge. Im Februar 2002 wurden 28 Zivilisten bei Terroranschlägen getötet; der März war noch schlimmer: 100 Tote. In der israelischen Öffentlichkeit setzte sich mehr und mehr die Ansicht durch, dass Scharon keine Antwort wisse. Aufkleber, die seinen Wahlkampf-Slogan »Liebe den Frieden, achte die Sicherheit« lächerlich machten, tauchten an öffentlichen Orten auf. Netanjahus Umfragewerte wurden Tag für Tag besser. Ende Februar schickte Scharon die israelische Armee in die Flüchtlingslager von Dschenin und Nablus – das erste Mal seit den Osloer Verträgen von 1994.

Anfang März 2002 belagerte die israelische Armee Tulkarem. »Jetzt ist alles klar«, sagte Scharon. »Es heißt, entweder sie oder wir.« Doch die Operation im Norden des Westjordanlands brachte Scharons Kritiker nicht zum Schweigen. 80000 Demonstranten versammelten sich auf dem Rabin-Platz und forderten den Ministerpräsidenten auf, die Palästinensische Autonomiebehörde zu zerschlagen.

Omri Scharon rief im Auftrag seines Vaters Arafats Stabschef an und übermittelte eine kurze und prägnante Botschaft: Wenn der Terror nicht aufhört, ist Ramalla als Nächstes dran. Am 11. März marschierte die Armee in der Stadt ein. Auf Bushs Verlangen war Scharon gezwungen, Arafat Bewegungsfreiheit zu lassen. Er beklagte sich, dass der amerikanische Präsident in Bezug auf Arafat nicht mit ihm übereinstimmte.

Im März 2002 fiel Scharons Zustimmungsrate unter 50 Prozent, 25 Prozent weniger als in seinem ersten Amtsjahr. Am 14. März verließ Awigdor Liberman schließlich doch das Kabinett. Er begründete seinen Rücktritt damit, dass Scharon nicht genug gegen den Terror unternehme. (Statt seiner Partei trat die Nationalreligiöse Partei in die Koalition ein.)

Das Passahfest stand am Ende eines todbringenden Monats. Am 27. März wurde Scharons Passahmahl durch eine grausige Nachricht unterbrochen: Ein Selbstmordattentäter hatte sich bei einer Passahfeier im Park Hotel in Netanja in die Luft gesprengt. Dreißig Israelis waren tot. Für Scharon war die Zeit der Zurückhaltung damit beendet.

Am folgenden Tag stellte der Ministerpräsident im Kabinett den Antrag, Arafat ins Exil zu schicken und die Autonomiebehörde endgültig zu einer terroristischen Organisation zu erklären. Alle Minister des Likud waren dafür, alle Minister der Arbeitspartei dagegen. Die Direktoren des Schabak und des Mossad waren der Ansicht, dass die Ausweisung Arafats ein Fehler wäre. Awi Dichter, der redegewandte Chef des Schabak, der ein gutes Verhältnis zu Scharon aufgebaut hatte, überzeugte den Ministerpräsidenten davon, dass Arafat im Ausland mehr Schaden anrichten könnte, als wenn er in seinem Amtssitz unter Hausarrest stand. Am Ende zog Scharon den Belagerungsring um Arafats Amtssitz enger und erklärte ihn zum Feind, ließ ihn aber an Ort und Stelle.

Am 28. März, 24 Stunden nach dem Terroranschlag im Park Hotel, autorisierte das Kabinett die Operation Schutzwall. Zum ersten Mal seit dem Libanonkrieg wurden wieder israelische Reservisten mobilisiert. Tausende hoben den Telefonhörer ab und wurden von einer Automatenstimme zu einer Art Weltuntergangsszenario aufgerufen: einer massiven Invasion in allen größeren Städten und Flüchtlingslagern des Westjordanlands.

Die Operation Schutzwall hatte folgende Ziele: Aufspüren und Ergreifen der Terroristen, insbesondere der ranghöheren Funktionäre; Aufspüren und Beschlagnahme von Waffen und Sprengstoff; Aufspüren und Zerstören von Fabriken, in denen Sprengstoff und andere Werkzeuge des Terrors hergestellt wurden. Die Soldaten hatten den Befehl, jeden Bewaffneten zu töten, in Bezug auf Zivilisten jedoch größte Vorsicht walten zu lassen.

Am Morgen des 29. März marschierte die israelische Armee in Ramalla ein und schloss die Mukata ein, Arafats Amtssitz, in dem er wohnte und arbeitete. Von da an lebte er im Belagerungszustand. Die Fallschirmjägerbrigade eroberte Nablus; sie drang von allen Seiten durch die schmalen Gassen der alten Stadt vor. Erstaunlicherweise fiel dieses trotzigste Bollwerk der Palästinenser binnen weniger Tage. 70 palästinensische Kämpfer wurden getötet.

Die Einnahme des Flüchtlingslagers Dschenin gestaltete sich schwieriger. Wie in Nablus hatten die Militanten in den Gassen Dutzende von Stolperdrähten gespannt, was die Soldaten daran hinderte, von Tür zu Tür vorzustoßen. Die Tzahal wollte auf einen Luftangriff verzichten und befahl den Soldaten, Löcher in die Wände der Häuser zu schlagen, um in das Flüchtlingslager vorzustoßen. Am 9. April, dem siebten Tag der Operation, geriet ein Zug Reservisten in einen Hinterhalt; 14 Soldaten wurden getötet.

Danach ging die Armee kein Risiko mehr ein, drang mit schusssicheren Bulldozern weiter vor und durchbrach den letzten Verteidigungsring des Lagers. Hunderte von gesuchten Männern aus dem dicht besiedelten Lager ergaben sich, als sie erkannten, dass die Schlacht verloren war.

Die Tzahal hatte das gesamte Gebiet abgeriegelt. Journalisten konnten nicht aus erster Hand berichten. Palästinensischen Quellen zufolge gab es in dem Lager ein gewaltiges Massaker – eine Wiederholung von Sabra und Schatila. Viele angesehene internationale Medien gaben diese Information ungeprüft weiter und ignorierten die Dementis offizieller israelischer Stellen.

Unter internationalem Druck stellte UN-Generalsekretär Kofi Annan eine Untersuchungskommission zusammen. Scharon widersetzte sich der Initiative zunächst und sagte, Israel werde sich nicht auf die Anklagebank setzen lassen. Doch er war gezwungen, sich dem amerikanischen Druck zu beugen und die Kommission in das Lager zu lassen. Sie kam zu dem Schluss, dass es kein Massaker gegeben hatte: 56 Palästinenser waren getötet worden und von diesen waren 27 bewaffnet gewesen. Israel hatte 23 Soldaten verloren.

Amnesty International kam ebenfalls zu dem Schluss, dass Israel kein Massaker verübt hatte, beschuldigte das Land jedoch übermäßiger Gewaltanwendung, weil es ganze Viertel mit Bulldozern zerstört und Zivilisten von der medizinischen Versorgung abgeschnitten hatte. Die israelische Armee antwortete, sie habe auf Luftangriffe verzichtet und das Leben ihrer Soldaten aufs Spiel gesetzt, um zivile Opfer zu vermeiden.

Die Ergebnisse der Operation Schutzwall waren günstig für Scharon. Die Beschießung Gilos hörte auf; eindrucksvolle Mengen an

Waffen und Munition wurden beschlagnahmt; das Symbol von Arafats Herrschaft, die Mukata, war von Panzern umringt. Dutzende von Terroristen und gesuchten Verdächtigen waren festgenommen worden; die israelische Armee konnte in Gebiet A kommen und gehen, wie sie wollte; der Terror ging endlich zurück.

Die Operation führte auch zu einem diplomatischen Erfolg: Aus Unterlagen der Palästinensischen Autonomiebehörde, die von der Armee beschlagnahmt wurden, ging hervor, dass Arafat direkt in den Terror verwickelt war. Scharon nutzte diese Beweise später, um Bush zu überzeugen, dass Arafat nicht der richtige Partner für den Friedensprozess sei, und da er dem Terror nicht abgeschworen habe, physisch und diplomatisch isoliert werden müsse.

Obwohl bei der Operation Schutzwall insgesamt 34 israelische Soldaten fielen, wurde sie als beispielloser Sieg über den Terror gewertet. Scharon ließ nicht locker. Wenige Wochen später befahl er eine weitere Operation der Armee, und er wies den Schabak an, die Zahl der »gezielten Tötungen« zu erhöhen.

Am 23. Juni 2002 warf die israelische Luftwaffe aufgrund zuverlässiger Geheimdienstinformationen auf das Haus von Salah Schehadeh, dem damals meistgesuchten Hamas-Mitglied, eine 1000-Kilogramm-Bombe ab. Wie die Armee behauptete, hatte sie Schehadeh zuvor viele Male entkommen lassen, weil sie nicht das Leben von Zivilisten gefährden wollte. Nun jedoch wurde die Bombe auf ein dicht besiedeltes Gebiet abgeworfen und tötete nicht nur Schehadeh, sondern auch seine Frau, seinen Sohn und 13 weitere Zivilisten. Die Aktion wurde international verurteilt, aber Scharon bleib auch danach von der Legitimität seiner Politik der politischen Morde überzeugt.

In Arafats Hauptquartier in Ramalla hatten sich 15 gesuchte Männer geflüchtet, darunter auch die mutmaßlichen Mörder Rehawam Seewis. Drei israelische Panzer hatten ihre Kanonen auf Arafats Büro gerichtet. Scharon ließ zu, dass die Mukata mit Nahrungsmitteln, Wasser und Strom versorgt wurde, aber es durfte niemand hinein oder hinaus. Arafats Residenz war zu einem Gefängnis geworden. Allerdings warnten amerikanische Regierungsbeamte Israel, das Hauptquartier anzugreifen, um Seewis Mörder festzunehmen. Scharon sagte, er sei bereit, Neuwahlen zu riskieren wenn nötig, aber er werde den Belagerungszustand nicht lockern, bis die gesuchten Männer ausgeliefert seien. Die amerikanische Regierung vermittelte einen Kompromiss: Arafat übergab die Mörder an britische und amerikanische Sicherheitsleute, die sie in Jericho gefangen setzten, und dafür lockerte Israel den Belagerungszustand.

Inzwischen hatte Scharon wieder eine Zustimmungsrate von 70 Prozent. Zwei Drittel des Landes fanden, Operation Schutzwall sei gerechtfertigt gewesen. Anfang Mai traf er sich das fünfte Mal nach seiner Wahl zum Ministerpräsidenten mit US-Präsident Bush und legte ihm seinen eigenen Friedensplan dar: ein langfristiges Übergangsabkommen, das die stufenweise Gründung eines unabhängigen Palästinenserstaats vorsah, dessen Grenzen Scharon allerdings nicht klar definierte. Dies alles jedoch nur unter der Bedingung, dass Arafat bei den Verhandlungen keine Rolle spielte und den neugegründeten Staat nicht führe, weil er, wie Scharon betonte, »ein Reich des Terrors und ein korruptes Regime aufgebaut« habe.

Scharons Plan hatte drei Stufen: eine regionale Friedenskonferenz unter der Schirmherrschaft der US-Regierung; eine Periode des Wiederaufbaus der Autonomiebehörde unter strikter internationaler Kontrolle ihrer Bewaffnung und ihrer Sicherheitsdienste; und schließlich den Beginn von Verhandlungen über Endstatusgespräche. Bush gefiel der Plan, aber er verlangte, dass die Israelis alle drei Stufen zugleich in Angriff nähmen, um den Prozess zu beschleunigen. Scharon fand, dass der Plan durch diesen Wunsch des Präsidenten undurchführbar wurde. Er würde ihn so niemals durch das Kabinett bringen, außerdem war er seiner Ansicht nach sicherheitstechnisch nicht zu verantworten.

Scharon kehrte am 12. Mai 2002 nach Israel zurück, wenige Tage vor der Konferenz des Zentralkomitees des Likud, auf die er sich schon seit Beginn des Jahres vorbereitete. Der wichtigste Punkt auf der Tagesordnung war Scharons Rede in Latrun und das Problem eines Palästinenserstaats.

Auf dem Weg zur Konferenz machte Scharon Zwischenstation in Reuwen Adlers Büro, um seine Strategie gegen Netanjahu noch einmal durchzusprechen. Der Stand der Dinge im Zentralkomitee war beiden Männern klar: Eine überwältigende Mehrheit der Mitglieder, darunter auch viele Anhänger Scharons, war gegen einen Palästinenserstaat. Scharon lud die Minister und Abgeordneten des Likud zu einem Gespräch im VIP-Raum des Mann-Auditoriums ein, eines Konzertsaals in Tel Aviv. Kaum einer von ihnen schien seine Initiative für die Gründung eines Palästinenserstaats zu unterstützen. Sie wussten alle, dass das Zentralkomitee des Likud gegen einen Palästinenserstaat war und dass es vor den Wahlen festlegte, welchen Listenplatz die Kandidaten des Likud bekamen.

Die Konferenz begann fast schon traditionsgemäß mit einem Schwall von höhnischen Bemerkungen und Beleidigungen. Netanjahu sprach als Erster. Er kritisierte Scharons Politik scharf und rief die Mitglieder des Zentralkomitees dazu auf, dem Ministerpräsidenten klar zu machen, dass sie gegen einen Palästinenserstaat seien. Scharon sprach als Zweiter. Er sagte, es sei Netanjahu gewesen, der Arafat die Hand geschüttelt habe, und nicht er, und er konnte sich auch die Bemerkung nicht verkneifen, dass der Kampf gegen den Terror mit Ruhe und Verantwortungsbewusstsein geführt werden müsse, nicht mit Vorträgen und Lesereisen. Scharon plädierte dafür, dass die Mitglieder des Komitees den gewählten Regierungsvertretern keine Beschränkungen auferlegen sollten.

Eine kleine Gruppe unter den Zuhörern buhte Scharon während seiner ganzen Rede aus, außer wenn sie gerade Netanjahus Spitznamen »Bibi, Bibi« schrien. Netanjahu stand auf und bat um Ruhe, während Scharon sprach, aber die Rufe »Geh heim, alter Mann!« wurden nur noch lauter. Scharon überschrie die Störer und stellte den Antrag, der Führung das Vertrauen auszusprechen oder abzusprechen und die Diskussion über das Für und Wider eines Palästinenserstaats auf einen späteren Termin zu verschieben.

Nach der Satzung des Likud muss über einen Antrag des Ministerpräsidenten als Erstes abgestimmt werden. Zachi Hanegbi hielt zuerst die Vertrauensabstimmung ab und ließ dann über das Problem eines Palästinenserstaats abstimmen. Das Ergebnis der ersten Abstimmung war hart für Scharon: 60 Prozent der Mitglieder des Zentralkomitees entzogen der Regierung das Vertrauen.

»Ich respektiere alle demokratischen Entscheidungen, die vom Zentralkomitee des Likud getroffen werden«, sagte Scharon, »aber ich sage Ihnen heute Abend, dass ich Israel weiter nach denselben

Kriterien führen werde, von denen ich mich auch in der Vergangenheit leiten ließ: der Sicherheit des Staates Israel und seiner Bürger und dem gemeinsamen Ziel eines wahren Friedens.« Wie ihm Adler und Omri geraten hatten, verließ er sofort nach dieser Stellungnahme die Konferenz, um bei seiner sicheren Niederlage in der zweiten Abstimmung nicht mehr anwesend zu sein.

Sein Abgang wurde von einem Sturm von Buhrufen und Pfiffen begleitet. Die ganze Geschichte war im Fernsehen übertragen worden. Danach stellte Hanegbi Netanjahus Antrag zur Abstimmung, der die Führung des Likud zwingen sollte, sich der Gründung eines Palästinenserstaats zu widersetzen. Ein Meer von Händen erhob sich zugunsten des Antrags, nur fünf Personen stimmten dagegen.

Es hatte den Anschein, als hätte Netanjahu einen großen Sieg gegen Scharon errungen, tatsächlich jedoch hatte er dem Ministerpräsidenten nur als Kontrastfigur gedient. Sollte Netanjahu doch den rechtsextremen Flügel besetzen, die Mehrheit der israelischen Bevölkerung unterstützte umso mehr Scharon. Die politischen Führer Amerikas und Europas standen Schlange, um ihm zu seinem tapferen Kampf für den Frieden zu gratulieren. Zum ersten Mal wurde er auch von den führenden Politikern der Europäischen Union akzeptiert. Netanjahu wurde als engstirniger Politiker dargestellt, der bei seiner Partei punkten wollte, während Scharon tapfer für seine Prinzipien kämpfte. Die Niederlage in Tel Aviv sollte sich als Scharons erster großer Sieg über Netanjahu erweisen.

Um ein Uhr morgens rief Scharon auf der Rückfahrt zur Ranch Arie Ganger an und bat ihn, dem Weißen Haus auszurichten, dass er nicht die Absicht habe, auch nur einen Millimeter von seinen Versprechen gegenüber dem Präsidenten abzurücken. Er war sehr zufrieden mit sich und sagte in einem Interview mit Schimon Schiffer und Nahum Barnea von *Yedioth Ahronoth:* »Es heißt, ich sei eine lahme Ente, und es stimmt, ich hinke seit 54 Jahren, seit ich in Latrun verwundet worden bin und dann noch einmal als Bataillonskommandeur bei den Fallschirmjägern. Lahm bin ich schon, eine Ente nicht« (*Yedioth Ahronoth,* 16. Mai 2002).

Scharon blieb am folgenden Tag auf der Ranch und ruhte sich aus, während seine Helfer daran arbeiteten, Netanjahu als streitsüchtigen und übereifrigen Möchtegern-Erben des Ministerpräsidenten darzustellen. Scharon verließ die Ranch am Nachmittag und kam rechtzeitig in der Knesset an, um an der Fraktionssitzung des Likud teilzunehmen. Er verkündete, dass er sich seine Politik von niemandem diktieren lasse. Als der Abgeordnete Jossi Sarid (von der linken Partei Meretz) zu ihm an den Tisch kam und ihm zu seiner unerschütterlichen Haltung gratulierte, betrachtete Scharon amüsiert das Chaos um sich herum, dann wandte er seine Aufmerksamkeit der Schale Cornflakes zu, die er vor sich stehen hatte.

Kapitel 49
Die Roadmap

Uri Schani war ein strenger Stabschef und setzte mancher Unsitte seines Chefs ein Ende. So unterband er zum Beispiel die überlangen Telefongespräche, die Scharon mit Freunden führte. Im stressgeprägten 18-Stunden-Tag des Ministerpräsidenten war keine Zeit für unnötige Plaudereien und andere Zerstreuungen. Alle hereinkommenden Anrufe nahm Schani entgegen. Ohne seine Erlaubnis kam niemand zu seinem Chef durch. Außerdem hatte er Scharons alte Sekretärin Sara Schamaa aus dem Stab entlassen. Sie kannte alle alten Freunde des Ministerpräsidenten, und solange sie in seinem Büro saß, hätten diese immer Zugang zu ihrem Chef bekommen. Schani ersetzte sie durch Marit Danon, eine ausgezeichnete Sekretärin, die schon den Ministerpräsidenten Rabin, Peres und Schamir gedient hatte.

Jeden Morgen um sechs betrat Scharon sein Büro und besprach mit Schani und mehreren Referenten die Aufgaben des Tages. Schani orientierte sich an Bushs Stabschef, der einen Regierungsapparat führte, in dem Pünktlichkeit einen extrem hohen Stellenwert besaß.

Er managte das Büro auf einer strengen Need-to-know-Basis (Herausgabe von Informationen nur mit triftigem Grund) und informierte selbst seinen alten Freund Omri Scharon kaum über neue Entwicklungen. Trotzdem war Omri politisch nach wie vor sehr aktiv. Er kümmerte sich um die Parteipolitik und kandidierte für einen Sitz in der Knesset. Auch umwarb er zahlreiche Likud-Abgeordnete und entschied häufig, welche Mitglieder des Zentralkomitees Posten im staatlichen Sektor bekamen. Eine Zeit lang hatte es den Anschein, als plane auch Schani, für die Knesset zu kandidieren. Er bestritt dies zwar, aber durch das Gerücht wurde die Rivalität zwischen ihm und Omri noch verschärft. Selbst der Ministerpräsident glaubte, dass sich Schani in Wirklichkeit auf eine Kandidatur vorbereitete.

Unter Schanis Ägide wurden sämtliche Gespräche des Ministerpräsidenten auf Band aufgenommen – private Unterredungen waren verboten. Schani oder ein anderer politischer oder militärischer Berater waren bei allen Gesprächen anwesend, die der Ministerpräsident führte. Nachdem Scharon unter anderem die Konflikte wegen Kibbija und dem Libanonkrieg überstanden hatte, hielt er sich mit peinlicher Genauigkeit an Schanis Vorgaben. Wenn ein Gespräch mitgeschnitten wird, sprechen die Menschen anders, sagte Scharon häufig. Dank dieses Verfahrens hatte Schani einen Überblick über sämtliche Gespräche des Ministerpräsidenten und bekam immer mehr Einfluss auf ihn.

Der einzige Aspekt von Scharons Verhalten, den er nicht in den Griff bekam, war das Essen. Wie schon im Krieg aß Scharon auch im Büro des Ministerpräsidenten zu viel. Es war die einzige Schlacht, die er eingestandenermaßen verlor.

Scharons alte Sekretärin Sara Schamaa war im Kampf um Scharons Gesundheit Lilys Verbündete gewesen. Die beiden hatten ein hartes Regiment geführt und ganz genau bestimmt, was er aß. Oft hatten sie ihn auf eine Diät mit Tomatensaft gesetzt, den er allerdings, wie alles andere auch, stark salzte.

Manchmal, wenn seine alte Sekretärin gerade nicht aufgepasst hatte, hatte Scharon einen Referenten hinausgeschickt und ihn zwei Falafel-Sandwiches besorgen lassen, die er unter seinem Blazer hereinschmuggelte. Wenn der Mann zurückkam, bat Scharon die Sekretärin, ihn zehn Minuten lang nicht zu stören. Zu sehen, wie Scharon seine Lieblingsspeise Falafel aß, war ein echtes Erlebnis: Verzückt biss er in das Fladenbrot, dass die Sesamsoße Tahina in alle Richtungen spritzte.

Manchmal geriet Scharon regelrecht aus dem seelischen Gleichgewicht, wenn er das Essen nicht bekam, auf das er Lust hatte. Einmal schickte er in Washington, unmittelbar vor einem Treffen mit Präsident Bush, einen seiner Referenten los, um eine gute Salami zu finden. Erst als er sie aufgeschnitten hatte und zu essen begann, entspannte er sich wieder.

Schani wusste, dass bei Scharon nichts mehr ging, wenn er sich ein bestimmtes Essen in den Kopf gesetzt hatte. Als sie nach dem Besuch in Amerika auf dem Flughafen Lod landeten, bekam Scharon großen

Appetit auf Falafel. Schani ließ einen Referenten ein paar Sandwiches für den Chef holen. Aber Scharon wollte kein mitgebrachtes Essen. »Uri«, sagte er, »ich möchte gern im Stehen Falafel essen, in einer dieser Klitschen im Bucharin-Viertel von Jerusalem, und mir selber nach Lust und Laune Soße und Gewürze drauftun. Lassen Sie mir dieses Vergnügen.«

Die Beamten des Schabak waren nicht gerade erfreut über diese Idee, aber der Ministerpräsident blieb hartnäckig, und sein Stabschef wollte ihm nach der anstrengenden, aber erfolgreichen Amerikareise den Gefallen tun. Scharon wurde in einem gepanzerten Wagen direkt vom Flughafen in die engen Gassen des alten Bucharin-Viertels gefahren, wo er zwei Falafel-Sandwiches hintereinander aß. Er plauderte liebenswürdig mit dem Verkäufer und bat höflich um Erlaubnis, wenn er sich bei den Gewürzen und Salaten an der Theke bediente. Er wusste nicht, dass alle anderen Gäste in dem Lokal beim Schabak beschäftigt waren.

Im Wahlkampf um das Amt des Ministerpräsidenten beobachteten Journalisten immer wieder, wie Schani Scharon Dinge ins Ohr

September 2001. Ministerpräsident Scharon mit Generalstabschef Uri Schani.
(Foto: David Rubinger, *Yedioth Ahronoth*)

flüsterte, und bekamen den Verdacht, dass der Stabschef ihm einflüsterte, was er sagen sollte. Tatsächlich jedoch war Scharon auf einem Ohr taub. Schani hatte das Handicap geheim gehalten und flüsterte seinem Chef nicht etwa zu, was er sagen sollte, sondern was gesagt wurde. Als Scharon mitbekam, wie dieses Flüstern interpretiert wurde, griff er lieber auf Notizen zurück, ein System, das er seine gesamte Zeit als Ministerpräsident beibehielt.

Er kommunizierte auch sonst häufig mit Notizzetteln. Seit der Zeit als junger Kommandeur schrieb er bei Besprechungen wichtige Dinge auf und hatte immer ein Notizbuch in der Tasche. Wenn ihm ein Zettel gereicht wurde, konnte er seine schauspielerischen Fähigkeiten hervorragend einsetzen. Wie sich eine Vertrauensperson erinnert, konnte ein solcher Zettel beispielsweise bedeuten, »dass eine Besprechung sofort beendet werden musste oder dass die Person ihm gegenüber schlecht über ihn geredet hatte oder dass ein militärischer Einsatz gescheitert war. Wegen Scharons Pokerface konnte man das nie wissen. Er konnte eine Notiz lesen, die eine schreckliche Information über eine der anwesenden Personen enthielt, und auf sie mit den Worten ›Danke, ich will jetzt noch keinen Tee‹ reagieren.

Scharons liebste Notizzettel waren Gilads tägliche Nachrichten über die Ereignisse auf der Ranch – über Tiere, die Junge bekamen, über neue Feldfrüchte, über Regenfälle. Einmal, während einer besonders hitzigen Diskussion mit David Levi, las Scharon eine Notiz und grinste breit. Levi war sich sicher, dass die Botschaft mit irgendeinem neuen politischen Schachzug zu tun hatte, tatsächlich jedoch war auf der Ranch ein Kalb geboren worden.

Ende Mai 2002 trat Uri Schani als Stabschef zurück. Die Spannungen mit Omri und einigen Freunden Scharons und das Gefühl, dass ihn der Ministerpräsident nicht mehr rückhaltlos unterstützte, waren für diese Entscheidung verantwortlich. Wie oft bei Scharon verzichtete der scheidende Mitarbeiter darauf, in der Öffentlichkeit schmutzige Wäsche zu waschen.

Dow Weissglass wurde sein Nachfolger, wodurch sich Umgangston und Management des Büros sofort änderten. Der lockere Weissglass hatte wenig Interesse an einer strengen Führung des Büros und viel mehr Interesse an auswärtigen Angelegenheiten. Schon wenige

Wochen nach seiner Amtsübernahme war er mit Staatsangelegenheiten befasst.

Wie Schani und andere wichtige Referenten und Berater Scharons war auch Weissglass ein altgedienter Mitarbeiter Scharons. Im Verhältnis zu Scharons Kreis jedoch war er ein Linksliberaler. Zwar waren auch Omri Scharons Ansichten beträchtlich linker als die seines Vaters, aber Weissglass lebte wirklich in der linksliberalen Welt und schlug Brücken zu den entsprechenden Medien und dem eher linken juristischen Establishment, denen es bislang vor Scharon gegraust hatte. Weissglass und Omri herrschten als Freunde und Partner über das Büro des Ministerpräsidenten, und dieses neue Gespann wurde von vielen Siedlern für die von ihnen so genannte »Rückzugskatastrophe« verantwortlich gemacht.

Weissglass begleitete Scharon im Juni 2002 auf seiner nächsten Washingtonreise. Kurz vor dem Abflug listete der Ministerpräsident drei Bedingungen für die Wiederaufnahme der Friedensgespräche auf: die Ersetzung Arafats durch einen neuen Führer, die Durchführung von Reformen in der Palästinensischen Autonomiebehörde und das Treffen langfristiger Übergangsvereinbarungen vor dem Einstieg in Endstatusgespräche. Bush hingegen wollte eine internationale Friedenskonferenz initiieren und die Delegation der Palästinenser von Arafat führen lassen. Eine für Scharon völlig inakzeptable Idee.

Die Analytiker, die vorausgesagt hatten, Bush werde Scharon zwingen, seinen Vorstellungen zuzustimmen, behielten Unrecht. Vielmehr wurden sich Bush und Scharon darüber einig, dass keinerlei Hoffnung auf eine Friedensregelung bestand, solange Arafat das palästinensische Volk führte. Nach 20 Monaten bewaffneten Konflikts mit den Palästinensern gelang es Scharon, der mehr als jeder seiner Vorgänger an den absoluten Vorrang des israelisch-amerikanischen Bündnisses glaubt, das Weiße Haus von seiner Ansicht zu überzeugen, dass Arafat für den Frieden in der Region »irrelevant« sei.

Im Juni arbeitete Bush an einer wichtigen Rede über seine Nahostpolitik. Scharon führte gerade mal wieder eine Antiterroroperation im Westjordanland durch und hielt – über offizielle und andere Kanäle – engen Kontakt zur amerikanischen Regierung. Die heikelsten Botschaften ließ er durch seinen Freund Arie Ganger übermitteln, der direkt mit Vizepräsident Dick Cheney, der Vorsitzenden des Nationalen Sicherheitsrats Condoleezza Rice und Außenminister Colin Powell sprach.

Scharon investierte viel Energie, um Bush zu überzeugen, dass Arafat sich durch nichts von anderen Drahtziehern des Terrorismus unterschied. Er beauftragte den Schabak-Chef Arie Dichter und den Mossad-Chef Efrajim Halewi, konkrete Beweise für Arafats Verwicklung in den Terrorismus vorzulegen. Die Geheimdienste trieben das Belastungsmaterial auf und dokumentierten außerdem Fälle von Zusammenarbeit zwischen Arafat und Amerikas neuem Feind Saddam Hussein.

Arafat behauptete, von dem Waffen schmuggelnden Schiff *Karin A* nichts gewusst zu haben; Scharon leitete Dokumente nach Washington weiter, die das Gegenteil bewiesen. Aus anderen Dokumenten, die bei dem Chef der Palästinensischen Sicherheitsbehörde im Westjordanland, Dschibril Radschub, beschlagnahmt wurden, ging hervor, dass die Autonomiebehörde mit den Terroranschlägen in Israel zu tun hatte. Tage vor Bushs Nahostrede lieferte das Büro des israelischen Ministerpräsidenten Beweise, dass Arafat den Terroristen, die eine Woche zuvor in dem Ostjerusalemer Viertel French Hill einen Anschlag mit Schusswaffen durchgeführt hatten, 20 000 Dollar gezahlt hatte. Die Berater des Präsidenten meinten, Bush könne schwer in Bedrängnis geraten, wenn er zugleich den Terror bekämpfen und einen von Arafat geführten Palästinenserstaat unterstützen wolle. Der Präsident ließ sich überzeugen und entzog Arafat das Vertrauen.

Am 24. Juni wurde klar, dass sich die direkte Verbindung nach Washington ausgezahlt hatte: Bush gab bekannt, dass die Vereinigten Staaten den palästinensischen Wunsch nach einem eigenen Staat nur unterstützten, wenn die Palästinenser eine Führung wählten, die den Terror nicht unterstützte. Die Kehrseite der Medaille war, dass er von Israel verlangte, seine Truppen auf die Linien vor dem September 2000 zurückzuziehen und, wie im Mitchell-Bericht empfohlen, jeglichen Siedlungsbau einzustellen. Trotz dieses Wermutstropfens war die Aufforderung an die Palästinenser, Arafat von der politischen Bühne zu entfernen, ein klarer Sieg für Scharon.

Allerdings gab es einen Satz in Bushs Rede, den Scharon lieber nicht gehört hätte: »Die israelische Besatzung, die 1967 begann, wird durch eine von den Parteien ausgehandelte Friedensregelung beendet werden, die auf den UN-Resolutionen 242 und 338 beruht. Israel wird sich auf sichere und anerkannte Grenzen zurückziehen.« Die Bedeutung war klar: Israel würde wie zuvor mit den Grenzen von 1967 als gegebene Tatsache in die Endstatusverhandlungen eintreten müssen.

Nach einer dringend benötigten Ruhepause im August, in der Scharon Kriegsromane las und seinen Jerusalemer Stab auf der Ranch zu Gast hatte, vertraute er Eli Landau Folgendes an: Der arabisch-israelische Konflikt werde erst dann enden, wenn die Araber das grundlegende Recht der Juden anerkennen würden, in einem souveränen Staat im Land ihrer Vorfahren zu leben.»Zeigen Sie mir ein anderes Volk, das je bereit war, Land abzutreten, ohne dass es einen Krieg verloren hat. Niemand würde das tun. Ich habe es geschafft, mit den Amerikanern einen Plan auszuarbeiten, nach dem in mehreren Stadien ein Abkommen erreicht wird. Warum in Stadien? Weil jedes Stadium permanent ist. Was man einmal hergegeben hat, wird nie mehr zurückgegeben.«

Laut Scharon waren mit den Amerikanern folgende Bedingungen ausgehandelt worden: Ein Abkommen in mehreren Stadien; keine Kontrolle des staatlichen Sicherheitsapparats und der Staatsfinanzen der Palästinenser mehr durch Arafat; Sicherheitskräfte der PA unter amerikanischer Überwachung; Offenlegung der Verwendung aller Gelder, die an die PA flossen, um eine Finanzierung terroristischer Aktivitäten auszuschließen; die völlige Einstellung der antiisraelischen Hetze in Medien und Schulen. Erst wenn diese Reformen durchgeführt waren, würde Israel mit Verhandlungen beginnen.

Im September 2002 drohte Saddam Hussein mit Raketenangriffen gegen Israel, falls sein Land angegriffen würde. Scharon befahl dem Heimatschutzkommando der israelischen Armee, genügend Schutzausrüstungen gegen chemische und biologische Waffen zu besorgen und an die gesamte Bevölkerung zu verteilen.

Als der amerikanische Angriff näher rückte, wuchs der Druck auf Scharon, die Kriegsvorbereitungen durch größtmögliche Zurückhaltung zu erleichtern. Am 20. September jedoch wurden durch einen Selbstmordattentäter in einem Bus in Tel Aviv sechs Zivilisten getötet. Scharon ließ den Belagerungsring um Arafats Hauptquartier noch enger ziehen, und die israelische Armee legte mehrere Gebäude in seiner unmittelbaren Nähe in Schutt und Asche, darunter das Versammlungsgebäude neben der Mukata und die Brücke, die seinen Wohnkomplex mit den anderen Regierungsgebäuden verband. Arafat und die 250 mit ihm eingeschlossenen Personen mussten zusehen, wie israelische Soldaten über den Schutt liefen.

Die Nähe der Soldaten zu Arafat, der sich in seinem Schlafzimmer im zweiten Stock verkrochen hatte, alarmierte Washington. Wenn Arafat etwa passierte, musste die Aktion im Irak möglicherweise aufgeschoben werden. Dan Kurtzer, der amerikanische Botschafter in Israel, besuchte Scharon auf der Ranch und brachte seine Besorgnis zum Ausdruck: Im Fernsehen sehe es so aus, als ob »Sie das ganze Gebäude über ihm zusammenstürzen lassen wollten«. Scharon erwiderte, die Terroristen, die in Tel Aviv den Bus in die Luft gesprengt hätten, seien für das schlechte Timing verantwortlich, aber er versprach, Arafat unversehrt zu lassen.

Bush schickte eine geharnischte Botschaft an Scharon und forderte ihn auf, die Belagerung unverzüglich aufzuheben und die Kriegsvorbereitungen der USA nicht mehr zu stören. Scharon schickte umgehend Weissglass nach Washington, um eine nachgiebigere Haltung zu erreichen. Doch Condoleezza Rice versicherte Weissglass schroff, Amerika werde es nicht zulassen, dass Israel etwas unternehme, das die Anstrengungen der Vereinigten Staaten behindere, Unterstützer für den Krieg zu gewinnen.

Die Belagerung Arafats erschwerte es den USA, die Zustimmung des Weltsicherheitsrats für einen Schlag gegen den Irak zu erlangen. Die Zerstörung der Residenz des Palästinenserführers und der Regierungsgebäude der Palästinensischen Autonomiebehörde hatten Arafat wieder in die Schlagzeilen gebracht, und sein Schicksal fand wieder einmal große internationale Beachtung. Scharon gab den amerikanischen Forderungen nach, indem er die Panzer um 500 Meter zurückzog, doch er kapitulierte nicht, denn er hielt die Belagerung nach wie vor aufrecht.

Im Oktober hatte Scharon erneut ein Treffen mit Bush. Die beiden einigten sich darauf, dass die Vereinigten Staaten in dem kommenden Krieg den israelischen Luftraum und Stützpunkte der israelischen Luftwaffe benutzen könnten. Bush versprach, alle Abschussbasen für Scud-Raketen im Westen des Irak sofort zu zerstören und Israel Patriot-Boden-Luft-Raketen zur Raketenabwehr zu liefern. Scharon versprach, größtmögliche Zurückhaltung zu üben und die USA vorher zu informieren, falls Israel den Irak angreifen würde.

Russland, China und Frankreich, drei der sieben permanenten Mitglieder des Weltsicherheitsrats, waren gegen eine Kriegserklärung an den Irak. Deshalb beschlossen Bush und der britische Premierminister Tony Blair, den Krieg ohne Genehmigung der Vereinten Nationen zu führen, und nannte ihren bunten Haufen von Verbündeten die »Koalition der Willigen«. In den Monaten vor der Invasion am 20. März 2003 entwickelte die amerikanische Regierung einen weitreichenden Plan zur Beilegung des israelisch-palästinensischen Konflikts. Der Plan wurde als Roadmap (Straßenkarte) bezeichnet und sollte dem amerikanischen Präsidenten in seinem Kampf für die Beseitigung der Übel im Nahen Osten mehr internationale Legitimität verschaffen.

Nach dem Zeitplan der Roadmap sollten im Jahr 2003 die Terroranschläge aufhören, die Palästinensische Autonomiebehörde sollte eine Reihe von Reformen durchführen, und Israel sollte jeglichen Ausbau der Siedlungen einfrieren; 2004 sollten die Palästinenser einen eigenen Ministerpräsidenten wählen, und danach sollten die USA eine internationale Friedenskonferenz organisieren, auf der über einen Palästinenserstaat entschieden werden sollte. Im Juni 2005 schließlich sollten Palästinenser und Israelis zusammen mit Vertretern arabischer Staaten über den Endstatus verhandeln. In diesen Verhandlungen sollten die beiden schwierigsten Probleme des Konflikts gelöst werden: der Status Jerusalems und die Frage des Rückkehrrechts der palästinensischen Flüchtlinge.

Sobald die Roadmap offiziell bekannt gegeben würde, sollte Israel seine Truppen auf die Linien des 28. September 2000 zurückziehen, jeglichen Siedlungsbau einstellen und den drei Millionen Palästinensern, die unter der Kollektivstrafe der Abriegelung litten, mehr Bewegungsfreiheit einräumen.

Scharons Ansicht nach war der Plan übereilt und äußerst gefährlich für Israel. Außerdem wich er radikal von seinem eigenen Stufenplan ab. Aber der israelische Ministerpräsident wusste inzwischen, wie das Weiße Haus funktionierte. Er konnte den Plan des Präsidenten nicht rundheraus ablehnen, ganz gewiss nicht, solange die USA sich auf einen Krieg gegen den Irak vorbereiteten. Also erklärte er, Israel sei bereit, über den Plan zu sprechen, könne ihn jedoch in der vorliegenden Form nicht ohne Weiteres akzeptieren. Nach dem Krieg und den Wahlen in Amerika und Israel würde dann noch genug Zeit sein, den Plan abzuschießen und ihn zu all den anderen gut gemeinten Friedenspapieren zu werfen, die auf die Region bereits herabgeflattert waren, nämlich in den Papierkorb.

Kapitel 50
Rezession

Scharons größte Belastung als Ministerpräsident war zweifellos die schlechte Wirtschaftslage in Israel. Laut Umfragen aus dem Sommer 2002 waren 90 Prozent der Israelis mit der Wirtschaftspolitik Scharons unzufrieden, denn das Land befand sich seit Beginn der zweiten Intifada in der Rezession. Durch den Terrorismus war der Tourismus zusammengebrochen, und viele potenzielle Investoren waren weggeblieben. Die Arbeitslosigkeit war auf elf Prozent gestiegen, der Schekel hatte an Wert verloren und Hunderte von Unternehmen und Fabriken hatten schließen müssen. Von September 2001 bis April 2002 war das Bruttoinlandsprodukt des Landes um fünf Prozent oder 25 Milliarden Schekel gesunken.

Die Regierung Scharon geriet in eine Haushaltskrise. Durch die Operation Schutzwall und die nachfolgenden Operationen der Armee waren die jährlichen Staatsausgaben um acht Milliarden Schekel höher als geplant. Scharon und sein Finanzminister Silwan Schalom verkündeten ein »Sofortprogramm zur Sanierung der Wirtschaft«. Scharon hatte erkannt, dass eine ungebremste Erhöhung des Staatsdefizits zu einer zweistelligen Inflationsrate, sinkenden Aktienkursen, einem massiven Anstieg der Arbeitslosigkeit und einer Verschlechterung der israelischen Kreditwürdigkeit führen würde. Fachleute der Bank of Israel versicherten ihm, dass drastische Maßnahmen notwendig seien. Scharon – selbst kein Wirtschaftsexperte – bezeichnete seinen Sanierungsfeldzug als »einen ökonomischen Krieg«.

Das Ziel des Sanierungsplans bestand darin, die Staatsausgaben um sechs Milliarden Schekel zu kürzen und die Steuereinnahmen um drei Milliarden zu erhöhen. Zu diesem Zweck sollten alle staatlichen Gehälter eingefroren, Börsengewinne besteuert, die staatlichen Subventionen für Familien mit Kindern gekürzt, die Leistungen der Sozialhilfe eingefroren, die Arbeitslosenunterstützung gekürzt, die Mehrwertsteuer erhöht, die Steuererleichterungen für die Bewohner von Gebieten von nationaler Wichtigkeit vermindert und die Steuern auf Benzin und Zigaretten erhöht werden.

Die vorgeschlagenen Maßnahmen stießen in allen politischen Lagern auf Widerstand. Obwohl Scharon sie im Prinzip genehmigt hatte, wusste er, dass es sehr schwer sein würde, sie wie geplant bis zum 1. Januar 2003 einzuführen. Die erste Hürde kam am 20. Mai 2002. Um den Sanierungsplan bei der ersten Lesung durchzubringen, brauchte Scharon die Zustimmung seines Koalitionspartners, der ultraorthodoxen sephardischen Schas-Partei, die 17 Sitze in der Knesset hatte. Doch die Partei war gegen eine Kürzung der staatlichen Unterstützung für ihre größtenteils aus den unteren Einkommensschichten stammenden Wähler.

Scharon machte einige Zugeständnisse, hielt aber an der vierprozentigen Kürzung der Sozialhilfe, des Wohngelds, der Arbeitslosenunterstützung und, was für Schas am wichtigsten war, an der drastischen Kürzung der staatlichen Unterstützung für kinderreiche Familien, die vom Militärdienst befreit waren, fest. Die letztgenannte Maßnahme zielte darauf ab, den starken Anstieg der Geburtenraten bei den ultraorthodoxen Juden und der arabischen Bevölkerung zu bremsen. Scharon wollte keinen Machtkampf mit den Ultraorthodoxen, aber er war bereit, sie aus der Koalition auszuschließen, wenn sie dem Sanierungsplan nicht zustimmten. Niemand nahm diese Drohung ernst. Die Schas-Partei hatte der Regierung seit Jahren erfolgreich ihre Bedingungen diktiert; durch ihr Gewicht in der Koalition konnte sie einen Ministerpräsidenten zum Rücktritt zwingen.

Alle 17 Abgeordneten der Schas stimmten gegen das Gesetz, und es wurde mit 47 zu 44 Stimmen abgelehnt. Auch mehrere Abgeordnete der Arbeitspartei fehlten bei der Abstimmung, und sogar die Bildungsministerin Limor Liwnat vom Likud drückte sich; ihr Ministerium hätte durch das Gesetz schwere Haushaltskürzungen erlitten und deshalb zahlreiche Lehrer entlassen müssen.

Nach der Abstimmung beriet sich Scharon wütend mit seinem Stab. Es war klar, dass seine Führungsstärke getestet wurde. Wenig später verkündete er live im Fernsehen, dass er alle Minister der Schas-Partei entlassen werde.

Damit hatte er sich in den Augen der Öffentlichkeit von einem schwachen Ministerpräsidenten, der in der Knesset nicht einmal eine Mehrheit zusammenbekam, in einen mutigen und prinzipientreuen Regierungschef verwandelt, der sich den ausbeuterischen Forderungen der Schas entgegenstellte und lieber das Notwendige tat, als um die Gunst der Bevölkerung zu buhlen. Die Parallele zu der Abstimmung im Zentralkomitee des Likud war beabsichtigt.

Scharon verfasste noch am selben Abend die Entlassungsschreiben für die Minister. Er war bester Laune und fragte den Kabinettssekretär Gidon Saar mehrmals: »Nun, haben Sie die Briefe schon abgeschickt?« Entsetzt versuchten die Führer der Schas, ihre Forderungen abzuschwächen und die Entlassungen zu verhindern, aber die öffentliche Unterstützung für Scharon wuchs, und er war plötzlich unerreichbar.

Das Büro des Ministerpräsidenten wurde durch eine Flut von Glückwunschkarten, E-Mails, Faxen und Telegrammen überschwemmt. Paradoxerweise bewirkte diese Abstimmungsniederlage einen Popularitätszuwachs, weil der Mann auf dem Stuhl des Ministerpräsidenten endlich einmal Rückgrat gezeigt hatte.

Die Abgeordneten der Schas-Partei sprachen sich zwar für Neuwahlen aus, aber es war klar, dass sie den Erfolg, den sie bei den Wahlen zuvor erzielt hatten, kaum wiederholen konnten. Rabbi Owadia Jossef, der spirituelle Führer der Partei, warf Scharon Undankbarkeit vor und appellierte an Staatspräsident Mosche Kazaw, bei ihm einen Sinneswandel zu bewirken. Aber in den folgenden 48 Stunden war der Ministerpräsident selbst für Kazaw nur schwer zu erreichen.

Scharon war sichtlich angetan von dem ganzen Spektakel und brachte den Gesetzentwurf noch einmal ein. Diesmal stimmten alle Mitglieder der Arbeitspartei und die Bildungsministerin Liwnat für den Entwurf, Schas enthielt sich, und das Gesetz wurde mit 64 zu 25 Stimmen verabschiedet.

Awigdor Jizhaki, der Generaldirektor des Büros des Ministerpräsidenten, enthüllte das Kalkül seines Chefs in einem Managementseminar, das vom Rundfunksender der Armee übertragen wurde. Scharon habe die Minister der Schas nur aus dem einen Grund entlassen, »um am folgenden Tag andere Schlagzeilen zu haben. Dieses Land hat eine Börse und einen Devisenmarkt, und die reagieren empfindlich ... Ziel war es, jede Art von Zusammenbruch zu vermeiden. Wir wollten einfach nur die Schlagzeilen auf den Titelseiten ändern, und wir wussten, dass sie sich infolge eines ganz bestimmten Vorgangs ganz bestimmt ändern würden, nämlich dann, wenn der Ministerpräsident die Schas-Minister feuerte. Die Tatsache, dass sich daraus ein erfolgreiches politisches Spiel ergab, war nur eine Folge des anderen Ziels.«

Scharon kochte vor Wut, weil Jizhaki aus der Schule geplaudert hatte, und reagierte mit folgender Erklärung:»Bei allem Respekt vor Jizhakis Äußerungen, der Ministerpräsident hat die Entscheidung gefällt und damit enorme Führungsstärke gezeigt. Tatsache ist, dass die Schas-Minister entlassen wurden, alles andere ist Unsinn.«

Was Jizhaki so leichtsinnig preisgeben hatte, konnte niemanden überraschen, der mit Scharons Methoden vertraut war. Der Ministerpräsident war der König der Meinungsmanipulation in Israel. Der Besuch auf dem Tempelberg, die Entlassung der Schas-Minister und auch das Timing für die Bekanntgabe des Rückzugs aus dem Gazastreifen waren jeweils von dem Bedürfnis motiviert, eine politische Realität manipulativ zu verändern.

Anfang Juni, nachdem ihm die Minister der Schas-Partei mehrfach Besserung gelobt hatten, nahm Scharon sie wieder in die Regierung auf. Und sie stimmten prompt mit ihm für das Wirtschaftsgesetz.

Am 13. August 2002 gab Amram Mizna, Generalmajor im Ruhestand und amtierender Bürgermeister von Haifa, seine Absicht bekannt, für den Vorsitz der Arbeitspartei zu kandidieren. Ben Elieser, sagte er, führe nur noch Scharons Befehle aus. Die Politik der gezielten Tötungen und der Kollektivstrafen gegen die Palästinenser in Eliesers Amtszeit verwischten die Trennlinie zwischen dem Likud und der Arbeitspartei.

Elieser musste drastisch auf Miznas Herausforderung reagieren, um seine Chancen im Wahlkampf um den Parteivorsitz zu wahren, und trat aus der Regierung aus. Das Wirtschaftsgesetz, sagte er, sei viel zu großzügig den Siedlern gegenüber und zu hart für die Bedürftigen. Scharon jedoch machte sich, wie schon 2001, mehr Sorgen um Netanjahu als um die Arbeitspartei.

Die Minister der Arbeitspartei überreichten am 30. Oktober ihre Rücktrittsschreiben. Danach konnte Scharon entweder Neuwahlen ausrufen oder versuchen, eine neue, kleinere Koalition zu schmieden. Er entschied sich für die zweite Möglichkeit und musste dabei der Versuchung widerstehen, sich zum Ausgleich für das seiner Ansicht nach erlittene Unrecht selbst zum Verteidigungsminister zu ernennen. Da er jedoch wusste, dass Israel einen Vollzeit-Verteidigungsminister brauchte, und weil er die Öffentlichkeit nicht gegen sich aufbringen wollte, gab er den Posten Schaul Mofas, dem gerade in den Ruhestand getretenen Generalstabschef der Tzahal. Mofas war einer der Erfinder der Politik der gezielten Tötungen, er stimmte mit Scharon ideologisch überein, und er hatte keine eigene politische Basis. Vor allem jedoch konnte er als Newcomer im Likud Netanjahu in Schach halten.

Netanjahu machte mit seinem Freund und Berater Dr. Picard einen Besuch auf der Schikmim-Farm. Scharon fragte ihn, ob er den Arzt mitgebracht habe, weil er sich krank fühle, und teilte Netanjahu lachend mit, sein eigener Gesundheitszustand sei besser denn je. Nach dem Treffen verkündete Netanjahu, dass er nur unter der Bedingung in die Regierung eintreten würde, dass Scharon den Wahltermin vorverlege. Eine ordentliche Regierungsarbeit sei mit einer derart knappen Mehrheit nicht möglich. Scharon versprach Netanjahu, binnen 90 Tagen Neuwahlen auszuschreiben, und bot ihm das Amt des Außenministers an.

Viele politische Analytiker hielten dieses Angebot für unklug: Netanjahu bekam dadurch ein Podium, auf dem er sich im Wahlkampf um das Amt des Ministerpräsidenten präsentieren konnte. Scharon jedoch kalkulierte, dass seinem Rivalen als Regierungsmitglied die Hände gebunden sein würden. Am 6. November 2002 stieg Netanjahu in den goldenen Käfig, den Scharon für ihn gebaut hatte.

Der Ministerpräsident sorgte dafür, dass sein Rivale auf dem Feld der Außenpolitik so viel zu tun hatte, dass er sich um wirtschafts- und finanzpolitische Fragen nicht kümmern konnte. Im Gegensatz zu Scharon verfügte Netanjahu nämlich über eine ausgeprägte wirtschaftspolitische Theorie. Seit Jahren setzte er sich für die Ideale der freien Marktwirtschaft ein, verlangte, dass Israel seine Märkte für die Konkurrenz öffne, seine Vorteile im Hightech-Sektor nutze und die staatlichen Monopolbetriebe privatisiere, die in Israel für das Telefonwesen, die Stromversorgung, die Bahn, die Verwaltung der Häfen und vieles mehr zuständig waren. Eines seiner wichtigsten Argumente im Wahlkampf lautete, dass er allein Israel aus der Rezession führen könne.

Er stützte seinen Vorwahlkampf auf die Wirtschaftspolitik. Eine Million israelische Bürger lebten unter der Armutsgrenze, sagte er. Doch der amtierende Ministerpräsident verstehe nichts oder fast nichts von moderner Wirtschaftspolitik und habe nicht die geringste Ahnung, wie er das Land aus dieser Rezession führen könne. Der an Amerika orientierte Netanjahu versprach, die Rolle des Staates zu reduzieren und die unsichtbare Hand des Marktes regieren zu lassen. Und er schlug wiederholt vor, sich am Erfolg des irischen Wirtschaftsmodells zu orientieren.

Scharon suchte Hilfe in Washington und beteuerte, dass die Intifada Israels Wirtschaft geschadet habe. Bush brachte öffentlich sein Vertrauen in den israelischen Markt zum Ausdruck, aber auch das brachte nicht den gewünschten Erfolg. Israel stand kurz davor, eine schlechtere Bonitätsbewertung zu bekommen und hätte dann höhere Zinsen für seine Kredite zahlen müssen. Scharon bat Bush, dem Beispiel seines Vaters zu folgen und für israelische Kredite in Milliardenhöhe zu bürgen, die zur Überwindung der Rezession aufgenommen werden sollten. Er hoffte, sich mithilfe der Kredite vor Netanjahus Angriffen schützen und wieder auf seine wichtigste Schlacht, den Kampf gegen den Terror, konzentrieren zu können. Er betraute Weissglass mit der Führung der Kreditgespräche.

Währenddessen hatte Scharons Stab, der von Finkelstein geführt wurde und aus seinen zwei Söhne Omri und Gilad sowie Adler, Schani und Arad bestand, drei wichtige Termine im Auge: die parteiinternen Vorwahlen des Likud am 28. November, die parteiinternen Wahlen der Funktionsträger im Likud am 8. Dezember und die allgemeinen Wahlen am 28. Januar.

Überraschenderweise beschäftigte sich Scharon vor allem mit den Terminen im November und Dezember. Er war davon überzeugt, dass die Entscheidung über den israelischen Ministerpräsidenten im Likud fallen würde. Im Post-Oslo-Zeitalter rechnete niemand damit, dass Mizna, der sich in der Arbeitspartei gegen Ben Elieser durchgesetzt hatte, gegen den Kandidaten des Likud eine Chance haben würde.

Sein Stab riet Scharon, im Wahlkampf möglichst wenig Wellen zu schlagen und auf seinen Vorsprung in den Meinungsumfragen zu vertrauen. Also weigerte er sich, in einer Fernsehdebatte gegen Netanjahu anzutreten, und reagierte auf die Angriffe seiner Gegner, indem er lediglich einen Text verlas, in dem er alle Vorwürfe seiner Gegner höflich widerlegte und systematisch auf die Themen Sicherheit und Frieden pochte. Das Wahlkampfteam stellte nicht Sachfragen, sondern die Person in den Vordergrund. Scharon wurde als verantwortungsbewusster und besonnener politischer Führer präsentiert, als ein allgemein beliebter Stammesältester, der im Lauf der Jahre weicher geworden war und nun das Schiff auf seinem Weg ins heilige Land sicher durch die Untiefen steuerte. Die Schlüsselworte seines Wahlkampfs waren »nationale Verantwortung« und »gesundes Urteilsvermögen«.

Scharons Wahlkampfteam porträtierte Netanjahu als einen Mann, der den Likud spalten wolle, um ihn zu beherrschen, selbst um den Preis, dass die Partei ihre Regierungsverantwortung verlieren würde. Immer wieder wurde betont, dass die gegebene Struktur mit Scharon als Regierungschef, Mofas als Sicherheitschef und Netanjahu als finanzpolitischem Fachmann eine starke Aufstellung sei, die alles vernichtend schlagen würde, was die Arbeitspartei auf die Beine stellen könne. Von Adler stammte der Wahlkampf-Slogan: Die Menschen wollen Scharon.

Am Morgen der parteiinternen Vorwahlen ging es nur noch um die Höhe von Scharons Sieg. Er gewann mit einem stattlichen Vorsprung: 56 zu 40 Prozent. Doch sein Sieg war nicht vollkommen. Netanjahu genoss immer noch breite Unterstützung in der Partei. Scharons Hoffnung, ihn von der politischen Landkarte wischen zu können, hatte sich zerschlagen.

Kapitel 51
Ein Erdrutschsieg

Scharons Wahlkampfbeginn stand unter keinem guten Stern. Wie gewöhnlich waren die Vorwahlen des Likud (in Übereinstimmung mit der Zirkusatmosphäre des Messegeländes, auf dem sie stattfanden) ein Karneval von vordergründigem Schulterklopfen und hinterhältigen Dolchstößen. Eine ganze Anzahl Newcomer wetteiferte um Plätze auf der Likud-Liste, darunter Ruchama Avraham, Benjamin Netanjahus streitbare frühere Sekretärin; Inbal Gawrieli, die Nichte eines Kasinobesitzers, die nach Abbruch ihres Jurastudiums als Bedienung arbeitete; Gila Gamliel, eine leidenschaftliche Studentenführerin von der Ben-Gurion-Universität, und natürlich Omri Scharon. Der Ministerpräsident hatte kaum das pulsierende Messegelände von Tel Aviv betreten, als ihm auch schon die Wahlhelfer von Jair Hasan, dem Bürgermeister von Ofakim, ins Auge stachen. Zur Unterstützung ihres Chefs, der gegen Omri kandidierte, trugen sie T-Shirts mit der Aufschrift: »Bitte besorg mir einen Job in der Knesset, Daddy. Omri.«

Obwohl Scharon und Netanjahu sich die beiden ersten Plätze auf der Liste gesichert hatten, hatte Scharon wenig Grund zur Freude. Am Ende hatten seine Leute miserabel abgeschnitten. Schaul Mofas war Zwölfter geworden, Omri hatte Hasan zwar geschlagen, belegte aber trotzdem nur den 27. Platz, und Ehud Olmert, Scharons Wahlkampfmanager, war gar auf Platz 33 gelandet.

Und es kam noch schlimmer: Wenig später begann die Polizei gegen die stellvertretende Ministerin für Infrastruktur Naomi Blumenthal zu ermitteln, die dem Likud angehörte. Sie stand im Verdacht, während der Vorwahlen die Zimmer von Mitgliedern des Likud-Zentralkomitees im City Tower Hotel in Ramat Gan bezahlt zu haben. Blumenthal machte von ihrem Recht auf Aussageverweigerung Gebrauch.

Scharon spürte den wachsenden Widerwillen gegenüber dem Likud aufgrund derartiger Affären und schrieb Naomi Blumenthal:

»Eine Person, deren Glaubwürdigkeit in Zweifel gezogen wurde, während sie ein öffentliches Amt anstrebt, verliert nicht nur das Recht zu schweigen, sondern hat die absolute Pflicht, die Umstände zu enthüllen, unter denen sie ihre Entscheidungen getroffen hat.« Wenn sie weiter auf ihrem Recht bestehe, sich nicht selbst zu belasten, werde er sie aus ihrem Regierungsamt entlassen. Blumenthal antwortete, die Ermittlungen seien noch nicht abgeschlossen und ihre Anwälte hätten ihr geraten, keine Aussagen zu machen. Am 31. Dezember 2002 entließ sie Scharon und bildete einen Ausschuss, der alle Vorwürfe im Zusammenhang mit den Vorwahlen des Likud untersuchen sollte. Naomi Blumenthal war Scharons politischem Kalkül zum Opfer gefallen. Wenige Tage nach ihrer öffentlichen Abstrafung hörte die Talfahrt des Likud in den Umfragen auf.

Angesichts der Schwäche seines linken Gegners – Mizna hatte sich so deutlich als Taube geoutet, dass Scharon die politische Mitte besetzen konnte – schien Scharon das Feld souverän zu beherrschen. Wirtschaftliche Fragen spielten im Wahlkampf kaum eine Rolle. Die israelischen Wähler interessierten sich vor allem für Sicherheit und Frieden, und Scharon saß wie ein König auf den 2,7 Punkten der Finkelstein-Skala.

Dann jedoch, am 7. Januar 2003, nur drei Wochen vor den Wahlen, enthüllte *Haaretz,* dass die Polizei gegen Gilad Scharon ermittelte, weil er von Cyril Kern, einem alten Freund seines Vaters, angeblich ein Darlehen über 1,5 Millionen Dollar erhalten hatte. Die Polizei hegte den Verdacht, dass Scharon das Geld benutzt hatte, um Spenden zurückzuzahlen, die er bei den Vorwahlen des Jahres 1999 illegal eingetrieben hatte. Im Rahmen dieser Enthüllungen gerieten weitere mutmaßliche Missetaten Scharons an die Öffentlichkeit. Die Polizei ermittelte damals nicht nur wegen des Darlehens von Cyril Kern, sondern auch gegen die Scheinfirma Annex Research, die weit mehr Geld als erlaubt in Scharons Wahlkampf gepumpt hatte, und in der so genannten Griechische-Insel-Affäre, in der es um Bestechungsvorwürfe und Interessenkonflikte ging.

Durch die Skandale war der sicher geglaubte Wahlsieg des Likud und seines Spitzenkandidaten plötzlich wieder gefährdet, und der schon tot geglaubte Mizna gewann wieder an Boden. Erstmals wirkte Scharon nervös, und er schickte seinen Berater Ejal Arad sowie Omris und Gilads Anwalt Joram Rabad vor, um der zunehmenden Kritik zu begegnen.

Ejal Arad räumte ein, dass viele Tatsachen zutreffend dargestellt seien, behauptete aber steif und fest, der Ministerpräsident selbst habe sich nichts zuschulden kommen lassen. »Es geht hier um einen gemeinsamen Versuch der Rivalen des Ministerpräsidenten, einen Regierungswechsel zu erreichen.« Arad forderte die Polizei auf, zu klären, wer die Information über die Ermittlungen an die Presse hatte durchsickern lassen, und warf der Arbeitspartei vor, die Sache unnötig aufzubauschen. Rabad legte Dokumente vor, die bewiesen, dass das Darlehen für persönliche Zwecke bestimmt war und nichts mit Bestechung zu tun hatte.

Die Vorstellung der beiden war nicht überzeugend. Die Medien forderten, dass der Ministerpräsident selbst eine Erklärung abgebe. Drei laufende Ermittlungsverfahren, das roch schon sehr nach Korruption. Der gewaltige Vorsprung des Likud schrumpfte zusammen. Scharons Wahlkampfteam wurde von Panik ergriffen. Wie in schwierigen Zeiten üblich, blieb Scharon ruhig, wog seine Handlungsmöglichkeiten ab und ergriff dann die Initiative. Er erkannte, dass er sich entweder direkt an die Öffentlichkeit wenden oder auf seine Kandidatur verzichten musste.

Also sagte er alle Termine ab, zog sich auf die Ranch zurück und plante seine Verteidigung. Finkelstein, Adler und Arad stießen dazu, und die vier probten ein gnadenloses Verhör. Bei dieser Simulation kamen sie zu dem Schluss, dass ihre wichtigste Verteidigungsstrategie darin bestehen musste, Scharons Gegnern vorzuwerfen, dass sie den Ministerpräsidenten »anschwärzten«, um ihn aus dem Amt zu treiben.

Nach stundenlangen Rollenspielen schloss sich Scharon, der viele seiner Reden selbst schrieb, bis in die frühen Morgenstunden in seinem Büro ein. Um Punkt 20 Uhr am nächsten Abend begann Scharon seine Rede. Sie wurde live aus dem Büro des Ministerpräsidenten übertragen und begann mit einem wilden Angriff auf Mizna und die Arbeitspartei.

»Wir haben es hier mit einer verabscheuungswürdigen falschen

Beschuldigung gegen den Likud und mich selbst zu tun, die in der Absicht lanciert wurde, die Regierung zu stürzen«, las Scharon von seinem Manuskript ab.

»Sie wollen eine Hexenjagd gegen den Likud entfachen, wollen uns aus politischen Motiven als eine Mafia darstellen. Schlimmere Affären sind in der Arbeitspartei bekannt geworden, und die Polizei ermittelt gegen sie ... aber vergleichen Sie selbst: Ich habe sofort gehandelt und jeden aus dem Likud ausgeschlossen, der sich nicht anständig verhalten hat. Und was hat Mizna getan?«

Scharon behauptete, weder er noch seine Söhne hätten gegen das Gesetz verstoßen, seine Söhne hätten die Sache mit dem Darlehen ohne sein Wissen organisiert. Alle Korruptions- und Bestechungsvorwürfe seien falsch. Während der Rede wurde er mehrfach laut, schlug auf das hölzerne Rednerpult und fragte immer wieder: »Das soll eine Mafia sein? Ja, seid ihr den verrückt geworden? Habt ihr den Verstand verloren?«

Mischael Cheschin, Mitglied des israelischen Obersten Gerichtshofs und Vorsitzender des Wahlausschusses, hörte sich die Rede zehn Minuten lang an. Er war entsetzt, dass Scharon seine Position für eine Wahlrede ausnutzte, statt sich zu Staatsangelegenheiten zu äußern. (Nach dem israelischen Gesetz bekommt jede Partei im Monat vor einer Wahl eine bestimmte Menge Zeit für »Wahlkampfpropaganda« im Fernsehen.) Also sorgte der empörte Richter dafür, dass die Übertragung nach zehn Minuten abgebrochen wurde.

Damit hatte niemand gerechnet. Selbst Scharon war schockiert. Doch die Aktion des Richters wirkte sich positiv für ihn aus. Er hatte genug Zeit gehabt, um zu sagen, dass die gesamten Ermittlungen seiner Ansicht nach eine Hexenjagd seien, und er war unterbrochen worden, bevor sich die Rede in einer Reihe hohler Unschuldsbeteuerungen verlor.

Schon am folgenden Morgen war klar, dass die Rede ein Erfolg gewesen war. Der aggressive, wütende Ton, in dem Scharon Mizna und der Arbeitspartei vorgeworfen hatte, ihm zu Unrecht Straftaten zu unterstellen und seine zwei unschuldigen Söhne als Mitglieder des organisierten Verbrechens hinzustellen, hatte große Teile der Öffentlichkeit überzeugt. Außerdem hatte die Entscheidung des Richters Scharon direkt in die Hände gespielt. Am folgenden Tag ging es in den Schlagzeilen mehr um den Abbruch der Übertragung als um den Inhalt der Rede; die Redefreiheit und die Arroganz des Obersten Gerichtshofs waren die Themen des Tages.

Von da an sorgten Scharons PR-Leute dafür, dass Omri aus der Öffentlichkeit verschwand, und sie verboten dem Ministerpräsidenten, sich nochmals über das Darlehen zu äußern. Wenn er danach gefragt wurde, sollte er sich nur noch über den Verschwörungscharakter der Enthüllungen auslassen. Mizna versuchte erfolglos, den Skandal am Kochen zu halten.

Schon bald war eine Mehrheit der Israelis der Ansicht, dass die Cyril-Kern-Affäre an die Öffentlichkeit gebracht worden war, um dem Ministerpräsidenten in den letzten Tagen seines Kampfs um die Wiederwahl zu schaden. Scharon schwelgte in der massiven Unterstützung, die er bekam. Er erwähnte die Affäre während des Wahlkampfs nie wieder, und seine PR-Leute strapazierten weiterhin das Argument, die Ermittlungen seien grundlos und die Presse sei bewusst zu einem genau geplanten Zeitpunkt informiert worden.

Der Generalstaatsanwalt ernannte einen Untersuchungsausschuss, in dem auch ein Mitglied des Schabak saß, um herauszufinden, wer für das Leck bei den Ermittlungsbehörden verantwortlich gewesen war. Wenige Tage später hatte der Ausschuss Leora Glatt-Berkowitz identifiziert, eine hochrangige Juristin in der Staatsanwaltschaft. Sie gestand, dass sie die Medien bewusst vor den Wahlen über die Beschuldigungen informiert hatte.

Die Tatsache, dass die Informantin »ideologisch motiviert« gewesen war, schien genau das zu beweisen, was man im Lager des Ministerpräsidenten schon immer behauptet hatte. Inzwischen krähte kein Hahn mehr nach dem eigentlichen Gegenstand des Ermittlungsverfahrens, Scharon wurde mehr als Opfer gesehen denn als Verdächtiger.

Je näher der Wahltag rückte, umso kläglicher wirkte Miznas Kampagne mit dem Slogan: »Mizna, wir glauben an dich.« Dagegen wirkte Scharons Wahlspruch: »Die Menschen wollen Scharon«, der wie der Stern auf der israelischen Flagge zwischen zwei königsblaue Streifen gesetzt war, immer überzeugender. Den Umfragen zufolge sollte der Likud 34 Sitze erringen und die Arbeitspartei 19, aber das Ergebnis am 28. Januar 2003 fiel mit 38 zu 19 sogar noch besser aus.

Als Scharon nach diesem großen Sieg im Hauptquartier seiner Partei erschien, stimmte die Menge einen umgedichteten Fußball-Song an, der Mizna wegen seiner Niederlage verhöhnte. Scharon brachte seine Anhänger mit einer Handbewegung abrupt zum Schweigen. Er saß mit Netanjahu zu seiner Rechten auf dem Podium und hielt den Blick auf die stattliche Versammlung von Auslandskorrespondenten gerichtet. Sein ganzes Gesicht strahlte vor Stolz. Er sprach von der Notwendigkeit einer Regierung der nationalen Einheit und endete mit einem Zitat von Jitzhak Rabin: »Wir sind alle Brüder, wir sind alle Juden: Wir haben ein gemeinsames Schicksal.«

Kapitel 52
Polizeiliche Ermittlungen

Drei polizeiliche Ermittlungsverfahren gegen Familienmitglieder warfen einen dunklen Schatten auf Scharons politische Karriere. Im Fall Annex Research und der Griechische-Insel-Affäre entschied Generalstaatsanwalt Menachem Masus, dass die Beweise der Polizei für eine Anklage gegen Scharon nicht ausreichten. Er erhob allerdings im Fall Annex Research Anklage gegen Omri Scharon. Das dritte Ermittlungsverfahren wegen der Affäre Cyril Kern, die mit Annex Research in Zusammenhang steht, läuft noch.

Durch Masus' Entscheidung wurde Scharons politische Karriere gerettet. Er wäre schwer unter Druck geraten, wenn er sein Amt als Ministerpräsident trotz eines laufenden Gerichtsverfahrens hätte behalten wollen. In keinem der Fälle jedoch wurde er von jedem Verdacht freigesprochen.

Die Affäre Annex Research

Am 17. Februar 2005 erhob Generalstaatsanwalt Menachem Masus gegen Omri Scharon Anklage wegen Verletzung der Gesetze zur Wahlkampffinanzierung sowie wegen Betrugs, Untreue und Meineids im Rahmen der Geldbeschaffung für den Wahlkampf seines Vaters bei den Likud-Vorwahlen im September 1999. Am selben Tag stellte Masus das Verfahren gegen Ariel Scharon aus Mangel an Beweisen ein.

Im Jahr 1999, nach Netanjahus Niederlage gegen Barak, war Scharon zum Übergangsvorsitzenden des Likud bestimmt worden. Der Termin für die Wahlen der Parteiführung wurde damals auf den 2. September festgesetzt, und Scharon beauftragte seinen Sohn Omri mit der Leitung des Wahlkampfs gegen Ehud Olmert und Meir Schitreet.

Am 3. März 1999 ließ Dow Weissglass auf Betreiben von Joram Oren, der für den Likud und Scharon in den USA Spenden sammelte, in Israel die Firma Annex Research Inc. eintragen. Im August

1999 wurde er von Omri Scharon und Joram Oren gebeten, Gawriel Manor, einen engen Freund Omris, zum Generaldirektor von Annex Research zu ernennen. Die offizielle Adresse der Firma war Manors Heimatadresse.

In den folgenden sieben Monaten flossen 1,5 Millionen Dollar auf das Konto der Firma. Die Spenden kamen von der American Israel Research Friendship Foundation, Inc. (815 000 Dollar von August bis Oktober 1999); vom Center for National Studies and International Relationships (150 000 Dollar von August bis Dezember 1999); und vom Center for National Studies, Inc. (520 000 Dollar von September 1999 bis Februar 2000).

Der Generalstaatsanwalt kam zu dem Schluss, dass Omri Scharon durch zwei Kanäle Spendengelder in den Wahlkampf seines Vaters gepumpt hatte. Der eine, offizielle und legale, führte direkt auf ein Sonderkonto mit der Bezeichnung »Ariel Scharon – Vorwahlen 1999«. Der andere, geheime, führte zu der Firma Annex Research Inc., sie bezahlte Dienstleistungen und Löhne, die im Zusammenhang mit dem Wahlkampf standen. Diese Gelder stammten größtenteils aus Unternehmen in Übersee. Sie wurden nicht, wie gesetzlich vorgeschrieben, als Spenden angemeldet.

Wie der Generalstaatsanwalt schrieb, hatte Omri Scharon von Juli 1999 bis Februar 2000 sechs Millionen Schekel von lokalen und ausländischen Unternehmen erhalten, eine Summe, die die gesetzlich erlaubten Grenzen beträchtlich überschritt. Der Großteil dieser Gelder floss direkt an Annex Research. Laut Masus diente die Scheinfirma als Kanal für Spenden, mit denen ausländische Unternehmen Scharons Wahlkampf in Israel finanzierten.

Das israelische Parteiengesetz schreibt vor, dass alle Kandidaten der Vorwahlen der Parteiführung eine komplette Aufstellung über ihre Einnahmen und Ausgaben im Wahlkampf vorlegen und die Parteiführung sie an das Justizministerium weiterleitet. Die von Scharon unterzeichnete Aufstellung enthielt Gesamtausgaben von 962 000 Schekel, von denen 130 000 als Spenden ausgewiesen waren. Der Generalstaatsanwalt kam zu dem Schluss, dass in dem Dokument nur das offiziell eingenommene und ausgegebene Geld aufgeführt war, nicht jedoch die Spenden, die durch die geheimen Kanäle geflossen waren.

Die Klage gegen Omri Scharon stützte sich unter anderem auf Berichte von Dienstleistern, auf Dokumente und handschriftlich ausgefüllten Schecks, die in Omris Haus gefunden wurden, und auf seine eigene Aussage. Am 24. Oktober 2004 bestritt er im Verhör jede Art krimineller Vergehen, nahm aber alle Verantwortung auf sich und entlastete seinen Vater. Die israelische Presse berichtete, dass er für seinen Vater »den Kopf hingehalten« habe.

Omri behauptete, er habe die unterzeichnete Aufstellung über die Wahlkampffinanzierung gesehen, bevor sie eingereicht worden sei, und sein Vater habe sie unterzeichnet, ohne sie zu lesen. Er betonte, sein Vater habe geglaubt, ein absolut wahrheitsgetreues Dokument zu unterzeichnen. Sein eigenes Verhalten sei von dem Wunsch motiviert gewesen, seinen Vater gewinnen zu sehen. »Vielleicht habe ich einen Fehler gemacht«, sagte er. »Aber ich habe mich so entschieden.«

Am 28. August 2005 wurde Omri Scharon wegen Verletzung der Gesetze zur Wahlkampffinanzierung und wegen Betrugs, Untreue und Meineids angeklagt.

Zahlreiche Fragen über Scharons Rolle in der Affäre blieben unbeantwortet. Wusste er, was Omri tat? Wusste er von dem geheimen Kanal? Wusste er, dass er ein gefälschtes Dokument unterzeichnete? Hatte er selbst wirklich überhaupt keine Rolle bei der Finanzierung des Wahlkampfs gespielt?

Dreimal wurde Scharon in der offiziellen Residenz des Ministerpräsidenten in Jerusalem von der Polizei befragt: im April 2002, im Oktober 2003 und im Februar 2004. Auf die Frage nach seiner Rolle bei der Geldbeschaffung für den Wahlkampf sagte er: »Ich hatte mit den finanziellen Angelegenheiten nichts zu tun. Ich habe kein Geld für meine Wahl gesammelt. Dafür war Omri zuständig. Das hat er abgewickelt. ... Die wichtigsten Elemente des Wahlkampfs betrafen Politik, Wirtschaft und Bildung, würde ich sagen. ... Ich hatte bei den Vorwahlen nie mit der Finanzierung zu tun.«

Im Zuge der Ermittlungen wurden in Omris Haus Briefe entdeckt, die darauf hindeuteten, dass er seinen Vater täglich über den Verlauf des Wahlkampfs, aber nicht unbedingt über dessen Finanzierung informiert hatte. »Ich achtete darauf, dass er von solchen Dingen verschont blieb«, sagte Omri aus. »Ich sorgte dafür, dass er bei seiner

Kandidatur durch nichts gestört wurde. Ich informierte ihn weder über das Geld noch die Organisation.«

In seinem Beschluss, Scharon nicht anzuklagen, schrieb Masus: »Man kann davon ausgehen, dass Omri, sowohl während der fraglichen Zeit als auch während der polizeilichen Ermittlungen, sein Bestes tat, um seinem Vater zu helfen und ihn davor zu schützen, dass er zu viel wusste.« Masus fügte hinzu, dass diese Art Schutz durch Nicht-Information durch die Aussagen anderer Personen bestätigt worden sei. Deshalb lägen für eine Beteiligung des Ministerpräsidenten an der Geldbeschaffung und der Finanzierung des Wahlkampfs keine ausreichenden Beweise vor. Auch der Verdacht, dass Scharon etwas über Annex Research gewusst habe, konnte nicht erhärtet werden.

Es besteht kein Zweifel, dass Scharon falsche Unterlagen einreichte, aber dass er es wissentlich tat, ließ sich nicht beweisen. Omri sagte aus, sein Vater habe nur von dem offiziellen Geldkanal gewusst, weil er ihm nur das mitgeteilt habe, was er unbedingt wissen musste. Deshalb »waren dies die einzigen Spenden und Ausgaben, von denen er (Ariel Scharon) wusste, und aus seiner Perspektive war nichts Falsches an ihnen. Er wusste nichts, was über das hinausging, was er unterzeichnete ... Was ihn betraf, hatte er ein sauberes Dokument unterzeichnet.« Aufgrund dieser Aussage kam der Generalstaatsanwalt zu dem Schluss, dass Scharon trotz hartnäckiger Verdachtsmomente eine Tatbeteiligung nicht zweifelsfrei nachgewiesen werden konnte.

»Deshalb habe ich entschieden«, schrieb er, »die Akte Ariel Scharon aus Mangel an Beweisen zu schließen.«

Die Affäre Cyril Kern

Die Affäre Cyril Kern wurde nur drei Wochen vor den allgemeinen Wahlen am 28. Januar 2003 publik. Am 7. Januar berichtete *Haaretz*, dass die Polizei gegen Gilad und Ariel Scharon verdeckt ermittle, weil die beiden von Scharons altem südafrikanischem Freund Cyril Kern ein Darlehen über 1,5 Millionen Dollar angenommen hätten, um das illegal über Annex Research beschaffte Geld zurückzuzahlen. Während ich dies schreibe, dauern die Ermittlungen noch an, weshalb die folgenden Informationen nur gemutmaßt sind.

Die Affäre begann am 1. Oktober 2001 mit dem Bericht des staatlichen Finanzprüfers Elieser Goldberg, der »die laufenden Konten der verschiedenen Parteien in der 15. Knesset prüfte«. Er brachte zunächst die Affäre Annex Research ins Rollen. Denn er fand heraus, dass von den 5,9 Millionen Schekel, die an Annex Research gespendet worden waren, 1,2 Millionen an den Likud und 4,7 Millionen zur Wahlkampffinanzierung an Ariel Scharon gegangen waren. Goldberg hatte seinem Bericht einen Brief von Ariel Scharon beigefügt, den dieser ihm in Reaktion auf den ersten Entwurf seines Gutachtens geschickt hatte. Darin heißt es:

»Der erste Entwurf vom 20. August 2001, der mir mit der Bitte um Stellungnahme zugeschickt wurde, stellte klar ... dass eine Firma namens Annex Research, Inc., 4,7 Millionen Schekel erhielt, die zur Finanzierung des Wahlkampfs für meine Kandidatur bei den internen Wahlen des Likud im September 1999 verwendet wurden. Da der Finanzprüfer in der ersten Fassung seines Gutachtens zu dem Schluss kommt, dass diese Geldmittel illegal beschafft wurden, beabsichtige ich, das Geld in den nächsten Tagen an Annex Research zurückzuzahlen, damit es den Spendern zurückerstattet werden kann.«

Am 4. Oktober 2001, drei Tage vor der offiziellen Veröffentlichung des Berichts, überwies Scharon eine erste Rate von einer halben Million Schekel von seinem eigenen Geld an Annex Research. Dabei finanzierte er die Hälfte der Summe durch einen Kredit. Danach trieben seine beiden Söhne die restlichen 4,2 Millionen Schekel auf. Am 22. Oktober beantragte Gilad Scharon bei der Leumi Bank im nahe der Ranch gelegenen Sederot einen Kredit über 4,2 Millionen Schekel und bot als Sicherheit eine Hypothek auf die Ranch.

Die Leumi Bank bewilligten den Kredit, und am folgenden Tag zahlte Gilad Annex Research den gesamten Rest der Summe zurück. Später erkannte die Bank jedoch, dass die Ranch, die Gilad und Omri gemeinsam gehörte, aus verfahrensrechtlichen Gründen nicht mit einer Hypothek belastet werden konnte, und sie verlangte eine Rückzahlung des Kredits.

In einem Schreiben vom August 2002 bat das israelische Justizministerium das südafrikanische Justizministerium, zu klären, ob der südafrikanische Geschäftsmann und persönliche Freund Scharons Cyril Kern von seinem Bankkonto in Österreich 1,49 Millionen Dollar auf das gemeinsame Konto von Gilad und Omri Scharon bei der Discount Bank in Tel Aviv überwiesen habe. Die Brüder Scharon hatten die Summe als einen Kredit erhalten, für den sie drei Prozent Zinsen zahlen mussten.

Das Geld nahm folgenden Weg: Cyril Kerns 1,49 Millionen trafen am 17. Januar 2002 in Tel Aviv ein und dienten als Sicherheit für einen Kredit über 4,2 Millionen Schekel, den Gilad im April 2002 bei der Discount Bank in Tel Aviv aufnahm, um den Kredit der Leumi Bank in Sederot zurückzuzahlen. Diesen Kredit zahlte Gilad nun tatsächlich zurück.

Ariel Scharon wusste bereits, dass die Ranch nicht mit einer Hypothek belastet werden konnte, als er am 22. April von der Polizei befragt wurde. Trotzdem sagte er auf die Frage der Polizei, wie er Annex Research eine so beträchtliche Summe habe zurückzahlen können, das Kapital sei durch eine Hypothek auf die Ranch beschafft worden. Cyril Kern erwähnte er nicht.

Die Polizei hat den Verdacht, dass der Kredit Cyril Kerns, der zur Rückzahlung ungesetzlich beschaffter Wahlkampfmittel diente, ebenfalls illegal war. Das israelische Justizministerium beantragte bei den südafrikanischen Behörden die Genehmigung, Kern in Südafrika über die Art des Darlehens verhören zu dürfen. Eine ähnliche Anfrage richtete es auch an die österreichischen Behörden. Dabei stellte sich heraus, dass die österreichische Bank für Arbeit und Wirtschaft (BAWAG) Gilad und Omri Scharon in den Monaten November und Dezember 2002 drei Millionen Dollar auf ihr Konto in Tel Aviv überwiesen hatte. Am 17. Dezember 2002 zahlte Gilad Scharon mit diesem Geld den Kredit von Cyril Kern zurück.

Das israelische Justizministerium bat um eine Ermittlungsgenehmigung für Österreich, um festzustellen, wer hinter den Überweisungen steckte. Ein österreichisches Gericht entschied jedoch, das Israel nicht das Recht habe, auf österreichischem Boden Ermittlungen durchzuführen oder sich Einblick in die Konten der BAWAG zu verschaffen. Cyril Kerns 1,49 Millionen waren von einem anderen Konto derselben Bank gekommen.

Gilad Scharon machte bei der Befragung durch die Polizei von seinem Aussageverweigerungsrecht Gebrauch und inszenierte einen juristischen Feldzug, um der Polizei und der Staatsanwaltschaft den Zugang zu Dokumenten zu verwehren, aus denen die Herkunft des Kredits über drei Millionen Dollar vielleicht ersichtlich gewesen wäre. Während der juristischen Auseinandersetzung gab Gilad zu, dass er selbst der Inhaber des österreichischen Kontos sei und die Summe an die Discount Bank in Tel Aviv überwiesen habe. Er sagte aus, dass er im Rahmen eines Jointventures mit Cyril Kern drei Millionen Dollar erhalten habe.

Im Gegensatz zu Gilad sagten Ariel Scharon und Cyril Kern (der in Südafrika verhört wurde) bei der Polizei aus. Scharon sagte:

»Vor über einem Jahr entdeckte der staatliche Finanzprüfer, dass illegal Geldmittel beschafft worden waren, und machte mich darauf aufmerksam. Ich war schockiert über die Entdeckung. Ich ging nach Hause, sprach mit den Jungen und sagte aus eigenem Antrieb: ›Wir müssen den Spendern sofort ihr ganzes Geld zurückzahlen. Selbst wenn wir noch einmal ein Hypothek auf unser Haus aufnehmen müssen. Wir müssen es tun.‹ Soviel ich weiß, bin ich der Einzige, der so gehandelt hat ... [Ehud] Barak hat das bis heute nicht getan. [Amram] Mizna mit seiner NGO hat es auch nicht getan ... Nur ich habe das Geld freiwillig zurückgezahlt, ohne Zwang. Wir haben es mit einer großen Geldsumme zu tun, fast fünf Millionen Schekel. Ich habe keine Finanzmittel. Schon 1989 habe ich aufgehört, die Ranch zu betreiben ... wie das Gesetz es verlangt. Als die Jungen von der Armee zurückkehrten, übernahmen sie die Ranch neben ihren anderen geschäftlichen Projekten. Heute wird sie von Gilad erfolgreich betrieben und ich mische mich nicht ein – so verlangt es das Gesetz. [Deshalb] hob ich die Ersparnisse von mir und Lily (seligen Andenkens) ab und steuerte eine halbe Million Schekel bei, die Hälfte davon als Kredit. Gilad übernahm es, das restliche Geld aufzutreiben. Kurz darauf überwies er mir den Rest der Summe, knapp über vier Millionen Schekel, und ich zahlte sie den Spendern zurück und informierte den staatlichen Finanzprüfer darüber. Das ist das Ende der Geschichte, was mich betrifft.«

Später fügte Scharon noch hinzu:

> »Ich möchte hier eines klarstellen: Ich wusste nicht, wie genau das Geld beschafft wurde. Wir sprachen darüber, eine Hypothek auf die Ranch aufzunehmen, und soviel ich weiß, wurde das auch getan. Als ich von der Polizei befragt wurde, sagte ich genau das, nämlich dass ich nicht genau Bescheid weiß, aber dass die Jungen die Sache geregelt haben und, soviel ich weiß, eine Hypothek auf die Ranch aufgenommen haben. Wenn sich herausstellt, dass ein anderer Weg gefunden wurde, großartig. Mein Sohn Gilad ist ein sehr erfolgreicher Geschäftsmann. Seine Geschäftsinteressen sind breit gefächert. Er ist erfolgreich und macht Gewinne, und ich bin sehr stolz auf ihn. Ich weiß, dass alles koscher und legal war und alles ordentlich gemeldet wurde. Er hat Dokumente, die alles beweisen.«

Scharon sagte, Kern sei ein enger persönlicher Freund von ihm. Er sei mit siebzehn aus Großbritannien nach Israel gekommen und habe im Unabhängigkeitskrieg als Freiwilliger in der israelischen Armee gekämpft. Sie hätten sich kennengelernt, als sie beide in der Alexandroni-Brigade gedient und Seite an Seite gekämpft hätten. Seitdem seien sie trotz der großen geografischen Entfernung Freunde geblieben. Kern sei ins Textilgeschäft gegangen und Chef des British Fashion Council geworden. In den neunziger Jahren sei er mit seiner zweiten Frau, der in Schweden geborenen Annalina Johnson, nach Kapstadt in Südafrika emigriert. Kern komme an den Feiertagen häufig nach Israel und feiere mit ihm und seiner Familie. Er habe Gilad und Omri seit ihrer Geburt gekannt.

> »Er mochte uns«, sagte Scharon über Kern. »Er liebte das Land, die Nation und – ja, wir sind Freunde. Diese Freundschaft währt nun schon Jahrzehnte. Während des Jom-Kippur-Kriegs war er da ... besuchte mich bei meinen Streitkräften westlich des Suezkanals. Ich frage Sie: Was versuchen Sie zu tun, nur weil er mein Freund ist. Und ich frage Sie: Wie kann man Menschen so behandeln? ... Gilad hat also ein Darlehen von ihm bekommen, mit Zinsen, und dann hat er es zurückgezahlt, mit Zinsen, und hat Steuern gezahlt.

Ist das Bestechung? Ist das Vorteilsnahme? Ich könnte ihm etwas verschaffen? Was denn? Sind Sie denn völlig verrückt geworden?... Es gibt keine Bestechung, keinen Betrug, nichts dergleichen.«

Die »Griechische-Insel-Affäre«

In dieser Affäre verdächtigte die Polizei Ariel Scharon der Bestechung, des Betrugs und der Untreue. Im Januar 2004 erhob die Staatsanwaltschaft gegen David Appel, Geschäftsmann und Mitglied des Likud, Anklage wegen Bestechung. Ihm wurde vorgeworfen, dass er Scharon bei den Vorwahlen des Likud unterstützt und Gilad Scharon ein stattliches Gehalt gezahlt habe. Als Gegenleistung habe Ariel Scharon seinen Einfluss geltend gemacht, um ihm den Auftrag für ein gewaltiges Bauprojekt auf der griechischen Insel Patroklos zu verschaffen, außerdem habe er seine Immobiliengeschäfte in der israelischen Stadt Lod unterstützt.

Im März 2004 empfahl die Staatsanwältin Edna Arbel die Anklageerhebung sowohl gegen Ariel als auch gegen Gilad Scharon, weil diese sich von David Appel hätten bestechen lassen. In der ersten Fassung der Anklageschrift schrieb Arbel, dass Ariel Scharon »als Minister für nationale Infrastruktur und als Außenminister Bestechungsgelder im Austausch für Handlungen annahm, die mit seiner offiziellen Rolle in Verbindung standen. Und zwar bekam er von David Appel politische Unterstützung und große Geldsummen auf sein Ranch-Konto. Dieses Geld erhielt Scharon, wie er wusste, als Gegenleistung für seine Taten als Infrastrukturminister und Leiter der Israel Lands Authority sowie als Außenminister.«

Generalstaatsanwalt Menachem Masus jedoch bewertete das Beweismaterial anders und entschied am 15. Juni 2004, Arbels Empfehlung abzulehnen. Er stellte das Verfahren mit der Begründung ein, dass die Beweise für ein Strafverfahren nicht ausreichten.

Scharon blieb damit ein schimpfliches Ende seiner politischen Karriere erspart, denn laut Paragraf 290 des israelischen Strafgesetzbuchs kann ein Beamter, der der Bestechung für schuldig befunden wird, bis zu sieben Jahren Gefängnis bekommen. Scharon stand im Verdacht, in zwei Fällen Bestechungsgelder angenommen zu haben:

Als Appel ihn bei den internen Vorwahlen des Likud unterstützte und als Appel Gilad engagierte und ihn für die Förderung des Bauprojekts auf Patroklos bezahlte.

Insgesamt zahlte Appel zwischen März 1999 und Juni 2001 640 000 Dollar an Gilad Scharon. Außerdem versprach er ihm während und nach dem Bauprojekt auf Patroklos finanzielle Anreize in Höhe von drei Millionen Dollar. Dieses Stadium wurde jedoch nie erreicht. Trotzdem hielt die Polizei das Geschäft zwischen Appel und Gilad für so einzigartig, dass es »vermutlich fiktiv war«.

Die Polizei vermutete, dass Ariel Scharon als Gegenleistung für Gilads Engagement seine Verbindungen als Außen- und Infrastrukturminister genutzt hatte, um Appel bei dessen Verhandlungen mit den griechischen Behörden zu helfen. Am 12. Februar und am 28. Juli 1999 hatte Scharon auf Einladung von Appel in dessen Haus mit dem stellvertretenden griechischen Außenminister beziehungsweise mit dem Bürgermeister von Athen zu Abend gespeist. Und von 1997 bis 1999, als Scharon Infrastrukturminister war, hatte er, wie die Polizei vermutete, Appel bei Immobiliengeschäften in Lod geholfen.

Die Polizei verhörte Scharon zweimal, am 30. Oktober 2003 und am 5. Februar 2004. Scharon sagte den Ermittlern, er kenne Appel schon seit vielen Jahren als Politiker und Freund der Familie, verneinte jedoch kategorisch, dass er ihm gegen politische Gefälligkeiten bei seinem Wahlkampf im Likud geholfen habe. Laut Scharon hatten sich seine Gespräche mit Appel, von denen zwei aufgezeichnet wurden, als die Polizei Appels Telefon abhörte, im Rahmen normaler politischer Beziehungen bewegt.

Generalstaatsanwalt Masus entschied sich für Scharons Version. Seiner Ansicht nach gab es keine Beweise, dass Appel Scharon bei den internen Likudwahlen oder bei seiner Kandidatur für den Parteivorsitz unterstützt hatte. Im Gegenteil hatte er im Kampf um den Parteivorsitz und um die Kandidatur für das Amt des Ministerpräsidenten sogar Scharons Rivalen Ehud Olmert unterstützt.

Im Zentrum der Bestechungsvorwürfe stand Gilads Arbeit für Appel. Dieser begann 1998 für die Idee zu werben, auf der Insel Patroklos, 80 Kilometer südlich von Athen und nur 800 Meter vor der griechischen Küste, auf einer Fläche von etwa 300 Hektar eine Kette von Feriendörfern zu errichten. Insgesamt sollten 100 000 Zimmer, 15 Spielcasinos, mehrere Golfkurse, Einkaufszentren, Veranstaltungszentren, Vergnügungsparks und Sportanlagen sowie ein direkte U-Bahnverbindung zwischen dem Athener Flughafen und der Insel gebaut werden – geplante Investitionen insgesamt 16 Milliarden Dollar.

Appel kannte Gilad Scharon schon lange, als er das Projekt in Griechenland plante. Die beiden Familien standen sich nahe, und Appel hatte Gilad mehrmals zu Bibelkursen in sein Haus eingeladen. Im März 1999 bot er ihm die Position eines Direktors für Marketing, Publicity und Verkauf bei dem Patroklos-Projekt an. Von März bis Oktober 1999 arbeitete Gilad Scharon intensiv an der Sache.

Appel schloss nie eine schriftliche Vereinbarung mit Gilad und hatte ihm im Oktober 1999 noch nichts bezahlt. Gilad fragte David Spector, den Besitzer des privaten Sicherheitsunternehmens Specurity, um Rat. Die daraus folgenden Gespräche wurden von Spector aufgenommen und landeten schließlich bei der Polizei. Sie erleichterten es den Beamten, das Abkommen zwischen Gilad Scharon, der die Aussage verweigerte, und Appel zu verstehen.

Im Mai 2000 kamen Gilad und Appel nach wochenlangen Verhandlungen zu einer Übereinkunft über die Vergütung von Gilad Scharons Tätigkeit. Gilad erhielt 400 000 Dollar für bereits geleistete Arbeit und ein festes Gehalt von 20 000 Dollar im Monat. Bei Erteilung der ersten Baugenehmigung sollte er weitere 1,5 Millionen abzüglich des bis dahin empfangenen Gehalts erhalten und nochmals 1,5 Millionen, wenn das Projekt verwirklicht wurde. Scharon arbeitete bis Juni 2001 für Appel, dann war die vertraglich vereinbarte Zusammenarbeit beendet. Er erhielt die vereinbarten 400 000 Dollar und weitere 240 000 Gehalt für ein Jahr. Da das Projekt scheiterte, bekam er keine Prämien. Seine Bezahlung war zwar hoch, aber der Generalstaatsanwalt kam zu dem Schluss, dass sie den Gehältern anderer Mitarbeiter des Projekts entsprach.

Gilad Scharon besitzt einen Abschluss der landwirtschaftlichen Fakultät der Hebräischen Universität, hat im Hauptfach Wirtschaftswissenschaft studiert, ist ein versierter Marketingexperte und managt seit 1989 die Ranch. Er hat außerdem lokale und internationale Immobilienprojekte aufgebaut und vermarktet. Ariel Scharon sagte bei einer Polizeibefragung über seinen Sohn: »Ich sage das nicht nur, weil er mein Sohn ist, aber er ist ein sehr begabter junger Mann ... und in der Lage, Außerordentliches zu leisten. Außerdem ist er ernsthaft. Ich meine, wenn er etwas in Angriff nimmt, dann kniet er sich richtig rein ... Ich habe selbst erlebt, wie er bis spät in der Nacht gearbeitet hat ... Er hat einen großartigen Verstand und ist sehr methodisch und organisiert.« Scharon fügte hinzu, dass Gilad »an allen möglichen Orten überall auf der Welt alle Arten von Geschäften macht«, aber er konnte den Beamten, die ihn befragten, nicht genau sagen, wo. Er sagte, Gilad habe sich geweigert, ihn einzuweihen, und immer zu ihm gesagt: »Du kümmerst dich um die Amerikaner und die Araber, und ich kümmere mich ums Geschäft. Jeder macht seine Arbeit.«

Diese Darstellung wird durch die Mitschrift eines Telefongesprächs zwischen Ariel Scharon und David Appel untermauert, das am 17. September 1999 abgehört wurde. Scharon hat offenbar wirklich keine Ahnung von den Einzelheiten des Projekts. Appel versucht, das Gespräch auf das Projekt zu lenken. »Und wie weit ist es vom Strand da rüber«, fragt Scharon. Appel: »800 Meter.« Scharon: »Das ist alles? ... Keine lange Fahrt aufs Meer hinaus?« Appel: »Er [Gilad] hat dich offenbar noch nicht mit seiner Begeisterung für das Projekt angesteckt?« Scharon: »Unser Junge ist diskret, nur damit du's weißt ... Er hat noch nie Geschäftsgeheimnisse verraten.«

Später sagt Appel in dem Telefongespräch, das geführt wurde, als Gilad schon sechs Monate für das Projekt arbeitete, Gilad habe hervorragende Arbeit geleistet und werde für seine Arbeit in Kürze sehr gut bezahlt werden. Dann fragt er Scharon: »Wirst du uns mit deiner Anwesenheit beehren ... auf unserem neuen Anwesen. Erlaube uns doch wenigstens einmal, euch einzuladen, dich und Lily, zu einem ehrlichen kleinen Vergnügen.« Scharon dachte, die Einladung gelte für Tel Aviv, aber Appel sagte: »In das neue Haus in Griechenland, wenn es gebaut ist.« Und Scharon antwortete: »Ja, aber ich bezahle.«

Generalstaatsanwalt Menachem Masus kam zu dem Schluss, dass Gilads Job und die Qualität seiner Arbeit, wenn man sie im Zusammenhang mit der Größe des Projekts und den hohen Gehältern des gesamten Vorstands betrachtete, insgesamt dem Verdacht widersprachen, dass Appels Zahlung an Gilad ein Scheingehalt gewesen sei, das eigentlich der Bestechung seines Vaters gedient habe. Masus kam außerdem zu dem Schluss, dass bei dem Abendessen in Appels Haus, an dem Scharon als israelischer Außenminister und der stellvertretende griechische Außenminister teilnahmen, das Bauvorhaben nicht erwähnt wurde. Bei dem zweiten Essen mit dem Bürgermeister von Athen war Scharon bereits in der Opposition und nur noch ein einfacher Knessetabgeordneter, aber auch an diesem Abend wurde Patroklos laut Masus nicht erwähnt.

»Die Tatsache, dass das Projekt bei den zwei Abendessen nicht vorgestellt wurde oder auch nur zur Sprache kam«, schrieb Masus in seiner Entscheidung, »beschränkt Scharons Rolle bei den zwei Essen darauf, die Gäste mit seiner Anwesenheit zu beglücken – eine Sache, auf die Appel Wert legte, wie die Ermittlungen ergeben haben. Scharons Sichtweise, dass seine Bereitschaft, Appels Dinnereinladung zu akzeptieren, ihrer Freundschaft entsprang und nicht dem Bedürfnis, Appel für Gefälligkeiten zu entschädigen, wird schwer zu widerlegen sein.«

Appels Entwicklungsprojekt in Lod umfasste ein Bauprojekt im Nordwesten der Stadt auf etwa 140 Hektar Ackerland, die Appel dem in der Nähe gelegenen Moschaw Ginaton für 24 Millionen Dollar abgekauft hatte. Scharon wurde verdächtigt, Appels Geschäfte gefördert zu haben, als er ab Juli 1996 Infrastrukturminister war. In diesem Fall kam der Generalstaatsanwalt zu dem Schluss, es wäre am besten gewesen, wenn sich Scharon in Bezug auf Appels Angelegenheiten für befangen erklärt hätte, da sich die beiden Männer wirklich sehr nahe gestanden hätten. Trotzdem bestehe Einigkeit darüber, dass Scharon die Entscheidung widerspruchslos akzeptiert habe, als die Israel Land Authority das Appel-Projekt abgelehnt habe. Masus schrieb, er werde das Verfahren einstellen, weil Scharon als Infrastrukturminister in den Jahren 1996–1998 Appel nicht bei seinen Immobiliengeschäften geholfen habe und sich auch sonst in keiner Weise gesetzwidrig verhalten habe.

Über die Griechische-Insel-Affäre schrieb der Generalstaatsanwalt: »Die Beweise sind in allen Kernbereichen des Vergehens schwach und fügen sich nicht zu einer haltbaren Struktur zusammen.« Deshalb »gibt es kein tragfähiges Beweisgerüst, um Ariel Scharon oder Gilad Scharon vor Gericht zu bringen, und ich habe entschieden, das Verfahren gegen die beiden wegen Mangel an Beweisen einzustellen.« Im Gefolge dieser Entscheidung sprach die Staatsanwaltschaft am 14. April 2005 David Appel von jedem Verdacht frei, Ariel Scharon bestochen zu haben.

Kapitel 53
Netanjahu wird in die Falle gelockt

Im Oktober 2002, als Benjamin Ben-Elieser mit der Arbeitspartei die Koalition verließ, gab der scheidende Außenminister Schimon Peres Scharon einen Rat. Das älteste Mitglied der Knesset sagte dem Ministerpräsidenten, er müsse sich bald darum kümmern, nicht nur in der Tagespolitik, sondern auch in den Annalen der Geschichte Spuren zu hinterlassen. Wenn er nicht bald handle, warnte Peres, werde er sowohl politisch als auch historisch vergessen werden.

Die komplexe Beziehung zwischen Scharon und Peres hatte im Lauf von über 40 Jahren zahlreiche Höhen und Tiefen erlebt. Die beiden waren die Letzten der alten Generation – die einzigen führenden Politiker, die die Staatsgründung noch erlebt und mit Ben Gurion, Dajan, Begin und Rabin zusammengearbeitet hatten. Obwohl sie sehr unterschiedliche ideologische Positionen hatten, standen sie einander weltanschaulich doch näher als viele ihrer Erben wie etwa Netanjahu oder Barak. Scharon reagierte nicht direkt auf Peres' Rat, aber er behielt ihn im Gedächtnis.

Es ist nicht möglich zu sagen, ob Scharon den Rückzugsplan entwickelte, weil er als Friedensstifter und nicht als Kriegshetzer in die Annalen der Geschichte eingehen wollte, oder ob er nur darauf reagierte, dass die Polizei immer intensiver gegen ihn ermittelte und der amerikanische Druck, die Roadmap umzusetzen, immer stärker wurde. Sicher ist nur, dass Scharon im Januar 2003, zu Beginn seiner zweiten Amtszeit als Ministerpräsident, eine tiefgreifende Wandlung durchgemacht hatte. Noch 2001 war er offenbar nur an seinem eigenen Machterhalt interessiert gewesen, 2003 jedoch zielte er darauf ab, dramatische politische Veränderungen herbeizuführen.

Eines Tages, als er mit seinen Söhnen auf der Ranch zusammensaß, teilte er ihnen mit, dass er nach all den Jahren politischer Plackerei das Gefühl habe, eine historische Mission erfüllen zu müssen, die nur er erfüllen könne, nämlich das Gesicht des Nahen Ostens zu verändern und auf eine politische Lösung hinzuarbeiten. Nachdem er dem Land mehr als ein halbes Jahrhundert gedient hatte, hegte er so etwas wie Besitzerstolz für Israel. Er meinte, für das Land die bestmögliche Friedensregelung erreichen zu können. Jeder andere, das glaubte er sicher zu wissen, würde sich mit viel weniger begnügen müssen. Und er wusste, er hatte nicht mehr viel Zeit, dies würde mit Sicherheit seine letzte Amtszeit sein.

Vom ersten Tag seiner zweiten Amtszeit an stand er also unter enormem Handlungsdruck. Am 29. Januar 2003 gratulierte ihm US-Präsident Bush zu seiner Wiederwahl, erinnerte ihn jedoch daran, dass er sich zur Umsetzung der Roadmap verpflichtet hatte. Scharon versicherte dem amerikanischen Präsidenten, dass er seiner Vision treu bleiben würde.

Die Amerikaner setzten ihren Neun-Milliarden-Kredit für Israel und den Bonus von einer weiteren Milliarde für die Unterzeichnung als Druckmittel ein, damit Scharon den politischen Plänen des Präsidenten entsprach. Die Tatsache, dass der Regierung Bush die Umsetzung der Roadmap so wichtig war, beschränkte Scharon de facto

Januar 2003. Ministerpräsident Scharon mit seinem Stabschef Weissglass und Bildungsministerin Limor Liwnat bei einer Veranstaltung für die Freunde des Weizman-Instituts. (Foto: Michael Kramer, *Yedioth Ahronoth*)

in seinen Koalitionsmöglichkeiten. Er verstand die Botschaft der Amerikaner und zog erst gar nicht in Erwägung, eine Koalition zwischen der Mitte, der gemäßigten Rechten und der extremen Rechten zu schmieden.

Zusammen mit Natan Scharanskis Jisrael Bealija verfügte der Likud über solide 40 Mandate. Scharon bot Mizna und der Arbeitspartei (19 Mandate) eine Koalition an. Eine Einheitsregierung, versprach er Mizna, werde sich wieder auf die Grenzen des 28. September 2000 zurückziehen, sie werde die illegalen Vorposten der Siedler im Westjordanland räumen und später den Bau neuer Siedlungen teilweise einfrieren. Aber Mizna wollte mehr. Er verlangte, dass Scharon auf jede weitere Expansion der Siedlungen verzichtete und isolierte Siedlungen wie Nezarim räumte.

Gegen Ende seiner ersten Amtszeit als Ministerpräsident war Scharon mit dem Satz zitiert worden: »Das Schicksal von Nezarim ist das Schicksal von Tel Aviv.« Er wies Miznas Forderungen schroff zurück, und der Führer der Arbeitspartei verließ das Gespräch, entsetzt über Scharons Ansichten. Der Ministerpräsident hatte ihm einen Vortrag über die Wichtigkeit von Nezarim gehalten, eine Siedlung von 600 Leuten, die zwischen dem Meer, der Stadt Gaza und dem Flüchtlingslager Al-Bureidsch eingezwängt war. »Arik hat die Tür zur Regierung nicht einmal einen Spalt breit offen gelassen«, sagte Mizna und erinnerte die Öffentlichkeit daran, dass die Arbeitspartei den Rückzug aus dem Gazastreifen und aus allen isolierten Siedlungen versprochen hatte. Ohne Scharons Zustimmung zu diesen Bedingungen werde er auf keinen Fall in die Regierung eintreten.

Statt mit der Arbeitspartei bildete Scharon daraufhin mit der säkularen Partei Schinui eine Regierung, die über 68 Sitze verfügte. Zum ersten Mal nahm er die Ultraorthodoxen nicht in die Koalition mit auf, vor allem weil er wusste, dass die Regierung wirtschaftliche Maßnahmen beschließen würde, die der größtenteils armen Wählerschaft der Orthodoxen einiges abverlangen würden.

Scharon hatte vor, sich auf die Wirtschaftspolitik zu konzentrieren. Seiner eigenen Ansicht nach hatte er sich in der Amtszeit zuvor wegen der zweiten Intifada und der schwierigen Sicherheitslage zu wenig um die wirtschaftlichen Probleme des Landes gekümmert. Ehud Olmert hatte die Bedingungen für die Koalition ausgehandelt und erwartete, dass Scharon ihn zum Finanzminister ernennen würde. Aber obwohl er für Scharon drei Wochen lang mit den Koalitionspartnern gefeilscht hatte, bekam er zunächst keinen Kabinettsposten.

Scharon wollte Silwan Schalom als Finanzminister ablösen, jedoch eine Konfrontation mit dem drittmächtigsten Mann im Likud vermeiden. Also überraschte er alle, indem er Schalom zum Außenminister ernannte. Damit war das Finanzministerium frei und Scharon hatte seine alte Nemesis Netanjahu in eine schwere Zwickmühle gebracht. Als Außenminister erhält man bereits positive Schlagzeilen, wenn man mit einem breiten Lächeln den führenden Politikern dieser Welt die Hand schüttelt. Als Finanzminister dagegen ist man, wenn es gut läuft, unsichtbar (während die Umfragewerte des Ministerpräsidenten rasant steigen), wird aber sofort zum Sündenbock gemacht, wenn sich die Wirtschaftslage verschlechtert. Netanjahu war gezwungen, sich zwischen einer Zuschauerrolle und dem undankbarsten Posten in der Regierung zu entscheiden.

Scharon, der größte politische Taktiker Israels, hatte seinen Rivalen aus dem Rampenlicht entfernt, in dem dieser als Außenminister gestanden hatte. Jeder Fortschritt an der Friedensfront würde nun allein auf das Konto des Ministerpräsidenten gehen. Und als Finanzminister brauchte Netanjahu nicht nur die volle Unterstützung seines Ministerpräsidenten, damit er auch nur eine Chance auf Erfolg hatte, sondern er brauchte dafür auch Ruhe an den israelischen Grenzen, weshalb er Scharon nicht rechts überholen konnte.

Scharon beauftragte Weissglass damit, Netanjahu das Finanzministerium anzubieten. Wenn er es haben wolle, sei es seins, wenn nicht, werde Olmert es bekommen. Netanjahu erkannte die Falle, die Scharon ihm gestellt hatte, und lehnte das Angebot impulsiv ab. Aber 24 Stunden später hatte er seine Meinung geändert. Wenn Scharon sich bereit erklärte, seinen weitreichenden Wirtschaftsplan zu unterstützen, und ihm ein Ausmaß an Autonomie einräumte, das ihn zu einem »Premier der Finanzen« machen würde, wollte er den Posten übernehmen. Scharon gab ihm die gewünschten Zusagen und garantierte ihm, dass er für alle Angelegenheiten im Zusammenhang mit den amerikanischen Krediten allein zuständig sein würde. Also übernahm Netanjahu das Amt.

Olmert fühlte sich hintergangen, doch Scharon ließ ihm durch Omri ein attraktives Versöhnungsangebot machen: Er sollte Minister für Industrie, Handel, Arbeit und Kommunikation werden, vor allem jedoch würde ihn Scharon zum stellvertretenden Ministerpräsidenten ernennen.

Die Macht des Knesset-Mitglieds Omri Scharon war groß: Minister, Parteiführer, Konzernchefs, Lobbyisten und Journalisten standen allesamt Schlange vor seinem kleinen Büro in der Knesset. Auch auf seinen Vater hatte er großen Einfluss. »Er ist ein sehr hilfsbereiter Mensch«, sagte Ariel Scharon am 16. April 2003 der Zeitung *Yedioth Ahronoth*. »Er redet gerne mit Menschen. Im Gegensatz zu mir. Ich habe dieses Bedürfnis nicht. Das ganze Gerede, dass Omri der Generaldirektor des Staates sei, hat in der Realität keine Grundlage … Hier hat nur einer das Sagen. Und wissen Sie, wer das ist? Ich.«

Anfang März 2003 bereiteten sich die amerikanisch-britischen Streitkräfte auf die Invasion im Irak vor, und Israel wappnete sich gegen Raketenangriffe. Bush forderte Scharon auf, in den Tagen vor dem Krieg kein unnötiges Aufsehen zu erregen. »Wir müssen uns ruhig verhalten«, teilte Scharon der israelischen Öffentlichkeit mit, »kein Heulen oder Schreien. Dafür ist jetzt nicht die Zeit.«

Etwa 12 000 Reservisten wurden einberufen. Am 19. März befahl die israelische Armee allen Zivilisten, versiegelte Räume einzurichten und Gasmasken zu beschaffen. Doch es blieb ruhig. Der dritte Golfkrieg sollte Israel nicht erreichen.

Die Invasion begann am folgenden Tag, dem 20. März. Innerhalb eines Monats war der Irak Saddam Husseins eisernem Griff entrissen. Im Juli 2003 spürten amerikanische Truppen die Söhne des Diktators, Udai und Kusai, auf und töteten sie. Am 13. Dezember 2003 fanden sie Hussein selbst in einem Erdloch bei Tikrit.

Währenddessen nahmen die Terroranschläge im Irak zu, Massenvernichtungswaffen hingegen wurden nicht gefunden. Trotzdem wurde George W. Bush im November 2004 wiedergewählt.

Aus israelischer Sicht wurde das Gleichgewicht der Kräfte im Nahen Osten durch den Irakkrieg neu ausbalanciert. Eine der schlimmsten Bedrohungen im Osten des Landes wurde ausgeschaltet, die Militanten in den besetzten Gebieten verloren eine wichtige Finanzquelle. Der klägliche Zusammenbruch des Saddam-Regimes war ein schwerer Schlag für die Moral der Palästinenser. Die israelische Öffentlichkeit hatte in den ersten Stadien des Krieges mit Begeisterung beobachtet, wie die amerikanische Militärmaschinerie der arabischen Welt eine harte Lektion erteilte. Zum ersten Mal seit Beginn der zweiten Intifada gab es Grund zum Feiern.

Es war Zeit für eine Veränderung. Am 19. März 2003 ernannte Arafat unter amerikanischem und europäischem Druck Abu Masen (Mahmud Abbas) zum palästinensischen Ministerpräsidenten. Europäer und Amerikaner hofften, dass Abbas die Palästinensische Autonomiebehörde umstrukturieren und sich als akzeptabler Partner für Friedensverhandlungen erweisen würde. Der neue Mann musste jedoch bald feststellen, dass Arafat nicht wirklich willens war, die politische Bühne zu räumen; er hatte die Kontrolle über den palästinensischen Sicherheitsapparat behalten und Abbas damit weitgehend kaltgestellt.

Der britische Premier Tony Blair, Bushs wichtigster Verbündeter im Irakkrieg, hatte den amerikanischen Präsidenten gedrängt, die Roadmap noch vor Kriegsbeginn zu propagieren. Er hatte die öffentliche Meinung in Großbritannien durch ein *quid pro quo* im

14. Juli 2003. Ministerpräsident Scharon zu Besuch beim britischen Premier Tony Blair in der Downing Street Nr. 10. (Foto: Amos Ben Gerschon, Government Press Office)

Nahen Osten besänftigen müssen. Ein dritter Entwurf der Roadmap war schon einige Zeit vor dem Krieg vorbereitet worden, aber Scharon, der mit dem amerikanischen Friedensplan immer noch unzufrieden war, hatte großen Druck ausgeübt, damit seine offizielle Veröffentlichung verschoben wurde. Die Israel-Lobby in Washington hatte ganze Arbeit geleistet. Bush war inständig gebeten worden, Israel keine Friedensregelung aufzuzwingen, und Scharon hatte zahlreiche Politiker im State Department und im Weißen Haus erzürnt, als er einen Entwurf des Friedensplans mit über 100 Änderungen zurückschickte. Aber er hatte sich durchgesetzt: Der Präsident verschob die Veröffentlichung auf die Zeit nach den amerikanischen Präsidentschaftswahlen.

Im Frühling verbrachte Scharon das Passahfest mit seiner Familie. Die Feier am Vorabend von Passah im Büro des Ministerpräsidenten – normalerweise eine üppige Angelegenheit – wurde 2003 mit sirupartigem Kiddusch-Wein und ein paar Schalen mit Früchten begangen. Denn die Abstimmung in der Knesset über den Wirtschaftsplan stand unmittelbar bevor, und der hatte es in sich:

Der Staatshaushalt sollte um elf Milliarden Schekel gekürzt, das Rentenalter bei Männern von 65 auf 67 Jahre und bei Frauen von 60 auf 62 Jahre angehoben werden. Auch das staatliche Kindergeld und die Steuererleichterungen für die Bewohner von Siedlungen und Entwicklungsstädten sollten gekürzt und Tausende von Staatsangestellten entlassen werden. Durch eine Steuerreform sollte die Wiederbeschäftigung von Arbeitslosen erleichtert werden. Außerdem sollten die Haushalte sämtlicher Ministerien zusammengestrichen werden; selbst das Verteidigungsministerium sollte drei Milliarden Schekel einsparen.

Scharon unterstützte den Plan, trat aber nicht stark an die Öffentlichkeit, sondern überließ Netanjahu die Bühne. Im April 2003 jedoch, kurz bevor das Gesetz in erster Lesung von der Knesset behandelt werden sollte, drohte Amir Perez, damals Vorsitzender des Gewerkschaftsbundes, mit einem Generalstreik, wenn bestimmte Sparmaßnahmen nicht zurückgenommen würden. Er wurde von Netanjahus Anhängern heftig kritisiert, und Scharon rief ihn auf, seine Drohung nicht wahr zu machen, weil ein Streik angesichts der drängenden Probleme Israels die Volkswirtschaft des Landes vollends in die Knie zwingen würde.

Doch Ende April legte Perez den öffentlichen Dienst lahm. Plötzlich saßen Scharon und Netanjahu im gleichen lecken Boot. Am 27. April, als die Knesset zur Abstimmung über das Spargesetz zusammentrat, verkündete Scharon, dass die Abstimmung für das Gesetz ein besonderer Vertrauensbeweis für die Regierung sei. Vor dem Parlament demonstrierten Tausende von alleinerziehenden Müttern, alten Leuten, Arbeitslosen und körperlich Behinderten empört gegen den Wirtschaftsplan.

Das Gesetz passierte die erste von drei Lesungen, die notwendig waren, bis es rechtskräftig wurde. Mitte Mai kamen Perez und Netanjahu zu einer Übereinkunft über die Beendigung des Streiks. Netanjahu versprach, weniger Angestellte zu entlassen als ursprünglich geplant, und milderte gewisse Maßnahmen ab, die die Rechte der Arbeiter beschnitten. Ende des Monats trat das Gesetz in Kraft.

Mitte April hatte sich Scharon einen bösartigen Tumor von der linken Schläfe entfernen lassen. Die Operation wurde im Scheba-Krankenhaus in Tel Aviv vorgenommen. Scharon betonte, dass es sich um keinen besonders aggressiven Tumor handelte und sich wahrscheinlich keine Metastasen gebildet hatten. Das Geschwür sei durch zu viel Sonnenstrahlung verursacht worden. In Interviews verwies er darauf, dass ähnliche Tumore in Israel schon bei vielen Menschen entfernt worden seien und diese danach immer noch 120 Jahre alt werden könnten. Nach ein paar Stunden Ruhe wurde er aus dem Krankenhaus entlassen. Noch am selben Tag war er wieder im Büro des Ministerpräsidenten, um seinen guten Gesundheitszustand und seine Fitness zu demonstrieren.

Mahmud Abbas' Regierung wurde am 29. April 2003 vereidigt; am folgenden Tag wurden ihm und Scharon die Endfassung der Roadmap vorgelegt. Dem Dokument zufolge sollte ein »Quartett« aus den USA, der Europäischen Union, Russland und den Vereinten Nationen die beiden Seiten auf den Pfad führen, der in der Roadmap vorgesehen war. Bis 2005 sollten Israel und die Autonomiebehörde das Abschlussabkommen unterzeichnen.

Das erste Stadium des Friedensplans sollte im Mai 2003 in Kraft treten und sah vor, dass sich beide Seiten jeder Gewaltanwendung enthielten. Israel sollte die Lebensbedingungen für die Palästinenser verbessern, indem es Ausgangssperren aufhob und Menschen und

Gütern in Palästina mehr Bewegungsfreiheit einräumte. Die Autonomiebehörde ihrerseits sollte weitreichende demokratische Reformen durchführen und zu einem sofortigen Ende der Gewalt gegen Israelis an allen Orten aufrufen. Beide Seiten sollten einander in einer unzweideutigen Erklärung das Recht zubilligen, in Frieden und Sicherheit leben zu dürfen, Israel sollte sich zu einer Zwei-Staaten-Lösung bekennen.

Als sich die Sicherheitslage verbesserte, zog sich die israelische Armee auf die Linien vom 28. September 2000 zurück, und die palästinensischen Sicherheitskräfte übernahmen die Kontrolle in den von Israel geräumten Gebieten. Noch im Mai räumte und zerstörte Israel alle illegalen Außenposten von Siedlungen, die nach dem März 2001 errichtet worden waren, und fror den gesamten Siedlungsbau im Westjordanland und im Gazastreifen ein.

Das zweite Stadium des Friedensplans sollte bis Dezember 2003 umgesetzt werden und konzentrierte sich auf die Gründung eines palästinensischen Staates mit vorläufigen Grenzen, Staatssymbolen und einer demokratischen Verfassung. Zunächst einmal sah die Roadmap vor, dass die Führung der Palästinenser den Terrorismus unterbinden und eine liberale Demokratie einrichten sollte. Das Nahost-Quartett würde entscheiden, ob beide Seiten ihre Verpflichtungen erfüllt hatten und man vom ersten zum zweiten Stadium voranschreiten konnte. Wenn alles wie geplant verlief, würde das zweite Stadium des Plans – allgemeine Wahlen in Palästina und die Gründung eines Staates mit befristeten Grenzen – Ende 2003 umgesetzt werden.

Anfang 2004 sollte dann eine internationale Friedenskonferenz zusammentreten und eine Erklärung über die palästinensische Staatsgründung verabschieden. Außer dem Nahost-Quartett sollten auch Syrien und der Libanon an der Konferenz teilnehmen, damit Israel und alle seine Nachbarn an der Friedensregelung beteiligt waren. Das auf dieser Konferenz verabschiedete Abkommen sollte schließlich im Jahr 2005 zu einer endgültigen Lösung für die letzten Streitpunkte gelangen: die Souveränität über Jerusalem, das Rückkehrrecht der Palästinenser und die jüdischen Siedlungen.

Der vorletzte Abschnitt der Roadmap lautete:

»Die Parteien erzielen im Wege gemeinsamer Aushandlung auf der Grundlage der Resolutionen 242, 338 und 1397 des UN-Sicherheitsrats eine letztgültige und umfassende Vereinbarung über den endgültigen Status, die den israelisch-palästinensischen Konflikt im Jahr 2005 beendet; diese Vereinbarung beendet auch die Besatzung, die im Jahr 1967 begann, und beinhaltet eine einvernehmliche, gerechte, faire und realistische Lösung der Flüchtlingsfrage sowie eine auf dem Verhandlungsweg erzielte Klärung des Status von Jerusalem, die die politischen und religiösen Bedenken beider Seiten berücksichtigt und die religiösen Interessen von Juden, Christen und Muslimen in aller Welt schützt, und sie verwirklicht die Vision, dass die zwei Staaten, nämlich Israel und ein souveränes, unabhängiges, demokratisches und lebensfähiges Palästina, in Frieden und Sicherheit zusammenleben.«

Auch wenn Scharon sein Missbehagen nicht zeigte, fiel es ihm doch sehr schwer, Bushs Plan zu akzeptieren. Es gab positive Aspekte, insbesondere die Betonung der Verteidigung im ersten Stadium des Plans. Doch die vorgesehene Entwicklung war Scharons Ansicht nach viel zu schnell. Die amerikanischen Forderungen, jeden weiteren Siedlungsbau zu stoppen, und der vorletzte Abschnitt der Roadmap, in dem von der »Besatzung, die im Jahr 1967 begann« die Rede war, in dem »eine einvernehmliche, gerechte, faire und realistische Lösung« für das Problem der palästinensischen Flüchtlinge gefordert wurde und der die Unheil verkündende Formulierung »eine auf dem Verhandlungsweg erzielte Klärung des Status von Jerusalem« enthielt, stießen Scharon übel auf. In seiner politischen Heimat, der ideologischen Rechten in Israel, war man gegen jegliche Zugeständnisse, was den Status Jerusalems oder die Rückkehr der palästinensischen Flüchtlinge betraf.

Zwei Tage nachdem Scharon die Roadmap des amerikanischen Präsidenten erhalten hatte, sprach er auf der jährlichen Feier des Gedenktags für die Gefallenen und Terroropfer in Jerusalem. Nachdem er anerkannt hatte, dass die Opfer für die Familien, die Angehörige verloren hatten, unerträglich gewesen waren, sagte er: »Es ist meine Pflicht, das Land vom Krieg zu befreien und Frieden und Sicherheit herbeizuführen.«

Kapitel 54
Von Akaba bis Genf

Bis zur letzten Minute hatte Scharon gehofft, dass er den amerikanischen Präsidenten mit seinen Bedenken wegen der Roadmap umstimmen könnte, aber diesmal reichte ihre Freundschaft nicht aus. Die Amerikaner blieben unnachgiebig. Zunächst hatte Scharon einen Handel versucht: die Roadmap würde umgesetzt, wenn die Palästinenser auf das Rückkehrrecht der Flüchtlinge verzichteten. Als er damit scheiterte, sagte er Außenminister Colin Powell, er werde den Friedensplan in seiner Regierung niemals durchsetzen können, solange er Klauseln über den Stopp des Siedlungsbaus enthalte. Höhnisch fragte er Powell, ob die Frauen in den Siedlungen etwa abtreiben sollten, um ihre natürliche Geburtenrate zu senken. Die Äußerung führte nicht dazu, dass dem US-Außenminister das Herz aufging.

Scharon schickte Weissglass nach Washington, damit der die Nationale Sicherheitsberaterin Condoleezza Rice überredete, einige für Israel wichtige Punkte in die Endfassung der Roadmap aufzunehmen. Aber auch sie blieb hart. Schließlich verkündete Bush immerhin, dass die Amerikaner einige der israelischen Bedenken in Erwägung ziehen würden, wenn die Umsetzung des Plans begonnen hätte. Scharon ließ durch Weissglass ausrichten, dass Israel das Abkommen nicht ratifizieren könne, solange im Friedensplan des Präsidenten ein Baustopp für die Siedlungen und ein Rückkehrrecht der palästinensischen Flüchtlinge vorgesehen seien. Er verlangte außerdem, dass anstelle des Nahost-Quartetts die Vereinigten Staaten die Umsetzung des Plans überwachten und dass die Palästinenser ihre bereits getroffenen Sicherheitsmaßnahmen verstärken müssten.

Bei der Außenministerkonferenz der G8-Staaten erklärte Außenminister Colin Powell jedoch, der amerikanische Präsident habe nicht die Absicht, das Dokument, das seinen Vorstellungen von einem Frieden in der Region entspreche, noch wesentlich zu verändern. Obwohl der Plan Scharon immer noch Sorgen bereitete, sah er sich am 23. Mai 2003 gezwungen, ihm »grundsätzlich« zuzustimmen.

Bevor Scharon die Roadmap am 25. Mai seinem Kabinett vorlegte, verkündeten sowohl die Nationalreligiöse Partei als auch die Nationale Union, dass sie gegen den Plan stimmen würden, selbst wenn dies den Sturz der Regierung bedeuten sollte. Scharon, Weissglass und Omri verbrachten den größten Teil des Wochenendes am Telefon und versuchten die Minister des Likud und andere Mitglieder der Koalitionsparteien davon zu überzeugen, mit dem Ministerpräsidenten zu stimmen.

Der 25. Mai war für Scharon ein besonders anstrengender Tag. Besorgt, dass er auf der Kabinettssitzung um neun Uhr eine Demütigung erleben könnte, setzte er sich mit den Likud-Ministern aus seinem Kabinett schon einige Stunden vorher an einen Tisch, um zu sehen woher der Wind wehte. Die Stimmung war angespannt. Uzi Landau, Jisrael Kaz und Natan Scharanski sagten, sie würden mit den Nationalreligiösen und der Nationalen Union stimmen, Zachi Hanegbi, Limor Liwnat, Danny Nawe und Benjamin Netanjahu waren noch unentschieden.

Scharon war ungeduldig und grob in dem Gespräch und schnitt den Ministern immer wieder mitten im Satz das Wort ab. Einmal fragte er sich laut, ob einige am Tisch so handelten, wie sie handelten, weil sie ihren Grundsätzen treu blieben oder weil sie aus ihrem Verhalten politisches Kapital schlagen wollten.

Die anschließende Kabinettssitzung dauerte sechs Stunden. Scharon brachte seine Ungeduld aus der Vorbesprechung in die Sitzung mit, wo er alle Kabinettsmitglieder drängte, für die Roadmap zu stimmen, obwohl er selbst sagte, dass der Plan in der vorliegenden Form unbefriedigend sei. Liwnat schlug vor, die Regierung solle erklären, dass sie den Stufen des Plans zustimmen könne, aber einen Kompromiss in Bezug auf das Rückkehrrecht der Flüchtlinge, einen Rückzug auf die Grenzen von 1967 und Zugeständnisse in Bezug auf Jerusalem ablehne und der Gründung eines Palästinenserstaats erst zustimmen werde, wenn alle Terrorzellen vollständig eliminiert seien. Scharon war klar, dass Bush eine solche Erklärung als Schlag ins Gesicht auffassen würde, und kämpfte den Vorschlag nieder. Am Ende der Marathonsitzung stimmten zwölf Minister für die

Roadmap und vier enthielten sich: Netanjahu, Liwnat, Hanegbi und Nawe.

Scharon war zu einem Kompromiss gezwungen. Der Kabinettsbeschluss lautete: »Die israelische Regierung erklärt, dass sie die Erklärung des Ministerpräsidenten in Bezug auf die Phasen der Roadmap annimmt, und versichert, dass der Plan in Übereinstimmung mit den 14 Stellungnahmen ausgeführt wird, die Israel den Amerikanern vorgelegt hat.«

In Bezug auf die palästinensischen Flüchtlinge schrieb Scharon: »Der palästinensische Staat sollte als einzige Lösung für das Problem der Flüchtlinge und ihrer Aufnahme dienen.«

Währenddessen wurde Scharon auf den Straßen von rechtsgerichteten Demonstranten als Verräter beschimpft.

Noch stärker geriet Scharon am folgenden Tag bei der Fraktionssitzung des Likud unter Beschuss. »Die Roadmap ist sogar noch härter als Oslo«, sagte Gila Gamliel. »Es ist, als ob die Arbeitspartei noch an der Macht wäre.« Ehud Jatom meinte, es sei, als wären 40 Mitglieder der Knesset »ausgestrichen« worden. Scharon war wütend und löste mit seiner Antwort noch eine weitere Fehde aus. »Wir müssen eine politische Übereinkunft erreichen«, sagte er. »Es ist nicht klar, ob wir uns durchsetzen werden, aber das eine kann ich Ihnen sagen: Ich werde jede erdenkliche Anstrengung unternehmen, um ein Abkommen zu erreichen, weil es unbedingt erforderlich ist. Außerdem glaube ich, dass die Idee, man könne 3,5 Millionen Palästinenser unter Besatzung halten – und es ist eine Besatzung, auch wenn Ihnen das Wort vielleicht nicht gefällt –, schlecht für Israel, die Palästinenser und die israelische Volkswirtschaft ist. Wir müssen uns befreien von der Herrschaft über 3,5 Millionen Palästinenser, deren Zahl nicht abnimmt, und ein diplomatisches Abkommen erreichen.«

Der Begriff »Besatzung«, der normalerweise eher von Anhängern der Bewegung Schalom Achschaw (Frieden Jetzt) benutzt wurde als von einem General, der den Likud mitgegründet hatte, verursachte einigen Aufruhr. Als am folgenden Tag der Ausschuss für Außen- und Sicherheitspolitik zusammentrat, empfahl der Generalstaatsanwalt Eljakim Rubinstein dem Ministerpräsidenten, doch lieber den Begriff »umstrittene Gebiete« zu benützen.

Scharon erklärte, dass er zu dem Problem eine ganz einfache Meinung habe: Er wolle nicht über ein anderes Volk regieren. Er nahm Rubinsteins Rat nicht an, sondern wiederholte fast wörtlich, was er schon am Vortag gesagt hatte.

Bevor beide Seiten die Forderungen der Roadmap verinnerlichen konnten, berief Präsident Bush, nur einen Monat nachdem er auf dem Flugzeugträger *Abraham Lincoln* vor dem Transparent »Mission Accomplished« (»Aufgabe erledigt«) gelandet war, eine internationale Konferenz in König Abdullahs Sommerresidenz im jordanischen Akaba ein. Bush, Scharon, Mahmud Abbas und Abdullah posierten für viele beschauliche Fotos auf dem Rasen mit Blick auf die Bucht. Der Akaba-Gipfel vom 4. Juni 2003 war wenig mehr als eine Gratulationsfeier für die gut erledigte Aufgabe im Irak.

Allerdings traf Bush auf einen nachgiebigen Scharon. Der israelische Ministerpräsident machte die Zusage, alle illegalen Vorposten von Siedlungen in den besetzten Gebieten zu zerstören, und stimmte der Gründung eines Palästinenserstaates auf einem zusammenhängenden Landstreifen im Westjordanland zu. In seiner Rede betonte Scharon das Problem der Sicherheit:

Juni 2003. Der Gipfel von Akaba. Scharon, Bush und Mahmud Abbas.
(Foto: Awi Ohajon, Government Press Office)

»Als Ministerpräsident von Israel, dem Land, das die Wiege des jüdischen Volkes ist, bin ich vor allem für die Sicherheit des Volkes Israel und des Staates Israel verantwortlich ... Es besteht Hoffnung auf eine neue Gelegenheit für einen Friedensschluss zwischen Israelis und Palästinensern. Israel hat wie andere Länder auch die am 24. Juni 2002 von Präsident Bush geäußerte Vision stark unterstützt, dass zwei Staaten – Israel und ein Palästinenserstaat – Seite an Seite in Frieden und Sicherheit leben.
Wir können unseren palästinensischen Partnern versichern, dass wir verstehen, wie wichtig ein zusammenhängendes Territorium in Judäa und Samaria für einen lebensfähigen Palästinenserstaat ist ... Wir akzeptieren den Grundsatz, dass der Ausgang der Verhandlungen nicht durch einseitige Maßnahmen einer der Parteien [vorbestimmt] werden darf. In Bezug auf die nicht autorisierten Siedlungsposten will ich noch einmal betonen, dass Israel ein Rechtsstaat ist. Deshalb werden wir sofort mit der Entfernung dieser Siedlungsposten beginnen.«

Abbas versprach, der »militärischen Intifada« und der antiisraelischen Hetze ein Ende zu setzen. Er sagte, Präsident Bushs Plan sei eine echte Chance für den Frieden. Dann sprach er über das generationenlange Leiden der Palästinenser, und schließlich sagte er, von den Amerikanern ermutigt, dass er sich auch der historischen Leiden des Judentums bewusst sei – ein großer Schritt angesichts der Tatsache, dass er in seiner Doktorarbeit die offizielle Version des Holocaust bestritten hatte. Präsident Bush sagte in einer Ansprache: »Das Heilige Land muss zwischen dem Staat Palästina und dem Staat Israel geteilt werden, die miteinander und mit allen anderen Staaten im Nahen Osten in Frieden leben.«
   Dass Scharon den Friedensplan annahm, war ein Schock für die israelische Rechte. Die Siedler waren entsetzt, dass der Mann, der sich so leidenschaftlich für die jüdischen Siedlungen eingesetzt hatte, sich nun von ihnen abkehrte. Fast jeder hatte seine eigene Theorie über die Motive des Ministerpräsidenten. Einige waren der Ansicht, dass er die Dinge nach seinem Aufstieg anders sah, andere fanden, dass sich der Nahe Osten verändert hatte, und wieder andere vermuteten, dass sich Scharon bewusst auf die überwiegend linksliberalen

Medien zubewegte, um ihr Stillschweigen an der Korruptionsfront zu erkaufen.

Die Menschen, die Scharon nahestanden, bestritten jeden Zusammenhang zwischen der Bereitschaft des Ministerpräsidenten, nicht autorisierte Siedlungsposten zu räumen, und dem Druck, unter dem er in den Korruptionsskandalen stand. Ihrer Ansicht nach glaubte er seit 2001, dass er als Einziger ein Friedensabkommen erreichen könne, das der israelischen Bevölkerung generationenlang Frieden bringen würde. Er sah sich als Hirte, eine biblische Metapher für den Führer eines Volkes.

Scharon war nicht bereit, das Land zu teilen, bevor der Terrorismus völlig ausgerottet war. Laut Dow Weissglass war er sich bei seinem Amtsantritt sicher, einen 25-jährigen provisorischen Frieden mit den Palästinensern aushandeln zu können. Gegen Ende seiner ersten Amtszeit jedoch kam er zu dem Schluss, dass er sich dem Brunnen nur noch nähern, aber nicht mehr daraus trinken könne. Laut Weissglass war er der Ansicht, dass die Palästinenser, selbst wenn sie eine nationale Heimstatt erhielten, nie auf den Terror verzichten würden, weil in ihrer Gesellschaft die Mehrheit die Minderheit nicht unter Kontrolle hatte und viele der eher religiös als patriotisch motivierten Terrorzellen die Waffen niemals niederlegen würden. Deshalb beschloss Scharon, zuerst den Terrorismus auszurotten und sich erst dann an der diplomatischen Front zu bewegen. Der Sumpf des Terrors müsse trockengelegt werden, argumentierte er.

Wie Weissglass in einem Interview mit *Haaretz* sagte, brachte »Präsident Bushs Rede vom 24. Juni 2002 genau dieses Konzept zum Ausdruck. Wir hatten sie nicht geschrieben, aber sie brachte unsere Ansichten optimal zum Ausdruck. Aus diesem Grund akzeptierte Scharon sofort die in der Rede formulierten Grundsätze. Die Rede war eine historische Wende für uns. Und er betrachtete sie als großen diplomatischen Erfolg. Zum ersten Mal war ein neuer Grundsatz formuliert worden: ›Wenn du das Verhandlungszimmer betrittst, lässt du die Waffen vor der Tür.‹«

Als Scharon aus Akaba zurückkehrte, demonstrierten Zehntausende auf dem Zion-Platz in Jerusalem gegen ihn. Ihr Slogan lautete: »Oslo hat es bewiesen. Gebt ihnen keinen Staat.« Auf der Kundgebung wurde der Gipfel von Akaba als »entwürdigende Zeremonie bezeichnet, mit der die Kapitulation der israelischen Regierung vor dem palästinensischen Terror gefeiert wurde«. Die Roadmap wurde als direkte Nachfolgerin der Oslo-Verträge interpretiert. Immer wieder wurden Aufnahmen von Reden Scharons abgespielt, in denen er die Siedler für ihre Tapferkeit lobte und seine Ablehnung eines Palästinenserstaats begründete. Rechtsextreme Demonstranten trugen Plakate mit Aufschriften wie »Scharon ist ein Verräter«, »Scharon muss Rabin folgen« und »Die Roadmap führt nach Auschwitz«.

Am 6. Juni wurde er bei einer Versammlung des Likud-Zentralkomitees mit ohrenbetäubenden Buhrufen begrüßt. Netanjahu erklärte, Israel müsse sich der Gründung eines Palästinenserstaats widersetzen. Die Palästinenser sollten lediglich einen Autonomiestatus erhalten, der Sicherheitsapparat müsse in israelischer Hand bleiben.

Scharon sprach als Letzter. Er zitierte Menachem Begin und sagte, der Ministerpräsident trage »nur ein kleines bisschen mehr« Verantwortung und genau in dieser Eigenschaft habe er schicksalsschwere Entscheidungen getroffen. Er erinnerte seine Zuhörer daran, dass er einen gewaltigen Wahlsieg prophezeit hatte, und sagte, die 40 Abgeordneten im Saal seien der Beweis, dass er Recht gehabt habe. Wie er dieses Versprechen gehalten habe, werde er auch halten, was er in Bezug auf Frieden und Sicherheit versprochen habe.

In dem Monaten Mai und Juni verbündete sich die Hamas mit Arafat und sabotierte Mahmud Abbas' Versuch, einen Waffenstillstand herbeizuführen. Israelische Städte wurden von Terroranschlägen heimgesucht. Am 10. Juni, nur wenige Tage nachdem Scharon von dem süßlichen Versöhnungsgipfel in Akaba zurückgekehrt war, autorisierte er die israelische Armee, Dr. Abdel Asis al-Rantisi zu ermorden.

Die »gezielte Tötung« ging daneben, und Mahmud Abbas nannte den Mordanschlag auf Rantisi einen Versuch, »den Friedensprozess zu eliminieren«. Die Hamas intensivierte ihre Anstrengungen, in Israel Anschläge durchzuführen. Mitte Juni sprengte sich einer ihrer Selbstmordattentäter in einem Bus in Jerusalem in die Luft und riss 17 Menschen mit in den Tod. Scharon verhöhnte die Führung der Autonomiebehörde wegen ihrer Ohnmacht und bezeichnete Abbas als »ein Huhn, dem noch keine Federn gewachsen sind«. In der folgenden Kabinettssitzung sagte er: »Wir kümmern uns um den Terror, bis ihm ein paar Federn gewachsen sind.«

Scharon beschloss, bei der ersten sich bietenden Gelegenheit die gesamte Führung der Hamas zu eliminieren. Bis zu diesem Zeitpunkt hatte ihr spiritueller Führer Scheich Ahmed Jassin nicht auf der Liste der zum Abschuss freigegebenen Palästinenser gestanden. Wie schon bei Arafat im Jahr 2002 gaben die israelischen Geheimdienste Informationen über die Verwicklung der Hamas-Führung in den Terror an die Amerikaner weiter. Mehrere Tage später sagte die Nationale Sicherheitsberaterin Condoleezza Rice, der Krieg gegen den Terror müsse fortgesetzt werden und die Hamas sei ein Hindernis auf dem Weg zum Frieden.

Ende Juni stimmte der US-Kongress darüber ab, mit welchen Mitteln Israel sich gegen den Terror verteidigen dürfe. 399 Abgeordnete des Repräsentantenhauses stimmten für präventive Tötungen, nur fünf stimmten dagegen. Scharon bekam seinen Willen: Die Abgeordneten hatten der Ermordung von »tickenden Bomben«, von Terroristen auf dem Weg zu einem Anschlag, zugestimmt.

Sofort nach der Abstimmung genehmigte Scharon die Tötung von Abdullah Kawasmeh, dem Führer des militärischen Flügels der Hamas in Hebron. Laut dem israelischen Geheimdienst war Kawasmeh für den Tod von 40 Israelis verantwortlich. Sein Tod löste bei den Palästinensern große Empörung aus. Trotzdem gelang es Mahmud Abbas bis Juli, die islamischen Terrorgruppen in eine Hudna einzubinden, ein arabischer Begriff für »Waffenruhe«, der ursprünglich von Mohammed stammt und für Muslime den Waffenstillstand bezeichnet, der am Ende zur Eroberung von Mekka führte. Die Al-Kassam-Brigaden der Hamas, der Islamische Dschihad und die Al-Aksa-Brigaden der Fatah erklärten allesamt einen sechsmonatigen Waffenstillstand. Als Gegenleistung verlangten sie von Israel, mit allen »gezielten Tötungen« aufzuhören und eine große Zahl palästinensischer Gefangener aus den israelischen Gefängnissen freizulassen.

Nach 1000 Tagen der Kämpfe, die 800 Israelis und 22000 Palästinenser das Leben gekostet hatten, stand endlich ein kleiner Hoffnungsschimmer am Horizont. Scharons Politik der eisernen Faust hatte die Autonomiebehörde in die Knie gezwungen. Nun begann er illegale Siedlungsposten zu zerstören, wie er es Bush versprochen hatte. In den ersten Wochen der Hudna baute Israel etwa zehn Vorposten ab. Im Zentrum des Widerstands der Siedler gegen diese Politik standen die Siedlungsposten rund um Jizhar.

Auf den Fernsehschirmen wirkte die gewaltsame Konfrontation zwischen Sicherheitskräften und Jugendlichen wie der Beginn einer wichtigen Veränderung der israelischen Siedlungspolitik. Im Wesentlichen jedoch war das Ganze eine Farce, in der alle Beteiligten ihre festgeschriebene Rolle spielten. Wenn sich der Staub gelegt hatte, zogen sich die Siedler zurück, und die Armee ging wieder ihren üblichen Aufgaben nach, zu denen auch der Schutz der Siedler gehörte. Als Scharon amerikanische Satellitenfotos vorgelegt wurden, die zeigten, dass die Siedlungsposten wieder aufgebaut waren, ordnete er an, sie erneut zu räumen.

Die Palästinenser ließen sich von Scharons Maßnahmen nicht täuschen und bezeichneten sie als »Augenwischerei«. Obwohl Scharon geschworen hatte, der Roadmap ohne Winkelzüge und faule Tricks zu folgen, nahmen ihn die Siedler nicht ernst: Sie nannten einen der in jenen Tagen errichteten illegalen Vorposten zu seinen Ehren »Ariel-Hügel«.

Die israelische Armee begann sich auf die Linien des 28. September 2000 zurückzuziehen. Sie räumte Beit Hanun im Gazastreifen und Bethlehem im Westjordanland, und als die Hudna weiter hielt, zog sie sich auch noch aus anderen städtischen Gebieten zurück.

Am 19. August um 21 Uhr, fünf Tage nachdem Israel in Hebron mit einem gezielten Angriff einen Dschihad-Führer getötet hatte, zündete ein Selbstmordattentäter der Hamas in einem Bus fünf Kilogramm Sprengstoff und riss 23 Menschen mit in den Tod; viele von ihnen waren auf dem Heimweg gewesen, nachdem sie an der Klagemauer gebetet hatten. Die Hudna war zu Ende. Scharon berief eine Kabinettssitzung ein und ordnete die Einstellung sämtlicher diplomatischer Aktivitäten an. Auf keiner Ebene sollte mehr mit Mitgliedern der Autonomiebehörde verhandelt werden. Scharon und Bush wussten genau, dass der neueste Anschlag von der Hamas durchgeführt worden war, aber sie machten Arafat dafür verantwortlich. Scharon war sich sicher, dass Arafat überall in den besetzten Gebieten große Macht hatte, und er war ebenso fest von der Ohnmacht seines Nachfolgers überzeugt.

Er weigerte sich, über eine Erneuerung der Hudna zu reden, und befahl der israelischen Armee, die »gezielten Tötungen« verstärkt wieder aufzunehmen. Ende August wurde Mohammed Kadah, ein wichtiger militärischer Führer der Hamas, getötet, als er auf einem Esel durch Chan Junis ritt. Am 6. September trat Mahmud Abbas zurück. Er machte Arafat für sein Scheitern mitverantwortlich, weil dieser die Kontrolle über die Sicherheitskräfte behalten hatte. Aber er kritisierte auch Präsident Bush, weil er nicht genügend Druck auf Scharon ausgeübt hatte, damit die Palästinenser für ihre Friedensgesten eine angemessene Gegenleistung bekamen.

Eine Flut von Terroranschlägen nach Mahmud Abbas' Rücktritt kostete 15 Israelis das Leben. Scharon erwog, Truppen in den Gazastreifen zu schicken, um gegen die dortigen Hochburgen der Hamas Vergeltungsschläge zu führen, doch die rechtsgerichteten Minister in seiner Regierung drängten ihn, sich mit seinem Rachebedürfnis nach Norden zu wenden, gegen das Hauptquartier Arafats in Ramalla. Sie verlangten, dass der belagerte Palästinenserführer getötet oder ins Exil geschickt werde. Das Kabinett stimmte ab und entschied sich für Letzteres. Awi Dichter, der damalige Chef des Schabak, vertrat die Ansicht, dass Arafat im Exil viel schädlicher für Israel wäre. Er werde dann wie früher von einer Hauptstadt zur anderen reisen und die Medien betören. Dow Weissglass, Scharons Stabschef und Sonderbotschafter in Washington, sprach mit Außenministerin Condoleezza Rice, und sie machte deutlich, dass Bush gegen eine Zwangsexilierung Arafats war. Auch der Weltsicherheitsrat warnte, unterstützt von vielen wichtigen Politikern, vor einer Zwangsumsiedlung des Palästinenserführers. Auch die israelische Arbeitspartei startete eine Kampagne gegen den Vorschlag, Arafat ins Exil zu schicken, die Scharon als »heuchlerisch« bezeichnete.

Arafat ernannte Abu Ala (Ahmed Kurei) zum neuen Ministerpräsidenten der Palästinensischen Autonomiebehörde. Er stand stärker unter Arafats Kontrolle, und Scharon weigerte sich, mit ihm zu sprechen. Für ihn war Präsident Bushs Roadmap wegen Arafats Beteiligung an den palästinensischen Staatsangelegenheiten zum Scheitern verurteilt, und er reagierte mit einer Serie von gezielten Tötungen; überall in den besetzten Gebieten wurden wichtige Führer der Terroristen aufs Korn genommen. Die Attentate stützten sich auf erstaunlich präzise nachrichtendienstliche Erkenntnisse und wurden mit Kampfhubschraubern und Jagdflugzeugen durchgeführt. Sie erreichten während der zweiten Intifada eine beispiellose Effizienz, die es der israelischen Armee ermöglichte, Führer der Terroristen fast nach Belieben zu töten, selbst wenn sie sich jede Nacht an einem anderen Ort aufhielten.

Trotz des unübersehbaren Erfolgs der gezielten Tötungen hatte Scharon wenig Grund zur Freude. Es hatte den Anschein, als sei er wieder an dem Punkt angelangt, an dem er sich zu Beginn seiner ersten Amtszeit befunden hatte. Die Terroranschläge häuften sich, und es gab kein Anzeichen dafür, dass ihre Zahl bald abnehmen würde; die Friedensverhandlungen waren zum Stillstand gekommen; die Hudna war gescheitert; Arafat dominierte immer noch die Autonomiebehörde; Scharons Beziehungen zu der amerikanischen Regierung hatten einen Tiefpunkt erreicht; und der israelischen Volkswirtschaft ging es schlecht. Scharon sah kein Licht am Ende des Tunnels.

Mehr und mehr Stimmen in der Regierung Bush stellten Scharons Friedenswillen in Frage und vertraten die Ansicht, dass er, um die Dinge voranzubringen, mehr tun müsse, als ständig die Floskel »schmerzhafte Zugeständnisse« im Mund zu führen. Ein kalter Wind wehte aus Washington. Führende Mitglieder der Bush-Administration ließen an die Presse durchsickern, dass die amerikanische Bindung an Israel nicht so fest sei, wie es den Anschein habe. Das jährliche Kreditpaket, sagten sie, werde wohl einer kritischen Prüfung unterzogen werden. Dow Weissglass, der in die USA geschickt worden war, um die Beziehung zu kitten, kehrte mit leeren Händen zurück. Bush, berichtete er, habe Scharons Halbherzigkeit bei der Verwirklichung der Roadmap persönlich genommen.

Wenn Scharon auf das offensichtliche Scheitern der Roadmap angesprochen wurde, ermutigte er jeden, eine bessere Lösung vorzuschlagen. Jossi Beilin, früherer stellvertretender Außenminister und Architekt der Osloer Verträge, Avraham Burg und Amram Mizna von der Arbeitspartei sowie Abed Rabbo von der Autonomiebehörde nahmen ihn beim Wort und entwarfen einen alternativen Friedensplan: die Genfer Initiative. Das Projekt sollte zeigen, dass ein Frieden möglich war, selbst unter Einschluss von Arafat.

Das von Rabbo und Beilin entworfene, nicht bindende Friedensabkommen ging um einiges über die Roadmap hinaus: Es umfasste große israelische Zugeständnisse in der Frage des Rückkehrrechts und sah einen massiven Rückzug aus den Siedlungen vor. Die Genfer Initiative fand ein breites Echo in den Medien. Selbst die Regierung in Washington, die unbedingt Erfolge in den Friedensverhandlungen vorweisen wollte, reagierte positiv. Colin Powell lud die wichtigsten Teilnehmer der Genfer Gespräche zu sich nach Washington ein. Scharon, dem klar war, dass Präsident Bush dieses Treffen abgesegnet haben musste, verstand die Unheil verkündende Botschaft.

Der Gipfel zwischen Beilin und Abed Rabbo war vor allem veranstaltet worden, um Druck auf Scharon auszuüben, und dieser war außer sich vor Zorn. Er prügelte mit aller Macht auf Beilin und die Arbeitspartei ein und beschuldigte sie der Kollaboration mit dem Feind. Er bezeichnete die Genfer Initiative als einen zynischen politischen Schachzug, der darauf abziele, die Regierung »auf illegitime Art zu stürzen, während sie sich mitten in einem heftigen Kampf gegen den Terror befindet ... Sie scheuen vor keinem Manöver zurück; es gibt sogar welche [in der Arbeitspartei], die ihre Schachzüge mit den Palästinensern absprechen, hinter dem Rücken der Regierung.«

Die Genfer Initiative verursachte beträchtlichen Wirbel. Da die Verwirklichung der Roadmap zum Stillstand gekommen war, drohten die von Scharon verabscheuten Friedensvorschläge sich von einer diplomatischen Übung in Realität zu verwandeln. Anfang Dezember wurden die Genfer Vereinbarungen von Rabbo und Beilin mit großem Tamtam in Zürich unterzeichnet. Zwei Wochen später verkündete Scharon seinen Abkopplungsplan.

Kapitel 55
Die Abkopplung wird erklärt

Ende 2003 steckte Israel in einer tiefen Rezession. Die Arbeitslosigkeit stieg und Finanzminister Netanjahu musste den Haushalt für das Jahr 2004 erneut um zehn Milliarden Schekel kürzen, nachdem die Knesset schon 2003 einer Kürzung um elf Milliarden zugestimmt hatte. Bislang hatte eine Mehrheit der Bevölkerung in der Schlacht mit Israels Gewerkschaftsbund hinter Netanjahu gestanden, aber diesmal erhob sich in der stetig wachsenden Unterschicht massiver Protest. Wiki Knafo, eine alleinerziehende Mutter aus der kleinen Wüstenstadt Mizpe Ramon, unternahm einen 200 Kilometer langen Protestmarsch von ihrem Haus bis ins Zentrum von Jerusalem, wo sie vor der Knesset demonstrierte. Ihr Marsch löste eine breite Protestbewegung aus. Israels Arme, Kranke, Alte, Behinderte und Entrechtete errichteten in der Nähe des Haupteingangs der Knesset eine Zeltstadt.

Auch persönlich war Scharon in Schwierigkeiten. Die drei separaten Ermittlungsverfahren wegen Korruptionsverdachts steuerten auf ihren Höhepunkt zu. Er und seine Angehörigen wurden von den Medien förmlich belagert. Jede kleinste Information, die durchsickerte, wurde zur Schlagzeile. Am 30. Oktober 2003 wurde er offiziell von der Polizei befragt; seine beiden Söhne waren schon zwei Monate zuvor ähnlichen Befragungen unterzogen worden. »Es ist ganz gewiss nicht einfach«, sagte Scharon damals. »Ich sage mir immer wieder: Ein Glück, dass Lily das nicht mehr erleben muss. Es hätte ihr auf jeden Fall wehgetan.«

Am 1. September 2003 wurde Omri Scharon wegen der Affären Annex Research und Cyril Kern verhört. Er kooperierte nicht mit den Ermittlern, gab bestenfalls ausweichende Antworten. Zwei Tage später machte Gilad Scharon, als er über die Griechische-Insel-Affäre befragt werden sollte, von seinem Aussageverweigerungsrecht Gebrauch. Der Knesset-Abgeordnete Jossi Sarid schimpfte über den Ministerpräsidenten. Bei einer Rede in der Knesset witzelte er, Scharon sei im Wettbewerb um den Titel »bester Vater des Jahres« wohl zurzeit aus dem Rennen. Er riet Scharon, von dem früheren Ministerpräsidenten Jitzhak Rabin zu lernen, der während seiner ersten Amtszeit Mitte der siebziger Jahre von seinem Amt zurückgetreten sei, als die Medien berichteten, dass seine Frau Leah Geld auf einem ausländischen Bankkonto deponiert habe. »Es gibt keine andere Wahl, als den Ministerpräsidenten von seinem Amt zu beurlauben«, schloss Sarid.

David Spector, Besitzer des privaten Sicherheitsunternehmens Specurity und früher Berater Scharons, hatte zahlreiche Gespräche mit Arik, Omri und Gilad Scharon aufgezeichnet. Er war einst regelmäßiger Gast auf der Ranch gewesen, dann jedoch bei der Familie in Ungnade gefallen und machte nun eine eidliche Aussage bei der Polizei. Vier Mitarbeiter aus dem Büro des Ministerpräsidenten wurden über ihre Rolle bei der illegalen Geldbeschaffung Omri Scharons befragt. Keiner von ihnen wurde angeklagt, aber das öffentliche Aufsehen, das ihre Befragung erregte, war dem Ansehen des Ministerpräsidenten nicht gerade förderlich.

Am 29. Oktober 2003 bereitete sich Scharon in seinem Büro intensiv auf die Befragung des folgenden Tages vor. Er sprach lange mit seinem Anwalt und sah die relevanten Dokumente noch einmal durch, um seine Erinnerung an die Griechische-Insel-Affäre aufzufrischen. Um neun Uhr am folgenden Morgen trafen fünf polizeiliche Ermittler in seinem Amtssitz in Jerusalem ein. Bei dem siebenstündigen Verhör kam nicht viel heraus, oder wie ein Vertreter der Polizei es formulierte: »Er gab Antworten, aber er sagte nichts Neues. Am häufigsten sagte er: ›Fragen Sie Gilad‹, aber der hatte erneut von seinem Aussageverweigerungsrecht Gebrauch gemacht.«

Mehrere Stunden nach dem ermüdenden Verhör nahm Scharon an einem wirtschaftspolitischen Forum in Jerusalem teil. Er verkündete, dass seit einiger Zeit Geheimgespräche mit den Palästinensern stattfänden, denen auch der palästinensische Ministerpräsident Ahmed Kurei zugestimmt habe. Ein diplomatischer Durchbruch stehe unmittelbar bevor. Die Medien konzentrierten sich weiterhin auf die polizeilichen Ermittlungen gegen die Familie und meinten, die Erklärung sei nur ein Ablenkungsmanöver.

Im Gefolge der polizeilichen Ermittlungen gegen Scharon wurden einige seiner alten Feinde aus dem Likud wieder aktiv. Nachdem Scharon fünf Jahre mit eiserner Faust geherrscht hatte, begannen sich seine Gegner wieder zu formieren. Die Medien interessierten sich plötzlich für seinen Gesundheitszustand und berichteten, dass er in einem schrecklichen Stimmungstief sei. Scharon reagierte mit der Auskunft, dass er absolut gesund sei, und fügte hinzu: »Ich glaube nicht, dass jetzt eine gute Zeit für Erbfolgekriege ist. Ich möchte nicht, dass jemand unnötig Zeit und Geld verschwendet.«

Am 2. November 2003 kamen über 100 000 Menschen zur achten Gedenkfeier für Jitzhak Rabin. Dass sie trotz der schwindenden Popularität der Arbeitspartei so zahlreich erschienen, verschärfte vermutlich Scharons missliche Lage. Schimon Peres, der Vorsitzende der Arbeitspartei, sprach auf dem zentralen Platz in Tel Aviv zum Gedenken an den ehemaligen Ministerpräsidenten und griff dabei den aktuell regierenden an: »Die, die dich [Rabin] früher so scharf kritisiert haben, gehen nun selbst deinen Weg, aber sie sind spät dran und stottern herum, dass es eine Schande ist.« In früheren Jahren hatte die Familie Rabins es vermieden, auf die Kritik zu sprechen zu kommen, die Scharon in den Tagen vor dem Mord an Rabin geübt hatte. Diesmal jedoch verlangte Rabins Sohn Juwal eine Entschuldigung.

In der Hoffnung, das rechtsextreme Image abzuschwächen, das er bei vielen Israelis hatte, und um dem zunehmenden Druck von Wiki Knafo und anderen zu begegnen, versuchte Scharon zunächst ohne Erfolg, Peres und die Arbeitspartei für die Bildung einer Einheitsregierung zu gewinnen.

An Peres' 80. Geburtstag sprach er vor einer Menschenmenge, in der sich auch der amerikanische Expräsident Clinton befand, der zu der Geburtstagsfeier nach Tel Aviv gekommen war, und sagte: »Schimon, vielleicht könnten wir einander wegen eines gemeinsamen Ziels noch einmal die Hände reichen … Schimon, mein Freund, ich wünsche dir noch viele Jahre fruchtbarer Tätigkeit. Du hast Großes geleistet, und du solltest wirklich stolz darauf sein. Bitte, lass uns deinen Erfolg miteinander teilen.« Peres antwortete begeistert: »Es ist möglich, die Hoffnung auf einen Frieden zu erneuern. Arik, ich sage dir, er ist näher, als du denkst, und näher, als ich glaube. Es kann getan werden.«

Aber nur wenige Tage nach dem Geburtstagsfest gerieten die Verhandlungen zwischen den zwei großen Parteien in eine schwierige Phase. Auf den Tag genau zehn Tage nach der Unterzeichnung der Oslo-Verträge sagte Scharon in einer Rede, Peres habe einen »schweren Fehler« gemacht, als er seinen Namen unter diese Dokumente gesetzt und einen roten Teppich für Jassir Arafat ausgerollt habe. Peres war verstimmt und meinte, Scharon solle sich lieber auf seine eigenen Fehler konzentrieren. In einem Interview für Radio Israel sagte er, Scharon hätte dem Land 60 Millionen Dollar sparen können, wenn er schon 20 Jahre zuvor einem Palästinenserstaat zugestimmt hätte, statt Geld in die Siedlungen zu pumpen.

Am 19. November wurde Scharon ein weiterer schwerer Schlag versetzt: Der Weltsicherheitsrat verabschiedete einstimmig eine russische Resolution, in der eine Lösung des israelisch-palästinensischen Konflikts auf Grundlage der Roadmap gefordert wurde. In der Resolution wurden beide Seiten aufgefordert, die Verpflichtungen zu erfüllen, die die Roadmap für die Entstehung von »zwei Staaten für zwei Völker« vorsah. Die Resolution wurde gegen Scharons heftigen Widerstand verabschiedet, obwohl er Anfang November sogar persönlich nach Russland geflogen war, um Präsident Putin zum Einlenken zu bewegen.

Einen Tag später, am 20. November 2003, verkündete die Regierung Bush, dass die Kredite für Israel gekürzt würden, weil »in den Siedlungen weitergebaut« werde. Scharon hatte das Gefühl, dass sich die Schlinge um seinen Hals zusammenzog. Er bekam von überall Druck: durch Peres, Bush, Arafat, polizeiliche Ermittlungen, die Wirtschaft, die fortgesetzten Terroranschläge und natürlich auch durch das plötzliche Wiedererstarken der innerparteilichen Opposition um seinen Rivalen Benjamin Netanjahu. Er befand sich in der schlimmsten Lage seit seinem Amtsantritt im Jahr 2001, und es war dieser Boden, dem der Abkopplungsplan entspross.

Die Menschen, die dem Ministerpräsidenten am nächsten standen – Dow Weissglass, Reuwen Adler, Ejal Arad und seine Söhne Omri und Gilad –, waren der Ansicht, dass sich die israelische Öffentlichkeit vor allem nach einem bedeutenden Friedensvorschlag sehnte. Die beiden Männer, die Scharon am stärksten zu einem einseitigen Rückzug aus dem Gazastreifen drängten, waren Dow Weissglass und Omri Scharon.

Am 8. Oktober 2004 erklärte Dow Weissglass in einem Interview mit Ari Schawit von *Haaretz,* wie Scharon zu seiner Entscheidung gekommen war. Er sagte, Scharons Entschluss einer »Abkopplung« habe seine Wurzeln in der Enttäuschung, die sowohl die Amerikaner als auch die Israelis im Gefolge von Akaba über Mahmud Abbas empfunden hätten. »Die Amerikaner waren im Jahr 2003 seit vier Monaten hier«, sagte Weissglass in dem Interview.

»Sie waren an dem Prozess persönlich beteiligt. Der pädagogische Wert dieser vier Monate war immens. Die Amerikaner machten selbst die Erfahrung, wie unzuverlässig selbst die feierlichsten Erklärungen der Palästinenser waren. Sie sahen die detaillierten Arbeitspläne und die wunderbaren Schaubilder, und sie erlebten, dass dabei nie etwas herauskam. Nichts. Null. Wenn man das im Zusammenhang mit dem Trauma des 11. September und ihrem Verständnis versteht, dass der islamische Terror nicht in seine Bestandteile zerlegt und differenziert werden kann, dann erkennt man, dass sie ihre eigenen Schlüsse zogen. Sie brauchten uns nicht, damit sie verstanden, womit sie es zu tun hatten. Deshalb war es kein Problem, als wir am Ende zu ihnen kamen und sagten, dass wir keinen Gesprächspartner hatten. Sie wussten bereits, dass es nach Lage der Dinge keinen Partner gab.
Wir erreichten diesen Punkt, nachdem wir jahrelang anders gedacht, nachdem wir jahrelang das Gespräch gesucht hatten. Aber als Arafat im Sommer 2003 Mahmud Abbas zum Scheitern verurteilt hatte, kamen wir zu dem Schluss, dass wir keinen Partner hatten. Es gab niemanden, mit dem wir verhandeln konnten, daher die Abkopplung. Wenn man Solitär spielt und niemand auf der anderen Seite des Tisches sitzt, muss man sich selbst die Karten legen.«

Am 21. November 2003 berichtete der israelische Fernsehsender Kanal Zwei, dass Scharon bis zum Ende des Sommers 2004 bestimmte Siedlungen im Westjordanland und im Gazastreifen räumen wolle.

Sein Ziel sei es, den Friedensprozess wieder in Gang zu bringen und die Entwicklung zu einem unabhängigen Palästinenserstaat zu beschleunigen.

Ein anonymer Informant im Büro des Ministerpräsidenten wollte den Bericht nicht voll bestätigen, gab aber zu, dass der Rückzug aus bestimmten Siedlungen diskutiert werde. Der Informant, der auf Anweisung des Ministerpräsidenten handelte, sagte außerdem, dass der Abkopplungsplan schon bald in der Öffentlichkeit präsentiert werden solle. Und er betonte, dass die Abkopplung nicht mit den Grundsätzen der Roadmap in Konflikt geraten werde.

Bei einer Pressekonferenz am folgenden Tag ließ sich Scharon von niemandem in die Karten schauen. »Bis jetzt habe ich die Einzelheiten noch niemandem verraten«, sagte Scharon über den in der Entwicklung befindlichen Plan. »Ich möchte nur, dass die Öffentlichkeit weiß, dass der Ministerpräsident nicht aufgehört hat zu überlegen, auf welchem Weg man aus dem Sumpf mit den Palästinensern wieder herauskommen kann.«

Zwei Tage später, während einer Fraktionssitzung des Likud am 24. November, hielt Scharon die Gerüchte am Kochen. Er machte klar, dass ihm das bevorstehende Treffen mit Ahmed Kurei nicht sehr wichtig sei und dass er dem palästinensischen Ministerpräsidenten nichts anbieten würde, solange dieser die erste Phase der Roadmap nicht erfülle. Wörtlich sagte Scharon zu den Abgeordneten:

»Ich habe den Palästinensern mitgeteilt, dass wir nicht unendlich Zeit haben … Unsere Geduld hat ihre Grenzen. Es ist möglich, dass wir einen Punkt erreichen, an dem wir auf unsere Lieblingsoption Verhandlungen verzichten müssen. Wenn ich zu der Überzeugung gelange, dass es keinen Zweck hat, auf eine andere palästinensische Regierung zu warten, kann ich einseitige Maßnahmen nicht mehr ausschließen. Dabei wird es sich um einen Schachzug handeln, der unseren Zwecken dient.«

Mehrere Tage zuvor hatte Scharon bei einem Treffen in Italien Elliot Abrams, dem Nahostbeauftragten der USA, von seiner Idee eines einseitigen Abzugs aus dem Gazastreifen berichtet. Abrams, der extra aus Washington angereist war, um Scharons wichtige Neuigkeiten zu hören, war schockiert. Er hörte gebannt zu, wie Scharon seinen Plan genauer erläuterte und unter anderem sagte, dass Israel eine ganze Reihe von Siedlungen auflösen werde. Später berichtete Scharon Folgendes über das Gespräch: »Ich beschrieb ihm die Situation, erklärte ihm, dass es für Israel ohne einen Gesprächspartner gefährlich sei weiterzumachen und sich Israel deshalb von der Roadmap befreien und nach einem anderen Plan weitermachen müsse.« Scharon berichtete außerdem, dass die Amerikaner seine Absichten anfangs nicht ganz verstanden hätten.

Am 27. November 2003 hatte Scharon eine lange Besprechung mit Redakteuren der wichtigsten israelischen Tageszeitungen. »Möglicherweise komme ich zu dem Schluss, dass es sich nicht lohnt, auf eine neue palästinensische Regierung zu warten ... Es müssen einseitige Schritte unternommen werden. Sie sollten inzwischen verstanden haben, dass das, was sie heute nicht bekommen haben, vielleicht auch morgen nicht mehr im Angebot ist.«

Schon bevor Scharon seine Pläne öffentlich bekannt gab, spürte der Siedlerrat Jescha, dass sich über den Siedlungen ein Sturm zusammenbraute. Am 25. November begann er eine Kampagne gegen den Rückzug, weil er schon zu diesem Zeitpunkt für die Zukunft der israelischen Siedlungen in den besetzten Gebieten fürchtete. Zur gleichen Zeit sammelten die Siedler auch in der Knesset ihre Kräfte, weil sie lieber die Regierung stürzen als ein Gesetz über den Rückzug zulassen wollten. Der Slogan ihrer Kampagne lautete: »Keine Nation darf sich von der Geschichte ihres Volkes zurückziehen.«

Anfang Dezember 2003 gab Ehud Olmert, damals stellvertretender Ministerpräsident und einer der Minister, die Scharon am nächsten standen, der Zeitung *Yedioth Ahronoth* ein Interview. Er wies auf die demographische Gefahr hin, die es bedeutete, den Gazastreifen weiterhin besetzt zu halten, und trat für einen einseitigen Rückzug ein. Olmerts Äußerungen wurden allgemein als Probelauf für Scharons Enthüllungen angesehen. Am 8. Dezember machte Scharon einen weiteren Schritt auf die Erklärung seiner Absichten zu: Er verkündete, dass er seine Pläne bald an die Öffentlichkeit bringen werde, und erklärte seine Position hinsichtlich der einseitigen Schritte, die Israel machen sollte. »Wie Sie wissen«, sagte er, »habe ich bekannt gegeben, dass ich einseitige Maßnahmen nicht ausschließe, wenn wir feststellen, dass unsere palästinensischen Gesprächspartner nicht bereit sind, den Terrorismus zu eliminieren oder Verhandlungen auf Grundlage der Roadmap zu führen. In den letzten Tagen habe ich eine Reihe von Konsultationen durchgeführt. Ich denke, dass ich meine Absichten der Öffentlichkeit in den kommenden Wochen vorstellen werde.«

Das Manöver war typisch Scharon, ein brillanter Trick, mit dem er die Manipulation der Medien, der Knesset und der Öffentlichkeit zu einem erfolgreichen Abschluss brachte. Plötzlich, auf dem Tiefpunkt seiner Karriere als Ministerpräsident, als sich die wirtschaftliche Situation und die Sicherheitslage verschlechterten, der Friedensprozess stagnierte und die Polizei auf Hochtouren gegen ihn ermittelte, hielt Israel kollektiv den Atem an, und wartete, dass er sich äußerte. Einen Moment vergaß das Land Wiki Knafo, Cyril Kern, Jassir Arafat. Die Mitglieder des Likud, die Siedler, die Führer der Arbeitspartei, die Journalisten und die normalen Bürger harrten allesamt des Plans, den er bekannt geben würde. Seine Vertrauten verbreiteten, dass er seine Strategie in zehn Tagen auf der jährlichen Herzlija-Konferenz über die Nationale Sicherheit Israels skizzieren wolle. Die Bühne war bereitet.

Am 17. Dezember 2003 saß Scharon allein in seinem Arbeitszimmer auf der Schikmim-Farm und bereitete seine Rede für den nächsten Tag vor. Dow Weissglass hatte sie fast Wort für Wort nach Washington gemeldet und von Condoleezza Rice und Präsident Bush absegnen lassen. Bestimmte israelische Minister hatten kleine Auszüge erhalten. Schimon Peres bekam ein paar Hinweise auf den Inhalt der Rede, sagte aber, er werde erst glauben, dass Scharon einen Rückzug aus den Siedlungen verspreche, wenn er es mit eigenen Ohren höre.

Scharon begann den folgenden Tag wie immer, indem er die Kleider anzog, die seine persönliche Beraterin und Maskenbildnerin Merav Levy für ihn ausgesucht hatte. Die 38-jährige frühere Produzentin und Regieassistentin aus Los Angeles hatte im Wahlkampf 2001 als Maskenbildnerin für ihn zu arbeiten begonnen, wählte aber schon bald seine Kleidung aus, kochte sein Essen und übernahm auch sonst viele von Lilys alten Aufgaben. Außerdem überwachte sie alle seine Fernsehaufnahmen, um sicherzustellen, dass sie schmeichelhaft für ihn waren, und sie wurde oft neben dem Ministerpräsidenten im Auto gesehen. Nach vier Jahren an seiner Seite war sie eine der einflussreichsten Personen in seinem Leben.

Am 18. Dezember 2003 kam Scharon mit dem üblichen dicken Make-up im Dan-Acadia-Hotel in Herzlija an. Salman Schowal, Mitglied des Likud und früherer Botschafter in Washington, bat Scharon Punkt 20 Uhr aufs Podium, genau zu Beginn der Abendnachrichten. Es dauerte lange Minuten bis der Ministerpräsident bei dem Wort »Abkopplung« angelangt war. Einige der Anwesenden hatten bereits das Gefühl, dass ihre zehntägige Wartezeit umsonst gewesen sei, aber dann kam Scharon zur Sache:

»Wie alle israelischen Bürger sehne ich mich nach Frieden. Ich weiß, wie wichtig es ist, alles Erdenkliche zu unternehmen, um einen Fortschritt bei der Lösung des Konflikts mit den Palästinensern zu erzielen. Doch angesichts der übrigen Herausforderungen, mit denen wir konfrontiert sind, beabsichtige ich nicht, unbegrenzt auf die Palästinenser zu warten, wenn sie sich nicht entsprechend um eine Beendigung des Konflikts bemühen.

Vor sieben Monaten hat meine Regierung die Roadmap zum Frieden angenommen, die auf der Rede Präsident Bushs vom Juni 2002 basiert. Es handelt sich um ein ausbalanciertes Programm für einen Phasenprozess auf dem Weg zum Frieden, dem sich Israel und die Palästinenser gleichermaßen verpflichtet haben. Eine vollständige, wirkliche Umsetzung dieses Programms ist der beste Weg zum Frieden. Die Roadmap ist der einzige politische Plan, der von Israel, den Palästinensern, den Amerikanern und der Mehrheit der internationalen Gemeinschaft akzeptiert worden ist. Wir sind zu seiner Umsetzung bereit: zwei Staaten – Israel und ein palästinensischer Staat – leben nebeneinander in Ruhe, Sicherheit und Frieden.

Die Roadmap ist ein klarer, vernünftiger Plan. Es ist daher möglich und unumgänglich, ihn umzusetzen. Das Konzept hinter diesem Plan geht davon aus, dass nur Sicherheit zum Frieden führen wird – allein in dieser Reihenfolge. Ohne die Errungenschaften umfassender Sicherheit – innerhalb eines Rahmens, in dem die Terrororganisationen aufgelöst werden – wird es nicht möglich sein, einen wahren Frieden, einen Frieden für künftige Generationen, zu schaffen. Das ist der Kern der Roadmap. Die entgegengesetzte Auffassung, nach der allein die Unterzeichnung eines Friedensabkommens Sicherheit aus der leeren Luft hervorbringen wird, hat sich schon in der Vergangenheit durch ihr Scheitern als falsch erwiesen.«

Scharon holte tief Luft, blickte auf und kam zum Kern: »Wir hoffen, dass die Palästinensische Behörde dabei eine Rolle übernehmen wird. Doch wenn die Palästinenser in wenigen Monaten noch immer nicht ihren Anteil an der Implementierung der Roadmap erfüllt haben, dann wird Israel einseitige Sicherheitsschritte einer Abkopplung von den Palästinensern einleiten.« Das Publikum war mucksmäuschenstill.

»Ziel des Abkopplungsplanes ist es, den Terror so weit wie möglich einzuschränken und der israelischen Bevölkerung das höchstmögliche Maß an Sicherheit zu geben. Der Prozess der Abkopplung wird zu einer Verbesserung der Lebensqualität führen und zu einer Stärkung der israelischen Wirtschaft beitragen. Die einseitigen Schritte, die Israel im Rahmen dieses Abkopplungsplans einleiten wird, sind insgesamt mit den Vereinigten Staaten abgesprochen. Wir dürfen unsere strategische Koordination mit den Vereinigten Staaten nicht beeinträchtigen. Diese Schritte werden die Sicherheit der israelischen Bevölkerung verstärken und den Druck auf die israelischen Verteidigungsstreitkräfte und Sicherheitskräfte in der Erfüllung ihrer schwierigen Aufgaben reduzieren. Der Abkopplungsplan soll maximale Sicherheit garantieren und die Spannungen zwischen Israelis und Palästinensern auf ein Minimum reduzieren.
Diese Verringerung der Spannungen macht den äußerst schwierigen Schritt der Umsiedlung einiger Ortschaften notwendig. Ich möchte noch einmal wiederholen, was ich schon in der Vergangenheit gesagt habe: Im Rahmen einer zukünftigen Vereinbarung wird Israel nicht an allen Stätten verbleiben, an denen es heute präsent ist. Die Umsiedlung von Ortschaften erfolgt in erster Linie in der Absicht, die Sicherheitslinie so effektiv wie möglich zu ziehen und

dabei eine Abkopplung Israels von den Palästinensern zu erreichen. Diese Sicherheitslinie wird nicht die permanente Grenze des Staates Israel sein; doch solange die Implementierung der Roadmap noch aussteht, werden die israelischen Streitkräfte an dieser Linie aufgestellt sein. Zu den Siedlungen, die verlegt werden, gehören diejenigen, die nach einer zukünftigen permanenten Regelung ganz sicher nicht zum Staatsgebiet Israels gehören werden. Gleichzeitig wird Israel im Rahmen des Abkopplungsplans seine Kontrolle über die Gebiete des Landes Israel intensivieren, die in einer zukünftigen Vereinbarung einen integralen Teil des Staates Israel bilden werden. Ich weiß, Sie möchten Namen hören, aber das sollten wir für später aufheben.«

Am folgenden Tag schickte er eine Liste von Namen nach Washington.

Kapitel 56
Niederlage in der Partei

Als Scharon das Podium verließ, konnte er nicht verbergen, dass er innerlich aufgewühlt war. Er erklärte, er habe ein gutes Gefühl und habe getan, was nötig gewesen sei. Die meisten Zuhörer waren sprachlos. Während der vergangenen drei Jahre hatte Scharon immer wieder von schmerzlichen Zugeständnissen gesprochen, doch in Wirklichkeit war die Zahl der Siedler um 16 Prozent gestiegen, auf nun insgesamt 236 000.

Nach der Ankündigung von Herzlija bezeichnete die Knessetabgeordnete Dalia Izik von der Arbeitspartei Scharon als »Ministerpräsident des leeren Geredes«. Peres nannte den Plan ein Täuschungsmanöver. Auch in Washington war man skeptisch, doch Bush war bereit, abzuwarten, ob durch dieses einseitige Vorgehen der Friedensprozess wiederbelebt werden würde.

Die Führer der Siedler begriffen als Erste, dass es Scharon ernst war – nicht zuletzt dank ihrer jahrzehntelangen Erfahrung mit ihm, aber auch aufgrund ihres unterschwelligen Verdachts, dass er sie zwar unterstützte, aber im Grunde nicht zu ihnen gehörte. Der Siedlerrat Jescha erklärte öffentlich: »Wir haben nun einen neuen Arik kennengelernt, einen Arik Scharon, der seinen Brüdern und Schwestern in den Rücken fällt. Sein Abkopplungsplan ist eine Abkopplung von der Realität.« Durch ihre guten Kontakte zum Ministerpräsidentenamt erfuhren sie, dass einige seiner engen Berater bereits Listen mit Siedlungen erstellten, die von der Landkarte verschwinden sollten.

Daraufhin rief der Jescha-Rat zu einer Großkundgebung in Tel Aviv auf. Am 12. Januar 2004 versammelten sich 120 000 Menschen auf dem Rabin-Platz unter dem Motto: »Arik, knick nicht ein!« Meinungsumfragen ergaben allerdings, dass die Mehrheit der Israelis den Plan eines einseitigen Rückzugs unterstützte.

Am 21. Januar 2004 erhob Staatsanwältin Edna Arbel Anklage gegen David Appel wegen Bestechung in der Griechische-Insel-Affäre. In der ergänzten Anklageschrift hieß es, der Beschuldigte Nr. 1 (Appel) habe »Ariel Scharon mitgeteilt, dass Gilad wahrscheinlich viel Geld verdienen werde«. Aufgrund der Anklage gegen den Geschäftsmann konnte man erwarten, dass bald auch Scharon selbst beschuldigt werden würde, Schmiergelder angenommen zu haben.

Die Medien umkreisten Scharon mit gewetzten Messern und warteten auf das Signal zum Angriff. Nur der Generalstaatsanwalt konnte entscheiden, ob der Ministerpräsident angeklagt werden solle, doch zum damaligen Zeitpunkt hatte Eljakim Rubinstein sein Amt bereits aufgegeben und war an den Obersten Gerichtshof berufen worden. Arbel übte die Funktion des Generalstaatsanwalts nur kommissarisch aus.

Einige Tage vor der Bekanntgabe des Namens des neuen Generalstaatsanwalts meldete der Fernsehsender Channel 2, Arbel habe empfohlen, gegen Scharon innerhalb der nächsten zwei Wochen Anklage zu erheben. Scharon brannte der Boden unter den Füßen. Nachdem er sich mit seinem inneren Kreis beraten hatte, gab er eine öffentliche Erklärung ab: Er habe nicht die Absicht zurückzutreten; im Falle einer Anklage werde er seine Unschuld aus dem Amt heraus beweisen.

Scharons Gefolgsleute teilten den Journalisten mit, dass gegen einen Ministerpräsidenten erst ein Amtsenthebungsverfahren eingeleitet werden könne, wenn er wegen einer Straftat verurteilt sei. Ferner wiesen sie darauf hin, dass Scharon überzeugt sei, dass Arbel ihn aus persönlicher Abneigung in der Anklageschrift gegen Appel erwähnt habe. Am nächsten Tag hielt Scharon eine Rede vor der Jugendorganisation des Likud und bekräftigte, dass er mindestens bis 2007 im Amt bleiben wolle.

Kurze Zeit später äußerte die Staatsanwältin ihre Auffassung, dass eine Anklage gegen einen politischen Amtsträger eigentlich zu dessen Rücktritt führen müsse. Im Interdisziplinären Zentrum von Herzlija erklärte Arbel: »Wenn gegen jemanden, der im Dienst des Staates steht, eine Anklage erhoben wird, sollte er von sich aus auf sein Amt verzichten, auch wenn dies im Grundgesetz über die Regierung nicht ausdrücklich gefordert wird.« Arbel äußerte dies einen Tag nach der Ernennung von Menachem Masus zum neuen Generalstaatsanwalt und bevor dieser die Beschuldigungen gegen Scharon juristisch würdigen konnte.

Knapp eine Woche nach seinem Amtsantritt hielt Masus mit seinen Mitarbeitern eine Besprechung über die Scharon-Affären ab. Quellen aus der Umgebung des neuen Generalstaatsanwalts ließen durchblicken, dass dieser nicht sonderlich erfreut sei über Arbels Versuche, eine Anklage voranzutreiben. Dass die Staatsanwältin ihre Meinung öffentlich kundgetan hatte, betrachtete er als ein Zeichen von Übereifer.

Während Scharon auf die Entscheidung von Masus wartete, spürte er, wie der Druck wuchs. Im Verlauf der Woche sollte er von der Polizei vernommen werden. Sogar der stets so gefasst wirkende Scharon konnte diesmal seine Beunruhigung nicht verbergen. Leuten, die ihm nahestanden, fiel auf, dass sich der sonst sehr redselige Regierungschef in ein Schneckenhaus verkroch. Solange eine Anklage wahrscheinlich erschien, überschattete dies seinen Abkopplungsplan. Die Medien interessierten sich nur noch für die Korruptionsskandale.

Das änderte sich am 29. Januar 2004. An diesem Tag wurde der von der Hisbollah entführte Oberst der Reserve Elhanan Tannenbaum freigelassen, und auch die Leichen dreier getöteter israelischer Soldaten – Benny Avraham, Adi Awitan und Omar Suad – wurden übergeben im Austausch für mehrere hundert libanesische und palästinensische Gefangene. Seit drei Jahren war darüber mit der Hisbollah verhandelt worden. Die Öffentlichkeit war während dieser Zeit über Tannenbaums Vergangenheit weitgehend im Unklaren gelassen worden. Scharon, der letztlich über den Gefangenenaustausch zu entscheiden hatte, versuchte in der Öffentlichkeit Mitleid für den Entführten zu wecken, indem er erklärte, dass man ihm in der Gefangenschaft die Zähne ausgeschlagen habe. Doch als Tannenbaum heimkehrte, schien er bei guter Gesundheit zu sein und war anscheinend auch noch im Besitz seiner Zähne. Nach so vielen ungleichen Tauschgeschäften mit arabischen Armeen und Milizen, bei denen Israel Hunderte zu lebenslanger Haft verurteilte Gefangene für die Leichen von ein paar getöteten eigenen Soldaten freigelassen hatte – eine Politik, die die Palästinenser ermutigt hatte, immer wieder Israelis zu entführen –, fragten sich viele Beobachter, weshalb sich Scharon, ein gewiefter Verhandlungsführer, dazu bereitgefunden hatte, einen in Drogengeschäfte verstrickten Geschäftsmann und drei gefallene Soldaten für Hunderte von Häftlingen auszutauschen, was dem Hisbollah-Führer Hassan Nasrallah nur eine weitere Gelegenheit bot, Israel vorzuführen.

Scharons Schicksal lag in den Händen eines Mannes: Menachem Masus. Am 2. Februar 2004, bevor Masus seine Entscheidung bekannt gab, unternahm Scharon einen weiteren Versuch, die Medien für seine Zwecke einzuspannen. Er traf sich mit Joel Marcus, einem der Herausgeber der Zeitung *Haaretz,* zum Frühstück und steckte ihm eine brisante Geschichte.

Scharon skizzierte gegenüber Marcus die genauen Konturen seines Abkopplungsplans. Er erklärte ihm, er habe den Entschluss gefasst, alle Siedlungen im Gazastreifen sowie drei Siedlungen im nördlichen Westjordanland aufzugeben. Keine davon würde weiter zu Israel gehören, bekräftigte er. Marcus eilte an seinen Computer und stellte die Nachricht in die Online-Ausgabe der Zeitung. Nun kippte die öffentliche Meinung.

In der Meldung war die Rede von einem einseitigen Rückzug aus 20 Siedlungen, darunter sämtlichen Siedlungen im Gazastreifen, innerhalb eines Zeitraums von ein bis zwei Jahren. Marcus berichtete ferner, dass Scharon sein Amt bereits angewiesen habe, mit der Planung der Operation und der Suche nach neuen Unterkünften für die umzusiedelnden Menschen zu beginnen.

Nach dem Frühstück mit Marcus begab sich Scharon in die Knesset, wo ihn ein Sturm der Entrüstung erwartete. Er erklärte den entsetzten Likud-Abgeordneten: »Wir müssen die Initiative ergreifen. Aus Sicherheitsgründen und auch aus demographischen Gründen sind einige der jüdischen Gemeinschaften im Gazastreifen nicht überlebensfähig. Auf längere Sicht wäre es falsch, die jüdische Besiedlung von Gaza aufrechtzuerhalten. Wir müssen uns darüber Gedanken machen, wie wir bestimmte Gemeinschaften an andere Orte verlegen können. ... Ihre Anwesenheit ist eine schwere Belastung für Israel, und die dadurch verursachten Probleme würden immer weiter bestehen.« Scharon schien erfreut zu sein über den Trubel, den er ausgelöst hatte.

Sein Auftritt vor der Likud-Fraktion und sein Treffen mit Marcus, einem Vertreter der liberalsten israelischen Tageszeitung, die an Scharons Politik noch nie ein gutes Haar gelassen hatte, veränderte die Wahrnehmung des Abkopplungsplans grundlegend. Die Politiker und die Journalisten, die einfachen Bürger, die Palästinenser und die Amerikaner – sie alle begriffen, dass Scharon nun wirklich entschlossen war, sich mit ganzer Kraft für einen einseitigen Abzug einzusetzen. Durch diesen Plan änderte sich auch die Einstellung der Medien gegenüber Scharon. Die meisten israelischen Medien befürworteten eine Zwei-Staaten-Regelung. Im Lauf der Jahre hatten sich viele Zeitungen auf Scharon eingeschossen, der ihnen als prominentester Vertreter der kompromisslosen Rechten galt. Dies änderte sich durchgreifend, als der Abkopplungsplan Gestalt annahm.

Am 4. Februar trat Scharon Vermutungen entgegen, dass sein Abzugsplan und der Bestechungsskandal etwas miteinander zu tun hätten. »Es gibt keinen Zusammenhang zwischen dem Rückzug aus Gaza und den Ermittlungen«, erklärte er vor Reportern. »Der Plan ist nicht wegen, sondern trotz dieser Ermittlungen entwickelt worden.« Seine Kritiker konnte er damit allerdings nicht überzeugen.

Scharon hatte tatsächlich ernsthaft vor, die Siedlungen aufzugeben. Seine Bereitschaft dazu hatte er in Latrun verkündet und durch die Annahme der Roadmap unterstrichen; auch sein Treffen mit Elliot Abrams, seine Rede auf der Herzlija-Konferenz und seine Entscheidung 1979, als er Begin in Camp David angerufen und sich für die Rückgabe von Gebieten im Austausch für einen dauerhaften Frieden ausgesprochen hatte, wiesen in diese Richtung. Doch dass er seinen Abkopplungsplan durch *Haaretz* an die Öffentlichkeit brachte, war zweifellos ein geschickter taktischer Schachzug.

Ende Februar flogen die Ermittler, die den Geldfluss bei dem Darlehen von Cyril Kern verfolgten, in die Karibik, wo ihnen klar wurde, dass der Fall noch monatelange Recherchen erfordern würde, und dies bedeutete, dass Masus zuerst eine Entscheidung in der Griechische-Insel-Affäre würde treffen müssen. Scharon versuchte sich gelassen zu geben, doch dass sein politisches Schicksal in den Händen eines anderen lag, raubte ihm seine Unbekümmertheit.

Unterdessen weitete sich die Unruhe im Likud zu einem Aufstand aus. In einem Brief an Scharon kündigte eine Gruppe von Gegnern des Abkopplungsplans an, sie würde einen Misstrauensantrag einbringen, sollte er sein Vorhaben nicht formell in der Partei zur Abstimmung stellen. Scharon wusste sehr genau, dass das Zentralkomitee und die Mehrheit der Likud-Abgeordneten seinen Räumungsplan ablehnten. »Da ich derjenige bin, auf dessen Schultern die Verantwortung ruht, bleibt mir keine Wahl«, schrieb er in seiner Antwort. Um die Abzugsgegner zu unterstützen, enthielten sich die Nationalreligiösen und die Nationale Union bei der Vertrauensabstimmung im Parlament.

Der Schabak musste sich nun vermehrt mit Attentatsdrohungen von Rechtsextremisten gegen Scharon befassen. Scharon hingegen nahm diese Drohungen auf die leichte Schulter. Nachdem er sich 50 Jahre lang um die Sicherheit des jüdischen Staates bemüht habe, sehe er keinen Grund, sich vor Juden zu fürchten, bemerkte er. Doch den Verantwortlichen des Schabak war das Attentat auf Rabin noch allzu gut in Erinnerung.

Ahmed Kurei, der damalige palästinensische Ministerpräsident, war nicht in der Lage oder nicht willens, eine neue Welle von Terroranschlägen zu unterbinden. Scharon berief sein Sicherheitskabinett ein, das den Beschluss fasste, die Politik der »gezielten Tötungen« wieder aufzunehmen. Am 24. März 2004 billigte Scharon einen durch einen Hubschrauber ausgeführten Raketenangriff auf Scheich Ahmed Jassin, den querschnittgelähmten Hamas-Führer. Jassin wurde getötet, als er zusammen mit zwei seiner Söhne und zwei Leibwächtern die Moschee in Gaza-Stadt verließ.

Die arabische Welt schäumte, die EU verurteilte den Angriff auf das Schärfste. Der UN-Sicherheitsrat beriet über eine formelle Verurteilung, die jedoch die USA durch ihr Veto verhinderten. Präsident Bush sprach von Israels Recht auf Selbstverteidigung. In Israel stieß die Ermordung des zweitmächtigsten Förderers von Terroranschlägen nach Arafat weithin auf Zustimmung.

Knapp einen Monat später, am 17. April, kam auch Jassins Nachfolger, Abdel Asis al-Rantisi, durch einen israelischen Raketenangriff ums Leben, als er in Gaza-Stadt mit dem Auto unterwegs war. Die Hamas tobte und beschloss, die Identität ihres nächsten Führers geheim zu halten. Das Attentat auf Rantisi beendete die neue Runde von »gezielten Tötungen«, durch die sämtliche Terrororganisationen ihrer führenden Köpfe beraubt wurden. Lediglich Arafat, zu dessen Schonung sich Scharon den Amerikanern gegenüber verpflichtet hatte, blieb unbehelligt.

Ende März verlangte Staatsanwältin Arbel abermals, gegen Scharon Anklage zu erheben. Innerhalb der Likud-Partei, die sich noch immer als Schmuddelkind fühlte, obwohl sie schon viele Jahre regierte, stärkte die Forderung der Staatsanwältin Scharon den Rücken. Viele Mitglieder des Zentralkomitees betrachteten das Vorgehen der Staatsanwaltschaft als Ausdruck der Arroganz der elitären linken Polit-Aristokratie. So wurde Scharon am 30. März bei einer Sitzung des Zentralkomitees in Tel Aviv mit tosendem Beifall empfangen.

Sitzungsleiter Jisrael Kaz wandte sich in seiner Begrüßungsansprache an Scharon und sagte: »Wir haben volles Vertrauen in deine Aufrichtigkeit und Führungskraft. Alle hier Versammelten und die Menschen im Lande stehen hinter dir.« Darauf folgte donnernder Applaus. Scharon versuchte seine Genugtuung nicht zu zeigen.

Damit erschöpfte sich allerdings die Hilfestellung durch Arbel. Als Scharon auf den Abkopplungsplan zu sprechen kam, hagelte es Buhrufe. Doch Scharon überraschte die Mitglieder des Zentralkomitees, als er sich am Ende seiner Rede dazu bereit erklärte, entsprechend der Forderung von Kaz die Entscheidung dem Parteivolk zu übertragen. Da Scharon wusste, dass er keine Chance hatte, den Plan durch das Zentralkomitee zu bringen, entschloss er sich, alle Likud-Mitglieder über den Rückzug abstimmen zu lassen. »Das Ergebnis der Abstimmung der Likud-Mitglieder«, erklärte er, »soll bindend sein für alle Vertreter des Likud, in erster Linie für mich.«

Noch wenige Tage zuvor hatte sich Scharon geweigert, über den Plan eine allgemeine Volksbefragung abzuhalten. Er wusste zwar, dass sein Plan in einem landesweiten Referendum mit deutlicher Mehrheit angenommen werden würde, aber eine Volksbefragung bedurfte einer gesetzlichen Vorbereitung, und eine Blitzumfrage hatte gezeigt, dass er dafür ohne die Likud-Abweichler keine Mehrheit in der Knesset erhalten würde.

Meinungsumfragen ergaben, dass 60 Prozent der Likud-Mitglieder den Plan unterstützten. Dennoch widersetzten sich Adler und Arad entschieden einer Befragung der Parteimitglieder. Sie erklärten, für einen amtierenden Ministerpräsidenten stehe dabei zu viel auf dem Spiel. Omri und Schani empfahlen hingegen, den Plan zur Abstimmung zu stellen.

Scharon wurde darüber informiert, dass die Führer der Siedlerbewegung Netanjahu drängten, sich an die Spitze der Abweichler zu stellen. Netanjahu, der in der Zwickmühle steckte, weil er einerseits den Abkopplungsplan generell ablehnte, andererseits aber in seiner Funktion als Finanzminister die Unterstützung Scharons und der Amerikaner brauchte, ließ sich Zeit mit seiner Entscheidung. Scharon wollte die Befragung durchführen, bevor die Siedler eine breit angelegte Widerstandsfront innerhalb der Partei organisieren konnten. Der Knessetabgeordnete Swi Hendel von den Nationalreligiösen prägte einen Satz, der zum Hauptmotto der Siedler werden sollte: »Die Abkopplung geht nur so weit, wie die strafrechtlichen Ermittlungen gehen.«

Scharon beabsichtigte, Mitte April nach Washington zu reisen und am 2. Mai, mit Rückendeckung durch den US-Präsidenten, seinen Abkopplungsplan dem Likud zur Entscheidung vorzulegen. Vermutlich dachte er dabei auch an Masus. Wenn die amerikanische Regierung und die Europäische Union seinen Vorschlag unterstützten, würde es selbst dem Generalstaatsanwalt, einer mächtigen und unabhängigen Instanz im israelischen Rechtssystem, schwerfallen, eine international abgesegnete Friedensinitiative zu behindern.

Dass Bush den Plan billigen würde, war indes keine ausgemachte Sache. Der US-Präsident hatte die Sorge, dass durch dieses einseitige Vorgehen die Roadmap Schaden nehmen könnte und die vertriebenen Siedler aus Gaza sich im Westjordanland niederlassen könnten. Als Gegenleistung für den Rückzug wollte Scharon, dass die Amerikaner die Existenz von drei Siedlungsblöcken – Ariel, Gusch Ezion und Maale Adumim – offiziell anerkannten.

Der Vorsitzende der Nationalreligiösen Partei, Wohnungsbauminister Effi Eitam, erklärte, es sei nicht »hinnehmbar, dass ein Ministerpräsident, gegen den Ermittlungen laufen, in die USA reist und dort einen Plan vorstellt, der von entscheidender Bedeutung für die Zukunft unseres Landes ist, ohne vorher die Zustimmung seines Kabinetts eingeholt zu haben«. Der Abgeordnete Jossi Sarid sorgte für Unruhe, als er in einer Sitzung des Ausschusses für auswärtige Angelegenheiten und Sicherheitsfragen der Knesset die Frage aufwarf, ob Arbels Empfehlung denn nicht bedeute, dass Scharon sein Amt als Ministerpräsident ruhen lassen müsse. Nach einem kurzen peinlichen Moment blickte Scharon Sarid fest an und antwortete: »Ich kann gut damit umgehen.«

Scharon gab den großen Zeitungen die vor dem Passahfest üblichen Interviews. Aluf Ben von *Haaretz* fragte ihn, weshalb er sich von seinen früheren Unterstützern, den Siedlern, abgewandt habe. Scharon antwortete: »In unserer Region herrscht ja kein allgemeiner Stillstand, und nicht nur ich ändere meine Ansichten. Es gibt neue Entwicklungen und Situationen, und als derjenige, der die Verantwortung trägt für das Land und dessen Zukunft, muss ich [die Optionen] abwägen und mich für jene entscheiden, die mit den geringsten Gefahren für Israel verbunden ist.«

Nach eigener Aussage hatte Scharon vier verschiedene Möglichkeiten erwogen, nachdem er gegen Ende von Mahmud Abbas' erster Amtszeit zu der Erkenntnis gelangt war, dass es auf der palästinensischen Seite keinen verlässlichen Partner gab. Die erste Option bestand darin, die Selbstverwaltung der Palästinenser aufzuheben. In diesem Fall hätte Israel wieder die direkte Kontrolle über drei Millionen Palästinenser übernehmen müssen – was langfristig zu einer Katastrophe geführt hätte. Die zweite Möglichkeit war eine an die Genfer Initiative angelehnte Regelung, die Scharon jedoch als zu unsicher erschien. Als drittes gab es die Möglichkeit, nichts zu tun, was wahrscheinlich eine weitere Zunahme der Gewalt nach sich gezogen hätte, und die vierte Option war ein einseitiger Schritt. Scharons Freunde traten entschlossen jeglichen Vermutungen entgegen, dass ein Zusammenhang bestehe zwischen den polizeilichen Ermittlungen und der Rückzugsentscheidung. Sie behaupteten, Scharon habe stets die Bürde der Verantwortung für das Land auf seinen Schultern gespürt, und als er eine Möglichkeit gesehen habe, Arafat zu umgehen und die Umsetzung der Roadmap zu verzögern, habe er sie ergriffen.

In Gesprächen mit Likud-Ministern, die den Abkopplungsplan ablehnten, wies Scharon darauf hin, dass dieser Schritt ein schwerer Schlag für die Palästinenser sein würde. Sie würden ihre Pläne zur Gründung eines eigenen Staates verschieben und auf eine Führung warten müssen, die ernsthaft gegen den Terrorismus vorging. Er stellte einen Bezug her zwischen dem Abkopplungsplan und seinen früheren Vorschlägen für ein langfristiges Interimsabkommen. Scharon glaubte fest daran, dass die Vorwegnahme einer endgültigen Regelung das Beste für Israel sei, und erklärte den Likud-Ministern, dass man nach der Umsetzung seines Abkopplungsplans mit einer langen Periode der Ruhe rechnen könne, bevor man schließlich zur nächsten Phase des Friedensprozesses übergehen würde.

Die Gegner des Plans hingegen befürchteten, dass sich der Golem gegen seinen Schöpfer wenden und den gesamten Prozess an sich reißen könnte. Sie argwöhnten, dass die Amerikaner und die Europäer gleich nach Abschluss des Rückzugs massiv darauf dringen würden, die Roadmap umzusetzen. Wenn nicht Scharon, so würde doch der nächste Ministerpräsident mit wesentlich schlechteren Karten in die Verhandlungen über eine endgültige Regelung gehen.

Vor seiner Abreise nach Washington bat Scharon Netanjahu zu einem Gespräch zu sich auf die Farm. Netanjahu erklärte, er werde den Plan nur unter drei Bedingungen unterstützen: Bush müsse sich gegen das Recht der Palästinenser auf Rückkehr aussprechen, Israel weiterhin die Grenze zu Gaza kontrollieren, und die drei großen Siedlungsblöcke müssten diesseits des Sicherheitszauns liegen. Scharon erklärte sich damit einverstanden, wies aber auch darauf hin, dass der amerikanische Präsident vielleicht weniger entgegenkommend sein würde als erhofft.

Bush, der mitten im Wahlkampf steckte, stand selbst mit dem Rücken zur Wand. Da aus dem Irak kaum gute Nachrichten kamen, brauchte er im Nahen Osten einen wie auch immer gearteten Durchbruch. Scharon entschloss sich, seinen Abkopplungsplan als einen Zwischenstopp auf dem von der Roadmap vorgezeichneten Weg zu verkaufen, was den Interessen beider Politiker entgegenkam.

Am 14. April 2004 empfing Bush Scharon im Weißen Haus zu einem Treffen, das als »Abkopplungs-Gipfel« bezeichnet wurde. Bush überreichte Scharon ein Dokument, in dem die aktuelle Haltung der US-Regierung zum Friedensprozess umrissen wurde. Darin wurde das Bekenntnis des Präsidenten zu einer in der Roadmap entworfenen Zwei-Staaten-Lösung bekräftigt, und Scharon wurde für seine Rückzugsinitiative gelobt. Anschließend wurden mehrere Zugeständnisse an Israel aufgeführt. Das Rückkehrrecht der Palästinenser, das im letzten Entwurf des Dokuments noch bekräftigt worden war, sollte nun »Teil einer endgültigen Regelung [sein], die die

Gründung eines Palästinenserstaates und die Ansiedlung der palästinensischen Flüchtlinge in diesem Gebiet statt in Israel umfasst«. Zum Unmut der Palästinenser und der arabischen Staatsführer hieß es in der amerikanischen Erklärung auch, dass es »im Lichte dieser neuen Realität und auch angesichts der Existenz beträchtlicher israelischer Siedlungsblöcke unrealistisch ist, zu erwarten, dass ein Abkommen über den endgültigen Status einen vollständigen Rückzug auf die Waffenstillstandslinien von 1949 beinhalten könnte«.

In Bezug auf den Trennungszaun machte Bush ein großes Zugeständnis an Scharon. Er erklärte, seiner Ansicht nach sollte diese Sperranlage einen defensiven, nicht permanenten und nicht politischen Charakter erhalten. Zur Legitimität des Vorhabens äußerte er sich nicht. Er bekräftigte, dass sich die Palästinenser eine Führung wählen sollten, die sich demokratischen Reformen und dem Friedensprozess verpflichtete. Er akzeptierte sogar Netanjahus Bedingung über die Kontrolle der Grenze zu Gaza durch Israel.

Mit seinen Konzessionen warf Busch Scharon einen Rettungsring zu. »Derartige Zusicherungen haben wir von Amerika noch nie erhalten«, sagte Scharon am Ende des Treffens. Damit hatte er recht. In den Wochen vor dem Scharon-Besuch hatten der ägyptische Präsident Hosni Mubarak und der britische Premier Tony Blair Bush bedrängt und darauf hingewiesen, dass Amerika den letzten Rest an Objektivität im israelisch-arabischen Konflikt einbüßen würde, wenn es sich zu solchen Zugeständnissen bereitfand. Die arabische Welt reagierte denn auch verbittert auf die neue amerikanische Position.

Daheim in Israel musste Scharon feststellen, dass die Bereitschaft der Amerikaner, sich in der Frage der palästinensischen Flüchtlinge und der Siedlungsblöcke auf die Seite Israels zu stellen, nicht ausreichte, um das Feuer im Likud-Lager zu ersticken. Ehud Olmert, Scharons engster Verbündeter im Likud, bezeichnete den Widerstand gegen den Abkopplungsplan als »einen Versuch, Scharon zu stürzen«. Das »Bush-Dokument« garantierte Scharon keinen Sieg im Referendum. Sein Vorsprung in den Umfragen schmolz und seine Berater stellten düstere Prognosen.

Zehn Tage vor der Abstimmung der Parteimitglieder verkündete Netanjahu, dass er den Abzugsplan unterstütze. Weitere Likud-Minister schlossen sich an, darunter auch Außenminister Silwan Schalom, doch die Opposition führte eine sehr effektive Kampagne. Scharons Vorsprung schrumpfte von 15 auf vier Prozent. Nun wurde das von Omri geführte Scharon-Lager von einer seltenen Panikstimmung erfasst. Drei Tage vor der Abstimmung sahen alle Zeitungen die Abzugsgegner mit drei bis neun Prozent vorn.

In einer Krisensitzung verständigten sich Scharon und seine Berater darauf, nun die wirtschaftliche Situation und die Verbindungen zur US-Regierung in den Vordergrund zu rücken, die, wie die Likud-Mitglieder glauben gemacht werden sollten, sich beide verschlechtern würden, wenn Scharon verlor. Scharon bat Netanjahu um Hilfe und erklärte, er habe getan, was er konnte. Leute aus Scharons Umgebung allerdings nannten den Finanzminister ein »Trojanisches Pferd«.

Scharon verbrachte das Wochenende mit Zeitungsinterviews. Er warnte, dass eine Niederlage in der Mitgliederbefragung Israel irreparablen Schaden zufügen würde. In privaten Gesprächen mit seinen Mitarbeitern wirkte er angespannt und äußerte sogar die Befürchtung, dass eine Niederlage sein Ende als Ministerpräsident bedeuten könnte.

In einem letzten Kraftakt, das Rad doch noch herumzureißen, erreichte Scharon, dass in der Frage, die den Parteimitgliedern vorgelegt wurde, seine Rolle bei dem Abkopplungsplan hervorgehoben wurde. Am 2. Mai 2004 waren die Likud-Mitglieder nun aufgerufen, folgende Frage zu beantworten: »Sind Sie für oder gegen Scharons politischen Plan?«

Scharon gab bis zum Schluss die Hoffnung nicht auf. Doch am Morgen der Abstimmung erschütterte ein Terroranschlag das Land und schadete Scharon politisch. Tali Chatuel, eine schwangere Frau aus Gusch Katif, wurde erschossen, als sie mit ihren vier Töchtern mit dem Auto nach Aschkelon zu ihrem Mann unterwegs war. Bei dem Beschuss verlor sie die Kontrolle über den Wagen, der ins Schlingern geriet. Die Terroristen töteten sämtliche Insassen, auch ein zweijähriges Mädchen, aus kürzester Distanz. Am Abend musste Scharon eine vernichtende Niederlage hinnehmen: 59,5 Prozent der Parteimitglieder hatten gegen ihn gestimmt, nur 39,7 Prozent für ihn.

Scharon scharte seine Berater um sich. Sie kamen überein, dass man als Erstes verkünden müsse, dass der Ministerpräsident im Amt bleiben werde. Während ihrer Beratungen traf eine Botschaft aus Washington ein. Darin wurde Scharon aufgefordert, trotz der Referendumsniederlage an seinen Zusicherungen festzuhalten. Am selben Abend veröffentlichte Scharon eine Erklärung, aus der hervorging, dass er entschlossen sei, sich über die demokratische Entscheidung seiner Partei hinwegzusetzen. »Das israelische Volk hat mich nicht gewählt, damit ich untätig herumsitze«, hieß es darin.

Kapitel 57
Sieg in der Knesset

Nach der Abstimmung begab sich Scharon zum Wohnhaus von David Chatuel in Gusch Katif, um dem Witwer sein Beileid auszudrücken. Er erklärte dem Vater, der gerade seine Frau und seine vier Kinder verloren hatte: »Ich kann Ihren Schmerz nachempfinden, aber auch im Angesicht solchen Leids müssen wir mit dem Rückzug fortfahren.« Später bemerkte er: »Ich fürchte mich nicht davor, den Siedlern in die Augen zu schauen. Ich bin entschlossen, den Abzug durchzuführen.« Fünf Tage nach der Niederlage in der Likud-Abstimmung distanzierte er sich vom Ergebnis der Mitgliederbefragung, als er dem EU-Gesandten erklärte: »Trotz des Referendums werde ich den Abkopplungsplan weiterverfolgen. Ich sehe keinen anderen Plan, mit dem sich der Friedensprozess wieder beleben ließe. Ich beabsichtige auch nicht, größere Änderungen vorzunehmen.«

Um die Erinnerung an die Niederlage zu tilgen, kündigte Scharon an, dass er Ende Mai der Regierung einen überarbeiteten Abzugsplan zur Abstimmung vorlegen werde. Diesmal aber stellte sich Netanjahu offen gegen ihn. Der Likud habe entschieden, erklärte er in einer Kabinettssitzung am 9. Mai, »und ein politischer Plan ist kein Paar Socken, die man täglich wechselt.«

Am 15. Mai versammelten sich mehr als 150 000 Unterstützer des Abkopplungsplans auf dem Rabin-Platz unter Transparenten mit Slogans wie »Arik, das Volk steht hinter dir!« und »Die Mehrheit entscheidet: Rückzug aus Gaza.« Scharon nahm selbst nicht an der Kundgebung teil. Bei den Rednern handelte es sich überwiegend um Oppositionspolitiker wie Jossi Beilin und Schimon Peres, um Männer, die maßgeblich die Oslo-Abkommen ausgehandelt hatten. Die Kundgebung, die mehr war als lediglich ein Wiedererwachen der lange schlafenden Linken, signalisierte eine überwältigende öffentliche Unterstützung für den Abzug aus Gaza. Am nächsten Tag räumte Staatspräsident Mosche Kazaw, ein Mann des Likud, ein, dass die Mehrheit der Israelis den Rückzug aus dem Gazastreifen befürworte.

Am 11. und 12. Mai hatten Palästinenser aus Rafa und Gaza-Stadt zwei israelische Schützenpanzer angegriffen und elf Soldaten getötet. Bei diesem Überfall in der Nähe von Rafa, an einem schmalen Sandstreifen, der die Grenze zwischen Gaza und Ägypten bildet und unter dem Waffenschmuggler häufig Tunnels graben, waren die israelischen Soldaten unter heftigen Beschuss geraten und mussten durch den Sand kriechen, um ihre toten Kameraden zu bergen. Als Bilder davon verbreitet wurden, reagierte die Öffentlichkeit entsetzt.

Nach einer Tagung seines Sicherheitskabinetts genehmigte Scharon daraufhin die »Operation Regenbogen«. Am 18. Mai rückte eine Streitmacht aus rund 1000 Panzern und Bulldozern in Rafa ein und zerstörte bei dem Versuch, einige der Schmugglertunnel unter dieser so genannten »Philadelphi-Route« aufzuspüren, ein Dutzend Häuser, darunter auch jenes, das angeblich von dem Terroristen bewohnt wurde, der den Überfall auf Tali Chatuel und ihre Töchter angeführt hatte. Auch eine Gruppe von Demonstranten wurde versehentlich durch israelische Granaten getötet.

Während dieser Operation in Gaza erklärte Tommy Lapid, der Führer der Schinui-Partei, die mit ihren 15 Sitzen Scharons größter Koalitionspartner war, dass seine Partei ohne einen vorwärts weisenden Friedensplan in dieser Regierung nichts mehr verloren habe. Wie viele andere israelische Politiker fürchtete auch Lapid, dass Scharon, der in seiner eigenen Partei stark unter Druck stand, von seinem erklärten Ziel abrücken und eine reine Überlebenstaktik verfolgen könnte.

Bei einer Gedenkveranstaltung für die Gefallenen der Alexandroni-Brigade am 23. Mai 2004 machte Scharon seine Absichten noch einmal deutlich. »Da wir keinen Partner auf der anderen Seite haben, müssen wir einen einseitigen Plan umsetzen, der den Rückzug aus Gaza und die Aufgabe einiger Gemeinschaften in Samaria beinhaltet.« Er kündigte an, er werde seinen neuen Plan in einer Woche dem Kabinett vorlegen. Vor den Familien jener Männer, an deren Seite er im Unabhängigkeitskrieg gekämpft hatte, erklärte Scharon: »Ihr kennt mich und ihr wisst, wenn ich für etwas kämpfe, das ich für richtig und für gerecht halte, dann fechte ich das auch bis zum Ende durch.«

Als Erstes brauchte er die Zustimmung des Kabinetts. Vor der Sitzung in der folgenden Woche kündigte er an, jeder Minister werde »unbegrenzte Redezeit« erhalten, um seine Meinung vorzutragen. Er wollte, dass sich alle einbrachten, Freunde, Gegner und auch jene, die noch schwankten. Doch am Ende dieser Kabinettssitzung, wahrscheinlich der spannungsgeladensten, die er als Ministerpräsident mitmachte, erkannte Scharon, dass er sich in der Minderheit befand. Er verschob die Abstimmung um eine Woche.

Die Zeitungen begannen über eine mögliche Spaltung des Likud zu spekulieren. Netanjahu, Schalom und Liwnat, der Finanz-, der Außenminister und die Bildungsministerin, bildeten den harten Kern der Widerständler. Zipi Liwni, die Ministerin für die Integration der Einwanderer, pendelte zwischen dem Büro des Ministerpräsidenten und dem Hauptquartier der Rebellen im Hotel Carlton in Tel Aviv hin und her und versuchte verzweifelt, die Kabinettskollegen umzustimmen und die Integrität des Plans zu bewahren.

Am 3. Juni, 72 Stunden vor der Abstimmung, brach Scharon die demütigenden Verhandlungen ab. Er entschloss sich, das Problem auf andere Weise zu lösen. Er wollte sich selbst »abkoppeln« von den rechtsgerichteten Ministern der Nationalen Union, von Benjamin Elon und Awigdor Liberman. Ihm war auch bewusst, dass die beiden keine langfristigen Partner für ihn sein konnten, jedenfalls nicht, solange der Abzug noch nicht abgewickelt war.

Scharon bestellte Elon und Liberman am Freitagmorgen in sein Büro. Er musste die Entlassungsschreiben vor dem Sabbat übergeben haben, damit die Entlassungen bis zur Kabinettssitzung am Sonntagmorgen in Kraft traten. Doch die beiden, die anscheinend ahnten, was gespielt wurde, ließen sich nicht blicken. Im Lauf des Freitags konnte Scharon schließlich Liberman auftreiben und ihm den Rauswurf verkünden; Elon blieb verschwunden. Einige Stunden vor Anbruch des Sabbat wandte sich Scharon an Generalstaatsanwalt Masus und erkundigte sich, ob ein Entlassungsschreiben auch per Fax zugestellt werden könne. Um 16.25 Uhr schickte er ein Fax an Elons Büro und teilte ihm mit, dass er gefeuert sei.

Am Sonntag verkündete Scharon, dass das Kabinett aufgerufen sei, eine historische Entscheidung zu treffen. Nun werde es keine weitere Verzögerung mehr geben, erklärte er. Das stimmte aber nicht ganz. Elon hatte das höchste Gericht gebeten, zu überprüfen, ob seine Entlassung rechtens sei. Er erschien zur Kabinettssitzung am Sonntag früh, während Richter Edmund Levi vom Obersten Gerichtshof noch darüber beriet, ob er berechtigt sei, an der Abstimmung teilzunehmen. Viele machten sich lustig über Elons Verhalten am Freitag. Scharon würdigte ihn keines Blickes.

Richter Levi kritisierte Scharon wegen des formalen Ablaufs, wies jedoch Elons Antrag zurück. Scharon musste sich zwar einigen Bedingungen Netanjahus beugen, setzte sich schließlich aber mit 14 gegen sieben Stimmen durch. Das Kabinett beschloss, »den revidierten Abkopplungsplan zu billigen – was aber noch nicht bedeutet, Siedlungen zu räumen«. Ein Ausschuss sollte sich mit den Vorbereitungsarbeiten für die Implementierung des Plans befassen, dann wollte die Regierung »zur Erörterung und Beratung über die Beschlüsse hinsichtlich der Verlegung von Siedlungen zusammenkommen. Dabei werden die dann herrschenden Umstände berücksichtigt werden, um zu entscheiden, welche Ortschaften verlegt werden und welche nicht.«

Ungeachtet dieser verbalen Vorbehalte hatte das Kabinett damit den Ball ins Rollen gebracht. Scharon hatte erreicht, dass die Minister einen Plan absegneten, den die Mehrzahl der Likud-Parteigänger und der Mitglieder des Zentralkomitees ablehnte. Kurz nach der Sitzung erklärte er: »Die Regierung hat meinen Plan akzeptiert. Die Abkopplung kann beginnen ... Bis Ende 2005 wollen wir aus Gaza und vier Siedlungen in Samaria abgezogen sein.«

Doch Scharons politisches Schicksal lag weiterhin in der Hand des Generalstaatsanwalts. Die Arbeitspartei weigerte sich, in eine Regierung der nationalen Einheit unter Scharons Führung einzutreten, solange Masus seine Entscheidung nicht bekannt gegeben hatte. Ohne Unterstützung durch die Arbeitspartei konnte jeder Misstrauensantrag zum Sturz der Regierung führen. Am 15. Juni 2004 hielt Masus um 17 Uhr eine Pressekonferenz ab. Um zu verhindern, dass vorzeitig etwas durchsickerte, gab er die Nachricht selbst bekannt. Wie er in seinem 78 Seiten umfassenden Schriftsatz begründete, reichten die Beweise in der »Griechische-Insel-Affäre« nicht aus, um Anklage gegen den Ministerpräsidenten zu erheben. »Ich möchte betonen, dass meine Entscheidung in diesem Fall nicht einer übermäßig nachsichtigen Einstellung im Allgemeinen oder gegenüber dem Ministerpräsidenten im Besonderen geschuldet ist. Wie ich bereits erklärt habe, ist die Indizienkette in der betreffenden Angelegenheit zu schwach ... Ich bin zu der eindeutigen Schlussfolgerung gelangt, dass sich durch das vorhandene Beweismaterial eine Verurteilung nicht begründen ließe.«

Während sich Scharon mit seinen parteiinternen Gegnern im Likud herumschlug und sich darum bemühte, die Arbeitspartei in die Regierung zu holen – was die Falken in seiner Partei aus politischen und die Tauben aus finanziellen Gründen zu verhindern suchten –, bestellte er im August Jonathan Bassi, einen religiösen Kibbuznik, zum Leiter der Abzugsbehörde, die unter ihrer hebräischen Abkürzung SELA bekannt wurde, was »Hilfe für die umgesiedelten Bewohner von Gaza und Nord-Samaria« bedeutet. Der Siedlerrat Jescha, der nun erkannte, dass Scharon seinen Worten Taten folgen ließ, verschärfte seine Proteste und organisierte eine Menschenkette zwischen Gaza und Jerusalem.

Am 13. September 2004 strömten abermals Demonstranten auf den Zion-Platz in Jerusalem. Die Knesset-Abstimmung über den Abkopplungsplan sollte in sechs Wochen stattfinden, und die Atmosphäre in Jerusalem glich immer stärker jener in den Tagen, als über die Oslo-Abkommen gestritten wurde. Die Kundgebungsteilnehmer schwenkten Plakate mit der Aufschrift »Scharon, der Diktator«. Sie zogen in einem langen Fackelzug vom Zion-Platz zur Residenz des Ministerpräsidenten nur ein paar Häuserblocks entfernt. Angesichts der Unversöhnlichkeit, die hier zum Ausdruck kam, und der wüsten Drohungen, die ausgestoßen wurden, beschlich manche Beobachter das Gefühl, ein Bürgerkrieg stünde bevor.

Moderne orthodoxe Juden (oder religiöse zionistische Juden, wie sie in Israel genannt werden) nehmen keine unmittelbaren Anweisungen von ihren Rabbinern entgegen, suchen jedoch in vielerlei Fragen deren Rat. Viele Siedler gehörten dieser Strömung des Judentums an und waren überzeugt, dass mit der Gründung des Staates Israel nicht nur »eine Nation wie alle anderen« wieder erstanden sei, wie Herzl es erträumt hatte, eine Vorkehrung gegen die Plage des Antisemitismus, sondern dass dies den Anfang ihrer gemeinschaftlichen Erlösung verkörpere. Daher wuchsen die Spannungen, als wenige Wochen vor der entscheidenden Abstimmung im Parlament der Leiter der Talmudhochschule von Mercas Haraw, Rabbi Avraham Schapira, verkündete, dass es Juden untersagt sei, an der Vertreibung jüdischer Bewohner aus Gaza und Samaria mitzuwirken. Dies sei, so erklärte er, gleichbedeutend damit, Schweinefleisch zu essen oder den Sabbat zu entweihen. Viele Rabbiner pflichteten ihm bei, viele weigerten sich auch, sich öffentlich mit dem ehemaligen Chef-Rabbi anzulegen, der einer ganzen Generation als geistiger Führer gedient hatte.

Unterdessen hatte die Armee im Gazastreifen alle Hände voll zu tun. Palästinensische Milizionäre feuerten Kassam-Raketen auf die Siedlungen in Gusch Katif und die Stadt Sederot. Ende September kamen durch diesen Raketenbeschuss zwei Kinder ums Leben. Daraufhin genehmigte Scharon eine Operation im nördlichen Gazastreifen und schickte Soldaten in die Flüchtlingslager Dschebalja, Beit Lahije und Beit Hanun – Hochburgen der Hamas und des Islamischen Dschihad. Dabei wurden Dutzende Häuser zerstört und Hunderte bewaffneter Kämpfer getötet. Die Operation endete Mitte Oktober, aber der Raketenbeschuss ging weiter, wie die Hamas angekündigt hatte, wenn auch mit verminderter Intensität.

Während dieser militärischen Operation sorgte Scharons Sondergesandter in Washington, Dow Weissglass, für Irritationen im Weißen Haus. In einem Interview mit *Haaretz* erklärte er, der Abkopplungsplan sei nur deshalb entwickelt worden, um Bushs Roadmap einzufrieren und ihre Umsetzung hinauszuzögern. Nun musste Scharon eingreifen und seine Aussagen dementieren.

Zu Hause bereitete sich Scharon auf die entscheidende Kraftprobe in der Knesset vor. Am 25. Oktober 2004 sollte das israelische Parlament über den Abkopplungsplan abstimmen. Die Likud-»Rebellen« waren weit davon entfernt, die Schlacht geschlagen zu geben. Netanjahu forderte ein Referendum, was Scharon jedoch mit der Begründung ablehnte, das sei lediglich eine Verzögerungstaktik.

Scharon war sich im Klaren über die hohe Mobilisierungsfähigkeit der Siedler und ihre politische Stärke und lud daher mehrere Mitglieder des Jescha-Rates zu einer Besprechung ein. Sie verlangten eine Volksabstimmung und warnten Scharon, dass er im Falle einer

Weigerung womöglich einen Bürgerkrieg heraufbeschwören würde. Ferner verlangten die Führer der Siedler, dass bei diesem Referendum die rund eine Million israelische Araber nicht stimmberechtigt sein dürften. Scharon lehnte ihre Forderungen ab und beschwor sie, die extremistischen Kräfte in ihren Reihen im Zaum zu halten. Die »Außenposten« schadeten dem Staat Israel, erklärte er. Das Treffen endete mit einer schweren Verstimmung.

Pinchas Wallerstein, der Leiter der Kommunalverwaltung von Benjamin und langjähriges Führungsmitglied des Jescha-Rates, der den »alten Arik« noch gut kannte, konnte nach dem Treffen seine Wut nicht verbergen. Er berichtete, Scharon habe ihre Forderung nach einer Volksbefragung »mit barschen Worten« abgebügelt. Der Sprecher des Siedlerrats, Jehoschua Mor-Jossef, erklärte, Scharon sei »entschlossen, das Land zu spalten«. Er kündigte an, dass die Siedler von nun an auf den Sturz Scharons hinarbeiten würden. Während die Siedler die rechtsgerichteten Knessetabgeordneten dazu zu bewegen versuchten, mit Nein zu stimmen, drohte Scharon seinen Ministern und deren Stellvertretern die Entlassung an, sollten sie gegen den Plan votieren.

Umfragen ergaben, dass 65 Prozent der Bevölkerung Scharons Abzugsplan unterstützten und nur 26 Prozent dagegen waren. In den Tagen vor der Knessetabstimmung blieben viele Schulen in den Siedlungen geschlossen. 15 000 Kinder und Jugendliche strömten nach Jerusalem und errichteten auf einem Hügel gegenüber der Knesset ein Widerstandsdorf. Sie umzingelten das Gebäude und riefen Parolen, die an Josua und die Schlacht von Jericho erinnern sollten.

Am Tag vor der Abstimmung verbreitete sich die Nachricht, dass die Partei Vereinigtes Tora-Judentum ins Wanken geraten sei. Scharon kämpfte um jede Stimme und veranlasste sogar, dass in der Knesset medizinisches Betreuungspersonal bereitstand, damit der Likud-Abgeordnete Eli Aflolo, der sich von einer Operation erholte, an der Abstimmung teilnehmen konnte.

Da er noch nicht zufrieden war mit den Entwürfen, die seine Redenschreiber erstellt hatten, überarbeitete Scharon den Text seiner Rede, die er am nächsten Tag halten wollte:

»Mir wird vorgeworfen, ich würde das Volk und die Wähler täuschen, da ich Maßnahmen ergreife, die zu meinen Worten und Taten in der Vergangenheit in absolutem Widerspruch stehen. Dieser Vorwurf ist falsch. Während des Wahlkampfs und als Ministerpräsident habe ich wiederholt öffentlich gesagt, dass ich die Gründung eines palästinensischen Staates an der Seite Israels unterstütze. Ich habe wiederholt gesagt, dass ich zu schmerzlichen Kompromissen bereit bin, um diesen fortwährenden mörderischen Konflikt derjenigen, die um dieses Land kämpfen, zu beenden, und dass ich alles tun werde, um Frieden zu schaffen.«

Am Tag der Abstimmung trafen sich Liwnat, Netanjahu, Landwirtschaftsminister Jisrael Kaz und Gesundheitsminister Danny Nawe in Liwnats Knessetbüro. Sie bekräftigten ihre Forderung nach einem Referendum, wussten aber auch, dass es den Likud zerreißen würde, wenn sie gegen den Ministerpräsidenten stimmten. Bevor sie in den Plenarsaal gingen, baten sie um eine letzte Unterredung mit Scharon. Dieser jedoch lehnte ihr Ansinnen ab, begab sich an seinen Platz in der Knesset und starrte auf die leeren Sitze der Minister. In letzter Minute erschienen die vier schließlich doch noch. Die Abgeordneten wurden in alphabetischer Reihenfolge zur Stimmabgabe aufgerufen. Niemand wusste, wie sich die Abweichler entscheiden würden. Kaz war der Erste. Er murmelte ein »Ja«, was Beifall in der Likud-Fraktion auslöste. Alle vier Rebellen stimmten für den Plan, der schließlich mit 67 gegen 44 Stimmen angenommen wurde. Zwei aufreibende Monate voller politischer Scharmützel endeten für Scharon mit einem Sieg.

Scharon war froh über das Ergebnis, dennoch verließ er die Sitzung in gedrückter Stimmung. Er hatte seine alten Gefährten und Mitkämpfer bezwungen – die Siedler, das Likud-Zentralkomitee und jene Abgeordneten, die sich der Idee eines Groß-Israel verpflichtet fühlten. Während seine alten Gegner von der Arbeitspartei und den arabischen Parteien aufsprangen und ihm herzlich die Hand drückten, stürmten viele seiner Freunde verbittert aus dem Saal.

Kapitel 58
Der traumatische Abzug

Der Konflikt zwischen Netanjahu und Scharon drohte die Verabschiedung des Haushalts für 2005 zu gefährden. Das Ultimatum des Finanzministers lief am 9. November 2004 aus. Die übrigen Likud-Minister hatten sich hinter Scharon geschart. Die Berater des Ministerpräsidenten gaben zu erkennen, dass der Haushalt notfalls auch ohne Zustimmung Netanjahus von der Knesset verabschiedet werden würde. Scharon nahm bereits Kontakte zu Schimon Peres und zur Arbeitspartei auf.

Doch Netanjahu zur Seite zu schieben würde nicht einfach sein. Er war mit Leichtigkeit aus Scharons goldenem Käfig entkommen und hatte es sogar geschafft, Israel aus der Rezession zu führen. Nicht zuletzt dank seines Wirtschaftsplans waren die Arbeitslosenzahlen gesunken, die durchschnittlichen Löhne gestiegen und die Kurse an der Börse in Tel Aviv in bisher nicht gekannte Höhen geklettert. Wenn er jetzt zurücktrat, würde der Wirtschaft ein schwerer Dämpfer versetzt werden. Die beiden wichtigsten Köpfe des Kabinetts blockierten sich gegenseitig.

Scharon wollte unbedingt vermeiden, der Wirtschaft Schaden zuzufügen. Erstmals seit dem Oktober 2000 schien die Konjunktur wieder Tritt gefasst zu haben. Neben den fiskal- und wirtschaftspolitischen Weichenstellungen profitierte die israelische Wirtschaft auch vom starken Rückgang der Terroranschläge, ein Ergebnis von Scharons »Operation Verteidigungsschild«, die den Israelis Bewegungsfreiheit in den von Palästinensern bewohnten Städten ermöglichte, eine unerbittliche Politik »gezielter Tötungen« beinhaltete und im Westjordanland die Errichtung eines Trennungszauns zwischen den israelischen und palästinensischen Gebieten vorsah.

Zunächst hatte sich Scharon gegen eine Sperranlage ausgesprochen. Sie lief seinen grundlegenden Überzeugungen zuwider. Seit seine Mutter in Kfar Mahal den Drahtzaun durchschnitten hatte, hatte er gegen eine Teilung des Landes gekämpft. Das Trennungskonzept wurde ihm auch nicht dadurch sympathischer, dass es unter Rabin entwickelt und von Netanjahu und Barak umgesetzt worden war (natürlich unter heftigem Streit über den Verlauf der Mauer). Er könne nicht erkennen, hatte Scharon damals erklärt, warum Israel einen Trennungszaun brauche.

Noch zu Beginn der zweiten Intifada hatte sich Scharon öffentlich gegen die Errichtung einer Barriere gewandt, doch nachdem die »Operation Verteidigungsschild« angelaufen war, änderte er seine Meinung. Umfragen zeigten, dass sich die israelische Öffentlichkeit zunehmend mit der Idee eines Trennungszauns anfreundete. Von nun an trieb er das Projekt tatkräftig voran, beschäftigte sich persönlich mit den Landkarten und entschied, wo die Mauer verlaufen müsse, damit der Großteil der Palästinenser ausgegrenzt wurde und die bevölkerungsreichsten Siedlungen auf der Israel zugewandten Seite des Zauns lagen, ohne andererseits zu weit über die Grüne Linie hinaus vorzustoßen und dadurch international inakzeptabel zu werden.

Ende Oktober, während der Auseinandersetzungen zwischen Scharon und Netanjahu, verschlechterte sich Arafats Gesundheitszustand. Von Tag zu Tag verschlimmerte sich seine Erkrankung, deren Umstände jedoch rätselhaft blieben. Scharon wurde ständig auf dem Laufenden gehalten. Da ihm bewusst war, dass Arafat wahrscheinlich sterbenskrank war, wies er die israelischen Sicherheitskräfte an, alle Ersuchen von palästinensischer Seite zu bewilligen, die im Zusammenhang mit Arafats medizinischer Behandlung standen. Scharon wollte nicht für Arafats Tod verantwortlich gemacht werden. Er stellte klar, dass Arafat die Mukata, seinen Amtssitz, verlassen könne und später auch wieder zurückkehren dürfe.

Scharon entsprach einer Bitte von Mahmud Abbas, Arafat in eine ausländische Klinik zu verlegen, doch der Palästinenserführer war dazu nicht bereit. Aber schließlich konnten ihn seine Ehefrau Suha und enge Berater überzeugen, sich zur Behandlung nach Frankreich bringen zu lassen. Scharon erklärte, Arafat könne anschließend wieder nach Ramalla zurückkehren, glaubte insgeheim aber, dass nun das Ende gekommen war: Der Mann mit den neun Leben lag tatsächlich im Sterben. Am 29. Oktober 2004 wurde Arafat, der aschfahl aussah, in einem Rollstuhl aus der Mukata geschoben und nach

Frankreich geflogen. Damit verließ er zum ersten Mal seinen Amtssitz, seit Scharon ihn dort im Dezember 2001 unter Hausarrest gestellt hatte.

In der arabischen Welt verbreiteten sich Gerüchte, wonach Israel Arafats Erkrankung verursacht habe. Ärzte untersuchten, ob sein Mangel an weißen Blutkörperchen die Folge einer Vergiftung sein könnte. Nachdem Arafat in Paris gelandet war, forderte ihn US-Außenminister Colin Powell auf, seine Amtsgeschäfte an Ahmed Kurei zu übertragen, doch selbst als er immer wieder das Bewusstsein verlor, weigerte sich der »Rais« der Palästinenser, seine politische Autorität abzugeben. Er hatte sich stets für den einzigen wahren Führer der Palästinenser gehalten, der in seiner Person die gesamte Bandbreite des Lebens und Leidens des palästinensischen Volkes verkörperte.

Die Siedler dagegen betrachteten Arafats schwere Erkrankung als ein Geschenk des Himmels. Sie baten Scharon, mit der Umsetzung des Abzugsplans zu warten, bis ein neuer Palästinenserführer bestimmt sei. Scharon wies diese Forderung kategorisch zurück. Am 1. November 2004 wurde von der Knesset das Gesetz über die Entschädigung der geräumten Siedler nach der ersten Lesung mit 64 zu 44 Stimmen angenommen. Zwei Tage später gewann Bush die amerikanische Präsidentschaftswahl. Scharon gratulierte ihm und erklärte, dies sei ein Sieg der Ideologie und des Glaubens an den eigenen Weg. Bush seinerseits lobte Scharon dafür, dass er den Abkopplungsplan unbeirrt vorantrieb.

Am 9. November, kurz bevor sein Ultimatum auslief, informierte Netanjahu Scharon, dass er im Amt bleiben und weiterarbeiten werde. In seinem offenen Brief an Scharon schrieb Netanjahu, dass seine Entscheidung maßgeblich durch Arafats schwindenden Einfluss auf die Politik in der Region veranlasst sei, was eine Neubewertung des Abkopplungsplans erforderlich mache. Die Nationalreligiösen traten allerdings aus der Koalition aus, sodass Scharon nun ein Minderheitspremier war und die Unterstützung der Arbeitspartei benötigte, um weiterregieren zu können.

Am 11. November 2004, nachdem Arafat zehn Tage in einer Klinik in einem Vorort von Paris behandelt worden war, wurde der Tod des Palästinenserführers bekannt gegeben. Nun stellte sich die Frage nach seinem Begräbnis. Scharon brachte seine Haltung auf einer Kabinettssitzung am 31. Oktober unmissverständlich zum Ausdruck: »Solange ich an dieser Stelle bin – und ich habe nicht die Absicht, mein Amt aufzugeben –, wird Arafat nicht in Jerusalem bestattet werden.« Er wollte auch nicht erlauben, dass Arafat – der behauptet hatte, in Jerusalem geboren worden zu sein, obwohl amtliche Quellen Kairo als seinen Geburtsort auswiesen – in Abu Dis beerdigt wurde, weil er fürchtete, dass sein Grab zu einer Pilgerstätte werden könnte, was schließlich zur Beanspruchung von Souveränitätsrechten führen konnte.

Mahmud Abbas begriff, dass Jerusalem nicht in Frage kam. Er bat darum, Arafat in der Mukata bestatten zu dürfen. Die israelischen Sicherheitsbehörden empfahlen Scharon, auch diesen Wunsch abzuschlagen, weil sie fürchteten, dass eine aufgepeitschte Menschenmenge den Sarg nach Jerusalem bringen könnte. In diesem Alptraum-Szenario erzwangen sich Zehntausende Palästinenser Zutritt zur Altstadt von Jerusalem und betteten »Abu Amar« am islamischen Heiligtum Haram al-Scharif, also auf dem Tempelberg, zur letzten Ruhe. Stattdessen schlugen sie Gaza, den Geburtsort von Arafats Vater, als geeigneten Platz vor. Nach einiger Bedenkzeit entsprach Scharon Mahmud Abbas' Wunsch unter der Bedingung, dass die Palästinensische Autonomiebehörde die nötigen Sicherheitsvorkehrungen gewährleistete.

Scharon verbarg seine Genugtuung über den Tod Arafats und gab sich ruhig und gleichmütig. Einen kleinen Riss aber bekam seine Fassade, als er während der Fernsehübertragung der Bestattungszeremonie bemerkte: »Kein normaler Mensch würde sich einen ganzen Tag lang Fernsehbilder von einem Mann anschauen, der so viele Söhne und Töchter, Frauen, Kinder und Alte aus seinem Volk ermordet hat.« Als die politischen Kommentatoren über »Arafats Erbe« diskutierten, meinte er sarkastisch: »Was für eine Katzbuckelei. Wie heuchlerisch ... Mit wem haben wir es hier eigentlich zu tun? Mit einem Terroristen, einem Judenmörder, der gleich nach Hitler kommt.«

Am 14. November 2004 wurde Arafat in der Mukata in Ramalla beigesetzt. Als sich der ägyptische Hubschrauber näherte, der seinen Leichnam an Bord hatte, gerieten 100 000 Menschen außer Rand und Band. Schüsse wurden in die Luft abgefeuert, Hunderte von

Menschen drängten sich um den Helikopter und verhinderten, dass der fahnenbedeckte Sarg geordnet ausgeladen werden konnte. Ein Sicherheitsfahrzeug bahnte sich einen Weg durch den Pulk, doch die Menge riss den Sarg an sich, die Männer reichten ihn auf den Schultern weiter, einige maskierte Bewaffnete schafften es sogar, auf ihn draufzuklettern. Schließlich konnten die Sicherheitskräfte den Sarg wieder unter Kontrolle bringen, und Arafats Leichnam wurde zur Beerdigung bereitgestellt. Der höchste islamische Geistliche Palästinas, Scheich Tajseer al-Tamini, zitierte Verse aus dem Koran, dann wurde Arafat eilig bestattet und Erde aus Jerusalem über seine Grabstätte aus Zement gestreut. Seine Frau Suha nahm an der Beerdigung nicht teil, es gab auch keine Trauerreden.

Für Scharon verlief das Ereignis ohne Zwischenfälle. Arafat war nun Geschichte, die Palästinenser steckten in Nachfolgekämpfen, und Israel wurde nicht verantwortlich gemacht für seinen Tod. Im September 2005 wurde ein medizinischer Bericht veröffentlicht, in dem es hieß, Arafat sei entweder an Aids, an Gift oder einer Infektion gestorben. Seine Todesursache bleibt also weiterhin unklar.

Scharon wandte sich wieder der Heimatfront zu. Er musste den Haushalt durch die Knesset bringen und seine Koalition stabilisieren. Zu diesem Zweck verhandelte er gleichzeitig mit der Arbeitspartei und dem Vereinigten Tora-Judentum und versprach der kleinen Partei mit ihren fünf Sitzen 290 Millionen Schekel (rund 51 Millionen Euro) für ultraorthodoxe Schulen und religiöse Einrichtungen. Daraufhin teilte Schinui-Führer Tommy Lapid dem Ministerpräsidenten mit, dass er sich mit den 15 Abgeordneten seiner säkularen Schinui-Partei aus der Koalition zurückziehen werde, sollte Scharon den Ultraorthodoxen tatsächlich diese Gelder zur Verfügung stellen.

Lapids Ultimatum zwang Scharon, sich zu entscheiden zwischen einer linken Regierung aus Arbeitspartei, Schinui und Likud, in welcher der Likud die am weitesten rechts stehende Koalitionspartei sein würde – was seine Partei höchstwahrscheinlich zerreißen würde –, und einem Bündnis aus der Arbeitspartei, dem Likud und den Ultraorthodoxen.

Ende September überstand Scharon zwei Misstrauensanträge. Doch er erkannte, dass das von der Arbeitspartei gestellte Sicherheitsnetz unzuverlässig war und dass die Nationale Union, die Nationalreligiösen und die Likud-Rebellen die Verabschiedung des Haushalts in der Knesset verhindern würden.

Nun drohte Scharon, jeden Minister zu entlassen, der gegen die Parteilinie stimmte, und verkündete seine Bereitschaft zu Neuwahlen. Obwohl er die Schinui-Partei gewarnt hatte, dass die 290 Millionen Schekel für die Ultraorthodoxen kein Grund seien, aus der Regierung auszuscheren, stimmten deren Abgeordnete gegen die Haushaltsvorlage, die damit, ohne die Unterstützung der Arbeitspartei, gescheitert war.

Scharon strahlte nach der Niederlage. Nur wenige konnten sich erinnern, den Ministerpräsidenten schon einmal so fröhlich gesehen zu haben, nachdem er eine Haushaltsabstimmung verloren hatte. Jetzt konnte Scharon die Mitglieder des Likud-Zentralkomitees vor die Wahl stellen: Entweder sie stimmten einer Regierung der nationalen Einheit mit der Arbeitspartei zu oder sie mussten sich auf Neuwahlen einstellen.

Sofort nach der Abstimmung feuerte Scharon die fünf Schinui-Minister. In den vergangenen vier Monaten waren zehn Kabinettsmitglieder entweder zurückgetreten oder entlassen worden. Auch Scharons gutes Verhältnis zu Lapid ging in die Brüche. Beide waren ungefähr im selben Alter und liebten Literatur, Musik und Essen. Scharon konnte nicht verstehen, weshalb sich Lapid wegen der 290 Millionen Schekel quergelegt und damit die Chance vergeben hatte, an dem historischen Abzug aus Gaza beteiligt zu sein.

Scharon blieb eine Woche Zeit, um sich auf die Sitzung des Likud-Zentralkomitees am 9. Dezember 2004 vorzubereiten. Als das Gremium darüber beriet, ob man die Arbeitspartei in die Regierung holen oder Neuwahlen anstreben solle, erklärte Scharon, dass er den Gang zu den Wahlurnen bevorzugen würde. Der Hinweis war eindeutig: Er persönlich würde gewinnen, doch dem Likud würde es wahrscheinlich sehr schwerfallen, abermals 40 Mandate zu holen. Und dies bedeutete, dass die Mitglieder des Zentralkomitees die Schaltstellen der Macht würden räumen müssen.

Als Scharon näher an Bush heranrückte und seine Bereitschaft unterstrich, den Abkopplungsplan weiter voranzutreiben, erwärmte sich der ägyptische Präsident Hosni Mubarak plötzlich für den israelischen Regierungschef. Nach dem Tod Arafats erklärte er sogar, nur

April 2005. Crawford, Texas. Ministerpräsident Scharon und US-Präsident Bush bei einem Spaziergang auf Bushs Ranch. (Foto: Awi Ohajon, Government Press Office)

April 2005. Crawford, Texas. Scharon und Bush im Arbeitszimmer des Präsidenten. (Foto: Awi Ohajon, Government Press Office)

Scharon könne Frieden schaffen. Vier Tage vor der Entscheidung des Likud-Zentralkomitees ließ Mubarak Asam Asam frei, einen israelischen Drusen, der in Ägypten aufgrund von Spionagevorwürfen inhaftiert war, im Austausch für sechs ägyptische Studenten, die in Israel einen Terroranschlag geplant hatten. Asam, ein Angehöriger der drusischen Bevölkerung in Galiläa, die in der israelischen Armee dient und sich streng an ein 1948 mit Israel abgeschlossenes Abkommen hält, dankte Scharon überschwänglich dafür, dass er sich unermüdlich für ihn eingesetzt habe.

Am Tag vor der Abstimmung im Zentralkomitee versprach Scharon seinen vier wichtigsten Ministern – Außenminister Silwan Schalom, Finanzminister Benjamin Netanjahu, Verteidigungsminister Schaul Mofas und Bildungsministerin Limor Liwnat –, dass sie in einer Regierung der nationalen Einheit ihre Ämter behalten würden. Ferner sagte er Netanjahu zu, dass er die Arbeitspartei dazu drängen werde, den Haushaltsentwurf und seinen Wirtschaftsplan zu unterstützen. Schließlich ging Scharon mit einer komfortablen Mehrheit von 62 zu 38 Prozent als Sieger aus der Abstimmung hervor. Die neue Regierung sollte vom Likud, der Arbeitspartei, der Schas-Partei und dem Vereinigten Tora-Judentum getragen werden.

Auf der jährlichen Herzlija-Konferenz, die diesmal am 16. Dezember stattfand, erklärte Scharon, er habe einen »sehr hohen persönlichen und politischen Preis« bezahlt für seine Entscheidung, den Abzug aus Gaza voranzutreiben und die Gründung eines palästinensischen Staates zu unterstützen. US-Präsident Bush bezeichnete vor einer Gruppe von Siedlern, die ihn im Weißen Haus besuchte, den Abkopplungsplan als großartig.

Am 15. Januar 2005 wurde Mahmud Abbas, der in freien Wahlen die Mehrheit der Palästinenser hinter sich vereinigt hatte, als neuer Vorsitzender der Palästinensischen Autonomiebehörde vereidigt. In seinem Wahlkampf hatte sich Abbas gegen weitere Terroranschläge ausgesprochen und erklärt, dass diese den legitimen Bestrebungen des palästinensischen Volkes schadeten. Am 8. Februar traf er sich in Scharm el-Scheich mit Scharon auf einer Gipfelkonferenz, die gemeinsam vom jordanischen König Abdullah und dem ägyptischen Präsidenten Mubarak ausgerichtet wurde. Nachdem Arafat abgetreten war, wehten nun Winde des Friedens durch den

Februar 2005. Händedruck mit Arafats Nachfolger Mahmud Abbas.
(Foto: Awi Ohajon, Government Press Office)

Nahen Osten. Scharon ließ Hunderte Palästinenser aus israelischen Gefängnissen frei.

Doch als die Abzugsvorbereitungen in Fahrt kamen, verstärkten auch die Siedler ihren Widerstand gegen das Vorhaben. Eine rechte Splittergruppe verteilte Aufkleber, auf denen stand: »Scharon – Lily wartet auf dich.« Die Extremisten drohten, den Leichnam seiner Ehefrau aus dem Grab zu entwenden. Daraufhin beauftragte Scharon einen Sicherheitsdienst mit der Bewachung von Windflower Hill.

Im Februar 2005 kündigte Verteidigungsminister Mofas an, dass die Amtszeit von Generalstabschef Jaalon nicht um das übliche vierte Jahr verlängert werden würde. Scharon und Mofas wollten nicht, dass der für seine freimütigen Äußerungen bekannte Jaalon während des Abzugs die Armee führte.

Scharon zog wie so oft hinter den Kulissen die Fäden und sorgte dafür, dass mit Dan Haluz erstmals ein Vertreter der Luftwaffe neuer Generalstabschef wurde. Im Mai 2005 löste Scharon Awi Dichter als Schabak-Chef ab und ersetzte ihn durch Juwal Diskin. Scharon hielt zwar viel von Dichter, aber dieser hatte sich nicht rückhaltlos für den Abkopplungsplan ausgesprochen.

Am 16. Februar 2005 passierte das Entschädigungsgesetz nach der zweiten und letzten Lesung die Knesset mit 59 gegen 40 Stimmen. Nun musste nur noch das Kabinett über die Umsetzung des Abkopplungsplans abstimmen.

Am nächsten Tag gab Generalstaatsanwalt Masus bekannt, dass er gegen Omri Scharon im Fall Annex Research Anklage erheben werde, nicht aber gegen dessen Vater – eine Entscheidung, die in der Justiz nicht nur auf Zustimmung stieß.

Vor der für den 20. Februar angesetzten Kabinettssitzung kündigte Netanjahu an, dass er gegen die Umsetzung des Abkopplungsplans stimmen werde. Nachdem die neue Regierung bereits im Amt war, hatte seine Entscheidung keine große Bedeutung: 17 Minister stimmten dafür, fünf dagegen. Natan Scharanski, der sich Netanjahu anschloss, trat anschließend zurück, da er die Vertreibung von Juden aus ihren Häusern nicht mittragen konnte. Am selben Tag unterzeichnete Scharon die Räumungsbefehle für 24 Siedlungen – für sämtliche Siedlungen im Gazastreifen und vier Siedlungen im nördlichen Westjordanland. Die Räumung sollte am 20. Juli 2005 beginnen.

Nach der Kabinettssitzung begab sich der Ministerpräsident zur Präsidenten-Konferenz der Jewish Federation in Jerusalem. Am 20. Februar 2005, eine Woche vor seinem 77. Geburtstag und eine Stunde nachdem er durch einen Federstrich einen großen Teil seines Lebenswerks zunichte gemacht hatte, erklärte Scharon vor ranghohen amerikanischen Politikern: »Heute habe ich die schwerste Entscheidung meines Lebens getroffen.«

»Ich komme gerade aus einer Sitzung der Regierung, in der die historische Entscheidung getroffen wurde, den Abkopplungsplan in die Tat umzusetzen. Heute hat der Staat Israel einen entscheidenden Schritt in die Zukunft getan. Die israelische Regierung hat meinen Vorschlag gebilligt und beschlossen, sämtliche israelischen Siedlungen im Gazastreifen und vier im Norden von Samaria zu verlegen. Seit 60 Jahren, als ich Führer der B-Kompanie des 32. Bataillons der Alexandroni-Brigade wurde, diene ich dem israelischen Volk, dabei habe ich mir das Vertrauen der Menschen erworben und wurde schließlich vor vier Jahren zum Ministerpräsidenten gewählt. In all diesen Jahren habe ich Hunderte, wenn nicht Tausende von Entscheidungen gefällt. Viele davon waren schicksalhaft, in einigen ging es um Fragen von Leben oder Tod. Doch die Entscheidung über den Abkopplungsplan war die schwierigste von allen.

Ich habe die Siedler im Gazastreifen begleitet, als ich Befehlshaber des Südkommandos war und später als Minister in der israelischen Regierung. Ich durfte miterleben, wie dort das erste Treibhaus errichtet, die ersten Felder bepflanzt, Häuser gebaut und Kinder geboren wurden. Ich stand ihnen zur Seite in schwierigen Situationen, bei ihrem täglichen Kampf um Sicherheit, ihrem mutigen Widerstand gegen Mörserangriffe und Terroranschläge. Als Ministerpräsident, als Bürger Israels und als Farmer bin ich stolz auf ihre Leistungen, stolz auf ihren Mut und stolz auf ihre große Liebe zu diesem Land. Doch es gibt Augenblicke, in denen Führungskraft gefordert ist, Entschlossenheit und Verantwortungsbereitschaft, auch wenn dies nicht populär ist, auch wenn die Entscheidung außerordentlich schwierig ist.«

Einige Wochen später entschied Scharon, den Beginn des Abzugs um drei Wochen, bis zum 15. August, zu verschieben, weil sonst der Abzug in die religiöse Trauerzeit Tischa Baw gefallen wäre, in der die Juden der Zerstörung der beiden biblischen Tempel in Jerusalem gedenken.

Die israelische Armee und die Polizei bereiteten sich sechs Monate lang auf ihren Einsatz vor. Bis dahin klammerten sich viele Siedler an die Hoffnung, dass Scharon – das einzige Regierungsmitglied, vor dessen Kühnheit und Entschlossenheit sie Respekt hatten – nur einen weiteren Schaukampf vorführte und am Ende noch eine Gelegenheit finden würde, das Vorhaben abzublasen, bevor die jüdischen Siedlungen in Gaza endgültig ausgelöscht werden würden. Doch als die Iden des August näher rückten, begriffen sie, dass es kein Zurück mehr gab: Die Polizei hatte den gesamten Gazastreifen abgeriegelt, und an der Grenze waren Zehntausende Soldaten zusammengezogen worden, die auf ihre Einsatzbefehle warteten. Viele der weniger religiös eingestellten Siedler akzeptierten die angebotene Entschädigung und packten ihre Sachen.

Am 7. August 2005 sorgte Netanjahu für eine handfeste Überraschung. Ohne Vorwarnung verkündete er in der Kabinettssitzung seinen Rücktritt. Der Ministerpräsident war konsterniert. »Ich habe

April 2005. Condoleezza Rice zu Besuch auf Scharons Farm.
(Foto: Awi Ohajon, Government Press Office)

die notwendigen [wirtschaftlichen] Maßnahmen durchgeführt und muss nun meinem Gewissen folgen«, erklärte Netanjahu auf einer anschließenden Pressekonferenz. »Ich kann eine Politik nicht mittragen, die gefährlich ist, das Volk spaltet, einen Rückzug auf die Grenzen von 1967 denkbar erscheinen lässt und die Einheit Jerusalems bedroht.«

Wie üblich reagierte Scharon umgehend und ernannte fünf Stunden später Ehud Olmert zum neuen Finanzminister. Obwohl Netanjahus Entschluss wahrscheinlich ideologisch begründet war, wurde sein Schritt von der Öffentlichkeit als politischer Schachzug aufgefasst, der dazu dienen sollte, Scharon von rechts unter Druck zu setzen und ihm dadurch bei einer erneuten Kandidatur als Ministerpräsident eine bessere Ausgangsposition zu verschaffen. Netanjahus Rücktritt hatte jedenfalls keine Auswirkungen auf den bevorstehenden Abzug.

Am 15. August 2004 um 0 Uhr schloss die Armee den Grenzübergang Kissufim zum Gazastreifen und begann mit der Räumung. Am nächsten Morgen versuchte das Militär den Bewohnern der Siedlungen die Räumungsverfügungen auszuhändigen, in denen ihnen eine Frist von 48 Stunden gesetzt wurde. Die Bewohner von Dugit, einer kleinen säkularen Siedlung am Meer, gingen freiwillig. Die Armee stellte ihnen Fahrzeuge und Nahrungsmittel zur Verfügung. Am 17. August rückten unbewaffnete Militär- und Polizeieinheiten in die Siedlungen Newe Dkalim, Bdolach, Ganei Tal, Tel Katifa, Kerem Azmona und Azmona ein. Die Soldaten und die Polizisten, Männer und Frauen, gingen von Tür zu Tür, begleitet von Beschimpfungen, Flüchen und den flehentlichen Bitten weinender junger Mädchen. Die Bewohner von Peat Sade, Nisanit, Alei Sinai, Nezer Hasani, Gan Or, Gadid, Kfar Darom, Schaelew, Schirat Hajam, Kfar Jam, Katif und Rafia Jam wurden gewaltsam aus ihren Häusern geholt.

Am Montag, dem 22. August wurde Nezarim geräumt, die letzte und abgelegenste Siedlung im Gazastreifen. Der Widerstand war wesentlich geringer als erwartet. Doch die meisten Bewohner waren nicht bereit, freiwillig zu gehen. Soldaten und Polizeibeamte zerrten sie aus ihren Häusern und den Synagogen. Einige Siedler trugen Gebetsschals, andere sangen und tanzten, manche beteten, andere weinten.

Zu einem echten Gewaltausbruch kam es lediglich am 18. August in Kfar Darom. Dort verbarrikadierten sich Hunderte Siedler, von denen viele aus den ideologisch gefestigten Gemeinschaften im Westjordanland gekommen waren, auf dem Dach der Synagoge. Sie verschanzten sich hinter Stacheldrahtrollen, stießen die Leitern, auf denen die Polizisten hochstiegen, mit langen Stangen um und schleuderten den Ordnungskräften mit Farbe gefüllte Glühbirnen und Behälter mit blauen Flüssigkeiten entgegen. Schließlich gelangten die Polizisten in einem durch einen Kran hochgehobenen Container auf das Dach und überwältigten die Widerständler. Abgesehen von einem kleineren Übergriff gingen die Soldaten und Polizisten dabei bemerkenswert besonnen und behutsam vor.

Scharon stand während der gesamten Operation in engem Kontakt mit den Befehlshabern vor Ort. Er interessierte sich für alles, selbst für die geringsten Kleinigkeiten, hielt sich aber absichtlich im Hintergrund. In jenen Tagen, in denen die Nation vor den Fernsehschirmen saß und gebannt die oft herzzerreißenden Bilder von Familien verfolgte, die aus ihren Häusern vertrieben wurden, blieb Scharon stumm und ließ sich so gut wie nicht blicken.

Nur einmal zeigte er seine Gefühle. Als zu Beginn der Räumung von Kfar Darom in einem Fernsehbericht gezeigt wurde, wie Soldaten sorgfältig den Teddybären eines kleinen Kindes verpackten, bemerkte Scharon, er habe den Schmerz in den Augen der Soldaten gesehen, als die Siedler ihnen Verwünschungen entgegenschleuderten. Doch nachdem er am Abend desselben Tages die Krawalle mitbekommen hatte, die sich auf dem Dach der Synagoge abgespielt hatten, bezeichnete er die Widerständler als »Barbaren«.

»Als ich die jungen Leute auf dem Dach sah, die unsere Sicherheitskräfte verletzen wollten, da wandelten sich meine Gefühle von Trauer in Wut«, sagte er gegenüber der Zeitung *Yedioth Ahronoth*.

»Ich habe gesehen, wie diese Gruppe wütender junger Männer Polizeibeamte, Angehörige der Grenztruppen und Soldaten zu verletzen versuchte, und sagte mir, womit wir es hier zu tun haben, das ist eine kriminelle Handlung, schlicht und einfach. Wir müssen uns mit einer Horde von Wilden auseinandersetzen, die von ein paar augenrollenden Leuten nach Kfar Domar geschickt wurden, um gewaltsam die Umsetzung einer Entscheidung der Regierung und der Knesset zu verhindern. Dies stand in deutlichem Gegensatz zu dem ehrenhaften Abzug der ständigen Bewohner von Kfar Domar.«

Am 23. August wurden die Siedlungen Homesch und Sanur im nördlichen Westjordanland geräumt. Die Bewohner von Ganim und Kadim gingen aus freien Stücken. Insgesamt wurden 24 Siedlungen aufgelöst. Keines der an die Wand gemalten Horrorszenarien bewahrheitete sich. Für Scharon war die Operation ein voller Erfolg.

Kapitel 59
»Big Bang«

Durch die Umsetzung des Abkopplungsplans wandelte sich Scharon von einer müden, um die Erhaltung der Handlungsfähigkeit seiner Regierung ringenden Politikmaschine zu einem visionären Führer, dessen Popularitätswerte kräftig anzogen. Doch während er in der Öffentlichkeit an Ansehen gewann, wuchs im Likud der Groll gegen ihn. Die »Rebellen«, eine große Gruppe von Knessetabgeordneten und Mitgliedern des Zentralkomitees, die von Netanjahu angeführt wurde, versuchten ihm Knüppel zwischen die Beine zu werfen.

Die nächsten Parlamentswahlen sollten im November 2006 stattfinden, und die parteiinternen Vorwahlen des Likud waren für den April dieses Jahres angesetzt. Einige Tage nach dem Abschluss des Rückzugs beriefen Netanjahu und die Rebellen eine Sitzung des Zentralkomitees ein, um einen Beschluss herbeizuführen, wonach die Vorwahlen auf das Jahresende 2005 vorgezogen werden sollten. Scharon interpretierte diesen Schritt zutreffend als Versuch, ihn zu stürzen. »Sie wollen mich auf die Farm zurückschicken«, sagte er, »aber diesen Gefallen werde ich ihnen nicht tun. Ich habe nicht die Absicht, mich nur noch mit Viehzucht zu beschäftigen.«

Die israelische Rechte fürchtete, dass Scharons Politik des einseitigen Abzugs nun auch auf das Westjordanland ausgedehnt werden würde. Die meisten Mitglieder des Zentralkomitees lehnten weitere territoriale Zugeständnisse ab. Sie erwarteten von Scharon, dass er wieder zu seiner früheren harten Haltung zurückkehre. Stattdessen operierte Scharon auf zwei verschiedenen Ebenen: Gegenüber der Öffentlichkeit sprach er sich für die Fortsetzung des Friedensprozesses aus, während er, gestützt auf eine von Omri geleitete innerparteiliche Kampagne, darauf beharrte, dass er die Mehrheit des Likud-Zentralkomitees hinter sich habe.

Doch es war vergeblich. Scharons Gegner beherrschten die öffentliche Debatte in Israel und griffen den Ministerpräsidenten in den Zeitungen an. Sie stellten Scharon als einen alten Mann dar, der nicht mehr regelmäßig in sein Büro komme und zu einer Marionette von Omri und seinen übrigen Beratern geworden sei. Durch diese Angriffe verbreiterte sich die Kluft zwischen Scharon und den Rebellen, Nachdem Scharon erkannt hatte, dass eine Niederlage in der Abstimmung des Zentralkomitees am 25. September eine drastische Beschneidung seiner Macht bedeuten würde, begann er vorsichtig die Möglichkeiten der Gründung einer neuen Partei der Mitte auszuloten.

Leute aus Scharons Umgebung streckten ihre Fühler aus unter den 40 Knessetabgeordneten des Likud; 13 von ihnen erklärten, sie würden Scharon folgen, sollte er sich von der Partei trennen. Auch von einflussreichen Abgeordneten der Arbeitspartei und anderen Persönlichkeiten des öffentlichen Lebens, die ähnlich gestimmt waren, erhielt Scharon eine positive Resonanz. Scharons Absicht, jener Partei den Rücken zu kehren, die er 1973 mitbegründet hatte, wurde nicht als Versuch gewertet, sich den innerparteilichen Auseinandersetzungen zu entziehen, sondern als mutiger Schritt, zu dem er gezwungen war, um sich seine Unabhängigkeit als Führer des Landes zu bewahren. Einer der maßgeblichen Befürworter des Plans, der Arbeitspartei-Abgeordnete Chaim Ramon, unterstützte Scharon bei seinem Versuch, auch Schimon Peres, das Urgestein der Arbeitspartei, für das Projekt zu gewinnen, was der neuen Partei im Erfolgsfalle die unbestrittene politische Führerschaft und die nötige Legitimation verschafft hätte, um den Konflikt mit den Palästinensern zu beenden oder zumindest eine längerfristige Regelung herbeizuführen. Scharon sprach auch mit Awi Dichter, dem scheidenden Schabak-Direktor, um zu sondieren, ob er interessiert sei, sich dem Projekt anzuschließen.

Am 15. September 2005 hielt Scharon eine Rede vor der UN-Vollversammlung zum 60. Jahrestag der Gründung der Vereinten Nationen. Die Weltorganisation hieß ihn willkommen als einen Mann, der Geschichte geschrieben hatte. In seiner Rede vor den rund 160 versammelten Staatsführern bekräftigte Scharon seine Absicht, die Politik der territorialen Zugeständnisse fortzusetzen. Die arabischen Delegierten, die sonst immer ihre Plätze verließen, wenn ein führender israelischer Politiker sprach, blieben diesmal größtenteils im Saal.

Scharon enttäuschte die Erwartungen nicht. »Wir sind verpflichtet, Kompromisse einzugehen, um eine friedliche Regelung mit den Palästinensern zu erreichen«, erklärte er. Führende Mitglieder seines Stabes berichteten später, Scharon sei entschlossen gewesen, auch den größten Teil des Westjordanlands zu räumen und dadurch die endgültigen Grenzen Israels festzulegen.

Doch die Ansprache vor der UNO verbesserte seine Chancen im Likud-Zentralkomitee nicht. Die Rede, die er für den 25. September vorbereitete, richtete sich eigentlich nicht an die Mitglieder des Parteigremiums, sondern an die israelische Öffentlichkeit. Omri Scharon, Uri Schani, Dow Weissglass, Ehud Olmert, Zipi Liwni und Chaim Ramon begannen mit den Vorbereitungen für die Abspaltung.

Scharon hatte geschrieben:

»Diese Abstimmung ist keine reine Formsache. Sie ist ein Versuch, mich zu stürzen, und eine Misstrauensbekundung für die Art, wie der Likud das Land geführt hat. Sie verkörpert das Streben nach Rache und ungezügelten persönlichen Ehrgeiz … Uns bietet sich eine einzigartige Chance. Die Welt hat unsere Haltung akzeptiert, dass es keine Sicherheit ohne Fortschritte auf diplomatischem Gebiet gibt. Genau dies steht in der Roadmap, die von der Mehrheit der Likud-Minister gebilligt wurde.
Wir müssen die Wahrheit sagen. Jeder weiß, dass wir am Ende nicht alle Gebiete werden behalten können. Wir haben einen Traum, und es ist ein guter und ein richtiger Traum, aber es gibt auch eine Realität, eine bittere und fordernde Realität. Ein demokratischer jüdischer Staat wird keinen Bestand haben können, wenn wir am gesamten biblischen Land Israel festhalten. Wenn wir den ganzen Traum verwirklichen wollen, wird uns am Ende vielleicht gar nichts bleiben. Dahin führt uns der extreme Weg.«

Scharon wollte seine Rede mit einem Appell an die Mitglieder des Zentralkomitees beschließen, ihren gesunden Menschenverstand einzusetzen und ihn zu unterstützen. »Es liegt an Ihnen, den Mitgliedern des Zentralkomitees«, schrieb er in seinem Entwurf, »zu entscheiden, welchen Weg der Likud einschlagen soll: den Weg des kleinen, extremistischen und oppositionellen Likud oder den Weg des großen, starken, im Zentrum stehenden Likud, der das Land verantwortungsbewusst führt.«

Diese Rede hatte er am 25. September in der Tasche. Am ersten Sitzungstag sollten die Reden gehalten werden, für den zweiten war die Abstimmung vorgesehen. Um 19.30 Uhr, nach dreistündigen heftigen Debatten, bestieg Scharon das Podium auf dem Messegelände in Tel Aviv. Beifall und Buhrufe mischten sich. Als er zu reden anhob, versagte sein Mikrofon.

Scharon wartete, klopfte auf das Mikrofon und kehrte schließlich zu seinem Platz zurück. Eine unsichtbare Hand hatte den Ministerpräsidenten verstummen lassen. Scharon verließ unverzüglich den Saal. Die Sitzungsteilnehmer waren verblüfft.

Es ließ sich nicht klären, wer das Mikrofon funktionsunfähig gemacht hatte. Als anschließend der elektrische Schaltkasten überprüft wurde, zeigte sich, dass ihn jemand mit Wasser übergossen hatte. Scharons Gefolgsleute beschuldigten die Anhänger Netanjahus, ihn daran gehindert zu haben, seine Rede zu halten. Netanjahus Leute dagegen verwiesen darauf, dass sich der Schaltkasten im »abgeschirmten Sicherheitsbereich« befunden habe, zu dem nur Scharons Mitarbeiter Zugang gehabt hätten. Zudem behaupteten sie, dass nur Scharon von diesem Fiasko profitiert habe. So habe er sich als unschuldiges Opfer präsentieren können, während man Netanjahu, dem Hauptverdächtigen, unterstellen konnte, er würde mit schmutzigen Tricks arbeiten.

In der Tat war Scharon, der auf der berüchtigten Sitzung im Februar 1990 Ministerpräsident Schamir am Reden gehindert hatte, der eindeutige Nutznießer dieser Neuauflage der »Nacht der Mikrofone«. Als er im Scheinwerferlicht stand und darauf wartete, mit seiner Rede beginnen zu können, wirkte der Ministerpräsident ob seiner Verletzlichkeit umso liebenswerter. Am nächsten Tag erschienen 90 Prozent der Zentralkomitee-Mitglieder zur Sitzung und bescherten Scharon einen überraschend deutlichen Sieg. Auf seinen Vorschlag entfielen 104 Stimmen.

Da er mit einer öffentlichen Demütigung rechnete, blieb Scharon der Bekanntgabe des Ergebnisses fern. Doch als er von seinem Erfolg erfuhr, huschte ein Lächeln über sein Gesicht. Er wurde als Sieger betrachtet, Netanjahu erschien als Verlierer, ein Etikett, das er in den kommenden Monaten nicht mehr loswerden sollte. Scharon, der nichts eingebüßt hatte von seinem Charisma, hatte einmal mehr gezeigt, dass er seine Rivalen sowohl als Staatsmann wie auch als Politiker überragte. Es war ihm sogar gelungen, sich im ablehnend eingestellten rechtsgerichteten Zentralkomitee durchzusetzen.

Doch Scharon wusste, dass ihm die Likud-Rebellen weiter das Leben schwer machen würden. Die Knesset würde durch den parteiinternen Widerstand gelähmt werden. Bis zu den Vorwahlen im April 2006 würde er einen langen und aufreibenden Kampf um die Vorherrschaft im Likud führen müssen. Seine engsten Berater drängten ihn, die Gunst der Stunde zu nutzen und sich von der Partei zu trennen. Aber Scharon zögerte. Er erinnerte sich noch sehr gut, wie er seinerzeit nur ganz knapp mit der von ihm gegründeten Schlomzion-Partei den Einzug in die Knesset geschafft hatte. In der kurzen parlamentarischen Geschichte Israels gab es zuhauf Beispiele von ehemaligen hohen Politikern wie David Ben-Gurion und Eser Weizman, die ihre alten Parteien verlassen und in den Umfragen gut abgeschnitten hatten, um dann am Wahltag ein Debakel zu erleben.

Am 11. Oktober nahm Scharon in Ramat Gan zusammen mit 1500 Likud-Anhängern an einer Rosch-Haschana-Feier teil. Er schüttelte Netanjahu die Hand und sagte: »Die Zeit ist gekommen, um die Wunden zu heilen. Ich weiß, es ist schwierig, aber wir müssen uns darauf einstellen, dass die Partei die Maßnahmen unterstützt, die das Kabinett beschlossen hat. Es tut mir leid, aber wir können nicht so weitermachen wie bisher.« Er teilte Netanjahu mit, dass er wie geplant am 7. November 2006 Neuwahlen abhalten wolle. Netanjahu erwiderte nichts. Ihm schwebte ein früherer Termin vor.

Bald erkannte Scharon, dass eine Aussöhnung innerhalb des Likud nicht mehr möglich war. Viele Likud-Abgeordnete stimmten zusammen mit der Opposition gegen die Berufung von Olmert zum Finanzminister. Scharon schaffte es zwar noch, mehrere Likud-Minister zur Räson zu bringen, aber der angerichtete Schaden war nicht wiedergutzumachen. »Der Versuch von Abgeordneten, die Berufung von Ministern zu verhindern, wird Konsequenzen haben«, erklärte er am Rednerpult in der Knesset, ohne sich eingehender dazu zu äußern. Gegenüber seinen Mitarbeitern bemerkte er: »Ich werde mich nicht demütigen lassen.« Zugleich wies er sie an, die Vorbereitungen für die Gründung einer neuen Partei beschleunigt voranzutreiben. Seine Vertrauten bezeichnen diesen Augenblick als die Geburtsstunde der neuen Gruppierung.

Am Samstag, dem 12. November 2005 traf sich das alte Ranchforum zu einer Marathonsitzung. Die Teilnehmer spielten die unterschiedlichsten Szenarien durch, diskutierten über die Finanzierung der neuen Partei und versuchten einzuschätzen, wie viele Likud-Abgeordnete bereit sein würden, Scharon zu folgen. Er brauchte mindestens 13 weitere Abgeordnete, mehr als ein Drittel der Likud-Fraktion, damit die neue Partei in den Genuss staatlicher Gelder kam.

Am 15. November bekannte sich Omri Scharon schuldig in den Anklagepunkten der Urkundenfälschung, des Meineids und der illegalen Wahlkampffinanzierung, nachdem aus der ursprünglichen Anklageschrift einige Punkte gestrichen worden waren. Nach dieser Absprache mit der Justiz konnte nun das Strafmaß festgesetzt werden. Sein Vater reagierte sehr enttäuscht auf diese Nachricht, zumal die Staatsanwaltschaft deutlich gemacht hatte, dass sie sich nicht mit dem Schuldeingeständnis und einer Spende für gemeinnützige Projekte zufriedengeben, sondern auf einer Haftstrafe bestehen würde. Ihm war klar, dass damit die politische Karriere seines Sohnes beendet war.

Am 19. November traf sich das Ranchforum abermals, um endgültig über die Abspaltung vom Likud zu entscheiden. Fast alle Beteiligten waren dafür. Nur Ejal Arad warnte Scharon, er solle sich nicht zu stark auf die Meinungsumfragen verlassen. Am späten Abend verabschiedete Scharon seine Mitstreiter. Wie stets hörte er sich an, was die anderen zu sagen hatten, dann setzte er sich hin und traf seine Entscheidung. Der Gedanke, jene Partei zu verlassen, die er einst mitbegründet hatte, bedrückte ihn, ebenso die Tatsache, dass er die Wahlen sicher gewinnen würde, wenn der Likud ihn wieder aufstellen würde.

Am 20. November war Scharon noch unentschlossen. Er hatte zwei unterschiedliche Reden vorbereitet und nur noch wenig Zeit, um sich zu entscheiden. Zehn Tage vorher hatte Amir Perez überraschend Schimon Peres in den Vorwahlen der Arbeitspartei geschlagen. Perez wollte Scharon am nächsten Tag die Rücktrittsschreiben der Minister der Arbeitspartei überreichen und damit die Regierung der nationalen Einheit beenden. Die Arbeitspartei hatte Scharon unterstützt, solange er mit dem Abkopplungsplan beschäftigt war. Nachdem der Rückzug nun abgeschlossen war, wollte Perez seine eigenen politischen Ziele durchsetzen. Durch die Rücktritte würde es also zu vorgezogenen Wahlen kommen – die Frage war nur: Für welche Partei würde Scharon antreten?

Eine Erhebung unter den Mitgliedern des Zentralkomitees ergab, dass die Knesset-Liste des Likud ziemlich rechtslastig ausfallen würde, auch wenn Scharon Netanjahu in den Vorwahlen schlagen würde. Den Rebellen schienen die obersten Listenplätze sicher zu sein, während Scharons Gefolgsleute weit abgeschlagen landen würden. Das gab schließlich den Ausschlag.

Scharon gelangte zu der Erkenntnis, dass er keine Chance mehr hatte, als Vorsitzender des Likud das Land zu führen. Er musste sich entscheiden: Er konnte im Likud bleiben, sich mühelos eine erneute Amtszeit sichern und keine weiteren Räumungsaktionen mehr durchführen oder er konnte die Chance nutzen und eine neue Partei gründen, die ihn, wenn er mit ihr erfolgreich war, von den Fesseln des Likud-Zentralkomitees befreien würde. Nachdem er einen ganzen Tag überlegt hatte, entschloss sich Scharon zum »Big Bang«, wie es in Zukunft heißen würde. Er informierte Finanzminister Olmert und Verteidigungsminister Mofas und bat sie, sich ihm anzuschließen. Ersterer, einer der Architekten des Abkopplungsplans, sagte sofort zu; der Zweite erbat sich Bedenkzeit.

Am Abend des 21. November 2005 berief Scharon im Ostflügel des Amtssitzes des Ministerpräsidenten eine Pressekonferenz ein. Er wirkte energisch und entschlossen, und seine gute Laune war ansteckend. Seine Gefolgsleute falteten ihre Likud-Mitgliedskarten zu Papierfliegern und ließen sie durch den Raum segeln. Alle fühlten sich befreit von den Zwängen des Likud-Zentralkomitees. Scharon fasste die Gründe für seinen Austritt zusammen: »In diesem Gremium ist das Leben unerträglich geworden. Ich habe mit endlosen Schwierigkeiten und Hindernissen zu kämpfen. Unter diesen Umständen kann ich das Land nicht führen.«

Dreizehn Likud-Abgeordnete folgten Scharon. Durch die Abspaltung und die überschäumende öffentliche Begeisterung für Scharon drohte die größte Partei der Knesset unterzugehen. Die Mitglieder verließen in Scharen den Likud. Erste Umfragen erbrachten unglaubliche Ergebnisse: 30 Mandate für die neue Partei, nur 14 für den Likud.

Scharon vergeudete keine Zeit. Er bat den Staatspräsidenten um die Ansetzung von Neuwahlen. Nach einem entsprechenden Beschluss wurde die Knesset aufgelöst und die Wähler zu den Urnen gerufen. Der Termin war der 28. März 2006.

Scharons neue Partei brauchte jetzt nur noch einen Namen. Zuerst dachte er an »Nationale Verantwortung«, aber dann entschied er sich für das griffigere »Kadima«, das »Vorwärts« bedeutet. Durch die Gründung von Kadima erlebte die israelische Politik ihren größten Umbruch seit Jahrzehnten. Menschen aus allen sozialen Schichten schlossen sich der neuen Gruppierung an und riefen zu deren Unterstützung auf. Am 30. November, neun Tage nach der Gründung der neuen Partei, war der Coup komplett: Schimon Peres, die stärkste Figur in der etablierten Führungsriege der Arbeitspartei, trat ebenfalls zur Kadima über.

Am 4. Dezember verkündeten Scharon und Peres auf einer gemeinsamen Pressekonferenz Peres' Entschluss. »Jede Partei auf der Welt wäre froh, einen Mann wie Schimon in ihren Reihen zu haben«, sagte Scharon und fügte hinzu, dass Peres in einer neuen Regierung jedes Amt erhalten könne, das er wolle. »Arik ist am besten dafür geeignet, an der Spitze einer Koalition zu stehen, die eine neue Agenda verfolgt«, erklärte Peres.

Journalisten fragten Scharon, ob er nicht befürchte, dass Peres ihn zu weit nach links ziehen könne. »Schauen Sie sich uns beide an«, erwiderte Scharon unter Gelächter der Zuhörer, »sehen Sie, dass Schimon mich irgendwo hinzerrt?« Der Schulterschluss der zwei letzten Vertreter der alten Garde, der beiden einzigen aktiven Politiker, die noch der Generation von 1948 entstammten, symbolisierte das Ende der Zwei-Parteien-Hegemonie in Israel. Der »Big Bang« hatte sich als durchschlagender Erfolg erwiesen.

Kapitel 60
Der letzte Kampf

Scharons Strategie- und Kreativteam unter Führung von Reuwen Adler und Ejal Arad begann sich nun auf die Wahlen vom 28. März vorzubereiten. Die Umfragen waren vielversprechend, und der Wahlkampfstab hatte ein klar umrissenes Ziel: sich von allen extremistischen Positionen fernzuhalten und Finkelsteins viel gerühmten Platz ein kleines Stück rechts von der Mitte zu besetzen.

Diesmal sprachen die Handlungen für sich. Scharon hatte den Abkopplungsplan überraschend reibungslos umgesetzt und konnte eine klare Perspektive anbieten: weitere Fortschritte an der diplomatischen Front und Frieden (oder zumindest langfristige Ruhe) mit den Palästinensern. Er achtete sorgfältig darauf, sich nicht allzu detailliert zu äußern über weitere Räumungspläne, doch die Öffentlichkeit verstand, worauf er hinauswollte. Reuwen Adler sprach häufig von einer »Siegermarke«, einer Sache, die sich von selbst verkaufe. Er pries »Scharons Weg« als jenen Weg, den Israel nun einmal gehen müsse.

Führende Likud-Politiker schlossen sich Scharon an: Verteidigungsminister Schaul Mofas, Justizministerin Zipi Liwni, Finanzminister Ehud Olmert, Tourismusminister Avraham Hirchson, Zachi Hanesbi, der Vorsitzende des Likud-Zentralkomitees, und andere. Nach Schimon Peres, Chaim Ramon und Dalia Izik von der Arbeitspartei stießen Professor Uriel Reichman, der Gründer des Interdisziplinären Zentrums in Herzlija, Ronit Tirosch, die damalige Generaldirektorin des Bildungsministeriums, sowie mehrere Bürgermeister größerer Städte zu der neuen Partei.

In seiner zweiten Amtszeit war es Scharon gelungen, die Zahl der israelischen Terroropfer deutlich zu senken, und aufgrund der relativen Ruhe rückten nun soziale und wirtschaftliche Themen in den Vordergrund. Der ehemalige Gewerkschaftsvorsitzende Amir Perez, der Shimon Peres in den parteiinternen Vorwahlen geschlagen hatte, machte die wachsende wirtschaftliche Ungleichheit zum Schwerpunkt seines Wahlkampfs. Scharon kam jedoch zugute, dass vor allem Likud-Führer Benjamin Netanjahu mit dem kapitalistischen Wirtschaftskurs identifiziert wurde. Seine harten marktwirtschaftlichen Reformmaßnahmen hatten die israelische Wirtschaft aus der Rezession geführt und wieder auf einen Wachstumspfad gebracht, aber auch die Kluft zwischen Arm und Reich vertieft. Aufgrund der zunehmenden sozialen Probleme sahen sich die Urheber dieses Programms wachsender Kritik ausgesetzt.

Die Wahlkampfmanager von Kadima planten, Netanjahu als einen Politiker darzustellen, der kein Gespür besitze für die Sorgen und Nöte der kleinen Leute, und Perez als einen Mann, der die Fragen der Sicherheit und die Belange des Staates nicht ernst genug nehme. Scharon dagegen wurde als der »Stammesälteste« präsentiert, als natürlicher Führer mit großer Erfahrung, als ein Mann, der geleitet werde durch ein tief verwurzeltes Verantwortungsgefühl für das Land, der gerechte Entscheidungen treffen könne und einen würdigen Staatsmann abgebe.

Der Wahlkampf Scharons wurde durch die öffentliche Stimmung beflügelt. Das Land wünschte sich ihn als Führer des Staates; es war nur noch die Frage, wie hoch sein Sieg ausfallen würde. Wenn er mehr als 30 Sitze in der Knesset holte, war ihm das Amt des Ministerpräsidenten sicher – die Umfragen ließen sogar 38 bis 40 Mandate erwarten.

Die Siegeszuversicht erlitt am 18. Dezember 2005 einen ersten Dämpfer. Wie an allen Sonntagen hatte er auch an diesem Tag einen besonders vollen Terminkalender. Er kam früh in sein Büro, absolvierte einige Besprechungen und leitete dann die wöchentliche Kabinettssitzung. Dabei wirkte er wach und präsent und machte wie häufig seit seiner Trennung vom Likud auch Witze, bisweilen auf Kosten anderer Kabinettsmitglieder.

Nach einigen weiteren Treffen nahm er um 16 Uhr an einer Diskussion über die Bekämpfung der Armut teil. Finanzminister Ehud Olmert und der Präsident der Nationalbank, Professor Stanley Fisher, waren ebenfalls anwesend. Scharon verfolgte die Diskussion aufmerksam, beteiligte sich aktiv, verlangte, dass ein Plan zur Bekämpfung der Armut erstellt und vor den Wahlen der Öffentlichkeit vorgelegt werden solle, damit er dem Wirtschaftsplan von Perez eine glaubwürdige Alternative entgegensetzen könne.

Nach der Konferenz gegen 18 Uhr traf sich Scharon mit Schimon Peres, um mit ihm einige politische Fragen und das Wahlkampfkonzept von Kadima zu besprechen. Trotz des langen Arbeitstags war Scharon noch fröhlich und munter. Nach dem Treffen berichtete Peres: »Scharon war gut gelaunt, wir haben beide Scherze gemacht.«

Die Besprechung endete eine gute Stunde später. Nach getaner Arbeit wollte Scharon nun auf seine Farm zurückkehren. Plötzlich wurde ihm schwindlig. Seine Sekretärin Marit Danon, der sein veränderter Zustand aufgefallen war, rief Gilad auf der Ranch an. Unterdessen ging Scharon nach unten zum Wagen. Der Konvoi fuhr auf die Autobahn von Jerusalem Richtung Tel Aviv. Unterwegs bemerkte der Notarzt, der den Ministerpräsidenten immer begleitete, dass er etwas benommen wirkte. Er ordnete an, dass der Konvoi sofort umkehrte und schnellstmöglich zum nächstgelegenen Krankenhaus fuhr, dem Medizinischen Zentrum der Hadassa-Universität im Jerusalemer Vorort Ein Kerem.

Scharon war während der ganzen Fahrt zum Krankenhaus bei Bewusstsein. Um 20.05 Uhr kam die Wagenkolonne dort an. Scharons Berater behaupteten später, er sei selbst ausgestiegen und durch die Tür ins Krankenhaus gegangen, doch Augenzeugen berichteten, dass Scharon, der unsicher und verwirrt wirkte, auf einer Liege vom Wagen in die Klinik getragen worden sei. Er wurde in die Notfallabteilung gebracht und gründlich untersucht.

Die leitenden Ärzte der Hadassa-Klinik wurden eiligst herbeigerufen. Auch Gilad und Omri erschienen nach kurzer Zeit. »Es tut mir leid, dass ich Ihnen so viele Umstände mache«, sagte Scharon zu den Ärzten. »Das wollte ich nicht. Mir geht es gut und ich hoffe, ich kann Sie so bald wie möglich wieder verlassen.« Als er Dr. Boleslaw Goldman erblickte, scherzte er: »Es überrascht mich, Sie hier zu sehen. Wie lange braucht man, um hierher zu kommen? Dass Sie schon da sind?«

Die israelischen Fernsehsender unterbrachen ihre Programme und berichteten in Live-Schaltungen vom Vorplatz des Krankenhauses. Zwei Stunden nachdem Scharon eingeliefert worden war, veröffentlichte die Klinik eine Erklärung: »Erste Untersuchungen haben ergeben, dass der Ministerpräsident einen leichten Schlaganfall erlitten hat. Im Laufe dieser Untersuchungen verbesserte sich sein Gesundheitszustand bereits wieder. Der Ministerpräsident war auch während der Untersuchung bei vollem Bewusstsein. Es waren keine invasiven Maßnahmen erforderlich, der Ministerpräsident wird in Kürze entlassen werden.«

Scharons Mitarbeiter informierten umgehend die Medien, dass der leichte Schlaganfall keine Auswirkungen auf den Wahlkampf haben werde. Scharon werde sich nach zwei oder drei Tagen wieder erholt haben, erklärten sie, und alles werde wieder in Ordnung sein. Am späteren Abend empfing Scharon einige politische Korrespondenten und erklärte ihnen mit seiner ruhigen, gesetzten Stimme: »Wir gehen vorwärts.« Dieser Satz, in dem das hebräische Wort *kadima* (»vorwärts«) vorkam, prangte am nächsten Tag auf den Titelseiten der Zeitungen.

Scharon verbrachte die Nacht im Krankenhaus. Am nächsten Tag, es war der 19. Dezember 2005, wurde er schon sehr früh wach und fühlte sich gut. Er scherzte mit Mitabeitern und Familienangehörigen. »Es tut mir leid, dass ich euch heute schon so früh hierher geholt habe. Normalerweise erreiche ich euch um diese Zeit nur am Telefon.« Die Klinik gab eine weitere Erklärung heraus: Scharon habe einen leichten Hirnschlag erlitten, der seine Arbeit als Ministerpräsident nicht beeinträchtigen werde.

Professor Tamir Ben-Hur, der Leiter der neurologischen Abteilung von Hadassa und einer der Ärzte, die Scharon behandelten, gab bekannt: »Der Ministerpräsident hat zu keinem Zeitpunkt das Bewusstsein verloren. Er war nicht benommen, er hatte keine Lähmungserscheinungen und war auch nicht verwirrt. Er hatte ein sehr spezifisches Problem – nicht im Bereich des Gedächtnisses oder anderer neurologischer oder kognitiver Funktionen, sondern nur beim Sprechen. Dieses Problem ist wieder verschwunden.« Ben-Hur zufolge »wurde dieses Problem durch ein kleines Blutgerinnsel verursacht, das eine Schädelarterie verstopfte und die Blutzufuhr zum Gehirn unterband. Das Gerinnsel löste sich schnell wieder auf und wir können sagen, dass die Blutversorgung des Gehirns wiederhergestellt ist. Die Blutgefäße sind offen, und alle Teile des Gehirns werden wieder mit Blut versorgt.«

Die Ärzte vermuteten, dass Scharons Herz-Kreislauf-System etwas zu tun haben könnte mit der Entstehung dieses Blutgerinnsels. Ben-

Hur erläuterte: »In einer Ultraschalluntersuchung haben wir bei Scharon eine übermäßige Herzaktivität an der Wand festgestellt, welche die beiden Vorhöfe trennt. Das kommt häufig bei gesunden Menschen vor und ist bei einem hohen Prozentsatz der Bevölkerung feststellbar, kann aber auch mit der Entstehung eines Blutgerinnsels verbunden sein und zu einem Schlaganfall führen. Aufgrund dieses Befunds erhält der Ministerpräsident gerinnungshemmende Medikamente. In einigen Wochen wird eine Neubewertung erfolgen.«

Scharon wurde vor der Öffentlichkeit, den Medien und den übrigen Patienten abgeschirmt. Tausende Menschen versammelten sich vor dem Krankenhaus. Gilad und Omri saßen abwechselnd an seinem Krankenbett, während Scharon Gespräche über das weitere Vorgehen im Wahlkampf führte. Einer seiner Mitarbeiter bemerkte: »Bei dem Tempo, mit dem er wieder an die Arbeit geht, werden bald wir krankenhausreif sein.«

Laut *Yedioth Ahronoth* rief US-Präsident Bush Scharon an, wünschte ihm rasche Genesung und empfahl ihm, abzunehmen, auf

20. Dezember 2005. Ministerpräsident Scharon und Professor Schlomo Mor-Jossef von der Hadassa-Klinik im Gespräch mit Journalisten nach Scharons Entlassung nach seinem ersten Schlaganfall. (Foto: Mosche Milner, Government Press Office)

Junkfood zu verzichten, mit Sport anzufangen und sein Arbeitspensum zu reduzieren. Bush verbarg seine Besorgnis nicht. Er sagte zu Scharon: »Passen Sie auf sich auf, mein Freund. Für mich sind Sie ein echter Partner und ein mutiger Führer mit einer Friedensvision. Damit wir gemeinsam den Terror besiegen können, darf der Ministerpräsident Israels nicht im Krankenhaus liegen. Ich brauche Sie als gesunden Menschen, Arik.«

Nach zwei Tagen wurde Scharon aus der Klinik entlassen. Kadima versuchte den Anschein zu erwecken, dass alles wie geplant weiterlaufen würde. In den ersten Stunden nach der Einlieferung Scharons, als noch unklar war, wie es um ihn stand, waren viele der Politiker, die zu der neuen Partei übergetreten waren, von Angst erfasst worden. Ihnen wurde plötzlich klar, dass sie aussichtsreiche Karrieren zugunsten einer unsicheren politischen Zukunft aufgegeben hatten. Die führenden Leute von Kadima standen an diesem Abend kurz vor dem Nervenzusammenbruch – die Partei hatte noch keine Knessetliste, keine Basisgliederungen und keinen stellvertretenden Vorsitzenden. Sie war völlig abhängig von Scharon, der seine Pläne für sich behielt.

Die Erleichterung war groß, als Scharon wieder nach Hause durfte. Doch da Schlaganfall-Patienten häufig wiederholte Attacken erleiden, begannen die wichtigen Kadima-Repräsentanten im Stillen Vorkehrungen zu treffen für den Fall, dass Scharon im März nicht zur Verfügung stehen würde. Sie beschlossen, in den Medien auch einige andere Parteimitglieder in den Vordergrund zu rücken. Die Wahl fiel auf Ehud Olmert, Zipi Liwni und Awi Dichter.

In den Tagen nach seinem Schlaganfall posierte Scharon für die Kameras und handhabte die Partei- und Regierungsgeschäfte routiniert wie gewohnt. Sein Mitarbeiterstab wies Forderungen zurück, die Krankenakte des Kandidaten zu veröffentlichen. Dr. Boleslaw Goldman und Dr. Schlomo Segew verkündeten, dass der 77-Jährige ein gesunder Mann sei. Einmal wurde sein Gewicht bekannt gegeben: 118 Kilogramm vor der Einlieferung in die Klinik, knapp 115 Kilo danach. Diese schmeichelhaften Angaben sorgten bei nicht wenigen Beobachtern für ungläubiges Kopfschütteln.

Gegen andere Einzelheiten aus seiner Krankenakte, wie etwa die Meldung über die guten Ergebnisse einer Blutuntersuchung einige

Wochen vor dem Gehirnschlag, wurde eingewandt, dass sie lediglich einen Ausschnitt des Gesamtbildes darstellten und dass die Öffentlichkeit ein Recht darauf habe, vor der Stimmabgabe vollständig über den Gesundheitszustand Scharons informiert zu werden. Doch da Scharon in den Sitzungen und den Medien so lebhaft wie eh und je wirkte, fiel es seinen Mitarbeitern nicht schwer, derartige Forderungen abzulehnen mit dem Verweis darauf, dass sie wohl in erster Linie dem Wunsch entsprängen, den Wahlkampf des Ministerpräsidenten zu torpedieren.

Auf Scharons Drängen hielten zwei seiner Leibärzte und mehrere Ärzte aus der Hadassa-Klinik am 26. Dezember 2005, eine Woche nach seiner Entlassung, eine Pressekonferenz ab. Sie gaben weitere Einzelheiten aus seiner Krankenakte bekannt und teilten mit, dass am 5. Januar bei Scharon ein Herzkatheter gelegt werden sollte und ihm bis dahin zweimal täglich ein blutverdünnendes Medikament – Clexan – verabreicht werde, um die Bildung weiterer Blutgerinnsel zu verhindern.

Am 3. Januar, zwei Tage vor der geplanten Untersuchung, verzichtete Scharons Sohn Omri auf sein Knessetmandat, nachdem er im Fall Annex Research verurteilt worden war und nun auf die Verkündigung des Strafmaßes wartete. Am selben Tag entschloss sich Scharon nach langem Überlegen, für die Dauer der Untersuchung, die unter Narkose vorgenommen werden würde, seine Amtsgeschäfte dem stellvertretenden Ministerpräsidenten und Finanzminister Ehud Olmert zu übertragen. Omri hatte seinem Vater zu diesem Schritt geraten. Seit Jahren hatte er sich dafür eingesetzt, Olmert stärker zu fördern. Die beiden waren eng befreundet und politisch auf derselben Wellenlänge, sie hatten beide früher dem auf Ausgleich bedachten Flügel des Likud angehört.

Scharon wollte genau wissen, was Olmert während seines Krankenhausaufenthalts zu tun beabsichtigte. Er erteilte spezielle Anweisungen für die Zeit, die er in Narkose liegen würde. Obwohl man ihm versichert hatte, dass der Eingriff relativ unkompliziert sei und er sich schnell wieder erholen würde, war Scharon ungewöhnlich besorgt. Am Abend vor dem Eingriff, dem 4. Januar 2006, verspürte Scharon, als er nach einem langen Arbeitstag auf dem Sofa lag, plötzlich heftige Schmerzen in der Brust. Dr. Segew wurde aus Tel Aviv zur Schikmim-Farm gerufen. Er beschloss, den Ministerpräsidenten unverzüglich ins Krankenhaus zu bringen.

Mit einem Ambulanzwagen wurde Scharon wieder in die Hadassa-Klinik gefahren. Es sah nicht schlecht aus: Scharon sprach und war bei vollem Bewusstsein. Gilad und sein Leibarzt, die während des Transports neben ihm saßen, hofften, er könne gleich nach der Untersuchung wieder entlassen werden. Doch wenige Minuten bevor der Sanitätswagen die Klinik erreichte, verschlechterte sich Scharons Zustand dramatisch. Nun brach Panik aus.

Als der Ambulanzwagen endlich vor der Klinik hielt, wurde Scharon eilends in die Notfallabteilung geschoben, wo man ihn abermals durch Trennwände und Sicherheitspersonal abschirmte. Unterdessen fanden sich besorgte Bürger und eine Gruppe ausländischer Journalisten vor dem Krankenhaus ein.

Die Ärzte legten Scharon in Narkose und schlossen ihn an ein Beatmungsgerät an, bevor sie eine Kernspinuntersuchung durchführten, um sich einen Überblick über das Ausmaß der Schädigung zu verschaffen. Das Magnetresonanzbild zeigte eine starke Gehirnblutung, die einen chirurgischen Eingriff erforderlich machte. Um 00.10 Uhr wurde Scharon in kritischem Zustand in den Operationssaal gebracht. Das Land hielt den Atem an.

Im Lauf der folgenden Stunden wurde klar, dass Scharon einen massiven Schlaganfall erlitten hatte. Es erschien äußerst unwahrscheinlich, dass er sich jemals wieder so weit erholen würde, dass er weiterhin das Amt des Ministerpräsidenten ausüben konnte. Noch immer im Koma, wurde Scharon vom OP-Saal in die im 7. Stock gelegene neurochirurgische Intensivstation verlegt, und die Öffentlichkeit, die zuvor noch von nervenaufreibender Sorge um sein Wohlergehen beherrscht worden war, verfiel nun in eine nationale Trauer über seinen plötzlichen und tragischen politischen Tod. Der Abgang jenes Mannes, der wie kein anderer Stärke symbolisiert hatte, der alle Widerstände auf dem Schlachtfeld wie auch in der Politik und im Leben überwunden hatte, erzeugte in der israelischen Öffentlichkeit das Gefühl, einen Vater verloren zu haben.

Der Mann, der so viele Menschen durch seine weitreichenden Abzugspläne aus Gaza und dem Westjordanland gegen sich aufgebracht hatte, der Israel in den blutigen Libanonkonflikt geführt hatte und nach den Massakern von Sabra und Schatila als Verteidigungsminister hatte zurücktreten müssen, der in der ganzen Welt fast 50 Jahre lang als Verkörperung militärischer Kraft betrachtet worden war – dieser Mann trat von der politischen Bühne ab, kurz nachdem er seinen Abkoppelungsplan abgeschlossen hatte und damit gewissermaßen durch die Hintertür in die politische Mitte geschlüpft war. Alle großen Fernsehsender Israels brachten Nachrufe, in denen Scharon unter die großen Führer des jüdischen Volkes eingereiht wurde.

Unterdessen hatte Ehud Olmert seine Aufgaben als Vertreter Scharons übernommen. Obwohl vielfach vorhergesagt worden war, dass Kadima ohne Scharon an Zuspruch verlieren würde, zeigten die Umfragen nach wie vor stabile Werte. Die Wahlkampfleitung unter Adler verwendete weiterhin die Parole »Scharons Weg«, um die Partei als Erben Scharons darzustellen und die bevorstehende Wahl in ein Vertrauensvotum für Scharons politische Ziele umzumünzen.

4. Januar 2006. Scharon mit Finanzminister Ehud Olmert bei der Besiegelung des Verkaufs der Leumi-Bank an eine private Investorengruppe im Büro des Ministerpräsidenten in Jerusalem. Wenige Stunden danach erlitt er seinen zweiten Schlaganfall.
(Foto: Amos Ben Gerschon, Government Press Office)

Olmert, ein erfahrener und besonnener Politiker, vermittelte die Botschaft, dass er Scharons politischen Willen buchstabengetreu erfüllen werde, vor allem im Hinblick auf die Friedensinitiativen. Bei den Kabinettssitzungen nahm er absichtlich nicht auf dem Stuhl des Ministerpräsidenten Platz, sondern ließ ihn leer als eine Geste der Ehrerbietung.

Die Botschaft wurde verstanden. In den Umfragen wurden Kadima 40 Mandate vorhergesagt. Ende Januar 2006 stellte sich allerdings die große Frage, ob die Sympathiewelle für Scharon noch weitere zwei Monate bis zu den Wahlen tragen würde. Einen Monat nach der Operation wurde sein Zustand als ernst, aber stabil beschrieben.

Scharon lag weiterhin im Koma und bekam nichts mit von seiner Umgebung. Er konnte zwar selbstständig atmen, doch er hatte die schlimmstmögliche Art von Schlaganfall erlitten. Hirnblutungen hatten zu einer Verstärkung des Schädeldrucks geführt und seine rechte Hirnhälfte weitgehend geschädigt. Fachleute bezeichneten seinen Zustand als »vegetativ« und erklärten, dass nur geringe Chancen bestünden, dass er das Bewusstsein wiedererlangen könnte.

Die Ärzte führten einen Beatmungsschlauch in seinen Hals ein und eine Sonde zur künstlichen Ernährung in seinen Magen.

Am 11. Februar 2006, fünf Wochen nach seiner Einlieferung ins Krankenhaus, verschlechterte sich Scharons Zustand. Er litt unter Durchblutungsstörungen im Darm. In einer vierstündigen Operation entfernten die Ärzte ein 43 Zentimeter langes Stück seines Dickdarms. Sein Zustand blieb weiterhin kritisch.

Drei Tage später wurde Omri Scharon zu neun Monaten Gefängnis verurteilt, weitere neun Monate wurden zur Bewährung ausgesetzt, und er musste eine Geldstrafe von 300 000 Schekel (rund 53 000 Euro) zahlen. Dass die Strafe härter ausgefallen war, als die Anwälte erwartet hatten, verstärkte die bedrückte Stimmung der Familie, als sie sich zwei Wochen später, am 26. Februar, zur Feier des 78. Geburtstags von Ariel Scharon traf.

Unterdessen war in den Medien Kritik laut geworden an der medizinischen Behandlung Scharons. Vor allem wurde bemängelt, dass keine externen Spezialisten zu den Untersuchungen hinzugezogen worden seien. Zudem wurde den Verantwortlichen vorgeworfen, die Öffentlichkeit nach der ersten Einlieferung Scharons in die Klinik nicht wahrheitsgemäß informiert zu haben. Erst nach dem zweiten Schlaganfall hatten die Medien erfahren, dass Scharon an einer speziellen Gefäßerkrankung im Gehirn litt, an Cerebraler Amyloider Angiopathie (CAA). Viele Kommentatoren stellten die Frage, warum die Öffentlichkeit nicht schon auf der Pressekonferenz vom 26. Dezember 2005 über diese Erkrankung informiert worden sei. Eine zweite Kritiklinie richtete sich gegen die Entscheidungen in der Klinik. Scharon hatte in den Wochen vor der geplanten Herzkatheter-Untersuchung Blutverdünnungsmittel in hoher Dosierung erhalten. Durch die Verabreichung von Clexan sollten die Bildung weiterer Blutgerinnsel und ein erneuter Gehirnschlag verhindert werden. Die letzte Spritze hatte er am Mittwochmorgen bekommen, einen halben Tag vor dem zweiten Schlaganfall und einen ganzen Tag vor dem geplanten Eingriff.

Einige Experten äußerten die Vermutung, dass das Blutverdünnungsmedikament die intrakraniellen Blutungen verursacht haben könnte, die zum zweiten Schlaganfall führten. In medizinischen Lehrbüchern werde darauf hingewiesen, erklärten sie, dass die Verabreichung von Blutverdünnungsmitteln an CAA-Patienten das Risiko von Hirnblutungen erhöhen könne.

Viele Fragen blieben unbeantwortet: Warum wurde die Herzkatheter-Untersuchung nicht sofort nach dem ersten Schlaganfall vorgenommen? Warum hatte man Scharon nach dem ersten Hirnschlag wieder nach Hause entlassen auf seine abgelegene Farm und nicht bis zur Operation in Jerusalem behalten, in der Nähe der Klinik? Weshalb hatte man ihm keinen leitenden Arzt zur Seite gestellt, damit eine sofortige Behandlung gewährleistet war? Warum hatte man ihn zur Hadassa-Klinik in Ein Kerem gebracht und nicht zum näher gelegenen Soroka-Medizinzentrum in Beerscheba? Warum war er nicht mit einem Hubschrauber zum Krankenhaus geflogen worden?

Amerikanische Neurologen stellten kritische Fragen zur Behandlung, die Scharon erhalten hatte. In der Ausgabe vom Januar 2006 der Fachzeitschrift *Neurology Today,* die von der American Academy of Neurology herausgegeben wird, äußerten sich mehrere angesehene Neurologen über die zentralen Aspekte von Scharons medizinischer Versorgung, darunter auch über die Entscheidung, das Blutverdünnungsmittel zu verabreichen und Scharon in sein Wohnhaus zurückkehren zu lassen, das mehr als eine Autostunde entfernt ist von der Jerusalemer Klinik. Als mögliche Erklärung wurde das »VIP-Syndrom« angeführt, eine Haltung, die Ärzte dazu verleitet, berühmte Persönlichkeiten anders zu behandeln als gewöhnliche Patienten.

Dr. Schlomo Mor-Jossef, der Leiter der Hadassa-Klinik in Ein Kerem, wies die Kritik entschieden zurück und erklärte, Scharon habe »die am besten geeignete Behandlung entsprechend seinem gesundheitlichen Zustand erhalten und [sei] von den besten Fachleuten behandelt« worden. Mor-Jossef behauptete ferner, dass das Blutverdünnungsmittel in angemessener Dosierung verabreicht worden sei und unter der erforderlichen ärztlichen Überwachung. Es sei, so fügte er hinzu, eine richtige Entscheidung gewesen, Scharon zur Hadassa-Klinik in Ein Kerem zu bringen (die besser ausgestattet sei und wo er auch zuvor schon behandelt worden sei) als zum näher gelegenen Soroka-Medizinzentrum.

Der Streit über die Angemessenheit der Behandlung Scharons im Zeitraum vom 18. Dezember 2005 bis zum 4. Januar 2006 konnte nicht beigelegt werden. Bislang hat keine unabhängige Kommission den Fall untersucht.

Während Scharon weiter im 7. Stock der Hadassa-Klinik lag, gelang es seinem Stellvertreter und Nachfolger Ehud Olmert, die Umfragewerte weiter hoch zu halten. Doch kurz vor dem 28. März begann Kadima in der Wählergunst zu sinken. Am Wahltag errang Kadima schließlich 29 Sitze in der Knesset – genügend Mandate für Olmert, um Ministerpräsident zu werden und eine Regierung zu bilden, doch deutlich weniger, als Kadima mit Scharon prognostiziert worden waren.

Olmert eilte ins Krankenhaus, um seinem bewusstlosen Chef zu danken, der ihm diesen Wahlsieg beschert hatte. Er musste zwar erst noch eine Regierung auf die Beine stellen, doch es war niemand in Sicht, der ihm den Führungsanspruch würde streitig machen können. Die von Perez geführte Arbeitspartei hatte 19 Sitze erhalten; der Likud unter Führung Netanjahus war stark eingebrochen und kam nur noch auf zwölf Sitze.

Die Ära Scharon ging offiziell am 11. April 2006 zu Ende, denn nach dem israelischen Gesetz endet die Amtszeit eines Regierungschefs, der sich nicht mehr bei Bewusstsein befindet, automatisch nach 100 Tagen. Generalstaatsanwalt Masus entschied, dass das Kabinett erst einen neuen Ministerpräsidenten zu wählen habe, bevor die künftige Regierung gebildet werden könne. Das Kabinett bestätigte Ehud Olmert als amtierenden Premier. Olmert bildete zusammen mit der Arbeitspartei eine Koalitionsregierung und ernannte Perez zum Verteidigungsminister. Der geschlagene Netanjahu ging in die Opposition.

Scharons persönliche Gegenstände aus seinem Büro und dem Amtssitz des Ministerpräsidenten wurden auf Wunsch der Söhne zur Farm gebracht. Dazu gehörten die Aktentasche, in der er Dokumente aus dem Büro zur Ranch mitbrachte, Bilder seiner Enkel und eine Sammlung von Notizen aus seiner Amtszeit.

Am 28. Mai 2006 wurde Scharon in das Scheba-Hospital östlich von Tel Aviv verlegt, wo seine Frau Lily gestorben war. Dort brachte man ihn im Flügel für Langzeit-Koma-Patienten unter. Seine Ärzte geben ihm so gut wie keine Chancen, dass er jemals wieder das Bewusstsein erlangen könnte. Doch im Sommer 2006 hegen seine Söhne Omri und Gilad, die auch die Vormundschaft ausüben, noch immer die Hoffnung, dass ihr Vater mal wieder das Unmögliche schafft und doch noch einmal zurückkehrt ins Leben.

Dank

Wir möchten uns bedanken bei den Hunderten von Menschen, die wir befragen durften, bei den Informanten und Fachleuten, die uns im Laufe der vergangenen vier Jahre bei diesem Projekt unterstützt haben. Da sie nicht alle namentlich genannt werden können, möchten wir uns auf einige Personen beschränken, deren Hilfe unschätzbar wertvoll war.

Pasit Ben Nun, Osnat und Chanoch Bloom, Orit Hefez, Noam und Omer Hefez: Mit eurer Unterstützung, eurem Rat, eurer Geduld und eurer Nachsicht habt ihr uns durch die langen Tage und Nächte getragen, in denen wir an diesem Buch gearbeitet haben. Wir danken Arnon Moses, dem Verleger der Yedioth Ahronoth Group, und Dow Eichenwald, dem Chef von Yedioth Ahronoth Books, für ihre Unterstützung und Hilfe.

Unser Übersetzer Mitch Ginsburg hat weit mehr geleistet, als dieses Buch ins Englische zu übertragen. Sein Fleiß, seine Originalität und seine Begabung sind im ganzen Buch erkennbar. Wir danken Deborah Harris und Flip Brophy, die maßgeblich dazu beigetragen haben, dass dieses Buch gleichzeitig in mehreren Ländern erscheinen konnte.

Besonderer Dank gebührt auch den wunderbaren Mitarbeitern des Verlags Random House sowie unserem Lektor Will Murphy, dessen Können auf jeder Seite des Buches zu spüren ist.

Die Autoren

Nir Hefez, Absolvent der Universität von Tel Aviv, ist leitender Redakteur der Tageszeitung *Yedioth Ahronoth* und Chefredakteur von *7 Days*, der Wochenendbeilage von *Yedioth Ahronoth*. Er kann auf eine langjährige journalistische Erfahrung zurückblicken, unter anderem als Chefredakteur von *Yedioth Tikshoret*, einer landesweiten Kette von Wochenzeitungen, und als Chefredakteur der Wochenzeitung *Tel Aviv*. Er ist Major der Reserve in der israelischen Armee.

Gadi Bloom, Absolvent der Filmkunsthochschule Beit Zvi, ist Ressortleiter bei *Yedioth Tikshoret*. Er schreibt regelmäßig Kolumnen und Reportagen für verschiedene Zeitschriften.

Bibliografie

Medien
Archive der israelischen Zeitungen *Globes, Haaretz, Hadashot, Maariv, Yedioth Ahronoth* und YNET (Internetseite der Yedioth Group)

Amtliche Quellen
Archiv der Israelischen Verteidigungsstreitkräfte
Archiv der Knesset
Justizministerium (www.justice.gov.il)
Amt des Ministerpräsidenten (www.pmo.gov.il)
Bericht des Staatskontrolleurs (www.mevaker.gov.il)

Bücher
Adan, Avraham, *On Both Banks of the Suez*, Jerusalem 1979.
Ansky, Alex, *The Selling of the Likud*, Tel Aviv 1978.
Arens, Moshe, *Broken Covenant: American Foreign Policy and the Crisis Between U.S. and Israel*, New York 1995.
Arian, Asher und Shamir, Michal (Hg.), *The Elections in Israel 1996*, Israel Democracy Institute, Jerusalem 1999.
–, *The Elections in Israel 2001*, Israel Democracy Institute, Jerusalem 2002.
–, *The Elections in Israel 2003*, Israel Democracy Institute, Jerusalem 2004.
Avnery, Arie, *David Levy*, Tel Aviv 1983
–, *The Liberal Connection*, Tel Aviv 1984
–, *Ha'tvusa: Kach Hitporer Shilton Ha'likud*, Tel Aviv 1993
–, *The Israeli Commando: A Short History of Israeli Commando 1950–1969*, Tel Aviv o.J.
Bar-Tov, Hanoch, *Daddo: 48 Years und 20 More Days*, Tel Aviv 2002.
Bar-Zohar, Michael, *Ben-Gurion*, Tel Aviv 1977.
Benziman, Uzi, *Nothing but the Truth*, Jerusalem 2002.
–, *Sharon: An Israeli Caesar*, Tel Aviv 1985.
Caspit, Ben und Kfir, Ilan, *Ehud Barak: Israel's Number 1 Soldier*, Tel Aviv 1998.
Dan, Uri, *Sharon's Bridgehead*, Tel Aviv 1975.
Dayan, Moshe, *Avnei Derech: An Autobiography*, Tel Aviv 1976.
–, *Yoman Ma'arechet Sinai (Sinai Campaign Diary)*, Tel Aviv 1965.

Dayan, Jael, *Sinai, June 1967*, Tel Aviv 1967.
Druker, Raviv und Shelah, Ofer, *Boomerang*, Jerusalem 2005.
Eban, Uri, *Arik Sharon: A Patch of a Fighting Man*, Tel Aviv 1974.
Eitan, Rafael (mit Dov Goldstein), *A Soldier's Story*, Tel Aviv 1985.
Eldar, Akiva und Zertal, Idith, *Lords of the Land*, Tel Aviv 2004.
Gai, Garmit, *Bar-Lev: An Autobiography*, Tel Aviv 1998.
Har-Zion, Meir, *Pirkei Yoman (Memoir Chapters)*, Tel Aviv 1969.
Korn, Dani und Shapira, Boaz, *Coalition Politics in Israel*, Tel Aviv 1997.
Korn, Dani, *Time in Gray*, Tel Aviv 1994.
Margalit, Dan, *Commando 101*, Tel Aviv o.J.
Meir, Golda, *My Life*, Tel Aviv 1975.
Miller, Anita, Miller, Jordan und Sigalit, Zetouni, *Sharon: Israel's Warrior Politician*, Chicago 2002.
Milstein, Uri, *Milhamot Ha'tzanhanim*, Tel Aviv 1968.
Neuberger, Benyamin, *Political Parties in Israel*, Tel Aviv 1997.
Morris, Benny, *Israel's Border Wars, 1949–1956: Arab Infiltration, Israeli Retaliation, and the Countdown to the Suez War*, Oxford 1993.
Oren, Elchanan, *Toldot Milhemet Yom Ha'kippurim (The History of the Yom Kippur War)*, Historische Abteilung des Generalstabs der Israelischen Verteidigungsstreitkräfte 2004.
Oren, Ram, *Latrun*, Tel Aviv 2002.
Rabin, Yitzhak (mit Dov Goldstein), *A Service Notebook*, Tel Aviv 1979.
Rubinstein, Danny, *Arafat: A Portrait*, Tel Aviv 2001.
Schiff, Ze'ev und Ya'ari, Ehud, *Milhemet Sholal (Israel's Lebanon War)*, Jerusalem und Tel Aviv 1984.
Schiffer, Shimon, *Snowball: The Story Behind the Lebanon War*, Tel Aviv 1984.
Shapiro, Yonatan, *Chosen to Command*, Tel Aviv 1989.
Sharon, Ariel (mit David Chanoff), *Warrior: The Autobiography of Ariel Sharon*, New York 2001.
Shavit, Maty, *Arik: The Commandos' Commander*, Tel Aviv o.J.
Tamir, Shmuel, *Sons of the Land*, Tel Aviv 2002.
Teveth, Shabtai, *Moshe Dayan*, Jerusalem und Tel Aviv 1971.
Vardi, Ronit, *Bibi: Mi Ata Adoni Rosh Ha'memshala?*, Jerusalem 1997.
Weizman, Ezer, *The Battle for Peace*, Jerusalem und Tel Aviv 1981.
Ya'akovitch, Mordechai, *Adam Ve'lohem: Sipur Hayav Shel Yitzhak Ben-Menachem*, Tel Aviv o.J.
Yenuka, Moshe, *From Kibiya to the Mitleh*, Tel Aviv 1967.
Zaira, Eli, *Myth versus Reality: The October 1973 War, Failures and Lessons*, Tel Aviv 2004.
Zipori, Mordechai, *In a Straight Line*, Tel Aviv 1997.

Dokumente und Materialien

Agranat-Kommission, Report of the Commission of Inquiry into the Yom Kippur War (Bericht der Untersuchungskommission zum Jom-Kippur-Krieg), Tel Aviv 1975.

The Disengagement Plan (Der Abkopplungsplan), Juni 2004.

Kahan-Kommission, Report of the Commission of Inquiry into the Events at the Refugee Camps in Beirut (Bericht der Untersuchungskommission zu den Ereignissen in den Flüchtlingslagern in Beirut), Februar 1983.

The Lebanon War: Ariel Sharon's Version of Events (Ariel Scharons Darstellung der Ereignisse des Libanonkriegs), Universität Tel Aviv, Institut für Strategische Studien, August 1987.

A Performance-Based Roadmap to a Permanent Two-State Solution to the Israeli-Palestinian Conflict (Ergebnisorientierter »Fahrplan« für eine dauerhafte Zwei-Staaten-Regelung zur Beilegung des israelisch-palästinensischen Konflikts), Washington DC, April 2003.

Ruling of the Attorney General Menachem Mazuz, Greek Island Affair (Entscheidung des Generalstaatsanwalts Menachem Masus in der »Griechische-Insel-Affäre«), Juni 2004.

State Comptroller Report (Bericht des Rechnungshofs), Miriam Ben-Porat, Januar 1992.

Register

Abbas, Mahmud 498, 503, 504 (Abb.), 507f., 510, 517, 532, 546, 548, 552, 553 (Abb.)
Abdullah II., König von Jordanien 503, 552
Abrams, Elliot 518, 528
Adam, Kuti 129f.
Adan, Avraham 146, 159, 179–184, 189, 192, 198, 200, 202f., 206
Adler, Reuwen 319, 321, 368, 397, 408, 410, 417, 419–421, 451, 453, 470f., 474, 516, 530, 567
Aflolo, Eli 543
Aharonow, Jitzhak 374
Ajasch, Jehia 366
Aknin, Jaakow 130, 177
Ala, Abu 359, 388, 445, 510 (→ Kurei, Ahmed)
Albright, Madeleine 388, 390f., 414
Allon, Jigal 15, 218
Almagor, Gila 319
Amir, Amos 267
Amir, Jigal 367
Amit, Meir 94, 222
Ankelewitch, Morris 97
Appel, David 486–490, 524
Arad, Ejal 417, 420, 470, 474, 516, 530, 564, 567
Arafat, Jassir 58, 120, 270, 276f., 279, 326, 359, 361, 363, 381f., 383, 385, 389, 398, 408f., 411, 413–415, 422f., 430–432, 434–436, 438, 440–445, 447–451, 459–462, 496, 507, 509–511, 516, 520, 529, 532, 546–550, 552
Arafat, Suha 546, 549
Arbel, Edna 19, 486, 524–526, 530f.
Arens, Mosche 298, 311, 314–317, 330–332, 334, 336, 345, 390
Argow, Schlomo 251
Ariel, Uri 361
Arison, Ted 24
Arlosoroff, Chaim 44
Asam, Asam 552
Assad, Hafis al- 265, 267f., 364
Avineri, Arie 172, 223
Avraham, Benny 526
Avraham, Ruchama 472
Awitan, Adi 526
Awneri, Arie 149

Baker, James 343, 349–352
Barak, Aharon 58, 240f., 281
Barak, Ehud 322, 382, 387f., 390, 392, 394, 398f., 401f., 406–408, 410, 414–416, 419f., 422–424, 428f., 432, 434, 478, 491, 546
Barkai, Razi 299
Bar-Lev, Chaim 144–146, 148f., 151, 152 (Abb.), 159, 188–193, 195 (Abb.), 198–203, 206, 260
Barnea, Nahum 369, 453
Bar-On, Uri 228, 242
Baschir, Amin 299
Bassi, Jonathan 541
Baum, Schlomo 72–74, 77

585

Begin, Alisa 168
Begin, Benny 313–316, 358, 374, 382f., 397, 491
Begin, Menachem 33, 140, 148–150, 165–171, 209, 214, 219, 221, 223–225, 225 (Abb.), 226–228, 230f., 233–238, 241–247, 249, 251–253, 257f., 260f., 264f., 267–268, 274f., 277, 279, 281f., 284f., 291f., 295, 297, 299, 303, 305, 308, 332, 348, 363, 396, 507, 528
Begin, Seew Dow 33
Beilin, Jossi 359, 359, 511f., 537
Ben, Aluf 532
Ben-Elieser, Benjamin 428, 436, 441, 468, 470, 491
Ben-Gal, Janusch 261, 267
Ben-Gurion, David 13f., 22–24, 63, 73, 79, 81f., 84, 88f., 93, 95–97, 99, 102, 108, 112f., 117, 119, 148, 154 (Abb.), 160, 16, 227, 244, 246, 260, 318, 324, 368, 400, 563
Ben-Hur, Tamir 570f.
Ben-Jischai, Ron 289
Berger, Sandy 390
Bin Laden, Osama 442
Bischara, Asmi 412
Blair, Tony 463, 496 (Abb.), 534
Blumenthal, Naomi 472f.
Boucher, Richard 414
Bugin, Jaakow 23f., 26, 30, 63, 346
Burg, Josef 241, 249, 277f., 511
Burns, E.L.M. 90
Bush, George H. W. 335, 343, 347
Bush, George W. 348, 421, 425f., 430f., 435, 438–440, 442f., 445, 447, 450f., 455, 459f., 462f., 470, 492, 495, 500, 502f., 504 (Abb.), 505f., 509–512, 516, 520f., 524, 529, 531, 533f., 542, 547, 550, 551 (Abb.), 552, 571f.

Carter, Jimmy 235, 237, 408
Caspit, Ben 365f.
Ceauşescu, Nikolai 251
Chamberlain, Neville 440
Chassidim, Chabad 389
Chatuel, David 537
Chatuel, Tali 535, 538
Cheney, Dick 459
Cheschin, Michael 475
Churchill, Winston 337
Clinton, Bill 359, 363f., 389–391, 399, 406, 408, 414f., 422, 515
Cohen, Schoschana 63

Dagan, Meir 153
Dajan, Jael 68, 126–128, 134f. 198
Dajan, Jehuda 72
Dajan, Mosche 15, 67–70, 73–75, 77 (Abb.), 79f., 84–86, 89–92, 96, 98–100, 102–104, 108, 111, 126f., 134, 146–148, 150–153, 156f., 160, 161, 164, 179f., 183f., 187–191, 195, 200–203, 205 (Abb.), 206, 214, 221, 225, 232–235, 237, 241f., 260, 411, 491
Dan, Uri 176, 189, 300, 305, 309, 319, 321f.
Danon, Marit 455, 569
Daud, Mohammed 9
Davidi, Aharon 87, 89, 106
Deri, Arjeh 344
Dichter, Awi 448, 460, 510, 553, 560, 572
Diskin, Juwal 553
Dror, Jehuda Ken 106
Drori, Amir 273, 281, 285, 287

Dschibli, Jitzhak 89–91, 93
Dudai, Avi 281
Dulles, John Foster 96
Dura, Mohammed al- 413

Efrat, Jonah 281
Einan, Menachem 261, 263, 265, 267
Eitan, Rafael 96, 103 f., 106, 161, 246 f., 252 f., 258, 260, 272 f., 281, 283 f., 288, 291, 295, 320 f., 372–374
Elasar, David 12, 92, 121, 146, 159 f., 164, 177, 179 f., 183 f., 188 f., 191, 195 (Abb.), 198, 200, 202 f., 204 (Abb.), 207, 212, 214, 332
Eli, Ovadia 317
Elizabeth II., Königin von England 111
Elon, Benjamin 539 f.
Eres, Chaim 192, 194 f., 197, 199
Erlich, Simha 172, 221, 223–225, 258, 277 f.
Eschkol, Levi 119, 123–127
Even, Uri 81, 158
Ewen, Jaakow 190

Finkelstein, Arthur 374, 390, 408, 410, 417, 420, 432, 470, 473 f.
Fisher, Stanley 568
Ford, Gerald 217
Fridan-Siw, Ben-Zion 66
Fusi, Mohammed 123

Gadot, Gidon 315, 331
Gajer, Kalman 417
Gamliel, Gila 472, 503
Ganger, Arie 309, 322, 343, 416, 424 (Abb.), 431, 453, 459

Gawish, Jeschajahu 124, 131, 134, 146 f.
Gawrieli, Inbal 472
Gejamel, Baschir 254–256, 270–272, 275, 279–281, 283, 293, 300, 312
Gejamel, Pierre 299 f.
Gewa, Eli 263, 276, 322
Gewa, Jossi 112 f.
Gilon, Carmi 365 f.
Ginossar, Jossi 320 f.
Glatt-Berkowitz, Leora 476
Goldberg, Elieser 482
Goldman, Boleslaw (»Bolek«) 254, 421, 569, 572
Goldstein, Baruch 362
Golomb, Jossef 48
Gonen, Schmuel 159, 161, 177, 179–187, 207, 212, 215
Goren, Schlomo 140, 185, 215
Groner, Dow 345
Grower, Schlomo 69
Grünzweig, Emil 298
Gur, Ilana 319
Gur, Mordechai (»Motta«) 98, 105 f., 108, 129, 133, 139, 214, 216–218, 413
Gutnik, Joseph 375
Guy, Carmit 146

Habib, Philip 253, 264 f.
Haddad, Saad 253
Halewi, Efrajim 386, 460
Haluz, Dan 553
Hammer, Sewelun 277
Hanegbi, Zachi 452 f., 502 f., 567
Harari, Jehuda 85
Har-Zion, Meir 74–77, 87, 89 f., 92 f., 97

Har-Zion, Schoschona 92f., 139
Hendel, Swi 18, 531
Herzl, Theodor 33f., 136, 541
Hever, Zev (»Zambish«) 351
Hirchson, Avraham 567
Hirschfeld, Amiram 93
Hitler, Adolf 51
Hobeika, Elie 256, 285
Hod, Motti 113, 134, 137, 159
Hoffi, Jitzhak 98, 105, 108
Horovitz, Mordechai 51
Horowiz, Jigal 170
Hurnik, Guni 264, 301
Hurnik, Raja 301
Husain II., König von Jordanien 101, 321, 363f., 381, 386, 389
Hussein, Kusai 495
Hussein, Saddam 245, 347, 441, 460, 495
Hussein, Udai 495
Husseini, Faisal al- 412

Izik, Dalia 524, 567

Jaakowi, Gad 308
Jaalon, Swi 66f., 553
Jabotinski, Seew 396
Jadin, Jigael 24, 70, 73, 212, 222, 242f.
Jariw, Aharon 159, 222
Jaron, Amir 281
Jaron, Amos 254, 261, 270f., 285–287, 289, 296
Jassin, Ahmed 155, 386, 508, 529
Jatom, Ehud 503
Jischai, Eli 428
Jischai-Levi, Sarit 117
Jisrael, Agudat 345
Jitzhaki, Awigdor 467f.

Jitzhaki, Jitzhak 224
Jizhar, Awner 54
Joffe, Avraham 66, 119–122, 125, 127, 131, 211
Johnson, Annalina 485
Joran (Scharons Fahrer) 127
Jossef, Owadia 399, 407f., 433 (Abb.), 467

Kadah, Mohammed 510
Kaduri, Raw 377 (Abb.)
Kahalani, Awigdor 261
Kahan, Jitzhak 281f., 289, 310, 312, 332f.
Kahane, Meir 250
Kahaner, Schimon (»Katcha«) 15, 75, 95, 194
Kanias, Susan 79
Karmi, Raad 444, 447
Kawasmeh, Abdullah 508
Kaz, Jisrael 304, 314, 315 (Abb.), 338, 351f., 502, 530, 544
Kazaw, Mosche 316, 331, 358, 467, 537
Keinan, Amos 235
Kemp, Jack 349
Kern, Cyril 17f., 68, 424 (Abb.), 473, 476, 478, 481, 483f., 513, 520, 528
Kfir, Ilan 365f.
Kimchi, Dave 290
Kissinger, Henry 217f., 220
Knafo, Wiki 513, 520
Kollek, Teddy 358
Kook, Swi Jehuda 230
Koren, Danny 306, 344
Krinitzi, Avraham 162
Kurei, Ahmed 510, 518, 529, 547 (→ Ala, Abu)
Kurtzer, Dan 462

Landau, Eli 9f., 244, 319, 321, 461
Landau, Mosche 212
Landau, Uzi 502
Lapid, Tommy 538, 549f.
Laskow, Chaim 25, 107f., 110–112, 212, 222
Lavie, Arik 163
Lawi, Joram 72
Leket, Jechiel 214
Levi, Ascher 26
Levi, David 264, 277f., 286, 311, 313–317, 330, 334–338, 345, 347, 350, 352f., 357f., 372f., 375f., 378, 380f., 383, 385f., 429, 458
Levi, Edmund 540
Levi, Jossef 63
Levi, Mosche 254
Levi, Motti 241
Levy, Merav 520
Liberman, Awigdor 428, 431, 441, 447, 539
Liwnat, Limor 428, 466f., 492 (Abb.), 502f., 539, 544, 552
Liwni, Zipi 539, 561, 567, 572

Magen, David 331
Makleff, Mordechai 73, 78f., 84
Maman, Max 178, 184
Mandel, Jehudit 61 (→ Scheinermann, Dita)
Mandel, Schmuel 60f.
Mandler, Albert 177, 179f.
Manor, Gawriel 479, 481
Marcus, Joel 299, 527
Margalit, Jossef 44, 48, 52, 54, 115
Maschaal, Chaled 386
Masen, Abu 383, 385, 388, 390, 496 (→ Abbas, Mahmud)
Masus, Menachem 478, 486, 489f., 526–528, 531, 554

Matt, Danny 129f., 192, 194, 199
Maxwell, Robert 343
Meïr, Golda 148–150, 160, 180, 188, 191, 199, 206, 211, 214, 221
Meltz, Jakoow 355
Menachem, Jitzhak Ben (»Gulliver«) 72f., 96
Meridor, Dan 299f., 315, 334, 371, 376, 383, 422
Millstein, Uri 108
Milo, Roni 315, 334
Mitchell, George 432, 434, 440, 442
Mizna, Amram 13, 468, 474–477, 484, 493, 511
Mizrachi, Eliezer 345
Modai, Jitzhak 68, 335–338, 346
Mofas, Schaul 469, 471f., 552f., 565, 567
Mordechai, Jitzhak 261, 263, 374, 376, 380, 383, 385, 387f., 390
Mor-Jossef, Jehoschua 543
Mor-Jossef, Schlomo 571, 578
Morris, Benny 93
Mubarak, Hosni 248, 534, 550, 552
Mustafa, Abu Ali 436f., 441

Nahari, Joram 93
Nasrallah, Hassan 527
Nasser, Gamal Abdel 123
Natanel, Tamar 405
Navon, Jitzhak 308
Nawe, Danny 502f., 544
Nebenzahl, Jitzhak 212
Neeman, Jaakow 388, 428
Neeman, Juwal 218f.
Netanjahu, Benjamin 14, 58, 62, 330, 331 (Abb.), 349–352, 357–360, 362f., 365–368, 371–376, 378, 380–383, 385–390, 392f., 396f., 402, 406f., 409f.,

589

416, 427, 429, 435, 439f.,
445–447, 451f., 468–471f., 477f.,
491, 494, 497f., 502f., 513, 516,
531, 533–535, 539, 542, 544–547,
552, 554–556, 559, 562–564, 568,
578f.
Netanjahu, Jonathan 330
Netanjahu, Sara 331 (Abb.), 393
Nissim, Schmuel 76, 80
Nofal, Mamduh 414

Olmert, Ehud 7, 315, 334, 381,
393f., 397, 406, 428, 472, 478,
487, 493, 519, 534, 556, 561, 565,
567f., 572f., 575 (Abb.), 576,
578f.
Oren, Elchanan 198
Oren, Joram 478f.
Oren, Ram 24, 63

Pas, Schalhewet 431
Patt, Gideon 243
Peres, Schimon 14f., 58, 214f.,
217–219, 221, 260f., 305–311,
313, 316, 321f., 328f., 334,
343–345, 355, 357, 359, 361f.,
368f., 371–375, 381, 409, 433
(Abb.), 436, 438, 441, 445, 455,
491, 515f., 520, 524, 537, 545,
560, 564, 566f., 569
Perez, Amir 497f., 564f., 567f.,
578
Pétain (Marschall) 369
Picard (Dr.) 469
Pollard, Jonathan 161, 321f.
Porat, Mordechai Ben 132, 354
Powell, Colin 438f., 460, 501, 512,
547
Pundak, Jitzhak 155f.
Putin, Wladimir 516

Rabbo, Abed 511f.
Rabia, Mohammed Abu 211
Rabin, Jitzhak 8, 15, 58, 66, 92, 119,
121f., 124–126, 135, 144, 148,
180, 214–216, 218, 220f., 223,
253, 260, 306 (Abb.), 307, 324,
327, 334, 337, 343, 355, 357,
359f., 363–372, 375, 380, 383,
455, 477, 514f., 529
Rabin, Leah 368, 382, 514
Rabinowitsch, Itamar 361
Radschub, Dschibril 460
Rainer, Max 89
Rami 27, 30
Ramon, Chaim 560f., 567
Ramses II. 10
Rantisi, Abdel Asis al- 155, 507, 529
Raschid, Mohammed 422
Rawiw, Tuwia 182, 185, 192f.
Reagan, Ronald 269, 275
Reichman, Uriel 567
Reschef, Amnon 178, 182, 185,
191–193, 197, 200f.
Reschef, Rafi 141–143
Rice, Condoleezza 460, 462, 501,
508, 510, 520, 556 (Abb.)
Riklis, Meschulam 162, 165, 309,
343, 355f.
Rimalt, Elimelech 169, 172
Riwlin, Reuwen 428
Rommel, Erwin 51
Ross, Dennis 388
Rot, Jossi 16
Rubinstein, Eljakim 410, 503f.

Saar, Gidon 467
Sadat, Anwar as- 9, 233, 235, 237,
239 (Abb.), 248
Sagui, Jehoschua 254, 281, 296
Sagui, Uri 254, 283

Saira, Eli 159, 174, 212, 214
Samet, Gideon 303
Samueli, Mustafa 72f.
Samuels, David 414
Sapir, Josef 148–150
Sapir, Pinchas 149f.
Sarid, Jossi 232, 308, 325, 454, 513f., 531f.
Sarna, Jigal 39
Schafi, Haidar Abdel 353
Schaham, Mischael 71–73
Schajak, Roni 412
Schalom, Silvan 393, 406, 428, 465, 494, 535, 539, 552
Schamaa, Sara 455f.
Schamgar, Meir 217f.
Schamir, Jitzhak 13, 209, 223f., 241, 243, 249, 269, 277, 281, 295, 303–305, 307f., 311, 312 (Abb.), 313f., 316f., 322, 327, 330, 332–341, 343–345, 347–350, 352–354, 363, 382, 439, 455, 562
Schamir, Odet 254, 319, 321f.
Schani, Uri 338, 340, 353f., 394, 396, 417, 428f., 438, 446, 455, 457 (Abb.), 458f., 470, 561
Schapira, Avraham 542
Scharaabi, Jeheskel 368
Scharanski, Natan 428, 493, 502, 554
Scharett, Mosche 84, 93, 96
Scharon, Gilad (Sohn) 7, 17, 122, 128, 137–139, 141f., 163, 174, 217, 241, 319, 320 (Abb.), 398, 403 (Abb.), 405f., 408, 412, 417, 430, 458, 470, 473, 481–490, 513f., 516, 525, 530, 569, 571, 574, 579
Scharon, Gur (Sohn) 110, 115f., 121, 137f., 140f., 403
Scharon, Inbal (Schwiegertochter) 405, 423
Scharon, Joaw (Enkel) 423
Scharon, Juri (Enkel) 423
Scharon, Lily (zweite Ehefrau) 7, 10, 17, 116f, 118 (Abb.), 120, 122, 127f., 134f., 138, 140f., 160, 162f., 165f., 174–176, 184, 216, 222, 224, 240, 251, 297–299, 305, 309, 314, 318f., 319 (Abb.), 343, 355, 377f. (Abb.), 391 (Abb.), 396–405, 417, 426f., 431, 484, 489, 513, 553, 579
Scharon, Margalit, (»Gali«; erste Ehefrau) 10, 63, 70, 72, 80, 86, 92, 110f., 113f., 116, 140, 142, 403
Scharon, Omri (Sohn) 17, 120, 127f., 135, 137, 139, 141f., 163, 174, 217, 241, 319, 320 (Abb.), 394, 398, 401, 403 (Abb.), 405f., 408, 410, 417, 420–423, 429f., 432, 435, 446f., 458f., 470, 472, 476, 478–481, 483, 485, 495, 502, 513f., 516, 530, 535, 554, 561, 564, 569, 571, 573, 576, 579
Scharon, Rotem (Enkel) 391 (Abb.), 393 (Abb.), 405, 421
Schawit, Matti 107, 517
Scheft, Gerschom 238
Schehadeh, Salah 450
Scheinerman, Dita (Schwester) 32, 38, 43, 50, 60–62, 141
Scheinerman, Jossef (Onkel) 68
Scheinerman, Mordechai (Großvater) 32f.
Scheinerman, Samuel (Vater) 15, 20, 30, 32–37, 39–46, 48f., 55, 60f., 68, 110, 141, 148, 226, 400

591

Scheinerman, Vera (Mutter) 32, 35–39, 41–44, 48f., 61, 110, 141, 226, 328, 329 (Abb.), 394
Schemer, Naomi 51, 219
Schiff, Seew 259, 270, 272, 391f.
Schiffer, Schimon 255, 346, 453
Schijveschuurder (Ehepaar) 436
Schitreet, Meir 397, 478
Schlaff, Martin 423
Schneerson, Menachem Mendel 345
Schneirow, Vera 33f. (→Scheinerman, Vera)
Schowal, Salman 170, 390, 521
Seewi, Rehawam (»Ghandi«) 105, 107, 159, 195 (Abb.), 428, 431, 441, 444, 450
Segew, Schlomo 7, 572f.
Sijon, Dow 68, 126
Simchoni, Assaf 103
Simon (Oberst) 103
Sipori, Mordechai 129f., 258, 267f., 272, 277f.
Sluzki, Dalje 207
Sluzki, Seew 93, 120, 128, 141, 176, 181f., 199f., 202, 207
Sokolow, Beit 209
Spector, David 397, 408, 488, 514
Stalin, Josef 299, 369
Suad, Omar 526

Tal, Jizrael 127, 145, 177, 206
Tamini, Tajiser al- 549
Tamir, Awarsche 254
Tamir, Schmuel 93, 139, 166, 169–172, 176, 182, 216, 237, 282
Tannenbaum, Elhanan 526

Tenet, George J. 434
Thukydides 88
Tibi, Ahmad 412
Tirosch, Ronit 567
Toren, Benjamin 48
Tov, Henoch Bar 187, 198
Tzur, Swi 113, 117

Vance, Cyrus 227
Verdiger, Avraham 345
Vinograd, Elijahu 312
Vogel (Dr.) 43

Wachman, Avraham 229
Wallerstein, Pinchas 543
Wegmeister, Oded 92
Weissglas, Dow (»Dubi«) 61f., 282, 299, 309, 319, 321, 422, 458f., 462, 478, 492 (Abb.), 494, 501f., 506, 510f., 516f., 520, 542, 561
Weizman, Chaim 23
Weizman, Eser 125, 134, 144, 162, 170f., 221, 223–225, 228, 231, 233–235, 237, 241–243, 324, 563
Wertheimer, Steph 222

Yaari 259, 270, 272

Zacks, Samuel 162, 165
Zeruja, Joab Ben 112
Zimmerman, Jaffa 115
Zimmerman, Lily 57, 115 (→Scharon, Lily)
Zimmerman, Margalit (»Gali«) 57f., 70 (→Scharon, Margalit)
Zimmerman, Olga 115
Zinni, Anthony 442f.